Die Bilanzierung von Leasinggeschäften nach deutschem Handelsrecht und US-GAAP

Betriebswirtschaftliche Studien
Rechnungs- und Finanzwesen, Organisation und Institution

Herausgegeben von
Prof. Dr. Dr. h.c. Wolfgang Ballwieser, München
Prof. Dr. Christoph Kuhner, Köln
Prof. Dr. Dr. h.c. Dieter Ordelheide †, Frankfurt

Band 60

Peter Lang
Frankfurt am Main · Berlin · Bern · Bruxelles · New York · Oxford · Wien

Britta Leippe

Die Bilanzierung von Leasinggeschäften nach deutschem Handelsrecht und US-GAAP

Darstellung und Zweckmäßigkeitsanalyse

Peter Lang
Europäischer Verlag der Wissenschaften

Die Deutsche Bibliothek - CIP-Einheitsaufnahme

Leippe, Britta:

Die Bilanzierung von Leasinggeschäften nach deutschem Handelsrecht und US-GAAP : Darstellung und Zweckmäßigkeitsanalyse / Britta Leippe. - Frankfurt am Main ; Berlin ; Bern ; Bruxelles ; New York ; Oxford ; Wien : Lang, 2002
(Betriebswirtschaftliche Studien Rechnungs- und Finanzwesen, Organisation und Institution ; Bd. 60)
Zugl.: Bochum, Univ., Diss., 2001
ISBN 3-631-39027-0

D 294
ISSN 1176-716X
ISBN 3-631-39027-0

www.peterlang.de

Geleitwort

Die vorliegende Arbeit analysiert die Zweckmäßigkeit der Bilanzierung von Leasinggeschäften nach HGB und US-GAAP, wobei für das HGB die Ausschüttungsbemessung und für US-GAAP die Informationsfunktion im Vordergrund steht. Nach einer umfangreichen Analyse, wie diese Zwecke konkretisiert werden können und zu erreichen sind, kommt die Verfasserin zum Ergebnis, daß das häufig strapazierte Kriterium des wirtschaftlichen Eigentums unter dem Gesichtspunkt der Ausschüttungsbemessung keineswegs zentral ist. Auch kann auf eine Unterscheidung zwischen verschiedenen Arten von Leasingverträgen verzichtet werden. Dieses Ergebnis gilt gleichermaßen für die Informationsvermittlung. Hier ist eine differenzierte Behandlung von Leasingverträgen abzulehnen, weil durch die Nicht-Bilanzierung von Operating Lease-Verträgen wesentliche für die Kapitalgeber entscheidungsrelevante Informationen verloren gehen. Zudem kommt die Verfasserin zu dem Ergebnis, daß es grundsätzlich – wenn auch nur mit Hilfe zusätzlicher Abgrenzungsposten und Informationsregeln – möglich ist, Bilanzen mit dem Ziel der Ausschüttungsbemessung so zu konstruieren, daß auch Informationszwecke erreicht werden. Den US-GAAP werden nur bedingt gute Informationseigenschaften im Hinblick auf die Darstellung von Leasinggeschäften zugesprochen, weil sie eher die Anforderungen an zweckmäßige „Ausschüttungsregeln" erfüllen. Deshalb würde ihre Übernahme in das deutsche Recht keine unüberwindbaren Schwierigkeiten bereiten.

Die Arbeit gefällt durch eine sehr sorgsame Analyse von Ziel-Mittel-Beziehungen, was zu einer Fülle von neuen Erkenntnissen zur Bilanzierung beim Leasinggeber und Leasingnehmer führt. Sie wird dadurch trotz des Umfangs zu einer lohnenswerten Lektüre und kann die Diskussion um die Beziehung von HGB zu US-GAAP in einem wichtigen Teilbereich befruchten. Ich wünsche ihr deshalb eine gute Aufnahme.

München, den 10. Oktober 2001 — Wolfgang Ballwieser

Vorwort

Die vorliegende Arbeit wurde im Juli 2001 von der Wirtschaftswissenschaftlichen Fakultät der Ruhr-Universität Bochum als Dissertation angenommen. Die Entstehung einer solchen Schrift erfordert die Unterstützung zahlreicher Personen, denen ich an dieser Stelle danken möchte.

Mein Dank gilt in erster Linie meinem akademischen Lehrer und Doktorvater, Herrn Prof. Dr. Hannes Streim. Er hat diese Arbeit nicht nur durch viele wertvolle Anregungen und durch seinen klaren Forschungsansatz maßgeblich geprägt, sondern durch seine ständige Motivation und seine offene Art auch dafür gesorgt, daß die Freude an der Arbeit nie verloren gegangen ist. Ohne seine Unterstützung in wissenschaftlicher und persönlicher Hinsicht wäre der Weg zur Promotion sicherlich beschwerlicher gewesen.

Herrn Prof. Dr. Bernhard Pellens danke ich für die freundliche Übernahme des Zweitgutachtens.

Auch meine Kollegen am Lehrstuhl sowie meine Freunde und Verwandten haben in vielfältiger Weise zum Gelingen der Arbeit beigetragen. Meine ehemaligen Kollegen Dr. Ladislava Klein, Dr. Lars Franken, Dipl.-Ök. Georg Köller und Dipl.-Ök. Pietro Li Puma haben sowohl beim „Einstieg" in die Lehrstuhltätigkeit als auch bei der Suche nach einem Dissertationsthema wertvolle Hilfe geleistet. Für viele Stunden fruchtbarer Diskussion danke ich Dr. Oliver Beyhs und Dipl.-Ök. Marcus Bieker, die trotz der Belastung durch ihre eigenen Promotionsvorhaben immer Zeit für meine „Leasing-Probleme" gefunden haben und die Arbeit insbesondere in der Endphase wesentlich weitergebracht haben. Nicht weniger wertvoll war ihre moralische Unterstützung und Aufmunterung, mit der sie mir über manche „Motivationslöcher" hinweggeholfen haben. Die – gemessen am Umfang der Arbeit nicht unbeträchtliche – Mühe des Korrekturlesens haben Dr. André Heer, meine Schwester Bettina Leippe-Pazina sowie meine Freundin Dipl.-Ök. Heike Brost auf sich genommen. Einen unverzichtbaren Beitrag haben zudem die studentischen Hilfskräfte des Lehrstuhls geleistet, die meine umfangreichen Literaturwünsche stets zügig und gewissenhaft erfüllt haben.

Der größte Dank gebührt jedoch meinen Eltern, die mich nicht nur während meiner gesamten Ausbildung engagiert und großzügig gefördert haben, sondern meinen bisherigen Lebensweg in liebevoller Weise begleitet haben. Ohne sie wäre diese Arbeit nicht möglich gewesen.

Essen, im Dezember 2001

Britta Leippe

Inhaltsverzeichnis

Abbildungsverzeichnis

Abkürzungsverzeichnis

A.A.	anderer Ansicht
AAA	American Accounting Association
Abs.	Absatz
Abschr.	Abschreibung
Abt.	Abteilung
abzgl.	abzüglich
AcP	Archiv für die civilistische Praxis
ADS	Adler/Düring/Schmaltz
A.d.V.	Anmerkung der Verfasserin
AfA	Absetzung für Abnutzung
AG	Aktiengesellschaft
AICPA	American Institute of Certified Public Accountants
AIMR	Association for Investment Management and Research
AK	Anschaffungskosten
a.k.a.	also known as
akt.	aktiv
AktG	Aktiengesetz
Anm	Anmerkung
Anm.	Anmerkung
Anschl.miete	Anschlußmiete
AO	Abgabenordnung
APB	Accounting Principles Board
ARB	Accounting Research Bulletin
Aufl.	Auflage
Auflg.	Auflösung
außerordentl.	außerordentlich
Ausz.	Auszahlung
AV	Anlagevermögen
BB	Betriebs-Berater (Zeitschrift)
BBK	Buchführung, Bilanz, Kostenrechnung (Zeitschrift)
Bd.	Band
betr.	betreffend
BFA	Bankenfachausschuß
BFH	Bundesfinanzhof
BFuP	Betriebswirtschaftliche Forschung und Praxis (Zeitschrift)
BGB	Bürgerliches Gesetzbuch
BGBl.	Bundesgesetzblatt
BGH	Bundesgerichtshof
BMF	Bundesminister der Finanzen
BMWF	Bundesminister für Wirtschaft und Finanzen
BörsG	Börsengesetz

BörsZulV	Verordnung über die Zulassung von Wertpapieren zur amtlichen Notierung an einer Wertpapierbörse (Börsenzulassungs-Verordnung)
BStBl.	Bundessteuerblatt
BuW	Betrieb und Wirtschaft (Zeitschrift)
bzw.	beziehungsweise
c.p.	ceteris paribus
CPA	Certified Public Accountant
DB	Der Betrieb (Zeitschrift)
DBW	Die Betriebswirtschaft (Zeitschrift)
d.h.	das heißt
dHGB	deutsches Handelsgesetzbuch
DM	Deutsche Mark
Dr.	Doktor
DRSC	Deutsches Rechnungslegungs Standards Committee
DStR	Deutsches Steuerrecht (Zeitschrift)
DStZ	Deutsche Steuer-Zeitung (Zeitschrift)
DZWIR	Deutsche Zeitschrift für Wirtschafts- und Insolvenzrecht (Zeitschrift)
EDV	Elektronische Datenverarbeitung
EFG	Entscheidungen der Finanzgerichte (Zeitschrift)
EG	Europäische Gemeinschaft
Einf.	Einführung
EITF	Emerging Issues Task Force
EK	Eigenkapital
EStG	Einkommensteuergesetz
EStR	Einkommen-Steuerrichtlinien
ESVG	Europäisches System Volkswirtschaftlicher Gesamtrechnungen
etc.	et cetera
EU	Europäische Union
e.V.	eingetragener Verein
evtl.	eventuell
EWG	Europäische Wirtschaftsgemeinschaft
EWR	Europäischer Wirtschaftsraum
f.	folgende
FAS	Financial Accounting Standard
FASB	Financial Accounting Standards Board
ff.	fortfolgende
FG	Finanzgericht
FIN	FASB Interpretations
FLF	Finanzierung, Leasing, Factoring (Zeitschrift)
fortgef.	fortgeführt
FTB	FASB Technical Bulletins

GAAP	Generally Accepted Accounting Principles
GE	Geldeinheiten
GEFIU	Gesellschaft für Finanzwirtschaft in der Unternehmensführung e.V.
ggf.	gegebenenfalls
GmbH	Gesellschaft mit beschränkter Haftung
GmbHG	Gesetz betreffend die Gesellschaften mit beschränkter Haftung
GoB	Grundsätze ordnungsmäßiger Buchführung
GuV	Gewinn- und Verlustrechnung
H	Hinweis
h.c.	honoris causae
HFA	Hauptfachausschuß
HGB	Handelsgesetzbuch
HK	Herstellungskosten
h.M.	herrschende Meinung
hrsg. v.	herausgegeben von
Hrsg.	Herausgeber
IAS	International Accounting Standards
IASC	International Accounting Standards Committee
i.d.R.	in der Regel
IDW	Institut der Wirtschaftsprüfer in Deutschland e.V.
IDW-FN	IDW-Fachnachrichten (Zeitschrift)
ifo	Institut für Wirtschaftsforschung
insb.	insbesondere
InsO	Insolvenzordnung
i.S.d.	im Sinne der/des
IStR	Internationales Steuerrecht (Zeitschrift)
i.S.v.	im Sinne von
i.V.m.	in Verbindung mit
JfB	Journal für Betriebswirtschaft (Zeitschrift)
JuS	Juristische Schulung (Zeitschrift)
KapAEG	Gesetz zur Verbesserung der Wettbewerbsfähigkeit deutscher Konzerne an Kapitalmärkten und zur Erleichterung der Aufnahme von Gesellschafterdarlehen („Kapitalaufnahmeerleichterungsgesetz“)
KapCoRiLiG	Gesetz zur Durchführung der Richtlinie des Rates der Europäischen Union zur Änderung der Bilanz- und der Konzernbilanzrichtlinie hinsichtlich ihres Anwendungsbereichs (90/605/EWG), zur Verbesserung der Offenlegung von Jahresabschlüssen und zur Änderung anderer handelsrechtlicher Bestimmungen (Kapitalgesellschaften- und Co-Richtlinie-Gesetz)
Kfz	Kraftfahrzeug
KO	Konkursordnung
KonTraG	Gesetz zur Kontrolle und Transparenz im Unternehmensbereich
KPMG	Klynveld Peat Marvick Goerdeler

LG	Leasinggeber
L.-raten	Leasingraten
MD&A	Management's Discussion and Analysis
MLP	Minimum Lease Payments
m.w.N.	mit weiteren Nachweisen
ND	Nutzungsdauer
NJW	Neue Juristische Wochenschrift (Zeitschrift)
No.	Number
Nr.	Nummer
o.ä.	oder ähnliches
o.g.	oben genannt
öHGB	österreichisches Handelsgesetzbuch
o.O.	ohne Ortsangabe
ordentl.	ordentlich
o.V.	ohne Verfasser
p.a.	per annum
pass.	passiv
PhD	Doctor of Philosophy
Prof.	Professor
PublG	Gesetz über die Rechnungslegung von bestimmten Unternehmen und Konzernen (Publizitätsgesetz)
RAP	Rechnungsabgrenzungsposten
Rdn.	Randnummer
Rdnr.	Randnummer
RdNr.	Randnummer
RegE	Regierungsentwurf
Rn.	Randnummer
Rz	Randziffer
Rz.	Randziffer
S.	Seite
SA	Securities Act of 1933
SEA	Securities Exchange Act of 1934
SEC	Securities and Exchange Commission
SFAC	Statement of Financial Accounting Concepts
SFAS	Statement of Financial Accounting Standards
SIC	Standing Interpretations Committee
s.o.	siehe oben
sog.	sogenannt(e)
sonst.	sonstige
Sp.	Spalte

StAnpG	Steueranpassungsgesetz
StuB	Steuern und Bilanzen (Zeitschrift)
StuW	Steuer und Wirtschaft (Zeitschrift)
Tilg.anteil	Tilgungsanteil
Tz.	Textziffer
u.	und
u.ä.	und ähnliche
u.a.	und andere
u.a.	unter anderem
u.U.	unter Umständen
US	United States
USA	United States of America
US-GAAP	United States Generally Accepted Accounting Principles
usw.	und so weiter
v.	vom/vor
Verb.	Verbindlichkeit(en)
Verbindl.	Verbindlichkeit(en)
Verf.	Verfasserin
Verm.	Vermögensgegenstand
Verm.wert	Vermögenswert
Verwalt.kost.	Verwaltungskosten
vgl.	vergleiche
WiSt	Wirtschaftswissenschaftliches Studium (Zeitschrift)
WISU	Das Wirtschaftsstudium (Zeitschrift)
WM	Wertpapier-Mitteilungen (Zeitschrift)
WPg	Die Wirtschaftsprüfung (Zeitschrift)
WpHG	Gesetz über den Wertpapierhandel (Wertpapierhandelsgesetz)
z.B.	zum Beispiel
ZfB	Zeitschrift für Betriebswirtschaft (Zeitschrift)
zfbf	Schmalenbachs Zeitschrift für betriebswirtschaftliche Forschung (Zeitschrift)
ZGR	Zeitschrift für Unternehmens- und Gesellschaftsrecht (Zeitschrift)
ZIP	Zeitschrift für Wirtschaftsrecht (Zeitschrift)
ZPO	Zivilprozeßordnung
z.T.	zum Teil
Zuf.	Zuführung
ZVG	Gesetz über die Zwangsversteigerung und die Zwangsverwaltung
zweckm.	zweckmäßig

Symbolverzeichnis

a_n	Auszahlungen an Gläubiger der Periode n
a_t	Auszahlungen an Gläubiger der Periode t
BW_{mlp}	Barwert der minimum lease payments
BW_n	Barwert der Periode n
BW_{urv}	Barwert des unguaranteed residual value
c_n	Zahlungsmittelbestand der Periode n
c_t	Zahlungsmittelbestand der Periode t
CF_{gesamt}	aus dem Leveraged Lease resultierende Cash Flows insgesamt
$CF_{jährlich}$	jährlich ertragswirksam verrechneter Cash Flow
d_t^{max}	maximale Ausschüttung der Periode n
d_t	Ausschüttung der Periode t
e_n	Einzahlungsüberschuß der Periode n (vor Tilgung der Gläubigeransprüche)
e_t	Einzahlungsüberschuß der Periode t (vor Tilgung der Gläubigeransprüche)
$G_{HBjährlich}$	jährlich aus dem Leveraged Lease resultierender „handelsbilanzieller" Gewinn vor Steuern
G_{StB}	aus dem Leveraged Lease resultierendes zu versteuerndes Einkommen insgesamt
$G_{StBjährlich}$	jährlich aus dem Leveraged Lease resultierendes zu versteuerndes Einkommen
i	Zinssatz
KB	Kalkulationsbasis für Leasingraten
LR	Leasingrate
mlp	minimum lease payment
N	Anzahl der insgesamt zu verzinsenden Leasingraten
n	Zeitindex, Anzahl der restlichen Leasingraten
q	Zinssatz (i) + 1
$S_{HBjährlich}$	jährlicher „handelsbilanzieller" (fiktiver) Steueraufwand
s	Steuersatz, Umweltzustand
t	Zeitindex, Zeitpunkt
z_m	Zinsanteil der m-ten Leasingrate
Z	Summe der Zinsanteile aller Leasingraten

Erstes Kapitel

1 Einleitung

1.1 Problemstellung

Die Bilanzierung von Leasinggeschäften wird in der Literatur seit langem kontrovers diskutiert. Obwohl dieses Thema eine Fülle von Bilanzierungsfragen aufwirft, liegt der Schwerpunkt der überwiegenden Zahl der Beiträge auf der Frage, ob das Leasingobjekt vom Leasinggeber oder vom Leasingnehmer zu aktivieren ist. Aufgrund dieser einseitigen Schwerpunktsetzung sind trotz der zahlreichen Veröffentlichungen immer noch wichtige Fragen ungeklärt.

Diese Unklarheit ist die Folge einer Regelungslücke im HGB, das keine expliziten Regeln für die Bilanzierung von Leasingverträgen enthält. Die Regelungslücke wäre vernachlässigbar, wenn Leasinggeschäfte in der Praxis nur selten abgeschlossen würden. Daß dies nicht so ist, zeigt die hohe gesamtwirtschaftliche Bedeutung der Leasingbranche, deren Entwicklung in Deutschland mit der Gründung der ersten Leasinggesellschaften 1962 begann.[1] Entscheidenden Einfluß auf die Entwicklung der Leasingbranche hatte die Veröffentlichung der ersten beiden „Leasingerlasse" durch den Bundesfinanzminister (BMF) Anfang der 70er Jahre, durch die bis dahin bestehende Unsicherheiten hinsichtlich der steuerrechtlichen Bilanzierung beseitigt wurden.[2] Seitdem ist mit wenigen Ausnahmen in jedem Jahr ein Wachstum der Leasingbranche zu verzeichnen; die Wachstumsraten der über Leasing finanzierten Investitionen sind regelmäßig höher als die der gesamtwirtschaftlichen Investitionen.[3] Die Leasingquote, die den Anteil der Leasinginvestitionen an den gesamten Bruttoinvestitionen eines Jahres (ohne Wohnungsbau) angibt, ist von 2,1 % (1971) auf 15,1 % (1999) kontinuierlich gestiegen.[4] 1997 wurden 50 % aller außenfinanzierten Ausrüstungsinvestitionen (Maschinen, Geräte, Fahrzeuge, Geschäftsausstattung) über Leasing finanziert.[5]

Leasingverträge können sich sowohl auf Investitions- als auch auf Konsumgüter beziehen. „Klassische" Leasingobjekte sind Fahrzeuge, Büromaschinen und EDV-Anlagen; zunehmend werden aber auch Großprojekte in den Bereichen Verkehr, Transport, Telekommunikation

---

1 Ursprungsland und weltweit größter Leasingmarkt sind die USA. Erstmals verwendet wurde der Begriff „Leasing" 1877 durch die Bell Telephone Company, die neben dem Verkauf auch die Vermietung ihrer Telefone anbot. Der Aufschwung der Leasingbranche in den USA begann mit der Gründung von Leasinggesellschaften – die erste Leasinggesellschaft ist die 1952 in San Francisco gegründete United States Leasing Corporation –, die den Herstellern die Risiken der Vermietung und Finanzierung von Vermögensgegenständen abnahmen; vgl. *Feinen*, Das Leasinggeschäft, S. 13; *Spittler*, Leasing für die Praxis, S. 3.

2 Vgl. *Städtler*, Bedeutung des Finanzierungsleasing, S. 204.

3 Ausnahmen sind die Jahre 1984, 1991 und 1994; vgl. *Kayser*, Situation des Leasing, S. 1; *Städtler*, Breitengeschäft, S. 28; *Tacke*, Leasing an der Wachstumsgrenze, S. 9.

4 Vgl. *Städtler*, Breitengeschäft, S. 27 ff.

und im Energiesektor (z.B. Flugzeuge, Schienenfahrzeuge, Schiffe, Kraftwerke, Kläranlagen, Satelliten) sowie immaterielle Wirtschaftsgüter (z.B. Software,[6] Kino- und Fernsehfilme) über Leasing finanziert.[7]

In der Praxis ist das Problem der Bilanzierung von Leasingverträgen durch die Leasingerlasse des BMF weitgehend gelöst. Aufgrund der handelsrechtlichen Regelungslücke werden die steuerrechtlichen Vorschriften auch in der Handelsbilanz angewendet. Diese praktische Vorgehensweise bedeutet aber nicht zwangsläufig, daß die steuerrechtlichen Regelungen dem Zweck der handelsrechtlichen Rechnungslegung entsprechen. Die Prüfung der Zweckmäßigkeit dieser Vorschriften für die Handelsbilanz ist ein Ziel der vorliegenden Arbeit.

Seit einigen Jahren gewinnen internationale Rechnungslegungsnormen einen immer größeren Einfluß auf die Bilanzierung in Deutschland. Ausgelöst wurde die Diskussion um die „Internationalisierung der Rechnungslegung“[8] durch die Forderung nach internationaler Vergleichbarkeit von (Konzern-)Abschlüssen im Zusammenhang mit der weltweiten Öffnung der Kapitalmärkte.[9] Die Defizite, welche die deutsche Rechnungslegung nach Meinung vieler aufweist, werden mit Attributen wie „unmodern“[10], „antiquiert“[11] oder „verlogen“[12] gekennzeichnet; gefordert wird eine stärkere Ausrichtung auf die Informationsbedürfnisse der Investoren.[13] Diese Ausrichtung soll durch die Übernahme einer angelsächsischen Rechnungslegungskonzeption (US-GAAP oder IAS) erfolgen.[14]

Erste Schritte in diese Richtung sind in Deutschland mit der Verabschiedung des „Gesetzes zur Kontrolle und Transparenz im Unternehmensbereich“ (KonTraG)[15] und des „Kapital-

---

5 Vgl. *Seidel/Richter*, High Performance Leasing, S. 146.

6 Nach dem Statistikkonzept des Statistischen Bundesamtes zählt Software zu den *immateriellen* Wirtschaftsgütern; vgl. *Statistisches Bundesamt*, Mitteilungen. Für Bilanzierungszwecke ist die Einordnung von Software als materieller oder immaterieller Vermögensgegenstand umstritten; vgl. *Baetge/Fey/Weber*, § 248, Rn. 39 ff.; *Hoyos/Schmidt-Wendt*, § 247, Anm 377 ff.

7 Vgl. *Plath*, Bahnen, S. B 10; *Städtler*, Breitengeschäft, S. 29.

8 Z.B. *Herzig/Dautzenberg*, Auswirkungen, S. 23; *Heurung*, Internationalisierung, S. 297.

9 Vgl. z.B. *Pellens*, Internationale Rechnungslegung, S. 6 ff.; *Strobl*, Gläubigerschutzbestimmungen, S. 390. Zahlreiche Börsen setzen für eine Notierung von ausländischen und z.T. auch von inländischen Unternehmen eine Rechnungslegung nach „international anerkannten“ Grundsätzen voraus; vgl. *IASC*, Stock Exchanges. So verlangt z.B. die amerikanische Börsenaufsichtsbehörde *Securities and Exchange Commission* (SEC) einen Abschluß nach US-GAAP; zur Zulassung zum Neuen Markt der Frankfurter Wertpapierbörse ist ein Abschluß nach IAS oder US-GAAP erforderlich; vgl. *Pellens/Fülbier*, Rechnungslegungsregulierung, S. 573; *Schildbach*, Rechnungslegungsgremium, S. 646. Zu weiteren Gründen für die Notwendigkeit der Harmonisierung der Rechnungslegung vgl. *Pellens*, Internationale Rechnungslegung, S. 385 ff.

10 *van Hulle*, Zukunft der Rechnungslegung, S. 143.

11 *Born*, Rechnungslegung international, S. 451.

12 *Born*, Rechnungslegung international, S. 456.

13 Vgl. *Coenenberg*, Jahresabschluß, S. 43.

14 Vgl. *Schildbach*, Rechnungslegungsgremium, S. 645; *Streim*, Konzeptionslosigkeit, S. 325.

15 Vgl. BGBl. I 1998, S. 786 ff.

aufnahmeerleichterungsgesetzes" (KapAEG)[16] 1998 erfolgt. Durch das KapAEG wurde der § 292a in das HGB eingefügt, der börsennotierten Mutterunternehmen unter bestimmten Voraussetzungen die Aufstellung eines Konzernabschlusses nach „international anerkannten Rechnungslegungsgrundsätzen"[17] mit befreiender Wirkung erlaubt. Im Jahr 2000 folgte das „Kapitalgesellschaften- und Co-Richtlinie-Gesetz" (KapCoRiLiG)[18], durch das der Anwendungsbereich des § 292a HGB auf Mutterunternehmen, die selbst oder über ein Tochterunternehmen einen organisierten Kapitalmarkt in Anspruch nehmen, erweitert wurde. Derzeit konzentriert sich die Diskussion um die Harmonisierung der Rechnungslegung zwar noch auf den Konzernabschluß; die Einbeziehung des Einzelabschlusses ist aber absehbar.[19]

Aus diesem Grund werden im Rahmen der vorliegenden Arbeit auch die „international anerkannten" Vorschriften zur Bilanzierung von Leasinggeschäften betrachtet. Die Prüfung der Zweckmäßigkeit dieser Vorschriften ist ein zweites Ziel der Arbeit. Da sich IAS und US-GAAP zwar in Details, nicht aber konzeptionell unterscheiden, kann sich die Analyse auf ein Regelset beschränken.[20] Analysiert werden die US-GAAP, weil diese Vorschriften ausgereifter und detaillierter als die IAS sind. Die Ergebnisse der Analyse lassen sich aber auf die IAS übertragen.

Die *Ziele* der vorliegenden Arbeit lassen sich folgendermaßen formulieren: Im Rahmen einer ökonomischen Analyse soll geprüft werden, ob die in den jeweiligen Rechnungslegungssystemen geltenden Vorschriften zur Bilanzierung von Leasinggeschäften dazu geeignet sind, einen Beitrag zur Erfüllung des Zwecks der Rechnungslegung zu leisten. Falls die Analyse zu dem Ergebnis führt, daß die bestehenden Vorschriften unzweckmäßig sind, sollen zweckmäßige Regeln für die Bilanzierung von Leasingverträgen entwickelt werden.

Die Analyse bezieht sich in erster Linie auf den handelsrechtlichen[21] Einzelabschluß von *Kapitalgesellschaften*, insbesondere von Aktiengesellschaften.

---

16 „Gesetz zur Verbesserung der Wettbewerbsfähigkeit deutscher Konzerne an Kapitalmärkten und zur Erleichterung der Aufnahme von Gesellschafterdarlehen"; vgl. BGBl. I 1998, S. 707 ff.

17 Als „international anerkannt" gelten die IAS und die US-GAAP; vgl. *Scheffler*, Rechnungslegung und Bilanzrecht, S. 1285.

18 „Gesetz zur Durchführung der Richtlinie des Rates der Europäischen Union zur Änderung der Bilanz- und der Konzernbilanzrichtlinie hinsichtlich ihres Anwendungsbereichs (90/605/EWG), zur Verbesserung der Offenlegung von Jahresabschlüssen und zur Änderung anderer handelsrechtlicher Bestimmungen"; vgl. BGBl. I 2000, S. 154 ff.

19 Vgl. *Streim*, Konzeptionslosigkeit, S. 325. Nach den Plänen der EU-Kommission sollen ab 2005 alle an einem geregelten Markt notierten EU-Unternehmen dazu verpflichtet werden, ihre *konsolidierten Abschlüsse* nach IAS aufzustellen. Für die Verpflichtung bzw. das Wahlrecht zur Anwendung von IAS in *Einzelabschlüssen* gilt ein Mitgliedstaatenwahlrecht; vgl. *EU-Kommission*, Rechnungslegungsgrundsätze, Artikel 2, 4, 5.

20 Vgl. auch *GEFIU*, Behandlung von Leasingverträgen, S. 334; *Mellwig*, Leasing im Jahresabschluss, S. 304.

21 Der Begriff „handelsrechtliche Rechnungslegung" wird als Oberbegriff für die Rechnungslegung nach HGB und nach US-GAAP (IAS) verwendet.

1.2 Gang der Untersuchung

Das mit der vorliegenden Arbeit angestrebte Ziel soll in drei Schritten erreicht werden: Es wird erstens ein Maßstab entwickelt, der die Beurteilung bestehender Regeln bzw. die Ableitung neuer Regeln erlaubt. Zweitens werden die zu beurteilenden Regeln dargestellt, um drittens die Analyse der Regeln anhand des entwickelten Maßstabs vornehmen zu können.

Bevor diese drei Schritte „in Angriff genommen" werden, müssen im *zweiten Kapitel* einige Vorarbeiten geleistet werden, die für die Analyse der Rechnungslegungsvorschriften für Leasinggeschäfte erforderlich sind. So muß geklärt werden, was unter dem Begriff „Leasing" zu verstehen ist, welche Rechte und Pflichten bzw. Vorteile und Risiken für die Vertragspartner bestehen und wie Leasingverträge nach Insolvenz- und Zwangsvollstreckungsrecht zu behandeln sind.

Das *dritte Kapitel* dient der Herleitung des Maßstabs für die Analyse. Bilanzierungsvorschriften werden in dieser Arbeit daraufhin untersucht, inwieweit sie einen Beitrag zur Erfüllung des Zwecks der Rechnungslegung leisten können. Analysemaßstab ist folglich der Zweck der Rechnungslegung. Es ist zu untersuchen, *warum* überhaupt Rechnungslegung erforderlich ist und *wie* die Rechnungslegung grundsätzlich konzipiert sein muß, damit dieser Zweck erreicht werden kann.

Im *vierten Kapitel* werden die zu analysierenden Vorschriften, d.h. die steuerrechtlichen Leasingerlasse und die Vorschriften zur Leasingbilanzierung nach US-GAAP, dargestellt. Diese Ausführungen beschränken sich weitgehend auf eine *Beschreibung* der Vorschriften. Eine kritische Würdigung wird – von wenigen Ausnahmen abgesehen – nicht vorgenommen.

Diese Beurteilung ist Gegenstand des *fünften Kapitels*, in dem die Ergebnisse des dritten und vierten Kapitels zusammengeführt werden. Es wird analysiert, ob die steuerrechtlichen Vorschriften bzw. die Regelungen nach US-GAAP den Anforderungen an zweckmäßige Rechnungslegungsvorschriften entsprechen. Dazu werden zunächst die im dritten Kapitel erarbeiteten allgemeinen Anforderungen speziell für Leasinggeschäfte konkretisiert, um anschließend diese zweckmäßigen Regeln mit den bestehenden Vorschriften vergleichen zu können.

Die Arbeit schließt mit einer Zusammenfassung der Ergebnisse im *sechsten Kapitel*.

Zweites Kapitel

2 Rechtliche und ökonomische Aspekte des Leasing

In diesem Kapitel sollen die in der Einleitung angesprochenen „Vorarbeiten" geleistet werden. Die Ausführungen beschäftigen sich schwerpunktmäßig mit folgenden drei Bereichen:

Die Analyse von Rechnungslegungsvorschriften erfordert erstens die Präzisierung des betrachteten Sachverhalts. Die ersten Gliederungspunkte dieses Kapitels beschäftigen sich daher mit der *Definition* des Begriffs „Leasing", mit der *zivilrechtlichen Einordnung* von Leasingverträgen sowie mit verschiedenen *Ausprägungen* von Leasinggeschäften. Da im Rahmen der Rechnungslegung die Haftungsmasse eine wichtige Rolle spielt, werden zweitens die Vorschriften zur Behandlung von Leasingverträgen im Fall der *Zwangsvollstreckung* sowie in der *Insolvenz* dargestellt. Drittens werden *Vorteile und Risiken* von Leasinggeschäften erläutert, die häufig als Argumente für eine bestimmte Bilanzierungsmethode angeführt werden.

2.1 Der Begriff des Leasing

2.1.1 Definition und rechtliche Einordnung des Leasing

Für den Begriff des Leasing findet sich im deutschen Recht keine Legaldefinition. In der Praxis existiert eine solche Vielzahl an Erscheinungsformen und Gestaltungsmöglichkeiten von Leasinggeschäften, daß es schwerfällt, eine einheitliche Definition zu finden.[1]

Im Schrifttum wird Leasing häufig als *zeitlich begrenzte Nutzungs- oder Gebrauchsüberlassung* von beweglichen und unbeweglichen Gegenständen *gegen ein periodisch wiederkehrendes Entgelt* definiert.[2] Nach den Definitionen des FASB[3] und des IASC[4] ist Leasing

---

1 Vgl. *Büschgen*, Grundlagen, Rdnr. 1, 9; *Hiddemann*, Rechtsprechung, S. 834.

2 Vgl. z.B. *ADS*, § 246, Tz. 385; *Gelhausen/Gelhausen*, Bilanzierung von Leasingverträgen, Rn. 1; *Glasel*, Leasing, Rz 4; *Isele*, Leasingverhältnisse, Rn. 425; *Köhlertz*, Bilanzierung von Leasing, S. 4; *Leffson*, Darstellung von Leasingverträgen (I), S. 637.

3 Das *Financial Accounting Standards Board* (FASB) ist eine 1973 gegründete Institution, die der bedeutendste Standardsetter für die US-amerikanische Rechnungslegung ist. Das FASB veröffentlicht Rechnungslegungsvorschriften in *Statements of Financial Accounting Standards* (SFAS), *Interpretations* (FIN), *Technical Bulletins* (FTB) und *Statements of Financial Accounting Concepts* (SFAC); vgl. *Pellens*, Internationale Rechnungslegung, S. 103 ff.

4 Das *International Accounting Standards Committee* (IASC) ist eine 1973 gegründete privatrechtliche Vereinigung mit Sitz in London, deren Ziel die Erarbeitung und Veröffentlichung von Rechnungslegungsgrundsätzen ist, die weltweit akzeptiert und angewendet werden. Dadurch soll die Harmonisierung der Rechnungslegung gefördert werden (Constitution Abs. 2).

- „[...] defined as an agreement conveying the right to use property, plant, or equipment (land and/or depreciable assets) usually for a stated period of time." (SFAS 13 Abs. 1);
- „[...] an agreement whereby the lessor conveys to the lessee in return for a payment or series of payments the right to use an asset for an agreed period of time." (IAS 17 Abs. 3).

Der BFH nennt in seinem Grundsatzurteil zur steuerlichen Behandlung von Leasingverträgen die „entgeltliche Gebrauchs- oder Nutzungsüberlassung von Wirtschaftsgütern"[5] als wesentliches Merkmal, räumt aber ein, daß dies kein hinreichendes Kriterium für das Vorliegen von Leasing sein könne, da dieses Merkmal auch bei normalen Miet- oder Pachtverträgen erfüllt sei.[6]

Unabhängig von einer genauen Definition des Begriffs „Leasing" werden Bilanzierungsvorschriften für Leasinggeschäfte in der Literatur häufig aus der zivilrechtlichen Einordnung solcher Verträge abgeleitet.[7] Die schuldrechtliche Qualifizierung von Leasingverträgen ist umstritten, weil im BGB entsprechende Regelungen fehlen. Aus der Vielzahl verschiedener Vertragsgestaltungen lassen sich aber *zwei grundsätzliche Ausprägungen* identifizieren, deren zivilrechtliche Einordnung unterschiedlich beurteilt wird:

Unproblematisch ist die schuldrechtliche Qualifizierung des *Operating-Leasing*. Wesentliche Merkmale von Operating-Leasingverträgen sind die im Vergleich zur betriebsgewöhnlichen Nutzungsdauer des Gegenstands kurze Vertragslaufzeit sowie die jederzeitige oder kurzfristige Kündigungsmöglichkeit unter Einhaltung der vereinbarten Fristen.[8] Das Investitionsrisiko, d.h. das Risiko, daß die durch eine Investition erwirtschafteten Einzahlungen nicht die dafür erforderlichen Auszahlungen decken, trägt der Leasinggeber, da eine vollständige Amortisation des Leasingobjektes i.d.R. erst nach mehrmaliger Vermietung erfolgt.[9] Die Notwendigkeit zur mehrfachen Vermietung bedingt, daß sich Operating-Leasingverträge in erster Linie auf Standardwirtschaftsgüter beziehen, für die ein breiter Vermietungsmarkt besteht.[10] Für Wartung und Instandhaltung des Leasingobjektes ist der Leasinggeber verantwortlich.[11]

Diese Merkmale ermöglichen eine eindeutige schuldrechtliche Einordnung von Operating-Leasing. In der Literatur herrscht Einigkeit darüber, daß Operating-Leasingverträge

---

5 *BFH* vom 26.01.1970, S. 266.
6 Vgl. *BFH* vom 26.01.1970, S. 266.
7 Eine solche Vorgehensweise wählen z.B. *Hastedt*, Gewinnrealisation, S. 105 ff. und *Lenz*, Bilanzierung von Mobilien-Leasingverträgen, S. 202 ff.
8 Vgl. *BFH* vom 26.01.1970, S. 266; *Büschgen*, Grundlagen, Rdnr. 15; *Maus*, Leasing im Handels- und Steuerrecht, Rdn. 57.
9 Vgl. *Glasel*, Leasing, Rz 11; *Tacke*, Leasing, S. 2.
10 Vgl. *BFH* vom 26.01.1970, S. 266; *Maus*, Leasing im Handels- und Steuerrecht, Rdn. 58.
11 Vgl. *BFH* vom 26.01.1970, S. 266; *Martinek*, Vertragstypen, S. 54.

Mietverträge i.S.d. §§ 535 ff. BGB sind.[12] Der Begriff „Leasing" wird nur aus Marketing-Gründen verwendet.

Die rechtliche Einordnung des *Finanzierungsleasing* bereitet dagegen Schwierigkeiten. Finanzierungsleasingverträge sind durch die Vereinbarung einer Grundmietzeit charakterisiert, während der die Kündigung des Vertrags für beide Vertragspartner ausgeschlossen ist.[13] Im Anschluß an die Grundmietzeit hat der Leasingnehmer häufig die Option, das Leasingobjekt zu einem schon bei Vertragsabschluß festgelegten Preis zu erwerben (Kaufoption) oder zu einer bereits bei Vertragsabschluß vereinbarten Miete weiter zu nutzen (Mietverlängerungsoption).[14] Ebenso kann dem Leasinggeber ein Andienungsrecht eingeräumt werden, das ihm die Möglichkeit gibt, den Leasingnehmer nach Ablauf der Grundmietzeit zum Kauf des Leasinggegenstands zu einem bei Vertragsabschluß festgelegten Preis zu verpflichten.[15]

Bei Finanzierungsleasing sind zwei Vertragsformen zu unterscheiden: *Vollamortisationsverträge* (Full-pay-out-Verträge) sind dadurch charakterisiert, daß die während der Grundmietzeit vom Leasingnehmer gezahlten Leasingraten die Anschaffungs-/Herstellungskosten des Leasingobjektes sowie alle Finanzierungs- und Nebenkosten des Leasinggebers decken, während bei *Teilamortisationsverträgen* (Non-full-pay-out-Verträge) die Amortisation erst durch die Veräußerung des Leasinggegenstands nach Beendigung des Leasingvertrags oder durch Schlußzahlungen des Leasingnehmers erreicht wird.[16] Das Investitionsrisiko liegt folglich beim Leasingnehmer, der dem Leasinggeber die vollständige Amortisation seiner Aufwendungen garantieren muß und die Gefahr des Untergangs oder der Verschlechterung des Leasingobjektes (Sach- und Preisgefahr) trägt.[17] Wartung und Instandhaltung werden i.d.R. vom Leasingnehmer durchgeführt.[18]

Zu beachten ist, daß der BFH in seinem Grundsatzurteil sowie der BMF im Rahmen seiner Leasingerlasse von dieser Definition des Finanzierungsleasing insofern abweichen, als sie

---

[12] Vgl. *Büschgen*, Grundlagen, Rdnr. 18; *Ebenroth*, Rechtsgeschäft, S. 590; *Flume*, Rechtsverhältnis des Leasing – Teil I, S. 2; *Gelhausen/Gelhausen*, Bilanzierung von Leasingverträgen, Rn. 2; *Glasel*, Leasing, Rz 11; *Martinek*, Vertragstypen, S. 66.

[13] Vgl. *BFH* vom 26.01.1970, S. 267. Die Vereinbarung einer unkündbaren Grundmietzeit schließt eine fristlose Kündigung bei Vertragsverletzungen sowie eine Vertragsauflösung in beiderseitigem Einvernehmen nicht aus; vgl. *Bähr/Weigell*, Kündigung eines Leasingvertrags, S. 1633, die auch mögliche Kündigungsgründe diskutieren; vgl. S. 1633 f.

[14] Vgl. *Isele*, Leasingverhältnisse, Rn. 450.

[15] Vgl. *Isele*, Leasingverhältnisse, Rn. 451.

[16] Vgl. *Coenenberg*, Jahresabschluß, S. 199 f.; *Gelhausen/Gelhausen*, Bilanzierung von Leasingverträgen, Rn. 9, 14; *Sigloch*, Leasing, S. 480.

[17] Vgl. *BFH* vom 26.01.1970, S. 267; *Tacke*, Leasing, S. 2. Auch bei Teilamortisationsverträgen hat der Leasinggeber regelmäßig einen Anspruch auf Vollamortisation, der aber erst durch Zahlungen nach Ablauf der Grundmietzeit erfüllt wird; vgl. *BFH* vom 26.01.1970, S. 267; *Engel*, Miete, Rz. 142; *Martinek*, Vertragstypen, S. 73, 88.

[18] Vgl. *Gelhausen/Gelhausen*, Bilanzierung von Leasingverträgen, Rn. 4.

Finanzierungsleasing nur bei Vollamortisation durch die *während* der Grundmietzeit gezahlten Leasingraten annehmen.[19] Unklar bleibt die Klassifikation von Teilamortisationsverträgen, die über eine unkündbare Grundmietzeit abgeschlossen werden und damit weder die Voraussetzungen für Operating- noch für Finanzierungsleasing erfüllen.

Für Finanzierungsleasing werden in der juristischen Literatur die unterschiedlichsten Möglichkeiten der zivilrechtlichen Einordnung diskutiert. Übereinstimmungen werden insbesondere mit folgenden Vertragsarten gesehen:

- Leasingverträge werden als *reine*[20] oder *atypische*[21] *Mietverträge* bezeichnet. Diese Auffassung wird damit begründet, daß das Ziel von Leasingverträgen in der Gebrauchsüberlassung des Leasingobjektes für eine bestimmte Zeit liege.[22] Es wird hervorgehoben, daß beim Leasingvertrag – wie beim Mietvertrag – zwischen dem (juristischen) Eigentum und der Nutzung des Objektes zu trennen sei.[23] Entscheidend sei, daß die Leasingraten nicht für den Erwerb der Sache bzw. des Eigentums, sondern für die Nutzung gezahlt werden.[24]

  Das „Atypische" bei Leasingverträgen im Vergleich zu reinen Mietverträgen resultiert aus Besonderheiten wie der Gefahrtragung durch den Leasingnehmer, dem Ausschluß der Gewährleistung durch den Leasinggeber, der Unkündbarkeit des Vertrags während der Grundmietzeit sowie dem Vollamortisationsanspruch des Leasinggebers.[25]

- Eine stärkere Gewichtung der Besonderheiten des Leasing im Vergleich zur Miete führt zur Klassifizierung von Leasingverträgen als *(Raten-)Kaufverträge*. Obwohl das Hauptmerkmal von Kaufverträgen die Übertragung des Eigentums ist (§ 433 Abs. 1 Satz 1 BGB), die bei Leasingverträgen nicht zwangsläufig stattfindet, werden Leasingverträge unter diese Vertragsart subsumiert, weil der Leasinggeber nach Ablauf der Grundmietzeit kein Interesse an der Rücknahme des Leasingobjektes habe. Der Leasinggeber behält zwar

---

19 Vgl. *BFH* vom 26.01.1970, S. 267; *BMF* vom 19.04.1971, S. 1 f.; *BMF* vom 22.12.1975, S. 1; *BMF* vom 23.12.1991, S. 1.

20 Vgl. *Blomeyer*, Sachmängelhaftung, S. 973 f.; *Döllerer*, Nutzungsrecht, S. 539; *Leffson*, Darstellung von Leasingverträgen (I), S. 638 f.

21 Vgl. *Clausen*, Aktivierung bei Leasing-Verträgen, Anm. 1107; *Emmerich*, Grundprobleme, S. 3 f.; *Engel*, Miete, Rz. 112 ff.; *Graf von Westphalen*, Leasingvertrag, Rz. 131; *Köhlertz*, Bilanzierung von Leasing, S. 26; *Kügel*, Rechtsnatur, Rdnr. 60 ff.; *Reinicke/Tiedtke*, Leasing, S. 8 ff.; *Schirduan*, Finanzierungs-Leasing, S. 67; *Seifert*, Leasing aus rechtlicher Sicht, S. 55 f.; *Weidenkaff*, Einf. v. § 535, Rn 28. Nach der Rechtsprechung des BGH sind auf Leasingverträge „in erster Linie" mietrechtliche Vorschriften anzuwenden; vgl. *BGH* vom 28.10.1981, S. 871; *BGH* vom 02.12.1981, S. 152; *BGH* vom 09.10.1985, S. 1448; *BGH* vom 30.09.1987, S. 2451.

22 Vgl. *Engel*, Miete, Rz. 112; *Flume*, Rechtsfigur, S. 266; *Hock/Frost*, Ratgeber Leasing, Rdnr. 35; *Kügel*, Rechtsnatur, Rdnr. 60; *Schirduan*, Finanzierungs-Leasing, S. 66.

23 Vgl. *Flume*, Rechtsverhältnis des Leasing – Teil I, S. 1.

24 Vgl. *Flume*, Rechtsverhältnis des Leasing – Teil I, S. 5.

25 Vgl. *Clausen*, Aktivierung bei Leasing-Verträgen, Anm. 1107; *Engel*, Miete, Rz. 113; *Flume*, Rechtsfigur, S. 267; *Flume*, Rechtsverhältnis des Leasing – Teil II, S. 53 ff.; *Köhlertz*, Bilanzierung von Leasing, S. 21 f.

zumindest für die Dauer der Grundmietzeit das (juristische) Eigentum, zum einen als Sicherheit für die Kreditierung des Kaufpreises, zum anderen, um aus steuerlichen Gründen eine Zurechnung des Leasingobjektes zum Leasingnehmer zu vermeiden.[26] Die rechtliche Stellung des Leasingnehmers und die Verteilung der Risiken entsprechen aber, insbesondere durch den Übergang der Sach- und Preisgefahr auf den Leasingnehmer, der eines Käufers.[27] Darüber hinaus wird eine kaufrechtliche Einordnung aus dem Vollamortisationsanspruch des Leasinggebers abgeleitet, durch den letztlich die „Substanz der Sache"[28] übertragen werde.[29] Die Leasingraten würden nicht für den Gebrauch, sondern für die Sache selbst gezahlt.[30]

In der Literatur wird auch die Einordnung des Leasing als *Rechtskauf* vertreten. Danach erwirbt der Leasingnehmer das Recht zur zeitlich begrenzten Nutzung des Leasingobjektes, während der Leasinggeber aus steuerlichen Gründen Eigentümer der Sache bleibt.[31]

- Bei der Einordnung des Leasing als *Darlehen* steht nicht die Gebrauchsüberlassung, sondern die Finanzierung des Leasingobjektes durch den Leasinggeber im Vordergrund, durch welche die Investition erst ermöglicht wird.[32] Der Unterschied zwischen Darlehen und Miete liegt darin, daß beim Darlehen nicht die überlassene Sache selbst, sondern andere vertretbare Sachen gleicher Art, Menge und Güte zurückzugeben sind (§ 607 Abs. 1 BGB). Der Darlehensnehmer ist folglich nicht nur zum *Ge*brauch, sondern auch zum *Ver*brauch der Sache berechtigt, er wird Eigentümer.

  Gegenstand des Darlehens könnte einerseits das Leasingobjekt sein. In diesem Fall scheitert die Qualifizierung des Leasing als Darlehen ebenso wie der Kauf am fehlenden Eigentumsübergang. Darüber hinaus muß der Leasinggeber nicht vertretbare Sachen

---

26 Vgl. *Ebenroth*, Rechtsgeschäft, S. 593; *Fikentscher*, Schuldrecht, Rdn. 831; *Papapostolou*, Risikoverteilung, S. 52. Die steuerrechtlichen Zurechnungskriterien werden im vierten Kapitel dargestellt.

27 Vgl. *Ebenroth*, Rechtsgeschäft, S. 592 f.; *Lwowski*, Nutzungsverträge, S. 89; *Papapostolou*, Risikoverteilung, S. 53.

28 *Ebenroth*, Rechtsgeschäft, S. 593.

29 Vgl. *BGH* vom 11.01.1995, S. 669; *Lwowski*, Nutzungsverträge, S. 89 f.

30 Vgl. *Ebenroth*, Rechtsgeschäft, S. 591 f.; *Papapostolou*, Risikoverteilung, S. 52.

31 Vgl. *Lenz*, Bilanzierung von Mobilien-Leasingverträgen, S. 33 ff.; *Lwowski*, Nutzungsverträge, S. 97; *Plathe*, Beurteilung des Leasing-Geschäfts, S. 604 f. Eine besondere Form des Kaufs, die auf den ersten Blick einem Leasingvertrag sehr nahe kommt, ist der *Mietkauf*. Beim Mietkauf wird dem Mieter das Recht eingeräumt, die Sache zu einem bei Vertragsabschluß festgelegten Preis zu kaufen, wobei die bis zum Kauf gezahlten Mietraten auf den Kaufpreis angerechnet werden; vgl. *Weidenkaff*, Einf. v. § 535, Rn 22. Während der Mietdauer liegt das Eigentum zwar beim Vermieter, geht aber mit Ausübung der Kaufoption auf den Mieter über; vgl. *Tacke*, Leasing, S. 5 f. Häufig wird auch ein automatischer Eigentumsübergang mit Zahlung der letzten Rate vereinbart. In diesem Eigentumsübergang, der schon bei Vertragsabschluß feststeht und gewünscht ist, liegt der Unterschied zu Leasingverträgen mit Kaufoption. Während die Leasingraten nur für die Nutzung des Leasingobjekts gezahlt werden, gehören die Mietzahlungen bereits zum Kaufpreis; vgl. *Martinek*, Vertragstypen, S. 79. Zur Abgrenzung von Mietkauf und Leasing vgl. auch *Veigel/Lentschig*, Leasing im Steuerrecht, S. 107 f.

32 Vgl. *Martinek*, Vertragstypen, S. 80.

gleicher Art, Menge und Qualität zurückgeben, sondern genau das Leasingobjekt, das er vom Leasinggeber empfangen hat.[33] Andererseits könnte ein Gelddarlehen vorliegen, dadurch, daß der Leasinggeber für den Leasingnehmer den Kaufpreis an den Lieferanten zahlt. Dieser Einordnungsversuch scheitert am fehlenden Anspruch des Lieferanten gegenüber dem Leasingnehmer auf die Rückzahlung des geschuldeten Betrags.[34]

- Die Qualifizierung von Leasingverträgen als *Geschäftsbesorgung*[35] ergibt sich aus der Tatsache, daß der Leasinggeber das Leasingobjekt nach den Wünschen des Leasingnehmers erst beim Abschluß des Leasingvertrags erwirbt und damit im Interesse des Leasingnehmers handelt.[36] Die Geschäftsbesorgung liegt im Abschluß des Kaufvertrags zwischen Leasinggeber und Lieferant.[37]
- Im Rahmen der Vorschläge, Leasing als *typengemischten Vertrag* zu charakterisieren, finden sich verschiedene Ansätze. *Canaris* betont die darlehens- und geschäftsbesorgungsrechtlichen Elemente. Gegenstand des Darlehens sei der Kaufpreis des Leasingobjektes, den der Leasingnehmer im Rahmen der Aufwendungsersatzpflicht nach § 670 BGB beim Geschäftsbesorgungsvertrag durch aufwandsabhängige Leasingraten zu ersetzen habe.[38] Für *Papapostolou* und *Lenz* verbinden sich beim Leasing kauf- und darlehensrechtliche Elemente; sie halten Leasing für einen Rechtskauf in Verbindung mit einem Vereinbarungsdarlehen.[39]
- Vertreter der Meinung, bei Leasing handele es sich um einen *Vertrag eigener Art* (Vertrag sui generis), argumentieren mit den zentralen Abweichungen vom Mietrecht.[40] Diese beruhen auf der Dominanz[41] der Finanzierungsfunktion oder zumindest auf der Gleichwertigkeit[42] von Gebrauchsüberlassungs- und Finanzierungsfunktion. Daraus resultieren gravierende Unterschiede im Vergleich zum Mietvertrag, insbesondere der

---

33 Vgl. *Ebenroth*, Rechtsgeschäft, S. 591; *Martinek*, Vertragstypen, S. 81.

34 Vgl. *Lenz*, Bilanzierung von Mobilien-Leasingverträgen, S. 32; *Martinek*, Vertragstypen, S. 81.

35 Ein Geschäftsbesorgungsvertrag ist ein Werkvertrag, der eine selbständige Tätigkeit wirtschaftlicher Art im fremden Interesse zum Inhalt hat (§ 675 BGB); vgl. *Köbler*, Schuldrecht, S. 301.

36 Vgl. *Canaris*, Wandelung, S. 305; *Koch/Haag*, Rechtsnatur des Leasing-Vertrages, S. 95; *Lieb*, Leitbild des Finanzierungs-Leasing, S. 947.

37 Vgl. *Koch/Haag*, Rechtsnatur des Leasing-Vertrages, S. 96.

38 Vgl. *Canaris*, Rechtsnatur des Finanzierungsleasing, S. 453 f.; *Canaris*, Wandelung, S. 305 f.; *Larenz/Canaris*, Lehrbuch des Schuldrechts, S. 106 f.

39 Vgl. *Lenz*, Bilanzierung von Mobilien-Leasingverträgen, S. 35 ff; *Papapostolou*, Risikoverteilung, S. 57 ff. Bei einem Vereinbarungsdarlehen vereinbaren Schuldner und Gläubiger, daß die geschuldeten Sachen als Darlehen geschuldet werden (§ 607 Abs. 2 BGB).

40 Vgl. *Bernstein*, Tatbestand des Mobilien-Finanzierungsleasingvertrages, S. 149 ff.; *Habersack*, Finanzierungsleasing, RdNr. 25; *Hastedt*, Gewinnrealisation, S. 96 ff.; *Lieb*, Leitbild des Finanzierungs-Leasing, S. 946; *Roth*, Inhaltskontrolle, S. 312; *Runge*, Leasing im Zivilrecht, S. 6; *Runge/Bremser/Zöller*, Leasing, S. 234.

41 Vgl. *Hastedt*, Gewinnrealisation, S. 104.

42 Vgl. *Martinek*, Vertragstypen, S. 73, 88.

Vollamortisationsanspruch des Leasinggebers, die Abwälzung der Gefahren auf den Leasingnehmer sowie die Instandhaltungspflicht des Leasingnehmers.[43]

In Abbildung 1 werden die für die Herleitung von Bilanzierungsvorschriften relevanten Pflichten des Leasinggebers und -nehmers zusammengefaßt:[44]

Pflichten des...	
...Leasinggebers	**...Leasingnehmers**
Finanzierungsleasing	
• Beschaffung des Leasinggegenstands, i.d.R. nach den Wünschen des Leasingnehmers; • Verschaffung und Überlassung der Nutzung des Leasingobjektes für die vereinbarte Zeit; • Finanzierung des Kaufpreises des Leasinggegenstands; • keine Haftung für Mängel am Leasingobjekt, aber Abtretung der Gewährleistungsansprüche gegenüber dem Lieferanten des Gegenstands.	• Zahlung der Leasingraten und ggf. vereinbarter Abschlußzahlungen; • Garantie der Vollamortisation des Leasingobjektes; • Wartung und Instandhaltung des Leasinggegenstands; • Übernahme der Sachgefahr, d.h. des Risikos der Beschädigung, Verschlechterung und des Untergangs der Sache; • Übernahme der Preisgefahr, d.h. der Gefahr, die vereinbarten Leasingraten auch bei zufälligem Untergang oder zufälliger Verschlechterung der Sache bis zur vollständigen Amortisation zahlen zu müssen.
Operating-Leasing	
• Verschaffung und Überlassung der Nutzung des Leasingobjektes für die vereinbarte Zeit; • Wartung und Instandhaltung des Leasinggegenstands; • Haftung für Mängel am Leasingobjekt sowie für Rechtsmängel.	• Zahlung der Leasingraten; • Rückgabe des Leasingobjektes nach Ablauf der Mietzeit.

Abbildung 1: Pflichten aus Leasingverträgen

Quelle: In Anlehnung an *Larenz/Canaris*, Lehrbuch des Schuldrechts, S. 109 ff.; *Leenen*, Pflichten des Leasinggebers, S. 275; *Lieb*, Leitbild des Finanzierungs-Leasing, S. 948; *Martinek*, Vertragstypen, S. 67 f.; *Seifert*, Rechtsfragen, S. 4.

2.1.2 Erscheinungsformen des Leasing

Leasinggeschäfte lassen sich nach verschiedenen Kriterien unterscheiden:

- Nach der Stellung des Leasinggebers ist zwischen direktem und indirektem Leasing zu differenzieren. Bei *direktem Leasing* (Hersteller-/Händlerleasing) wird der Leasingvertrag

---

43 Vgl. *Leenen*, Rechtsfindung, S. 155; *Martinek*, Vertragstypen, S. 88; *Stoppok*, Leasing aus rechtlicher Sicht, S. 17.

44 Zur Notwendigkeit der Kenntnis zivilrechtlicher Zusammenhänge für die Bilanzierung vgl. auch *Döllerer*, Grundsätze, S. 779.

unmittelbar zwischen dem Lieferanten (Hersteller/Händler) des Leasingobjektes und dem Leasingnehmer geschlossen, während bei *indirektem Leasing* der Leasinggeber, i.d.R. eine unabhängige Leasinggesellschaft, den Vermögensgegenstand vom Hersteller/ Händler erwirbt und an den Leasingnehmer vermietet.[45]

- Nach der Stellung des Leasingnehmers wird zwischen Privatleasing, gewerblichem Leasing und Kommunalleasing differenziert. Beim *Privatleasing* sind die Leasingnehmer Privatpersonen (insbesondere bei Kfz-Leasing), während die Zielgruppe von *gewerblichem Leasing* Unternehmen sind, welche die Leasingobjekte zu betrieblichen Zwecken nutzen.[46] Im weiteren Sinne zählt auch das *Kommunalleasing* zum gewerblichen Leasing, bei dem Länder und Gemeinden die Leasingnehmer sind.[47]
- In Bezug auf die Art des Leasingobjektes spricht man von Mobilien- bzw. Immobilienleasing. Beim *Mobilienleasing* werden bewegliche Güter vermietet. Dabei kann es sich um die im Regelfall längerfristige Überlassung von Investitionsgütern (*Investitionsgüterleasing*) oder um die kurz- bis mittelfristige Überlassung von Konsumgütern (*Konsumgüterleasing*) handeln.[48] Beim *Immobilienleasing* sind die Leasingobjekte unbewegliche Sachen, d.h. bebaute und unbebaute Grundstücke.[49]
- Nach der Laufzeit des Vertrags unterscheidet man *Shortleasing* bei Vertragslaufzeiten bis zu drei Jahren und *Longleasing* bei längeren Vertragsdauern.[50]
- Nach dem Leistungsumfang ist zwischen Brutto- und Nettoleasing zu differenzieren. Bei *Bruttoleasingverträgen*, die als Full- oder Teilserviceverträge ausgestaltet sein können, sind Serviceleistungen des Leasinggebers Bestandteil des Vertrags, während beim *Nettoleasing* nur Gebrauchsüberlassung und Finanzierung vereinbart werden.[51]

Darüber hinaus haben sich in der Praxis zahlreiche Varianten und Gestaltungsmöglichkeiten entwickelt, von denen hier nur einige wichtige dargestellt werden:

- Im Fall des *Spezialleasing* ist der Leasinggegenstand so nach den individuellen Wünschen und Bedürfnissen des Leasingnehmers gestaltet, daß er wirtschaftlich sinnvoll

---

45 Vgl. *Blödorn*, Integriertes Rechnungswesen, S. 29 f.; *Lüem*, Leasingverträge, S. 56 f.; *Tacke*, Leasing, S. 3.
46 Vgl. *Dietz*, Grundlagen des Leasing, S. 1142 ff.; *Sigloch*, Leasing, S. 480.
47 Vgl. *Maus*, Leasing im Handels- und Steuerrecht, Rdn. 86; *Sigloch*, Leasing, S. 480; *Tacke*, Leasing, S. 251. Zur Bedeutung des Kommunalleasing vgl. *Kaligin*, Immobilienleasing, S. 236 f.
48 Vgl. *Havermann*, Leasing, Sp. 1249 f.
49 Vgl. *Hock/Frost*, Ratgeber Leasing, Rdnr. 24; *Schirduan*, Finanzierungs-Leasing, S. 17.
50 Vgl. *Blödorn*, Integriertes Rechnungswesen, S. 31; *Maus*, Leasing im Handels- und Steuerrecht, Rdn. 86.
51 Vgl. *Blödorn*, Integriertes Rechnungswesen, S. 31; *Hock/Frost*, Ratgeber Leasing, Rdnr. 27; *Maus*, Leasing im Handels- und Steuerrecht, Rdn. 86; *Schirduan*, Finanzierungs-Leasing, S. 17.

nur von ihm genutzt werden kann und der Leasinggeber nach Ablauf der Grundmietzeit an einer Rückgabe nicht interessiert ist.[52]

- Beim *Null-Leasing*, das insbesondere im Bereich des privaten Kfz-Leasing Anwendung findet, überläßt der Leasinggeber dem Kunden das Leasingobjekt gegen Entrichtung einer Sonderzahlung und periodisch fälliger Leasingraten. Am Ende der Vertragslaufzeit hat der Leasingnehmer die Möglichkeit, das Leasingobjekt zu einem bei Vertragsabschluß vereinbarten Preis zu kaufen, wobei die insgesamt geleisteten Zahlungen die Anschaffungs-/Herstellungskosten des Objektes nicht überschreiten. Folglich sind in den Zahlungen keine Zinsanteile enthalten.[53]
- Als *Cross-Border-Leasing* werden Verträge bezeichnet, bei denen Leasinggeber und Leasingnehmer in unterschiedlichen Ländern ansässig sind. Probleme können dabei insbesondere durch unterschiedliche bilanz-, zivil- und steuerrechtliche Vorschriften in den einzelnen Ländern auftreten.[54]
- Beim *Sale-Leaseback-Verfahren* verkauft der Leasingnehmer ein in seinem Eigentum stehendes Investitionsgut an eine Leasinggesellschaft, um es anschließend von dieser Gesellschaft zu mieten.[55] Dieses Verfahren dient neben der Beschaffung liquider Mittel insbesondere bilanzpolitischen Zielen.[56]

2.2 Leasingverträge bei Zwangsvollstreckung und Insolvenz

2.2.1 Zwangsvollstreckung

2.2.1.1 Zwangsvollstreckung durch die Gläubiger des Leasingnehmers

Erfüllt der Leasingnehmer seine Verpflichtungen gegenüber seinen Gläubigern nicht, besteht für die Gläubiger grundsätzlich die Möglichkeit,

- auf den Leasinggegenstand,
- auf das Nutzungsrecht sowie
- auf vertragliche Nebenrechte (Optionen, Restwertbeteiligung)

zuzugreifen.[57]

---

52 Vgl. *BFH* vom 26.01.1970, S. 273; *Engel*, Miete, Rn. 64; *Graf von Westphalen*, Leasingvertrag, Rz. 39; *Maus*, Leasing im Handels- und Steuerrecht, Rdn. 82.

53 Vgl. *Hock/Frost*, Ratgeber Leasing, Rdnr. 28; *Paschke*, Null-Leasing, S. 1193.

54 Vgl. *Ebenroth*, Leasing im grenzüberschreitenden Verkehr, S. 118; *Engel*, Miete, Rz. 167 f.; *Spittler*, Leasing für die Praxis, S. 11.

55 Vgl. *Maus*, Leasing im Handels- und Steuerrecht, Rdnr. 81; *Süchting*, Finanzmanagement, S. 171.

56 Vgl. *Hoffmann*, Implikationen von Sale-and-lease-back-Geschäften, S. 1520; *Hoffmann*, Sale-and-lease-back-Geschäfte, S. 19.

57 Vgl. *Berninghaus*, Leasing in der Zwangsvollstreckung, Rdnr. 1.

Die Regeln zur Zwangsvollstreckung beruhen auf dem Grundsatz, daß nur in das (juristische) Vermögen des Schuldners vollstreckt werden darf. Da der Leasinggeber juristischer Eigentümer des Leasingobjektes bleibt, ist eine Zwangsvollstreckung in das Leasingobjekt durch die Gläubiger des Leasingnehmers grundsätzlich nicht möglich.[58] Dieser Grundsatz wird durch das Zwangsvollstreckungsrecht für Mobilien und Immobilien folgendermaßen konkretisiert:

Bei *beweglichen Vermögenswerten* erfolgt die Zwangsvollstreckung durch Pfändung und Verwertung (§ 803 ZPO). Die Pfändung einer Sache setzt voraus, daß sie sich im Besitz („Gewahrsam") des Schuldners befindet (§ 808 Abs. 1 ZPO); der Schuldner muß jedoch nicht Eigentümer der Sache sein.[59] Folglich ist eine Pfändung des Leasingobjektes durch die Gläubiger des Leasingnehmers grundsätzlich wirksam.[60] Da das Leasingobjekt aber aufgrund des fehlenden juristischen Eigentums nicht zum Vermögen des Leasingnehmers gehört, hat der Leasinggeber die Möglichkeit, durch eine Drittwiderspruchsklage die Verwertung durch die Gläubiger des Leasingnehmers zu verhindern und die Herausgabe des Leasingobjektes zu verlangen (§ 771 Abs. 1 ZPO).[61] Ist das Leasingobjekt bereits versteigert worden, verliert der Leasinggeber zwar sein Eigentum, hat aber nach § 812 Abs. 1 Satz 1 BGB Anspruch auf die Herausgabe des Veräußerungserlöses. Hinzu kommen Schadensersatzansprüche gegen den Leasingnehmer wegen positiver Forderungsverletzung des Leasingvertrags, wenn dieser den Leasinggeber nicht rechtzeitig über die Pfändung unterrichtet hat.[62]

Bei *Immobilien* ist eine Pfändung des Leasingobjektes durch die Gläubiger des Leasingnehmers nicht möglich, weil eine Pfändung nur bei solchen Immobilien zulässig ist, bei denen der Schuldner als Eigentümer im Grundbuch eingetragen ist.[63]

Nach § 857 ZPO ist auch eine Vollstreckung in andere Vermögenswerte, d.h. in Rechte, deren Verwertung die Ansprüche der Gläubiger befriedigen kann, zulässig.[64] Zu diesen anderen Vermögenswerten zählt das *Nutzungsrecht* des Leasingnehmers.[65] Eine Pfändung des Nutzungsrechts ist jedoch nur dann möglich, wenn das Recht übertragen bzw. die Ausübung des Rechts einem Dritten überlassen werden darf (§§ 851, 857 Abs. 3 ZPO). Der

---

58 Vgl. *Berninghaus*, Leasing in der Zwangsvollstreckung, Rdnr. 2.
59 Vgl. *Borggräfe*, Zwangsvollstreckung, S. 78; *Hartmann*, § 808, Rn. 1; *Jauernig*, Insolvenzrecht, S. 77 f.; *Seifert*, Rechtsfragen, S. 11.
60 Vgl. *Hartmann*, § 808, Rn. 1; *Herget*, § 771, Rn 3.
61 Vgl. *Berninghaus*, Leasing in der Zwangsvollstreckung, Rdnr. 4.
62 Die Unterrichtung des Leasinggebers über die Pfändung gehört zu den Nebenpflichten des Leasingnehmers aus dem Leasingvertrag; vgl. *Borggräfe*, Zwangsvollstreckung, S. 93 ff.; *Hock/Frost*, Ratgeber Leasing, Rdnr. 231.
63 Vgl. *Berninghaus*, Leasing in der Zwangsvollstreckung, Rdnr. 2.
64 Vgl. *Stöber*, § 857, Rn 2.
65 Vgl. *Borggräfe*, Zwangsvollstreckung, S. 98 ff.

Leasingnehmer ist grundsätzlich nicht berechtigt, das Nutzungsrecht an dem Leasinggegenstand ohne Zustimmung des Leasinggebers auf Dritte zu übertragen oder die Ausübung des Rechts durch Untervermietung Dritten zu überlassen (analog § 549 Abs. 1 Satz 1 BGB).[66] Die Pfändung des Nutzungsrechts ist folglich nur zulässig, wenn der Leasinggeber ausdrücklich die Übertragung bzw. Überlassung des Rechts erlaubt.[67] Zahlt der Leasingnehmer in diesem Fall die Leasingraten nicht, ist der Pfandgläubiger zur Zahlung verpflichtet.[68]

Die Vollstreckung in eine im Leasingvertrag vereinbarte *Kauf- oder Mietverlängerungsoption* ist nicht möglich, da diese Optionen nicht selbständig verwertbar sind (analog § 514 BGB).[69] Es handelt sich um künftige Erwerbsmöglichkeiten, die nicht zum Vermögen des Leasingnehmers gehören.[70] Dagegen ist die Pfändung eines dem Leasingnehmer zustehenden *Veräußerungserlöses* als künftige Forderung möglich (§§ 829, 835 ZPO).[71]

2.2.1.2 Zwangsvollstreckung durch die Gläubiger des Leasinggebers

Für die Gläubiger des Leasinggebers ist ein Zugriff auf folgende Vermögenswerte denkbar:[72]

- auf den Leasinggegenstand,
- auf den Rückgabeanspruch des Leasinggebers und
- auf den Anspruch des Leasinggebers auf Zahlung der Leasingraten.[73]

Eine Vollstreckung in *bewegliche Leasingobjekte* durch die Gläubiger des Leasinggebers ist nur mit der Zustimmung des Leasingnehmers möglich, da der Leasinggeber zwar Eigentümer, aber nicht Besitzer des Leasingobjektes ist (§§ 808 f. ZPO).[74] Diese Zustimmung wird der Leasingnehmer im Regelfall nicht erteilen, da er sonst die Nutzungsmöglichkeit verlieren

---

66 Vgl. *Berninghaus*, Leasing in der Zwangsvollstreckung, Rdnr. 10 f. Die Anwendung des § 549 BGB auf Finanzierungsleasing ist allerdings umstritten, weil sie eine Qualifizierung des Leasing als Mietvertrag voraussetzt.

67 Vgl. *Hartmann*, § 857, Rn. 7; *Walz*, Stellung des Leasingnehmers, S. 14.

68 Zahlt auch der Pfandgläubiger die Leasingraten nicht, hat der Leasinggeber das Recht zur Kündigung des Leasingvertrags; in diesem Fall erlischt das Pfandrecht; vgl. *Borggräfe*, Zwangsvollstreckung, S. 104; *Seifert*, Rechtsfragen, S. 12.

69 Vgl. *Berninghaus*, Leasing in der Zwangsvollstreckung, Rdnr. 13 ff.

70 Vgl. *Graf von Westphalen*, Leasingvertrag, Rz. 1475 ff.

71 Ein solcher Anspruch kann bei Teilamortisationsverträgen mit der Vereinbarung, daß der Leasingnehmer an dem die Restamortisation übersteigenden Veräußerungserlös beteiligt wird, gegeben sein; vgl. *Engel*, Miete, Rz. 599 f.; *Habersack*, Finanzierungsleasing, RdNr. 113; *Walz*, Stellung des Leasingnehmers, S. 13.

72 Ist der Leasinggeber eine Leasinggesellschaft, deren Gläubiger nur der Lieferant des Leasingobjektes und die refinanzierende Bank sind, ist die Zwangsvollstreckung in das Vermögen des Leasinggebers von geringer Bedeutung. Die Ansprüche des Lieferanten sind im Regelfall durch das Darlehen der Bank gedeckt, während die Bank sich durch Sicherungsübereignung des Leasinggegenstands absichert; vgl. *Berninghaus*, Leasing in der Zwangsvollstreckung, Rdnr. 19.

73 Vgl. *Berninghaus*, Leasing in der Zwangsvollstreckung, Rdnr. 19.

74 Vgl. *Engel*, Miete, Rz. 603; *Martinek*, Vertragstypen, S. 217.

würde.[75] Folglich ist eine Zwangsvollstreckung in das Leasingobjekt während der unkündbaren Grundmietzeit praktisch nicht möglich.[76]

Bei Pfändung und Verwertung eines *unbeweglichen Leasingobjektes* wird der Leasingvertrag zwischen dem Leasingnehmer und dem Erwerber fortgeführt (§ 57 ZVG i.V.m. § 571 BGB). Der Erwerber hat jedoch ein einmaliges Sonderkündigungsrecht (§ 57a ZVG).[77] Steht das Leasingobjekt im Sicherungseigentum einer Bank, ist eine Pfändung bzw. Verwertung mit Zustimmung des Leasingnehmers zwar wirksam; die Bank hat aber die Möglichkeit der Drittwiderspruchsklage nach § 771 ZPO.[78]

Darüber hinaus können die Gläubiger des Leasinggebers durch Pfändung des *Rückgabeanspruchs* veranlassen, daß der Leasingnehmer den Gegenstand nicht an den Leasinggeber, sondern an einen von den Gläubigern beauftragten Gerichtsvollzieher zurückgibt (§ 846 f. ZPO).[79] Dieser Anspruch ist erst nach Ablauf der Grundmietzeit realisierbar, weil der Leasingnehmer bis zu diesem Zeitpunkt sein Recht zum Besitz geltend machen kann (§§ 404, 412 BGB).[80] Gleiches gilt bei Ausübung einer Mietverlängerungsoption. Die Pfändung des Rückgabeanspruchs bleibt ebenso erfolglos, wenn der Leasingnehmer eine Kaufoption ausübt oder der Rückgabeanspruch an eine Bank abgetreten wurde.

Die Gläubiger des Leasinggebers haben darüber hinaus die Möglichkeit zur Pfändung des *Anspruchs auf die Leasingraten*, sofern der Leasinggeber diesen Anspruch nicht an eine Bank abgetreten hat (§§ 829, 835 ZPO). Gleiches gilt für den Anspruch des Leasinggebers auf die *Rückzahlung des Kaufpreises* gegenüber dem Lieferanten des Leasingobjektes, falls der Kaufvertrag rückabgewickelt wird.[81]

2.2.2 Insolvenz

Im Gegensatz zur Zwangsvollstreckung, bei der nur ein Teil des Vermögens des Schuldners dem Zugriff der Gläubiger unterliegt, wird im Insolvenzfall das gesamte Vermögen des Schuldners zur Befriedigung der Ansprüche aller Gläubiger verwertet.[82] Das Konkursverfahren wird seit dem 01.01.1999 nicht mehr durch die Konkursordnung (KO), sondern durch die Insolvenzordnung (InsO) geregelt. Im folgenden ist analog zur Zwangs-

75 Vgl. *Martinek*, Vertragstypen, S. 217.
76 Vgl. *Döllerer*, Nutzungsrecht, S. 537.
77 Vgl. *Martinek*, Vertragstypen, S. 217. Eine Pfändung ist hier möglich, da der Leasinggeber als rechtlicher Eigentümer im Grundbuch eingetragen ist.
78 Vgl. *Beminghaus*, Leasing in der Zwangsvollstreckung, Rdnr. 23.
79 Vgl. *Beminghaus*, Leasing in der Zwangsvollstreckung, Rdnr. 23; *Jauernig*, Insolvenzrecht, S. 97.
80 Vgl. *Hock/Frost*, Ratgeber Leasing, Rdnr. 237.
81 Vgl. *Beminghaus*, Leasing in der Zwangsvollstreckung, Rdnr. 25.
82 Vgl. *Jauernig*, Insolvenzrecht, S. 173.

vollstreckung zu klären, auf welche Gegenstände und Rechte aus Leasingverträgen die Gläubiger im Insolvenzfall zugreifen können.

Die InsO regelt in den §§ 108 ff. die Behandlung von Miet- und Pachtverhältnissen über unbewegliche Gegenstände bei Insolvenz des Mieters bzw. des Vermieters. Da Leasingverträge nicht explizit geregelt sind, stellt sich die Frage, ob diese Vorschriften auf Leasingverträge anwendbar sind oder ob alle Leasingverträge nach der allgemeinen Vorschrift für gegenseitige Verträge (§ 103 InsO) zu behandeln sind.

Da die überwiegende Meinung im Schrifttum Leasingverträge als Mietverträge qualifiziert, sind die mietrechtlichen Vorschriften der InsO (§§ 108 ff. InsO) nach h.M. auch auf Leasingverträge anwendbar.[83] Folglich sind Leasingverträge über *unbewegliche Gegenstände* nach den §§ 108 ff. InsO zu behandeln, während für Leasingverträge über *bewegliche Gegenstände* die allgemeine Vorschrift des § 103 InsO gilt (Ausnahmen: § 108 Abs. 1 Satz 2 InsO, § 112 InsO).

2.2.2.1 Insolvenz des Leasingnehmers

Ist das Leasingobjekt eine *Immobilie*, bleibt der Vertrag bei Insolvenz des Leasingnehmers grundsätzlich bestehen (§ 108 Abs. 1 InsO). Der Insolvenzverwalter hat aber das Recht, den Vertrag zu kündigen. In diesem Fall kann der Leasinggeber aufgrund der vorzeitigen Beendigung des Vertrags Schadensersatz verlangen (§ 109 Abs. 1 InsO). Der Leasinggeber hat dagegen kein Kündigungsrecht, solange der Insolvenzverwalter die Pflichten aus dem Vertrag erfüllt.[84] Wird das Insolvenzverfahren eröffnet, bevor das Leasingobjekt dem Leasingnehmer überlassen wird, kann der Vertrag sowohl vom Insolvenzverwalter als auch vom Leasinggeber gekündigt werden. Bei Kündigung durch den Insolvenzverwalter entsteht für den Leasinggeber ein Schadensersatzanspruch als Insolvenzforderung (§ 109 Abs. 2 InsO), die erst nach der Befriedigung der Masseverbindlichkeiten[85] erfüllt wird.

[83] Vgl. *Fehl*, Leasing in der Insolvenz, S. 89; *Habersack*, Finanzierungsleasing, RdNr. 115; *Martinek*, Vertragstypen, S. 216 f. Nach der Rechtsprechung des BGH galt § 19 KO (Kündigungsmöglichkeit von Mietverträgen für Mieter und Vermieter) auch für Leasingverträge, weil der Sinn dieser Vorschrift darin lag, die Konkursmasse nicht durch das Fortbestehen von Dauerrechtsverhältnissen zu belasten, deren Gegenleistung nicht mehr genutzt werden kann; vgl. *BGH* vom 05.05.1978, S. 1334 f. Allerdings findet sich in der Literatur auch die Meinung, daß auf Leasingverträge § 17 KO (= § 103 InsO) anzuwenden ist; vgl. *Stoppok*, Leasing aus rechtlicher Sicht, S. 30.

[84] Vgl. *Obermüller/Livonius*, Insolvenzrechtsreform, S. 29.

[85] Masseverbindlichkeiten sind Verbindlichkeiten, die durch Geschäfte und Handlungen des Insolvenzverwalters nach Eröffnung des Insolvenzverfahrens entstehen (§ 55 InsO). Die Gläubiger dieser Verbindlichkeiten sind die Massegläubiger. Masseverbindlichkeiten sind vor den Insolvenzforderungen, d.h. den Forderungen der Gläubiger, die schon vor Eröffnung des Insolvenzverfahrens Ansprüche gegen den Schuldner hatten (Insolvenzgläubiger), zu begleichen; vgl. *Jauernig*, Insolvenzrecht, S. 192, 218.

Leasingverträge über *bewegliche Gegenstände* sind nach den allgemeinen Vorschriften für gegenseitige Verträge zu behandeln.[86] Danach hat der Insolvenzverwalter – unabhängig davon, ob das Leasingobjekt bereits im Besitz des Leasingnehmers oder noch im Besitz des Leasinggebers ist – das Wahlrecht, den Vertrag während des Insolvenzverfahrens zu erfüllen oder zu beenden (§ 103 Abs. 1 InsO).[87] Entscheidet sich der Insolvenzverwalter für die Erfüllung des Vertrags, übernimmt er die Rechte und Pflichten des Leasingnehmers; die Leasingraten werden Masseverbindlichkeiten (§ 55 Abs. 1 Nr. 2 InsO).[88] Solange der Insolvenzverwalter die Pflichten aus dem Leasingvertrag erfüllt, kann der Leasinggeber den Vertrag nicht kündigen (§ 112 Nr. 2 InsO). Lehnt der Insolvenzverwalter die Erfüllung des Vertrags ab, entsteht für den Leasinggeber ein Schadensersatzanspruch als Insolvenzforderung (§ 103 Abs. 2 InsO).

Das Leasingobjekt kann zur Befriedigung der Ansprüche der (Insolvenz-)Gläubiger des Leasingnehmers nur dann verwertet werden, wenn es Bestandteil der Insolvenzmasse[89] des Leasingnehmers ist (§ 35 InsO). Da der Leasinggeber rechtlicher Eigentümer des Leasinggegenstands bleibt, ist das Objekt Bestandteil seines Vermögens. Als Eigentümer hat der Leasinggeber ein *Aussonderungsrecht*, d.h. er kann geltend machen, daß das Leasingobjekt nicht zur Insolvenzmasse gehört (§ 47 Satz 1 InsO).[90] Die Rechte des Aussonderungsberechtigten bestimmen sich nach Gesetzen, die außerhalb des Insolvenzverfahrens gelten (§ 47 Satz 2 InsO). Demnach kann der Leasinggeber die Herausgabe des Leasinggegenstands nach § 985 BGB verlangen. Voraussetzung dafür ist, daß dem Insolvenzverwalter kein Recht zum Besitz mehr zusteht. Das ist der Fall, wenn der Leasingvertrag gekündigt wird.[91]

2.2.2.2 Insolvenz des Leasinggebers

Bei Insolvenz eines Leasinggebers, der einen Leasingvertrag über ein *unbewegliches Objekt* abgeschlossen hat, bleibt der Vertrag grundsätzlich bestehen (§ 108 Abs. 1 Satz 1 InsO). Finanziert der Leasinggeber die Anschaffung des Leasingobjektes durch den Verkauf (Abtretung) der Forderungen gegenüber dem Leasingnehmer an eine Bank, hat dieser Grundsatz Konsequenzen für die Wirksamkeit der Abtretung. Nach § 110 Abs. 1 InsO ist eine Verfügung über zukünftige Miet-/Pachtzinsen nur für den Kalendermonat, in dem das

86 Vgl. *Eckert*, Leasing im neuen Insolvenzrecht, S. 901.

87 Vgl. *Fehl*, Leasingverträge in der Insolvenz, S. 14; *Balz/Landfermann*, Insolvenzgesetze, S. 191 (Begründung RegE).

88 Vgl. *Obermüller/Livonius*, Insolvenzrechtsreform, S. 28.

89 Der Umfang der Insolvenzmasse wird in den §§ 35 ff. InsO bestimmt.

90 Das Aussonderungsrecht stellt sicher, daß auch bei Insolvenz nur in das *Eigentum* des Schuldners vollstreckt werden kann. Es entspricht der Drittwiderspruchsklage nach § 771 ZPO bei der Zwangsvollstreckung; vgl. *Jauernig*, Insolvenzrecht, S. 208.

Verfahren eröffnet wird bzw. bei Verfahrenseröffnung nach dem fünfzehnten Tag eines Monats auch für den Folgemonat wirksam. Demnach verliert die Bank ihre Ansprüche auf später fällige Leasingraten.[92] Gegen diesen Verlust kann sich die Bank durch die Eintragung eines Grundpfandrechts auf dem Leasingobjekt und durch Zwangsverwaltung sichern.[93]

Leasingverträge über *bewegliche Gegenstände*, die vom Leasinggeber selbst finanziert werden, unterliegen dem Wahlrecht des Insolvenzverwalters, den Vertrag zu kündigen oder zu erfüllen (§ 103 InsO). Die Anwendung dieser Vorschrift impliziert, daß der Leasingvertrag bei der Eröffnung des Insolvenzverfahrens automatisch beendet wird und damit die Ansprüche von Leasinggeber und Leasingnehmer zunächst erlöschen. Sie entstehen aber neu, wenn sich der Insolvenzverwalter für die Erfüllung des Vertrags entscheidet.[94]

Die Anwendung dieser Vorschrift auf Leasingverträge mit Refinanzierung würde zu Problemen führen, weil die Bank ihren Anspruch auf die Leasingraten in jedem Fall verlieren würde:[95] Kündigt der Insolvenzverwalter den Vertrag, entfällt für den Leasingnehmer die Pflicht zur Zahlung der Leasingraten. Bei der Erfüllung des Vertrags würden die Ansprüche von Leasinggeber und Leasingnehmer zwar neu entstehen, allerdings mit der Folge, daß die Leasingraten nicht an die Bank, sondern an den Insolvenzverwalter zu zahlen sind.[96] Diese Konsequenz ergibt sich aus dem Verbot, nach der Eröffnung des Insolvenzverfahrens Rechte an zur Masse gehörenden Gegenständen zu veräußern (§ 91 Abs. 1 InsO). Der Insolvenzverwalter darf die neu entstandenen Forderungen gegenüber dem Leasingnehmer folglich nicht an die Bank abtreten.[97] Um zu verhindern, daß die Refinanzierung von Leasingobjekten erschwert bzw. praktisch unmöglich wird, werden Leasingverträge über bewegliche Gegenstände und über Rechte unter zwei Voraussetzungen wie Leasingverträge über Immobilien behandelt (§ 108 Abs. 1 Satz 2 InsO):

1. Die Anschaffung des Leasingobjektes wird von einem Dritten finanziert, und
2. das Eigentum am Leasinggegenstand ist diesem Dritten zur Sicherheit übertragen worden.

---

91 Vgl. *Engel*, Miete, Rz. 612; *Walz*, Stellung des Leasingnehmers, S. 14.
92 Vgl. *Obermüller/Livonius*, Insolvenzrechtsreform, S. 32.
93 Vgl. *de With*, Insolvenzordnung, S. 184; *Obermüller/Livonius*, Insolvenzrechtsreform, S. 32.
94 Vgl. *Fehl*, Leasingverträge in der Insolvenz, S. 14; *Schmid-Burgk/Ditz*, Insolvenzrechtsreform, S. 1124; *Zahn*, Insolvenz des Leasinggebers (Teil I), S. 1597.
95 Der Bank blieben allerdings die mit dem Sicherungseigentum am Leasingobjekt verbundenen Rechte, nämlich die Herausgabe der an den Insolvenzverwalter gezahlten Leasingraten bzw. bei Kündigung des Vertrags durch den Insolvenzverwalter der Abschluß eines neuen Leasingvertrages mit dem Leasingnehmer; vgl. *Zahn*, Der Leasingvertrag über Mobilien, S. 1395.
96 Vgl. *Obermüller/Livonius*, Insolvenzrechtsreform, S. 30.
97 Vgl. *Schmid-Burgk/Ditz*, Insolvenzrechtsreform, S. 1124.

Sind diese Voraussetzungen erfüllt, bleiben der Vertrag und damit die Ansprüche der Bank auf die Forderungen gegenüber dem Leasingnehmer grundsätzlich bestehen.[96] Die Bank hat folglich unter diesen zwei Voraussetzungen auch bei Insolvenz des Leasinggebers Anspruch auf die Forderungen gegenüber dem Leasingnehmer.

2.2.3 Ergebnis

Zusammenfassend läßt sich die Frage nach dem Umfang der den Gläubigern aus Leasingverträgen zur Verfügung stehenden Haftungsmasse folgendermaßen beantworten: Die *Gläubiger des Leasingnehmers* haben keine Möglichkeit, das Leasingobjekt oder andere Vermögenswerte aus dem Leasingvertrag zu verwerten (Ausnahme: Veräußerungserlös). Bei den *Gläubigern des Leasinggebers* ist zwischen der refinanzierenden Bank und den nicht am Leasinggeschäft beteiligten Gläubigern zu unterscheiden. Die refinanzierende Bank ist in jedem Fall gesichert: Sie erhält entweder die Leasingraten, wenn der Vertrag erfüllt wird, oder das Leasingobjekt, wenn der Vertrag gekündigt wird bzw. der Leasinggeber sein Aussonderungsrecht wahrnimmt. In diesem Fall haben die nicht am Leasinggeschäft beteiligten Gläubiger keine Möglichkeit, bei Insolvenz des Leasinggebers das Leasingobjekt bzw. andere Vermögenswerte zu verwerten. Sind die Leasingraten bzw. das Leasingobjekt nicht an eine Bank abgetreten, können entweder die Leasingraten oder das Leasingobjekt verwertet werden. Im Rahmen der Zwangsvollstreckung ist eine Verwertung des Leasingobjektes praktisch nicht möglich; es bleibt nur die Möglichkeit der Pfändung der Leasingraten.

Abbildung 2 faßt die wesentlichen Vorschriften zusammen; die kursiv gedruckten Zeilen geben zum Vergleich die Regelung der bis zum 31.12.1998 geltenden KO wieder:

Zwangsvollstreckung in das Vermögen des...	
...Leasinggebers	**...Leasingnehmers**
• Mobilien: Pfändung nur mit Zustimmung des Leasingnehmers möglich; • Immobilien: Pfändung und Verwertung möglich; • Rückgabeanspruch: Pfändung möglich, Verwertung erst nach Beendigung des Leasingvertrags; • Leasingraten: Pfändung möglich.	• Mobilien: Pfändung wirksam, aber Drittwiderspruchsklage des Leasinggebers; • Immobilien: Pfändung und Verwertung nicht möglich; • Nutzungsrecht: Pfändung nur mit Zustimmung des Leasinggebers möglich; • Optionen: Pfändung nicht möglich; • Veräußerungserlös: Pfändung möglich.

[96] Vgl. *Bien*, Insolvenzfestigkeit, S. 1017.

Insolvenz des...	
...Leasinggebers	**...Leasingnehmers**
Immobilien	
• Vertrag bleibt bestehen (§ 108 InsO).	• Vertrag bleibt grundsätzlich bestehen (§ 108 InsO); • Insolvenzverwalter kann aber kündigen (§ 109 InsO); • Leasinggeber hat ein Aussonderungsrecht (§ 47 InsO).
• *Vertrag bleibt bestehen (§ 21 KO).*	• *Insolvenzverwalter und Leasinggeber können kündigen (§ 19 KO);* • *Leasinggeber hat ein Aussonderungsrecht (§ 43 KO).*
Mobilien	
• Vertrag bleibt bestehen (§ 108 InsO), wenn die Voraussetzungen des § 108 Abs. 1 Satz 2 InsO *erfüllt* sind; • Insolvenzverwalter kann erfüllen oder kündigen (§ 103 InsO), wenn die Voraussetzungen des § 108 Abs. 1 Satz 2 InsO *nicht erfüllt* sind.	• Insolvenzverwalter kann erfüllen oder kündigen (§ 103 InsO); • Leasinggeber hat ein Aussonderungsrecht (§ 47 InsO).
• *Vertrag bleibt bestehen (§ 21 KO).*	• *Insolvenzverwalter und Leasinggeber können kündigen (§ 19 KO);* • *Leasinggeber hat ein Aussonderungsrecht (§ 43 KO).*

Abbildung 2: Leasingverträge bei Zwangsvollstreckung und Insolvenz

2.3 Vorteile und Risiken des Leasing

2.3.1 Vorteile des Leasing

Die Vorteile des Leasing werden i.d.R. durch den Vergleich mit einem kreditfinanzierten Kauf des Gegenstands gezeigt. Ausgangspunkt solcher Vergleichsrechnungen ist häufig die Feststellung, daß Leasing nicht kostengünstiger als der Kauf des Gegenstands sein könne, weil in den Leasingraten zusätzliche, bei der Leasinggesellschaft anfallende Kosten enthalten seien.[99] Dazu gehören Fremdkapitalkosten, die für die Finanzierung des Objektes anfallen, Verwaltungskosten, Risikoprämien sowie ein Gewinnaufschlag.[100] Diese Feststellung kann aber nur richtig sein, wenn aus dem Leasinggeschäft nicht gleichzeitig Kostenvorteile resultieren, die diesen Nachteil ausgleichen. Solche Vorteile können darin bestehen, daß

99 Vgl. *Mellwig*, Finanzplanung, S. 1043.

Leasinggesellschaften aufgrund ihrer Marktkenntnis und Verhandlungsmacht niedrigere Anschaffungskosten und als Bankentöchter günstigere Finanzierungskosten erzielen können.[101]

Einen wesentlichen Einfluß auf die Vorteilhaftigkeit von Leasinggeschäften haben *steuerliche Faktoren*.[102] Leasing ist dann vorteilhaft, wenn die gemeinsame Steuerlast von Leasinggeber und Leasingnehmer vermindert bzw. das Einkommen nach Steuern erhöht werden kann.[103] Das ist insbesondere bei der Gewerbeertragsteuer möglich. Da Leasingverträge steuerlich nicht als Darlehen angesehen werden, entfällt die Hinzurechnungspflicht von 50 % der Dauerschuldzinsen bei der Bestimmung des Gewerbeertrags.[104] Für den Leasinggeber besteht zwar bei Fremdfinanzierung des Leasingobjektes eine Hinzurechnungspflicht für Dauerschuldzinsen; er kann diese Pflicht aber auf verschiedenen Wegen umgehen.[105]

Zudem wird häufig darauf hingewiesen, daß die Leasingraten in dem Jahr, in dem sie gezahlt werden, als sofortige Betriebsausgaben den steuerpflichtigen Gewinn mindern, was im Vergleich zum Kauf zur Verschiebung von Gewinnsteuerzahlungen führen kann.[106] Ein Vorteil für Leasing besteht hier allerdings nur unter zwei Voraussetzungen: Zum einen sind die Leasingraten nur dann Betriebsausgaben, wenn das Leasingobjekt vom Leasinggeber bilanziert wird. In diesem Fall sind die Leasingraten beim Leasinggeber als Betriebseinnahmen in voller Höhe zu versteuern, so daß sich in der Gesamtbetrachtung Gewinnsteuern nur dann sparen lassen, wenn Leasinggeber und Leasingnehmer unterschiedlichen Steuersätzen unterliegen.[107] Zum anderen mindern beim Kauf Abschreibungen und Zinsen

---

100 Vgl. *Büschgen*, Finanz-Leasing, S. 219; *Kroll*, Finanzierungsalternative, S. 146; *Mellwig*, Finanzplanung, S. 1043; *Süchting*, Finanzmanagement, S. 173 f. Zur Kalkulation der Leasingraten durch Leasinggesellschaften vgl. Abschnitt 5.1.3.3.1.

101 Vgl. auch *Drury/Braund*, Leasing Decision, S. 180 f. Fraglich ist allerdings, ob die niedrigeren Kosten des Leasinggebers durch entsprechend niedrigere Leasingraten an den Leasingnehmer weitergegeben werden; vgl. *Büschgen*, Finanz-Leasing, S. 219; *Krumbholz/Streitferdt*, Kreditfinanzierung, S. 79 f.; *Mellwig*, Vorteilhafte Leasingverträge, S. 2261; *Schneider*, Investition, S. 699; *Wilhelm*, Vorteilhaftigkeit des Leasing, S. 488.

102 *Miller/Upton* weisen nach, daß auf Wettbewerbsmärkten Leasing ausschließlich durch steuerliche Faktoren vorteilhafter als der Kauf des Objektes sein kann; vgl. *Miller/Upton*, Leasing, Buying, S. 762. *Krahnen/Meran* zeigen dagegen, daß auch bei steuerlichen Vorteilen Leasing nicht attraktiver als der Kauf sein muß; vgl. *Krahnen/Meran*, Why Leasing?, S. 257, 270 f.

103 Vgl. *Drury/Braund*, Leasing Decision, S. 179; *Myers/Dill/Bautista*, Lease Contracts, S. 811 ff.; *Schröder*, Stichhaltigkeit, S. 162 f.

104 Vgl. *Gzuk*, Investitionsform, S. 212; *Kruschwitz*, Leasing und Steuern, S. 99 f.; *Mellwig*, Kauf/Leasing-Entscheidung, S. 784 ff.

105 Zum Beispiel durch Organschaften oder durch die Forfaitierung der Leasingraten; vgl. *Gzuk*, Investitionsform, S. 212 f.; *Mellwig*, Kauf/Leasing-Entscheidung, S. 785; *Schneider*, Investition, S. 698; *Schröder*, Stichhaltigkeit, S. 170 ff.

106 Vgl. *Gzuk*, Investitionsform, S. 211.

107 Vgl. *Büschgen*, Finanzleasing als Finanzierungsalternative, S. 1038 f; *Drury/Braund*, Leasing Decision, S. 179; *Schneider*, Investition, S. 697.

ebenso den steuerpflichtigen Gewinn, so daß Leasing nur dann vorteilhaft ist, wenn die Leasingraten höher sind oder zeitlich früher anfallen als Abschreibungen und Zinsen.[108]

Ein weiterer Vorteil wird in der *liquiditätsschonenden Wirkung* des Leasing gesehen. Diese resultiert aus der Möglichkeit, die jährlichen Leasingraten aus den mit dem Leasingobjekt erwirtschafteten Umsatzerlösen zu finanzieren (pay as you earn-Prinzip), während der (eigenfinanzierte) Kauf mit einem sofortigen Mittelabfluß verbunden ist.[109] Der Vorteil der Verteilung der Zahlungen über die Nutzungsdauer ist allerdings bei einem fremdfinanzierten Kauf durch Tilgungs- und Zinszahlungen ebenso gegeben.[110]

Leasinggeschäften wird zudem aus verschiedenen Gründen die Eigenschaft zugesprochen, die *Verschuldungskapazität zu erhöhen*:

- Erfolgt eine Aktivierung des Leasinggegenstands beim Leasinggeber, führt dies auf den ersten Blick zu gegenüber der Kreditaufnahme verbesserten Bilanzrelationen, die für Kreditwürdigkeitsprüfungen von Bedeutung sind (*off-balance-sheet-Argument*).[111]
- Zum Teil wird angenommen, daß Leasinggeschäfte als Ersatz für Kreditaufnahmen dienen, wenn letztere aufgrund der hohen Verschuldung nicht mehr möglich sind.
- Die Verschuldungskapazität könnte darüber hinaus dadurch erweitert werden, daß Leasinggesellschaften im Regelfall keine zusätzlichen Sicherheiten fordern, weil sie juristischer Eigentümer des Leasinggegenstands bleiben und damit bessere Zugriffs- und Verwertungsmöglichkeiten bei Insolvenz des Leasingnehmers als Banken bei der Vereinbarung von Kreditsicherheiten haben.[112]

Die ersten beiden Argumente sind allerdings wenig stichhaltig: Im Rahmen von Kreditwürdigkeitsprüfungen werden i.d.R. nicht nur die in der Bilanz sichtbaren, sondern auch nicht bilanzierungspflichtige/-fähige Vermögens- und Schuldpositionen berücksichtigt.[113] Ebenso ist es nicht möglich, die Verschuldungskapazität durch Leasing zu erweitern, wenn eine

---

108 Vgl. *Kratzer/Kreuzmair*, Leasing in Theorie, S. 107; *Kroll*, Finanzierungsalternative, S. 143 f.; *Süchting*, Finanzmanagement, S. 174 f. Die Gewinnwirkungen von Abschreibungen und Zinsen einerseits sowie Leasingraten andererseits werden im Rahmen der Zweckmäßigkeitsanalyse ausführlich untersucht; vgl. dazu Abschnitt 5.1.2.2 für die Bilanzierungsmethoden der steuerrechtlichen Leasingerlasse.

109 Vgl. *Gzuk*, Investitionsform, S. 216 f; *Spittler*, Leasing für die Praxis, S. 61.

110 Vgl. *Schröder*, Stichhaltigkeit, S. 138.

111 Vgl. *Ammann/Wulf*, Leasingbilanzierung, S. 909; *Drury/Braund*, Leasing Decision, S. 181 f.; *Gelhausen/Gelhausen*, Bilanzierung von Leasingverträgen, Rn. 24; *Mellwig*, Leasing im Jahresabschluss, S. 303.

112 Vgl. *Dietz*, Die betriebswirtschaftlichen Grundlagen, S. 243; *Drury/Braund*, Leasing Decision, S. 181; *Schröder*, Stichhaltigkeit, S. 114; *Wilhelm*, Vorteilhaftigkeit des Leasing, S. 498.

113 Vgl. *Büschgen*, Finanzleasing als Finanzierungsalternative, S. 1030; *Mellwig*, Finanzplanung, S. 1058; *Süchting*, Finanzmanagement, S. 179; *Wilhelm*, Vorteilhaftigkeit des Leasing, S. 488. Empirische Untersuchungen zeigen, daß die Zahlungsverpflichtungen aus Leasinggeschäften bei Kreditwürdigkeitsprüfungen wie alle anderen Verpflichtungen berücksichtigt werden; vgl. *Wilkins*, Investigation, S. 365; *Wilkins/Zimmer*, Effect of Leasing, S. 752, 759; *Wilkins/Zimmer*, Alternative Methods, S. 66. Zur grundsätzlichen Notwendigkeit von Informationen über Leasingverträge für Kreditwürdigkeitsprüfungen vgl. *Tacke*, Bonität eines Leasingnehmers, S. 330 f.

Kreditaufnahme nicht mehr möglich ist.[114] Auch Leasinggesellschaften werden mögliche Leasingnehmer einer Kreditwürdigkeitsprüfung unterziehen. Zwar können beim Leasing die Risiken weitgehend auf den Leasingnehmer abgewälzt werden; das Bonitätsrisiko, d.h. das Risiko, daß der Leasingnehmer seine Verpflichtungen nicht erfüllt, bleibt jedoch beim Leasinggeber.[115] Letztlich ist sowohl Leasing als auch Kreditfinanzierung nur solange möglich, bis eine bestimmte Verschuldungsgrenze erreicht ist.[116]

Als weiterer Vorteil des Leasing wird die längerfristige *Fixierung von Fremdkapitalkosten* als Schutz gegen das Zinsänderungsrisiko genannt.[117] Demgegenüber kann gerade der Abschluß von kurzfristigen oder jederzeit kündbaren (Operating-)Leasingverträgen vorteilhaft sein, weil dadurch eine *höhere Flexibilität* und bessere Anpassungsmöglichkeiten bei technischem Fortschritt gegeben sind.[118] Dieser Vorteil ist bei Finanzierungsleasing nicht gegeben, weil unabhängig vom Zeitraum der Nutzung die vollen Anschaffungs-/ Herstellungskosten finanziert werden müssen, während bei gekauften Objekten nach kurzer Nutzungsdauer Restwerte realisiert werden können.[119]

Letztlich läßt sich die Vorteilhaftigkeit von Leasinggeschäften gegenüber anderen Finanzierungsarten nur im Einzelfall klären. Wesentlichen Einfluß auf die Vorteilhaftigkeit hat die jeweilige Vertragsgestaltung. Dabei sind insbesondere der Zeitpunkt der Amortisation (Voll- oder Teilamortisationsvertrag), die Höhe und zeitliche Struktur der Leasingraten, die Höhe der Restbuchwerte sowie die Länge der Grundmietzeit im Vergleich zur wirtschaftlichen Nutzungsdauer des Objektes zu berücksichtigen.[120]

---

114 Zu diesem Ergebnis kommt auch *Elam* aufgrund einer empirischen Analyse, die zeigt, daß die Anzahl der Leasingverträge bei einem kurz vor der Insolvenz stehenden Unternehmen deutlich abnimmt; vgl. *Elam*, Effect of Lease Data, S. 31 f. *Wilkins/Zimmer* fanden in einer empirischen Untersuchung heraus „that financial leasing does not increase borrowing capacity, and that the idea that a firm can turn to leasing when it is unable to borrow term loan funds to finance the expansion or replacement of assets is illusory". *Wilkins/Zimmer*, Effect of Leasing, S. 760.

115 Vgl. *Mellwig*, Finanzplanung, S. 1058 f.; *Runge/Bremser/Zöller*, Leasing, S. 83; *Süchting*, Finanzmanagement, S. 179 f.

116 Empirische Untersuchungen zu der Frage, ob Leasing die Verschuldungskapazität ausweitet oder einengt, haben bislang zu keiner eindeutigen Antwort geführt; vgl. *Ang/Peterson*, Leasing Puzzle, S. 1055, 1063 f.; *Beattie/Goodacre/Thomsom*, Operating leases, S. 428, 433 ff.; *Lewis/Schallheim*, Debt and Leases, S. 497 f.; 508 f. Für ein theoretisches Modell zu diesem Problem vgl. *Myers/Dill/Bautista*, Lease Contracts, S. 803 ff.

117 Feste Zinssätze lassen sich aber auch in Kreditverträgen vereinbaren. Solche Vereinbarungen sind darüber hinaus nur bei steigenden Zinsen vorteilhaft; vgl. *Büschgen*, Finanzleasing als Finanzierungsalternative, S. 1033; *Mellwig*, Vorteilhafte Leasingverträge, S. 2261; *Spittler*, Leasing für die Praxis, S. 61 f.; *Wilhelm*, Vorteilhaftigkeit des Leasing, S. 489.

118 Vgl. *Drury/Braund*, Leasing Decision, S. 182; *Gzuk*, Investitionsform, S. 215; *Krumbholz/Streitferdt*, Kreditfinanzierung, S. 78; *Spittler*, Leasing für die Praxis, S. 62.

119 Vgl. *Büschgen*, Finanz-Leasing, S. 215; *Schröder*, Stichhaltigkeit, S. 306 f.

120 Vgl. *Tacke*, Leasingentscheidung, S. 12 ff.; *Wilhelm*, Vorteilhaftigkeit des Leasing, S. 497.

2.3.2 Risiken des Leasing

Leasinggeschäfte sind sowohl für den Leasingnehmer als auch für den Leasinggeber mit Risiken verbunden. Für den *Leasingnehmer*, der den Leasinggeber mit der Beschaffung des Leasingobjektes nach seinen Wünschen beauftragt, besteht zum einen das Risiko, daß der Leasinggeber nicht das günstigste Angebot auswählt oder Rabatte nicht an den Leasingnehmer weiter gibt.[121] Zum anderen trägt der Leasingnehmer das *Investitionsrisiko*, d.h. das Risiko der Fehlinvestition aufgrund technischer oder ökonomischer Faktoren bzw. der Abnutzung oder des Wertverlusts vor Ablauf der Nutzungsdauer. In engem Zusammenhang mit dem Investitionsrisiko stehen die *Risiken aufgrund der Sach- und Preisgefahr*, vor allem das Risiko, die Leasingraten zahlen zu müssen, auch wenn das Leasingobjekt nicht mehr genutzt werden kann.[122]

Der *Leasinggeber* trägt in erster Linie das *Bonitätsrisiko*, d.h. das Risiko, aufgrund unvollkommener Information einen Vertrag mit einem Leasingnehmer abzuschließen, der seine Verpflichtungen aus dem Vertrag nicht erfüllt bzw. nicht erfüllen kann.[123] Dieses Risiko wird beim Leasing im Vergleich zum normalen Darlehensvertrag durch leasingtypische Besonderheiten verschärft: Zum einen hat der Leasinggeber während der Grundmietzeit nicht die Möglichkeit, den Leasingvertrag zu kündigen, wenn er eine Verschlechterung der wirtschaftlichen Situation des Leasingnehmers feststellt.[124] Zum anderen besteht das Risiko der Insolvenz des Leasingnehmers nach Kauf, aber vor Auslieferung des Objektes. In diesem Fall kann zwar der Leasingvertrag, nicht aber der Kaufvertrag storniert werden.[125]

Desweiteren trägt der Leasinggeber das Risiko, daß der Leasingnehmer seinen Wartungs- und Instandhaltungspflichten nicht ausreichend nachkommt (*Restwertrisiko*).[126] Dieses Risiko besteht für den Leasinggeber dann, wenn der Restwert des Leasingobjektes für ihn von Interesse ist. Das ist der Fall, wenn seine Aufwendungen nicht vollständig durch die Zahlungen des Leasingnehmers gedeckt sind. Der bei Finanzierungsleasingverträgen i.d.R. vereinbarte Vollamortisationsanspruch sichert den Leasinggeber gegen dieses Risiko ab. Voraussetzung dafür ist allerdings, daß er alle anfallenden Aufwendungen in die Leasingraten einkalkuliert und ein Veräußerungserlös in Höhe des erwarteten Restwertes erzielt werden kann.[127] Desweiteren kann sich der Leasinggeber gegen dieses Risiko absichern,

---

[121] Vgl. *Büschgen*, Leasing aus theoretischer Sicht, S. 58 f.

[122] Vgl. *Bossert*, Risikostruktur, S. 2039 f.

[123] Vgl. Vgl. *Büschgen*, Leasing aus theoretischer Sicht, S. 59; *Figge*, Risiken des Leasing, S. 14.

[124] Vgl. *Tacke*, Risikoverläufe, S. 3.

[125] Vgl. *Siebel*, Risikolagen, S. 585; *Tacke*, Risikoverläufe, S. 3.

[126] Vgl. *Krahnen*, Objektfinanzierung, S. 26; *Krahnen/Meran*, Why Leasing?, S. 258; *Smith/Wakeman*, Leasing Policy, S. 899 f.

[127] Der Leasinggeber kann sich vor diesem Risiko auch durch die Vereinbarung von Restwertgarantien schützen; vgl. *Bossert*, Risikostruktur, S. 2040.

indem er Anreize schafft, die bewirken, daß der Leasingnehmer selbst ein Interesse hat, das Leasingobjekt zu erhalten und für einen hohen Restwert zu sorgen. Diese Anreize können durch günstige Optionsrechte geschaffen werden, durch die der Leasingnehmer mit hoher Wahrscheinlichkeit am Ende der Grundmietzeit Eigentümer des Leasinggegenstands wird.[128]

Für den Leasinggeber besteht zudem das *Zinsänderungsrisiko*, wenn das Leasingobjekt fremdfinanziert wird und der Darlehensvertrag nicht zu den gleichen Konditionen wie der Leasingvertrag abgeschlossen werden kann bzw. die Zinsen nicht für die gesamte Laufzeit der Verträge festgeschrieben werden.[129] Möglichkeiten zur Absicherung gegen dieses Risiko sind die Forfaitierung der Leasingraten sowie die Vereinbarung von Zinsanpassungsklauseln.[130]

Sowohl für den *Leasinggeber als auch für den Leasingnehmer* besteht darüber hinaus das *Risiko der Insolvenz des Lieferanten*, so daß der Leasinggeber seiner Pflicht, dem Leasingnehmer die Nutzung des Leasinggegenstands zu verschaffen, nicht mehr nachkommen kann und Gewährleistungs- und Wandlungsansprüche nicht mehr durchsetzbar sind.[131]

---

128 Vgl. *Krahnen*, Objektfinanzierung, S. 27 ff.
129 Vgl. *Tacke*, Bilanzielle Risikovorsorge, S. 12.
130 Vgl. *Tacke*, Risikopotential, S. 24.
131 Vgl. *Siebel*, Risikolagen, S. 586; *Tacke*, Risikoverläufe, S. 3 f.; *Tacke*, Risikopotential, S. 25 f.

Drittes Kapitel

3 Rechnungslegungszwecke und -konzeptionen

In diesem Kapitel werden die Grundlagen für die spätere Analyse der Bilanzierungsvorschriften für Leasinggeschäfte gelegt, indem der *Analysemaßstab* – der Zweck der Rechnungslegung – hergeleitet und operationalisiert wird. Dazu wird das Kapitel in zwei Teile gegliedert:

Im ersten Teil wird die Frage beantwortet, *warum* Rechnungslegung überhaupt erforderlich ist. Ausgangspunkt der Analyse ist die Feststellung, daß bestimmte Unternehmen entweder durch den Gesetzgeber oder durch staatliche Institutionen[1] zur Rechnungslegung verpflichtet werden. Da zumindest der deutsche Gesetzgeber den Rechnungslegungszweck weitgehend offen läßt, wird geprüft, worin der *Zweck der Rechnungslegung* bestehen könnte. Die Frage, ob dieser Zweck allein durch Rechnungslegung oder auch – vielleicht sogar besser – durch andere Instrumente erfüllt werden kann, bleibt ebenso außerhalb der Betrachtung wie die Frage, *wer* Bilanzierungsvorschriften implementieren sollte.[2]

Um den Analysemaßstab zu operationalisieren, wird im zweiten Teil des Kapitels untersucht, *wie* Rechnungslegungsvorschriften grundsätzlich konzipiert werden müssen, damit sie einen Beitrag zur Erfüllung des Rechnungslegungszwecks leisten können. Dabei werden – vor dem Hintergrund des deutschen Bilanzrechts sowie der US-GAAP – drei Möglichkeiten der Zweckerreichung behandelt: *Gewinnermittlung zur Ausschüttungsbemessung*, *Gewinnermittlung zur Informationsvermittlung* und *sonstige Informationsvermittlung*. Diese drei Instrumente werden im fünften Kapitel speziell für die Bilanzierung von Leasinggeschäften wieder aufgegriffen.

---

1 In den USA ergibt sich die Verpflichtung zur Rechnungslegung für börsennotierte Gesellschaften aus den Anforderungen der SEC, die als Voraussetzung für die Registrierung der Wertpapiere u.a. eine Bilanz sowie eine Gewinn- und Verlustrechnung verlangt (Schedule A Abs. (25) und (26) des „Securities Act of 1933" (SA)). Pflichten zur jährlichen und vierteljährlichen Berichterstattung ergeben sich darüber hinaus aus dem „Securities Exchange Act of 1934" (SEA), der zusammen mit dem SA die gesetzlichen Rahmenbedingungen für die Rechnungslegung auf Bundesebene bildet. Für Einzelunternehmen und Personengesellschaften existiert keine gesetzliche Verpflichtung zur Rechnungslegung; vgl. *Haller*, Grundlagen der Rechnungslegung, S. 233 ff. Die inhaltliche Ausgestaltung der Rechnungslegung hat die SEC im wesentlichen den dafür zuständigen Institutionen, in erster Linie dem FASB, überlassen.

2 Vgl. dazu z.B. *Brotte*, Geschäftsberichte; *Feldhoff*, Regulierung der Rechnungslegung; *Pellens/Gassen*, Bereitstellung von Rechnungslegungssystemen; *Streim*, Notwendigkeit gesetzlicher Rechnungslegungsvorschriften.

3.1 Zwecke der handelsrechtlichen Rechnungslegung

Im dritten Buch des HGB verpflichtet der deutsche Gesetzgeber alle Kaufleute zur Buchführung und Rechnungslegung. Welcher Zweck mit dieser Rechnungslegung verfolgt wird, bleibt im Gesetz jedoch weitgehend offen.[3] In der Literatur findet sich häufig die Aussage, die Rechnungslegung habe eine Informations-/Dokumentations-/Rechenschaftsfunktion[4] sowie eine Gewinnermittlungs-/Zahlungsbemessungsfunktion.[5] Informations- und Zahlungsbemessungsfunktion sind jedoch inhaltsleere Begriffe, wenn nicht gesagt wird, *zu welchem Zweck* Informationen vermittelt bzw. Zahlungen festgelegt werden sollen.[6] Erst wenn dieser Zweck präzisiert wird, können konkrete Regeln aufgestellt werden, die festlegen, welche bzw. wie Informationen vermittelt bzw. Zahlungen bemessen werden sollen.[7]

Im Gegensatz zum deutschen Gesetzgeber definieren das FASB und das IASC den Zweck ihrer Rechnungslegung als Vermittlung von Informationen, die Kapitalgebern helfen, Entscheidungen bezüglich des Haltens oder Verkaufens von Anteilen zu treffen sowie die Leistungen des Managements zu beurteilen.[8] Diese Zielformulierung ist zumindest so präzise, daß sich daraus eine konkrete Rechnungslegungskonzeption ableiten läßt.[9]

Als Beurteilungskriterien für Rechnungslegungssysteme werden ganz allgemein die Zwecke „*Effizienz*" und „*Gerechtigkeit*" diskutiert.[10] Rechnungslegung soll „einen Beitrag zur Steigerung der gesamtgesellschaftlichen Wohlfahrt leisten und/oder das menschliche Zusammenleben gerechter gestalten."[11] In den folgenden Abschnitten wird untersucht, wie diese Zwecke zu konkretisieren sind, um daraus Rechnungslegungsvorschriften ableiten zu können.

---

3 Aus der Präambel zur vierten EG-Richtlinie ergibt sich allerdings, daß der Jahresabschluß ein Schutzinstrument primär für Gläubiger und Gesellschafter sein soll; vgl. *Streim*, Konzeptionslosigkeit, S. 327.

4 Die Informationsfunktion wird häufig aus der Generalnorm des § 264 Abs. 2 HGB hergeleitet, wonach der Jahresabschluß von Kapitalgesellschaften „unter Berücksichtigung der Grundsätze ordnungsmäßiger Buchführung ein den tatsächlichen Verhältnissen entsprechendes Bild der Vermögens-, Finanz- und Ertragslage" vermitteln soll; vgl. z.B. *Coenenberg*, Jahresabschluß, S. 36; *Emmrich*, Reform der Rechnungslegung, S. 78. Daß diese Interpretation der Generalnorm problematisch ist, wird in einem späteren Abschnitt (3.2.3.2) erläutert. Vgl. dazu auch *Streim*, Generalnorm, S. 396 ff.; *Streim*, § 264, Rz. 19 ff.

5 Vgl. z.B. *Busse von Colbe*, Rechnungslegungsziele, S. 488 ff.; *Coenenberg*, Jahresabschluß, S. 36; *Emmrich*, Reform der Rechnungslegung, S. 77 ff.

6 Zur Notwendigkeit der Bestimmung eines Zwecks, der mit der Rechnungslegung verfolgt werden soll, vgl. das Beispiel bei *Streim*, Grundzüge, S. 9 f.; auch: *Ballwieser*, Nutzen handelsrechtlicher Rechnungslegung, S. 1.

7 Vgl. *Schildbach*, Jahresabschluß, S. 31; *Streim*, Grundzüge, S. 10. Nach *Beaver/Kennelly/Voss* „[t]he idea that accounting data ought to be evaluated in terms of their purposes or uses is one of the earliest and most prevalent thoughts in accounting." *Beaver/Kennelly/Voss*, Predictive Ability, S. 678. Ebenso: „An understanding of who uses accounting reports and for what purposes is a necessary prerequisite to sensitive reporting." *Backer*, Accounting Theory, S. 448.

8 „Financial reporting is not an end in itself but is intended to provide information that is useful in making business and economic decisions – for making reasoned choices among alternative uses of scarce resources in the conduct of business and economic activities." (SFAC 1 Abs. 9). Vgl. auch SFAC 1 Abs. 34, 50; Framework (des IASC) Abs. 12-14.

9 Vgl. dazu Abschnitt 3.2.2.3.

10 Vgl. *Pellens/Fülbier*, Rechnungslegungsregulierung, S. 577 ff.; *Streim*, Vermittlung von entscheidungsnützlichen Informationen, S. 112; *Streim*, Grundzüge, S. 22.

11 *Streim*, Vermittlung von entscheidungsnützlichen Informationen, S. 112. Vgl. auch *Ballwieser*, Analyse des Bilanzrechts, S. 505.

3.1.1 Rechnungslegung aus Gründen der Effizienz

3.1.1.1 Das Effizienzkriterium

Das im Rahmen von ökonomischen Analysen maßgebliche Kriterium zur Beurteilung von Maßnahmen, Regeln und Sachverhalten ist die *Allokationseffizienz.*[12] Innerhalb der ökonomischen Theorie hat sich eine Definition von Effizienz weitgehend durchgesetzt, die als *Pareto-Effizienz* bezeichnet wird. Danach ist eine Handlungsalternative effizient, wenn sie den Nutzen[13] mindestens eines Individuums steigert, ohne den Nutzen anderer Individuen zu vermindern. Daraus folgt, daß ein effizienter Zustand erreicht ist, wenn es nicht mehr möglich ist, ein Individuum besser zu stellen, ohne gleichzeitig mindestens ein anderes schlechter zu stellen.[14]

Bezogen auf die hier betrachteten Regeln der Rechnungslegung ist demnach zu fragen, welche Vorschrift zur Nutzensteigerung eines Individuums beiträgt, ohne daß gleichzeitig ein anderes Individuum Nutzeneinbußen erleiden muß. Oder etwas konkreter formuliert: Es ist zu fragen, welches Rechnungslegungssystem am besten dazu geeignet ist, das Kapital in die rentabelste Verwendung zu lenken.[15]

Aus einer derart allgemeinen Zwecksetzung lassen sich aber kaum konkrete Rechnungslegungsvorschriften ableiten.[16] So läßt sich z.B. die Aussage „Die Leasingregel x ist eine bessere Bilanzierungsvorschrift als die Leasingregel y, weil sie zu einer effizienteren Verwendung des Kapitals führt" kaum intersubjektiv nachprüfen. Das Kriterium der Allokationseffizienz muß folglich operationalisiert werden, d.h. im ersten Schritt ist zu fragen, wie durch Rechnungslegung Wohlfahrtssteigerungen erreicht werden können bzw. welche Art von Ineffizienzen durch die Rechnungslegung beseitigt werden kann. Daraus kann dann im zweiten Schritt abgeleitet werden, durch welche Vorschriften die Rechnungslegung dieses Ziel erreichen kann.[17]

---

12 Vgl. z.B. *Schäfer/Ott*, Lehrbuch, S. 1, 4.

13 Nutzen ist „eine zunächst unerläuterte Zielgröße, die einem Entscheidungsmodell vorgegeben wird"; *Schneider*, Theorie der Unternehmung, S. 114.

14 Vgl. *Feldhoff*, Regulierung der Rechnungslegung, S. 14 f.; *Schäfer/Ott*, Lehrbuch, S. 25 f. Eine Erweiterung dieser Definition ist das *Kaldor/Hicks-Kriterium*. Danach ist ein Zustand bereits dann effizient, wenn die Nutzenminderung des einen Individuums durch den Nutzenzuwachs des anderen Individuums kompensiert werden könnte; vgl. *Schäfer/Ott*, Lehrbuch, S. 32.

15 Vgl. *Streim*, Vermittlung von entscheidungsnützlichen Informationen, S. 112 f.; auch: *AIMR*, Financial Reporting, S. 1.

16 Vgl. auch *Brotte*, Geschäftsberichte, S. 24.

17 Vgl. auch *Franken*, Rechnungslegung nach US-GAAP, S. 7.

3.1.1.2 Effizienz und Rechnungslegung

Wesentliches Merkmal der Definition von Pareto-Effizienz ist, daß auf den *Nutzen* von *Individuen* Bezug genommen wird. Hinter dieser Definition stehen folgende grundsätzliche Annahmen ökonomischer Analysen:

1. Annahme des *Methodologischen Individualismus*, d.h. Mittelpunkt und einziger Bezugspunkt der ökonomischen Theorie ist das Individuum, das danach strebt, seinen Nutzen zu maximieren.[18] Unter dieser Annahme ergibt sich die gesellschaftliche Wohlfahrt als Aggregat der individuellen Nutzenniveaus, wobei der Zusammenhang zwischen individuellem Nutzen und gesellschaftlicher Wohlfahrt durch eine soziale Wohlfahrtsfunktion bestimmt wird.[19]

2. Annahme der *(beschränkten) Rationalität*, d.h. die Individuen handeln rational im Hinblick auf das Ziel der Nutzenmaximierung, indem sie die zur Verfügung stehenden Instrumente so einsetzen, daß ein maximaler bzw. möglichst hoher Grad[20] an Zielerreichung gewährleistet ist.[21]

Um unter diesen Annahmen aus dem Effizienzkriterium einen Rechnungslegungszweck abzuleiten, muß folglich festgelegt werden, wer die von der Rechnungslegung betroffenen Individuen sind und wie der Nutzen dieser Individuen zu konkretisieren ist.

Aufgabe des Rechnungswesens ist die Produktion von Zahlen, welche die finanzielle Situation einer Unternehmung abbilden.[22] Die Rechnungslegung kann daher nur die Interessen solcher Individuen befriedigen, die ein *finanzielles Interesse* an der Unternehmung haben. Das sind in erster Linie die *Unternehmensleitung* und die *Kapitalgeber*.[23] Die (qualitativen) Informationsbedürfnisse anderer Gruppen, die ein Interesse an der Unternehmung haben, z.B. Kunden, Lieferanten, Arbeitnehmer, Öffentlichkeit,[24] lassen sich mit Hilfe der Rechnungslegung nicht oder nur sehr eingeschränkt befriedigen, weil die Rechnungslegung keine Aussagen über Art und Qualität der vom Unternehmen hergestellten Produkte, über Arbeitsplätze usw. macht. Diese Gruppen sind nur dann Adressat der Rechnungslegung, wenn sie gleichzeitig eine Kapitalgeberstellung einnehmen, z.B. ein Lieferant durch einen Lieferantenkredit.

---

18 Vgl. *Schäfer/Ott*, Lehrbuch, S. 3, 55.

19 Vgl. *Fritsch/Wein/Ewers*, Marktversagen, S. 29. Auf die Probleme der Bestimmung dieser Funktion und der Nutzenmessung wird hier nicht weiter eingegangen; vgl. dazu z.B. *Schäfer/Ott*, Lehrbuch, S. 42 ff.

20 Diese Einschränkung ergibt sich daraus, daß dem Wirtschaftssubjekt zum Zeitpunkt der Entscheidung nicht alle Handlungsmöglichkeiten und zukünftigen Umweltzustände bekannt sein können; vgl. *Schneider*, Theorie der Unternehmung, S. 19 f.

21 Vgl. *Fritsch/Wein/Ewers*, Marktversagen, S. 29; *Schäfer/Ott*, Lehrbuch, S. 57; *Schneider*, Theorie der Unternehmung, S. 18 ff.

22 Vgl. *Streim*, Grundzüge, S. 1 f.

Der Staat hat im Hinblick auf die Einnahme von Steuern zwar grundsätzlich ein finanzielles Interesse an der Unternehmung.[25] Für die Ermittlung des steuerpflichtigen Gewinns steht allerdings ein eigenes Instrument, die Steuerbilanz, zur Verfügung, so daß die steuerlichen Interessen im Rahmen der Diskussion der Zwecke der *handelsrechtlichen* Rechnungslegung nicht weiter zu berücksichtigen sind.

Aber auch die Unternehmensleitung und die Kapitalgeber sind nicht ohne Einschränkung Adressaten der Rechnungslegung. Informationen durch ein (gesetzlich) erzwungenes „externes" Instrument werden nur von solchen Wirtschaftssubjekten benötigt, die keinen Zugang zu internen Informationen haben.[26] Damit scheiden die Unternehmensleitung sowie die an der Unternehmensleitung beteiligten Gesellschafter als Adressaten der (gesetzlich) erzwungenen Rechnungslegung aus. Diese Gruppen können aufgrund ihres „internen Wissens" ihr eigenes, auf ihre Zwecke ausgerichtetes Rechnungswesen einrichten (manager-induziertes Rechnungswesen).[27]

Die Annahme des Methodologischen Individualismus impliziert, daß die Kapitalgeber ihr Kapital nicht der „Unternehmung an sich", sondern denjenigen Personen, die Investitions- und Finanzierungsentscheidungen treffen, zur Verfügung stellen.[28] *Kapitalnehmer* ist daher die Unternehmensleitung, wobei im folgenden nur die *angestellten Manager*, die nicht oder nur unwesentlich an der Unternehmung beteiligt sind, betrachtet werden.[29]

Die Konkretisierung des *Nutzens der Kapitalgeber* (und -nehmer) setzt die Kenntnis ihrer Nutzenfunktion voraus.[30] Der Inhalt der Nutzenfunktion kann durch verschiedene Variablen bestimmt werden. Da im Zusammenhang mit der handelsrechtlichen Rechnungslegung ausschließlich finanzielle Ziele relevant sind, ist an die Maximierung von Größen wie Gewinn, Vermögen, Umsatz, Marktanteil, Unternehmenswachstum usw. zu denken.[31] Für die Kapitalgeber ist jedoch die Maximierung einer dieser Größen kein lohnenswertes Ziel, wenn sie daran nicht partizipieren. Sie interessieren sich nicht für den „Erfolg des Unternehmens an sich", der durch verschiedene Größen repräsentiert werden kann, sondern für die Zahlungsströme, die aus dem Unternehmen an sie fließen und von ihnen zu Konsum-

---

23 Vgl. *Streim*, Grundzüge, S. 2.
24 Eine ausführliche Aufzählung möglicher Adressaten der Rechnungslegung findet sich in SFAC 1 Abs. 24.
25 Vgl. auch *Schmidt/Terberger*, Finanzierungstheorie, S. 44.
26 Vgl. *Coenenberg*, Beurteilungskriterien, S. 737.
27 Vgl. *Schildbach*, Jahresabschluß, S. 58 f. Zu den Zwecken des manager-induzierten Rechnungswesens vgl. *Streim*, Grundzüge, S. 8.
28 Vgl. *Schmidt/Terberger*, Finanzierungstheorie, S. 386.
29 Vgl. *Streim*, Grundzüge, S. 11.
30 Vgl. *Franke/Hax*, Finanzwirtschaft, S. 150; *Moxter*, Präferenzstruktur des Unternehmers, S. 10.
31 Vgl. *Schmidt/Terberger*, Finanzierungstheorie, S. 49 f.

zwecken verwendet werden können.[32] Primäres Interesse der Kapitalgeber ist folglich die Realisierung eines *nutzenmaximierenden Konsumstroms.*[33]

Dieses Ziel hat für die Kapitalgeber drei Dimensionen: *Breite/Höhe*, *zeitliche Struktur* und *(Un-)Sicherheit.*[34] Nutzenmaximierung bedeutet nicht zwangsläufig die Maximierung des Konsums zu einem bestimmten Zeitpunkt, weil die Konsummöglichkeiten eines Wirtschaftssubjektes zu einem Zeitpunkt begrenzt sind.[35] Neben dem Konsum hat das Wirtschaftssubjekt zwei weitere Möglichkeiten zur Verwendung der aus dem Unternehmen fließenden Zahlungen, nämlich Sparen und Investieren. Mittel, die für Ersparnis oder Investition verwendet werden, zählen nicht zum gegenwärtigen Konsumeinkommen, dienen aber dazu, Konsum in der Zukunft zu ermöglichen.[36] Folglich sind die Kapitalgeber auch an der zeitlichen Struktur des Zahlungsstroms interessiert.[37]

Die Berücksichtigung der zeitlichen Struktur des Zahlungsstroms bedingt, daß zukünftige Ereignisse, welche die Höhe der Zahlungen beeinflussen, in Entscheidungen über die Verwendung des Kapitals einbezogen werden müssen. Zukünftige Ereignisse sind jedoch nie sicher, so daß als dritte Dimension die (Un-)Sicherheit der Zahlungen zu berücksichtigen ist.[38]

Ausgehend von diesen Annahmen erklären ökonomische Theorien, wie ein (Pareto-) effizienter Zustand erreicht werden kann. Das Problem besteht dabei darin, daß die Präferenzen der Kapitalgeber hinsichtlich Zeit und Risiko unterschiedlich sind. Hinsichtlich der Höhe des Konsumstroms ist davon auszugehen, daß alle Wirtschaftssubjekte ein höheres Konsumeinkommen einem geringeren vorziehen werden.[39] Je nach zeitlicher Präferenz können aber in der Summe gleich hohe, zu verschiedenen Zeitpunkten anfallende Zahlungen unterschiedlich bewertet werden. Abhängig von der Risikoeinstellung kann z.B. ein sicherer niedriger Zahlungsstrom besser oder schlechter als ein unsicherer hoher eingeschätzt werden.[40] Hinzu kommt, daß dem Kapitalnehmer, der Investitions- und Finanzie-

---

[32] Vgl. *Ballwieser/Schmidt*, Unternehmensverfassung, S. 648; *Moxter*, Präferenzstruktur des Unternehmers, S. 11; *Ordelheide*, Kapital und Gewinn, S. 23, 25; *Schildbach*, Jahresabschluß, S. 27; *Streim*, Informationsgehalt, S. 34; *Wenger*, Unternehmenserhaltung, S. 40.

[33] Vgl. *Franke/Hax*, Finanzwirtschaft, S. 150; *Moxter*, Grundsätze ordnungsmäßiger Bilanzierung, S. 38; *Schildbach*, Rechnungslegungsideale, S. 2636; *Schmidt/Terberger*, Finanzierungstheorie, S. 47.

[34] Vgl. *Coenenberg*, Beurteilungskriterien, S. 737; *Moxter*, Grundsätze ordnungsmäßiger Bilanzierung, S. 38 f.; *Schmidt/Terberger*, Finanzierungstheorie, S. 50; *Streim*, Konzeptionslosigkeit, S. 338.

[35] Vgl. *Schmidt/Terberger*, Finanzierungstheorie, S. 47. Diese Dimensionen machen deutlich, daß das Interesse der Wirtschaftssubjekte nicht in der Maximierung des Konsumstroms zu einem Zeitpunkt, sondern in der Maximierung des *Nutzens des Konsumstroms* liegt; vgl. *Schmidt/Terberger*, Finanzierungstheorie, S. 54.

[36] Vgl. *Schmidt/Terberger*, Finanzierungstheorie, S. 48; *Schneider*, Investition, S. 65; *Wagner*, Informations- und Ausschüttungsbemessungsfunktion, S. 750.

[37] Vgl. *Franken*, Rechnungslegung nach US-GAAP, S. 11 f.

[38] Vgl. *Schmidt/Terberger*, Finanzierungstheorie, S. 50.

[39] Vgl. *Franke/Hax*, Finanzwirtschaft, S. 57; *Schmidt/Terberger*, Finanzierungstheorie, S. 53 ff.

[40] Vgl. das Beispiel bei *Schmidt/Terberger*, Finanzierungstheorie, S. 53 f.

rungsentscheidungen im Sinne der Kapitalgeber treffen soll, diese Präferenzen nicht bekannt sind.[41] Erforderlich ist folglich ein Mechanismus, der die Präferenzen der Kapitalgeber und -nehmer so koordiniert, daß individuell rationales Verhalten zu einer Steigerung der gesamtgesellschaftlichen Wohlfahrt führt.

Innerhalb der ökonomischen Theorie bietet die *neo-klassische Theorie* eine Art Referenzpunkt: Sie geht davon aus, daß sich unter bestimmten Annahmen ein Wohlfahrtsoptimum allein durch das Marktgeschehen einstellt.[42] Der Markt gilt als Mechanismus, der die Interessen der nach ihrem eigenen Nutzen strebenden Wirtschaftssubjekte so koordiniert, daß die Nutzenmaximierung einzelner zur Wohlfahrtssteigerung aller führt.[43] Dieser Mechanismus kann aber nur funktionieren, wenn der Markt bestimmte Eigenschaften aufweist, nämlich *vollkommen* und *vollständig* ist.[44] Bezogen auf die Rechnungslegung ist dabei nur der *Kapitalmarkt* von Interesse.[45] Die neo-klassische Theorie argumentiert, daß unter diesen Voraussetzungen

- sich auf dem Kapitalmarkt ein Gleichgewicht in dem Sinne einstellt, daß die hinsichtlich der zeitlichen Verteilung und der (Un-)Sicherheit der Zahlungsströme unterschiedlichen Präferenzen der Kapitalgeber Pareto-optimal koordiniert werden;[46]
- die Finanzierung von Investitionen für ein Unternehmen irrelevant in dem Sinne ist, daß erstens alle Investitionen, deren Einzahlungsstrom mindestens die Anfangsauszahlung deckt, finanziert werden können und zweitens die Art der Finanzierung keine Rolle spielt;[47]

---

41 Vgl. *Franke/Hax*, Finanzwirtschaft, S. 57.

42 Vgl. *Franken*, Rechnungslegung nach US-GAAP, S. 9.

43 Vgl. *Beaver*, Accounting Revolution, S. 50 ff.; *Schmidt/Terberger*, Finanzierungstheorie, S. 62.

44 Vgl. *Pellens*, Internationale Rechnungslegung, S. 9.

45 Dieser Ansatz wird deshalb auch als „kapitalmarktorientierte Sichtweise" bezeichnet; vgl. *Schmidt/Terberger*, Finanzierungstheorie, S. 55. Ein (Kapital-)Markt wird als *vollständig* definiert, wenn jeder beliebige Zahlungsstrom unabhängig von Breite, zeitlicher Struktur und Unsicherheit gehandelt werden kann. Merkmale *vollkommener* Märkte sind:
- Es existiert ein Zinssatz, zu dem alle Marktteilnehmer beliebige Beträge anlegen oder aufnehmen können. Kein Marktteilnehmer kann diesen Zinssatz beeinflussen (vollständige Konkurrenz).
- Informationen sind kostenlos und spiegeln sich in den Preisen wider (vollständige Markttransparenz).
- Die Investoren haben homogene (nicht unbedingt sichere) Erwartungen bezüglich der Rendite und des Risikos von Finanzanlagen.
- Es existieren weder Steuern noch Transaktionskosten.
- Wertpapiere sind beliebig teilbar.

Vgl. *Franke/Hax*, Finanzwirtschaft, S. 153, 334 f.; *Perridon/Steiner*, Finanzwirtschaft der Unternehmung, S. 21; *Schmidt/Terberger*, Finanzierungstheorie, S. 57; *Süchting*, Finanzmanagement, S. 370.

46 Vgl. *Ballwieser/Schmidt*, Unternehmensverfassung, S. 658; *Süchting*, Finanzmanagement, S. 476. Zur Funktionsweise dieses Koordinationsmechanismus, d.h. zur Strategie der Marktwertmaximierung vgl. *Ballwieser/Schmidt*, Unternehmensverfassung, S. 659 ff.; *Franke/Hax*, Finanzwirtschaft, S. 57; *Schmidt*, Property Rights-Analysen, S. 244; *Schmidt/Terberger*, Finanzierungstheorie, S. 58.

47 Vgl. *Schmidt*, Unternehmensfinanzierung, S. 177; *Schmidt*, Property Rights-Analysen, S. 246. Die grundlegende Arbeit zu diesem Problem stammt von *Modigliani* und *Miller*; vgl. *Modigliani/Miller*, Cost of Capital, S. 261-297.

- die Ausschüttungspolitik für die Kapitalgeber irrelevant ist. Ist die Rendite einer Anlage der erzielten Zahlungsüberschüsse im Unternehmen höher als die einer Anlage außerhalb des Unternehmens, werden die Kapitalgeber „überhöhte“ Ausschüttungen wieder im Unternehmen anlegen. Umgekehrt werden die Kapitalgeber ihre Anteile verkaufen, wenn die Ausschüttung zu gering ist, weil die externe Rendite höher als die interne ist.[48]

Dieser Ansatz scheint eine perfekte Antwort auf die Frage nach der für alle Kapitalgeber optimalen Investitions- und Finanzierungsstrategie einschließlich der Dividendenpolitik zu geben: Alle Koordinationsprobleme werden durch den Marktmechanismus geregelt. Institutionen wie Banken, Börsenmakler und eben die Rechnungslegung haben innerhalb dieser Theorie keinen Platz.[49]

Ein Blick in die Realität zeigt jedoch sofort die Problematik des Ansatzes: Vollkommene Kapitalmärkte existieren nicht, d.h. der neo-klassische Erklärungsansatz beruht auf Prämissen, die in der Realität nicht anzutreffen sind.[50] Dieser Kritikpunkt wird von der *neo-institutionalistischen Theorie* aufgegriffen, die damit einer Antwort auf die Frage nach dem Zweck der Rechnungslegung näher kommt.[51]

3.1.1.3 Wohlfahrtsverluste aufgrund von Agency-Problemen

Die neo-institutionalistische Theorie erklärt die Existenz und Funktion von Institutionen[52] – zu denen auch die handelsrechtliche Rechnungslegung zählt – auf Märkten, die *nicht vollkommen* sind.[53] Ausgangspunkt der neo-institutionalistischen Theorie ist die Feststellung, daß der Mechanismus, der die Interessen der nach ihrem eigenen Nutzen strebenden Wirtschaftssubjekte zum Vorteil aller koordiniert, nicht perfekt funktioniert, Pareto-effiziente Zustände folglich nicht automatisch erreicht werden. Innerhalb der neo-institutionalistischen

48 Vgl. *Perridon/Steiner*, Finanzwirtschaft der Unternehmung, S. 22; *Wagner*, Periodenabgrenzung, S. 1180.

49 Vgl. *Ballwieser*, Jahresabschlußverbesserungen, S. 786 f.; *Holthausen/Leftwich*, Accounting Choice, S. 81; *Schmidt*, Neo-institutionalistischer Ansatz, S. 136; *Schmidt*, Property Rights-Analysen, S. 245; *Schmidt/Terberger*, Finanzierungstheorie, S. 65.

50 Vgl. *Ballwieser*, Jahresabschlußverbesserungen, S. 787; *Pellens*, Internationale Rechnungslegung, S. 9; *Schmidt*, Property Rights-Analysen, S. 244 f.

51 Vgl. hierzu auch *Schmidt*, Neo-institutionalistischer Ansatz, S. 150, der die neo-institutionalistische Theorie auf das Insolvenzrecht anwendet.

52 Institutionen sind „zum einen Regeln, nach denen Menschen ihr Handeln ausrichten oder ausrichten sollen: *Ordnungen* im Leben des einzelnen und von Menschen untereinander (Regelsysteme). Zu den Institutionen gehören zum anderen auch durch Regelsysteme geordnete Handlungsabläufe, in denen Menschen miteinander oder auch gegeneinander tätig werden: *Organisationen* (Handlungssysteme).“ *Schneider*, Theorie der Unternehmung, S. 47 (Hervorhebung im Original). Zum Begriff der Institution vgl. auch *Schmidt/Terberger*, Finanzierungstheorie, S. 394 f.; *Schneider*, Grundlagen, S. 18-22.

53 Vgl. auch *Neus*, Ökonomische Agency-Theorie, S. 2.

Theorie existieren verschiedene Ansätze, die sich dadurch unterscheiden, daß jeweils andere Annahmen der neo-klassischen Theorie aufgehoben werden.[54]

Der für die Herleitung eines Rechnungslegungszwecks relevante Ansatz innerhalb der neo-institutionalistischen Theorie ist die *Agency-Theorie*.[55] Die Agency-Theorie beantwortet die Frage, wie es im Umfeld von Auftragsverhältnissen zu Wohlfahrtsverlusten kommen kann und mit Hilfe welcher Instrumente bzw. Institutionen Effizienzsteigerungen herbeigeführt werden können.[56] Damit gibt sie auch Anhaltspunkte für die Ausgestaltung von Rechnungslegungsvorschriften.[57]

3.1.1.3.1 Grundlagen der Agency-Theorie

Die Agency-Theorie befaßt sich mit Interessenkonflikten zwischen Auftraggeber und Auftragnehmer im allgemeinen und zwischen Kapitalgebern und Kapitalnehmern im besonderen. Eine *Agency-Beziehung* wird allgemein als eine Beziehung bzw. ein Vertrag bezeichnet, „under which one or more persons (the principal(s)) engage another person (the agent) to perform some service on their behalf which involves delegating some decision making authority to the agent."[58] Im Rahmen eines Finanzierungsverhältnisses treten Probleme aufgrund von Agency-Beziehungen auf, wenn externe Kapitalgeber (als Principals) gegenüber einem Kapitalnehmer in Vorleistung treten und diesem (als Agent) die Verfügungs- und Entscheidungsmacht über ihr Kapital überlassen.

Diese Probleme resultieren aus der zentralen Annahme der Agency-Theorie, wonach die Informationen zwischen Auftraggebern und Auftragnehmern ungleich (asymmetrisch) verteilt sind.[59] *Asymmetrische Informationsverteilung* liegt vor, wenn innerhalb einer Auftraggeber-Auftragnehmer-Beziehung (vor oder nach Vertragsabschluß) eine Person über Informationen

---

[54] Vgl. *Terberger*, Neo-institutionalistische Ansätze, S. 22 f. Für einen Überblick über diese Ansätze vgl. *Klaus*, Gesellschafterfremdfinanzierung, S. 31-71; *Terberger*, Neo-institutionalistische Ansätze; *Franken*, Rechnungslegung nach US-GAAP, S. 17 ff., der die Relevanz verschiedener Ansätze für die Herleitung eines Rechnungslegungszwecks analysiert.

[55] Vgl. auch *Pellens/Fülbier*, Rechnungslegungsregulierung, S. 578. Zur Einordnung der Agency-Theorie in die neo-institutionalistischen Ansätze vgl. *Decker*, Prinzipal-Agenten-theoretische Betrachtung, S. 6 ff.; *Neus*, Ökonomische Agency-Theorie, S. 8 ff. Innerhalb der Agency-Theorie wird zwischen der normativen (mathematischen) und der positiven (empirischen) sowie der ökonomischen und der finanziellen Agency-Theorie unterschieden; vgl. dazu *Klaus*, Gesellschafterfremdfinanzierung, S. 59 ff.; *Neus*, Ökonomische Agency-Theorie, S. 11 ff.; *Jensen/Smith*, Applications of Agency Theory, S. 96.

[56] Vgl. *Ewert*, Gläubigerschutz, S. 5.

[57] Vgl. dazu auch *Hartmann-Wendels*, Rechnungslegung der Unternehmen, S. 143 f.

[58] *Jensen/Meckling*, Theory of the Firm, S. 308, *Jensen/Smith*, Applications of Agency Theory, S. 96; ähnlich *Barnea/Haugen/Senbet*, Market Imperfections, S. 8; *Ross*, The Principal's Problem, S. 134. Zur Kritik an dieser Definition vgl. *Schneider*, Investition, S. 617 f., der eine Principal-Agent-Beziehung nur bei einem Über-/Unterordnungsverhältnis zwischen Auftraggeber und Beauftragtem annimmt.

[59] Vgl. *Schmidt/Terberger*, Finanzierungstheorie, S. 66 f., 391 f.

verfügt, welche die Entscheidungen der anderen Person beeinflussen würden, sofern sie diese Informationen erhalten könnte.[60]

Asymmetrische Informationsverteilung ist zunächst nicht negativ für die Marktteilnehmer, sondern ist die Grundlage für Wohlfahrtssteigerungen.[61] Die Beziehung zwischen Kapitalgeber und Kapitalnehmer beruht auf dem Wunsch des Kapitalgebers, den Informationsvorsprung des Managers zu seinem eigenen Vorteil, d.h. zur Erzielung eines nutzenmaximalen Konsumstroms, auszunutzen.[62] Ohne Kooperation stecken beide in einem Dilemma: Der Kapitalgeber hat Kapital, aber nicht das Wissen, dieses Kapital in rentabler Weise zu verwenden, während der Manager zwar das nötige Wissen, nicht aber das entsprechende Kapital hat. Durch Kooperation kann folglich der Nutzen beider gesteigert werden; die asymmetrische Informationsverteilung ist der Anlaß für den Abschluß eines Finanzierungsvertrages.

Asymmetrische Informationsverteilung kann aber auch dazu führen, daß der Markt unvollständig wird, im Extremfall das Marktgeschehen zum Erliegen kommt.[63] Dies ist der Fall, wenn neben der asymmetrischen Informationsverteilung eine zweite Voraussetzung erfüllt ist: Verfolgen der Auftraggeber und der Auftragnehmer unterschiedliche Interessen (*Interessendivergenz*), d.h. enthalten die Nutzenfunktionen unterschiedliche Variablen, besteht für den besser informierten Marktpartner der Anreiz, seinen Informationsvorsprung zu seinem eigenen Vorteil und damit gegen die Interessen des schlechter informierten Partners auszunutzen. Innerhalb der Agency-Theorie werden zwei grundsätzliche Fälle von Marktversagen bzw. Ursachen für Wohlfahrtsverluste diskutiert:

- *Adverse selection*, d.h. Informationsprobleme vor Vertragsabschluß („hidden information" bzw. „hidden characteristics")[64] führen dazu, daß aufgrund sinkender Zahlungsbereitschaften der Tauschprozeß eingeschränkt wird oder zum Erliegen kommt.[65]
- *Moral hazard*, d.h. Informationsunterschiede nach Vertragsabschluß („hidden action") ermöglichen es einem Vertragspartner, Handlungen zu seinem eigenen Vorteil, aber zum Nachteil des Partners, der diese Handlungen nicht beobachten kann, zu unternehmen.[66]

---

60 Vgl. *Schmidt*, Neo-institutionalistischer Ansatz, S. 139 f.; *Schmidt*, Property Rights-Analysen, S. 251.
61 Vgl. *Klein*, Kapitalgeberschutz durch Rechnungslegungsvorschriften, S. 68 f.
62 Vgl. *Ballwieser/Schmidt*, Unternehmensverfassung, S. 664; *Spremann*, Investition und Finanzierung, S. 603, 605.
63 Vgl. *Franke/Hax*, Finanzwirtschaft, S. 410.
64 Vgl. *Arrow*, Agency and the Market, S. 1184 f.
65 Die grundlegende Arbeit zu diesem Problem stammt von *Akerlof*, der die Folgen asymmetrischer Informationsverteilung am Beispiel des Gebrauchtwagenmarktes verdeutlicht; vgl. *Akerlof*, Market for „Lemons", S. 488-500. Ein in der Literatur häufig verwendetes Beispiel ist der Versicherungsmarkt; vgl. auch *Akerlof*, Market for „Lemons", S. 492 ff.; *Elschen*, Agency-Theorie, S. 249; *Kreps*, Microeconomic Theory, S. 626 f. Zur Übertragung dieses Problems auf den Kapitalmarkt vgl. *Beaver*, Accounting Revolution, S. 37 ff.
66 Vgl. *Arrow*, Agency and the Market, S. 1185; *Beaver*, Accounting Revolution, S. 39 f.

Für den Kapitalgeber bedeutet die asymmetrische Informationsverteilung folglich, daß er einerseits dem Kapitalnehmer Entscheidungsfreiheit hinsichtlich der Verwendung des Kapitals einräumen muß, denn aufgrund seines Informationsvorsprungs kennt der Kapitalnehmer die Handlungsmöglichkeiten sowie die damit realisierbaren Zahlungsströme besser als der Kapitalgeber. Andererseits kann der Kapitalgeber weder die Handlungen des Kapitalnehmers noch den tatsächlich erzielten Zahlungsstrom beobachten, so daß er nicht sicher sein kann, daß der Manager die für den Kapitalgeber bestmögliche Handlungsalternative ergriffen hat. Die Unkenntnis der Handlungsmöglichkeiten impliziert auch, daß der Kapitalgeber Fehlverhalten des Managements nicht ausschließen oder sanktionieren kann.[67] Antizipiert der Kapitalgeber mögliches Fehlverhalten nach Vertragsabschluß, kommt ein eigentlich wohlfahrtssteigerndes Kapitalüberlassungsverhältnis nicht zustande. Läßt er sich dennoch auf einen Finanzierungsvertrag ein, besteht die Gefahr von Effizienzverlusten durch „moral hazard".

Die neo-institutionalistische Theorie untersucht den Beitrag, den Institutionen zur Verminderung dieser Effizienzeinbußen leisten können. Eine solche Institution ist die handelsrechtliche Rechnungslegung.[68] Der *Zweck der Rechnungslegung* besteht folglich darin, Wohlfahrtsverluste zu verhindern, indem die Kapitalgeber vor einem Management, das seinen Informationsvorsprung zu seinem eigenen Vorteil und zu Lasten der Kapitalgeber ausnutzt, geschützt werden.[69] Diese Agency-Probleme werden im folgenden als „Kapitalgeberrisiken" bezeichnet. Aufgabe der folgenden Abschnitte ist es, die Ursachen für Wohlfahrtsverluste aus der Principal-Agent-Beziehung zwischen Kapitalgeber und Kapitalnehmer zu konkretisieren, um daraus abzuleiten, wie das Schutzinstrument „Rechnungslegung" ausgestaltet werden muß.

Dabei ist zu beachten, daß Gerechtigkeitsaspekte weiterhin keine Rolle spielen, auch wenn mit dem Begriff „Schutz" eine solche Vorstellung assoziiert werden könnte. Gemeint ist nicht der Ausgleich unterschiedlicher Machtpositionen, die zu Vermögensverlagerungen führen und daher als ungerecht empfunden werden, sondern allein die *Vermeidung oder Verringerung von Ineffizienz*.[70] Gleiches gilt für den Begriff „Risiko": Nicht jeder Vermögensverlust eines Kapitalgebers ist gleichbedeutend mit einem Wohlfahrtsverlust. Vielmehr kann eine Vermögensverlagerung dazu führen, daß das Kapital in rentablere Verwendungsmöglich-

---

67 Vgl. *Ewert*, Gläubigerschutz, S. 30.
68 Vgl. *Schmidt*, Grundformen der Finanzierung, S. 192.
69 Ähnlich auch *Leftwich*, Accounting Information, S. 26 f.; *Pellens*, Internationale Rechnungslegung, S. 10.
70 Vgl. auch *Schneider*, Rechnungswesen, S. 110.

keiten gelenkt wird und Effizienzsteigerungen erzielt werden. Ökonomisch betrachtet dient die Rechnungslegung primär der Effizienzsteigerung und erst sekundär der Gerechtigkeit.[71]

3.1.1.3.2 Risiken der Kapitalgeber

Aus den Prämissen der asymmetrischen Informationsverteilung und der Interessendivergenz resultiert für den Kapitalgeber das Risiko, daß der an ihn fließende Zahlungsstrom seinen Erwartungen hinsichtlich Höhe, zeitlicher Verteilung und/oder (Un-)Sicherheit nicht entspricht. Der tatsächlich erzielte Zahlungsstrom hängt von zwei Faktoren ab: von den Handlungen des Kapitalnehmers und von den Umweltsituationen. Letztere sind weder vom Kapitalgeber noch vom Kapitalnehmer beeinflußbar.[72] Ein Zahlungsausfall kann dementsprechend zwei Ursachen haben:

1. Der Zahlungsausfall kann durch unvorhersehbare Umweltzustände verursacht sein. Dieses Risiko wird als *allgemeines Unternehmensrisiko* (business risk) bezeichnet. Die Kapitalgeber müssen dieses Risiko eingehen, weil sie kein sicheres Wissen über die Zukunft haben und zukünftige Ereignisse, z.B. politische Entwicklungen, neue Konkurrenten, Substitutionsprodukte, Unglücksfälle usw., nicht vorhersehen können.[73] Zahlungsausfälle aufgrund unvorhersehbarer Umweltzustände sind vom Manager nicht zu vertreten; der Manager hat einfach „Pech gehabt".

2. Der Zahlungsstrom kann geringer als erwartet sein, weil der Manager eine falsche Handlungsmöglichkeit ergriffen hat (*Fehlverhaltensrisiken*). Hier ist weiter zu unterscheiden,
   - ob der vom Management verursachte Zahlungsausfall auf *unbeabsichtigtem* Fehlverhalten, d.h. auf Unfähigkeit der Manager, beruht. Unfähigkeit des Managements beschreibt den Umstand, daß die Manager „die Regeln der Kunst der Unternehmensführung"[74] nicht beachten, d.h. bei Planungen nicht die dafür vorhandenen Instrumente einsetzen, die Ergebnisse vergangener Entscheidungen nicht kontrollieren usw.;[75]
   - ob die Manager die für den Kapitalgeber nachteilige Handlungsalternative *absichtlich* gewählt haben.

Im Mittelpunkt der Agency-Theorie stehen Kapitalgeberrisiken aufgrund des absichtlichen Fehlverhaltens der Kapitalnehmer. Diese Risiken sind Gegenstand der folgenden Abschnitte.

---

71 Zur Bedeutung von Gerechtigkeitsfragen vgl. Abschnitt 3.1.2.

72 Vgl. *Barnea/Haugen/Senbet*, Financial Contracting, S. 26 f.; *Pfaff/Zweifel*, Principal-Agent-Theorie, S. 185; *Spremann*, Agent and Principal, S. 11 f.

73 Vgl. *Streim*, Grundzüge, S. 11.

3.1.1.3.2.1 Risiken der Fremdkapitalgeber

Ein Gläubiger, der einem Kapitalnehmer sein Kapital zur Finanzierung einer Investition zur Verfügung stellt, erwartet als Gegenleistung die Rückzahlung und Verzinsung seines Kapitals. Typisch für die Position des Gläubigers ist, daß er einen *Festbetragsanspruch* hat, d.h. die Höhe seines Anspruchs ist grundsätzlich unabhängig von der Höhe des mit der Investition erzielten Zahlungsstroms. Von einem Zahlungsstrom, der höher als der Anspruch des Gläubigers ist, profitiert dieser nicht.[76] Ist der Zahlungsstrom allerdings geringer als der Anspruch des Gläubigers, besteht für den Kapitalnehmer nicht die Pflicht, die Differenz aus seinem privaten Vermögen auszugleichen. Es liegt folglich eine *Haftungsbeschränkung* vor. Die Ansprüche der Gläubiger werden gegenüber den Gesellschafteransprüchen vorrangig befriedigt.

Im folgenden werden einige Situationen dargestellt, in denen es den Managern möglich ist, ihren Konsum mittelbar oder unmittelbar auf Kosten der Gläubiger zu erhöhen.[77] Den Beispielen liegt folgende Ausgangssituation zugrunde: Betrachtet wird eine Unternehmung im Zeitpunkt t_0, die im Zeitpunkt t_1 liquidiert wird. Alternativ kann unterstellt werden, daß die Unternehmung in t_1 das gesamte Fremdkapital tilgen muß.[78] Beide Annahmen fordern, daß die bis t_1 erzielten Einzahlungsüberschüsse ausreichen, um die Ansprüche aller Gläubiger zu befriedigen. Zusätzlich wird angenommen, daß Manager und Anteilseigner identisch sind bzw. die Manager im Sinne der Anteilseigner handeln; die Begriffe „Manager", „Gesellschafter" und „Kapitalnehmer" werden synonym verwendet.[79] Das Ziel der Manager ist folglich die Maximierung des residualen Zahlungsstroms.[80] Kapitalgeber und -nehmer treffen ihre Entscheidungen mit Hilfe des Kapitalwertkriteriums bzw. auf der Basis von Erwartungswerten.

(1) Investitionsbedingte Gläubigerrisiken

Die Ursache für die als investitionsbedingte Agency-Probleme bezeichneten Gläubigerrisiken ist die Entscheidung der Kapitalnehmer für Investitionen, die zu einem Zahlungsstrom führen, der zwar für sie selbst, nicht aber für die Gläubiger optimal ist. Die Investitions-

---

74 *Streim*, Grundzüge, S. 14.
75 Vgl. *Streim*, Grundzüge, S. 14.
76 Vgl. *Hartmann-Wendels*, Rechnungslegung der Unternehmen, S. 142; *Schmidt/Terberger*, Finanzierungstheorie, S. 412 f.
77 Vgl. zu ähnlichen Beispielen z.B. *Ewert*, Gläubigerschutz, S. 12 ff.; *Franke/Hax*, Finanzwirtschaft, S. 422 ff.; *Franken*, Rechnungslegung nach US-GAAP, S. 38 ff.; *Klein*, Kapitalgeberschutz durch Rechnungslegungsvorschriften, S. 76 ff.; *Schmidt/Terberger*, Finanzierungstheorie, S. 416 f.; *Zechner*, Managerverhalten, S. 188 f.
78 Vgl. *Ewert*, Gläubigerschutz, S. 12.
79 Damit werden hier die im folgenden Abschnitt beschriebenen Eigenkapitalgeberrisiken ausgeklammert; vgl. *Ewert*, Gläubigerschutz, S. 26. Zu den Problemen dieser Partialanalyse vgl. *Elschen*, Agency-Theorie, S. 250.
80 Vgl. dazu die Erläuterung der Gesellschafteransprüche im folgenden Abschnitt.

entscheidung wird nicht auf der Basis des gesamten, sondern auf der Basis des *residualen* Zahlungsstroms getroffen.[81]

Ausgangspunkt des Beispiels sind die sich gegenseitig ausschließenden Investitionsalternativen A und B, die in t_0 durchgeführt werden und in t_1 zu jeweils unterschiedlichen Einzahlungsüberschüssen in Abhängigkeit von den Umweltzuständen s_1 und s_2 führen. Die Umweltzustände werden beide mit der gleichen Wahrscheinlichkeit von 0,5 erwartet. Die Anschaffungsauszahlung beträgt bei beiden Investitionsmöglichkeiten 250 GE; davon werden 200 GE durch einen in t_1 zu tilgenden und mit 25 % zu verzinsenden Kredit finanziert. Der Gläubiger hat in t_1 folglich einen Zahlungsanspruch in Höhe von 250 GE. Die Gesellschafter unterstellen einen Kalkulationszinsfuß von 12 %, der Gläubiger rechnet mit 8 %. Abbildung 3 zeigt die Ergebnisse der beiden Investitionen in t_1:

	A		B	
	s_1	s_2	s_1	s_2
Anschaffungsauszahlung in t_0 davon fremdfinanziert	250 200		250 200	
Einzahlungsüberschuß in t_1	250	350	120	400
Gläubiger	250	250	120	250
Gesellschafter	0	100	0	150
Kapitalwert des Fremdkapitals	31,5[82]		-28,7[83]	
Kapitalwert des Eigenkapitals	-5,4[84]		17,0[85]	
Kapitalwert der Investition	26,1[86]		-11,7[87]	

Abbildung 3: Ergebnisse der Investitionen in t_1

Beurteilt man die Investitionsalternativen nach dem Kapitalwertkriterium, ergibt sich die Reihenfolge A > B. Auch aus der Sicht der Gläubiger ist diese Reihenfolge optimal, weil das Ausfallrisiko bei A geringer als bei B ist. Die Gesellschafter würden dagegen die Investition B präferieren. Für die Durchführung der Investition A besteht für sie aufgrund des negativen Eigenkapitalwerts kein Anreiz.

Das Ergebnis, daß sich die Gesellschafter für die Alternative B entscheiden, zeigt die Konsequenzen der verwendeten Entscheidungsregel:

---

81 Vgl. *Franken*, Rechnungslegung nach US-GAAP, S. 41, 51 ff.
82 $-200 + 0{,}5 \cdot 250 \cdot 1{,}08^{-1} + 0{,}5 \cdot 250 \cdot 1{,}08^{-1} = 31{,}5$.
83 $-200 + 0{,}5 \cdot 120 \cdot 1{,}08^{-1} + 0{,}5 \cdot 250 \cdot 1{,}08^{-1} = -28{,}7$.
84 $-50 + 0{,}5 \cdot 0 \cdot 1{,}12^{-1} + 0{,}5 \cdot 100 \cdot 1{,}12^{-1} = -5{,}4$.
85 $-50 + 0{,}5 \cdot 0 \cdot 1{,}12^{-1} + 0{,}5 \cdot 150 \cdot 1{,}12^{-1} = 17{,}0$.
86 $-250 + 0{,}5 \cdot 250 \cdot 1{,}08^{-1} + 0{,}5 \cdot 250 \cdot 1{,}08^{-1} + 0{,}5 \cdot 0 \cdot 1{,}12^{-1} + 0{,}5 \cdot 100 \cdot 1{,}12^{-1} = 26{,}1$.
87 $-250 + 0{,}5 \cdot 120 \cdot 1{,}08^{-1} + 0{,}5 \cdot 250 \cdot 1{,}08^{-1} + 0{,}5 \cdot 0 \cdot 1{,}12^{-1} + 0{,}5 \cdot 150 \cdot 1{,}12^{-1} = -11{,}7$.

- Die Gesellschafter realisieren Investitionen mit einem negativen Kapitalwert, d.h. ineffiziente Investitionen, die aus dem Investitionsprogramm ausscheiden sollten. Der Anreiz für diese Entscheidung ergibt sich zum einen aus der Haftungsbeschränkung, zum anderen aus dem Festbetragsanspruch des Gläubigers: Er partizipiert nur an „Abweichungen nach unten", nicht jedoch an den mit der Alternative B bei Eintritt der günstigen Umweltlage s_2 zusätzlich erzielbaren Zahlungsüberschüssen, die über seinen Anspruch hinausgehen. Diese kommen allein dem Kapitalnehmer zugute. Die negativen Konsequenzen bei Eintritt der ungünstigen Umweltlage sind dagegen allein von den Gläubigern zu tragen.

  Dieses Risiko wird als *risk-incentive-Problem* bezeichnet. Für die Kapitalnehmer besteht der Anreiz, in risikoreiche Projekte, die möglicherweise sogar einen negativen Kapitalwert aufweisen, zu investieren, weil die Folgen eines Fehlschlags zu Lasten der Gläubiger gehen, von höheren Zahlungsüberschüssen bei Eintritt des vorteilhaften Umweltzustands aber die Kapitalnehmer profitieren.[88]

- Investitionen mit einem positiven Kapitalwert werden unterlassen. Obwohl die Investition A einen positiven Kapitalwert hat, haben die Gesellschafter keinen Anreiz zur Durchführung dieser Investition, weil die Einzahlungsüberschüsse zum größten Teil für die Erfüllung der Gläubigeransprüche verwendet werden müssen. Für die Eigenkapitalgeber reichen die erwarteten Einzahlungen nach Abzug der Gläubigeransprüche nicht aus, um ihren Kapitaleinsatz zu decken. Dieses Risiko wird als *Unterinvestitionsproblem* (underinvestment-Problem) bezeichnet.[89]

(2) Ausschüttungsbedingte Gläubigerrisiken

Während bei den investitionsbedingten Agency-Problemen das Management den Anreiz hat, ineffiziente Investitionen durchzuführen bzw. effiziente zu unterlassen, liegt die Ursache für die ausschüttungsbedingten Agency-Probleme darin, daß die im Finanzierungsvertrag vereinbarte Regel zur Aufteilung des Zahlungsstroms nicht eingehalten wird.[90] Die Manager realisieren zwar die Investition mit dem höchsten Kapitalwert, sorgen aber dafür, daß ihr eigener Anspruch vor der Erfüllung der Gläubigeransprüche befriedigt wird. Dies ist ihnen möglich, indem sie folgende Transaktionen vornehmen:

---

88 Vgl. *Ewert*, Gläubigerschutz, S. 16; *Streim*, Grundzüge, S. 13.
89 Vgl. *Ewert*, Gläubigerschutz, S. 19.
90 Vgl. *Franken*, Rechnungslegung nach US-GAAP, S. 40 f., 45 ff., der von „teilungsbedingten Gläubigerrisiken" spricht.

- Gegeben sei folgende Ausgangssituation:[91] Das Management hat in t_0 die Möglichkeit zur Realisation einer Investitionsalternative C. Die Anschaffungskosten in Höhe von 250 GE werden durch einen mit 25 % zu verzinsenden Kredit in Höhe von 200 GE finanziert. Der Kredit ist in t_1 zu tilgen (Anspruch der Gläubiger = 250 GE). Aus der Investition werden in t_1 abhängig von der Umweltsituation (s_1 bzw. s_2) Einzahlungen in Höhe von 250 GE bzw. 375 GE erwartet. Zusätzlich kann das Management in t_0 einen Kredit in Höhe von 120 GE aufzunehmen, der in t_1 mit 30 % Zinsen zu tilgen ist (Anspruch der Neugläubiger in t_1 = 156 GE; Gläubigeransprüche insgesamt = 406 GE). Die aus dem zusätzlichen Kredit in t_0 zufließenden Mittel werden in Höhe von 50 GE zur Finanzierung der Investition C verwendet, die restlichen 70 GE werden an die Anteilseigner ausgeschüttet. Abbildung 4 (S. 43) zeigt die Konsequenzen dieser Transaktion; zum Vergleich sind zusätzlich die Daten der Investition C ohne den zweiten Kredit aufgeführt.

Wird die Investition C ohne die Aufnahme des zweiten Kredits durchgeführt, besteht für die Gläubiger kein Risiko. Die Einzahlungsüberschüsse reichen in jedem Fall zur Erfüllung ihrer Ansprüche aus. Die Aufnahme des zusätzlichen Kredites erhöht das Ausfallrisiko der Altgläubiger. Da keinem Gläubiger ein vorrangiger Forderungsanspruch eingeräumt wurde, werden die aus der Investition resultierenden Einzahlungsüberschüsse anteilig zwischen den beiden Gläubigern aufgeteilt.[92] Der zusätzliche Anspruch des neuen Gläubigers in Höhe von 156 GE wird aus drei Quellen „finanziert": von den alten Gläubigern in Höhe von 57,5 GE,[93] von den Gesellschaftern in Höhe von 62,5 GE[94] und vom neuen Gläubiger selbst in Höhe seines erwarteten Ausfalls in Höhe von 36 GE.[95] Die Kapitalnehmer verlieren zwar ihren Gewinn aus der Investition an den neuen Gläubiger, erhalten dafür aber die Ausschüttung in Höhe von 70 GE und sparen außerdem Eigenkapital in Höhe von 50 GE, weil die Investition jetzt vollständig fremdfinanziert werden kann. Verlierer dieser Transaktion sind folglich in erster Linie die ursprünglichen Gläubiger.

---

91 Vgl. hierzu *Ewert*, Gläubigerschutz, S. 17 f.

92 Vgl. *Ewert*, Gläubigerschutz, S. 18.

93 Der Erwartungswert der Altgläubiger sinkt von 250 GE auf 192,5 GE:
Erwartungswert vor zusätzlicher Kreditaufnahme: $250 \cdot 0{,}5 + 250 \cdot 0{,}5 = 250$
Erwartungswert nach zusätzlicher Kreditaufnahme: $154 \cdot 0{,}5 + 231 \cdot 0{,}5 = 192{,}5$.

94 Aus der Investition C resultiert für die Gesellschafter nach der zusätzlichen Kreditaufnahme ein Erwartungswert in Höhe von null:
Erwartungswert vor zusätzlicher Kreditaufnahme: $0 \cdot 0{,}5 + 125 \cdot 0{,}5 = 62{,}5$
Erwartungswert nach zusätzlicher Kreditaufnahme: $0 \cdot 0{,}5 + 0 \cdot 0{,}5 = 0$.

95 $60 \cdot 0{,}5 + 12 \cdot 0{,}5 = 36$.

	t_0	C (Kredit 1 u. 2) t_1		C (Kredit 1) t_1	
		s_1	s_2	s_1	s_2
Einzahlungen:					
• Kredit 1	200				
• Kredit 2	120				
• Investition C		250	375	250	375
Summe	*320*	*250*	*375*	*250*	*375*
Auszahlungen:					
• Investition C	250				
• Ausschüttung	70				
• Tilgung + Zinsen Kredit 1		154[96]	231[98]	250	250
• Tilgung + Zinsen Kredit 2		96[97]	144[99]		
Summe	*320*	*250*	*375*		
Ein-/Auszahlungen *Altgläubiger* (Ausfall)	-200	154 (96)	231 (19)	250 (0)	250 (0)
Ein-/Auszahlungen *Neugläubiger* (Ausfall)	-120	96 (60)	144 (12)		
Gesellschafter	70	0	0	0	125
Erwartungswert des Fremdkapitals *Altgläubiger*		192,5		250	
Erwartungswert des Fremdkapitals *Neugläubiger*		120			
Erwartungswert des Eigenkapitals	70	0		62,5	

Abbildung 4: Konsequenzen der fremdfinanzierten Ausschüttung

Dieses als *fremdfinanzierte Ausschüttung* bezeichnete Risiko (debt-financed dividend payments) kann für die Altgläubiger verstärkt werden, wenn die neuen Kreditgeber bevorzugt behandelt werden, z.B. durch einen vorrangigen Forderungsanspruch.[100]

---

96 $\frac{250}{406} \cdot 250 = 154.$

97 $\frac{156}{406} \cdot 250 = 96.$

98 $\frac{250}{406} \cdot 375 = 231.$

99 $\frac{156}{406} \cdot 375 = 144.$

100 Zum Risiko der Bevorzugung von Kreditgebern vgl. *Schmidt*, Gläubigerverfügungsrechte, S. 719; *Streim*, Grundzüge, S. 13 f.

- Neben der fremdfinanzierten Ausschüttung besteht für die Gläubiger das Risiko der *bilanzkürzenden Ausschüttung.*[101] In diesem Fall wird Unternehmensvermögen veräußert und der Veräußerungserlös an die Gesellschafter ausgeschüttet. Für die Gesellschafter kann diese Transaktion lohnenswert sein, wenn der Veräußerungserlös den auf das veräußerte Vermögen entfallenden Erwartungswert des Eigenkapitals bei Weiternutzung übersteigt. Wird die Investition C ohne den zusätzlichen Kredit realisiert und in t_0 zu einem Preis von 200 GE verkauft, ist dieser Verkauf aus der Sicht aller Kapitalgeber nicht sinnvoll, weil der Gesamt-Erwartungswert höher als der Veräußerungserlös ist (312,5 GE = Erwartungswert des Eigenkapitals (250 GE) + Erwartungswert des Fremdkapitals (62,5 GE)). Durch den Verkauf verlieren zwar sowohl der Gläubiger als auch die Gesellschafter den zukünftigen Zahlungsstrom aus der Investition, die Gesellschafter erhalten dafür aber den Kaufpreis. Für sie resultiert aus dem Verkauf mit anschließender Ausschüttung des Liquidationserlöses ein Gewinn in Höhe von 150 GE (200 GE – 50 GE (= eingesetztes Eigenkapital)). Der Anspruch des Gläubigers wird durch diese Transaktion wertlos, weil seine Forderung weder durch Einzahlungsüberschüsse aus der Investition noch durch den Verkauf des Objektes gedeckt werden kann.[102]

Bisher wurde gezeigt, daß aus den dargestellten Transaktionen *Vermögensverlagerungen* vom Kapitalgeber zum Kapitalnehmer resultieren. Daß diese Vermögensverlagerungen auch mit *Wohlfahrtsverlusten* verbunden sind, ist bei den investitionsbedingten Gläubigerrisiken offensichtlich: Die Manager entscheiden sich für eine ineffiziente oder unterlassen eine effiziente Investitionsalternative. Bei den ausschüttungsbedingten Agency-Problemen liegt die Ineffizienz nicht so deutlich auf der Hand, denn die Kapitalnehmer realisieren die effiziente Investition C. Die anschließenden reichtumsverlagernden Transaktionen mindern nicht den gesamten Zahlungsstrom, sondern führen lediglich zu einer Umverteilung. Diese Umverteilung ist auf den ersten Blick ein Problem der Gerechtigkeit, nicht der Effizienz. Der Wohlfahrtsverlust liegt in diesem Fall darin, daß ein Gläubiger, der mögliche Schädigungen antizipiert, aber nicht verhindern kann, dem Kapitalnehmer sein Kapital entweder gar nicht oder nur zu einer ineffizient hohen Risikoprämie zur Verfügung stellen wird.[103] Damit kann auch die Investition C nicht mehr effizient durchgeführt werden.

---

101 Vgl. zu diesem Risiko *Ewert*, Gläubigerschutz, S. 14 f.
102 Vgl. *Pfaff*, Gewinnverwendungsregelungen, S. 49.
103 Vgl. auch *Ewert*, Gläubigerschutz, S. 66; *Herzig/Mauritz*, Marktbewertungspflicht, S. 340; *Leuz*, Kreditfinanzierung, S. 65.

(3) Informationsbedingte Gläubigerrisiken

Die informationsbedingten Agency-Risiken beruhen auf der Tatsache, daß die Gläubiger

- die *realisierbaren* Handlungsmöglichkeiten und die *erzielbaren* Zahlungsströme nicht kennen (Informationsasymmetrie vor Vertragsabschluß),
- die *realisierten* Handlungsmöglichkeiten und die *erzielten* Zahlungsströme nicht beobachten können (Informationsasymmetrie nach Vertragsabschluß).

Diese Informationsasymmetrie bedingt, daß die Gläubiger bei ihren Entscheidungen auf die Informationen des Kapitalnehmers angewiesen sind. Dadurch kann der Kapitalnehmer die Gläubiger zu Entscheidungen veranlassen, die diese bei Kenntnis der wahren Situation so nicht getroffen hätten.[104]

Bei *Informationsasymmetrie vor Vertragsabschluß* besteht für den Kapitalnehmer der Anreiz, den Kapitalgeber so zu informieren, daß dieser zu einer Kreditvergabe zu günstigen Konditionen bereit ist.[105] Je nachdem, wie hoch der Kapitalgeber die Glaubwürdigkeit dieser Informationen einschätzt, bestehen zwei Möglichkeiten für Wohlfahrtsverluste: Entweder der Kapitalgeber schätzt das mit dem Kredit verbundene Ausfallrisiko so hoch ein, daß er sein Kapital nicht oder nur zu einer hohen Risikoprämie zur Verfügung stellt – Konsequenz sind die oben beschriebenen Effizienzeinbußen –, oder er unterschätzt das Risiko und verlangt eine zu geringe Risikoprämie. In diesem Fall kommt es zwar zunächst nur zu Vermögensverlagerungen vom Gläubiger zum Gesellschafter. Durch die Kreditvergabe ermöglicht der Gläubiger dem Kapitalnehmer aber die Realisierung ineffizienter Investitionen durch die oben beschriebenen Transaktionen.[106]

Bei *Informationsasymmetrie nach Vertragsabschluß* kennt der Kapitalgeber den wahren Zahlungsstrom nicht. Selbst wenn er weiß, welche Investitionsalternative der Kapitalnehmer realisiert hat, ist es ihm nicht möglich, daraus auf den erzielten Zahlungsstrom zu schließen, weil er nicht weiß, welche Umweltsituation eingetroffen ist bzw. wie die Umweltsituation den Zahlungsstrom beeinflußt hat. Daraus folgt auch, daß der Gläubiger nicht weiß, ob der Manager einen zu geringen Zahlungsstrom zu vertreten hat. Für den Kapitalnehmer besteht daher der Anreiz, einen möglichst niedrigen Zahlungsstrom zu fingieren, um die Differenz zum Anspruch des Gläubigers in sein Vermögen zu überführen.[107] Die Gläubiger werden diese Schädigungen antizipieren mit der Konsequenz, daß wiederum das Kapitalüberlassungsverhältnis nicht zustande kommt oder eine ineffizient hohe Risikoprämie verlangt wird.

---

104 Vgl. *Streim*, Grundzüge, S. 12.
105 Vgl. *Ewert*, Gläubigerschutz, S. 21.
106 Vgl. *Franken*, Rechnungslegung nach US-GAAP, S. 56 f.
107 Vgl. *Franken*, Rechnungslegung nach US-GAAP, S. 50.

3.1.1.3.2.2 Risiken der Eigenkapitalgeber

Im Gegensatz zum Festbetragsanspruch der Gläubiger haben die Eigenkapitalgeber einen *Residualanspruch*, d.h. sie werden durch die Zahlungsüberschüsse nach Abzug der Fremdkapitalgeberansprüche entlohnt.[108] Die Gesellschafter partizipieren sowohl an Gewinnen als auch an Verlusten, wobei die Beteiligung an Verlusten bei Vorliegen einer Haftungsbeschränkung auf das eingesetzte Kapital beschränkt ist.[109]

Eigenkapitalgeber können ihre Konsummöglichkeiten durch *Gewinnentnahmen bzw. -ausschüttungen* sowie durch die *Steigerung des Marktwertes* ihrer Anteile erhöhen.[110] Bei Vertragsabschluß stehen weder die Höhe noch die zeitliche Verteilung des zukünftig den Anteilseignern zustehenden Zahlungsstroms fest. Die Position der Gesellschafter ist folglich von höherer Unsicherheit geprägt als die der Gläubiger, deren Anspruch hinsichtlich Höhe und zeitlicher Verteilung der Zahlungen im Vertrag festgelegt ist.[111] Für die Analyse der Eigenkapitalgeberrisiken wird die Annahme, daß die Manager im Interesse der Gesellschafter handeln, aufgehoben, so daß die Interessen der Manager explizit zu berücksichtigen sind.

Auch die Manager haben das Interesse, ihre Konsummöglichkeiten in den Dimensionen Höhe, zeitliche Verteilung und (Un-)Sicherheit zu maximieren. *Unmittelbar* hängen die Konsummöglichkeiten des Managers von den Zahlungen ab, die ihm aus seiner Unternehmenstätigkeit zufließen.[112] Abhängig vom Entlohnungssystem der Unternehmung können diese Zahlungen einerseits aus einem festen Gehalt bestehen, andererseits an Größen wie Periodengewinn oder Unternehmenswert gebunden sein. Im Falle eines festen, erfolgsunabhängigen Gehaltes hat der Manager nicht die Möglichkeit, durch die Steigerung des Unternehmenswerts die an ihn fließenden Zahlungen zu erhöhen.

Folglich sucht er in diesem Fall nach Möglichkeiten, seinen Konsum *mittelbar* zu steigern, z.B. indem er versucht, das Vermögen des Unternehmens für seinen Konsum in Anspruch zu nehmen („consumption on the job").[113] Weitere Variablen seiner Nutzenfunktion sind nicht-pekuniäre Werte wie Reputation, Anerkennung und Macht.[114] Ist auch Freizeit eine Variable seiner Nutzenfunktion, wird der Manager bemüht sein, seinen Arbeitseinsatz zu

---

108 Vgl. *Schmidt*, Grundformen der Finanzierung, S. 193.
109 Vgl. *Schmidt/Terberger*, Finanzierungstheorie, S. 432 f.
110 Vgl. *Klein*, Kapitalgeberschutz durch Rechnungslegungsvorschriften, S. 69.
111 Vgl. *Barnea/Haugen/Senbet*, Financial Contracting, S. 25; *Franke/Hax*, Finanzwirtschaft, S. 418; *Hartmann-Wendels*, Rechnungslegung der Unternehmen, S. 9 f.
112 Vgl. *Schmidt/Terberger*, Finanzierungstheorie, S. 439.
113 Vgl. *Ewert*, Gläubigerschutz, S. 10.
114 Vgl. *Jensen/Meckling*, Theory of the Firm, S. 312.

minimieren, denn „Arbeitsleid" mindert seinen Nutzen.[115] Entscheidend ist, daß das für die Gesellschafter wichtige Ziel der Steigerung des Unternehmenswertes nur eine – eventuell untergeordnete – Variable von vielen in seiner Nutzenfunktion ist.[116]

Aus dieser Interessendivergenz zwischen Gesellschaftern und Managern resultieren folgende Risiken:

(1) Investitionsbedingte Gesellschafterrisiken

Wie bei den gläubigerschädigenden Risiken liegt die Ursache für die investitionsbedingten Risiken darin, daß die Manager Investitionen realisieren, die ihren eigenen Nutzen maximieren, für die Gesellschafter aber mit einem suboptimalen Zahlungsstrom verbunden sind. In diesem Fall trifft der Manager die Entscheidung für eine Handlungsmöglichkeit nicht (ausschließlich) auf der Basis des erzielbaren Zahlungsstroms, sondern er bezieht auch nicht-pekuniäre Argumente in seine Entscheidung ein. Diese Entscheidungsregel hat folgende Konsequenzen:

- Der Manager betreibt *consumption on the job* bzw. *shirking*. Dadurch werden die Gesellschafter geschädigt, weil die Manager in fringe benefits „investieren", d.h. Kapital für Objekte verwenden, die keine oder nur geringe Einzahlungsüberschüsse produzieren und damit nicht zur Steigerung des Unternehmenswertes beitragen.[117] Solche Objekte, z.B. eine luxuriöse Büroausstattung, komfortable Dienstwagen, ausgedehnte Dienstreisen,[118] steigern den Nutzen des Managers, ohne daß er die Kosten dafür tragen muß.[119] Ebenso kann der Manager seinen Nutzen erhöhen, indem er die Anstrengungen, die zur Steigerung des Unternehmenswertes erforderlich sind, reduziert („shirking").

  Anreize zu shirking und consumption on the job sind um so größer,

  - je geringer die Beteiligungsquote des Managers am Unternehmen ist.[120] In diesem Fall ist auch sein Anteil an den durch shirking und consumption on the job entstehenden Kosten sowie der Nutzen aus einem höheren Arbeitseinsatz gering;[121]

---

115 Vgl. *Barnea/Haugen/Senbet*, Financial Contracting, S. 26; *Schmidt/Terberger*, Finanzierungstheorie, S. 439; *Schoppe/Graf Wass von Czege/Stein/Zimmer*, Theorie der Unternehmung, S. 182. Diese Annahme wird in der Literatur kritisch gesehen, weil Manager in der Realität wohl eher als „Workaholics" gelten; vgl. *Gedenk*, Steuerung von Geschäftsführern, S. 25; *Schmidt/Terberger*, Finanzierungstheorie, S. 439.

116 Vgl. *Byrd/Parrino/Pritsch*, Stockholder – Manager Conflicts, S. 14.

117 Vgl. *Ewert*, Gläubigerschutz, S. 11.

118 Investitionen in solche Objekte sind nicht notwendigerweise negativ für die Gesellschafter, sondern können auch zur Steigerung des Unternehmenswertes beitragen. So können z.B. Dienstreisen notwendig sein, um neue Märkte zu erschließen, eine moderne Büroausstattung kann eine rationellere und damit kostensparende Organisation der Büroarbeit ermöglichen usw.; vgl. *Decker*, Prinzipal-Agenten-theoretische Betrachtung, S. 65 f.; *Zechner*, Managerverhalten, S. 183.

119 Vgl. *Barnea/Haugen/Senbet*, Market Imperfections, S. 11; *Jensen/Meckling*, Theory of the Firm, S. 312.

120 Vgl. *Byrd/Parrino/Pritsch*, Stockholder – Manager Conflicts, S. 15; *Decker*, Prinzipal-Agenten-theoretische Betrachtung, S. 67; *Jensen/Meckling*, Theory of the Firm, S. 313.

121 Vgl. *Ewert*, Gläubigerschutz, S. 11; *Franke/Hax*, Finanzwirtschaft, S. 419 f.

- je geringer die Dauer der (Rest-)Zugehörigkeit des Managers zum Unternehmen ist.[122] Ein Manager, der nur noch für kurze Zeit im Unternehmen tätig sein wird, hat nur geringe Anreize, Investitionen durchzuführen, die hohe Anschaffungsauszahlungen erfordern, deren Einzahlungsüberschüsse aber erst in späteren Perioden anfallen werden.[123] Insbesondere wenn das Gehalt des Managers an den Periodengewinn gebunden ist, wird er eine solche Investition – ein typisches Beispiel sind Investitionen in Forschung und Entwicklung – unterlassen, weil er zwar die Kosten tragen muß, von den Erträgen aber nicht mehr profitieren wird.[124] Damit wird eine langfristig rentable Investition, die für die Eigenkapitalgeber mit einem unbegrenzten zeitlichen Horizont vorteilhaft wäre, nicht durchgeführt, sondern das Vermögen des Unternehmens eher für fringe benefits verwendet.[125]

Das Problem der consumption on the job ist vergleichbar mit dem risk incentive-Problem. Auch hier hat der Manager einen Anreiz, in Projekte mit negativem Kapitalwert zu investieren, weil er dadurch eine Reichtumsverlagerung zu seinen Gunsten erreichen kann, ohne die Kosten dafür zu tragen.[126]

- Ein ähnliches Risiko ist das *Überinvestitionsproblem*. Bei der Frage nach der Verwendung des Periodengewinns steht der Manager vor der Entscheidung, den Gewinn im Unternehmen zu investieren oder an die Anteilseigner auszuschütten. Eine Ausschüttung ist dann sinnvoll, wenn eine Anlage des Kapitals außerhalb der Unternehmung zu einer höheren Rendite als die Reinvestition im Unternehmen führen würde.[127] Ein Manager, der nicht oder nur unwesentlich an der Unternehmung beteiligt ist, profitiert von einer Ausschüttung nicht oder nur wenig. Er würde bei einer Ausschüttung die Entscheidungskompetenz über die Gewinnverwendung an die Gesellschafter zurückgeben, die dann ihrerseits über eine erneute Anlage im Unternehmen oder über andere Anlagemöglichkeiten entscheiden können.[128] Deshalb kann der Manager den Anreiz haben, eine Ausschüttung zu unterlassen und das Kapital im Unternehmen zu investieren, auch wenn die dafür verwendeten Mittel außerhalb der Unternehmung durch die Gesellschafter in rentableren Projekten angelegt werden könnten.[129] Mögliche Anreize für eine solche

122 Diese Risiko wird auch als „Horizont-Problem" bezeichnet; vgl. *Schoppe/Graf Wass von Czege/Stein/Zimmer*, Theorie der Unternehmung, S. 204 f.
123 Vgl. *Jensen/Smith*, Applications of Agency Theory, S. 103; *Schoppe/Graf Wass von Czege/Stein/Zimmer*, Theorie der Unternehmung, S. 205.
124 Vgl. *Schoppe/Graf Wass von Czege/Stein/Zimmer*, Theorie der Unternehmung, S. 205.
125 Vgl. *Byrd/Parrino/Pritsch*, Stockholder – Manager Conflicts, S. 16.
126 Vgl. *Byrd/Parrino/Pritsch*, Stockholder – Manager Conflicts, S. 17.
127 Vgl. *Decker*, Prinzipal-Agenten-theoretische Betrachtung, S. 69.
128 Vgl. *Decker*, Prinzipal-Agenten-theoretische Betrachtung, S. 69.
129 Vgl. *Pfaff*, Gewinnverwendungsregelungen, S. 42 f. Für den Manager kann trotzdem ein Anreiz zur Durchführung solcher Investitionen bestehen, weil z.B. ein großes Unternehmen mit Macht und Anerkennung

Investitionspolitik könnten z.B. die Steigerung der Reputation durch ein hohes Unternehmenswachstum oder der erhöhte Konsum von fringe benefits sein.

Unter der Annahme, daß den Gesellschaftern der Zahlungsstrom nach Befriedigung der Gläubigeransprüche zur Verfügung steht, ist die Finanzierung von unrentablen Investitionen durch einbehaltene Gewinne auf zwei Wegen möglich: Die Manager können einerseits die vereinbarte Regel zur Aufteilung des Zahlungsstroms verletzen, indem sie einen geringeren Anteil als vereinbart an die Gesellschafter ausschütten. In diesem Fall ist das Risiko der Überinvestition mit einem ausschüttungsbedingten Agency-Problem verbunden. Andererseits können die Manager den Gesellschaftern die wahre Höhe des erzielten Zahlungsstromes verschweigen. In diesem Fall liegt zusätzlich ein informationsbedingtes Agency-Problem vor.

- Aus einem festen Zahlungsanspruch der Manager, der nur dann erfolgsabhängig wird, wenn die erzielten Gewinne niedriger als der Anspruch sind, folgt, daß die Manager ähnlich wie die Gläubiger eine geringere Risikofreude als die Gesellschafter haben (*differential risk preference-Problem*). Ein Manager, der sein Einkommen zu einem großen Teil aus der Unternehmung bezieht, in der er beschäftigt ist, wird nicht dazu bereit sein, risikoreiche Investitionen, die den Bestand der Unternehmung gefährden können, durchzuführen.[130] Die Insolvenz der Unternehmung würde seine Haupteinkommensquelle gefährden.[131] Die Gesellschafter haben dagegen die Möglichkeit, dieses Risiko durch Diversifizierung zu verringern, so daß die Insolvenz eines Unternehmens nur eine vergleichsweise geringe Auswirkung auf ihr Portefeuille hat.[132] Für sie kann eine risikoreiche Investitionspolitik vorteilhaft sein.[133]

Die ersten beiden dargestellten Gesellschafterrisiken – consumption on the job/shirking und Überinvestition – führen dazu, daß ineffiziente Investitionen durchgeführt und effiziente unterlassen werden; der Wohlfahrtsverlust ist offensichtlich. Das differential risk preference-Problem muß dagegen nicht zwangsläufig zu Wohlfahrtsverlusten führen, sondern kann vielmehr auch die Durchführung von effizienten Investitionen implizieren. Dieser Fall kann unter Rückgriff auf das Beispiel zur Darstellung der investitionsbedingten Risiken im vorherigen Gliederungspunkt erläutert werden:

---

verbunden ist oder weil er durch eine gute Eigenkapitalbasis von Fremdkapitalgebern unabhängig wird; vgl. *Decker*, Prinzipal-Agenten-theoretische Betrachtung, S. 70 ff.; *Schmidt*, Neo-institutionalistischer Ansatz, S. 146.

130 Vgl. auch *Ballwieser/Schmidt*, Unternehmensverfassung, S. 669 f.

131 Vgl. *Decker*, Prinzipal-Agenten-theoretische Betrachtung, S. 77; *Jensen/Smith*, Applications of Agency Theory, S. 103; *Pfaff*, Gewinnverwendungsregelungen, S. 43 f.

132 Vgl. *Jensen/Smith*, Applications of Agency Theory, S. 100, 103; *Schoppe/Graf Wass von Czege/Stein/Zimmer*, Theorie der Unternehmung, S. 206.

133 Vgl. *Byrd/Parrino/Pritsch*, Stockholder – Manager Conflicts, S. 16 f.; *Streim*, Grundzüge, S. 15. Vgl. auch die im vorherigen Abschnitt dargestellten Transaktionen.

Dem Manager stehen die Investitionsalternativen A (Kapitalwert = 26,1 GE) und B (Kapitalwert = -11,7 GE) zur Verfügung. Ein risikoscheuer Manager würde wie der Gläubiger die effiziente Investition A durchführen, während der risikofreudigere Gesellschafter die Investition B bevorzugen würde. Unter dem Gesichtspunkt der Effizienz hat der Manager damit genau die richtige Entscheidung getroffen.

(2) Informationsbedingte Gesellschafterrisiken

Auch für die Eigenkapitalgeber besteht das Risiko, daß die Manager ihren Informationsvorsprung dazu ausnutzen, die Gesellschafter vor oder nach Vertragsabschluß zu Entscheidungen zu veranlassen, die sie bei Kenntnis der wahren Lage so nicht getroffen hätten.[134] Die Konsequenzen im Hinblick auf mögliche Effizienzeinbußen entsprechen den für die Gläubigerrisiken beschriebenen.

Abbildung 5 (S. 51) faßt die für Gläubiger und Gesellschafter bestehenden Risiken zusammen.

3.1.2 Rechnungslegung aus Gründen der Gerechtigkeit

Aus der bisherigen Analyse wurden Gerechtigkeits- bzw. Verteilungsfragen ausgeklammert. Bislang war nur die Größe, nicht aber die Verteilung des „Kuchens" von Bedeutung. Kapitalgeber waren nur dann vor Vermögensverlusten zu schützen, wenn dieser Vermögensverlust auch mit einem Effizienzverlust verbunden war.

Diese Vernachlässigung von Verteilungsfragen wird z.T. als ungerecht empfunden. Die Notwendigkeit der Rechnungslegung könnte auch damit begründet werden, daß Kapitalgeber grundsätzlich vor Vermögensverlusten geschützt werden sollen. Rechnungslegung wird für erforderlich gehalten, weil nicht alle Kapitalgeber eine gleich große Verhandlungsmacht haben, um sich Schutzinstrumente einräumen zu lassen.[135] Zum Beispiel wird der Lieferant, der auf die Unternehmung als Kunden angewiesen ist, kaum in der Lage sein, Kreditsicherheiten auszuhandeln. Aufgrund dieser asymmetrischen Machtverteilung kann die Rechnungslegung schwachen Kapitalgebern einen gewissen Mindestschutz bieten.[136]

---

[134] Vgl. dazu *Schmidt*, Grundformen der Finanzierung, S. 193; *Streim*, Grundzüge, S. 14 f.

[135] Hier stellt sich auch die (in dieser Arbeit ausgeklammerte) Frage nach den Vorteilen von Rechnungslegung gegenüber anderen Schutzinstrumenten.

[136] Vgl. *Pellens/Gassen*, Bereitstellung von Rechnungslegungssystemen, S. 637; *Streim*, Notwendigkeit gesetzlicher Rechnungslegungsvorschriften, S. 9; *Streim*, Grundzüge, S. 23.

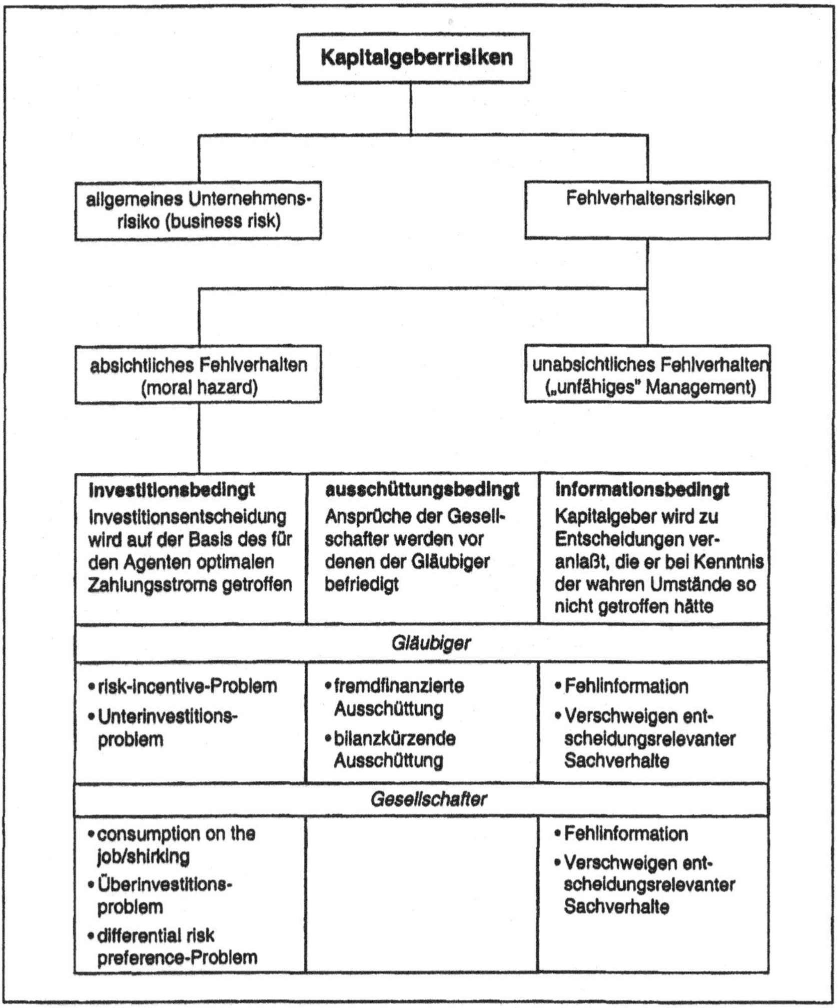

Abbildung 5: Kapitalgeberrisiken

Das Problem liegt darin, daß Gerechtigkeitsfragen mit ökonomischen Methoden kaum beantwortet werden können. Die Frage, welche Verteilung gerecht ist, ist letztlich eine philosophische (und politische) Frage, deren Beantwortung stark durch Werturteile geprägt ist.[137] Das Argument der Gerechtigkeit ist daher für ökonomische Fragen von untergeordneter Bedeutung und wird im folgenden nicht mehr aufgegriffen.

Ein Mindestschutz für verhandlungsschwache Kapitalgeber läßt sich darüber hinaus auch mit dem Argument der Effizienz begründen. Ohne Schutzinstrumente würden die Kapitalgeber ihr Kapital der Unternehmung nicht zur Verfügung stellen, weil sie die möglichen Schädigungen durch das Management antizipieren.[138] Damit dient dieser *Individualschutz* der Funktionsfähigkeit des Kapitalmarktes, d.h. dem *Funktionenschutz*.[139] Durch gesetzlich vorgeschriebene Rechnungslegungsregeln kann die Funktionsfähigkeit des Kapitalmarktes verbessert bzw. können Wohlfahrtssteigerungen erreicht werden, weil zum einen Kosten gespart werden und zum anderen das Vertrauen der Kapitalmarktteilnehmer in gesetzliche Regeln höher als in private ist und die Kapitalgeber so eher bereit sind, Risikokapital zur Verfügung zu stellen.[140]

3.1.3 Ergebnis: Notwendigkeit gesetzlich erzwungener Rechnungslegung zum Schutz der Kapitalgeber

Die bisherige Analyse hat gezeigt, daß Kapitalgeber eine Principal-Agent-Beziehung eingehen, weil sie sich vom Informationsvorsprung des Agenten Vorteile erhoffen. Gerade dieser Informationsvorsprung führt aber zusammen mit der Interessendivergenz dazu, daß die Position der Kapitalgeber ausbeutungsoffen ist, so daß die Kapitalgeber befürchten müssen, daß die Manager ihren Informationsvorsprung zu ihrem eigenen Vorteil und zum Nachteil der Kapitalgeber ausnutzen und damit Wohlfahrtsverluste verursachen. Folglich sind Schutzinstrumente erforderlich; *ein* solches Instrument ist die handelsrechtliche Rechnungslegung.

Der Begriff „Schutz" kann dabei in zweifacher Weise interpretiert werden:

- *Schutz ex ante* bedeutet, daß durch die Institutionen Wohlfahrtsverluste *verhindert* werden. Vor dem allgemeinen Unternehmensrisiko ist Schutz in diesem Sinne definitionsgemäß nicht (vollständig) möglich, denn dieses Risiko ist gerade durch nicht vorhersehbare Ereignisse charakterisiert. Das Risiko kann höchstens abgeschätzt werden, indem Erfahrungen der Vergangenheit in die Zukunft projiziert werden.

137 Vgl. auch *Brotte*, Geschäftsberichte, S. 102. Zu verschiedenen Gerechtigkeitskonzepten vgl. *Feldhoff*, Regulierung der Rechnungslegung, S. 17 f.; *Franken*, Rechnungslegung nach US-GAAP, S. 31 ff.

138 Vgl. *Franken*, Rechnungslegung nach US-GAAP, S. 38 f.; *Siegel*, Rechnungslegungsvorschriften, S. 122.

139 Vgl. zu diesen Begriffen *Baetge/Thiele*, Gesellschafterschutz, S. 12; auch: *Siegel u.a.*, Stille Reserven, S. 2078.

140 Vgl. *Pellens/Fülbier*, Rechnungslegungsregulierung, S. 580; *Schmidt*, Rechnungslegung als Informationsproduktion, S. 746; *Streim*, Grundzüge, S. 24. Dieses Problem steht in einem engen Zusammenhang mit der oben ausgeklammerten Frage, *wer* Rechnungslegungspflichten implementieren soll.

- *Schutz ex post* meint die *nachträgliche Aufdeckung* von eingetretenen Wohlfahrtsverlusten, damit die Kapitalgeber Anpassungsmaßnahmen ergreifen können und vor weiteren Folgen geschützt werden. Diese Art des Schutzes kann auch zu einem Schutz ex ante führen, dadurch daß die Manager Fehlverhalten unterlassen, weil sie die Aufdeckung ihres Fehlverhaltens befürchten müssen.

Die handelsrechtliche Rechnungslegung ist grundsätzlich nur ein Instrument unter vielen zum Schutz vor Kapitalgeberrisiken. Als weitere mögliche Institutionen werden insbesondere folgende diskutiert:[141]

- Anreizmechanismen, insbesondere „signaling" und „screening",[142] anreizverträgliche Entlohnungsverträge;[143]
- Disziplinierung der Manager durch Marktmechanismen;[144]
- vertragliche Lösungen, z.B. Schutz der Gläubiger durch Kreditsicherheiten,[145] Schutz der Gesellschafter durch Vereinbarung entsprechender Regeln – Einwirkungs- und Mitspracherechte, Gewinnermittlungs- und Gewinnverwendungsregeln, Informationsregeln, Einsichts-, Auskunfts- und Prüfungsrechte – im Gesellschaftsvertrag/in der Satzung;[146]
- gesetzliche Pflichtprüfungen;[147]
- sonstiges Kapitalmarktrecht.[148]

---

141 Zu einer Übersicht über mögliche Schutzmechanismen und deren Wirksamkeit vgl. *Brotte*, Geschäftsberichte, S. 93-105; *Byrd/Parrino/Pritsch*, Stockholder – Manager Conflicts, S. 18-27; *Decker*, Prinzipal-Agenten-theoretische Betrachtung, S. 80-124; *Franken*, Rechnungslegung nach US-GAAP, S. 58 ff.; *Spremann*, Investition und Finanzierung, S. 612 ff.; auch: *Pellens/Fülbier*, Rechnungslegungsregulierung, S. 578 m.w.N.

142 Zu „signaling" und „screening" vgl. *Franke/Hax*, Finanzwirtschaft, S. 413 ff.; *Klein*, Kapitalgeberschutz durch Rechnungslegungsvorschriften, S. 85; *Schmidt*, Neo-institutionalistischer Ansatz, S. 146 f.; *Schmidt*, Property Rights-Analysen, S. 253.

143 Zu Modellen, die sich mit der Gestaltung anreizverträglicher Entlohnungsverträge beschäftigen, vgl. z.B. *Decker*, Prinzipal-Agenten-theoretische Betrachtung, S. 27-49; *Edelmann/Milde/Weimerskirch*, Kontrakt-Design, S. 4-26; *Franke/Hax*, Finanzwirtschaft, S. 428 ff.; *Pfaff/Zweifel*, Principal-Agent-Theorie, S. 185 ff.; *Ross*, The Principal's Problem, S. 134-138; *Schoppe/Graf Wass von Czege/Stein/Zimmer*, Theorie der Unternehmung, S. 184 ff.

144 Diskutiert wird die Disziplinierung der Manager durch vollkommene Kapital-, Absatz- und Arbeitsmärkte für Managerstellen; vgl. dazu *Ballwieser/Schmidt*, Unternehmensverfassung, S. 672 f.; *Barnea/Haugen/Senbet*, Market Imperfections, S. 11; *Byrd/Parrino/Pritsch*, Stockholder-Manager Conflicts, S. 22; *Decker*, Prinzipal-Agenten-theoretische Betrachtung, S. 99 ff.; *Fama*, Agency Problems, S. 288-307; *Fama/Jensen*, Ownership and Control, S. 313; *Jensen/Smith*, Applications of Agency-Theory, S. 105; *Schoppe/Graf Wass von Czege/Stein/Zimmer*, Theorie der Unternehmung, S. 220 f.; *Zechner*, Managerverhalten, S. 190. Zu einem Überblick über empirische Untersuchungen zur Wirkungsweise des „market for corporate control" vgl. *Jensen/Ruback*, Corporate Control, S. 5-50.

145 Vgl. *Franke/Hax*, Finanzwirtschaft, S. 502 f.; *Schoppe/Graf Wass von Czege/Stein/Zimmer*, Theorie der Unternehmung, S. 225. Zur Wirkung von Kreditsicherheiten vgl. auch *Schmidt*, Grundformen der Finanzierung, S. 212 f.; *Schmidt*, Gläubigerverfügungsrechte, S. 728 ff.

146 Zu Schutzregeln in Gesellschaftsverträgen und Satzungen vgl. *Schmidt*, Grundformen der Finanzierung, S. 192-204; auch: *Franke/Hax*, Finanzwirtschaft, S. 440 f.

147 Vgl. *Ewert*, Wirtschaftsprüfung, insbesondere S. 17-139.

148 Vgl. *Pellens/Fülbier*, Ad-hoc-Publizität, S. 25 ff.; *Pellens/Fülbier*, Rechnungslegungsregulierung, S. 579. Einen Überblick über die US-amerikanischen Publizitätspflichten geben *Brotte*, Geschäftsberichte, S. 105 ff. und *Pellens*, Internationale Rechnungslegung, S. 355 ff.

Der Frage, warum gerade Rechnungslegung als Institution zum Schutz der Kapitalgeber erforderlich ist, obwohl es zahlreiche andere Schutzmöglichkeiten gibt, kann an dieser Stelle nicht weiter nachgegangen werden.[149] Für die weitere Analyse ist vielmehr von Bedeutung, *wie* die Rechnungslegung den Zweck des Kapitalgeberschutzes erfüllen kann.

Aus den beschriebenen Agency-Risiken lassen sich zwei grundsätzliche Wege ableiten, auf denen die Rechnungslegung den Schutz der Kapitalgeber gewährleisten kann: Risiken, die daraus resultieren, daß das Management die den Kapitalgebern zustehenden Zahlungen verkürzt, erfordern *Gewinnermittlungsregeln*. Diese müssen den Managern die Möglichkeit nehmen, die an die Kapitalgeber fließenden Zahlungen durch die beschriebenen Transaktionen zu ihren Gunsten und zum Nachteil der Kapitalgeber zu manipulieren. Risiken aufgrund der asymmetrischen Informationsverteilung erfordern *Informationsregeln*, welche die Täuschungsmöglichkeiten des Managements einschränken.[150]

3.2 Ausgestaltung der Rechnungslegung zum Schutz der Kapitalgeber

3.2.1 Ausgangspunkt der Analyse

In den folgenden Abschnitten wird untersucht, welche Anforderungen an Gewinnermittlungs- und Informationsregeln zu stellen sind, damit diese einen Beitrag zum Kapitalgeberschutz leisten. Dadurch wird der Maßstab für die im fünften Kapitel vorzunehmende Analyse der Bilanzierungsvorschriften für Leasingverträge präzisiert.

Die Anforderungen an *Gewinnermittlungsregeln* sind durch den Zweck des Kapitalgeberschutzes zwar grundsätzlich bestimmt, aber nicht hinreichend konkretisiert. Gewinnermittlungsregeln können auf unterschiedlichen Wegen einen Beitrag zum Schutz der Kapitalgeber leisten. Zwei dieser Möglichkeiten werden in den folgenden Abschnitten näher betrachtet, nämlich die deutsche (handelsrechtliche) Konzeption der Gewinnermittlung zur *Ausschüttungsbemessung* und das US-amerikanische Konzept der Gewinnermittlung zur *Informationsvermittlung*.

Während die Beschränkung der US-amerikanischen Rechnungslegung auf den (Sub-) Zweck[151] der Informationsvermittlung unbestritten ist,[152] wird dem handelsrechtlichen

---

149 Vgl. dazu z.B. *Brotte*, Geschäftsberichte, S. 93 ff.; *Feldhoff*, Regulierung der Rechnungslegung; *Pellens/ Gassen*, Bereitstellung von Rechnungslegungssystemen; *Streim*, Notwendigkeit gesetzlicher Rechnungslegungsvorschriften.

150 Vgl. auch *Beaver*, Accounting Revolution, S. 39 f.

151 Mit „(Sub-)Zweck" sind hier die Ausschüttungsbemessung und die Informationsvermittlung durch eine Gewinngröße gemeint, die sich beide am „Oberzweck" des Kapitalgeberschutzes orientieren müssen.

152 Der nach US-GAAP ermittelte Gewinn ist grundsätzlich keine Ausschüttungsbemessungsgrundlage; vgl. *Coenenberg*, Jahresabschluß, S. 42; *Pellens*, Internationale Rechnungslegung, S. 134 f. Allerdings ist zu beachten, daß in den USA Ausschüttungen häufig durch sog. *Covenants* geregelt werden, d.h. durch Ausschüttungsregeln, die z.T. auch durch Zahlen der Bilanz nach US-GAAP definiert werden. In diesem Fall

Jahresabschluß neben der Ausschüttungsbemessungsfunktion auch eine „Informationsfunktion" beigemessen.[153] In den folgenden Ausführungen wird die Gewinnermittlung zur Informationsvermittlung für den HGB-Abschluß aus zwei Gründen nicht diskutiert:[154]

1. Grundsätzlich ist davon auszugehen, daß für verschiedene (Sub-)Zwecke unterschiedliche Gewinnermittlungsregeln erforderlich sind. Eine Gewinngröße kann daher allenfalls zufällig gleichzeitig die (Sub-)Zwecke der Ausschüttungsbemessung und der Informationsvermittlung erfüllen.[155] Da die Gewinnermittlung nach HGB aufgrund der gesellschaftsrechtlichen Vorschriften (§ 58 AktG, § 29 GmbHG) eindeutig der Ausschüttungsbemessung dient, kann auf eine Analyse der Gewinnermittlungsregeln im Hinblick auf diesen (Sub-)Zweck nicht verzichtet werden.

2. Welche Anforderungen an eine „informative" Gewinngröße zu stellen sind, wird die Analyse der Gewinnermittlungsregeln nach US-GAAP zeigen. Ob der nach HGB ermittelte Gewinn gleichzeitig eine gute Ausschüttungsbemessungsgrundlage sowie ein geeignetes Informationsinstrument ist, kann durch Vergleich mit diesen Anforderungen (nicht mit den tatsächlichen Regeln nach US-GAAP, denn diese müssen nicht unbedingt zweckmäßig sein) entschieden werden. Eine gesonderte Analyse der Gewinnermittlungsregeln des HGB im Hinblick auf diesen (Sub-)Zweck ist insbesondere deshalb nicht erforderlich, weil die Regeln der beiden Systeme kaum unterschiedlich sind.[156]

Rechnungslegungsregeln, die der Informationsvermittlung dienen, können darüber hinaus danach unterschieden werden, wozu die vermittelten Informationen benötigt werden. Zu denken ist z.B. an die Vermittlung von Informationen für Entscheidungen über den Kauf oder Verkauf von Anteilen bzw. die Vergabe oder Prolongation von Krediten sowie für die Beurteilung der Managementleistung (Performance-Messung).[157] Diese Differenzierung gilt sowohl für die Gewinnermittlungsregeln zur Informationsvermittlung als auch für die

---

hat der nach US-GAAP ermittelte Gewinn zumindest indirekt Einfluß auf die Ausschüttungsbemessung; vgl. *El-Gazzar/Lilien/Pastena*, Accounting for leases, S. 221 f.; *El-Gazzar/Lilien/Pastena*, Off-Balance Sheet Financing, S. 217.

153 Vgl. z.B. *Coenenberg*, Jahresabschluß, S. 36; *Emmrich*, Reform der Rechnungslegung, S. 78 f.; *Schmidt*, Rechnungslegung, S. 15 ff. Dabei wird allerdings häufig nicht zwischen der Gewinnermittlung zur Informationsvermittlung und der sonstigen Informationsvermittlung getrennt.

154 Daß mit dem handelsrechtlichen Jahresabschluß auch Informationen vermittelt werden sollen, wird hier nicht grundsätzlich in Frage gestellt. Es wird aber davon ausgegangen, daß diese Informationsvermittlung in erster Linie Aufgabe der Informationsregeln ist, die in einem späteren Abschnitt behandelt werden.

155 So auch *Hax*, Bilanzgewinn, S. 646: „Ermittlung eines ausschüttbaren Betrages und Berechnung eines Erfolgsmaßstabes sind zwei verschiedene Rechnungszwecke. Im Vordergrund steht bei der herkömmlichen Bilanzierung stets der Zweck, einen ausschüttbaren Betrag festzustellen. Daß man damit zugleich auch den zweiten Zweck erreicht, also einen Erfolgsmaßstab erhält, wird als selbstverständlich angenommen, ist es aber keineswegs." Vgl. auch *Coenenberg*, Jahresabschluß, S. 37.

156 Vgl. dazu die Darstellung der US-GAAP in Abschnitt 3.2.2.3.2.

157 Diese (Sub-)Zwecke erwähnen z.B. das FASB und das IASC in ihren Frameworks (vgl. z.B. SFAC 1 Abs. 34, 42, 50 bzw. Framework (des IASC) Abs. 12; ebenso IAS 1 Abs. 5.

Informationsregeln. Abbildung 6 faßt die verschiedenen Möglichkeiten des Kapitalgeberschutzes durch Rechnungslegung zusammen:

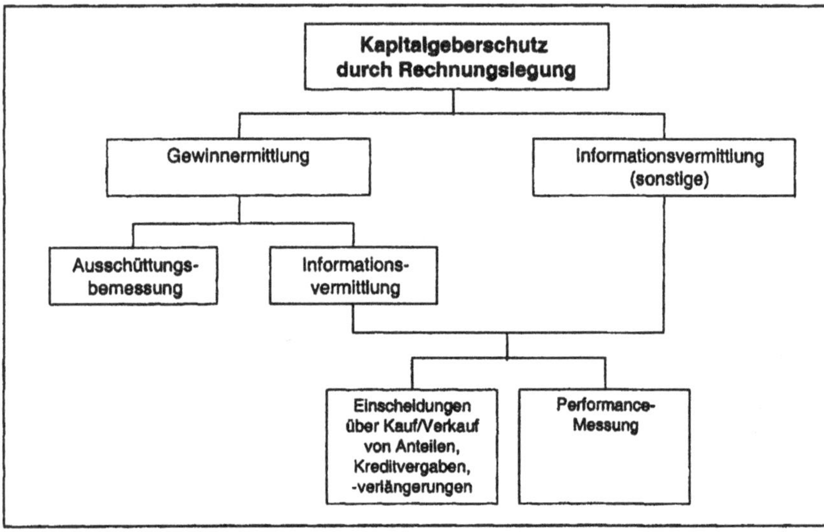

Abbildung 6: Kapitalgeberschutz durch Rechnungslegung

In den folgenden Gliederungspunkten wird zunächst erarbeitet, wie diese Gewinnermittlungs- und Informationsregeln zum Zweck des Kapitalgeberschutzes *idealerweise* konzipiert werden müßten. Anschließend wird jeweils untersucht, ob die Rechnungslegungskonzepte des HGB und der US-GAAP dieser idealen Konzeption entsprechen. Die Analyse der grundlegenden Rechnungslegungsprinzipien dient als Vorbereitung für die Analyse der Vorschriften zur Bilanzierung von Leasinggeschäften im fünften Kapitel.[158]

3.2.2 Kapitalgeberschutz durch Gewinnermittlung

3.2.2.1 Grundlagen der Gewinnermittlung

Die Aussage, daß Gewinnermittlungsregeln auf verschiedenen Wegen einen Beitrag zum Kapitalgeberschutz leisten können, impliziert, daß es unterschiedliche Gewinngrößen gibt. Grundsätzlich gibt es so viele Gewinnbegriffe, wie es (Sub-)Zwecke gibt, die damit verfolgt

[158] Das Problem der Bilanzierung von Leasinggeschäften ist dadurch gekennzeichnet, daß alle wesentlichen Bilanzierungsprobleme betroffen sind: Ansatz und Bewertung von verschiedenen Aktiv- und Passivposten (Anlagevermögen, Forderungen, Verbindlichkeiten, Rückstellungen), Gewinnrealisationszeitpunkt, bilanzielle Behandlung schwebender Geschäfte. Anhand des Beispiels des Leasing kann daher fast das gesamte Rechnungslegungskonzept analysiert werden. Um die Analyse im fünften Kapitel übersichtlich zu halten, werden die grundlegenden Prinzipien bereits an dieser Stelle untersucht.

werden; jeder (Sub-)Zweck erfordert eigene Gewinnermittlungsregeln.[159] Daraus folgt, daß nicht grundsätzlich davon ausgegangen werden kann, daß eine Gewinngröße, die der Ausschüttungsbemessung dient, gleichzeitig auch für die Vermittlung entscheidungsrelevanter Informationen geeignet ist.[160] Daher muß getrennt untersucht werden, welche Gewinnermittlungsregeln für den jeweiligen (Sub-)Zweck erforderlich sind.

Ausgangspunkt der Gewinnermittlung können entweder Strom- oder Bestandsgrößen sein. Die Gewinnermittlungsregeln des HGB und der US-GAAP haben gemeinsam, daß sie den Gewinn bilanzorientiert definieren, d.h. Ausgangspunkt der Gewinnermittlung sind die *Bestandsgrößen* „Vermögen" und „Schulden".[161] Im folgenden wird daher ausschließlich die Gewinnermittlung auf der Basis eines Bestandsgrößenvergleichs behandelt.[162] Ebenso gemeinsam ist den beiden Systemen, daß grundsätzlich eine *Einzelbewertung* der Vermögens- und Schuldpositionen vorgenommen wird.[163]

Das Ergebnis der Gewinnermittlung auf der Grundlage dieser Bestandsgrößen ist die *Reinvermögensmehrung*. Ein Gewinn liegt vor, wenn das Reinvermögen (Vermögen minus Schulden) am Ende der Periode das Reinvermögen vom Anfang der Periode übersteigt.[164] Um diesen Gewinn zu ermitteln, sind folgende Fragen zu beantworten:

1. Wie sind die Bestandsgrößen „Vermögen" und „Schulden" zu definieren (*Bilanzansatz*)?[165] Dabei kann von der „ökonomisch weitesten" Definition ausgegangen werden, nach der mit Vermögen alle Einzahlungspotentiale, mit Schulden entsprechend alle Auszahlungspotentiale gemeint sind.[166] Im Hinblick auf den jeweiligen (Sub-)Zweck ist dann zu fragen, ob bzw. wie diese Definition einzuschränken ist.

---

159 Vgl. *Moxter*, Gewinnermittlung, S. 1 f., *Moxter*, Bilanzsteuerrecht, S. 300; *Schneider*, Rechnungswesen, S. 45; *Streim*, Rückstellungen für Großreparaturen, S. 1576; *Stützel*, Bilanztheorie, S. 320. Neben den bereits erwähnten (Sub-)Zwecken der Ausschüttungsbemessung und der Informationsvermittlung ist die Ermittlung einer Bemessungsgrundlage für Steuerzahlungen ein weiterer möglicher (Sub-)Zweck, der aber nicht aus dem „Oberzweck" des Kapitalgeberschutzes abgeleitet wird. Zu dem Ergebnis, daß auch für diesen (Sub-)Zweck eigene Gewinnermittlungsregeln erforderlich sind, kommt auch *Schmidt*, Rechnungslegung, S. 53.

160 Vgl. *Pellens/Fülbier*, Rechnungslegungsregulierung, S. 587.

161 Vgl. für das HGB *Streim*, Konzeptionslosigkeit, S. 328, für die US-GAAP *Dyckman/Dukes/Davis*, Intermediate Accounting, S. 41, 46.

162 Die im folgenden diskutierten (Sub-)Zwecke lassen sich grundsätzlich auch mit einer Stromgrößenrechnung erreichen; vgl. *Wenger*, Unternehmenserhaltung, S. 196 ff.

163 Vgl. dazu auch *Leuz*, Kreditfinanzierung, S. 186 ff.

164 Vgl. *Pellens*, Funktionen, S. 367; *Streim*, Konzeptionslosigkeit, S. 328; *Wagner*, Informations- und Ausschüttungsbemessungsfunktion, S. 750; *Wenger*, Unternehmenserhaltung, S. 31.

165 Vgl. *Schildbach*, Analyse des Rechnungswesens, S. 164 f.; *Schneider*, Rechnungswesen, S. 36.

166 Diese Definition läßt sich unmittelbar aus dem Streben der Wirtschaftssubjekte nach einem nutzenmaximalen Konsumstrom ableiten; vgl. auch *Milburn*, Financial Accounting, S. 99; *Schildbach*, Geldkapitalerhaltung, S. 507 f.

2. Mit welchem Wert sollen die Bestandteile des Vermögens und der Schulden, sofern sie nicht ausschließlich aus Zahlungsmitteln bestehen, in den Reinvermögensvergleich eingehen (*Bewertungsmethoden*)?[167]

Bei der Beantwortung dieser Fragen sind vor dem Hintergrund des „Oberzwecks" des Kapitalgeberschutzes folgende *Anforderungen* zu beachten:

1. Das Ergebnis der Gewinnermittlung muß im Hinblick auf den Zweck des Kapitalgeberschutzes bzw. die jeweiligen (Sub-)Zwecke *relevant* sein. Damit wird gefordert, daß die Ausschüttungsbemessungsgrundlage nicht beliebig festgelegt wird bzw. nicht beliebige Informationen bereitgestellt werden, sondern daß die Gewinnermittlungsregeln unmittelbar aus den (Sub-)Zwecken abgeleitet werden, so daß die Situation der Kapitalgeber nach Einführung der Regeln besser ist als vorher.[168]

2. Die Gewinnermittlung muß *zuverlässige*, d.h. nachprüfbare Ergebnisse liefern.[169] Es ist offensichtlich, daß Gewinnermittlungsregeln, die es dem Management ermöglichen, den Gewinn nach seinen eigenen Interessen zu bestimmen, nicht dazu geeignet sind, die Kapitalgeber vor den beschriebenen Risiken zu schützen.

3. Falls der Schutz der Gläubiger eine andere Gewinnermittlung erfordert als der Schutz der Gesellschafter, müssen die Gewinnermittlungsregeln einen Ausgleich zwischen den Interessen der beiden Kapitalgebergruppen schaffen.[170]

   Diese Anforderung beruht auf einem Werturteil und stellt ein Problem dar, das letztlich nur mit Gerechtigkeitsargumenten gelöst werden kann. Da Gerechtigkeitsfragen mit ökonomischen Methoden nicht beantwortet werden können, wurde der Begriff „Schutz" in dieser Arbeit als „Verringerung von Ineffizienz" definiert.[171] Nach der Definition von Pareto-Effizienz dürfte sich das Problem des Interessenausgleiches zwischen Gläubigern und Gesellschaftern gar nicht stellen, denn die Verringerung von Ineffizienz impliziert,

---

167 Vgl. *Schildbach*, Analyse des Rechnungswesens, S. 165; *Stützel*, Bilanztheorie, S. 321; *Wenger*, Unternehmenserhaltung, S. 162 ff. Bei der Gewinnermittlung stellt sich darüber hinaus die Frage, ob Geldwertänderungen bzw. Änderungen der Sachwertverhältnisse zwischen Periodenanfang und Periodenende zu berücksichtigen sind, d.h. ob ein Nominal-, Real- oder Substanzgewinn ermittelt werden soll (*Methoden der Differenzbildung*); vgl. *Wenger*, Unternehmenserhaltung, S. 162, 174 ff. Im Gegensatz zu den Fragen nach Ansatz- und Bewertungsregeln betrifft diese Frage die Bilanzierung von Leasinggeschäften nicht unmittelbar. Es handelt sich vielmehr um eine Grundsatzfrage, die im wesentlichen unabhängig von einzelnen Geschäftsvorfällen zu beantworten ist. Aus diesem Grund wird diese Frage hier nicht weiter behandelt.

168 Nach *Franken* ist das Ergebnis einer Vorschrift dann relevant, wenn es geeignet ist, Kapitalgeberrisiken zu verringern, vgl. *Franken*, Rechnungslegung nach US-GAAP, S. 78.

169 Vgl. zu dieser Anforderung *Wenger*, Unternehmenserhaltung, S. 37; *Schildbach*, Analyse des Rechnungswesens, S. 145 ff.

170 Vgl. auch *Emmrich*, Reform der Rechnungslegung, S. 235 ff., 238 f.; *Schildbach*, Analyse des Rechnungswesens, S. 130 ff.; *Schreiber*, Rechnungslegung im Einzelabschluß, S. 888 f.; *Wenger*, Unternehmenserhaltung, S. 100 ff. Daß die Interessen der Gläubiger und Gesellschafter nicht zwangsläufig übereinstimmen, zeigen die dargestellten Konflikte zwischen diesen beiden Gruppen.

171 Vgl. dazu die Abschnitte 3.1.1.3.1 und 3.1.2.

daß beide Gruppen besser gestellt werden oder sich zumindest nicht verschlechtern. Folglich müßte es *eine* optimale bzw. effiziente Ausschüttung und *einen* effizienten Informationsinhalt geben, die/der dadurch definiert ist, daß sie/er die beschriebenen Agency-Probleme löst. Daß die dritte Anforderung trotzdem an Gewinnermittlungsregeln zu stellen ist, hat zwei Gründe:

Erstens wird die folgende Analyse zeigen, daß die Optimallösung nicht erreichbar ist und daß alle Ersatzlösungen zumindest für die Ausschüttungsbemessung eine Entscheidung zugunsten der Gesellschafter oder der Gläubiger erfordern. Zweitens muß eine effiziente Lösung der Agency-Probleme zwischen Gläubigern und Gesellschaftern nicht unbedingt auch für die Lösung der Konflikte zwischen Gesellschaftern und Managern effizient sein. Zum Beispiel könnte die Analyse zu dem Ergebnis führen, daß die Gläubiger vor den ausschüttungsbedingten Risiken durch die *Verhinderung* von Ausschüttungen geschützt werden können, während die investitionsbedingten Risiken der Gesellschafter durch *möglichst hohe* Ausschüttungen, die den Managern das Kapital für diese Transaktionen entziehen, verringert werden können.

3.2.2.2 Gewinnermittlung zur Ausschüttungsbemessung

3.2.2.2.1 Das Konzept der Gewinnermittlung zur Ausschüttungsbemessung

Die Gewinnermittlung zur Ausschüttungsbemessung dient dem Schutz der Fremdkapitalgeber vor den *ausschüttungsbedingten* Risiken. Dazu müssen die Rechnungslegungsregeln verhindern, daß Zahlungen an die Gesellschafter fließen, die für die Befriedigung der Gläubigeransprüche in der aktuellen und in zukünftigen Perioden noch benötigt werden.[172] Aufgabe der Gewinnermittlungsregeln zur Ausschüttungsbemessung ist die Bestimmung des unter dieser Voraussetzung ausschüttungsoffenen bzw. -fähigen Betrags.[173]

Bei einer Gewinnermittlung mit Hilfe von Bestandsgrößen erfordert die Erfüllung dieser Voraussetzung, daß *Vermögen in Höhe der Schulden* erhalten bleibt. Aus der Sicht der Gläubiger kann folglich in jeder Periode derjenige Betrag an die Eigenkapitalgeber fließen, um den das Vermögen die Schulden übersteigt. Dieser Betrag umfaßt zum einen den

---

172 Das ist jedoch nur dann erforderlich, wenn der Zugriff der Gläubiger auf das Unternehmensvermögen beschränkt ist, d.h. wenn die Gesellschafter nicht auch mit ihrem Privatvemögen haften; vgl. *Wenger*, Unternehmenserhaltung, S. 135 f. Zum Zusammenhang zwischen diesen Risiken und der Notwendigkeit von Ausschüttungsregeln vgl. *Leuz*, Kreditfinanzierung, S. 64 ff.

173 Zum Unterschied zwischen „ausschüttungsoffen" und „ausschüttungsfähig" vgl. *Moxter*, Grundsätze ordnungsmäßiger Bilanzierung, S. 54. „Ausschüttungsoffen" meint, daß eine bestimmte Obergrenze, die z.B. durch eine Kapitalerhaltungskonzeption vorgegeben sein kann, eingehalten wird, während „ausschüttungsfähig" fordert, daß der ausschüttungsoffene Betrag auch liquiditätsmäßig vorliegt. Im folgenden werden die beiden Begriffe synonym verwendet, das Problem der Finanzierbarkeit von Ausschüttungen wird nicht weiter betrachtet.

Gewinn der Periode, definiert als Reinvermögensmehrung. Zum anderen ist es aber auch möglich, über die Reinvermögensmehrung hinausgehende Beträge auszuschütten, indem das einbezahlte Kapital an die Gesellschafter zurückgezahlt wird oder einbehaltene Gewinne der Vorperioden ausgeschüttet werden. Die Obergrenze für Zahlungen an die Anteilseigner ist die Summe der Gläubigeransprüche.[174]

Durch die ausschüttungsbedingten Risiken kann die Erfüllung der Gläubigeransprüche aus zwei Gründen gefährdet sein: Erstens kann die Finanzierung von Ausschüttungen durch die Veräußerung von Vermögen dazu führen, daß das Vermögen im Zerschlagungsfall nicht mehr zur Befriedigung der Gläubigeransprüche ausreicht.[175] Der Fall, daß das Zerschlagungsvermögen die Zerschlagungsschulden nicht mehr deckt, bezeichnet den für Kapitalgesellschaften relevanten Insolvenzgrund der *Überschuldung* (§ 19 InsO).[176] Zweitens kann die Unternehmung als Folge einer Ausschüttung illiquide werden. Die Insolvenzursachen der *Zahlungsunfähigkeit* bzw. der *drohenden Zahlungsunfähigkeit* sind dann gegeben, wenn die liquiden Mittel nicht mehr zur Erfüllung der Auszahlungsverpflichtungen ausreichen bzw. wenn dieser Fall zu befürchten ist (§§ 17, 18 InsO). Ausschüttungsregeln müssen folglich dafür sorgen, daß Überschuldung und Illiquidität vermieden werden.[177]

Soll durch die Gewinnermittlung verhindert werden, daß *Überschuldung* wegen überhöhter Ausschüttungen eintritt, sind die Ansatz- und Bewertungsfragen folgendermaßen zu beantworten:

1. *Bilanzansatz*: Zum Vermögen gehören nur solche wirtschaftlichen Güter, mit denen bei der Zerschlagung des Unternehmens noch Einzahlungen erzielt werden können. Diese Anforderung wird nur von solchen Gütern erfüllt, die *einzeln veräußert* werden können und dürfen.[178] Die Schulden umfassen alle Auszahlungen, die im Zerschlagungsfall tatsächlich anfallen.

2. *Bewertungsmethoden:* Die so definierten Vermögensgegenstände und Schulden sind mit den im Zerschlagungsfall voraussichtlich anfallenden Ein- bzw. Auszahlungen zu bewerten. Für die Vermögensgegenstände folgt daraus die Bewertung mit zukünftigen

---

174 Daß nach deutschem Recht nicht das gesamte Eigenkapital (= Reinvermögen) ausgeschüttet werden darf, ist keine Folge der Gewinn*ermittlungs*regeln, sondern der gesellschaftsrechtlichen Gewinn*verwendungs*regeln, die Gewinnausschüttungen an die Gesellschafter in einer bestimmten Höhe verbieten. Dadurch soll eine zusätzliche Haftungsmasse für die Gläubiger geschaffen werden, die erforderlich ist, weil die zukünftigen Gläubigeransprüche nicht mit Sicherheit bekannt sind. Gewinnverwendungsregeln werden in dieser Arbeit nicht analysiert, weil sie für die Bilanzierung von Leasinggeschäften keine unmittelbare Rolle spielen.

175 Vgl. auch *Hax*, Bilanzgewinn, S. 643.

176 Allerdings muß Überschuldung nicht zwangsläufig zur Zerschlagung führen, so daß § 19 InsO bestimmt, daß „[b]ei der Bewertung des Vermögens des Schuldners [...] die Fortführung des Unternehmens zugrunde zu legen [ist], wenn diese nach den Umständen überwiegend wahrscheinlich ist."

177 Vgl. *Wenger*, Unternehmenserhaltung, S. 139, 143.

178 Vgl. *Moxter*, Bilanztheorie, S. 90.

Liquidationswerten; die Schulden sind mit dem zum Zerschlagungszeitpunkt fälligen *Rückzahlungsbetrag* zu bewerten.

Eine Ausschüttungsregel, die dafür sorgt, daß immer nur soviel ausgeschüttet wird, daß das Zerschlagungsvermögen erhalten bleibt, verhindert, daß dem Unternehmen Vermögen entzogen wird, das bei der Zerschlagung zur Befriedigung der Gläubigeransprüche benötigt wird. Allerdings muß nicht das gesamte Zerschlagungsvermögen erhalten werden, sondern nur Vermögen in Höhe der im Zerschlagungsfall zu befriedigenden Gläubigeransprüche. Ausgeschüttet werden kann folglich die Differenz zwischen dem vorhandenen Vermögen, bewertet mit den im Zerschlagungszeitpunkt erzielbaren Einzahlungen, und den Schulden, die bei einer (zukünftigen) Zerschlagung zu tilgen sind.

Diese Ausschüttungsregel setzt voraus, daß der *Zeitpunkt der Zerschlagung*, die zu diesem Zeitpunkt mit dem am Bilanzstichtag vorhandenen Vermögen *erzielbaren Einzahlungen* sowie die im Zeitpunkt der Zerschlagung *fälligen Schulden* bekannt sind. Die Bewertung des Vermögens mit den Liquidationswerten am Bilanzstichtag und der Ansatz der am Bilanzstichtag vorhandenen Schulden reicht (eventuell) nicht aus, wenn die Zerschlagung nicht zu diesem Bilanzstichtag stattfindet.[179] Folgendes Beispiel verdeutlicht die Problematik:

Eine Maschine wird in t_0 zu Anschaffungskosten in Höhe von 120 GE erworben. Die Anschaffungskosten werden vollständig durch einen Kredit finanziert, der in den folgenden Jahren jährlich in Höhe von 20 GE zu tilgen ist.

In t_0 stimmt der Liquidationswert der Maschine mit den Anschaffungskosten überein; die Maschine wird mit (Liquidationswert von) 120 GE bewertet. Die Verbindlichkeit wird zum Rückzahlungsbetrag angesetzt. Es ergibt sich folgende Bilanz:

t_0

AV	120	0	EK
Kasse	0	120	Verb.

Am Ende der Periode t_0 könnte die Maschine zu einem Preis von 96 GE veräußert werden. Gleichzeitig ist die erste Rate zur Tilgung des Kredits in Höhe von 20 GE fällig. Aus der Nutzung der Maschine resultieren Einzahlungsüberschüsse in Höhe von 100 GE. Für t_1 (= Ende der Periode t_0) ergibt sich folgende Bilanz:

t_1

AV	96	76	EK
Kasse	80	100	Verb.

179 Vgl. *Wenger*, Unternehmenserhaltung, S. 137.

In t_1 kann folglich eine Ausschüttung in Höhe von 76 GE (= Vermögen – Gläubigeransprüche) vorgenommen werden. In t_2 werden keine Einzahlungsüberschüsse erzielt. Der Liquidationswert der Maschine ist auf 76 GE gesunken. Nach Berücksichtigung der Ausschüttung in t_1 und der Abschreibung auf den neuen Liquidationswert, aber vor Berücksichtigung der Tilgung ergibt sich folgende Bilanz:

t_2

AV	76	-20	EK
Kasse	4	100	Verb.

Aufgrund der fehlenden Einzahlungsüberschüsse in t_2 kann die Tilgungszahlung nicht vollständig geleistet werden. Um die Gläubigeransprüche zu befriedigen, müßte folglich die Maschine verkauft werden. Die mit dem Verkauf erzielbaren Einzahlungsüberschüsse müßten ausreichen, um die gesamte Restverbindlichkeit zu tilgen, weil in den zukünftigen Perioden keine Einzahlungsüberschüsse aus der Nutzung mehr anfallen. Das ist aber nur dann der Fall, wenn der Veräußerungserlös mindestens 96 GE beträgt. Die Bilanz zeigt aber, daß das Zerschlagungsvermögen nicht mehr ausreicht, um die noch bestehenden Verbindlichkeiten zu tilgen. Folglich liegt Überschuldung vor.

Da die Maschine nur zu 76 GE veräußert werden kann, stehen nur liquide Mittel in Höhe von 80 GE zur Tilgung der Verbindlichkeit zur Verfügung. Die Gläubiger erleiden einen Verlust in Höhe von 20 GE. Dieser Ausfall hätte durch eine geringere Ausschüttung in der Vorperiode verhindert werden können. Wäre in t_1 der zukünftige Liquidationswert angesetzt worden, hätte sich folgende Bilanz ergeben:

t_1

AV	76	56	EK
Kasse	80	100	Verb.

Es wäre nur eine Ausschüttung in Höhe von 56 GE möglich gewesen, so daß der Kassenbestand in Höhe von 24 GE (= 80 GE abzüglich der Ausschüttung) zusammen mit dem Veräußerungserlös in t_2 in Höhe von 76 GE zur Befriedigung der Gläubigeransprüche ausgereicht hätte.

Das Beispiel zeigt, daß eine Ausschüttungsbemessung, die den Erhalt des zur Befriedigung der Gläubigeransprüche im Zerschlagungsfall benötigten Vermögens zum Ziel hat, voraussetzt, daß der Zerschlagungszeitpunkt, die zu diesem Zeitpunkt vorhandenen Schulden sowie die Liquidationswerte bekannt sind bzw. prognostiziert werden können.[180] Die Prognose dieser Faktoren ist allerdings mit so großen Unsicherheiten verbunden, daß das Ergebnis letztlich beliebig ist. Die oben definierte Anforderung der Zuverlässigkeit bzw. Objektivität wird durch solche Gewinnermittlungsregeln nicht erfüllt.[181]

180 Vgl. *Wenger*, Unternehmenserhaltung, S. 137 f.; auch: *Schneider*, Rechnungswesen, S. 115 ff.

181 Der Ansatz und die Bewertung des Zerschlagungsvermögens und der Zerschlagungsschulden sind mit weiteren Problemen verbunden. Zum Beispiel hängt die Höhe der Liquidationswerte davon ab, ob das Unternehmen als Ganzes oder die einzelnen Vermögensgegenstände veräußert werden. Im Rahmen der Schulden sind Verpflichtungen zu berücksichtigen, die nur bei einer Zerschlagung anfallen, deren Prognose

Das Beispiel verdeutlicht aber auch, daß die Liquidationswerte des Bilanzstichtags kein geeigneter Ersatzmaßstab, sondern höchstens ein vager Anhaltspunkt für eine mögliche Überschuldung in der Zukunft sind. Schutz der Gläubiger durch Vermeidung von Überschuldung läßt sich durch Gewinnermittlung zur Ausschüttungsbemessung folglich kaum erreichen.[182]

Dieses Ergebnis muß aber nicht zwangsläufig bedeuten, daß die Bilanz zum Gläubigerschutz durch Ausschüttungsbemessung überhaupt nicht geeignet ist. Es ist vielmehr davon auszugehen, daß es für die Gläubiger in erster Linie darum geht, daß ihre Ansprüche aus den laufenden Cash Flows beglichen werden können, denn der Zerschlagungsfall ist eher als Ausnahmefall anzusehen.[183] Die Aufgabe der Bilanz kann folglich auch darin liegen, *Illiquidität* infolge überhöhter Ausschüttungen zu vermeiden.[184]

Zahlungsunfähigkeit ist gegeben, wenn das Unternehmen dauerhaft nicht mehr in der Lage ist, seine Zahlungsverpflichtungen zu erfüllen, die Auszahlungsverpflichtungen folglich dauerhaft die Einzahlungen übersteigen.[185] Die Ansprüche der Gläubiger können solange erfüllt werden, wie in jeder Periode die *Summe aus dem Anfangsbestand an Zahlungsmitteln* und den *laufenden Einzahlungsüberschüssen* mindestens der *Höhe der Ansprüche* entspricht.[186] Ausschüttungsfähig ist maximal der Betrag, der weder in der laufenden noch in zukünftigen Perioden zur Befriedigung der Gläubigeransprüche benötigt wird, wobei es ausreicht, wenn zukünftige Auszahlungen durch zukünftige Einzahlungen gedeckt sind.[187]

Diese Definition von Illiquidität impliziert die Bemessung der Ausschüttung unter der Annahme der *Fortführung der Unternehmenstätigkeit*. Illiquidität bedeutet nicht, daß die *im Zerschlagungsfall* durch die Veräußerung des Vermögens erzielbaren Einzahlungen nicht ausreichen, um die noch ausstehenden Schulden zu begleichen. Die Frage, ob die Auszahlungsverpflichtungen im Zerschlagungsfall gedeckt sind, ist ein Problem der oben beschriebenen Überschuldung. Zahlungsunfähigkeit bezeichnet vielmehr den Fall, daß eine Zerschlagung notwendig wird, weil das Unternehmen *bei Fortführung* nicht mehr in der Lage wäre, seinen Auszahlungsverpflichtungen nachzukommen.[188]

Der Schutz der Gläubiger vor Zahlungsunfähigkeit läßt sich am einfachsten durch die Aufstellung eines Finanzplans gewährleisten, der alle zukünftigen Ein- und Auszahlungen

---

folglich kaum möglich ist. Zu einer ausführlichen Erläuterung der mit der Erstellung von Zerschlagungsbilanzen verbundenen Probleme vgl. *Wenger*, Unternehmenserhaltung, S. 61 ff., 138 f., 146 f.

182 Zu diesem Ergebnis kommt auch *Wenger*, Unternehmenserhaltung, S. 140 ff.

183 Vgl. *Bauer*, Nennkapitalziffer, S. 111.

184 Vgl. auch *Schneider*, Rechnungswesen, S. 111.

185 Vgl. *Schneider*, Rechnungswesen, S. 111.

186 Vgl. *Schreiber*, Rechnungslegung im Einzelabschluß, S. 881; *Wenger*, Unternehmenserhaltung, S. 136.

187 Vgl. *Moxter*, Bilanztheorie, S. 86.

188 Ähnlich auch *Moxter*, Grundsätze ordnungsmäßiger Bilanzierung, S. 55.

enthält.[189] Durch einen Finanzplan könnte die maximal mögliche Ausschüttung ohne Gefährdung der Zahlungsfähigkeit durch folgende Regel berechnet werden:

$$d_n^{max} = c_n + e_n - a_n - \sum_{t=n+1}^{\infty} \left|(e_t - a_t)\right|$$

mit t = zukünftige Perioden (t > n), in denen $(e_t - a_t) < 0$.

Der Kassenbestand c_n der laufenden Periode setzt sich dabei aus der Differenz der Ein- und Auszahlungen der vergangenen Perioden zusammen:

$$c_n = \sum_{t=0}^{n-1} e_t - \sum_{t=0}^{n-1} a_t$$

mit:

d_n^{max}	=	maximale Ausschüttung der Periode n
n	=	aktuelle Periode
c_n	=	Zahlungsmittelbestand der Periode n
e_n	=	Einzahlungsüberschuß der Periode n (vor Tilgung der Gläubigeransprüche)
a_n	=	Auszahlungen an Gläubiger der Periode n
c_t	=	Zahlungsmittelbestand der Periode t
e_t	=	Einzahlungsüberschuß der Periode t (vor Tilgung der Gläubigeransprüche)
a_t	=	Auszahlungen an Gläubiger der Periode t
d_t	=	Ausschüttung der Periode t

Folgendes Beispiel verdeutlicht diese Ausschüttungsregel:

Periode		1	2	3	4	5	6	Σ
c_t	(1)	0	20	10	10	10	10	
e_t	(2)	100	10	20	40	20	10	200
a_t	(3)	20	20	20	20	20	20	120
$c_t + e_t - a_t$ (1) + (2) – (3)	(4)	80	10	10	30	10	0	
$e_t - a_t < 0$	(5)	-	-10	-	-	-	-10	-20
$\sum_{t=n+1}^{6} \left|(e_t - a_t)\right|$ mit $e_t - a_t < 0$	(6)	20	10	10	10	10	0	
d_t^{max} (4) – (6)	(7)	60	0	0	20	0	0	80
$c_t + e_t - a_t - d_t$ (4) – (7)	(8)	20	10	10	10	10	0	

Abbildung 7: Ausschüttungsbemessung unter Berücksichtigung zukünftiger Ein- und Auszahlungen (Beispiel)

[189] Vgl. auch *Moxter*, Bilanztheorie, S. 86; *Wenger*, Unternehmenserhaltung, S. 143.

Das Beispiel zeigt, daß die Ausschüttungsregel sicherstellt, daß in jeder Periode die Summe aus Kassenbestand und Einzahlungsüberschuß mindestens den Gläubigeranspruch deckt. Dazu wird in Perioden, in denen ein Einzahlungsüberschuß besteht, der Betrag einbehalten, der in späteren Perioden mit einem Auszahlungsüberschuß zur Erfüllung der Gläubigeransprüche benötigt wird.[190] Die Gläubiger müssen folglich nicht mit einem Ausfall ihres Anspruchs wegen überhöhter Ausschüttungen an die Gesellschafter rechnen und sind vor den ausschüttungsbedingten Risiken geschützt. Im Beispiel zur fremdfinanzierten Ausschüttung[191] kann durch diese Ausschüttungsregel verhindert werden, daß der zweite Kredit in Höhe von 70 GE ausgeschüttet wird;[192] dadurch entfällt bzw. vermindert sich der Anreiz zur Aufnahme eines zusätzlichen Kredits.[193] Gleiches gilt für die bilanzkürzende Ausschüttung;[194] hier wird im Beispiel eine Ausschüttung des Veräußerungserlöses in Höhe von 200 GE verhindert.[195]

Diese Ausschüttungsregel macht Bilanzierung zur Ausschüttungsbemessung überflüssig. Erforderlich ist lediglich ein Finanzplan, dessen Aufstellung bei vollständiger Kenntnis aller zukünftigen Zahlungen und deren zeitlicher Verteilung kein Problem darstellt. In diesem Fall könnte sogar auf die Begrenzung der Ausschüttung der aktuellen Periode durch zukünftige Auszahlungsüberschüsse verzichtet werden, weil Auszahlungsüberschüsse, die durch Einzahlungsüberschüsse in späteren Perioden gedeckt sind, durch Fremdfinanzierung überbrückt werden könnten. Diese Fremdfinanzierung ist unproblematisch, wenn die Summe der zukünftigen Einzahlungen, die zur Tilgung und Verzinsung dieses Kredits verwendet werden können, mit Sicherheit bekannt ist.[196]

Gerade die Notwendigkeit der vollständigen Kenntnis aller zukünftigen Ein- und Auszahlungen macht aber eine praktische Anwendung dieser first best-Regel unmöglich. Zukünftige

---

190 In der Terminologie von *Moxter* wäre der nach dieser Regel ausschüttbare Betrag gleichzeitig ausschüttungsoffen und ausschüttungsfähig, weil zum einen sichergestellt ist, daß die Obergrenze, hier in Form der Gläubigeransprüche, eingehalten wird, und zum anderen gesichert ist, daß durch die Ausschüttung keine Liquiditätsengpässe entstehen.

191 Vgl. Abschnitt 3.1.1.3.2.1.

192 Im Beispiel ergibt sich nach dieser Regel eine Ausschüttung in Höhe von -86 GE (= 70 GE – (406 GE – 250 GE)) bei Eintritt von s_1 und 39 GE (= 70 GE – (406 GE – 375 GE)) bei Eintritt von s_2. Daß die Gläubiger bei Eintritt von s_1 trotzdem noch einen Ausfall erleiden, liegt nicht mehr am (ausschüttungsbedingten) Fehlverhalten des Managements; hier liegt vielmehr ein Fall der Täuschung nach Vertragsabschluß vor: Die Altgläubiger werden durch die absprachewidrige Aufnahme von zusätzlichem Fremdkapital geschädigt; vgl. auch *Streim*, Grundzüge, S. 13. Diesem Risiko kann durch Ausschüttungsregeln nicht begegnet werden.

193 Ein Anreiz zur zusätzlichen Kreditaufnahme ist weiterhin gegeben, weil durch diesen Kredit die Investition vollständig fremdfinanziert werden kann und dadurch Eigenkapital in Höhe von 50 GE gespart wird. Dieses Problem ist aber wiederum ein Problem der unvollständigen Information der Gläubiger über bestehende bzw. geplante Kredite.

194 Vgl. Abschnitt 3.1.1.3.2.1.

195 Im Beispiel würde die Ausschüttungsregel eine Ausschüttung in Höhe von -50 GE ergeben (200 GE (Veräußerungserlös) – 250 GE (Gläubigeranspruch)).

196 In obigem Zahlenbeispiel könnte bei einer Ausschüttung in Höhe von 80 GE in der ersten Periode der Auszahlungsüberschuß in Höhe von 10 GE in der zweiten Periode durch einen Kredit ausgeglichen werden, der (unter Vernachlässigung von Zinsen) durch den Einzahlungsüberschuß der vierten Periode getilgt wird.

Ein- und Auszahlungen können bei unvollkommener Information nur geschätzt und mit einer Wahrscheinlichkeitsverteilung angegeben werden. In der Ausschüttungsregel könnte dann je nach der Höhe des Risikos, das vom Gläubiger getragen werden soll, z.B. mit Erwartungswerten oder mit dem Minimum der Einzahlungen und dem Maximum der Auszahlungen gerechnet werden.[197]

Wie für den Fall der Überschuldung gilt auch hier, daß die Probleme der Schätzung zukünftiger Zahlungen nicht durch vollständigen Verzicht auf Prognosen gelöst werden können. Eine Ausschüttungsregel, die ausschließlich die bis zum Bilanzstichtag angefallenen Zahlungen berücksichtigt, wäre:

$$d_n^{max} = c_n + e_n - a_n$$

d.h. ausgeschüttet werden kann höchstens der am Ende der jeweiligen Periode vorhandene Kassenbestand.[198] Daß diese Regel nicht vor Illiquidität schützt, zeigt folgendes Zahlenbeispiel:

Periode		**1**	**2**	**3**	**4**	**5**	**6**	**Σ**
c_t	(1)	0	0	0	0	0	0	
e_t	(2)	100	10	20	40	20	10	200
a_t	(3)	20	20	20	20	20	20	120
$c_t + e_t - a_t$ (1) + (2) – (3)	(4)	80	-10	0	20	0	-10	
d_t^{max} (1) + (2) – (3)	(5)	80	0 (-10)	0	20	0	0 (-10)	100
$c_t + e_t - a_t - d_t$ (1) + (2) – (3) – (5)	(6)	0	0 (-10)	0	0	0	0 (-10)	

Abbildung 8: Ausschüttungsbemessung ohne Berücksichtigung zukünftiger Ein- und Auszahlungen (Beispiel)

In diesem Fall können die Ansprüche der Gläubiger in zwei Perioden nicht befriedigt werden, weil in den Vorperioden eine im Hinblick auf die zukünftig noch zu leistenden (und möglicherweise bereits bekannten) Auszahlungen zu hohe Ausschüttung vorgenommen wurde. Die im Vergleich zur first best-Regel insgesamt um 20 GE höhere Ausschüttung geht zu Lasten der Gläubiger in den Perioden 2 und 6. Hinzu kommt, daß auch diese Regel trotz des Verzichts auf Prognosen eine weitgehend beliebige Bestimmung des ausschüttbaren

[197] Vgl. zu einer solchen Ausschüttungsregel für den Zwei-Perioden-Fall *Franken*, Rechnungslegung nach US-GAAP, S. 85 ff.

[198] Vgl. zu dieser Regel *Franz*, Ausschüttungsentscheidung, S. 90 ff.

Betrags ermöglicht. Durch zahlungswirksame Transaktionen, z.B. durch den Kauf von Material auf Lager, den Kauf/Verkauf von Wertpapieren usw., sowie durch eine geschickte zeitliche Verteilung der Zahlungsströme kann die Höhe des Kassenbestands und damit die Ausschüttung beliebig gestaltet werden.[199]

Die Bemessung der Ausschüttung mit Hilfe einer ausschließlich vergangenheitsbezogenen Zahlungsrechnung ist folglich nicht zweckmäßig und wird vom HGB auch nicht angestrebt. Gewinnermittlungsregeln, die im Fortführungsfall vor Zahlungsunfähigkeit infolge überhöhter Ausschüttungen schützen, sind unter Berücksichtigung des Prognoseproblems folgendermaßen zu definieren:

1. *Bilanzansatz:* Zum Vermögen zählen alle wirtschaftlichen Güter, die in der aktuellen und in zukünftigen Perioden zu Einzahlungen beim Bilanzierenden führen. Schulden sind alle gegenwärtigen und zukünftigen Auszahlungsverpflichtungen des Bilanzierenden.[200]

   Der dieser Ausschüttungsregel zugrunde gelegte Vermögensbegriff ist offensichtlich deutlich weiter als der oben für den Fall der Überschuldung definierte.[201] Als zu erhaltendes Vermögen gelten alle *Einzahlungspotentiale*, so daß das Vermögen nicht ausschließlich aus einzelveräußerbaren Gütern besteht. Diese Erweiterung beruht auf der Tatsache, daß auch mit nicht einzelveräußerbaren Gütern Einzahlungen zur Tilgung von Schulden erzielt werden können, nämlich durch die Nutzung dieser Güter (bei Fortführung der Unternehmung).[202] Damit würde die Bilanz letztlich die gleichen Bestandteile wie der oben erläuterte Finanzplan enthalten und wäre in gleicher Weise zu kritisieren. Die in der Bilanz ausgewiesenen Zahlungspotentiale würden die Anforderung der Verläßlichkeit nicht erfüllen.

   Der Vermögensbegriff muß folglich auf *zuverlässig bestimmbare* Einzahlungspotentiale eingeschränkt werden. Die Zuverlässigkeit kann zum einen dadurch erhöht werden, daß nur solche Einzahlungspotentiale aktiviert werden, die in der aktuellen Periode bereits vorhanden sind. Mögliche Einzahlungen aus für die Zukunft geplanten Investitionen sind für eine Berücksichtigung im Rahmen der Ausschüttungsbemessung zu unsicher. Zum

---

199 Vgl. *Schildbach*, Der traditionelle Jahresabschluß, S. 610; *Schildbach*, Analyse des Rechnungswesens, S. 147, 151 ff.

200 Der Begriff „Auszahlungs*verpflichtung*" bedeutet nicht, daß Schulden nur Verpflichtungen gegenüber Dritten sind. Auch sog. Innenverpflichtungen können Schulden sein.

201 Auch *Schmidt* kommt zu dem Ergebnis, daß „ausschließlich solche Vermögensgegenstände und Schulden in der Bilanz anzusetzen [sind], die als Schuldendeckungspotenzial *im Fortführungsfall* herangezogen werden können bzw. tatsächlich Vermögensbelastungen des Unternehmens darstellen." *Schmidt*, Rechnungslegung, S. 68 (Hervorhebung durch die Verf.). Er leitet daraus jedoch ab, daß nur einzelverkehrsfähige Güter aktivierungsfähig sind, vgl. *Schmidt*, Rechnungslegung, S. 61, 68, 84. Gerade im Fortführungsfall tragen aber auch Güter, an denen der Bilanzierende nur das Nutzungs-, aber kein Veräußerungsrecht hat, zur Schuldendeckung bei. Das Kriterium der Einzelveräußerbarkeit ist dafür nicht erforderlich.

anderen könnte eine Objektivierung dahingehend erfolgen, daß nur solche Einzahlungspotentiale aktiviert werden, für die Ausgaben angefallen sind. Damit würde unterstellt, daß Einzahlungserwartungen nur dann glaubwürdig sind, wenn der Bilanzierende dafür Ausgaben geleistet hat.[203]

Auch für die Schulden gilt, daß zukünftig erwartete Auszahlungen, die nicht auf einem Ereignis in der aktuellen oder in vergangenen Perioden beruhen, für eine Berücksichtigung bei der Ausschüttungsbemessung zu vage sind. Damit sind z.B. Auszahlungen für geplante (Re-)Investitionen nicht passivierungsfähig. Sollen unter Berücksichtigung dieser Einschränkung auf der Passivseite der Bilanz alle *Auszahlungspotentiale* angesetzt werden, gehören zu den Schulden nicht nur Auszahlungsverpflichtungen des Bilanzierenden gegenüber Dritten, sondern auch sonstige Auszahlungen, die in der aktuellen Periode verursacht sind.[204] Wann eine Auszahlung verursacht ist, müßte durch die Gewinnermittlungsregeln genau definiert werden.

2. *Bewertungsmethoden:* Das Vermögen und die Schulden sind mit den gegenwärtig und/oder zukünftig erzielbaren bzw. fälligen Ein- bzw. Auszahlungen zu bewerten.

   Auch diese „Idealforderung" ist mit dem Problem der Prognose zukünftiger Zahlungen verbunden. Während bei einer Investition mit hinreichend großer Wahrscheinlichkeit davon ausgegangen werden kann, daß ein *dem Grunde nach* aktivierungsfähiges Einzahlungspotential vorliegt, weil aus der Investition zukünftige Einzahlungen resultieren, ist die Abschätzung der *Höhe* der Einzahlungen problematisch. Eine Prognose der Cash Flows würde dem Management die Möglichkeit bieten, die Ausschüttung nach seinem Belieben zu bemessen.[205] Schutz vor den erläuterten Risiken wäre damit nicht gegeben.

   Eine Möglichkeit zur Objektivierung der Prognose der Einzahlungen besteht in der Bewertung des Vermögens mit den für die Anschaffung bzw. Herstellung geleisteten Auszahlungen.[206] *Anschaffungs-/Herstellungskosten* haben gegenüber anderen Werten einen entscheidenden Vorteil: Sie lassen sich weitgehend verläßlich bestimmen, so daß

---

[202] Vgl. auch *Bleg*, Schwebende Geschäfte, S. 243.

[203] Vgl. zu diesem Kriterium *Moxter*, Gewinnermittlung, S. 160 ff. Ob diese Einschränkung tatsächlich zweckmäßig ist, müßte z.B. für den Fall des durch Schenkung erworbenen Vermögens näher untersucht werden.

[204] Unterstellt man die Fortführung der Unternehmenstätigkeit, mindern auch Auszahlungen, zu denen der Bilanzierende nicht rechtlich gezwungen ist, die für die Erfüllung der Gläubigeransprüche zur Verfügung stehenden liquiden Mittel. Insofern ist dem Ergebnis von *Schmidt*, Rechnungslegung, S. 87 ff. – ausschließliche Passivierung von Verpflichtungen, denen sich der Kaufmann im Zerschlagungsfall nicht entziehen kann – nicht zuzustimmen.

[205] Vgl. zu den Problemen der Bewertung mit Ertragswerten z.B. *Schneider*, Ausschüttungsfähiger Gewinn, S. 11 f.

[206] Zum Zusammenhang zwischen Anschaffungs-/Herstellungskosten und den ausschüttungsbedingten Risiken vgl. *Leuz*, Kreditfinanzierung, S. 202 ff.

der Manipulationsspielraum gering ist.[207] Geht man davon aus, daß ein rational handelndes Management nur Investitionen mit positivem Kapitalwert durchführt, repräsentieren die Anschaffungs-/Herstellungskosten die Untergrenze für die erwarteten Netto-Einzahlungen.[208] Die Investition wird nur dann durchgeführt, wenn für die Zukunft mindestens Einzahlungsüberschüsse in Höhe der Anschaffungsauszahlung erwartet werden. Dadurch sorgt die Bewertung zu Anschaffungskosten zumindest dafür, daß die zukünftigen Einzahlungen – allerdings unter Vernachlässigung nicht vorhersehbarer Ereignisse – nicht zu hoch angesetzt werden.[209] Aus der Sicht der Gläubiger können die Anschaffungskosten als Ersatzlösung folglich akzeptiert werden.[210] Die Annahme, daß nur Investitionen mit positivem Kapitalwert durchgeführt werden, ist allerdings „mit Vorsicht zu genießen": Gläubigerrisiken können gerade dadurch entstehen, daß das Management Anreize zur Durchführung von Investitionen mit negativem Kapitalwert hat.[211]

Als Alternativen zu den Anschaffungs-/Herstellungskosten werden insbesondere Wiederbeschaffungskosten und Veräußerungspreise diskutiert.[212] *Wiederbeschaffungswerte* geben an, welcher Betrag zu einem späteren Zeitpunkt als dem Anschaffungs-/ Herstellungszeitpunkt für die Beschaffung eines Vermögensgegenstands aufgewendet werden müßte. Dieser Wert bietet keine bessere Möglichkeit zur Bestimmung der (Untergrenze der) Einzahlungen. Gestiegene Wiederbeschaffungskosten deuten nicht zwangsläufig auf höhere Netto-Einzahlungserwartungen hin, weil nicht sicher ist, daß das Management die Investition auch zu diesem höheren Preis getätigt hätte. Umgekehrt deuten gesunkene Wiederbeschaffungskosten nicht unbedingt auf geringere Netto-Einzahlungserwartungen hin, weil sich die Nutzungsmöglichkeiten für das Unternehmen nicht geändert haben müssen.[213]

Veräußerungspreise sagen nur dann etwas über die Einzahlungen aus, wenn die Veräußerung des Vermögens geplant und der Zeitpunkt der Veräußerung bekannt ist.[214] Die Untauglichkeit von Veräußerungs- bzw. Liquidationswerten für die Ausschüttungsbemessung wurde im Zusammenhang mit der Zerschlagungsbilanz begründet.

---

207 Vgl. *Schildbach*, Der traditionelle Jahresabschluß, S. 610; *Schildbach*, Analyse des Rechnungswesens, S. 185 f.; *Wenger*, Unternehmenserhaltung, S. 67.

208 Vgl. zu dieser Interpretation *Ordelheide*, Periodengewinn, S. 280 f.; *Ordelheide*, Kapital und Gewinn, S. 27.

209 Vgl. auch *Ordelheide*, Periodengewinn, S. 281.

210 Vgl. auch *Ordelheide*, Kapital und Gewinn, S. 27; *Schildbach*, Analyse des Rechnungswesens, S. 187; *Wenger*, Unternehmenserhaltung, S. 68.

211 Vgl. dazu Abschnitt 3.1.1.3.2.1. Vgl. auch *Ordelheide*, Kapital und Gewinn, S. 27.

212 Vgl. dazu *Wenger*, Unternehmenserhaltung, S. 163 ff. Die Untauglichkeit der bei *Wenger* ebenfalls diskutierten Ertragswerte wurde bereits erläutert.

213 Ähnlich auch *Wenger*, Unternehmenserhaltung, S. 69.

214 Vgl. *Wenger*, Unternehmenserhaltung, S. 170.

Die Bewertung der Schulden ist in den Fällen einfacher, in denen die zukünftigen Auszahlungen, d.h. der *Rückzahlungsbetrag*, feststehen. In allen anderen Fällen kann der Wertansatz nur durch die Schätzung der zukünftigen Auszahlungen bestimmt werden.

Die hier beschriebenen Gewinnermittlungsregeln orientieren sich im wesentlichen an den ausschüttungsbedingten Risiken, die nur die Gläubiger treffen. Der Schutz der Gesellschafter vor einer Verkürzung der Ausschüttung durch das Management[215] wurde dagegen nur implizit berücksichtigt: Der größtmögliche Schutz der Gläubiger wäre durch eine Zerschlagungsbilanz gegeben, die das im Zerschlagungsfall veräußerbare Vermögen zu den zu diesem Zeitpunkt erzielbaren Liquidationswerten erhält. Eine solche Gewinnermittlung würde aber tendenziell auch die Ausschüttungen an die Gesellschafter kürzen oder auf spätere Zeitpunkte verschieben, weil z.B. alle Ausgaben für nicht einzelveräußerbare Vermögensgegenstände den Gewinn im Zeitpunkt der Auszahlung in voller Höhe kürzen würden. Die Entscheidung für eine Gewinnermittlung unter der Annahme der Unternehmensfortführung dürfte daher den Interessen der Gesellschafter entgegenkommen.[216]

3.2.2.2.2 Das Gewinnkonzept des HGB

Die bei der Entwicklung eines Gewinnermittlungskonzepts auftretenden Fragen hat der deutsche Gesetzgeber wie folgt beantwortet:

1. *Bilanzansatz:* Auf der Aktivseite sind *Vermögensgegenstände* anzusetzen. Der Begriff „Vermögensgegenstand“ ist im Gesetz nicht definiert; nach h.M. ist ein Vermögensgegenstand ein einzelveräußerbares wirtschaftliches Gut.[217]

   Diese Definition erweckt auf den ersten Blick den Anschein, als ob die HGB-Bilanz das Zerschlagungsvermögen ausweist. Das ist jedoch nicht der Fall, weil nach h.M. nicht nur die im Zerschlagungsfall tatsächlich („*konkret*“) einzelveräußerbaren Vermögensgegenstände anzusetzen sind, sondern auch solche, bei denen die Veräußerung zwar theoretisch möglich, aber gesetzlich oder vertraglich verboten ist (= „*abstrakte*“ Einzelveräußerbarkeit).[218] Zudem entscheidet nicht das juristische Eigentum, das Voraus-

215 Vgl. dazu die Darstellung der investitionsbedingten Risiken in Abschnitt 3.1.1.3.2.2.

216 Daß eine geringe Ausschüttung und die damit verbundene hohe Einbehaltung von Gewinnen nicht unbedingt zu einem höheren Maß an Gläubigerschutz führt, zeigen die oben erläuterten investitionsbedingten Risiken (vgl. Abschnitt 3.1.1.3.2.1), die durch die einbehaltenen Mittel eventuell erst ermöglicht werden; vgl. auch *Leuz*, Kreditfinanzierung, S. 76 ff., 89 ff.; *Schneider*, Rechnungswesen, S. 113; *Schreiber*, Rechnungslegung im Einzelabschluß, S. 881 f.; *Siegel*, Rechnungslegungsvorschriften, S. 131. Die hier abgeleiteten Gewinnermittlungsregeln sind folglich insofern einseitig begründet, als die investitionsbedingten Risiken vernachlässigt werden.

217 Vgl. zu verschiedenen Definitionen des Begriffs „Vermögensgegenstand“ *ADS*, § 246, Tz. 15 ff.; *Tiedchen*, Vermögensgegenstand, S. 28 ff.

218 Vgl. *ADS*, § 246, Tz. 15 ff.; *Kupsch*, § 246, Rz. 18 ff.

setzung für die Veräußerung eines Gutes ist, sondern das *wirtschaftliche Eigentum* über den Bilanzansatz.[219] Damit wird der Kreis der Aktiva gegenüber dem reinen Zerschlagungsvermögen erweitert. Allerdings werden damit auch nicht alle zukünftigen Einzahlungspotentiale, die in der aktuellen Periode bereits vorhanden sind, angesetzt.[220] Dafür sorgen folgende Einschränkungen:

- Der Rückgriff auf das *wirtschaftliche Eigentum* führt zwar einerseits zum Ansatz einer größeren Gruppe von Einzahlungspotentialen als das juristische Eigentum. Die in der Literatur diskutierten Definitionen schließen aber andererseits wesentliche Einzahlungspotentiale des Bilanzierenden von einem Bilanzansatz aus. Da der Begriff des wirtschaftlichen Eigentums im Rahmen der Bilanzierung von Leasinggeschäften von zentraler Bedeutung ist, wird die Zweckmäßigkeit dieses Ansatzkriteriums im Hinblick auf die Ausschüttungsbemessung im fünften Kapitel ausführlich untersucht.[221]
- Für *selbsterstellte immaterielle Vermögensgegenstände* des Anlagevermögens besteht ein Aktivierungsverbot (§ 248 Abs. 2 HGB). Diese Vorschrift wird mit der besonderen Unsicherheit der mit immateriellen Vermögensgegenständen verbundenen wirtschaftlichen Vorteile begründet, deren Bestand und Wert nach h.M. nur durch eine Transaktion mit Dritten verläßlich festgestellt werden können.[222] Diese Argumentation ist aus zwei Gründen nicht überzeugend: Erstens ist der (dauerhafte) Bestand von materiellen Vermögensgegenständen bzw. des damit verbundenen Einzahlungspotentials ebenso unsicher. Auch die Anschaffung oder Herstellung materieller Vermögensgegenstände kann eine Fehlentscheidung sein. Sachanlagen können z.B. wertlos werden, wenn der Markt für die damit hergestellten Produkte aufgrund plötzlicher Nachfrageänderungen verloren geht.[223] Zweitens ist die Berücksichtigung dieser Unsicherheit bzw. die verläßliche Ermittlung eines Wertes nicht eine Frage des Ansatzes, sondern der Bewertung. Im Hinblick auf den Ansatz ist daher kein Grund für eine unterschiedliche Behandlung materieller und immaterieller Vermögensgegenstände erkennbar.[224]

Auf der Passivseite sind *Verbindlichkeiten, Rückstellungen* und das *Eigenkapital* als Saldogröße zwischen Vermögen (und Rechnungsabgrenzungsposten) und Schulden

---

219 Vgl. *ADS*, § 246, Tz. 262; *Budde/Karig*, § 246, Anm 4.

220 Zur Interpretation des nach HGB ermittelten bilanziellen Vermögens als zukünftige Einzahlungspotentiale und zur Bedeutung der immateriellen Werte in diesem Zusammenhang vgl. auch *Leuz*, Kreditfinanzierung, S. 183 ff.

221 Vgl. dazu die Abschnitte 5.1.2.1 für die Bilanzierung beim Leasingnehmer und 5.1.3.1 für die Bilanzierung beim Leasinggeber.

222 Vgl. *ADS*, § 248, Tz. 14; *Budde/Karig*, § 248, Anm 7, 9.

223 Vgl. *Schildbach*, Analyse des Rechnungswesens, S. 171; *Streim/Bieker/Leippe*, Anmerkungen, S. 193.

(und Rechnungsabgrenzungsposten) anzusetzen. Der Ansatz einer Verbindlichkeit ist geboten, wenn am Abschlußstichtag eine von Dritten erzwingbare Leistung dem Grunde und der Höhe nach entstanden ist, die eindeutig quantifizierbar und für den Kaufmann eine wirtschaftliche Belastung ist.[225] Auch faktische Verpflichtungen gehören zu den Verbindlichkeiten; sie liegen vor, wenn die Leistung zwar nicht rechtlich einklagbar ist, der Kaufmann sich der Leistung aber nicht entziehen kann, ohne in der Zukunft einen wirtschaftlichen Schaden zu erleiden.[226] Rückstellungen (§ 249 HGB) sind unsichere Schulden gegenüber Dritten (Rückstellungen für Außenverpflichtungen) oder gegenüber sich selbst (Rückstellungen für Innenverpflichtungen).

Mit der Passivierung von Verbindlichkeiten und Rückstellungen für faktische Verpflichtungen sowie von Rückstellungen für Innenverpflichtungen sieht das HGB den Ansatz von Auszahlungsverpflichtungen vor, die bei der Zerschlagung der Unternehmung entfallen.[227] Auch auf der Passivseite ist die Bilanz folglich nicht konsequent am Zerschlagungsfall orientiert.

Ob die Ansatzkriterien für Schulden zur Passivierung der im vorherigen Abschnitt definierten Auszahlungsverpflichtungen führen, kann hier nicht abschließend beantwortet werden. Im fünften Kapitel wird analysiert, ob diese Kriterien speziell für Leasinggeschäfte zu einem zweckmäßigen Schuldenausweis führen.

Sowohl auf der Aktiv- als auch auf der Passivseite sind zudem *Rechnungsabgrenzungsposten* anzusetzen, wenn Zahlungen vor dem Bilanzstichtag geleistet (empfangen) werden, der entsprechende Aufwand (Ertrag) aber erst nach dem Bilanzstichtag als realisiert gilt (§ 250 Abs. 1, 2 HGB). Die Zahlung muß an eine ausstehende Gegenleistung in einem bestimmten Zeitraum gebunden sein.[228] Diese Posten können insofern als Vermögen bzw. Schulden interpretiert werden, als sie Sachleistungsforderungen bzw. -verbindlichkeiten darstellen, d.h. (rechtlich erzwingbare) Ansprüche auf Einzahlungspotentiale bzw. Verpflichtungen zur Übertragung von Auszahlungspotentialen.

2. *Bewertungsmethoden:* Die handelsrechtlichen Bewertungsvorschriften legen zum einen die *Höhe* der in der Bilanz anzusetzenden Posten und zum anderen den *Zeitpunkt der Erfassung* von Zahlungen fest. Den Bewertungsvorschriften liegen folgende Prinzipien zugrunde:

---

224 *Leuz* zeigt weitere Probleme der Nicht-Aktivierung immaterieller Vermögensgegenstände im Zusammenhang mit ausschüttungsbedingten Agency-Problemen auf, vgl. *Leuz*, Kreditfinanzierung, S. 205 f.

225 Vgl. zu diesen Kriterien z.B. *ADS*, § 246, Tz. 103; *Clemm/Erle*, § 247, Anm 201; *Reinhard*, § 247, Rz. 114.

226 Vgl. *ADS*, § 246, Tz. 103 ff; *Kupsch*, § 246, Rz. 58 ff.

227 Vgl. auch *Moxter*, Gewinnermittlung, S. 165.

228 Vgl. *ADS*, § 250, Tz. 8; *Streim*, Rechnungsabgrenzungsposten, Sp. 1681 ff.

- Nach dem *Going Concern-Prinzip* ist bei der Bewertung von der Fortführung der Unternehmenstätigkeit auszugehen, sofern dem nicht rechtliche oder tatsächliche Gegebenheiten entgegenstehen oder die Unternehmensaufgabe geplant ist (§ 252 Abs. 1 Nr. 2 HGB). Während sich die Annahme der Unternehmensfortführung aus den Ansatzvorschriften nur implizit ableiten läßt, ist dieser Grundsatz für die Bewertung ausdrücklich vorgeschrieben. Die HGB-Bilanz ist daher auch bzw. gerade im Hinblick auf die Bewertung keine Zerschlagungsbilanz.

- Der Grundsatz der *Einzelbewertung* besagt, daß alle anzusetzenden Vermögensgegenstände und Schulden einzeln zu bewerten sind und Wertsteigerungen und Wertminderungen bei verschiedenen Positionen nicht verrechnet werden dürfen (§ 252 Abs. 1 Nr. 3 HGB).

- Das *Realisationsprinzip* regelt den Zeitpunkt der Erfassung von Gewinnen. Gewinne dürfen erst dann ausgewiesen werden, wenn sie durch einen Umsatzakt mit Dritten realisiert sind (§ 252 Abs. 1 Nr. 4 HGB). Nach h.M. gilt der Zeitpunkt der Lieferung und Leistung als angemessener Realisationszeitpunkt, während der Zeitpunkt des Vertragsabschlusses als zu früh und damit zu unsicher und der Zeitpunkt der Bezahlung als zu spät angesehen werden.[229]

  Das Realisationsprinzip sorgt folglich dafür, daß ausschüttungsfähiger Gewinn erst dann entsteht, wenn die zukünftigen Einzahlungen „so gut wie sicher" sind.[230] Die Zweckmäßigkeit dieses Realisationszeitpunktes wird im fünften Kapitel insbesondere für den Fall der Vereinnahmung von Leasingraten beim Leasinggeber diskutiert.[231]

- Aus dem Realisationsprinzip folgt, daß Vermögensgegenstände mit ihren *Anschaffungs- bzw. Herstellungskosten* zu bewerten sind (§ 253 Abs. 1 HGB).[232] Die grundsätzliche Eignung dieser Werte für die Ausschüttungsbemessung wurde im vorherigen Abschnitt begründet.

  Für die Bewertung der Vermögensgegenstände in den Folgeperioden gilt dieses Ergebnis allerdings nur mit Einschränkungen. Daß sich die zukünftig erzielbaren Einzahlungen im Zeitablauf vermindern, soll durch *planmäßige Abschreibungen* berücksichtigt werden. Da sich aber die Bemessung der Abschreibungen nicht direkt an diesen zukünftigen Zahlungen orientiert, steht der auf der Aktivseite angesetzte Wert nur in einem schwachen Zusammenhang mit den für die Erfüllung der

---

229 Vgl. z.B. *ADS*, § 252, Tz. 82; *Streim*, Grundzüge, S. 83 f.; *Wohlgemuth*, § 252, Rz. 38.

230 Zur Beurteilung eines so definierten Realisationsprinzips im Hinblick auf die Verringerung von Agency-Problemen vgl. *Leuz*, Kreditfinanzierung, S. 208 ff.

231 Vgl. dazu Abschnitt 5.1.3.3.1.

Gläubigeransprüche zur Verfügung stehenden Einzahlungen. Die planmäßige Abschreibung sorgt zwar in der Tendenz dafür, daß der jährliche Gewinn gekürzt und für zukünftige Gläubigeransprüche vorgesorgt wird, indem zukünftige Auszahlungen bzw. Einzahlungsminderungen vorweggenommen werden.[233] Da sich diese Einzahlungsminderungen jedoch nicht genau quantifizieren lassen, sind planmäßige Abschreibungen letztlich eine Kompromißlösung zwischen den Interessen der Gläubiger und der Gesellschafter, d.h. eine Kompromißlösung zwischen sofortiger Vollabschreibung und Aufwandsverrechnung erst beim Abgang des Vermögensgegenstands.[234] Eine Annäherung an die erzielbaren Einzahlungsüberschüsse soll zusätzlich mit Hilfe *außerplanmäßiger Abschreibungen* und *Zuschreibungen* erreicht werden.[235] Auch dadurch werden die tatsächlichen Einzahlungen aber allenfalls zufällig ausgewiesen.[236]

Verbindlichkeiten werden mit ihrem *Rückzahlungsbetrag* bewertet, Rückstellungen mit dem Betrag, der „nach vernünftiger kaufmännischer Beurteilung" der zukünftigen Auszahlung entspricht (§ 253 Abs. 1 Satz 2 HGB).

Die Bewertung von Verbindlichkeiten und Rückstellungen erfüllt eher die Anforderungen an eine gläubigerschützende Ausschüttungsregel, weil die zukünftigen Auszahlungen angesetzt werden.[237] Bei den Verbindlichkeiten ist eine weitgehend verläßliche Bewertung möglich, weil die Zahlungen im Regelfall feststehen.[238] Problematischer ist die Bewertung der Rückstellungen, denn hier ist die zukünftige Zahlung noch so unsicher, daß das Management Spielräume zur Gestaltung des Wertansatzes nach seinen Vorstellungen hat.[239]

- Der Zeitpunkt der Erfassung von Verlusten wird durch das *Imparitätsprinzip* bestimmt. Danach sind am Abschlußstichtag drohende Verluste im Jahresabschluß auszuweisen, auch wenn sie noch nicht realisiert sind (§ 252 Abs. 1 Nr. 4 HGB).

---

232 Vgl. *ADS*, § 253, Tz. 32.

233 Vgl. *Schildbach*, Analyse des Rechnungswesens, S. 219 f.

234 Vgl. *Schildbach*, Analyse des Rechnungswesens, S. 210 ff.; *Streim*, Grundzüge, S. 110 ff.

235 Für eine Analyse des Niederstwertprinzips im Anlage- und Umlaufvermögen vgl. *Schildbach*, Analyse des Rechnungswesens, S. 218 ff.

236 Die (Un-)Zweckmäßigkeit der bei der Bemessung außerplanmäßiger Abschreibungen verwendeten Werte – Wiederbeschaffungswerte, Veräußerungspreise, Ertragswerte – wurde oben diskutiert. Diese Argumentation gilt nicht für Vermögensgegenstände des Umlaufvermögens. Sofern der beizulegende Wert vom Absatzmarkt abgeleitet wird, kann aufgrund der kurzen „Nutzungsdauer" dieser Vermögensgegenstände davon ausgegangen werden, daß der angesetzte Wert den erzielbaren Einzahlungen entspricht; vgl. *Streim*, Grundzüge, S. 106. Veräußerungswerte sind hier aussagefähiger, weil eine Veräußerung unmittelbar bevorsteht. Eine explizite Berücksichtigung zukünftiger Ein- und Auszahlungen erfolgt bei der retrograden Bewertung fertiger und unfertiger Erzeugnisse; gleiches gilt für die nach § 253 Abs. 3 Satz 3 HGB zulässige Abschreibung auf den nahen Zukunftswert.

237 Vgl. auch *Ordelheide*, Periodengewinn, S. 279.

238 Vgl. auch *Schildbach*, Analyse des Rechnungswesens, S. 175.

Der Zeitpunkt, zu dem Zahlungen den ausschüttungsoffenen Betrag beeinflussen, ist für Ein- und Auszahlungen folglich unterschiedlich geregelt: Einzahlungen erhöhen den Gewinn, wenn sie „realisiert" sind, Auszahlungen kürzen den Gewinn, wenn sie „drohen". Auszahlungen werden daher tendenziell früher berücksichtigt als Einzahlungen, d.h. Auszahlungen müssen mit einer geringeren Wahrscheinlichkeit feststehen als Einzahlungen. Diese Gewinnermittlungsregeln räumen dem Gläubigerschutz einen Vorrang vor dem Schutz der Gesellschafter ein.[240]

- Das *Vorsichtsprinzip* kommt zur Anwendung, wenn zukünftige Geschäftsvorfälle im Jahresabschluß berücksichtigt werden müssen, deren finanzielle Folgen nicht mit Sicherheit bestimmt werden können. Die aus diesen Geschäftsvorfällen resultierenden Bilanzpositionen sind vorsichtig zu bewerten (§ 252 Abs. 1 Nr. 4 HGB), indem bei Prognosen solche Schätzwerte gewählt werden, die mit hinreichend großer Wahrscheinlichkeit eintreten werden.[241]
- Aus dem Grundsatz der *Periodenabgrenzung* folgt, daß Geschäftsvorfälle nicht zum Zeitpunkt der Zahlung, sondern in der Periode ihrer Verursachung bilanziell zu erfassen sind (§ 252 Abs. 1 Nr. 5 HGB).
- Der *Stetigkeitsgrundsatz* verbietet eine willkürliche Änderung der Bewertungsmethoden (§ 252 Abs. 1 Nr. 6 HGB).

Zusammenfassend läßt sich feststellen, daß die Ausschüttungsbemessung nach den Vorschriften des HGB weder eindeutig am Zerschlagungsfall ausgerichtet ist, noch konsequent die Unternehmensfortführung unterstellt. Einige Abweichungen von den „zweckmäßigen" Ansatz- und Bewertungsvorschriften wurden in diesem Abschnitt aufgezeigt. Hinzu kommt, daß bei der Beurteilung der HGB-Rechnungslegung bezweifelt werden muß, daß die Anforderung der Zuverlässigkeit erfüllt ist. Während sich Ermessensspielräume in einer Bilanz, die auch zukünftige Zahlungen berücksichtigen soll, allerdings nie ganz ausschließen lassen, wäre ein weiteres Problem, das einer verläßlichen Gewinnermittlung im Wege steht, einfacher zu lösen: Die zahlreichen im HGB explizit gewährten Wahlrechte[242] müßten zugunsten einer einheitlichen Regelung abgeschafft werden.[243]

239 Vgl. *Schildbach*, Analyse des Rechnungswesens, S. 179 ff.

240 *Leuz* weist nach, daß eine in diesem Sinne „vorsichtige" Gewinnermittlung unter Berücksichtigung von Agency-Problemen nicht unbedingt zu einem höheren Maß an Gläubigerschutz führen muß; vgl. *Leuz*, Kreditfinanzierung, S. 217 ff.

241 Vgl. *Streim*, Grundzüge, S. 85.

242 Für eine Übersicht über die Wahlrechte innerhalb der handelsrechtlichen Rechnungslegung vgl. *Streim*, Konzeptionslosigkeit, S. 331 f. Eine ausführliche Analyse der Wahlrechtsproblematik findet sich bei *Schildbach*, Analyse des Rechnungswesens, S. 145-237. Vgl. auch *Schneider*, Rechnungswesen, S. 320.

243 Vgl. *Schildbach*, Der traditionelle Jahresabschluß, S. 610 f.; *Streim*, Konzeptionslosigkeit, S. 333, 340.

3.2.2.3 Gewinnermittlung zur Informationsvermittlung

3.2.2.3.1 Das Konzept der Gewinnermittlung zur Informationsvermittlung

Neben den ausschüttungsbedingten Risiken unterliegen beide Kapitalgebergruppen den *informationsbedingten* Risiken. Wohlfahrtsverluste aufgrund informationsbedingter Risiken resultieren daraus, daß die Kapitalgeber falsche Entscheidungen hinsichtlich ihrer Kapitalüberlassung treffen, weil sie durch das Management über die Unternehmenslage unzutreffend informiert werden.[244] Es reicht folglich nicht aus, die Kapitalgeber ausschließlich durch Ausschüttungsbemessung zu schützen, sondern es sind zusätzliche Regeln erforderlich, die dem Management die Vermittlung bestimmter Informationen vorschreiben.[245] Diese Informationen müssen die Kapitalgeber in die Lage versetzen, Entscheidungen darüber zu treffen,[246]

- ob sie ihr Kapital einer Unternehmung zur Verfügung stellen,
- ob sie ihre Anteile halten oder verkaufen bzw. einen Kredit kündigen oder verlängern sollen und
- ob das Management ausgetauscht werden soll. Diese Information ist für Kapitalgeber allerdings nur von Interesse, wenn sie Mitspracherechte haben.[247]

Insbesondere in den angelsächsischen Rechnungslegungssystemen sollen die für diese Entscheidungen benötigten Informationen (auch) durch *Gewinnermittlung* vermittelt werden.

Um Entscheidungen treffen zu können, müssen die Kapitalgeber über die zukünftige Entwicklung der Unternehmung, genauer gesagt über die *zukünftigen Zahlungsströme*, informiert werden.[248] Die Gläubiger sind daran interessiert, inwieweit die Unternehmung in der Zukunft dazu in der Lage ist, ihre Ansprüche zu erfüllen, bzw. wie groß die Wahrscheinlichkeit einer Insolvenz ist. Die Gesellschafter benötigen Informationen über den zukünftigen

---

244 Vgl. zu diesen Risiken die Abschnitte 3.1.1.3.2.1 und 3.1.1.3.2.2.

245 Letztlich verlagert sich das Täuschungsrisiko dadurch auf die Ebene der *Einhaltung* dieser Regeln zur Informationsvermittlung. Damit wird die Jahresabschlußprüfung als weiteres Schutzinstrument für die Kapitalgeber erforderlich.

246 Vgl. auch *Snavely*, Accounting Information Criteria, S. 224.

247 Vgl. *Ballwieser*, Nutzen handelsrechtlicher Rechnungslegung, S. 17 f.

248 Das Interesse der Kapitalgeber an zukünftigen Zahlungsströmen wurde in Abschnitt 3.1.1.2 hergeleitet. Zur Bedeutung von Prognosen vgl. *Beaver/Kennelly/Voss*, Predictive Ability, S. 680: „A prediction can be made without making a decision, but a decision cannot be made without, at least implicitly, making a prediction". Zum gleichen Ergebnis kommen auch *Elam*, Effect of Lease Data, S. 27; *Greenball*, Predictive-Ability Criterion, S. 3; *Schildbach*, Der traditionelle Jahresabschluß, S. 607. Der bei der Gewinnermittlung zur Ausschüttungsbemessung zu berücksichtigende Konflikt zwischen Gläubiger- und Gesellschafterinteressen besteht damit bei der Informationsvermittlung nicht; vgl. *Baetge/Thiele*, Gesellschafterschutz, S. 17 f.; *Franken*, Rechnungslegung nach US-GAAP, S. 80. Das IASC geht davon aus, daß „the provision of financial statements that meet their needs [die Informationsbedürfnisse der Eigenkapitalgeber, A.d.V.] will also meet most of the needs of other users that financial statements can satisfy" (Framework (des IASC) Abs. 10).

Dividendenstrom und über die zukünftige Entwicklung des Preises ihrer Anteile.[249] Sowohl Eigen- als auch Fremdkapitalgeber interessieren sich folglich für das „Erfolgspotential"[250] bzw. die „Ausschüttungspotenz"[251] der Unternehmung.

Im Hinblick auf diese Informationsbedürfnisse lassen sich die oben beschriebenen Anforderungen[252] an eine Gewinngröße folgendermaßen konkretisieren:[253]

1. Die Gewinngröße muß über die für die Entscheidungen der Kapitalgeber erforderlichen Merkmale der Höhe, zeitlichen Verteilung und (Un-)Sicherheit zukünftiger Zahlungsströme informieren. Diese Anforderung wird durch das Kriterium der *(Entscheidungs-) Relevanz* beschrieben.[254] Allgemein ausgedrückt ist eine Information dann entscheidungsrelevant, wenn der Adressat ohne diese Information eine andere Entscheidung als mit der Information getroffen hätte.[255]

2. Die Ermittlung des Gewinns muß möglichst objektiv erfolgen.[256] Eine Gewinngröße, die vom Management willkürlich beeinflußbar ist, hätte für die Kapitalgeber keinen hohen Informationswert. Diese Anforderung wird als *Verläßlichkeit* bezeichnet.[257]

Der *Idealfall* wäre auch hier ein Finanzplan, der alle zukünftigen Ein- und Auszahlungen enthält.[258] Diese Ideallösung wird vom FASB allerdings nicht angestrebt. Vielmehr sollen die entscheidungsnützlichen Informationen durch einen aus einem bilanziellen Vermögensvergleich resultierenden *„informativen" Gewinn* vermittelt werden. Nach dem vom FASB verfolgten Konzept setzt daher auch die Gewinnermittlung zur Informationsvermittlung die Definition und Bewertung der Bilanzpositionen „Vermögen" und „Schulden" voraus. Die bei

[249] Vgl. *Baetge/Thiele*, Gesellschafterschutz, S. 15; *Busse von Colbe*, Prognosepublizität, S. 93 f.; *Streim*, Vermittlung von entscheidungsnützlichen Informationen, S. 120; *Schneider*, Rechnungswesen, S. 202: „Rechenschaft über die Vermögens-, Finanz- und Ertragslage rechtfertigt sich allein durch ihre Prognosekraft hinsichtlich eines Feldes alternativ erwarteter künftiger Ausschüttungen, Börsenkurse bzw. Marktpreise für Anteile und anderer wirtschaftlicher Sachverhalte, die in theoretischen Begriffen ausgedrückt werden. Ein solcher Begriff ist z.B. *Insolvenzrisiko*." (Hervorhebung im Original).

[250] *Streim*, Stellenwert des Lageberichts, S. 715.

[251] *Moxter*, Bilanztheorie, S. 139. Der Begriff „Ausschüttungspotenz" deutet auf ein Problem einer ausschließlich auf die Informationsvermittlung gerichteten Gewinnermittlung hin: Ein solcher Gewinn informiert zwar (möglicherweise) über die zukünftigen Gewinne, aber nicht über die tatsächlichen Ausschüttungen, weil die Ausschüttungen durch andere Gewinnermittlungsregeln sowie durch Gewinnverwendungsregeln bestimmt werden. Im Hinblick auf die zukünftigen Dividenden ist der Gewinn folglich nur dann informativ, wenn auch die Regeln zur Ausschüttungsbemessung bekannt sind; vgl. zu diesem Problem *Beaver*, Accounting Revolution, S. 90 f. Der Unterschied zu dem für die Ausschüttungsbemessung diskutierten Gewinn liegt darin, daß dieser Gewinn der Bemessung der Ausschüttung in der *aktuellen* Periode dient, während ein „informativer" Gewinn den in *zukünftigen* Perioden ausschüttbaren Betrag angeben soll.

[252] Vgl. zu diesen Anforderungen Abschnitt 3.2.2.1.

[253] Vgl. auch *Ordelheide*, Wertpotential der IAS, S. 524 f.

[254] Vgl. *AIMR*, Financial Reporting, S. 33; *Coenenberg*, Beurteilungskriterien, S. 738; *Lee*, Relevance, S. 246; *Snavely*, Accounting Information Criteria, S. 228; *Staubus*, Accounting Procedures, S. 108 f.

[255] Vgl. *Streim*, Informationsgehalt, S. 30.

[256] Vgl. auch *Greenball*, Predictive-Ability Criterion, S. 1.

[257] Vgl. *Franken*, Rechnungslegung nach US-GAAP, S. 78; *Snavely*, Accounting Information Criteria, S. 228; *Staubus*, Accounting Procedures, S. 114.

der Entwicklung eines Gewinnermittlungskonzepts auftretenden Fragen sind dabei folgendermaßen zu beantworten:

1. *Bilanzansatz:* Vermögen sind alle Einzahlungs-, Schulden alle Auszahlungspotentiale des Bilanzierenden.
2. *Bewertung:* Das Vermögen und die Schulden sind mit dem Barwert der zukünftigen Zahlungen zu bewerten.

Das Kriterium der Relevanz wird im Hinblick auf die Informationsvermittlung folglich am besten von einer Gewinngröße erfüllt, die alle zukünftigen Zahlungen berücksichtigt, d.h. nicht nur solche mit einem Bezug zur laufenden Periode, sondern auch Zahlungen aus Ereignissen und Transaktionen, die lediglich geplant, aber noch nicht realisiert sind.[259] Der so ermittelte Gewinn würde den für die Zukunft erwarteten Gewinn darstellen. Die Anforderung der Verläßlichkeit wird von einer solchen Gewinngröße aber nur in einer Welt vollkommener Sicherheit und vollkommener Information erfüllt. Sobald man diese (unrealistische) Annahme aufhebt, entstehen Prognoseprobleme, welche die Umsetzung der first best-Lösung praktisch unmöglich machen.[260]

Eine *second best-Lösung* ist für den (Sub-)Zweck der Gewinnermittlung zur Informationsvermittlung noch schwieriger zu finden als für die Ausschüttungsbemessung. Im Rahmen der Ausschüttungsbemessung konnte die Vernachlässigung von Zahlungsströmen aus geplanten, aber noch nicht realisierten Investitionen sowie von über die Anschaffungsausgaben hinausgehenden Netto-Einzahlungserwartungen gerechtfertigt werden. Unter der Annahme, daß nur Investitionen mit einem Kapitalwert von mindestens null realisiert werden, führt die Vernachlässigung dieser Zahlungen zumindest nicht zu überhöhten Ausschüttungen. Im Hinblick auf die Informationsvermittlung sind diese Zahlungsströme dagegen von hoher Bedeutung. Für die (Eigen-)Kapitalgeber ist nicht von Interesse, daß der Kapitalwert mindestens null beträgt, sondern sie interessieren sich gerade für die Quantifizierung dieses „mindestens".[261] Nur wenn die Rendite einer Investition in die Unternehmung bekannt ist, ist auch ein Vergleich mit einer alternativen Anlageform möglich. Die Ermittlung eines informativen Gewinns erfordert folglich die explizite Berücksichtigung von Zahlungsströmen aus

---

258 Vgl. *Franken*, Rechnungslegung nach US-GAAP, S. 80; *Schildbach*, Analyse des Rechnungswesens, S. 272 f.; *Schneider*, Rechnungswesen, S. 376; *Streim*, Vermittlung von entscheidungsnützlichen Informationen, S. 120.

259 Vgl. *Pellens/Fülbier*, Rechnungslegungsregulierung, S. 584; *Streim*, Vermittlung von entscheidungsnützlichen Informationen, S. 115. Letztlich ist damit das Konzept des ökonomischen Gewinns angesprochen; vgl. *Ordelheide*, Periodengewinn, S. 276 f.; *Streim*, Konzeptionslosigkeit, S. 340.

260 Vgl. auch *Schildbach*, Analyse des Rechnungswesens, S. 274 ff.

261 Zur Untauglichkeit von Anschaffungskosten für die Informationsvermittlung vgl. auch *Pellens/Fülbier*, Rechnungslegungsregulierung, S. 584; *Schuetze*, Assets and Liabilities, S. 14.

geplanten Investitionen, für die noch keine Anschaffungskosten angefallen sind.[262] Hinzu kommt, daß nicht nur Investitionen zu zukünftigen Cash Flows führen, sondern auch „sonstige Umstände". Der Gewinn wird durch Ereignisse beeinflußt, die nicht vorhersehbar sind und für die daher auch keine Vorsorge getroffen werden kann.[263] Schutz durch Rechnungslegung kann hier nur ex post erfolgen, indem die Konsequenzen dieser Ereignisse nachträglich aufgedeckt werden.

Der Konflikt zwischen den Anforderungen der Relevanz und der Zuverlässigkeit[264] läßt sich bei der Ermittlung einer Gewinngröße, die der Informationsvermittlung dient, daher nicht mehr durch die Beschränkung auf in der aktuellen Periode verursachte künftige Zahlungen bzw. auf Anschaffungskosten lösen. Eine solche Gewinngröße würde zwar die Anforderung der Verläßlichkeit im wesentlichen erfüllen, dadurch aber ihre Entscheidungsrelevanz weitgehend verlieren. Für die Ermittlung eines „Prognosegewinns" kann das Kriterium der Zuverlässigkeit folglich nur die Funktion einer (allerdings unverzichtbaren) Nebenbedingung haben.[265]

Eine Beschränkung auf vergangenheitsorientierte Größen ist allerdings dann zu rechtfertigen, wenn der daraus resultierende Gewinn nicht als prognostizierter Gewinn für zukünftige Perioden, sondern als *prognosegeeignete Ist-Größe* interpretiert würde.[266] Prognosegeeignete Ist-Größen sind zuverlässig ermittelbare Daten der Vergangenheit bzw. Daten mit Bezug zur aktuellen Periode, die ein guter Indikator für zukünftige Größen sind.[267] Der auf vergangenheitsorientierten Daten basierende Gewinn ist dann ein „guter Indikator", wenn von diesem Gewinn auf zukünftige Gewinne geschlossen werden kann.[268]

Diese second best-Lösung könnte darin bestehen, einen Gewinn zu ermitteln, der dadurch charakterisiert ist, daß er aufgrund der in der Vergangenheit erzielten Ergebnisse Aufschluß

---

262 Vgl. auch *AICPA*, Jenkins Report, Chapter 3, S. 3. Dieser Informationsumfang ist für die Performance-Messung, d.h. z.B. für die Entscheidung, ob das Management ausgetauscht werden soll, nicht zwangsläufig erforderlich. Zwar reichen auch hier ausschließlich vergangenheitsbezogene Daten nicht aus, weil die in der Vergangenheit getroffenen Entscheidungen Wirkungen für die Zukunft haben; vgl. *Hax*, Bilanzgewinn, S. 646; *Moxter*, Überlegenheit des Rechnungslegungsrechts, S. 36; *Streim*, Vermittlung von entscheidungsnützlichen Informationen, S. 114 f. Allerdings ist zu fragen, ob auch geplante Maßnahmen bei der Beurteilung des Managements berücksichtigt werden sollten. Zusätzlich stellt sich die Frage, wie Ereignisse zu behandeln sind, die vom Management nicht beeinflußbar sind; vgl. *Snavely*, Accounting Information Criteria, S. 225.

263 Nach *Moxter* gehört „eine Maschine zum Beispiel [...] ebenso in den Kreis [...] wie etwa bestimmte Klimabedingungen oder bestimmte politische Verhältnisse. Der Kreis der Aktiven (und Passiven) zerfließt so gesehen ins Unbestimmte." *Moxter*, Bilanztheorie, S. 8.

264 Das IASC erwähnt diesen Zielkonflikt – ohne konkreten Lösungsvorschlag – im Framework (Framework (des IASC) Abs. 43); vgl. für die US-GAAP auch SFAC 2 Abs. 90.

265 Vgl. zu diesem Konflikt auch *Snavely*, Accounting Information Criteria, S. 228, 232.

266 Zur „Prognosetauglichkeit" vgl. auch *Pellens/Fülbier*, Rechnungslegungsregulierung, S. 582.

267 Vgl. auch *Moxter*, Grundsätze ordnungsmäßiger Bilanzierung, S. 49.

268 Vgl. auch *Coenenberg*, Beurteilungskriterien, S. 739; *Elam*, Effect of Lease Data, S. 27; *Schildbach*, Analyse des Rechnungswesens, S. 249; *Holthausen/Leftwich*, Accounting Choice, S. 112; *Wagner*, Periodenabgrenzung, S. 1184; *Wilkins/Zimmer*, Alternative Methods, S. 66.

über den für die Zukunft *nachhaltig* erwarteten Gewinn gibt. Soll ein solcher Gewinn bilanzorientiert ermittelt werden, sind das Vermögen und die Schulden folgendermaßen zu definieren und zu bewerten:

1. *Bilanzansatz*: Das Vermögen umfaßt alle Einzahlungspotentiale des Bilanzierenden, die auf Ereignissen oder Transaktionen in der aktuellen oder in vergangenen Perioden beruhen. Schulden sind in vergangenen oder in der aktuellen Periode begründete Auszahlungserwartungen des Bilanzierenden.
2. *Bewertungsmethoden*: Für die Bewertung kann auf das Anschaffungskostenprinzip zurückgegriffen werden.

Für die Ermittlung eines prognosegeeigneten Gewinns ist sicherzustellen, daß der nach diesen Regeln ermittelte Gewinn nur durch Reinvermögensänderungen aufgrund der „normalen" Geschäftstätigkeit beeinflußt wird. Der Gewinn darf sich nur ändern, wenn nachhaltige Verbesserungen oder Verschlechterungen der „normalen" Geschäftstätigkeit zu erwarten sind.[269] Einmalige oder seltene Ereignisse dürfen die Höhe des Gewinns nicht beeinflussen, weil sich diese Gewinnsteigerung oder -minderung in den Folgeperioden nicht (regelmäßig) wiederholt.[270] Solche Reinvermögensänderungen müssen entweder erfolgsneutral verbucht oder in einer anderen Gewinngröße („außerordentliches Ergebnis") gesondert ausgewiesen werden.[271]

Hinter einem solchen „geglätteten" Gewinn steht allerdings eine Annahme, welche die Prognoseeignung des Gewinns wesentlich einschränkt, nämlich die Annahme, daß die *Zukunft ein Abbild der Vergangenheit* ist.[272] Daß diese Annahme nicht der Realität entspricht, ist offensichtlich, denn sie vernachlässigt nicht nur unvorhersehbare Ereignisse („Ex post-Überraschungen")[273], sondern auch geplante Transaktionen, die den Unternehmenserfolg

---

269 Vgl. auch *Moxter*, Grundsätze ordnungsmäßiger Bilanzierung, S. 44 f.; ähnlich auch *Stützel*, Bilanztheorie, S. 337.

270 Vgl. *Streim/Leippe*, Neubewertung, S. 399. *Beaver* unterscheidet zwischen „permanent earnings" und „transitory earnings"; vgl. *Beaver*, Accounting Revolution, S. 91.

271 Vgl. *Streim/Leippe*, Neubewertung, S. 400 f. Aus diesen Anforderungen folgt auch, daß das Realisationsprinzip für die Informationsvermittlung anders als für die Ausschüttungsbemessung zu definieren ist; insbesondere gibt es keine Begründung für die asymmetrische Behandlung von Ein- und Auszahlungen, die das deutsche Imparitätsprinzip vorschreibt. Zur Problematik eines Imparitätsprinzips in einer „informationsorientierten" Bilanz vgl. *Moxter*, Grundsätze ordnungsmäßiger Bilanzierung, S. 46 f.

272 Vgl. *Schildbach*, Analyse des Rechnungswesens, S. 265 f.; *Streim*, Vermittlung von entscheidungsnützlichen Informationen, S. 126. Nach *Beaver* „[t]he information content of current and past earnings for future expected earnings will depend on how much of the current and past earnings are expected to persist". *Beaver*, Accounting Revolution, S. 93.

273 *Schneider*, Rechnungswesen, S. 376. Zu den Auswirkungen von Ex post-Überraschungen auf die Prognosetauglichkeit des Gewinns vgl. *Beaver*, Accounting Revolution, S. 93 ff.

nachhaltig ändern.[274] Um die Prognosetauglichkeit des Gewinns zu erhöhen, müßten Informationen z.B. über solche Pläne in ergänzenden Berichten vermittelt werden.[275]

Wird der Gewinn mit Hilfe eines bilanziellen Vermögensvergleichs ermittelt, sind die in der Bilanz ausgewiesenen Positionen nicht nur reine Abgrenzungsposten, in denen Zahlungen, die den Gewinn erst in späteren Perioden beeinflussen dürfen, und Zahlungen, die noch nicht zugeflossen, aber bereits in den Gewinn eingegangen sind, „geparkt" werden. Die Aktiv- und Passivposten sind nach den oben erläuterten Ansatzkriterien vielmehr als *Ein- und Auszahlungspotentiale* definiert und können damit einen eigenständigen Informationsgehalt haben. Werden die Ansatz- und Bewertungsregeln um geeignete Gliederungs- und Ausweisregeln ergänzt, kann die Bilanz durch den *Ausweis der Einzelpositionen* entscheidungsrelevante Informationen vermitteln, die in einer aggregierten Gewinngröße verloren gehen.

Durch den Einzelausweis von Bilanzposten kann eine Annäherung an die first best-Lösung erreicht werden, weil die Prognose zukünftiger Cash Flows nicht bei allen Positionen unmöglich ist.[276] Zum Beispiel stehen bei einem Leasingvertrag die zukünftigen Zahlungen (Leasingraten) mit so hoher Wahrscheinlichkeit fest, daß der Barwert weitgehend verläßlich berechnet werden kann. Allerdings impliziert die Bewertung einzelner Positionen mit dem Barwert der zukünftigen Zahlungen z.B. Abweichungen vom Anschaffungskostenprinzip, dessen Einhaltung für die Ermittlung eines prognosetauglichen Gewinns zweckmäßig ist. Ob es bei der Vermittlung entscheidungsnützlicher Informationen durch eine Gewinngröße einerseits sowie durch die in der Bilanz ausgewiesenen Positionen andererseits zu Konflikten kommen kann, wird im fünften Kapitel am Beispiel des Leasing untersucht.[277]

---

274 Vgl. auch *AICPA*, Jenkins Report, Chapter 3, S. 3; Chapter 5, S. 12; *Beaver*, Accounting Revolution, S. 109; *Schoenfeld*, Zusatzinformationen, S. 587.

275 Vgl. *Schildbach*, Analyse des Rechnungswesens, S. 249, 267 ff. sowie die Ausführungen zu den Informationsregeln in Abschnitt 3.2.3.1. Für eine Übersicht über empirische Untersuchungen zur Prognosetauglichkeit des Gewinns auf accrual-Basis vgl. *Streim*, Vermittlung von entscheidungsnützlichen Informationen, S. 121 f.

276 Vgl. auch *Staubus*, Accounting Procedures, S. 115.

277 Vgl. dazu die Ausführungen in den Abschnitten 5.2.2.3.3 und 5.2.3.3.3.

3.2.2.3.2 Das Gewinnkonzept der US-GAAP

Den Gewinnermittlungsregeln nach US-GAAP[278] liegen folgende Bilanzierungsgrundsätze zugrunde:

1. Eine Information erfüllt den Grundsatz der *Relevanz* („relevance"), wenn sie eine Entscheidung oder Erwartung des Adressaten beeinflußt, indem sie ihm hilft, die Ergebnisse vergangener, gegenwärtiger oder zukünftiger Ereignisse vorherzusagen („predictive value") oder bestehende Erwartungen zu bestätigen bzw. zu korrigieren („feedback value") (SFAC 2 Abs. 46-55)[279]. Eine Information ist nur dann relevant, wenn sie in zeitlicher Nähe zum Berichtszeitpunkt vermittelt wird, d.h. den Grundsatz der *Aktualität* („timeliness") erfüllt (SFAC 2 Abs. 56, 57).

2. Der Grundsatz der *Verläßlichkeit* („reliability") fordert, daß die Informationen frei von Zufallsfehlern und systematischen Verzerrungen sind (SFAC Abs. 8-62).[280] Dieser Grundsatz wird durch drei weitere Prinzipien konkretisiert: Das Prinzip der *Abbildungstreue* („representational faithfulness") verlangt, daß eine Information genau den Sachverhalt widerspiegelt, den sie vorgibt darzustellen (SFAC 2 Abs. 63-80). Daß diese Darstellung nachvollziehbar, objektiv und willkürfrei ist, soll durch den Grundsatz der *Nachprüfbarkeit* erreicht werden (SFAC 2 Abs. 81-89). Die Forderung nach Willkürfreiheit wird durch den Grundsatz der *Objektivität* („neutrality") unterstrichen, nach dem die Art der Darstellung eines Sachverhalts nicht das Ergebnis einer Entscheidung beeinflussen darf (SFAC 2 Abs. 98-110).

   Eine Information ist i.d.R. um so zuverlässiger, je zeitlich näher zu dem entsprechenden Ereignis sie geliefert wird. Damit erfüllt sie aber nicht mehr den Grundsatz der Aktualität und verliert ihre Relevanz. Das FASB weist auf diesen Zielkonflikt hin (SFAC 2 Abs. 42-45), bietet allerdings keine Lösung.

---

278 Der Begriff „Generally Accepted Accounting Principles" umfaßt verschiedene Arten von Verlautbarungen und sonstigen Quellen, die als allgemein akzeptierte und praktizierte Rechnungslegungsvorschriften gelten. Die GAAP stehen in einer bestimmten Hierarchie zueinander, die als „House of GAAP" bezeichnet werden; vgl. *Rubin*, House of GAAP, S. 123. Abhängig von der Hierarchieebene kommt den Verlautbarungen ein unterschiedlicher Verbindlichkeitsgrad zu. Die vom FASB veröffentlichten SFAS und Interpretationen sind von börsennotierten Unternehmen verpflichtend anzuwenden; vgl. z.B. *Pellens*, Internationale Rechnungslegung, S. 122 ff.

279 Die sieben vom FASB veröffentlichten *Statements of Financial Accounting Concepts (SFAC)* bilden das *Conceptual Framework*, das den konzeptionellen Rahmen für die Ableitung von Rechnungslegungsvorschriften bilden soll. Im Conceptual Framework werden u.a. die Zwecke, die grundlegenden Prinzipien sowie die Elemente der Rechnungslegung definiert; vgl. *Pellens*, Internationale Rechnungslegung, S. 127 ff.

280 Vgl. zu dieser Definition *Dyckman/Dukes/Davis*, Intermediate Accounting, S. 34; *Streim/Bieker/Leippe*, Anmerkungen, S. 184.

3. Der Grundsatz der *Vorsicht* („conservatism") kommt zur Anwendung, wenn der Wert eines Postens geschätzt werden muß. In diesem Fall ist ein vorsichtig geschätzter Wert anzusetzen. Das Vorsichtsprinzip erlaubt damit allerdings nicht die Unterbewertung von Aktiva bzw. die Überbewertung von Passiva (SFAC 2 Abs. 91-97).

4. Informationen im Jahresabschluß genügen dem Grundsatz der *Vergleichbarkeit* („comparability"), wenn sie mit Informationen über andere Unternehmen sowie im Zeitablauf vergleichbar sind (SFAC 2 Abs. 111-119). Die Vergleichbarkeit setzt die Einhaltung des *Stetigkeitsprinzips* („consistency") voraus, welches den unbegründeten Wechsel von Bilanzierungsmethoden verbietet (SFAC 2 Abs. 120-122).

5. Eine Information ist nur dann relevant, wenn sie *wesentlich* ist („materiality"). Die Wesentlichkeit einer Information hängt von der Art des Postens und der Höhe des Betrags ab. Eine Information ist wesentlich, wenn ihre Kenntnis zu einer anderen Entscheidung als die Unkenntnis führen würde (SFAC 2 Abs. 123-132).

Diese Grundsätze entsprechen im wesentlichen den Anforderungen, die im vorhergehenden Abschnitt an eine „informative" Gewinnermittlung gestellt wurden.[281] Allerdings wurde auch darauf hingewiesen, daß diese Anforderungen – insbesondere die der Relevanz und der Zuverlässigkeit – nicht gleichzeitig erfüllt werden können. Es stellt sich daher die Frage, ob das FASB eine geeignete Ersatzlösung gewählt hat. Die bei der Gewinnermittlung relevanten Ansatz- und Bewertungsfragen hat das FASB folgendermaßen beantwortet:

1. *Bilanzansatz*: Die Ansatzvorschriften nach US-GAAP beruhen auf einem *zweistufigen Konzept*: Die im Jahresabschluß zu erfassenden Positionen müssen erstens die Definition eines „element" und zweitens spezielle Ansatzkriterien erfüllen (SFAC 6 Abs. 22, 23; vgl. auch SFAC 5 Abs. 63). Das FASB definiert folgende *„elements"*:[282]

---

281 Vgl. auch *Franken*, Rechnungslegung nach US-GAAP, S. 220, der zu dem Ergebnis kommt, daß das FASB auf der Ebene der allgemeinen Grundsätze zweckmäßige Vorschriften formuliert hat. Weitere grundlegende Prinzipien sind die *economic entity assumption*, nach der das bilanzierende Unternehmen eindeutig von anderen Unternehmen abgegrenzt werden muß, die *going concern assumption*, nach der bei der Bilanzierung von der Fortführung der Unternehmenstätigkeit ausgegangen werden muß, die *monetary unit assumption*, nach der die Positionen des Jahresabschlusses in Währungseinheiten umzurechnen sind, und die *periodicity assumption*, nach der die Berichterstattung nicht auf die gesamte Lebensdauer, sondern auf (kürzere) Perioden der Unternehmenstätigkeit bezogen werden muß; vgl. *Kieso/Weygandt/Warfield*, Intermediate Accounting, S. 42 f.

282 Aus sprachlichen Gründen wird im folgenden i.d.R. die deutsche Übersetzung dieser Begriffe verwendet. Dabei ist zu beachten, daß eine inhaltliche Übereinstimmung mit den entsprechenden in der deutschen Rechnungslegung verwendeten Begriffen nicht in jedem Fall gegeben ist.

Assets (Vermögenswerte) (SFAC 6 Abs. 25-34)	Wahrscheinliche zukünftige Nutzenzuflüsse, über die ein Unternehmen aufgrund vergangener Transaktionen oder Ereignisse verfügt.
Liabilities (Schulden) (SFAC 6 Abs. 35-48)	Wahrscheinliche zukünftige Nutzenabflüsse aufgrund einer gegenwärtigen Verpflichtung gegenüber Dritten, die aus vergangenen Transaktionen oder Ereignissen resultiert.
Equity (Eigenkapital) (SFAC 6 Abs. 49-65)	Restgröße, definiert als Vermögenswerte minus Schulden.
Revenues (Erträge) (SFAC 6 Abs. 78, 79, 87-89)	Zufluß oder Wertsteigerung von Vermögenswerten bzw. Abnahme von Schulden aus dem Verkauf oder der Produktion von Gütern, der Erbringung von Dienstleistungen oder anderen Aktivitäten, die eng mit der Unternehmenstätigkeit zusammenhängen.
Expenses (Aufwendungen) (SFAC 6 Abs. 80, 81, 87-89)	Abfluß oder Wertminderung von Vermögenswerten bzw. Zunahme von Schulden aus dem Verkauf oder der Produktion von Gütern, der Erbringung von Dienstleistungen oder anderen Aktivitäten, die eng mit der Unternehmenstätigkeit zusammenhängen.
Gains (außerordentliche Erträge) (SFAC 6 Abs. 82, 84-86, 87-89)	Eigenkapitalzunahmen aus Transaktionen, die in keinem engen Zusammenhang mit der Unternehmenstätigkeit stehen, d.h. nicht „revenues" oder „investments by owners" sind.
Losses (außerordentliche Aufwendungen) (SFAC 6 Abs. 83, 84-86, 87-89)	Eigenkapitalabnahmen aus Transaktionen, die in keinem engen Zusammenhang mit der Unternehmenstätigkeit stehen, d.h. nicht „expenses" oder „distributions to owners" sind.
Investments by Owners (SFAC 6 Abs. 66, 68-69)	Eigenkapitalzunahmen durch Transaktionen mit Eigentümern.
Distributions to Owners (SFAC 6 Abs. 67, 68-69)	Eigenkapitalabnahmen durch Transaktionen mit Eigentümern.
Comprehensive Income[283] (SFAC 6 Abs. 70-77)	Eigenkapitalveränderungen, die nicht aus Transaktionen mit Eigentümern resultieren. Bestandteile des Comprehensive Income sind Revenues, Gains, Expenses und Losses.[284]

Abbildung 9: Elemente des Jahresabschlusses nach US-GAAP

Vermögenswerte dürfen nur aktiviert werden, wenn ein zukünftiger Nutzenzufluß erwartet wird, wobei mit „Nutzen" im ökonomischen Sinn nur Zahlungsströme gemeint sein können. Der Zusammenhang mit den für die Kapitalgeber relevanten Größen ist damit grundsätzlich gegeben. Folgende Einschränkungen bewirken aber, daß dieser Zusammenhang allenfalls lose ist:

283 Das „Comprehensive Income" ist Gegenstand eines eigenen Statement des FASB (SFAS 130 *Reporting Comprehensive Income*). Vgl. dazu auch Abschnitt 3.2.3.3.

284 Vgl. *Pellens*, Internationale Rechnungslegung, S. 147.

- Es wird grundsätzlich ein Zusammenhang des zukünftigen Nutzenzuflusses mit der *aktuellen* oder mit *vergangenen* Perioden gefordert. Cash Flows aus lediglich geplanten Maßnahmen bleiben unberücksichtigt. Damit entspricht die Definition des Vermögens zwar nicht der first best-Lösung, wohl aber den Anforderungen an prognosetaugliche Ist-Größen.

- Es müssen zusätzlich folgende *spezielle Ansatzkriterien* erfüllt sein:
  1. Der Posten kann zuverlässig bewertet werden (SFAC 5 Abs. 65-72).
  2. Der Posten erfüllt das Kriterium der Relevanz (SFAC 5 Abs. 73, 74).
  3. Der Posten erfüllt das Kriterium der Zuverlässigkeit (SFAC 5 Abs. 75-77).

  Während das zweite und dritte Kriterium lediglich Eigenschaften fordern, die bereits in den allgemeinen Bilanzierungsgrundsätzen enthalten sind, sorgt das erste Kriterium dafür, daß relevante Informationen schon auf der Ansatzebene unterbleiben, obwohl nur ein Bewertungsproblem vorliegt.[285] Allein der Ansatz eines Postens kann aber relevante Informationen beinhalten; das Bewertungsproblem könnte z.B. durch entsprechende Informationsregeln gelöst werden.

- Auch nach US-GAAP dürfen wesentliche *immaterielle Werte*, die für die Einschätzung der zukünftigen Entwicklung von Bedeutung sind,[286] nicht bilanziert werden.[287]

Durch den Ansatz der Schulden werden zukunftsorientierte Informationen nur mit folgenden Einschränkungen vermittelt: Erstens bleiben Auszahlungen für geplante Investitionen, zukünftige Löhne usw. unberücksichtigt.[288] Zweitens gehen Informationen durch die speziellen Ansatzkriterien verloren, die für Schulden ebenso wie für Vermögenswerte gelten. Drittens setzt der Ansatz von Schulden nach US-GAAP immer eine Verpflichtung gegenüber Dritten voraus, so daß die nach deutschem Recht passivierungspflichtigen bzw. -fähigen Rückstellungen für Innenverpflichtungen nicht angesetzt werden dürfen. Gerade ein Rechnungslegungssystem, das über zukünftige Zahlungen informieren will, dürfte diese Auszahlungen nicht vernachlässigen.[289]

---

285 Vgl. auch *Streim/Bieker/Leippe*, Anmerkungen, S. 194.

286 Zur Fehlinformation durch die sofortige Aufwandsverrechnung der Auszahlungen für immaterielle Werte vgl. *Hax*, Bilanzgewinn, S. 646; *Moxter*, Grundsätze ordnungsmäßiger Bilanzierung, S. 44; auch: *Schloen*, Unternehmenspotential, S. 1662 f.; *Schmidt*, Rechnungslegung, S. 62.

287 Zu den Ansatzvorschriften für immaterielle Vermögenswerte nach US-GAAP vgl. *Franken*, Rechnungslegung nach US-GAAP, S. 126 ff.

288 Vgl. *Franken*, Rechnungslegung nach US-GAAP, S. 203; *Moxter*, Grundsätze ordnungsmäßiger Bilanzierung, S. 48.

289 Vgl. auch *Moxter*, Überlegenheit des Rechnungslegungsrechts, S. 34; *Ordelheide*, Wertpotential der IAS, S. 520 f.

2. *Bewertungsmethoden*: Beherrschender Grundsatz der amerikanischen Rechnungslegung ist die *„accrual basis"*. Nach diesem Konzept müssen Sachverhalte den Gewinn in der Periode beeinflussen, in welcher sie verursacht sind, und nicht zum Zeitpunkt der Zahlung.[290] Bei der Bewertung bzw. bei der Bestimmung des Erfassungszeitpunktes für Aufwendungen und Erträge sind vier weitere Grundsätze zu beachten:

   - Beim erstmaligen Ansatz sind Vermögenswerte mit ihren *Anschaffungs-/Herstellungskosten* zu bewerten („historical cost principle").[291] Schulden sind im Grundsatz mit dem *Barwert der zukünftigen Zahlungsverpflichtungen* anzusetzen.[292]
   - Einzahlungen sind nicht in der Periode der Zahlung, sondern bei Realisation durch einen Umsatzakt, d.h. nach Erfüllung der Lieferungs- bzw. Leistungsverpflichtung, als Ertrag zu erfassen („revenue recognition principle").[293] Das *Realisationsprinzip* ist die Konkretisierung des „accrual accounting" für Erträge.[294]
   - Aufwendungen sollen gemäß dem *„matching principle"* in der Periode verrechnet werden, der die entsprechenden Erträge zugerechnet werden.[295]
   - Das *Vollständigkeitsprinzip* („full-disclosure principle") verlangt, daß alle relevanten Sachverhalte im Jahresabschluß berücksichtigt und offengelegt werden müssen.[296] Das gilt auch für den Fall, daß die Ansatzkriterien nicht erfüllt sind; in diesem Fall ist ein Vermerk im Anhang oder in anderen Informationsinstrumenten erforderlich. Dieses Prinzip beinhaltet darüber hinaus den Grundsatz der *wirtschaftlichen Betrachtungsweise* („substance over form"), nach dem Sachverhalte nicht nach ihrer juristischen Einordnung, sondern nach ihrem wirtschaftlichen Gehalt zu beurteilen sind.[297]

---

290 Vgl. *Dyckman/Dukes/Davis*, Intermediate Accounting, S. 33; *Kieso/Weygandt/Warfield*, Intermediate Accounting, S. 98. Trotz der zentralen Bedeutung des accrual accounting verfolgt das FASB einen bilanzorientierten Ansatz, d.h. die Positionen der Bilanz bzw. deren Veränderungen bestimmen die in der Gewinn- und Verlustrechnung zu erfassenden Aufwendungen und Erträge. Die Bilanz ist folglich kein „Zwischenspeicher" für Zahlungen, die nach dem revenue bzw. matching principle erst in späteren Perioden in der Gewinn- und Verlustrechnung erfaßt werden dürfen; vgl. *Dyckman/Dukes/Davis*, Intermediate Accounting, S. 41, 46.

291 Vgl. *Dyckman/Dukes/Davis*, Intermediate Accounting, S. 38 f.; *Kieso/Weygandt/Warfield*, Intermediate Accounting, S. 44.

292 Vgl. *Franken*, Rechnungslegung nach US-GAAP, S. 153.

293 Vgl. *Demming*, US-amerikanische Rechnungslegung, S. 247.

294 Vgl. *Dyckman/Dukes/Davis*, Intermediate Accounting, S. 39; *Kieso/Weygandt/Warfield*, Intermediate Accounting, S. 44 ff.

295 Vgl. *Dyckman/Dukes/Davis*, Intermediate Accounting, S. 40; *Kieso/Weygandt/Warfield*, Intermediate Accounting, S. 46 f.

296 Vgl. *Demming*, US-amerikanische Rechnungslegung, S. 247.

297 Vgl. *Dyckman/Dukes/Davis*, Intermediate Accounting, S. 41; *Kieso/Weygandt/Warfield*, Intermediate Accounting, S. 47 f.; *Pellens*, Internationale Rechnungslegung, S. 168 f.

Die Einhaltung dieser Gewinnermittlungsregeln soll zu einer wahrheitsgemäßen Darstellung der wirtschaftlichen Lage des Unternehmens führen.[298] Diese *„fair presentation"* wird zwar weder im Conceptual Framework, noch in der grundlegenden amerikanischen Literatur als „overriding principle" erwähnt, gilt aber trotzdem als der zentrale Grundsatz der US-amerikanischen Rechnungslegung.[299]

Die durch die Ansatzvorschriften verursachten Einschränkungen bezüglich des Informationsgehalts der Bilanz werden dadurch verstärkt, daß die Zukunftsbetrachtung bei der Bewertung nicht fortgesetzt wird. Hier wird, von wenigen Aussagen abgesehen, auf die für die Informationsvermittlung unzweckmäßigen historischen (bzw. fortgeführten) Anschaffungs-/Herstellungskosten zurückgegriffen.[300] Die Aussagefähigkeit der Wertansätze wird weiter beeinträchtigt, wenn sie in den Folgeperioden durch *planmäßige Abschreibungen* fortgeschrieben werden.[301] Fortgeführte Anschaffungs-/Herstellungskosten informieren nur dann über zukünftige Cash Flows, wenn der am jeweiligen Bilanzstichtag verbleibende Restbuchwert die noch ausstehenden Einzahlungsüberschüsse widerspiegelt.[302] Dazu müßte der Wertansatz an jedem Bilanzstichtag dem Ertragswert und die Abschreibung der Ertragswertabschreibung entsprechen.[303] Daß diese Voraussetzungen höchstens zufällig erfüllt sind, ist offensichtlich.

Das „accrual principle" mit seinen Konkretisierungen Realisations- und Matching-Prinzip führt dazu, daß tendenziell ein „geglätteter" Gewinn ausgewiesen wird.[304] Allerdings fällt auf, daß die Erfolgsrealisation nach diesen Prinzipien in den meisten Fällen zum gleichen Zeitpunkt wie nach dem handelsrechtlichen Realisationsprinzip stattfindet.[305] Damit kann der Gewinn nach US-GAAP kaum „glatter" als der HGB-Gewinn sein.[306] Ein deutlicher Hinweis auf „Störungen" bei der Ermittlung eines Durchschnittsgewinns nach US-GAAP ist auch die Pflicht zur Vornahme *außerplanmäßiger Abschreibungen*, die erfolgswirksam verrechnet werden (SFAS 121 Abs. 13).[307] Gewinnminderungen aufgrund solcher

298 Vgl. *Baetge/Roß*, „fair presentation", S. 34.

299 Vgl. z.B. *Frankenberg*, Jahresabschlüsse im Vergleich, S. 42 ff.; *Haller*, Grundlagen der Rechnungslegung, S. 256; *Jung/Isele/Groß*, Rechnungslegung in den USA, S. 57.

300 *Schildbach* zeigt, daß auch der Ansatz von *Zeitwerten* nicht zu einer Verbesserung des Informationsgehalts des durch einen bilanziellen Vermögensvergleich ermittelten Gewinns führt, sondern die Aussagefähigkeit eher noch verschlechtert; vgl. *Schildbach*, Zeitbewertung, S. 178 ff.

301 Zur mangelnden Aussagefähigkeit planmäßiger Abschreibungen nach den „üblichen" Methoden vgl. *Defliese*, Accounting for leases, S. 16.

302 Auf die praktische Unmöglichkeit dieser Methode weist *Defliese*, Accounting for leases, S. 20, hin. Vgl. auch *Busse von Colbe*, Prognosepublizität, S. 98.

303 Vgl. auch *Beaver*, Accounting Revolution, S. 56.

304 Vgl. auch *Franken*, Rechnungslegung nach US-GAAP, S. 206.

305 Zur Definition des Realisationszeitpunktes vgl. SFAC 6 Abs. 83(b).

306 Eine Ausnahme gilt für die Bilanzierung von langfristigen Fertigungsaufträgen. Hier ist nach US-GAAP eine Gewinnrealisierung über die Perioden der Fertigung vorgesehen, so daß der sprunghafte Gewinnanstieg in der Periode der Abnahme des Werks verhindert wird.

307 Zu weiteren Abschreibungsregeln nach US-GAAP vgl. *Franken*, Rechnungslegung nach US-GAAP, S. 145.

Abschreibungen deuten nicht auf nachhaltige Verschlechterungen der Geschäftsaussichten hin, sondern berücksichtigen im Regelfall einmalige Ereignisse. Allerdings könnte diese Beeinträchtigung der Prognosetauglichkeit dadurch vermieden werden, daß die entsprechenden Aufwendungen und Erträge als „losses" bzw. „gains" gesondert ausgewiesen werden. Auch ein „geglätteter" Gewinn ist letztlich nur mit Zusatzinformationen ein gutes Informationsinstrument.

Abbildung 10 faßt die der Gewinnermittlung nach US-GAAP zugrunde liegenden Prinzipien zusammen:

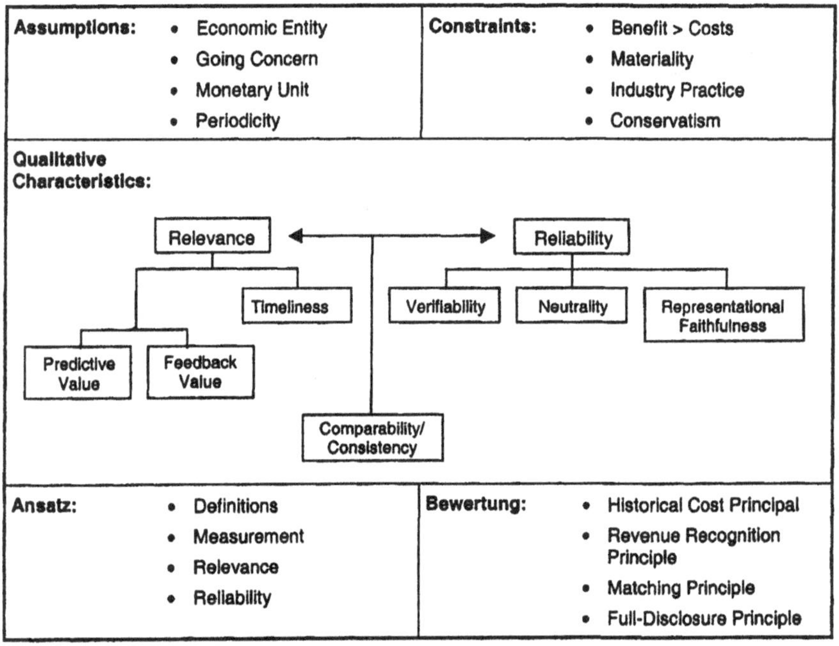

Abbildung 10: Gewinnermittlungsregeln nach US-GAAP

Quelle: In Anlehnung an *FASB*, SFAC, S. 44.

Die Ergebnisse der Analyse der Gewinnermittlungsregeln nach US-GAAP lassen sich folgendermaßen zusammenfassen: Das FASB strebt mit diesen Gewinnermittlungsregeln nicht die im vorhergehenden Gliederungspunkt beschriebene first-best-Lösung des ökonomischen Gewinns an.[308] Die Analyse, ob nach US-GAAP ein zumindest ansatzweise

[308] Die Notwendigkeit der Information der Kapitalgeber über zukünftige Cash Flows wird vom FASB grundsätzlich erkannt; vgl. SFAC 1 Abs. 43. Das FASB ist jedoch der Ansicht, daß diese Informationen durch das „accrual accounting" am besten vermittelt werden (SFAC 1 Abs. 43 ff.). Eine überzeugende Begründung dafür, daß die Periodisierung von Zahlungen über zukünftige Cash Flows informiert, wird

prognosetauglicher Gewinn ermittelt bzw. informative Bilanzpositionen angesetzt werden, führt zu einem erstaunlichen Ergebnis: Die Gewinnermittlungsregeln des FASB unterscheiden sich von denen des HGB zwar in Details, nicht aber konzeptionell. Dieses Ergebnis ist insofern überraschend, als grundsätzlich von der Annahme auszugehen ist, daß jeder (Sub-)Zweck seine eigenen Gewinnermittlungsregeln erfordert und gleiche Gewinnermittlungsregeln unterschiedliche (Sub-)Zwecke allenfalls zufällig gleichzeitig erfüllen können.[309] Die Analyse der Gewinnermittlungsregeln nach HGB und nach US-GAAP bestätigt diese Annahme: Während im Hinblick auf die Ausschüttungsbemessung Einschränkungen des „ökonomischen Vermögens" bzw. der „ökonomischen Schulden" im Sinne aller zukünftigen Ein- und Auszahlungen zu rechtfertigen sind, führen diese Einschränkungen im Hinblick auf die Informationsvermittlung dazu, daß die Gewinnermittlung ihren Zweck nur noch bedingt erfüllt.[310]

3.2.3 Kapitalgeberschutz durch (sonstige) Informationsvermittlung

3.2.3.1 Das Konzept der (sonstigen) Informationsvermittlung

Zu den Informationsregeln zählen alle Rechnungslegungsvorschriften, die über die Ermittlung einer Gewinngröße hinausgehende Angaben in quantitativer oder qualitativer Form vorschreiben.

Grundsätzlich sind an Informationsregeln die gleichen Anforderungen wie an Gewinnermittlungsregeln zu stellen,[311] d.h. auch Informationsregeln müssen zu *relevanten* und *zuverlässigen* Angaben führen. Daß die dritte Anforderung – die gleichzeitige Beachtung der Interessen von Eigen- und Fremdkapitalgebern – für die Informationsvermittlung kein

allerdings nicht gegeben. Nach *Beaver* „the efficacy of accrual accounting is an open issue". *Beaver*, Accounting Revolution, S. 7.

309 Vgl. auch *Ballwieser*, Jahresabschlußverbesserungen, S. 774; *Baetge/Thiele*, Gesellschafterschutz, S. 11 f. Daß für die Informationsvermittlung geeignete Gewinnermittlungsregeln nicht unbedingt auch gute Ausschüttungsregeln sind, zeigt sich auch daran, daß in den USA bei der Vereinbarung von Covenants, d.h. von Regeln in Kreditverträgen, die unter anderem die Ausschüttung begrenzen, zum Teil deutlich von den US-GAAP abweichende Regeln zugrunde gelegt werden; vgl. *Leftwich*, Accounting Information, S. 23, 25, 41: „Third, if users design sets of accounting rules specifically for their own purposes, it suggests that there is a demand for a diverse set of regulated rules. Consequently, it is unlikely that a unique set of rules can be mandated without imposing costs on at least some users of accounting numbers."

310 Zu diesem Ergebnis kommen auch *Clemm*, Wahlrechte, S. 142 f.; *Euler*, Bilanzrechtstheorie, S. 175; *Moxter*, Überlegenheit des Rechnungslegungsrechts, S. 33 bzw. *Moxter*, Fehlentwicklungen, S. 511 und *Schneider*, Rechnungswesen, S. 201 f., die sich zwar auf die HGB-Bilanz beziehen; da die Gewinnermittlungsregeln nach US-GAAP aber ähnlich sind, kann das Ergebnis auf die GAAP-Bilanz übertragen werden. Für eine Analyse der US-GAAP mit dem gleichen Ergebnis vgl. *Franken*, Rechnungslegung nach US-GAAP, S. 195 ff.; *Schildbach*, Reichweite der US-GAAP, S. 195 ff.; *Schildbach*, Rechnungslegung nach US-GAAP (II), S. 411 f. *Streim* kommt zu diesem Ergebnis für die Rechnungslegung nach IAS; vgl. *Streim*, Vermittlung von entscheidungsnützlichen Informationen, S. 128 f.

311 Vgl. zu diesen Anforderungen Abschnitt 3.2.2.1.

Problem darstellt, wurde bereits für die Gewinnermittlungsregeln zur Informationsvermittlung begründet.[312]

Informationsregeln lassen sich in zwei Gruppen einteilen:

1. *Informationsregeln für Bilanz sowie Gewinn- und Verlustrechnung:*
   Zu dieser Gruppe zählen Vorschriften, welche die Gliederung der Bilanz bzw. Gewinn- und Verlustrechnung (= *Gliederungsvorschriften*) sowie die Bezeichnung der einzelnen Positionen regeln (= *Ausweisvorschriften*). Ausweisvorschriften können darüber hinaus auch bestimmen, *wo* eine bestimmte Angabe erfolgen soll (Beispiel: Anlagenspiegel in der Bilanz oder im Anhang (§ 268 Abs. 2 HGB)). Diese Vorschriften lassen sich nicht eindeutig einer der beiden Gruppen von Informationsregeln zuordnen.

2. *Informationsregeln für Anhang, Lagebericht und sonstige Informationsinstrumente:*
   Diese Gruppe umfaßt alle sonstigen Informationsregeln, z.B. Vorschriften zur Erläuterung der Bilanzpositionen, zur Aufstellung von Kapitalflußrechnungen, zur Segmentberichterstattung usw.

Gliederungs- und Ausweisvorschriften können dazu dienen, über die zeitliche Verteilung und die (Un-)Sicherheit zukünftiger Cash Flows zu informieren. Informationen über die zeitliche Verteilung bzw. die Dauer, für die Zahlungen erwartet werden, können sich z.B. aus der Gliederung der Aktivseite nach Nutzungsdauern und der Passivseite nach Fälligkeiten ergeben.[313] Die Eintrittswahrscheinlichkeit der Zahlungen hängt im wesentlichen von den Rechten und Pflichten ab, die mit der jeweiligen Position verbunden sind. Insbesondere für die Gläubiger ist die Information, ob dem Bilanzierenden nur das Nutzungsrecht oder auch das Verwertungsrecht an einem Vermögensgegenstand zusteht, von höchster Relevanz. Nur bei Kenntnis dieser Rechte kann er die im Insolvenzfall zur Verfügung stehende Haftungsmasse einschätzen. Solche Informationen könnten durch eine Gliederung der Aktivseite in *verwertbares* und *nicht verwertbares* Vermögen vermittelt werden.[314] Stimmt man der Annahme zu, daß das immaterielle Vermögen größeren Risiken unterliegt,[315] ist eine weitere Untergliederung in *materielles* und *immaterielles* Vermögen zweckmäßig. Auf der Passivseite ist zwischen *rechtlichen* Schulden, d.h. solchen, die auch im Zerschlagungsfall zu begleichen sind, und *faktischen* Schulden, d.h. Schulden, die bei der Zerschlagung des Unternehmens entfallen, zu unterscheiden. Daneben ist eine Differenzierung zwischen

---

312 Vgl. Fußnote 248 in diesem Kapitel.

313 Vgl. auch *Moxter*, Bilanztheorie, S. 89.

314 Einen ähnlichen Vorschlag macht *Ordelheide*, Kapital und Gewinn, S. 28. Diese Frage ist für Leasinggeschäfte von hoher Relevanz und wird daher im Rahmen der Zweckmäßigkeitsanalyse im fünften Kapitel ausführlich diskutiert; vgl. dazu insbesondere Abschnitt 5.3.2.1.1.

315 Daß diese Annahme nicht unbedingt zutrifft, wurde in Abschnitt 3.2.2.2.2 erläutert.

sicheren Schulden (Verbindlichkeiten) und *unsicheren* Schulden (Rückstellungen) bzw. Innenverpflichtungen erforderlich.

Informationsregeln für den Anhang, Lagebericht usw. bieten die Möglichkeit, glaubwürdige Informationen über das Erfolgspotential zu vermitteln, indem entweder die Rahmenbedingungen der Prognose offengelegt werden, so daß der Adressat die Prognose besser nachvollziehen kann, oder dem Adressaten die Voraussetzungen für eigene Prognosen geschaffen werden.[316] Anzugeben sind letztlich Indikatoren für zukünftige Cash Flows.[317] Die Suche nach solchen Indikatoren ist u.a. Gegenstand des strategischen Controlling, so daß Ergebnisse aus diesem Gebiet als Anhaltspunkt für die Ausgestaltung externer Informationsinstrumente dienen können.[318]

3.2.3.2 Die Informationsregeln des HGB

Im HGB sind Informationsregeln im wesentlichen für Kapitalgesellschaften kodifiziert.[319] Die wichtigsten dieser Informationsregeln sind:

- Vorschriften zur *Gliederung* der Bilanz sowie der Gewinn- und Verlustrechnung (§§ 265 ff. bzw. 275 ff. HGB);
- Ausweisvorschriften, welche die *gesonderte Angabe* bestimmter Positionen vorschreiben (z.B. §§ 247, 264c, 265, 268, 269, 272, 273, 274, 277, 281 HGB);
- Verpflichtung zur Erstellung eines *Anhangs*, der im wesentlichen der Erläuterung der Positionen von Bilanz sowie Gewinn- und Verlustrechnung dient (§§ 284 ff. HGB);
- Verpflichtung zur Erstellung eines *Lageberichts* (§ 289 HGB);
- Verpflichtung zur Erstellung einer *Kapitalflußrechnung* sowie zur *Segmentberichterstattung* im Konzernanhang für börsennotierte Mutterunternehmen (§ 297 Abs. 1 HGB);
- *Offenlegungspflichten* (325 ff. HGB).

Zu den Informationsregeln zählt auch die für Kapitalgesellschaften geltende *Generalnorm* des § 264 Abs. 2 HGB, nach welcher der Jahresabschluß „unter Beachtung der Grundsätze ordnungsmäßiger Buchführung ein den tatsächlichen Verhältnissen entsprechendes Bild der Vermögens-, Finanz- und Ertragslage" vermitteln soll.[320] Die Bedeutung dieser General-

---

[316] Vgl. *Franken*, Rechnungslegung nach US-GAAP, S. 81 ff.; *Schildbach*, Analyse des Rechnungswesens, S. 248 f. Zur Notwendigkeit solcher Informationen vgl. auch *Hawkins/ Wehle/Macey*, Objectives, S. 33 f.

[317] Vgl. *Streim*, Stellenwert des Lageberichts, S. 718; *Stützel*, Bilanztheorie, S. 340.

[318] Vgl. dazu z.B. *Franken*, Rechnungslegung nach US-GAAP, S. 81 ff.; *Pechtl*, Prognosekraft, S. 148; *Streim*, Stellenwert des Lageberichts, S. 718 ff.

[319] Allerdings gelten diese Vorschriften auch für Personengesellschaften und weitere Nicht-Kapitalgesellschaften, die unter das PublG fallen (§§ 3, 5 PublG), sowie für Kapitalgesellschaften und Co. (§ 264a HGB).

[320] Zur Charakterisierung der Generalnorm als Informations- statt als Gewinnermittlungsregel vgl. *Streim*, § 264, Rz. 17 ff.

klausel ist umstritten;[321] geeignet ist die Generalnorm allerdings nur als Auslegungshilfe für Informationsregeln, weil das Ziel der Vermittlung eines „den tatsächlichen Verhältnissen entsprechenden Bildes" der Unternehmenslage mit ausschüttungsorientierten Gewinnermittlungsregeln kaum erreichbar ist.[322]

Für börsennotierte Publikumsgesellschaften ergeben sich darüber hinaus weitere Informationspflichten aus dem Kapitalmarktrecht. Hierzu gehören die halbjährlichen Zwischenberichte gemäß § 44b BörsG bzw. §§ 53-62 BörsZulV sowie Ad-hoc-Publikationen gemäß § 15 WpHG.[323]

Durch diese Informationsregeln werden den Kapitalgebern zusätzliche Informationen gegeben. Es ist allerdings zu bezweifeln, daß diese Angaben die Informationsbedürfnisse der Adressaten tatsächlich ausreichend befriedigen.[324] Die Gliederung der Bilanz in Anlage- und Umlaufvermögen informiert nur sehr grob über den Zeitraum, für den zukünftige Cash Flows erwartet werden. Informationen über die zeitliche Verteilung der Zahlungen sowie über die Verwertbarkeit der Vermögensgegenstände finden sich in der HGB-Bilanz nicht. Auf der Passivseite wird zwar zwischen sicheren (Verbindlichkeiten) und unsicheren Schulden (Rückstellungen) unterschieden; die Angabe von Laufzeiten und Fälligkeiten fehlt aber. Diese Angaben finden sich in begrenzter Form im Anhang (§ 285 Nr. 1, 2 HGB).

Eine Aufgliederung von vergangenheitsbezogenen Daten in Informationsinstrumenten wie Segmentberichten und Kapitalflußrechnungen führt nur sehr bedingt zu prognosegeeigneten Größen.[325] Der Informationsnutzen dieser Instrumente ließe sich erhöhen, wenn sie um zukunftsorientierte Informationen erweitert würden.[326] Zum Beispiel gewinnt die Kenntnis der Geschäftsfelder, in denen ein Unternehmen tätig ist, für die Kapitalgeber erheblich an Bedeutung, wenn auch über die voraussichtliche Entwicklung in dieser Branche informiert wird.

Eine Lösungsmöglichkeit für dieses Problem ist die Aufwertung des *Lageberichts* zum eigentlichen Informationsinstrument.[327] Nach § 289 HGB soll der Lagebericht unter anderem auf „die Risiken der zukünftigen Entwicklung" (Abs. 1) sowie auf „die voraussichtliche

---

321 Grundsätzlich haben die Einzelnormen Vorrang vor der Generalklausel, d.h. Abweichungen von den Einzelregelungen können nicht durch die Generalklausel gerechtfertigt werden; vgl. *Streim*, § 264, Rz. 26 ff. Zu einem Überblick über verschiedene Literaturmeinungen zum Stellenwert der Generalklausel vgl. *Streim*, Generalnorm, S. 396 ff.

322 Vgl. *Streim*, § 264, Rz. 25; *Streim*, Generalnorm, S. 404 f.; auch: *Schildbach*, Generalklausel, S. 14.

323 Zur Ad-hoc-Publizität vgl. *Pellens/Fülbier*, Ad-hoc-Publizität, S. 25 ff.

324 Für eine Übersicht über empirische Untersuchungen zum Informationsgehalt von Jahresabschlüssen vgl. *Wagner*, Informations- und Ausschüttungsbemessungsfunktion, S. 758 ff.

325 Vgl. zu diesem Ergebnis auch *Schildbach*, Analyse des Rechnungswesens, S. 263 ff.

326 Für eine Analyse des Informationsgehalts von vergangenheitsorientierten Kapitalflußrechnungen vgl. *Schildbach*, Analyse des Rechnungswesens, S. 269 ff.

Entwicklung der Kapitalgesellschaft" (Abs. 2) eingehen.[328] Der Lagebericht wäre damit das geeignete Instrument für die Vermittlung von Informationen, die für die Kapitalgeber tatsächlich relevant sind.[329]

3.2.3.3 Die Informationsregeln der US-GAAP

Ein wesentlicher Inhalt der Informationsregeln nach US-GAAP ist die Festlegung der *Bestandteile des Jahresabschlusses*. Die Pflichtbestandteile sind neben dem „Statement of Financial Position (Balance Sheet)" (Bilanz) und dem „Statement of Earnings and Comprehensive Income (Income Statement)" (Gewinn- und Verlustrechnung) das „Statement of Cash Flows" (Kapitalflußrechnung), das „Statement of Investments by and Distributions to Owners" (Eigenkapitalspiegel) sowie die „Notes to Financial Statements" (Anhang).[330] Darüber hinaus enthält der an die Aktionäre ausgegebene Geschäftsbericht i.d.R. weitere Informationen, deren Inhalt und Umfang nicht vorgeschrieben sind.[331] Diese Berichte sind z.B.:

Supplementary Information	Examples: • Changing Prices Disclosures • Oil and Gas Reserves Information
Other Means of Financial Reporting	Examples: • Management's Discussion and Analysis (MD&A) • Letters to Stockholders
Other Information	Examples: • Discussion of Competition and Order Backlog in SEC Form 10-K • Analysts' Reports • Economic Statistics • News Articles about Company

Abbildung 11: Informationsinstrumente nach US-GAAP

Quelle: In Anlehnung an *FASB*, SFAC, S. 133.

327 Vgl. auch *Ballwieser*, Jahresabschlußverbesserungen, S. 793; *Clemm*, Wahlrechte, S. 142; *Streim*, Stellenwert des Lageberichts, S. 721.

328 Dieser Teil des Lageberichts wird daher auch als „Prognosebericht" bezeichnet; vgl. *Pechtl*, Prognosekraft, S. 143.

329 Hinsichtlich der praktischen Relevanz der Lageberichterstattung fällt allerdings auf, daß auch die Lageberichterstattung im wesentlichen auf die Erläuterung vergangenheitsorientierter Daten beschränkt ist und zukunftsbezogene Informationen nur am Rande erwähnt werden bzw. einen Zeithorizont von unter einem Jahr umfassen. Die geringe Relevanz der im Lagebericht veröffentlichten Informationen für die Entscheidungen der Kapitalgeber wird durch empirische Untersuchungen bestätigt; vgl. z.B. *Pechtl*, Prognosekraft, S. 150 f.; *Schildbach/Beermann/Feldhoff*, Publizitätspraxis der GmbH, S. 2299 ff.; *Sorg*, Publizitätspraxis der AG, S. 1966 ff.

330 Vgl. die Abbildung in *FASB*, SFAC, S. 133.

331 Vgl. *Haller*, Grundlagen der Rechnungslegung, S. 266. Zur Bedeutung dieser Informationen vgl. *Rimerman*, Significance, S. 82.

Weitere Publizitätspflichten ergeben sich aus dem US-amerikanischen Kapitalmarktrecht.[332]

Für die *Gliederung* der Bilanz sowie der Gewinn- und Verlustrechnung finden sich in den Verlautbarungen des FASB keine expliziten Regelungen.[333] Allerdings wird in den einzelnen Statements häufig der *gesonderte Ausweis* bestimmter Positionen gefordert. Für Unternehmen, die bei der SEC registriert sind, sind darüber hinaus die formalen Vorschriften der SEC (Regulation S-X, Form 10-K) verpflichtend.

In der Bilanz sind gemäß der Rule 5.02 der Regulation S-X die Vermögenswerte nach ihrer *Liquidierbarkeit*, die Schulden nach ihrer *Restlaufzeit* zu gliedern.[334] Die Gliederung der Bilanz gibt damit zwar ansatzweise Aufschluß über den zeitlichen Horizont der Zahlungen. Ein Hinweis auf die Verwertbarkeit der Vermögenswerte zur Einschätzung des Schuldendeckungspotentials fehlt aber.

Die Gewinn- und Verlustrechnung ist zwingend nach dem *Umsatzkostenverfahren* zu erstellen.[335] Die Gliederungstiefe und -reihenfolge sind nicht vorgeschrieben; es existieren aber im wesentlichen zwei Gliederungsformen: Bei der „single step form" werden lediglich Erträge (d.h. revenues und gains) sowie Aufwendungen (d.h. expenses und losses) ausgewiesen, während bei der „multiple step form" auf dem Weg zum „income from continuing operations" Zwischenergebnisse ermittelt werden.[336] Das für die Informationsvermittlung entscheidende Merkmal beider Gliederungen ist der getrennte Ausweis von Aufwendungen und Erträgen aus der gewöhnlichen Geschäftstätigkeit und sonstigen Aufwendungen und Erträgen.[337] Ebenso sind „extraordinary items", d.h. Aufwendungen und Erträge, die aus ungewöhnlichen und seltenen Ereignissen und Transaktionen resultieren, gesondert auszuweisen. Der Unterschied zwischen „gains" und „losses" einerseits sowie „extraordinary items" andererseits liegt darin, daß erstere in das „income from continuing operations" eingehen, während letztere zwar in das „net income" aber eben nicht in das „income from continuing operations" einfließen.[338]

---

332 Für eine Übersicht über die für börsennotierte Unternehmen relevanten SEC-Vorschriften vgl. *Pellens*, Internationale Rechnungslegung, S. 355 ff.

333 Vgl. *Schildbach*, Reichweite der US-GAAP, S. 197. Eine Ausnahme ist SFAS 130, das den Ausweis verschiedener Erfolgsgrößen in der Gewinn- und Verlustrechnung vorschreibt.

334 Eine Übersicht über die nach Regulation S-X Rule 5.02 auszuweisenden Positionen findet sich bei *Franken*, Rechnungslegung nach US-GAAP, S. 156.

335 Vgl. *Siebert*, Grundlagen, S. 433.

336 Nach Regulation S-X Rule 5.03 ist nur die „multiple step form" zulässig. Eine Darstellung der beiden Gliederungsmöglichkeiten findet sich bei *Franken*, Rechnungslegung nach US-GAAP, S. 162. Vgl. auch *Kuhlewind*, Ergebnisrechnung, S. 294 f.

337 Vgl. dazu die Definition von „revenues", „gains", „expenses" und „losses" in Abbildung 9. Zur Notwendigkeit dieser Unterscheidung vgl. Abschnitt 3.2.2.3.1.

338 Vgl. *Franken*, Rechnungslegung nach US-GAAP, S. 163 ff.

Im Jahresabschluß nach US-GAAP[339] sind grundsätzlich drei *Ergebnisgrößen* zu unterscheiden:

	Earnings
(=	Income from continuing operations)
+	Income from discontinued operations, extraordinary items, cumulative effect on prior years of a change in accounting principle
=	**Net Income**
+	Other Comprehensive Income (= Remaining nonowner changes in equity (foreign currency items, minimum pension liability adjustments, unrealized gains and losses on certain investments in debt and equity securities etc.))
=	**Comprehensive Income**

Abbildung 12: Erfolgsgrößen nach US-GAAP

Quelle: SFAS 130 Abs. 15-17; in Anlehnung an: *Kuhlewind*, Ergebnisrechnung, S. 291.

Diese Gliederungs- und Ausweisvorschriften sorgen dafür, daß „Störungen" bei der Ermittlung einer „geglätteten" Gewinngröße beseitigt werden können.[340] Die „Earnings" übernehmen die Funktion des prognosegeeigneten Gewinns.[341]

Pflichtbestandteil der Gewinn- und Verlustrechnung ist darüber hinaus die Kennzahl „*earnings per share*". Zur Berechnung dieser Kennzahl wird eine Ergebnisgröße durch die durchschnittliche Anzahl der während der betrachteten Periode ausgegebenen Stammaktien dividiert.[342] Abhängig von der Ergebnisgröße sind vier verschiedene earnings per share-Kennzahlen auszuweisen.[343]

Weitere Informationsregeln sind die zahlreichen für den *Anhang* vorgeschriebenen Angaben. Diese haben im wesentlichen die Aufgabe, die Daten in der Bilanz sowie Gewinn- und Verlustrechnung zu erläutern. Börsennotierte bzw. den Anforderungen der SEC unterliegende Unternehmen haben ihren Anhang um eine *Segmentberichterstattung* zu erweitern.

---

339 Die Ergebnisgrößen können wahlweise in unterschiedlichen Bestandteilen des Jahresabschlusses ausgewiesen werden. Nach dem *One-Statement Approach* werden sowohl das Net Income als auch das Other Comprehensive Income in der Gewinn- und Verlustrechnung ausgewiesen. Bei Anwendung des *Two-Statement Approach* wird die Gewinn- und Verlustrechnung in zwei Teile gegliedert: Der erste Teil (Statement of Income) endet mit dem Net Income, während im zweiten Teil (Statement of Comprehensive Income) die Rechnung vom Net Income zum Comprehensive Income erfolgt. Darüber hinaus ist es auch zulässig, das Comprehensive Income im Eigenkapitalspiegel auszuweisen (*Statement of Changes in Equity Approach*); vgl. *Kuhlewind*, Ergebnisrechnung, S. 298 ff.

340 Vgl. *Franken*, Rechnungslegung nach US-GAAP, S. 163 ff.

341 Vgl. *Kuhlewind*, Ergebnisrechnung, S. 292.

342 Vgl. *Kieso/Weygandt/Warfield*, Intermediate Accounting, S. 147.

343 Diese Ergebnisgrößen sind „income from continuing operations", „income before extraordinary items", „cumulative effect of a change in accounting principles" und „net income"; vgl. *Haller*, Grundlagen der Rechnungslegung, S. 286.

Durch die nach US-GAAP vorgeschriebenen Informationsregeln werden sicherlich umfangreichere Informationen als nach HGB vermittelt.[344] Grund dafür sind neben den geforderten Angaben im Anhang die zusätzlichen Rechnungen, die Bestandteil des Jahresabschlusses sind oder neben diesem veröffentlicht werden müssen. Bezüglich der Relevanz dieser Informationen für die Entscheidungen der Kapitalgeber kann jedoch auf die Ausführungen des vorherigen Abschnitts verwiesen werden: Auch die Informationsregeln nach US-GAAP bieten in erster Linie eine Erläuterung von Vergangenheitsdaten und vermitteln die eigentlich relevanten Informationen nur sehr eingeschränkt.[345]

3.2.4 Ergebnis: Kapitalgeberschutz durch Gewinnermittlung und durch Informationsvermittlung

Die Rechnungslegung hat grundsätzlich den Zweck, Kapitalgeber vor drei Arten von Risiken zu schützen: vor dem *allgemeinen Unternehmensrisiko*, vor *Unfähigkeit des Managements* und vor *Fehlverhalten des Managements*. Dieser Schutz kann auf (mindestens) zwei Wegen gewährleistet werden, nämlich durch die *Ermittlung einer Ausschüttungsbemessungsgrundlage* und durch die *Vermittlung von Informationen*. Je nachdem, welcher Weg gewählt wird, sind unterschiedliche Regeln erforderlich.

Während die handelsrechtliche Rechnungslegung konzeptionell hauptsächlich den ersten Weg geht, ist die Konzeption des FASB auf den zweiten Fall ausgerichtet. Dabei fällt allerdings auf, daß sich die jeweiligen Gewinnermittlungsregeln zwar in Details, nicht aber vom Grundsatz her unterscheiden.[346] Beide Konzepte ermitteln einen buchhalterischen Gewinn im wesentlichen auf der Grundlage von Vergangenheitsinformationen und berücksichtigen zukunftsorientierte Informationen nur in begrenztem Umfang. Während eine solche Gewinngröße für den (Sub-)Zweck der Ausschüttungsbemessung konzeptionell geeignet ist,[347] ist

---

[344] Vgl. *Ballwieser*, Nutzen handelsrechtlicher Rechnungslegung, S. 22; *Ballwieser*, Übernahme amerikanischer Rechnungslegung, S. 36.

[345] Vgl. *Ballwieser*, Übernahme amerikanischer Rechnungslegung, S. 36. Dieses Ergebnis bestätigen auch empirische Untersuchungen, die hinsichtlich des Informationsgehalts von Jahresabschlüssen keine signifikanten Unterschiede zwischen deutschen und amerikanischen Abschlüssen feststellen; vgl. *Ballwieser*, Übernahme amerikanischer Rechnungslegung, S. 37 f. Zur Aussagekraft des MD&A vgl. *AICPA*, Jenkins Report, Chapter 3, S. 12; Chapter 5, S. 14. Die Problematik der mangelhaften Aussagekraft von nach US-GAAP aufgestellten Jahresabschlüssen ist bereits in den 80er Jahren von der US-amerikanischen accounting profession, von Wissenschaftlern und von Regulierungsbehörden erkannt worden. Das AICPA nahm die Kritik dieser Gruppen 1991 zum Anlaß, ein „Special Committee on Financial Reporting" zu bilden, das sich mit der Frage der Informationsvermittlung durch Unternehmen auseinandersetzen sollte. Als Ergebnis seiner Arbeit veröffentlichte das Committee 1994 den „Jenkins Report". Aufbauend auf einer Analyse der Informationsbedürfnisse der Adressaten von Jahresabschlüssen entwickelte das Committee ein „Comprehensive Model of Business Reporting", in dem Vorschläge zur Verbesserung der Informationsvermittlung im Jahresabschluß sowie in sonstigen Informationsinstrumenten gemacht werden. Diese Vorschläge beziehen sich sowohl auf Gewinnermittlungs- als auch auf Informationsregeln.

[346] Vgl. dazu auch die Beispiele bei *Esser*, Die deutsche Rechnungslegung, S. 620.

[347] Vgl. auch *Schildbach*, Analyse des Rechnungswesens, S. 232.

die Vermittlung entscheidungsrelevanter Informationen durch diese Gewinnermittlung mit größeren Problemen verbunden.

Ein geeigneter Ansatz zum Schutz der Kapitalgeber durch Rechnungslegung ist die Vermittlung von qualitativen und quantitativen Informationen in Informationsinstrumenten wie dem Lagebericht. Solche Informationsregeln sind in beiden Konzepten vorgesehen; ihre inhaltliche Ausgestaltung ist allerdings verbesserungsbedürftig.

Viertes Kapitel

4 Die Bilanzierung von Leasinggeschäften nach deutschem Handelsrecht und US-GAAP

Gegenstand dieses Kapitels ist die Darstellung der Gewinnermittlungs- und Informationsregeln für Leasingverträge nach HGB und US-GAAP, die im folgenden Kapitel einer Zweckmäßigkeitsanalyse unterzogen werden sollen. Aus Gründen der Vollständigkeit werden auch Detailprobleme erläutert, die insbesondere in den amerikanischen Vorschriften behandelt, aber im Rahmen der Analyse nicht wieder aufgegriffen werden.

4.1 Die Bilanzierung von Leasinggeschäften nach deutschem Handelsrecht

4.1.1 Rechtliche Grundlagen

Die bilanzielle Behandlung von Leasingverträgen ist im HGB nicht explizit geregelt. Als Folge dieser Regelungslücke ist die handelsrechtliche Bilanzierung des Leasing trotz der intensiven Diskussion in der Literatur bis heute umstritten.

Einen Beitrag zur Schließung der Regelungslücke sollte die *Stellungnahme 1/73* des Hauptfachausschusses (HFA) des Instituts der Wirtschaftsprüfer (IDW)[1] leisten. Sie wurde jedoch schon bald nach ihrer Veröffentlichung heftig kritisiert[2] und nach einer Modifikation 1981 im Jahr 1990 aufgehoben.[3] Eine weitere Stellungnahme mit Empfehlungen zu Bewertung und Ausweis beim Leasinggeber veröffentlichte das IDW 1989 (*Stellungnahme 1/1989*).[4] Diese Stellungnahmen sowie die zahlreichen Bilanzierungsvorschläge in der handelsrechtlichen Literatur werden im Rahmen der Zweckmäßigkeitsanalyse im fünften Kapitel behandelt.

Das vorliegende Kapitel beschränkt sich auf die Darstellung der *steuerrechtlichen Regelungen*, die als Konsequenz der Unklarheit im Handelsrecht in der Praxis auch für die Handelsbilanz angewendet werden.[5] In der Steuerbilanz sind Leasingverträge nach den vier

---

1 „Zur Berücksichtigung von Finanzierungs-Leasing-Verträgen im Jahresabschluß des Leasing-Nehmers", vgl. *IDW*, HFA 1/73, S. 101 f.

2 Zur Kritik an der HFA-Stellungnahme vgl. z.B. *Bremser*, Finanzierungs-Leasing, S. 530 ff.; *Flume*, Behandlung von Leasing-Verhältnissen, S. 1661 ff.; *Leffson*, Darstellung von Leasingverträgen (II), S. 688 ff.; *Lefhalm*, Bewertung der Leasing-Gegenstände, S. 2150 ff.; *Stobbe*, Maßgeblichkeitsgrundsatz, S. 522.

3 Vgl. *o.V.*, Überarbeitung, S. 66.

4 „Zur Bilanzierung beim Leasinggeber"; vgl. *IDW*, HFA 1/1989, S. 625-627.

5 Vgl. *Küting/Hellen/Brakensiek*, Leasing in der Bilanzierung, S. 1466; *Ullrich*, Zurechnung der Leasinggegenstände, Rdnr. 13. In der Literatur wird die Anwendung der steuerlichen Regelungen in der Handelsbilanz z.T. mit der umgekehrten Maßgeblichkeit begründet; vgl. z.B. *Ammann/Hucke*, Rechtliche Grundlagen, S. 90. Umgekehrte Maßgeblichkeit bedeutet, daß das Steuerrecht den Ansatz bestimmter Bilanzpositionen oder eine bestimmte Bewertung in der Steuerbilanz von einer analogen Bilanzierung in der Handelsbilanz abhängig macht. Anwendungsbereich der umgekehrten Maßgeblichkeit sind insbesondere

Leasingerlassen des Bundesfinanzministers zu bilanzieren. Die Leasingerlasse regeln die bilanzielle Behandlung von Finanzierungsleasing bzw. von Verträgen mit unkündbarer Grundmietzeit[6] (Voll- und Teilamortisationsverträge) über bewegliche und unbewegliche Wirtschaftsgüter.[7] Operating-Leasing wird nicht behandelt, da diese Verträge wegen ihres mietvertraglichen Charakters „bilanzmäßig und steuerlich keine Probleme"[8] aufwerfen.[9] Grundlage der Leasingerlasse ist das *Grundsatzurteil des BFH* vom 26.01.1970.

Die Regeln der Leasingerlasse legen den Schwerpunkt auf das Problem des Bilanzansatzes, indem sie detaillierte Kriterien für die Zurechnung des Leasingobjektes beinhalten. Bewertungsfragen werden dagegen nur am Rande, Informationsregeln gar nicht behandelt. Darüber hinaus sind die Vorschriften insofern unvollständig, als Bilanzierungsprobleme im Zusammenhang mit Optionsrechten nicht angesprochen werden.

4.1.2 Gewinnermittlungsregeln für Leasinggeschäfte

4.1.2.1 Die Ansatzvorschriften der Leasingerlasse

4.1.2.1.1 Zurechnung nach dem Kriterium des wirtschaftlichen Eigentums

Wesentliches Merkmal von Leasingverträgen ist das Auseinanderfallen von juristischem Eigentum i.S.d. § 903 BGB und Besitz i.S.v. tatsächlicher Sachherrschaft (§ 854 Abs. 1 BGB) am Leasingobjekt. Im Steuerrecht werden Wirtschaftsgüter zwar *grundsätzlich vom rechtlichen Eigentümer* bilanziert (§ 39 Abs. 1 AO). In den Fällen des Auseinanderfallens von rechtlichem Eigentum und tatsächlicher Verfügungsmacht entscheidet aber das *wirtschaftliche Eigentum* über die Zurechnung. Wirtschaftlicher Eigentümer ist nach § 39 Abs. 2 AO derjenige, der „den [rechtlichen, A.d.V.] Eigentümer im Regelfall für die gewöhnliche Nutzungsdauer von der Einwirkung auf das Wirtschaftsgut wirtschaftlich ausschließen kann".[10] Dies ist der Fall, wenn der Herausgabeanspruch des juristischen Eigentümers nicht

---

Steuervergünstigungen; vgl. *Streim*, Grundzüge, S. 162. Eine Vorschrift, welche die Anwendung der Leasingerlasse auch in der Handelsbilanz fordert, findet sich in den Leasingerlassen allerdings nicht. Damit kann die Anwendung in der Handelsbilanz nicht mit der umgekehrten Maßgeblichkeit begründet werden. Die steuerrechtlichen Vorschriften werden in der Handelsbilanz allein aus praktischen Gründen angewendet, weil im Handelsrecht entsprechende Regeln fehlen; vgl. auch *Glasel*, Leasing, Rz 25; *Lenz*, Bilanzierung von Mobilien-Leasingverträgen, S. 45.

[6] Teilamortisationsverträge mit unkündbarer Grundmietzeit fallen nach der Definition des BMF nicht unter den Begriff „Finanzierungsleasing"; vgl. Abschnitt 2.1.1.

[7] Vgl. *BMF* vom 19.04.1971 („Schreiben betr. ertragsteuerliche Behandlung von Leasing-Verträgen über bewegliche Wirtschaftsgüter"); *BMWF* vom 21.03.1972 („Schreiben betr. ertragsteuerliche Behandlung von Finanzierungs-Leasing-Verträgen über unbewegliche Wirtschaftsgüter"); *BMF* vom 22.12.1975 („Schreiben betr. steuerrechtliche Zurechnung des Leasing-Gegenstandes bei Teilamortisations-Leasing-Verträgen über bewegliche Wirtschaftsgüter"); *BMF* vom 23.12.1991 („Schreiben betr. ertragsteuerliche Behandlung von Teilamortisations-Leasing-Verträgen über unbewegliche Wirtschaftsgüter").

[8] *BFH* vom 26.01.1970, S. 267

[9] Vgl. auch *Runge/Bremser/Zöller*, Leasing, S. 263.

[10] Diese Definition geht auf *Seeliger* zurück, der für die steuerrechtliche Zurechnung denjenigen als wirtschaftlichen Eigentümer bezeichnete, der „die tatsächliche Herrschaft über ein Wirtschaftsgut dergestalt

mehr besteht oder die Herausgabe erst nach Ablauf eines so großen Teils der Nutzungsdauer möglich ist, daß das Wirtschaftsgut aufgrund des geringen (Rest-)Wertes für den rechtlichen Eigentümer nicht mehr interessant ist.[11] Diese Definition stellt weder auf das zivilrechtliche Eigentum noch auf den Besitz ab, so daß nicht alle im Eigentum oder im Besitz eines Kaufmanns stehenden Wirtschaftsgüter von ihm auch zu bilanzieren sind. Entscheidend ist vielmehr der wirtschaftliche Wert des Wirtschaftsgutes. Damit wird das wirtschaftliche Eigentum zu einem unklaren Kriterium, weil die AO nicht definiert, wie der wirtschaftliche Wert zu messen ist.[12]

Um die Definition des wirtschaftlichen Eigentums für Leasingverträge zu konkretisieren, formulierte der BFH in seinem Urteil vom 26.01.1970 Grundsätze für die Zurechnung von Leasinggegenständen, die vom BMF in den Leasingerlassen durch klare Grenzen präzisiert wurden. Diese Kriterien sind Gegenstand der folgenden Abschnitte.

4.1.2.1.2 Das Grundsatzurteil des BFH vom 26.01.1970

In seinem Urteil vom 26.01.1970 nahm der BFH zum ersten Mal ausführlich zur steuerrechtlichen Bilanzierung von Finanzierungsleasingverträgen über Mobilien Stellung.

Der BFH stellt zunächst fest, daß für die bilanzielle Behandlung von Finanzierungsleasing sowohl handels- als auch steuerrechtlich das wirtschaftliche Eigentum maßgebend sei.[13] Der BFH-Definition des wirtschaftlichen Eigentums liegt der zum Zeitpunkt des Urteils (bis 31.12.1976) geltende § 11 StAnpG zugrunde, der Beispiele für eine Zurechnung zu einem anderen als dem juristischen Eigentümer nennt.[14] Der BFH führt weiterhin aus, daß bei der Bilanzierung von Leasing keine unterschiedliche Behandlung in Handels- und Steuerbilanz zu rechtfertigen sei, weil „[h]andelsrechtlich wie auch steuerrechtlich [...] die Bilanz sowohl dem Ausweis der wirtschaftlich richtigen Vermögenslage als auch der richtigen Erfolgsabgrenzung" diene.[15]

Nach Ansicht des BFH ist das Kriterium des wirtschaftlichen Eigentums jeweils für den Einzelfall zu prüfen, weil in Leasingverträgen vielfältige Vereinbarungen getroffen werden,

ausübt, daß dadurch der nach bürgerlichem Recht Berechtigte auf Dauer von einer Einwirkung darauf ausgeschlossen ist"; *Seeliger*, Begriff des wirtschaftlichen Eigentums, S. 46, 87, 89.

11 Vgl. *Tipke/Kruse*, § 39, Tz. 23; auch: *Seeliger*, Begriff des wirtschaftlichen Eigentums, S. 90.

12 Vgl. auch *Baetge/Ballwieser*, Ansatz von Leasingobjekten, S. 10.

13 Vgl. *BFH* vom 26.01.1970, S. 266, 271 f.

14 Vgl. *BFH* vom 26.01.1970, S. 267. Die Beispiele des § 11 StAnpG (Sicherungsübereignung, Treuhandverhältnisse, Eigenbesitz, Gesamthandsvermögen) sind durch die Definition des § 39 AO verallgemeinert worden.

15 *BFH* vom 26.01.1970, S. 271.

die eine allgemeine Regelung nicht zulassen.[16] Dennoch formuliert der BFH für einige typische Vertragsgestaltungen folgende Grundsätze:

1. Das Leasingobjekt ist dem *Leasinggeber* zuzurechnen, wenn kein Optionsrecht des Leasingnehmers vereinbart ist und das Leasingobjekt nach Ablauf der Grundmietzeit vom Leasinggeber erneut vermietet oder verkauft werden kann.[17]

2. Das Leasingobjekt ist dem *Leasingnehmer* zuzurechnen,

   - wenn bei einer Grundmietzeit, die erheblich kürzer als die betriebsgewöhnliche Nutzungsdauer des Leasingobjektes ist, dem Leasingnehmer eine Option auf Mietverlängerung für mindestens die Restnutzungsdauer des Leasingobjektes oder eine Kaufoption eingeräumt wird, wobei diese Optionen so gestaltet sein müssen, daß mit ihrer Ausübung gerechnet werden muß. Die Wahrscheinlichkeit für die Ausübung ist einerseits anhand des Verhältnisses von Grundmietzeit und betriebsgewöhnlicher Nutzungsdauer, andererseits anhand des Verhältnisses von Anschlußmiete und üblicher Miete bzw. vereinbartem Kaufpreis und üblichem Kaufpreis zu beurteilen;[18]
   - wenn sich die Grundmietzeit und die betriebsgewöhnliche Nutzungsdauer „annähernd decken", und zwar unabhängig von der Vereinbarung von Optionsrechten;[19]
   - wenn Spezialleasing vorliegt, und zwar unabhängig vom Verhältnis von Grundmietzeit und Nutzungsdauer.

4.1.2.1.3 Der Vollamortisationserlaß für Mobilienleasing

In seinem ersten Leasingerlaß vom 19.04.1971 regelt der BMF die bilanzielle Behandlung von Finanzierungsleasingverträgen über bewegliche Wirtschaftsgüter. Der BMF entwickelt aus den Leitsätzen des BFH konkrete Kriterien, die eine eindeutige Zurechnung des Leasingobjektes bei bestimmten Grundvertragstypen ermöglichen sollen. Er weist jedoch darauf hin, daß auch weiterhin die Umstände des Einzelfalls zu berücksichtigen seien.[20]

Die Zurechnung des Leasingobjektes erfolgt nach zwei Kriterien:

1. *Verhältnis von Grundmietzeit und betriebsgewöhnlicher Nutzungsdauer des Leasingobjektes*:
   Der BMF geht davon aus, daß bei einer im Verhältnis zur Nutzungsdauer *sehr langen Grundmietzeit* (> 90 %) der Leasinggeber fast vollständig von der Einwirkung auf den

16 Vgl. *BFH* vom 26.01.1970, S. 272.
17 Vgl. *BFH* vom 26.01.1970, S. 272.
18 Vgl. *BFH* vom 26.01.1970, S. 264, 272 f.
19 Vgl. *BFH* vom 26.01.1970, S. 264, 273.
20 Vgl. *BMF* vom 19.04.1971, S. 2 f.

Leasinggegenstand ausgeschlossen und sein Herausgabeanspruch so gut wie wertlos ist. Wirtschaftlicher Eigentümer ist folglich der *Leasingnehmer*.

Bei einer verhältnismäßig *kurzen Grundmietzeit* (< 40 %) ist davon auszugehen, daß ein verdeckter Ratenkaufvertrag vorliegt oder eine weitere Nutzungsmöglichkeit für den Leasingnehmer nach Ablauf der Grundmietzeit besteht, da eine vollständige Amortisation in so kurzer Zeit unverhältnismäßig hohe Leasingraten erfordert, die der Leasingnehmer nur bei Erhalt weiterer Leistungen – die außerhalb des Leasingvertrags vereinbart werden – akzeptieren wird.[21] Folglich ist der Leasinggeber auch in diesem Fall fast vollständig von der Einwirkung auf das Leasingobjekt ausgeschlossen, so daß das wirtschaftliche Eigentum beim *Leasingnehmer* liegt.

Eine Begründung für die Festlegung der Grenzen auf 40 % bzw. 90 % wird vom BMF nicht gegeben. Die 90 %-Grenze gilt als Konkretisierung der Formulierung des Grundsatzurteils, nach der eine Zurechnung des Wirtschaftsgutes zum Leasingnehmer erfolgen soll, wenn sich Grundmietzeit und betriebsgewöhnliche Nutzungsdauer „annähernd decken".[22] Ob dieses Kriterium schon bzw. erst bei 90 % erreicht ist, ist in der Literatur umstritten.[23] Warum eine kurze Grundmietzeit gerade bei 40 % der Nutzungsdauer vorliegt, bleibt unklar.

2. *Wahrscheinlichkeit der Ausübung eines Optionsrechts*:

   Der *Leasingnehmer* ist wirtschaftlicher Eigentümer, wenn ihm ein Optionsrecht eingeräumt wird, welches so gestaltet ist, daß seine *Ausübung mit hoher Wahrscheinlichkeit zu erwarten* ist. Um diese Wahrscheinlichkeit zu konkretisieren, stellt der BMF auf das Verhältnis von Kaufpreis und Buchwert des Objektes im Zeitpunkt der (möglichen) Optionsausübung bzw. Anschlußmiete und Werteverzehr bei linearer Abschreibung nach der AfA-Tabelle ab. Sind der Kaufpreis bzw. die Anschlußmiete so niedrig, daß sie lediglich eine Art „Anerkennungsgebühr" darstellen, ist die Ausübung der Option zu erwarten, weil ein rational handelnder Leasingnehmer nicht hohe Leasingraten bis zur Amortisation des Wirtschaftsgutes zahlen wird, um anschließend auf im Vergleich zum Markt günstige Konditionen zu verzichten.

Darüber hinaus ist der *Leasingnehmer* bei *Spezialleasing* unabhängig von der Vertragsgestaltung immer wirtschaftlicher Eigentümer des Leasinggegenstands, da der Herausgabe-

---

21 Vgl. *Mellwig*, Darstellung von Leasingverträgen, S. 8.

22 *BFH* vom 26.01.1970, S. 264. Vgl. hierzu *Clausen*, Aktivierung bei Leasing-Verträgen, Anm. 1139.

23 Zur Kritik an den Leasingerlassen vgl. Abschnitt 4.1.4.

anspruch des Leasinggebers nach Ablauf der Grundmietzeit wegen der fehlenden Verwertungsmöglichkeit wertlos ist.[24]

Abbildung 13 stellt die erläuterten Kriterien im Detail dar:

Vertragsdauer Vertragsart	Grundmietzeit 40 – 90 % der betriebsgewöhnlichen Nutzungsdauer*1)	Grundmietzeit < 40 % oder > 90 % der betriebsgewöhnlichen Nutzungsdauer*1)
keine Option	*Leasinggeber*	*Leasingnehmer*
Kaufoption	*Leasinggeber*, wenn Kaufpreis ≥ Buchwert bei linearer AfA*2); *Leasingnehmer*, wenn Kaufpreis < Buchwert bei linearer AfA*2)	*Leasingnehmer*
Mietverlängerungs-option	*Leasinggeber*, wenn Anschlußmiete ≥ Werteverzehr bei linearer AfA*3); *Leasingnehmer*, wenn Anschlußmiete < Werteverzehr bei linearer AfA*3)	*Leasingnehmer*
Spezialleasing	*Leasingnehmer*	*Leasingnehmer*

*1) Für die Nutzungsdauer sind die amtlichen AfA-Tabellen maßgeblich.
*2) Oder der niedrigere gemeine Wert im Zeitpunkt der Veräußerung.
*3) Auf der Grundlage des Buchwertes oder des niedrigeren gemeinen Wertes.

Abbildung 13: Zurechnung des Leasingobjektes bei Vollamortisationsverträgen über bewegliche Wirtschaftsgüter

Quelle: In Anlehnung an *BMF* vom 19.04.1971, S. 2 ff.

Wird das Leasingobjekt dem *Leasinggeber* zugerechnet, muß er das Wirtschaftsgut in seiner Bilanz aktivieren und abschreiben. Die Leasingraten sind als Betriebseinnahmen, beim Leasingnehmer als Betriebsausgaben zu verrechnen.[25] Auf die Bilanz des Leasingnehmers hat der Leasingvertrag keine Auswirkungen, es sei denn, die zeitliche Verteilung der Leasingraten erfordert die Bildung von Rechnungsabgrenzungsposten.[26]

Wird das Leasingobjekt dem *Leasingnehmer* zugerechnet, ist das Wirtschaftsgut vom ihm zu aktivieren und abzuschreiben. Gleichzeitig wird eine Verbindlichkeit passiviert. Der Leasinggeber aktiviert anstelle des Leasingobjektes eine Forderung gegenüber dem Leasingnehmer.[27]

---

24 Vgl. *Baetge/Ballwieser*, Ansatz von Leasingobjekten, S. 4 f.
25 Vgl. *BMF* vom 19.04.1971, S. 4.
26 Vgl. hierzu Abschnitt 5.1.2.2.2.
27 Vgl. *BMF* vom 19.04.1971, S. 4 f.

4.1.2.1.4 Der Vollamortisationserlaß für Immobilienleasing

Der zweite Leasingerlaß des BMWF vom 21.03.1972 regelt die bilanzielle Behandlung von Finanzierungsleasingverträgen über Immobilien.

Bei der Anwendung der in diesem Erlaß festgelegten Zurechnungskriterien ist zu beachten, daß die Kriterien getrennt für das Gebäude sowie den Grund und Boden zu prüfen sind.[28] Für die Zurechnung gelten die gleichen Grundsätze wie für bewegliche Wirtschaftsgüter, wobei allerdings folgende *Besonderheiten* zu berücksichtigen sind:

1. Bei Gebäuden sind der Prüfung der Zurechnungskriterien die Nutzungsdauern des § 7 Abs. 4 und 5 EStG oder ein eventuell kürzerer Erbbaurechtszeitraum zugrunde zu legen.[29]

2. Ist eine Mietverlängerungsoption vereinbart, ist das Gebäude dem Leasinggeber zuzurechnen, wenn die Anschlußmiete größer oder gleich 75 % der ortsüblichen Miete für ein vergleichbares Objekt ist.[30]

3. Grund und Boden ist vom Leasinggeber immer dann zu bilanzieren, wenn ein Vertrag ohne Option oder mit Mietverlängerungsoption vorliegt.[31] Diese Regelung läßt sich damit begründen, daß Grund und Boden keiner Abnutzung unterliegen, so daß der Leasinggeber nicht durch ein zeitlich begrenztes Leasingverhältnis von der Einwirkung auf das Objekt ausgeschlossen werden kann.[32] Eine Zurechnung des Grund und Bodens zum Leasingnehmer erfolgt nur dann, wenn eine Kaufoption für das Gebäude vereinbart ist, deren Gestaltung zu einer Zurechnung des Gebäudes zum Leasingnehmer führt. Diese Regelung beruht darauf, daß nach § 94 BGB das Gebäude wesentlicher Bestandteil des Grund und Bodens ist. Da wesentliche Bestandteile einer Sache nicht Gegenstand besonderer Rechte sein können (§ 93 BGB), können das Gebäude und der Grund und Boden nur gemeinsam Gegenstand der Kaufoption sein.[33]

4. Daraus folgt, daß für die Beurteilung eines Vertrags mit Kaufoption das Verhältnis des Gesamtkaufpreises zu den Buchwerten von Gebäude *und* Grund und Boden maßgeblich ist.[34]

Abbildung 14 (S. 106) faßt die Zurechnungskriterien für Leasingobjekte bei Vollamortisationsverträgen über Immobilien zusammen. Die Kriterien für die Zurechnung des

[28] Vgl. *BMWF* vom 21.03.1972, S. 2; *Tacke*, Bilanzierung von Immobilien-Leasingverträgen, S. 606.
[29] Vgl. *BMWF* vom 21.03.1972, S. 2.
[30] Vgl. *BMWF* vom 21.03.1972, S. 3.
[31] Vgl. *BMWF* vom 21.03.1972, S. 2.
[32] Vgl. *Helmschrott*, Leasinggeschäfte, S. 75.
[33] Vgl. *Helmschrott*, Leasinggeschäfte, S. 76.
[34] Vgl. *BMWF* vom 21.03.1972, S. 3.

Gebäudes entsprechen, von den genannten Besonderheiten abgesehen, den Kriterien für bewegliche Wirtschaftsgüter.

Vertragsart \ Vertragsdauer	Gebäude		Grund und Boden
	Grundmietzeit 40 – 90 % der betriebsgewöhnlichen Nutzungsdauer*1)	Grundmietzeit < 40 % oder > 90 % der betriebsgewöhnlichen Nutzungsdauer*1)	
keine Option	*Leasinggeber*	*Leasingnehmer*	*Leasinggeber*
Kaufoption	*Leasinggeber*, wenn Kaufpreis ≥ Buchwert bei linearer AfA*2); *Leasingnehmer*, wenn Kaufpreis < Buchwert bei linearer AfA*2)	*Leasingnehmer*	*Leasingnehmer*, wenn ihm auch das Gebäude zugerechnet wird, sonst *Leasinggeber*
Mietverlängerungs-option	*Leasinggeber*, wenn Anschlußmiete ≥ 75 % der ortsüblichen Vergleichsmiete; *Leasingnehmer*, wenn Anschlußmiete < 75 % der ortsüblichen Vergleichsmiete	*Leasingnehmer*	*Leasinggeber*
Spezialleasing	*Leasingnehmer*	*Leasingnehmer*	entsprechend der Verträge mit und ohne Option

*1) Nach § 7 Abs. 4 und Abs. 5 EStG oder ein kürzerer Erbbaurechtszeitraum.
*2) Oder der niedrigere gemeine Wert im Zeitpunkt der Veräußerung.

Abbildung 14: Zurechnung des Leasingobjektes bei Vollamortisationsverträgen über unbewegliche Wirtschaftsgüter

Quelle: In Anlehnung an *BMWF* vom 21.03.1972, S. 2 f.

Die Folgen dieser Zurechnungskriterien für den Bilanzansatz bei Leasinggeber und Leasingnehmer entsprechen denen bei beweglichen Wirtschaftsgütern.[35]

Verträge, die unter diesen Erlaß fallen, haben in der Praxis keine große Bedeutung, weil die Grundmietzeit i.d.R. wesentlich kürzer als die Nutzungsdauer der Immobilie ist. In diesem Fall führt eine Vollamortisation während der Grundmietzeit zu unverhältnismäßig hohen Leasingraten, so daß das Geschäft für den Leasingnehmer wirtschaftlich nicht interessant sein dürfte.[36]

35 Vgl. *BMWF* vom 21.03.1972, S. 3 f., Abschnitt 4.1.2.1.3.

36 Vgl. *Clausen*, Aktivierung bei Leasing-Verträgen, Anm. 1126; *Tacke*, Bilanzierung von Immobilien-Leasingverträgen, S. 606.

4.1.2.1.5 Der Teilamortisationserlaß für Mobilienleasing

Der Leasingerlaß des BMF vom 22.12.1975 regelt die bilanzielle Behandlung von Leasingverträgen, bei denen die während der Grundmietzeit gezahlten Leasingraten die Kosten des Leasinggebers aus dem Leasinggeschäft nur zum Teil decken, so daß Finanzierungsleasing i.S.d. BMF nicht vorliegt.[37]

Der BMF regelt die Bilanzierung für *drei Vertragsmodelle*, deren gemeinsames Merkmal die Vereinbarung einer unkündbaren Grundmietzeit ist, die zwischen 40 % und 90 % der betriebsgewöhnlichen Nutzungsdauer liegt.[38] Die Zurechnung des Leasingobjektes beruht auf dem Grundsatz, daß der Leasinggeber wirtschaftlicher Eigentümer ist, wenn der Leasingnehmer das gesamte Wertminderungsrisiko trägt, der Leasinggeber dagegen beträchtlich an Wertsteigerungen beteiligt ist.[39]

1. *Vertragsmodell mit Andienungsrecht des Leasinggebers, jedoch ohne Optionsrecht des Leasingnehmers:*[40]
   Bei diesem Vertragsmodell hat der Leasinggeber das Recht, nach Ablauf der Grundmietzeit den Leasingnehmer zum Kauf des Leasingobjekts zu einem bereits bei Vertragsabschluß festgelegten Preis zu verpflichten. Der Leasinggeber wird dieses Andienungsrecht ausüben, wenn er bei einem Verkauf des Wirtschaftsgutes an Dritte einen geringeren als den im Leasingvertrag vereinbarten Preis erzielen würde.[41] Der Leasingnehmer muß das Objekt zu diesem Preis kaufen, auch wenn er es am Markt zu einem geringeren Preis erwerben könnte. Er hat jedoch seinerseits nicht das Recht, den Gegenstand vom Leasinggeber zu kaufen, wenn der Marktpreis den vereinbarten Preis übersteigt. Der Leasingnehmer trägt damit zwar das Risiko der Wertminderung. Da der Leasinggeber aber die Chance der Wertsteigerung hat und über das Objekt verfügen kann, ist sein Herausgabeanspruch nicht wertlos. Der *Leasinggeber* ist daher als wirtschaftlicher Eigentümer anzusehen und muß das Objekt bilanzieren.
2. *Vertragsmodell mit Aufteilung des Mehrerlöses:*[42]
   Dieses Modell geht davon aus, daß der Leasinggeber das Leasingobjekt nach Ablauf der Grundmietzeit veräußert. Kann eine Vollamortisation der Aufwendungen des Leasinggebers durch die Leasingraten und den Veräußerungserlös nicht erreicht werden, muß der Leasingnehmer eine Abschlußzahlung in Höhe des zur Vollamortisation fehlenden Betrags leisten. Übersteigt der Veräußerungserlös die Differenz zwischen Gesamtkosten

[37] Vgl. *BMF* vom 22.12.1975, S. 1.
[38] Vgl. *BMF* vom 22.12.1975, S. 1.
[39] Vgl. *Clausen*, Aktivierung bei Leasing-Verträgen, Anm. 1142 f.
[40] Vgl. *BMF* vom 22.12.1975, S. 1 f.
[41] Vgl. *Büschgen*, Grundlagen, Rdnr. 23.

und Leasingraten (= Restamortisation), wird der Mehrerlös zwischen Leasingnehmer und Leasinggeber aufgeteilt. Eine beträchtliche Beteiligung des Leasinggebers an Wertsteigerungen nimmt der BMF an, wenn der *Leasinggeber mindestens 25 %* des Mehrerlöses erhält. In diesem Fall muß er als wirtschaftlicher Eigentümer den Gegenstand bilanzieren. Ist der Leasinggeber mit *weniger als 25 %* am Mehrerlös beteiligt, wird das Wirtschaftsgut dem *Leasingnehmer* zugerechnet.

3. *Kündbarer Mietvertrag mit Anrechnung des Veräußerungserlöses auf die vom Leasingnehmer zu leistende Schlußzahlung:*[43]
   Bei diesem Vertragsmodell ist vorgesehen, daß der Leasingnehmer bei Kündigung des Vertrags nach Ablauf der Grundmietzeit eine Abschlußzahlung in Höhe der nicht durch die Leasingraten gedeckten Aufwendungen des Leasinggebers leisten muß. Auf die Abschlußzahlung werden 90 % des vom Leasinggeber erzielten Veräußerungserlöses angerechnet. Übersteigt der Veräußerungserlös die Restamortisation, steht dieser Unterschiedsbetrag vollständig dem Leasinggeber zu. Folglich profitiert nur der *Leasinggeber* von Wertsteigerungen und muß den Leasinggegenstand als wirtschaftlicher Eigentümer aktivieren.

Abbildung 15 faßt die Regelungen für Teilamortisationsverträge über bewegliche Wirtschaftsgüter zusammen:

Vertragsmodell	**Zurechnung des Leasingobjektes zum...**
Vertragsmodell mit Andienungsrecht des Leasinggebers, jedoch ohne Optionsrecht des Leasingnehmers	*Leasinggeber*
Vertragsmodell mit Aufteilung des Mehrerlöses	*Leasinggeber,* wenn er mit mindestens 25 % am Mehrerlös beteiligt ist, sonst *Leasingnehmer*
Kündbarer Mietvertrag mit Anrechnung des Veräußerungserlöses auf die vom Leasingnehmer zu leistende Schlußzahlung	*Leasinggeber*

Abbildung 15: Zurechnung des Leasingobjektes bei Teilamortisationsverträgen über bewegliche Wirtschaftsgüter

Quelle: In Anlehnung an *BMF* vom 22.12.1975, S. 2 ff.

[42] Vgl. *BMF* vom 22.12.1975, S. 2.
[43] Vgl. *BMF* vom 22.12.1975, S. 2.

Auf die bilanziellen Konsequenzen dieser Zurechnungsvorschriften geht der BMF im Teilmortisationserlaß nicht ein. Zumindest für den Ansatz können aber keine anderen Regeln als für Vollamortisationsverträge gelten.[44]

4.1.2.1.6 Der Teilamortisationserlaß für Immobilienleasing

Die bilanzielle Behandlung von Teilamortisationsverträgen über Immobilien, die im Leasingerlaß des BMF vom 23.12.1991 geregelt ist, folgt im Grundsatz den Regeln für Vollamortisationsverträge. Allerdings sind bei Teilamortisationsverträgen über Immobilien die Kriterien in umgekehrter Reihenfolge zu prüfen, d.h. es ist zunächst das Vorhandensein bzw. die Ausgestaltung von Optionsrechten, dann das Verhältnis von Grundmietzeit und betriebsgewöhnlicher Nutzungsdauer zu prüfen.

Im Unterschied zu den Vorschriften für Vollamortisationsverträge sind folgende *Besonderheiten* zu beachten:

1. Die 40 %-Grenze wurde aufgehoben. Diese Regelung wird damit begründet, daß bei einer kurzen Grundmietzeit bei Teilamortisationsverträgen nicht die Vermutung eines Ratenkaufvertrags besteht, da das Objekt vom Leasingnehmer nicht vollständig amortisiert wird.[45]
2. Der Grund und Boden wird grundsätzlich demjenigen zugerechnet, der das Gebäude bilanziert.[46] Diese Regel impliziert, daß für die Zurechnung des Grund und Bodens zum Leasingnehmer nicht wie bei Vollamortisationsverträgen eine Kaufoption erforderlich ist. Dadurch kann der Fall eintreten, daß der Grund und Boden vom Leasingnehmer bilanziert werden muß, obwohl der Leasinggeber nicht dauerhaft von der Einwirkung ausgeschlossen ist.[47]
3. Der BMF definiert folgende *„besondere Verpflichtungen"*, die bei Verträgen mit Kauf- oder Mietverlängerungsoption zu einer Zurechnung des Leasinggegenstands zum Leasingnehmer führen:[48]
   - Der Leasingnehmer trägt die Gefahr des zufälligen Untergangs des Leasingobjektes, d.h. er muß die Pflichten aus dem Leasingvertrag auch bei Untergang des Leasingobjektes erfüllen.

---

[44] Für die Bewertung vgl. Abschnitt 4.1.2.2.1.2.
[45] Vgl. *Pinkos*, Anmerkungen zum Leasingerlaß, S. 22.
[46] Vgl. *BMF* vom 23.12.1991, S. 3.
[47] Vgl. *Helmschrott*, Leasinggeschäfte, S. 87.
[48] Vgl. *BMF* vom 23.12.1991, S. 2 f.

- Der Leasingnehmer ist bei nicht von ihm zu vertretender Zerstörung des Leasinggegenstands verpflichtet, auf Verlangen des Leasinggebers den Gegenstand auf eigene Kosten wiederherzustellen und die Pflichten aus dem Leasingvertrag trotz Zerstörung des Leasingobjektes zu erfüllen.
- Der Leasingnehmer muß die Pflichten aus dem Leasingvertrag auch dann erfüllen, wenn die Nutzung des Leasingobjektes aufgrund eines von ihm nicht zu vertretenden Umstands langfristig unmöglich ist.
- Bei einer nicht vom Leasingnehmer zu vertretenden vorzeitigen Beendigung des Vertrags muß der Leasingnehmer eine Abschlußzahlung in Höhe der Restamortisation leisten.
- Der Leasingnehmer stellt den Leasinggeber von allen Ansprüchen frei, die Dritte am Leasinggegenstand gegenüber dem Leasinggeber geltend machen.
- Der Leasingnehmer als Eigentümer des Grund und Bodens, auf dem der Leasinggeber im Rahmen eines Erbbaurechts das geleaste Gebäude errichtet, ist unter wirtschaftlichen Gesichtspunkten dazu gezwungen, nach Ablauf der Grundmietzeit das Gebäude zu erwerben.

Trifft den Leasingnehmer eine dieser Pflichten, muß er das Leasingobjekt bilanzieren, weil er typische Eigentümerrisiken trägt und sowohl die Chance der Wertsteigerung als auch das Risiko der Wertminderung auf ihn übergegangen sind.[49]

Abbildung 16 (S. 111) verdeutlicht die Vorschriften für die Zurechnung des Leasingobjektes bei Teilamortisationsverträgen über Immobilien.

Die Konsequenzen der Zurechnungskriterien für den Bilanzansatz beim Leasinggeber und Leasingnehmer entsprechen denen bei Vollamortisationsverträgen.[50]

---

49 Vgl. *Pinkos*, Anmerkungen zum Leasingerlaß, S. 22.
50 Vgl. *BMF* vom 23.12.1991, S. 3.

Vertragsdauer / Vertragsart	Gebäude		Grund und Boden
	Grundmietzeit ≤ 90 % der betriebsgewöhnlichen Nutzungsdauer*1)	Grundmietzeit > 90 % der betriebsgewöhnlichen Nutzungsdauer*1)	
keine Option	*Leasinggeber*	*Leasingnehmer*	
Kaufoption	*Leasinggeber*, wenn Kaufpreis ≥ Buchwert bei AfA nach § 7 Abs. 4 EStG; *Leasingnehmer*, • wenn Kaufpreis < Buchwert bei AfA nach § 7 Abs. 4 EStG • wenn eine „besondere Verpflichtung" vorliegt	*Leasingnehmer*	
Mietverlängerungsoption	*Leasinggeber*, wenn Anschlußmiete ≥ 75 % der ortsüblichen Vergleichsmiete; *Leasingnehmer*, • wenn Anschlußmiete < 75 % der ortsüblichen Vergleichsmiete • wenn eine „besondere Verpflichtung" vorliegt	*Leasingnehmer*	Zurechnung zu demjenigen, dem das Gebäude zugerechnet wird
Spezialleasing	*Leasingnehmer*	*Leasingnehmer*	

*1) Nach § 7 Abs. 4 EStG.

Abbildung 16: Zurechnung des Leasingobjektes bei Teilamortisationsverträgen über unbewegliche Wirtschaftsgüter

Quelle: In Anlehnung an *BMF* vom 23.12.1991, S. 2 f.

4.1.2.2 Die Bewertungsvorschriften der Leasingerlasse

Im Gegensatz zu den detaillierten Ansatzvorschriften ist die Bewertung der anzusetzenden Positionen in den Leasingerlassen nur kurz geregelt. Bewertungsvorschriften finden sich ausschließlich in den Vollamortisationserlassen. Für Teilamortisationsverträge enthalten die Leasingerlasse keine (expliziten) Bewertungsvorschriften; für Verträge über Immobilien wird aber auf die Regeln des entsprechenden Vollamortisationserlasses verwiesen.[51]

---

51 Vgl. *BMF* vom 23.12.1991, S. 3.

Die Bewertungsvorschriften beruhen auf dem Grundsatz, daß Leasingverträge, bei denen das Leasingobjekt dem *Leasinggeber* zugerechnet wird, wie *Mietverträge*, d.h. nach den Regeln für schwebende Geschäfte, und Verträge, bei denen das Leasingobjekt dem *Leasingnehmer* zugerechnet wird, wie *Teilzahlungsgeschäfte* behandelt werden.

Für Leasingverträge sind bei der Bewertung drei Fragen zu beantworten:

1. Mit welchem Wert ist das *Leasingobjekt* im Zugangszeitpunkt und in den Folgeperioden anzusetzen?
2. Wie sind die *Leasingraten* zu bilanzieren, d.h.
   - wie ist die Forderung bzw. Verbindlichkeit bei Zurechnung des Leasingobjektes zum Leasingnehmer zu bewerten,
   - wann sind bei Zurechnung des Leasingobjektes zum Leasinggeber die Leasingraten als Aufwand bzw. Ertrag zu verrechnen?
3. Wie sind im Leasingvertrag vereinbarte *Optionsrechte* zu bewerten?

Antworten auf diese Fragen finden sich in den Leasingerlassen nur ansatzweise: Angesprochen wird die Bewertung des Leasingobjektes sowie der Forderung und Verbindlichkeit. Der Zeitpunkt der Verrechnung der Leasingraten ist ebensowenig geregelt wie die Bewertung von Optionen. Letzteres resultiert aus der Tatsache, daß schon der Ansatz von Optionsrechten nicht behandelt wird.

4.1.2.2.1 Bewertung beim Leasingnehmer

4.1.2.2.1.1 Bewertung des Leasingobjekts

Nach den Leasingerlassen hat der Leasingnehmer das Leasingobjekt mit den *Anschaffungs- oder Herstellungskosten* zu bewerten.[52] Trotz des expliziten Verweises auf die Herstellungskosten kommen für die Bewertung des Leasingobjektes allerdings nur die Anschaffungskosten in Betracht, da der Leasingnehmer das Leasingobjekt von einem Dritten „erwirbt".

Anschaffungskosten sind gemäß § 255 Abs. 1 HGB bzw. H 32a EStR „die Aufwendungen, die geleistet werden, um einen Vermögensgegenstand zu erwerben und ihn in einen betriebsbereiten Zustand zu versetzen, soweit sie dem Vermögensgegenstand einzeln zugeordnet werden können". Zu den Anschaffungskosten gehören der Anschaffungspreis abzüglich Anschaffungspreisminderungen, Anschaffungsnebenkosten sowie nachträgliche Anschaffungskosten.[53]

---

[52] Vgl. *BMF* vom 19.04.1971, S. 4; *BMWF* vom 21.03.1972, S. 3.
[53] Vgl. *Knop/Küting*, § 255, Rn. 17.

Bei der Bewertung eines durch Leasing erworbenen Vermögensgegenstands besteht für den Leasingnehmer das Problem, daß ein Anschaffungspreis in der Form eines Rechnungspreises nicht vorliegt. Der BMF schreibt deshalb als Ausgangspunkt für die Berechnung der Anschaffungskosten „die Anschaffungs- oder Herstellungskosten des Leasing-Gebers, die der Berechnung der Leasing-Raten zugrunde gelegt worden sind",[54] vor. Der auf diese Weise berechnete „Anschaffungspreis" ist um Anschaffungsnebenkosten, die beim Leasingnehmer zur Versetzung des Gegenstands in einen betriebsbereiten Zustand anfallen (z.B. Transport- und Montagekosten), zu erhöhen.

Die Berechnung der Anschaffungskosten nach diesen Regeln setzt voraus, daß der Leasingnehmer die Anschaffungs-/Herstellungskosten bzw. die Kalkulation des Leasinggebers kennt.[55] Die Vorschrift des BMF ist zudem insofern unklar, als in der Formulierung auf zwei möglicherweise unterschiedliche Beträge Bezug genommen wird. „Die Anschaffungs- oder Herstellungskosten des Leasinggebers" und die Kosten, „die der Berechnung der Leasingraten zugrunde gelegt worden sind", sind nicht zwangsläufig identisch, weil der Leasinggeber der Berechnung der Leasingraten nicht die (bilanziellen) Anschaffungs-/ Herstellungskosten des Leasingobjektes, sondern die durch das Leasinggeschäft verursachten Selbstkosten zugrunde legen wird.[56]

Die planmäßige Abschreibung erfolgt über die betriebsgewöhnliche Nutzungsdauer des Leasingobjektes.[57] Außerplanmäßige Abschreibungen sowie Zuschreibungen werden in den Leasingerlassen nicht geregelt.

4.1.2.2.1.2 Behandlung der Leasingraten

Die Zurechnung des Leasingobjektes zum *Leasingnehmer* erfordert neben der Aktivierung des Gegenstands die Passivierung einer Verbindlichkeit „[i]n Höhe der aktivierten Anschaffungs- oder Herstellungskosten mit Ausnahme der nicht in den Leasing-Raten berücksichtigten Anschaffungs- oder Herstellungskosten"[58]. Die Höhe der Verbindlichkeit entspricht damit dem Ansatz des Wirtschaftsgutes auf der Aktivseite mit Ausnahme der aktivierten Anschaffungsnebenkosten.

In den Folgejahren sind die Leasingraten jeweils in Zins- und Tilgungsanteile aufzuspalten. Der *Tilgungsanteil* mindert *erfolgsneutral* die Verbindlichkeit, während der *Zinsanteil aufwandswirksam* verrechnet wird. Die Leasingerlasse schreiben keine bestimmte Methode

54 *BMF* vom 19.04.1971, S. 4; *BMWF* vom 21.03.1972, S. 3 f.
55 Zur Kritik an dieser Regelung vgl. *Buchloh*, Leasing-Erlaß, S. 778 f.; *Lefhalm*, Bewertung der Leasing-Gegenstände, S. 2150 f.
56 Zur Kalkulation der Leasingraten durch den Leasinggeber vgl. Abschnitt 5.1.3.3.1.
57 Vgl. *BMF* vom 19.04.1971, S. 5.

zur Aufspaltung vor. Es ist jedoch sicherzustellen, daß aufgrund der sinkenden Verbindlichkeit der Zinsanteil – bei konstantem Zinssatz – jährlich geringer wird.[59] In der Praxis kommen zwei Methoden zur Anwendung:[60]

1. Die exakte Berechnung der Zins- und Tilgungsanteile erfolgt mit Hilfe der *Barwertvergleichsmethode.* Bei dieser Methode wird für jedes Jahr der Barwert der Leasingraten berechnet, wobei der Barwert des ersten Jahres annahmegemäß dem Wertansatz der Verbindlichkeit entspricht.[61] Der Barwert der Folgejahre kann dann mit Hilfe des internen Zinsfußes (= Zinssatz, bei dessen Anwendung als Kalkulationszinsfuß der Barwert der Leasingraten dem Wertansatz der Verbindlichkeit entspricht) berechnet werden. Die Differenz zwischen dem Barwert der laufenden Periode und der Vorperiode gibt den Tilgungsanteil, die Differenz zwischen Gesamtrate und Tilgungsanteil den Zinsanteil an.[62] Folgendes Beispiel verdeutlicht die Berechnung der Zins- und Tilgungsanteile nach dieser Methode:

Angenommen wird ein Leasingvertrag mit einer unkündbaren Grundmietzeit von fünf Jahren, die der Nutzungsdauer des (beweglichen) Leasingobjektes entspricht. Die während der Grundmietzeit nachschüssig zu zahlenden Leasingraten betragen jährlich 100 GE; die Anschaffungskosten des Leasinggegenstands belaufen sich auf 400 GE.

Das Leasingobjekt wird dem Leasingnehmer zugerechnet, da es sich um einen Vollamortisationsvertrag handelt (Summe der Leasingraten = 500 GE > Anschaffungskosten des Leasingobjektes = 400 GE) und die Grundmietzeit 100 % der Nutzungsdauer des Leasinggegenstands beträgt.

Für die Anwendung der Barwertvergleichsmethode ist zunächst der interne Zinsfuß zu berechnen:

$100 \cdot (1 + i)^{-1} + ... + 100 \cdot (1 + i)^{-5} = 400$

$i = 7{,}93\ \%$

Daraus ergeben sich für die einzelnen Perioden folgende Zins- und Tilgungsanteile:

Periode	Leasingraten	Barwert	Zinsaufwand	Tilgungsanteil	Verbindlichkeit
0		400,00			400,00
1	100,00	400,00	31,72	68,28	331,72
2	100,00	331,72	26,31	73,69	258,03
3	100,00	258,03	20,46	79,54	178,50
4	100,00	178,50	14,16	85,84	92,65
5	100,00	92,65	7,35	92,65	0,00
Summe	*500,00*		*100,00*	*400,00*	

58 *BMF* vom 19.04.1971, S. 5; *BMWF* vom 21.03.1972, S. 4.
59 Vgl. *BMF* vom 19.04.1971, S. 5; *BMWF* vom 21.03.1972, S. 4.
60 Vgl. *BMF* vom 13.12.1973, S. 2485. Zu weiteren Methoden vgl. *Helmschrott*, Leasinggeschäfte, S. 252 ff.
61 Vgl. *BMF* vom 13.12.1973, S. 2485.
62 Vgl. *Helmschrott*, Leasinggeschäfte, S. 253; *Neumann*, Unternehmensführung, S. 493.

2. Eine Näherungslösung ergibt sich bei Anwendung der *Zinsstaffelmethode*. Bei dieser Methode errechnet sich der jährliche Zinsanteil nach folgender Formel:[63]

$$z_m = \frac{Z}{\frac{N \cdot (n+1)}{2}} \cdot n$$

mit: z_m = Zinsanteil der m-ten Leasingrate
Z = Summe der Zinsanteile aller Leasingraten
N = Anzahl der insgesamt zu verzinsenden Leasingraten
n = Anzahl der restlichen Leasingraten +1

Die Summe der Zinsanteile aller Leasingraten (Z) berechnet sich als Differenz zwischen der Summe der während der Grundmietzeit zu zahlenden Leasingraten und den Anschaffungskosten des Leasingobjektes.[64]

In obigem Beispiel ergeben sich bei Anwendung der Zinsstaffelmethode folgende Zins- und Tilgungsanteile:

Periode	Leasingraten	Zinsaufwand	Tilgungsanteil	Verbindlichkeit
0				400,00
1	100,00	33,33	66,67	333,33
2	100,00	26,67	73,33	260,00
3	100,00	20,00	80,00	180,00
4	100,00	13,33	86,67	93,33
5	100,00	6,67	93,33	0,00
Summe	*500,00*	*100,00*	*400,00*	

Der Zinsanteil der ersten Rate berechnet sich als:

$$z_1 = \frac{500 - 400}{\frac{5 \cdot (5+1)}{2}} \cdot 5 = 33{,}33$$

An dieser Stelle wird ein Problem der Bewertung des Leasingobjektes und der Verbindlichkeit mit den Anschaffungs-/Herstellungskosten des Leasinggebers deutlich, das bei Teilamortisationsverträgen auftritt: Da bei diesen Verträgen die Summe der während der Grundmietzeit zu zahlenden Leasingraten definitionsgemäß niedriger als die Anschaffungs-/ Herstellungskosten ist, führt die Aufspaltung der Leasingraten mit Hilfe der beschriebenen Verfahren zu unsinnigen Ergebnissen, weil der interne Zinsfuß bzw. der Zähler der Zinsstaffelformel negativ ist. Selbst wenn unterstellt wird, daß die Leasingraten bei Teilamortisationsverträgen keinen Zinsanteil enthalten, kann die Verbindlichkeit durch Verrechnung mit den jährlichen Leasingraten am Ende der Grundmietzeit nicht vollständig aufgelöst sein.

---

[63] Vgl. *Veigel/Lentschig*, Leasing im Steuerrecht, S. 113.
[64] Vgl. *BMF* vom 19.03.1973, S. 798; *BMF* vom 13.12.1973, S. 2485.

Daraus folgt, daß der Wertansatz des Aktiv- und Passivpostens zu hoch ist, für Teilamortisationsverträge folglich andere Bewertungsvorschriften gelten müßten.[65]

Für Verträge, bei denen das Leasingobjekt dem *Leasinggeber* zugerechnet wird, beschränken sich die Bewertungsvorschriften der Leasingerlasse auf die Aussage, daß die Leasingraten Betriebsausgaben sind.[66] Fragen der Periodisierung des Leasingaufwands werden nicht behandelt. Nach einem Urteil des BFH vom 12.08.1982 ist allerdings ein aktiver Rechnungsabgrenzungsposten zu bilden, wenn die Degression der Leasingraten stärker als der degressive Aufwandsverlauf bei einem (fiktiven) fremdfinanzierten Kauf des Leasingobjektes ist.[67] Das FG Münster hat in einem neueren Urteil entschieden, daß eine solche Abgrenzung nur für den Fall des im BFH-Urteil behandelten Immobilienleasing zulässig ist. Bei Mobilienleasing wird eine lineare Verteilung degressiver Leasingraten als nicht gerechtfertigt angesehen.[68] Diese Ansicht bestätigt der BFH in seinem Urteil vom 28.02.2001.[69]

4.1.2.2.2 Bewertung beim Leasinggeber

4.1.2.2.2.1 Bewertung des Leasingobjektes

Auch der Leasinggeber bewertet das Leasingobjekt mit den Anschaffungs-/Herstellungskosten.[70] Für die Bestimmung der Anschaffungskosten gilt nach h.M., daß Anschaffungsnebenkosten nur aktiviert werden dürfen, soweit sie im Zusammenhang mit der *Anschaffung* des Gegenstands anfallen (z.B. Kosten der Erstellung des Kaufvertrags, Maklergebühren).[71] Nebenkosten, die im Zusammenhang mit der *Vermietung* stehen (z.B. Verpackungs-, Transport- und Montagekosten beim Leasingnehmer), dürfen nicht angesetzt werden.[72] Gleiches gilt für Kosten, welche für die *Erlangung des Leasingvertrags* anfallen (z.B. Kosten für den Vertragsabschluß, Provisionen für Vertragsvermittlungen).[73] Diese Aufwendungen stellen Vertriebskosten dar und dürfen deshalb auch im Rahmen der Herstellungskosten nicht berücksichtigt werden.[74]

---

65 Vgl. dazu Abschnitt 5.1.2.3.2.2.2.
66 Vgl. *BMF* vom 19.04.1971, S. 4; *BMWF* vom 21.03.1972, S. 3.
67 Vgl. *BFH* vom 12.08.1982, S. 2383 f.
68 Vgl. *FG Münster* vom 03.04.2000, S. 668 f.
69 Vgl. *BFH* vom 28.02.2001, S. 1576 f.
70 Vgl. *BMF* vom 19.04.1971, S. 4; *BMWF* vom 21.03.1972, S. 3.
71 Vgl. *Findeisen*, Eigentum des Leasinggebers, Rdnr. 8; *Gelhausen/Gelhausen*, Bilanzierung von Leasingverträgen, Rn. 52.
72 Vgl. *Isele*, Leasingverhältnisse, Rn. 490.
73 Vgl. *IDW*, HFA 1/1989, S. 625.
74 Vgl. *Findeisen*, Eigentum des Leasinggebers, Rdnr. 8.

Das Leasingobjekt ist über die betriebsgewöhnliche Nutzungsdauer planmäßig abzuschreiben.[75] Auch für den Leasinggeber enthalten die Leasingerlasse keine Vorschriften zur Vornahme von außerplanmäßigen Abschreibungen und von Zuschreibungen.

4.1.2.2.2.2 Behandlung der Leasingraten

Wird das Leasingobjekt dem *Leasingnehmer* zugerechnet, weist der Leasinggeber eine Forderung „in Höhe der den Leasing-Raten zugrunde gelegten Anschaffungs- oder Herstellungskosten" aus.[76] Die Höhe der Forderung soll nach Meinung des BMF mit der Höhe der Verbindlichkeit des Leasingnehmers übereinstimmen.[77] Das setzt aber voraus, daß der Leasingnehmer die Anschaffungs-/Herstellungskosten des Leasinggebers kennt.

Analog zur Vorgehensweise des Leasingnehmers spaltet der Leasinggeber die Leasingraten in Zins- und Tilgungsanteile auf.[78] Der *Tilgungsanteil* mindert jeweils *erfolgsneutral* die Forderung, während der *Zinsanteil ertragswirksam* verrechnet wird.

Ist der *Leasinggeber* wirtschaftlicher Eigentümer des Leasingobjektes, sind die Leasingraten Betriebseinnahmen.[79] Fragen zur Periodisierung des Ertrags werden auch für den Leasinggeber in den Erlassen nicht behandelt.

4.1.3 Informationsregeln für Leasinggeschäfte

Während der BMF in den Leasingerlassen zu Fragen des Ansatzes ausführlich, zu Fragen der Bewertung zumindest ansatzweise Stellung nimmt, fehlen Informationsregeln für Leasingverträge völlig. Aus den steuerrechtlichen Regelungen läßt sich damit für die Handelsbilanz nicht ableiten,

- ob das Leasingobjekt im Anlage- oder Umlaufvermögen auszuweisen ist;
- ob das Leasingobjekt sowie die Forderung bzw. Verbindlichkeit gesondert auszuweisen sind;
- ob der Zinsertrag bzw. -aufwand in der Gewinn- und Verlustrechnung gesondert auszuweisen ist;
- ob im Anhang Angaben über Leasingverträge erforderlich sind.

Allerdings sind Leasingverträge im *Anhang* von Kapitalgesellschaften gemäß den §§ 284, 285 HGB zu erläutern. Danach müssen die angewandten Bilanzierungs- und Bewertungsmethoden sowie Abweichungen von den gesetzlich vorgeschriebenen (§ 252 Abs. 2 HGB)

---

[75] Vgl. *BMF* vom 19.04.1971, S. 4.
[76] *BMF* vom 19.04.1971, S. 5; *BMWF* vom 21.03.1972, S. 4.
[77] Vgl. *BMF* vom 19.04.1971, S. 5; *BMWF* vom 21.03.1972, S. 4.
[78] Vgl. *BMF* vom 19.04.1971, S. 5; *BMWF* vom 21.03.1972, S. 4.
[79] Vgl. *BMF* vom 19.04.1971, S. 4; *BMWF* vom 21.03.1972, S. 3.

oder in Vorperioden angewandten Methoden angegeben werden; deren Einfluß auf die Vermögens-, Finanz- und Ertragslage ist zu erläutern (§ 284 Abs. 2 Nr. 1 und 3 HGB). Für Leasingverträge verlangt diese Vorschrift beim Leasinggeber und beim Leasingnehmer vor allem Erläuterungen zur Bewertung des Leasinggegenstands, zur Art der Verrechnung des Ertrags bzw. Aufwands sowie zur Bildung und Auflösung von Rechnungsabgrenzungsposten bei Mietvorauszahlungen.[80]

Darüber hinaus hat der Leasingnehmer nach § 285 Nr. 3 HGB den Gesamtbetrag der Verpflichtungen aus Leasingverträgen, die nicht in seiner Bilanz erscheinen, im Anhang anzugeben, wenn diese Verträge am Bilanzstichtag abgeschlossen und insgesamt von Bedeutung sind.[81] Anzugeben sind die für die Grundmietzeit vereinbarten Verpflichtungen sowie Optionen des Leasingnehmers bzw. Rechte des Leasinggebers im Anschluß an die Grundmietzeit, wenn mit ihrer Ausübung zu rechnen ist.[82]

4.1.4 Zusammenfassung: Die Bilanzierung von Leasinggeschäften nach den Leasingerlassen

Die Gewinnermittlungsregeln für Leasingverträge nach den Leasingerlassen des BMF lassen sich in den folgenden Grundsätzen zusammenfassen:

- Das Kriterium des wirtschaftlichen Eigentums wird für Leasinggeschäfte durch den Wert, den der Herausgabeanspruch für den Leasinggeber nach Ablauf der Grundmietzeit hat, konkretisiert. Dieser Wert wird durch das Verhältnis von betriebsgewöhnlicher Nutzungsdauer und Grundmietzeit einerseits sowie die Wahrscheinlichkeit der Ausübung von Optionsrechten andererseits bestimmt.
- Verträge, bei denen das Leasingobjekt dem Leasinggeber zugerechnet wird, werden wie Mietverträge, d.h. nach den Grundsätzen für schwebende Geschäfte, Verträge, bei denen das Leasingobjekt dem Leasingnehmer zugerechnet wird, werden wie Teilzahlungsgeschäfte bilanziert.[83]

Diese Grundsätze sind nicht unumstritten. Die im Schrifttum geäußerte Kritik bezieht sich insbesondere auf die *Zurechnung des Leasingobjektes* nach dem Wert des Herausgabeanspruchs des Leasinggebers. Kritisiert wird

---

80 Vgl. *Findeisen*, Eigentum des Leasinggebers, Rdnr. 80.
81 Vgl. *Krawitz*, § 285, Rz. 53.
82 Vgl. *Findeisen*, Eigentum des Leasinggebers, Rdnr. 89; *Glasel*, Leasing, Rz 144.
83 Vgl. *Clausen*, Aktivierung bei Leasing-Verträgen, Anm. 1100.

- der Rückgriff auf die betriebsgewöhnliche Nutzungsdauer, da diese eine betriebsindividuelle Größe sei. Folglich könne eine bestimmte Grundmietzeit aus der Sicht des Leasingnehmers (mindestens) 90 %, aus der Sicht des Leasinggebers weniger als 90 % der wirtschaftlichen Nutzungsdauer betragen, so daß für den Leasinggeber nach Ablauf der Grundmietzeit weitere Verwertungsmöglichkeiten bestehen;[84]
- die Unterstellung weiterer Vereinbarungen außerhalb des Leasingvertrags bei Vollamortisationsverträgen mit einer Grundmietzeit, die kürzer als 40 % der betriebsgewöhnlichen Nutzungsdauer ist;[85]
- die Annahme, daß der Leasingnehmer im Hinblick auf die Ausübung von Optionen immer rational handelt. So könne aus einer (scheinbar) günstig gestalteten Option nicht zwangsläufig geschlossen werden, daß der Leasingnehmer das Objekt bis zum Ende der Nutzungsdauer nutzt und dadurch der Herausgabeanspruch des Leasinggebers wertlos ist;[86]
- die aus den ersten drei Kritikpunkten folgende willkürliche Zurechnung des Leasingobjektes.[87]

Die *Bewertungsvorschriften* der Leasingerlasse werden in erster Linie dahingehend kritisiert,

- daß die Anschaffungs-/Herstellungskosten des Leasinggebers dem Leasingnehmer erstens nicht unbedingt bekannt sind und zweitens nicht die Kosten repräsentieren, die der Leasingnehmer für den Erwerb des Gegenstands hätte aufwenden müssen;[88]
- daß die Bilanzierung von Leasingverträgen nach den Regeln für Kaufverträge zum Ausweis unrealisierter Gewinne führt, wenn nicht feststeht, daß der Leasingnehmer das Leasingobjekt bis zum Ende der Nutzungsdauer nutzt.[89]

Die Kritik an den Regeln der Leasingerlasse erfolgt weitgehend losgelöst von den Zwecken der Rechnungslegung. So beschränkt sich insbesondere die Kritik an der Zurechnung des Leasingobjektes nach dem wirtschaftlichen Eigentum auf die Auslegung dieses Kriteriums durch den BMF. Ob das Kriterium des wirtschaftlichen Eigentums für die Handelsbilanz *grundsätzlich zweckmäßig* ist, wird i.d.R. nicht geprüft. Fragen nach der Auslegung des

---

84 Vgl. *Baetge/Ballwieser*, Ansatz von Leasingobjekten, S. 6 f.; *Knapp*, Leasing-Erlaß, S. 687; ähnlich *Küting/Hellen/Brakensiek*, Leasing in der Bilanzierung, S. 1468.

85 Vgl. *Baetge/Ballwieser*, Ansatz von Leasingobjekten, S. 7; *Buchloh*, Leasing-Erlaß, S. 778.

86 Vgl. *Buchloh*, Leasing-Erlaß, S. 778; *Clausen*, Aktivierung bei Leasing-Verträgen, Anm. 1150; *Knapp*, Leasing-Erlaß, S. 688 f.

87 Vgl. *Ammann/Hucke*, Rechtliche Grundlagen, S. 91; *Baetge/Ballwieser*, Ansatz von Leasingobjekten, S. 8.

88 Vgl. *Baetge/Ballwieser*, Ansatz von Leasingobjekten, S. 7; *Buchloh*, Leasing-Erlaß, S. 778.

89 Vgl. *Knapp*, Leasing-Erlaß, S. 690.

Begriffs „wirtschaftliches Eigentum" stellen sich jedoch erst, wenn geklärt ist, daß das wirtschaftliche Eigentum überhaupt ein zweckmäßiges Kriterium ist.

Da die handels- und steuerrechtliche Rechnungslegung unterschiedliche Zwecke verfolgen, liegt die Vermutung nahe, daß ein und dieselben Regeln nicht für beide Abschlüsse zweckmäßig sind. Vor einer Übernahme der steuerrechtlichen Regelungen in die Handelsbilanz ist folglich zu prüfen, ob diese Vorschriften dem Zweck der handelsrechtlichen Rechnungslegung überhaupt entsprechen. Diese Analyse erfolgt im fünften Kapitel.

4.2 Die Bilanzierung von Leasinggeschäften nach US-GAAP

4.2.1 Rechtliche Grundlagen

Die grundlegende Vorschrift für die Bilanzierung von Leasingverträgen nach US-GAAP ist das seit 01.01.1977 anzuwendende *SFAS 13 Accounting for Leases*. In diesem Statement regelt das FASB ausführlich Ansatz, Bewertung und Ausweis sowie sonstige Angabepflichten für verschiedene Arten von Leasinggeschäften beim Leasinggeber und Leasingnehmer. In den Folgejahren veröffentlichte das FASB zahlreiche SFAS, Interpretationen (FIN) und Technical Bulletins (FTB), die SFAS 13 in Teilen aufheben, ändern oder ergänzen. Daneben sind zahlreiche Detailprobleme in gesonderten Verlautbarungen geregelt.[90]

Anwendungsbereich des SFAS 13 sind alle Verträge „conveying the right to use property, plant, and equipment (land and/or depreciable assets) usually for a stated period of time" (SFAS 13 Abs. 1). Nicht nach SFAS 13 bilanziert werden Leasingverträge, die Rechte zum Abbau von Bodenschätzen beinhalten, sowie Lizenzverträge, z.B. über Filmrechte, Patente und Copyrights (SFAS 13 Abs. 1).

4.2.2 Begriffsdefinitionen

Im Rahmen der GAAP für die Bilanzierung von Leasingverträgen spielen einige Begriffe eine wichtige Rolle, die in den deutschen Vorschriften gar nicht oder in einer anderen Bedeutung vorkommen. Diese Begriffe werden in SFAS 13 definiert und sind z.T. durch nachfolgende Statements ergänzt oder geändert worden. Zur Erleichterung des Verständnisses der folgenden Ausführungen werden diese Begriffe in der Abbildung 17 (S. 121 ff.) zusammengestellt und erläutert. Im folgenden wird aus sprachlichen Gründen i.d.R. die deutsche Übersetzung dieser Begriffe verwendet. Dabei ist zu beachten, daß eine inhaltliche Übereinstimmung mit den entsprechenden Begriffen der deutschen Rechnungslegung nicht immer gegeben ist.

---

90 Im Anhang findet sich eine Zusammenstellung der für die Bilanzierung von Leasing relevanten GAAP.

Lease Term (Grundmietzeit) (SFAS 98 Abs. 22(a))

Vertraglich vereinbarte unkündbare Dauer des Leasingvertrags

+ Zeitraum, der durch eine günstige Verlängerungsoption abgedeckt ist
+ Zeitraum, für den der Leasingnehmer bei Nichtverlängerung des Vertrags eine Strafe zahlen muß, die so bemessen ist, daß die Verlängerung bereits zu Beginn der Vertragslaufzeit so gut wie sicher ist
+ Zeitraum, der durch eine Verlängerungsoption abgedeckt ist und für den der Leasingnehmer für Verbindlichkeiten des Leasinggebers garantiert, die in direktem oder indirektem Zusammenhang mit dem Leasingvertrag stehen
+ Zeitraum, der durch eine Verlängerungsoption abgedeckt ist und der dem Zeitpunkt, zu dem eine günstige Kaufoption ausgeübt werden kann, vorausgeht
+ Zeitraum, der durch eine Verlängerungsoption des Leasinggebers abgedeckt ist. Dieser Zeitraum darf den Zeitpunkt, zu dem eine günstige Kaufoption ausgeübt werden kann, nicht überschreiten.

Ein Leasingvertrag gilt auch dann als unkündbar, wenn im Vertrag zwar eine Kündigung vorgesehen ist, diese Kündigung aber

- vom Eintritt unwahrscheinlicher Ereignisse abhängt;
- die Zustimmung des Leasinggebers voraussetzt;
- nur bei Abschluß eines neuen Leasingvertrags zwischen dem gleichen Leasinggeber und -nehmer möglich ist oder
- mit einer Strafe verbunden ist, welche eine Fortsetzung des Leasingvertrags von Beginn der Vertragslaufzeit an so gut wie sicher erscheinen läßt.

Minimum Lease Payments (Mindestleasingraten) (SFAS 13 Abs. 5(j))

Leasingnehmer	**Leasinggeber**
Zahlungen, die während der Grundmietzeit zu leisten sind + vereinbarter Kaufpreis einer günstigen Kaufoption *oder, falls keine Kaufoption vereinbart ist* + Betrag des vom Leasingnehmer am Ende der Grundmietzeit garantierten Restwertes, unabhängig davon, ob diese Garantie zu einem Eigentumsübergang führt[91] + Strafen, die dem Leasingnehmer auferlegt werden, wenn er den Leasingvertrag nach Ablauf der Grundmietzeit nicht verlängert, unabhängig davon, ob diese Zahlung zu einem Eigentumsübergang führt.[92] Nebenkosten (executory costs) für z.B. Versicherungen, Instandhaltung und Steuern gehören nicht zu den Mindestleasingraten.	Zahlungen des Leasingnehmers (siehe links) + Restwertgarantien oder sonstige Zahlungen, die der Leasinggeber nach Ablauf der Grundmietzeit von einem unabhängigen Dritten erhält, vorausgesetzt, dieser ist in der Lage, die Verpflichtung zu erfüllen.

[91] Diese Garantie kann z.B. in einem Andienungsrecht des Leasinggebers oder in der Vereinbarung, daß der Leasingnehmer die Differenz zwischen dem vereinbarten und dem vom Leasinggeber tatsächlich realisierten Restwert zahlen muß, bestehen (SFAS 13 Abs. 5(j)(i)(b)).

[92] Diese Strafen können nicht nur in Geldleistungen bzw. Verbindlichkeiten, sondern auch in der Verpflichtung zur Erbringung bestimmter Dienstleistungen, zur Übertragung von Vermögenswerten oder in sonstigen ökonomischen Nachteilen bestehen (SFAS 98 Abs. 22(b)).

Optionen (SFAS 13 Abs. 5(d), (e))	
Bargain Purchase Option ((günstige) Kaufoption)	**Bargain Renewal Option ((günstige) Mietverlängerungsoption)**
Vereinbarung im Leasingvertrag, die dem Leasingnehmer das Recht einräumt, das Leasingobjekt zu einem Preis zu erwerben, der deutlich unter dem Fair Value des Vermögenswertes zum Zeitpunkt der Optionsausübung liegt, so daß die Ausübung der Option bei Vertragsabschluß so gut wie sicher ist.	Vereinbarung im Leasingvertrag, die dem Leasingnehmer das Recht einräumt, das Leasingobjekt zu einer Leasingrate weiter zu nutzen, die deutlich unter der üblichen Miete für einen vergleichbaren Vermögenswert liegt, so daß die Ausübung der Option bei Vertragsabschluß so gut wie sicher ist.
Discount Rate (Kalkulationszinssatz) (SFAS 13 Abs. 5(k), (l))	
Lessee's Incremental Borrowing Rate (Kreditzins des Leasingnehmers)	**Interest Rate Implicit in the Lease (Interner Zinsfuß des Leasinggeschäfts)**
Zinssatz, den der Leasingnehmer für ein Darlehen mit gleicher Laufzeit wie der Leasingvertrag für den Kauf des Leasingobjektes hätte zahlen müssen.	Zinssatz, bei dem der Barwert der Mindestleasingraten abzüglich Nebenkosten und darauf entfallender Gewinne zuzüglich des nicht garantierten Restwertes zu Beginn der Grundmietzeit dem Fair Value des Leasingobjektes im gleichen Zeitpunkt entspricht.

Fair Value (SFAS 13 Abs. 5(c))

Preis, zu dem der Leasinggegenstand zwischen zwei unabhängigen Parteien gehandelt werden könnte, z.B.

- bei direktem Leasing: „normaler" Verkaufspreis abzüglich Preisminderungen;
- bei indirektem Leasing: Anschaffungskosten des Leasinggebers abzüglich Preisminderungen.

Dabei sind die Marktverhältnisse zu Beginn des Leasingvertrags zugrunde zu legen, so daß der Fair Value von diesen Werten abweichen kann.

Inception of the Lease (Beginn des Leasinggeschäfts) (SFAS 23 Abs. 6)

Zeitpunkt, zu dem die wesentlichen Vereinbarungen des Leasinggeschäfts verbindlich festgelegt werden.

Initial Direct Costs (Vertragsabschlußkosten) (SFAS 91 Abs. 24)

Aufwendungen, die beim Leasinggeber anfallen für

- den Abschluß eines Leasingvertrags mit unabhängigen Dritten, d.h. Aufwendungen, die
  - notwendig sind, den Leasingvertrag abzuschließen, und
  - ohne Abschluß des Leasingvertrags nicht angefallen wären;
- besondere Tätigkeiten des Leasinggebers im Zusammenhang mit dem Leasingvertrag, z.B. Beurteilung der Kreditwürdigkeit des Leasingnehmers, Aktivitäten im Zusammenhang mit der Bestellung von Sicherheiten, Vereinbarung der Grundmietzeit, Vorbereitung und Abschluß des Vertrags.

Nicht zu den Vertragsabschlußkosten gehören Aufwendungen für Werbung, für die Suche nach einem Leasingnehmer, für bestehende Leasingverträge sowie Verwaltungskosten, Miete, Abschreibungen und Lohnkosten für diese Tätigkeiten.

Residual Value (Restwert) (SFAS 13 Abs. 5(h), (i))	
Estimated Residual Value (geschätzter Restwert)	**Unguaranteed Residual Value (nicht garantierter Restwert)**
Geschätzter Fair Value des Leasingobjektes am Ende der Grundmietzeit.	Restwert des Leasingobjektes, der dem Leasinggeber nicht vom Leasingnehmer oder von einem unabhängigen Dritten garantiert wird.

Abbildung 17: Begriffsdefinitionen zur Bilanzierung von Leasing nach US-GAAP

4.2.3 Gewinnermittlungsregeln für Leasinggeschäfte

4.2.3.1 Die Ansatzvorschriften des SFAS 13

4.2.3.1.1 Zurechnung nach dem Grundsatz der „substance over form"

Die Prüfung der Ansatzkriterien für Leasingverträge ist nach US-GAAP vom Leasinggeber und -nehmer getrennt durchzuführen. Die Zurechnung des Leasingobjektes richtet sich nach der Art des Leasinggeschäfts: Verträge, die als *Operating Lease* zu klassifizieren sind, führen zu einem Ansatz des Leasingobjektes beim *Leasinggeber*, bei *Capital Lease* wird der Leasinggegenstand vom *Leasingnehmer* bilanziert. Der Leasinggeber unterscheidet bei Capital Lease drei Unterfälle: *Sales-Type Lease*, *Direct Financing Lease* und *Leveraged Lease*.

Die Zurechnungskriterien beruhen auf dem Grundsatz, daß das Leasingobjekt von demjenigen bilanziert werden soll, der die mit dem Eigentum an dem Vermögenswert verbundenen Chancen (Nutzung, Veräußerung) und Risiken (Verlust, Abnutzung, Veralterung, Instandhaltung) trägt.[93] Hinter diesem Grundsatz steht das Prinzip der wirtschaftlichen Betrachtungsweise („*substance over form*"), nach dem ein Sachverhalt unabhängig von der juristischen Einordnung nach dem wirtschaftlichen Gehalt zu beurteilen ist.[94]

4.2.3.1.2 Ansatzkriterien des Leasingnehmers

Aus der Sicht des Leasingnehmers liegt *Capital Lease* vor, wenn mindestens eins der folgenden Kriterien erfüllt ist (SFAS 13 Abs. 7(a)-(d)):

1. Am Ende der Grundmietzeit geht das Eigentum am Leasingobjekt auf den Leasingnehmer über (*Transfer of Ownership Test*).
2. Der Leasingvertrag enthält eine günstige Kaufoption (*Bargain Purchase Option Test*).[95]

---

93 Vgl. *Dyckman/Dukes/Davis*, Intermediate Accounting, S. 823; *Mellwig*, Darstellung von Leasingverträgen, S. 3.
94 Vgl. *Pellens*, Internationale Rechnungslegung, S. 168.
95 Die Vereinbarung einer günstigen Mietverlängerungsoption ist kein eigenständiges Ansatzkriterium, weil der durch die Option abgedeckte Zeitraum Bestandteil der Grundmietzeit und die Anschlußmieten Bestandteil

3. Die Grundmietzeit umfaßt mindestens 75 % der geschätzten wirtschaftlichen (Rest-) Nutzungsdauer des Leasingobjektes (*Economic Life Test – 75 %-Test*). Fällt der Beginn des Leasingverhältnisses in die letzten 25 % der wirtschaftlichen (Gesamt-)Nutzungsdauer, ist dieses Kriterium für die Klassifizierung des Leasingvertrags nicht anwendbar.[96]

4. Der Barwert der Mindestleasingraten zu Beginn der Grundmietzeit beträgt mindestens 90 % des Fair Value des Leasingobjektes zu diesem Zeitpunkt (*Recovery of Investment Test – 90 %-Test*). Der Barwert ist mit Hilfe des internen Zinsfußes zu berechnen, wenn dieser dem Leasingnehmer bekannt und niedriger als der Kreditzins des Leasingnehmers ist. Sind diese Bedingungen nicht erfüllt, kommt der Kreditzins zur Anwendung. Fällt der Beginn des Leasingverhältnisses in die letzten 25 % der wirtschaftlichen (Gesamt-) Nutzungsdauer, ist dieses Kriterium für die Klassifizierung des Leasingvertrags nicht anwendbar.[97]

Ist keines dieser Kriterien erfüllt, liegt *Operating Lease* vor, das zur Zurechnung des Leasingobjektes zum Leasinggeber führt (SFAS 13 Abs. 6(a)(ii), 7).

Abbildung 18 (S. 125) faßt die vom Leasingnehmer vorzunehmenden Prüfschritte zusammen.

Bei *Capital Lease* bilanziert der Leasingnehmer das Leasingobjekt sowie eine Verbindlichkeit[98] (SFAS 13 Abs. 10). Damit hat das Leasinggeschäft die gleichen bilanziellen Konsequenzen wie ein kreditfinanzierter Kauf.[99] *Operating Lease* führt nicht zum Ansatz von Bilanzpositionen beim Leasingnehmer, es sei denn, die Zahlungsweise der Leasingraten erfordert den Ansatz von Rechnungsabgrenzungsposten (SFAS 13 Abs. 15).

---

der Mindestleasingraten sind. Damit ist eine Verlängerungsoption durch die Kriterien 3 und 4 abgedeckt; vgl. SFAS 13 Appendix B Abs. 88.

96 Diese Einschränkung beruht auf der Überlegung, daß Leasingverträge mit einer im Vergleich zur wirtschaftlichen Nutzungsdauer kurzen Grundmietzeit als Operating Lease klassifiziert werden sollen, unabhängig davon, ob der Vertrag zu Beginn oder gegen Ende der Nutzungsdauer abgeschlossen wird. Ist z.B. ein Leasingobjekt mit einer wirtschaftlichen Nutzungsdauer von 25 Jahren Gegenstand von fünf aufeinander folgenden Leasingverträgen mit einer Grundmietzeit von jeweils fünf Jahren, wären ohne diese Einschränkung die ersten vier Verträge Operating Leases, der letzte Vertrag wäre Capital Lease. Dieses Ergebnis sieht das FASB als „illogical" an; vgl. SFAS 13 Appendix B Abs. 75.

97 Für diese Einschränkung gilt die für den Economic Life Test erläuterte Begründung analog; vgl. SFAS 13 Appendix B Abs. 84, Fußnote 96 in diesem Kapitel.

98 Der Begriff „liability" wird im folgenden mit „Verbindlichkeit" übersetzt, wenn eindeutig eine *sichere* Schuld vorliegt.

99 Vgl. *Dyckman/Dukes/Davis*, Intermediate Accounting, S. 829.

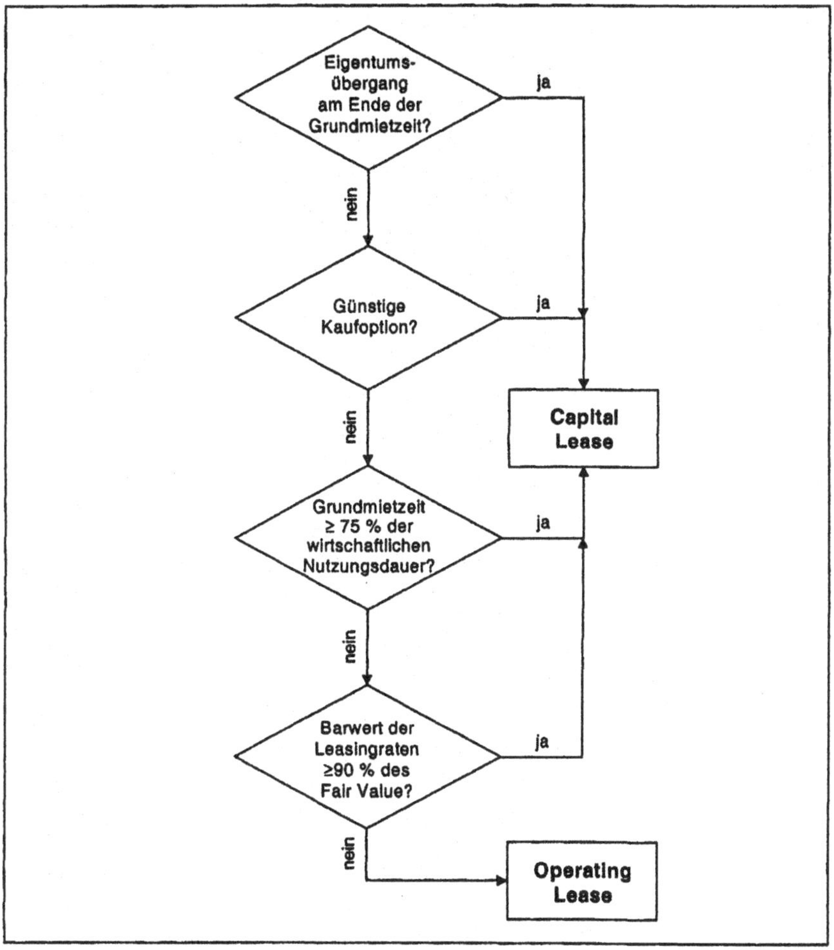

Abbildung 18: Ansatzkriterien des Leasingnehmers

Quelle: In Anlehnung an *Kieso/Weygandt/Warfield*, Intermediate Accounting, S. 1194.

4.2.3.1.3 Ansatzkriterien des Leasinggebers

Aus der Sicht des Leasinggebers sind bei Capital Lease zwei bzw. drei Unterfälle zu unterscheiden. Alle Leasingverträge, die sich nicht in diese Kategorien einordnen lassen, sind nach den Vorschriften für *Operating Lease* zu bilanzieren (SFAS 98 Abs. 22(d)).

Der Leasinggeber klassifiziert Capital Lease als

- *Sales-Type Lease*, wenn der Fair Value des Leasingobjektes bei Abschluß des Leasingvertrags höher (niedriger) als die fortgeführten Anschaffungs-/Herstellungskosten ist. In diesem Fall liegt ein Leasingvertrag vor „that give[s] rise to manufacturer's or dealer's profit (or loss) to the lessor"[100] (SFAS 98 Abs. 22(c)). Bei Sales-Type Lease produziert oder erwirbt der Leasinggeber den Gegenstand mit der Absicht, ihn Dritten entweder durch Verkauf oder durch Leasing zur Nutzung zur Verfügung zu stellen. Leasing ist folglich eine Alternative zum Verkauf des Gegenstands;[101]
- *Direct Financing Lease*, wenn der Fair Value des Leasingobjektes bei Abschluß des Leasingvertrags den Anschaffungskosten bzw. dem Buchwert entspricht. In diesem Fall liegt ein Leasingvertrag vor „that do[es] not give rise to manufacturer's or dealer's profit (or loss) to the lessor". Der Gewinn des Leasinggebers besteht nur aus den in den Leasingraten kalkulierten Zinsen.[102] Bei Direct Financing Lease erwirbt der Leasinggeber das Leasingobjekt ausschließlich zum Zweck der anschließenden Vermietung. Das Leasinggeschäft ist eine Alternative zum Darlehen.[103] Leasingverträge dürfen nur dann nach den Vorschriften für Direct Financing Lease bilanziert werden, wenn die Kriterien für Leveraged Lease nicht erfüllt sind (SFAS 13 Abs. 6(b)(ii)).[104]

Abbildung 19 (S. 127) verdeutlicht den Unterschied zwischen Sales-Type Lease und Direct Financing Lease.

---

100 Ein „manufacturer's or dealer's profit (or loss)" ist „das Ergebnis, das bei einem regulären Verkauf des verleasten Guts zum normalen Verkaufspreis und unter Berücksichtigung der handelsüblichen Margen- oder Branchenrabatte erzielt würde"; *EU-Kommission*, Behandlung von Leasingverträgen, Abs. 33(a).

101 Vgl. *Kieso/Weygandt/Warfield*, Intermediate Accounting, S. 1204.

102 Vgl. *Delaney/Adler/Epstein/Foran*, GAAP 99, S. 484.

103 Vgl. *Dyckman/Dukes/Davis*, Intermediate Accounting, S. 825.

104 Sind diese Kriterien erfüllt, ist der Vertrag nach den Vorschriften für Leveraged Lease zu bilanzieren. Sales-Type Lease darf dagegen nicht nach diesen Vorschriften bilanziert werden.

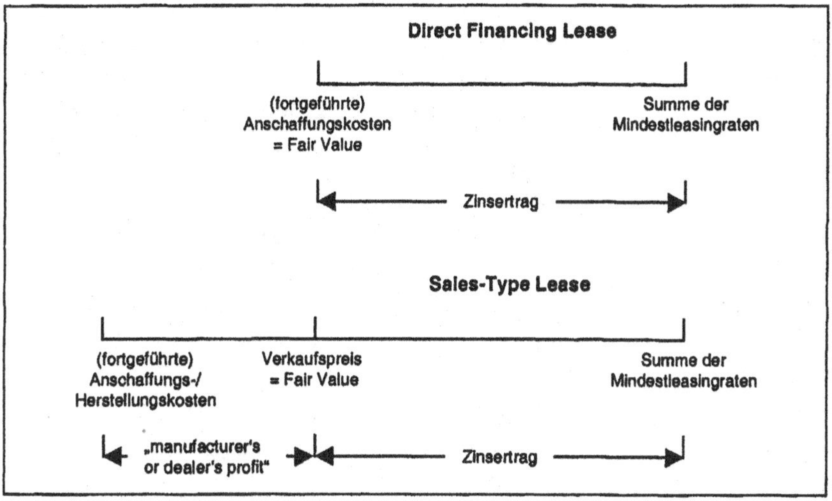

Abbildung 19: Sales-Type Lease und Direct Financing Lease

Quelle: In Anlehnung an *Dyckman/Dukes/Davis*, Intermediate Accounting, S. 825.

Für das Vorliegen von Capital Lease müssen Kriterien erfüllt sein, die sich in zwei Gruppen einteilen lassen (SFAS 98 Abs. 22(f)):

Gruppe 1:
1. Transfer of Ownership Test
2. Bargain Purchase Option Test
3. Economic Life Test (75 %-Test)
4. Recovery of Investment Test (90 %-Test)

Gruppe 2:
1. Die Mindestleasingraten werden dem Leasinggeber nach vernünftiger Einschätzung voraussichtlich zufließen (SFAS 98 Abs. 22(f)).
2. Es bestehen keine wesentlichen Unsicherheiten über die aus dem Leasinggeschäft resultierenden Aufwendungen, die dem Leasinggeber nicht durch den Leasingnehmer erstattet werden. Solche Aufwendungen können z.B. entstehen, wenn der Leasinggeber dem Leasingnehmer Leistungen garantiert, die über die übliche Produktgarantie hinausgehen (SFAS 13 Abs. 8(b)).

Die Ansatzkriterien der Gruppe 1 entsprechen denjenigen, die beim Leasingnehmer für das Vorliegen von Capital Lease erfüllt sein müssen. Für das Vorliegen von Sales-Type oder Direct Financing Lease müssen *ein* Kriterium der Gruppe 1 und *beide* Kriterien der Gruppe 2 erfüllt sein (SFAS 98 Abs. 22(f)). Die Kriterien der Gruppe 2 sollen sicherstellen, daß der

Leasinggeber das Leasingobjekt erst dann aus seiner Bilanz entfernt und einen Gewinn realisiert, wenn tatsächlich alle Risiken auf den Leasingnehmer übergegangen sind. Leasingverträge über Grundstücke werden nur dann als Sales-Type Lease qualifiziert, wenn am Ende der Grundmietzeit das Eigentum auf den Leasingnehmer übergeht (SFAS 98 Abs. 22(f)).[105]

Hinter diesen Ansatzkriterien steht die Überlegung, daß Leasingverträge vom Leasingnehmer und -geber grundsätzlich nach den gleichen Kriterien bilanziert werden sollen.[106] Damit soll erreicht werden, daß ein Leasingvertrag sowohl vom Leasingnehmer als auch vom Leasinggeber als Operating Lease bzw. von beiden als Capital Lease klassifiziert wird.[107] Durch die Ansatzkriterien der Gruppe 2 kann es aber dazu kommen, daß das Leasingobjekt sowohl vom Leasinggeber als auch vom Leasingnehmer bilanziert wird.[108] Das ist der Fall, wenn zwar die Kriterien der Gruppe 1, aber nicht die der Gruppe 2 erfüllt sind. In diesem Fall klassifiziert der Leasingnehmer das Geschäft als Capital Lease, der Leasinggeber als Operating Lease.[109]

Darüber hinaus läßt sich nachweisen, daß die ersten drei Kriterien der Gruppe 1 aufgrund von Kriterium 4 immer dann überflüssig sind, wenn der dem Leasinggeber *nicht garantierte* Restwert null ist.[110] Die Ursache hierfür liegt in der Definition des internen Zinsfußes als derjenige Zinssatz, bei dem der Barwert der Mindestleasingraten (BW_{mlp}) zuzüglich des Barwertes des nicht garantierten Restwertes (BW_{urv}) dem Fair Value des Leasingobjektes entspricht:

Berechnung des internen Zinsfußes: $BW_{mlp} + BW_{urv}$ = Fair Value

Wird der Restwert dem Leasinggeber *vollständig garantiert* ($BW_{urv} = 0$), entspricht der Barwert der Leasingraten dem Fair Value, so daß Kriterium 4 immer erfüllt ist:

Berechnung des internen Zinsfußes:	BW_{mlp}	=	Fair Value
Recovery of Investment Test:	BW_{mlp}	=	100 % des Fair Value!

Damit wäre jeder Leasingvertrag nach Kriterium 4 Sales-Type oder Direct Financing Lease, sofern die Kriterien der Gruppe 2 erfüllt sind. Die Prüfung der ersten drei Ansatzkriterien wäre nicht erforderlich. Der Ausweg aus diesem Zirkelproblem ergibt sich dadurch, daß der

---

105 Zu den Besonderheiten der Bilanzierung von Immobilienleasing vgl. Abschnitt 4.2.5.1.

106 Vgl. SFAS 13 Appendix B Abs. 65. Die fehlende symmetrische Bilanzierung beim Leasinggeber und Leasingnehmer war ein wesentlicher Kritikpunkt an den Regelungen der APB Opinions – den „Vorgängervorschriften" des SFAS 13 – zum Leasing; vgl. *Clay/Holder*, Accounting for Leases, S. 61.

107 Vgl. *Schachner*, The new accounting, S. 40.

108 Vgl. *Kieso/Weygandt/Warfield*, Intermediate Accounting, S. 1204.

109 Vgl. *Kieso/Weygandt/Warfield*, Intermediate Accounting, S. 1204; *Schildbach*, US-GAAP, S. 148.

110 Vgl. zur folgenden Argumentation *Coughlan*, Residuals, S. 59 ff.; *Coughlan*, Regulation, S. 597 ff.

nicht garantierte Restwert zwar bei der Berechnung des internen Zinsfußes, aber nicht bei der Prüfung des Kriteriums 4 berücksichtigt wird:[111]

Berechnung des internen Zinsfußes: $BW_{mlp} + BW_{urv} =$ Fair Value

Recovery of Investment Test: $BW_{mlp} \; </=/> \;$ 90 % des Fair Value?

Folglich kann nur bei Verträgen ohne Restwertgarantie ($BW_{urv} \neq 0$) das vierte Ansatzkriterium nicht erfüllt sein. Da der Restwert für den Leasinggeber aber nur dann von Bedeutung ist, wenn er das Leasingobjekt am Ende der Grundmietzeit zurückerhält, spielen Restwertgarantien bei Verträgen mit automatischem Eigentumsübergang oder günstigen Kaufoptionen keine Rolle.[112] Ein Leasingvertrag, der die Kriterien 1 oder 2 erfüllt, entspricht damit auch immer Kriterium 4, so daß die Kriterien 1 und 2 für die Klassifizierung von Leasingverträgen beim Leasinggeber überflüssig sind.[113]

Liegt ein Vertrag vor, der nach Kriterium 3 als Capital Lease klassifiziert wird, gibt der Leasingnehmer das Leasingobjekt am Ende der Grundmietzeit mit einem Restwert an den Leasinggeber zurück, sofern die Grundmietzeit nicht der wirtschaftlichen Nutzungsdauer des Leasingobjektes entspricht. Da aber nach Kriterium 3 Capital Lease nur dann gegeben ist, wenn die Grundmietzeit mindestens 75 % der Nutzungsdauer umfaßt, wird der Restwert in den meisten Fällen relativ gering sein, so daß der Barwert der Mindestleasingraten i.d.R. 90 % des Fair Value erreichen wird.[114] Folglich erfüllt ein Leasingvertrag, der nach Kriterium 3 als Capital Lease klassifiziert wird, gleichzeitig Kriterium 4, so daß auch Kriterium 3 für die Klassifizierung von Leasingverträgen beim Leasinggeber nicht erforderlich ist.[115]

Abbildung 20 (S. 130) faßt die vom Leasinggeber vorzunehmenden Prüfschritte zusammen.

---

111 Vgl. auch *Deming*, An analysis of FASB No. 13, S. 47; *Grinnell/Kochanek*, New Accounting Standards, S. 19.

112 Vgl. auch *Dyckman/Dukes/Davis*, Intermediate Accounting, S. 841 f. Steht schon bei Vertragsabschluß mit hoher Wahrscheinlichkeit fest, daß das Eigentum auf den Leasingnehmer übergeht, wird der Leasinggeber die Leasingraten so kalkulieren, daß seine Auszahlungen vollständig durch die Leasingraten gedeckt sind. Der Restwert des Leasingobjektes ist für den Leasinggeber in diesem Fall bedeutungslos, weil er das Objekt nicht verwerten kann.

113 Das Festhalten an den Kriterien 1 und 2 kann auch nicht damit gerechtfertigt werden, daß der Leasinggeber die zur Anwendung von Kriterium 4 erforderlichen Kenntnisse über den Fair Value des Leasingobjektes eventuell nicht besitzt. In diesem Fall wäre zwar eine Klassifizierung des Leasingvertrags nach den Kriterien 1 und 2 möglich. Für die Bilanzierung müßte der Leasinggeber aber den Fair Value kennen, so daß eine Klassifizierung ohne Kenntnis des Fair Value sinnlos wäre; vgl. *Coughlan*, Regulation, S. 599 f.; Abschnitt 4.2.3.2.2.

114 Vgl. *Coughlan*, Regulation, S. 599 f.

115 Beim Leasingnehmer kann das Kriterium 4 in einem weiteren Fall nicht erfüllt sein, nämlich bei Verwendung des Kreditzinses statt des internen Zinsfußes zur Berechnung des Barwertes der Mindestleasingraten. In diesem Fall entspricht der Barwert der Leasingraten – auch ohne Restwertgarantie – nicht automatisch dem Fair Value des Leasingobjektes. Allerdings ist in diesem Fall das Kriterium 4 bedeutungslos, denn zur Prüfung von Kriterium 4 muß der Fair Value des Leasingobjektes bekannt sein. Ist aber der Fair Value bekannt, kann auch der interne Zinsfuß ermittelt werden.

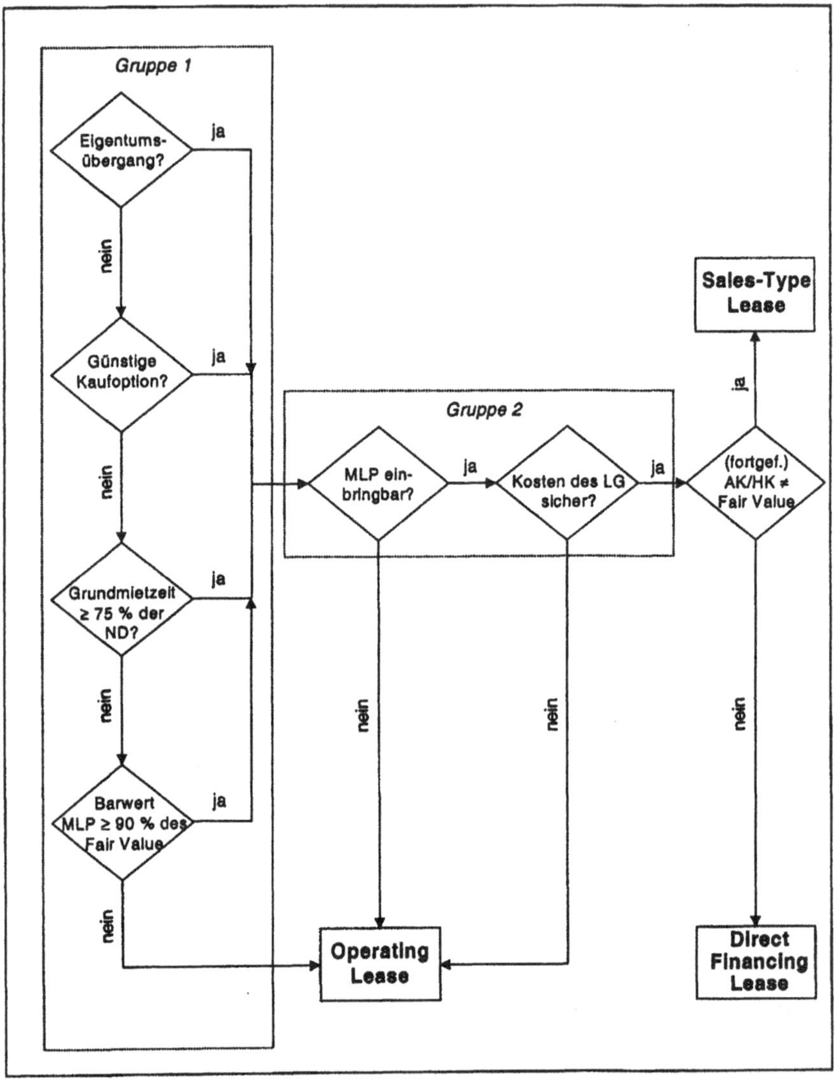

Abbildung 20: Ansatzkriterien des Leasinggebers

Quelle: In Anlehnung an *Kieso/Weygandt/Warfield*, Intermediate Accounting, S. 1204.

Liegt *Sales-Type* oder *Direct Financing Lease* vor, bilanziert der Leasinggeber anstelle des Leasingobjektes eine Forderung gegenüber dem Leasingnehmer. Zusätzlich sind Abgrenzungsposten für den nicht realisierten Zinsertrag („unearned income") sowie – bei Direct Financing Lease – für Vertragsabschlußkosten („initial direct costs") anzusetzen.[116] Bei *Operating Lease* wird das Leasingobjekt weiterhin vom Leasinggeber bilanziert und abgeschrieben. Die Mindestleasingraten werden nicht in der Bilanz angesetzt (Ausnahme: Rechnungsabgrenzungsposten).

Eine Sonderstellung hat die oben angesprochene dritte Art von Leasinggeschäften beim Leasinggeber, die als *Leveraged Lease* bezeichnet wird. An einem Leveraged Lease sind mindestens drei Parteien beteiligt: der *Leasinggeber* (equity participant), der *Leasingnehmer* und ein *Kreditgeber* (debt participant). Der Leasinggeber erwirbt das Leasingobjekt, wobei der Kauf (teilweise) durch den Kreditgeber finanziert wird.[117] Anschließend stellt der Leasinggeber den Gegenstand dem Leasingnehmer zur Verfügung. Der Leasingnehmer zahlt die Leasingraten direkt an den Kreditgeber, der diese nach Abzug von Zins- und Tilgungsanteilen an den Leasinggeber weitergibt.[118] Abbildung 21 verdeutlicht die Vertragsbeziehungen bei Leveraged Lease:

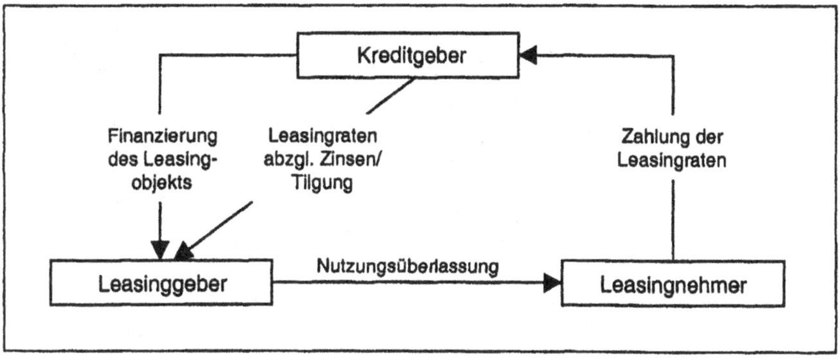

Abbildung 21: Vertragsbeziehungen bei Leveraged Leases

Quelle: In Anlehnung an *Schroeder/Clark*, Accounting Theory, S. 592.

116 Vgl. Abschnitt 4.2.3.2.2.2.

117 Der Fremdfinanzierungsanteil liegt i.d.R. bei 60 – 80 %; vgl. *Rudden/Woywode*, Leasing in den USA, S. 388; *Schildbach*, US-GAAP, S. 158.

118 Vgl. *Pabst/Schmidt/Bacher*, Bilanzierung von Mobilien-Leasingverträgen, S. 1200.

Leveraged Lease liegt vor, wenn folgende Bedingungen gleichzeitig erfüllt sind (SFAS 13 Abs. 42):

- Die Kriterien für Direct Financing Lease sind erfüllt. Sales-Type Lease darf nicht nach den Vorschriften für Leveraged Lease bilanziert werden.
- An dem Geschäft sind ein Leasinggeber, ein Leasingnehmer und ein Kreditgeber beteiligt.
- Der Kreditgeber finanziert das Leasingobjekt. Der Leasinggeber haftet dem Kreditgeber nur mit dem Leasingobjekt, nicht mit seinem sonstigen Vermögen.
- Die Nettoinvestition[119] des Leasinggebers nimmt zunächst ab und steigt gegen Ende der Grundmietzeit wieder an.[120]

Leveraged Leases werden i.d.R. aus steuerlichen Gründen durchgeführt.[121]

4.2.3.2 Die Bewertungsvorschriften des SFAS 13

4.2.3.2.1 Bewertung beim Leasingnehmer

4.2.3.2.1.1 Capital Lease

Sind die Kriterien für Capital Lease erfüllt, bilanziert der Leasingnehmer das Leasingobjekt sowie eine Verbindlichkeit in Höhe des *Barwertes der Mindestleasingraten* oder – falls niedriger – in Höhe des *Fair Value* des Leasingobjektes zu Beginn der Grundmietzeit. Für die Berechnung des Barwertes ist auf den niedrigeren Zinssatz von Kreditzins und internem Zinsfuß zurückzugreifen, sofern der Leasingnehmer letzteren ermitteln kann (SFAS 13 Abs. 10 i.V.m. Abs. 7(d)).

Die Relevanz des Kreditzinses hängt folglich von der *Kenntnis* und der *Höhe* des internen Zinsfußes ab. Analog zur Argumentation bezüglich der Überflüssigkeit der Ansatzkriterien 1 und 2 beim Leasinggeber[122] kann nachgewiesen werden, daß der Kreditzins nur in den seltensten Fällen zur Anwendung kommen wird. Wie gezeigt, entspricht der Barwert der Mindestleasingraten bei Anwendung des internen Zinsfußes dem Fair Value des Leasingobjektes, sofern der Restwert dem Leasinggeber vollständig garantiert wird. Ist in diesem Fall der Kreditzins niedriger als der interne Zinsfuß, führt die Kalkulation mit dem Kreditzins zu einem höheren Barwert. Damit übersteigt der Barwert den Fair Value, so daß der Vermögenswert mit dem niedrigeren Fair Value anzusetzen ist (SFAS 13 Abs. 10). Folglich kann es bei Verträgen mit Restwertgarantie nicht zu einer Bewertung mit dem Barwert der Mindest-

---

119 Vgl. Abschnitt 4.2.3.2.2.2.

120 Durch diese Vertragsgestaltung kann die Steuerbemessungsgrundlage vermindert werden; vgl. *Schildbach*, US-GAAP, S. 158 f.

121 Vgl. *Delaney/Adler/Epstein/Foran*, GAAP 99, S. 528; *Dyckman/Dukes/Davis*, Intermediate Accounting, S. 861.

122 Vgl. Abschnitt 4.2.3.1.3.

leasingraten, der mit Hilfe des Kreditzinses berechnet wird, kommen, es sei denn, der interne Zinsfuß ist nicht bekannt.[123]

Allerdings gibt es Gründe für die Annahme, daß der Leasingnehmer den internen Zinsfuß im Regelfall kennen wird. Zur Berechnung des internen Zinssatzes benötigt er drei Größen: die Mindestleasingraten, den nicht garantierten Restwert und den Fair Value. Die Mindestleasingraten sind wesentlicher Vertragsbestandteil und dem Leasingnehmer in jedem Fall bekannt. Der nicht garantierte Restwert ist bei Verträgen, die als Capital Lease klassifiziert werden, vernachlässigbar,[124] so daß die kritische Größe zur Berechnung des internen Zinsfußes der Fair Value ist. Nur wenn der Leasingnehmer den Fair Value nicht kennt, wird das Leasingobjekt mit dem Barwert der Mindestleasingraten unter Verwendung des Kreditzinses bewertet.[125]

Die *Abschreibung* des Leasingobjektes richtet sich nach dem Kriterium, das zur Klassifizierung des Vertrags als Capital Lease geführt hat:

- Führt der *Transfer of Ownership Test* oder der *Bargain Purchase Option Test* zur Einordnung des Vertrags als Capital Lease, ist das Leasingobjekt über die *wirtschaftliche Nutzungsdauer* abzuschreiben (SFAS 13 Abs. 11(a)). Diese Regelung beruht auf der Annahme, daß eine Kaufoption, die zu einer Klassifizierung des Vertrags als Capital Lease führt, mit hoher Wahrscheinlichkeit ausgeübt wird, so daß der Leasingnehmer den Vermögenswert über die gesamte wirtschaftliche Nutzungsdauer nutzen wird. Das gilt auch für Verträge mit automatischem Eigentumsübergang am Ende der Grundmietzeit.[126]
- Liegt Capital Lease aufgrund des *Economic Life Test* oder des *Recovery of Investment Test* vor, ist das Leasingobjekt über die *Grundmietzeit* auf den geschätzten Restwert abzuschreiben. Garantiert der Leasingnehmer dem Leasinggeber einen bestimmten Restwert, ist auf diesen Wert abzuschreiben (SFAS 13 Abs. 11(b)). Hinter dieser Regel steht die Überlegung, daß die Nutzung des Vermögenswerts durch den Leasingnehmer am Ende der Grundmietzeit endet, weil das Objekt an den Leasinggeber zurückgegeben wird.[127]

Die jährlichen *Mindestleasingraten* sind jeweils in Zins- und Tilgungsanteile aufzuspalten. Diese Aufspaltung ist so vorzunehmen, daß sich ein konstanter Zinssatz auf die jeweilige Restverbindlichkeit ergibt (SFAS 13 Abs. 12). Die Einhaltung dieses Grundsatzes ist gewährleistet, wenn die Aufspaltung mit Hilfe der *effective interest method* erfolgt, die der

---

123 Vgl. hierzu *Coughlan*, Residuals, S. 62 ff.; *Coughlan*, Regulation, S. 601 ff.
124 Vgl. Abschnitt 4.2.3.1.3.
125 Vgl. *Coughlan*, Regulation, S. 601 ff.
126 Vgl. *Dyckman/Dukes/Davis*, Intermediate Accounting, S. 840.

nach deutschem Recht anwendbaren Barwertvergleichsmethode entspricht.[128] Welcher Zinssatz zur Berechnung des Barwertes der Mindestleasingraten zur Anwendung kommt, hängt vom Wertansatz des Vermögenswerts und der Verbindlichkeit ab: Werden die Positionen zum Fair Value angesetzt, ist der Barwert mit Hilfe des internen Zinssatzes zu berechnen. Bei Bewertung der Positionen mit dem Barwert der Mindestleasingraten ist der Kreditzins anzuwenden, weil der Barwert nur dann zum Ansatz kommt, wenn der Leasingnehmer den Fair Value und damit den internen Zins nicht kennt. Der Tilgungsanteil mindert die Verbindlichkeit, während der Zinsanteil als (Zins-)Aufwand zu verrechnen ist.

Besondere Regeln gelten für die Bilanzierung bei der *Änderung* von Vertragsvereinbarungen sowie bei der *Verlängerung* oder *Erneuerung* des Vertrags vor oder nach Ablauf der Grundmietzeit. Grundsätzlich gilt, daß bei Änderungen, die zu einer anderen Klassifizierung des Leasingvertrags als die ursprünglichen Vereinbarungen führen, der geänderte Vertrag als neuer Vertrag anzusehen und zu bilanzieren ist. Gleiches gilt für Verlängerungen des Vertrags über die Grundmietzeit hinaus, es sei denn, die Verlängerung bewirkt, daß eine Strafzahlung, die für den Fall der Nichtverlängerung vorgesehen ist, oder eine Restwertgarantie nicht fällig wird (SFAS 13 Abs. 9). In diesem Fall entsteht kein neuer Vertrag, weil die Verlängerung von Anfang an als Bestandteil des Vertrags angesehen wird und als sehr wahrscheinlich gilt. Abbildung 22 (S. 135) faßt die bilanziellen Konsequenzen von Vertragsänderungen bzw. Verlängerungen beim Leasingnehmer zusammen.

Wird der Vertrag vorzeitig beendet, sind der Vermögenswert und die Verbindlichkeit auszubuchen, und die Differenz ist als Gewinn oder Verlust zu realisieren (SFAS 13 Abs. 14(c)).

4.2.3.2.1.2 Operating Lease

Bei Operating Lease werden die *Mindestleasingraten* im Grundsatz *linear* als Aufwand verbucht, auch wenn die Zahlungen nicht entsprechend geleistet werden. Eine andere als die lineare Verteilungsbasis ist nur dann zulässig, wenn diese andere Verteilungsart den Verlauf des Nutzenzuflusses aus dem Leasingobjekt zutreffender widerspiegelt (SFAS 13 Abs. 15). *Zukünftige* Verpflichtungen zur Zahlung von Leasingraten werden bei der Bilanzierung nicht berücksichtigt.[129]

---

127 Vgl. SFAS 13 Appendix B Abs. 94.
128 Vgl. *Kieso/Weygandt/Warfield*, Intermediate Accounting, S. 1206; *Schildbach*, US-GAAP, S. 149.
129 Vgl. *Kieso/Weygandt/Warfield*, Intermediate Accounting, S. 1200.

Änderung der bis zum Ablauf der Grundmietzeit geltenden Vereinbarungen	Vertragsverlängerung für die Zeit nach Ablauf der Grundmietzeit	Vertragsverlängerung, die dazu führt, daß eine Restwertgarantie oder Strafe nicht fällig wird
• Die Änderung führt nicht zu einem neuen Vertrag bzw. der neue Vertrag ist als *Capital Lease* zu klassifizieren: Der Wertansatz des Vermögenswerts und der Verbindlichkeit ist in Höhe der Differenz zwischen dem Barwert der zukünftig zu zahlenden Leasingraten und der Höhe der Verbindlichkeit im Zeitpunkt der Verlängerung zu korrigieren (SFAS 13 Abs. 14(a)). • Der neue Vertrag ist als *Operating Lease* zu klassifizieren: Der Vermögenswert und die Verbindlichkeit sind auszubuchen, ein dabei entstehender Gewinn bzw. Verlust ist zu realisieren und das Geschäft nach den Vorschriften für Operating Lease zu behandeln (SFAS 13 Abs. 14(a)).	• Die Verlängerung führt zu einem *Capital Lease*: Der Wertansatz des Vermögenswerts und der Verbindlichkeit ist in Höhe der Differenz zwischen dem Barwert der zukünftig zu zahlenden Leasingraten und der Höhe der Verbindlichkeit im Zeitpunkt der Verlängerung zu korrigieren (SFAS 13 Abs. 14(b)(i)). • Die Verlängerung führt zu einem *Operating Lease*: Der ursprüngliche Vertrag ist bis zum Ablauf der Grundmietzeit als Capital Lease, die anschließende Verlängerung als Operating Lease zu bilanzieren (SFAS 13 Abs. 14(b)(ii)).	• Der Wertansatz des Vermögenswerts und der Verbindlichkeit ist in Höhe der Differenz zwischen dem Barwert der zukünftig zu zahlenden Leasingraten und der Höhe der Verbindlichkeit[130] im Zeitpunkt der Verlängerung zu korrigieren (SFAS 13 Abs. 12).

Abbildung 22: Bilanzierung bei Vertragsänderungen und Verlängerungen (Leasingnehmer)

4.2.3.2.2 Bewertung beim Leasinggeber

4.2.3.2.2.1 Sales-Type Lease

Bei Sales-Type Lease bilanziert der Leasinggeber zum einen eine Forderung in Höhe der *Bruttoinvestition* („gross investment in the lease"), die sich aus der Summe der Mindestleasingraten und dem nicht garantierten Restwert zusammensetzt (SFAS 13 Abs. 17(a)). Zum anderen wird eine Position *„unearned income"* passiviert, die einen Abgrenzungsposten für den am jeweiligen Bilanzstichtag noch nicht realisierten Zinsertrag darstellt. Die Höhe dieses Passivpostens ergibt sich als Differenz zwischen der Bruttoinvestition und ihrem Barwert. Der Berechnung des Barwertes (= *Nettoinvestition*, „net investment in the lease") ist der interne Zinsfuß zugrunde zu legen (SFAS 13 Abs. 17(b)). Das Beispiel im Anhang D zu

[130] Am Ende der Grundmietzeit erreicht die Verbindlichkeit die Höhe der vereinbarten Restwertgarantie bzw. der Strafzahlung (SFAS 13 Abs. 12).

SFAS 13 legt allerdings nahe, daß in der Bilanz auch ein saldierter Ausweis zulässig ist. In diesem Fall wird die Forderung in Höhe der Nettoinvestition angesetzt, während der Ansatz eines Passivpostens unterbleibt. Die Bruttoinvestition und der nicht realisierte Zinsertrag werden im Anhang angegeben (SFAS 13 Abs. 122).[131]

In der Gewinn- und Verlustrechnung werden zu Beginn des Leasinggeschäfts Umsatzerlöse in Höhe des Barwertes der Mindestleasingraten vereinnahmt. Gleichzeitig wird Aufwand in Höhe der Anschaffungs-/Herstellungskosten bzw. des Buchwertes des Leasingobjektes zuzüglich der Vertragsabschlußkosten und abzüglich des Barwertes des nicht garantierten Restwertes verrechnet (SFAS 13 Abs. 17(c)). Die Gewinnrealisation in Höhe der Differenz zwischen den Umsatzerlösen und dem so definierten Aufwand resultiert aus der Differenz zwischen Fair Value und (fortgeführten) Anschaffungs-/Herstellungskosten, die zur Klassifizierung des Geschäfts als Sales-Type Lease führt.

Folgendes Beispiel verdeutlicht die Bilanzierung von Sales-Type Lease bei erstmaliger Verbuchung:

Dem Beispiel liegt ein Leasingvertrag über eine Grundmietzeit von acht Jahren zugrunde. Die wirtschaftliche Nutzungsdauer des Leasingobjektes beträgt zehn Jahre. Die Anschaffungs-/Herstellungskosten des Leasinggegenstands belaufen sich auf 80.000 GE; der Fair Value beträgt zu Beginn der Grundmietzeit 90.000 GE. Der Leasingnehmer hat jährliche (nachschüssige) Leasingraten in Höhe von 15.000 GE zu zahlen. Nach Ablauf der Grundmietzeit hat er die Option, das Leasingobjekt zu einem Preis von 7.500 GE zu kaufen. Im Zusammenhang mit dem Abschluß des Vertrags fallen beim Leasinggeber Kosten in Höhe von 3.000 GE an.

Der Vertrag ist als Sale-Type Lease zu klassifizieren, weil
- eine günstige Kaufoption vereinbart ist;
- die Grundmietzeit 80 % der wirtschaftlichen Nutzungsdauer beträgt;
- der Barwert der Leasingraten dem Fair Value entspricht;[132]
- der Fair Value höher als die Anschaffungskosten ist.

Die Bruttoinvestition zu Beginn der Grundmietzeit beträgt 127.500 GE (= 8 · 15.000 GE + 7.500 GE). Der Abgrenzungsposten für den nicht realisierten Zinsertrag ist in Höhe von 37.500 GE (= Bruttoinvestition – Barwert der Mindestleasingraten) anzusetzen. Zu Beginn der Grundmietzeit hat der Leasinggeber folgendermaßen zu buchen (*Bruttoausweis*):

Lease Receivable	127.500	an	Sales	90.000
			Unearned income	37.500
Cost of goods sold	83.000	an	Asset	80.000
			Accounts payable	3.000

Alternativ kann der Leasinggeber folgende Buchungen vornehmen (*Nettoausweis*):

Lease Receivable	90.000	an	Sales	90.000
Cost of goods sold	83.000	an	Asset	80.000
			Accounts payable	3.000

Der Leasinggeber realisiert folglich zu Beginn der Grundmietzeit einen Gewinn in Höhe von 7.000 GE (Sales – Cost of goods sold). Die Vertragsabschlußkosten werden als Aufwand verrechnet.

---

131 Vgl. auch *Schildbach*, US-GAAP, S. 150.

132 Die Mindestleasingraten setzen sich aus den Zahlungen während der Grundmietzeit (= 8 · 15.000 GE) und dem Kaufpreis (7.500 GE) zusammen. Aus den Angaben ergibt sich ein interner Zinsfuß von 8,1 %.

In den Folgejahren wird die in Höhe der Bruttoinvestition angesetzte Forderung jeweils um den Betrag der erhaltenen Leasingrate vermindert. Die Leasingraten sind analog zur Vorgehensweise des Leasingnehmers mit Hilfe der *Barwertvergleichsmethode* in Zins- und Tilgungsanteile aufzuspalten, so daß sich ein konstanter Zinssatz (= interner Zinsfuß) auf die jeweilige Nettoinvestition ergibt. Der Zinsanteil wird jährlich als Ertrag verrechnet und mindert den nicht realisierten Zinsertrag (SFAS 13 Abs. 17(a)). Wird die Forderung in Höhe der Nettoinvestition aktiviert, wird der Wertansatz in den Folgejahren jeweils um den Tilgungsanteil (= Leasingrate – Zinsanteil) gekürzt.

Im Beispiel ergeben sich exemplarisch für das Ende der ersten Periode folgende Buchungen (*Bruttoausweis*):

Cash	15.000	an	Lease Receivable	15.000
Unearned Income	7.290[133]	an	Interest Income	7.290

bzw. (*Nettoausweis*):

Cash	15.000	an	Lease Receivable	7.710
			Interest Income	7.290

Der geschätzte Restwert des Leasingobjektes ist jährlich zu überprüfen. Ergibt sich bei dieser Prüfung ein niedrigerer Wert als bei Vertragsbeginn angenommen, ist die Bilanzierung des Vertrags entsprechend zu ändern, wenn die Wertminderung voraussichtlich dauerhaft ist. Der Betrag, um den sich die Nettoinvestition dadurch vermindert, wird in der Periode der neuen Schätzung als Aufwand verrechnet. Bei gestiegenem Restwert sind keine Änderungen vorzunehmen (SFAS 13 Abs. 17(d)).

Auch für den Leasinggeber gelten besondere Vorschriften für *Vertragsänderungen* oder *Verlängerungen*, die in Abbildung 23 (S. 138) zusammengefaßt sind.

Wird der Vertrag vorzeitig beendet, ist die Nettoinvestition erfolgswirksam auszubuchen und das Leasingobjekt zum niedrigeren Wert von Anschaffungs-/Herstellungskosten, Fair Value oder Buchwert im Zeitpunkt der Beendigung anzusetzen (SFAS 13 Abs. 17(f)(iii)).

---

133 8,1 % (gerundet) des Barwertes der Mindestleasingraten (90.000).

Änderung der bis zum Ablauf der Grundmietzeit geltenden Vereinbarungen	**Vertragsverlängerung für die Zeit nach Ablauf der Grundmietzeit**	**Vertragsverlängerung, die dazu führt, daß eine Restwertgarantie oder Strafe nicht fällig wird**
• Die Änderung führt nicht zu einem neuen Vertrag bzw. der neue Vertrag ist als *Direct Financing Lease* zu klassifizieren: Die Bruttoinvestition und der Restwert sind entsprechend den neuen Vereinbarungen zu ändern; die Differenz ist mit dem nicht realisierten Zinsertrag zu verrechnen (SFAS 13 Abs. 17(f)(i)). • Der neue Vertrag ist als *Operating Lease* zu klassifizieren: Die Nettoinvestition ist erfolgswirksam auszubuchen; das Leasingobjekt wird zu seinen Anschaffungs-/Herstellungskosten, Fair Value oder Buchwert zum Zeitpunkt der Vertragsänderung – je nachdem welcher Wert der niedrigste ist – angesetzt (SFAS 13 Abs. 17(f)(i)).	• Die Verlängerung führt zu einem *Direct Financing Lease*: Die Bruttoinvestition und der Restwert sind entsprechend den neuen Vereinbarungen zu ändern; die Differenz ist mit dem nicht realisierten Zinsertrag zu verrechnen (SFAS 13 Abs. 17(f)(ii)(a)). • Die Verlängerung führt zu einem *Operating Lease*: Der ursprüngliche Vertrag ist bis zum Ablauf der Grundmietzeit als Sales-Type Lease, die anschließende Verlängerung als Operating Lease zu bilanzieren (SFAS 13 Abs. 17(f)(ii)(b)).	• Die Bruttoinvestition und der Restwert sind entsprechend den neuen Vereinbarungen zu ändern; die Differenz ist mit dem nicht realisierten Zinsertrag zu verrechnen (SFAS 13 Abs. 17(e)).

Abbildung 23: Bilanzierung bei Vertragsänderungen und Verlängerungen (Leasinggeber – Sales-Type Lease)

4.2.3.2.2.2 Direct Financing Lease

Direct Financing Lease weist zwei grundsätzliche Unterschiede zu Sales-Type Lease auf: Zum einen entspricht der Fair Value zu Beginn der Grundmietzeit dem Buchwert des Leasingobjektes, so daß im Zeitpunkt der erstmaligen Bilanzierung kein Gewinn oder Verlust realisiert wird. Zum anderen unterscheiden sich die beiden Leasingarten in der Definition der Nettoinvestition, die bei Direct Financing Lease auch die Vertragsabschlußkosten umfaßt (SFAS 98 Abs. 22(i)), während diese Kosten bei Sales-Type Lease zu Beginn des Leasingvertrags als Aufwand verrechnet werden (SFAS 13 Abs. 17(c)).[134]

[134] Vgl. auch *Schachner*, The new accounting, S. 44.

Die Bilanzierung von Direct Financing Lease folgt im Grundsatz der Behandlung von Sales-Type Lease (vgl. SFAS 98 Abs. 22(h), Abs. 22(i)). Änderungen ergeben sich durch die Behandlung der *Vertragsabschlußkosten*: Diese werden zu Beginn der Grundmietzeit als „initial direct costs" aktiviert und über die Grundmietzeit erfolgswirksam verrechnet. Die Auflösung des Aktivpostens muß so vorgenommen werden, daß sich ein konstanter Zinssatz auf die jeweils verbleibende Nettoinvestition ergibt (SFAS 98 Abs. 22(i)).

Zur Verdeutlichung der Bilanzierung von Direct Financing Lease wird das Beispiel des vorherigen Abschnitts dahingehend geändert, daß der Fair Value zu Beginn der Grundmietzeit den Anschaffungskosten des Leasingobjektes (80.000 GE) entspricht. Daraus ergeben sich für den Leasinggeber folgende Buchungen (*Bruttoausweis*):

Lease Receivable	127.500	an	Asset	80.000
			Unearned income	47.500
Initial direct costs	3.000	an	Accounts payable	3.000

bzw. (*Nettoausweis*):

Lease Receivable	80.000	an	Asset	80.000
Initial direct costs	3.000	an	Accounts payable	3.000

Zu Beginn der Grundmietzeit wird kein Gewinn realisiert.

Zu beachten ist, daß bei der Aufspaltung der Leasingraten in diesem Fall zwei verschiedene Zinssätze zur Anwendung kommen: Der Zinsertrag wird mit Hilfe des internen Zinsfußes bestimmt, der sich auf der Basis der Nettoinvestition *ohne* die Vertragsabschlußkosten (= Barwert der Mindestleasingraten) ergibt. Dagegen wird der Zinssatz zur Verteilung der Vertragsabschlußkosten auf der Grundlage der Nettoinvestition *einschließlich* dieser Kosten bestimmt und ist daher niedriger als der Zinssatz zur Berechnung des Zinsertrags.[135] Der Grund für die Verwendung unterschiedlicher Zinssätze liegt darin, daß die vom Leasinggeber zu tragenden Kosten nicht in voller Höhe vom Leasingnehmer verzinst werden. Die Summe der beiden Beträge – Zinsertrag und Abnahme der Vertragsabschlußkosten – entspricht dem Betrag, um den der Abgrenzungsposten für den nicht realisierten Zinsertrag jeweils aufgelöst wird.

[135] Vgl. *Schroeder/Clark*, Accounting Theory, S. 589.

Im Beispiel sind die Leasingraten folgendermaßen aufzuspalten:

Periode	Leasingrate	Netto-Investition	Auflösung unearned income	Zinsertrag	Auflösung initial direct costs	Tilgungs-anteil
	(1)	(2)	(3)	(4)	(5)	(6)
0		83.000,00				
1	15.000,00	76.437,63	8.920,04	8.437,63	482,41	6.562,37
2	15.000,00	69.208,14	8.242,12	7.770,51	471,61	7.229,49
3	15.000,00	61.243,71	7.488,61	7.035,57	453,04	7.964,43
4	15.000,00	52.469,64	6.651,09	6.225,92	425,16	8.774,08
5	15.000,00	42.803,61	5.720,18	5.333,97	386,21	9.666,03
6	15.000,00	32.154,94	4.685,48	4.351,34	334,14	10.648,66
7	15.000,00	20.423,76	3.535,40	3.268,81	266,59	11.731,19
8	22.500,00	0,00	2.257,09	2.076,24	180,85	20.423,76
Summe	*127.500,00*		*47.500,00*		*3.000,00*	*83.000,00*

Erläuterung der Spalten:

(1) Jährliche Leasingrate, im achten Jahr einschließlich Kaufpreis.

(2) Die Nettoinvestition enthält neben den Mindestleasingraten auch die Vertragsabschlußkosten. Die jährliche Höhe ergibt sich als Differenz zwischen der Nettoinvestition des Vorjahres und dem Tilgungsanteil (Spalte (6)), z.B. für die erste Periode: 83.000 – 6.562,37.

(3) Der Betrag, um den der Abgrenzungsposten „unearned income" jährlich aufgelöst wird, ergibt sich jeweils durch Anwendung des internen Zinsfußes von 11,2 %[136] auf die Nettoinvestition *ohne* Vertragsabschlußkosten (80.000). In den Folgejahren berechnet sich diese Nettoinvestition folgendermaßen:
Nettoinvestition – (Leasingrate – Auflösungsbetrag des Vorjahres), z.B. die zweite Periode:
80.000 – (15.000 – 8.920,04).

(4) Anwendung des neu kalkulierten internen Zinsfußes (10,2 %)[137] auf die Nettoinvestition *einschließlich* der Vertragsabschlußkosten (Spalte (2)).

(5) Spalte (3) – Spalte (4)

(6) 15.000 (22.500) – Spalte (3)

Daraus ergeben sich folgende Buchungen (für Periode 1, Perioden 2 – 8 analog, *Bruttoausweis*):

Cash	15.000	an	Lease receivable	15.000
Unearned income	8.920,04	an	Interest income	8.437,63
			Initial direct costs[138]	482,41

[136] $15.000 \cdot (1+i)^{-1} + ... + 15.000 \cdot (1+i)^{-8} + 7.500 \cdot (1+i)^{-8} = 80.000$.

[137] $15.000 \cdot (1+i)^{-1} + ... + 15.000 \cdot (1+i)^{-8} + 7.500 \cdot (1+i)^{-8} = 83.000$.

[138] Die *erfolgswirksame* Verrechnung der Vertragsabschlußkosten resultiert aus der Verrechnung eines niedrigeren jährlichen Zinsertrags gegenüber dem Zinsertrag bei sofortiger aufwandswirksamer Verbuchung der Vertragsabschlußkosten.

bzw. (*Nettoausweis*):

Cash	15.000	an	Lease receivable	6.080,32[139]
			Interest income	8.437,63
			Initial direct costs	482,41

Für die Bilanzierung bei *Vertragsänderungen* oder *Verlängerungen* verweist SFAS 13 Abs. 18(c) auf die Regelungen für Sales-Type Lease (vgl. Abbildung 23).

4.2.3.2.2.3 Operating Lease

Bei Operating Lease aktiviert der Leasinggeber das Leasingobjekt zu *Anschaffungs-/ Herstellungskosten* und schreibt es nach seinem üblichen Abschreibungsplan über die wirtschaftliche Nutzungsdauer ab (SFAS 13 Abs. 19(a)). Die *Mindestleasingraten* werden grundsätzlich *linear* vereinnahmt. Abweichungen von der linearen Verteilung sind nur zulässig, wenn eine andere Verteilungsart das zeitliche Muster, nach dem der Nutzenzufluß aus dem Vermögenswert abnimmt, besser widerspiegelt (SFAS 13 Abs. 19(b)).

Daneben ist ein Abgrenzungsposten für *Vertragsabschlußkosten* zu aktivieren, der über die Grundmietzeit verteilt erfolgswirksam aufgelöst wird, und zwar proportional zur Vereinnahmung der Leasingraten. Vertragsabschlußkosten dürfen sofort als Aufwand verrechnet werden, wenn das Ergebnis nicht wesentlich von dem bei der Bildung eines Abgrenzungspostens abweicht (SFAS 13 Abs. 19(c)).

4.2.3.2.2.4 Leveraged Lease

Die Bilanzierung von Leveraged Leases wird wesentlich von steuerlichen Vorschriften beeinflußt.[140] Aus diesem Grund können hier nur die Grundzüge der bilanziellen Behandlung von Leveraged Lease dargestellt werden.

Die Bestandteile eines Leveraged Lease – der Direct Financing Lease und das Kreditgeschäft – sind nicht getrennt zu bilanzieren, sondern als geschlossene Transaktion zu behandeln.[141] Für den Leasingnehmer ergeben sich aus einem Leveraged Lease keine bilanziellen Besonderheiten. Für ihn ist nur interessant, ob Capital oder Operating Lease vorliegt.[142]

Das Leasingobjekt wird vom Leasinggeber grundsätzlich nicht bilanziert, da laut Definition Direct Financing Lease vorliegen muß. Das Problem der Bilanzierung von Leveraged Lease beim Leasinggeber besteht darin, den Zeitpunkt der ertragswirksamen Vereinnahmung der

139 6.562,73 – 482,41.
140 Vgl. *Pabst/Schmidt/Bacher*, Bilanzierung von Mobilien-Leasingverträgen, S. 1200.
141 Vgl. *Schroeder/Clark*, Accounting Theory, S. 592.
142 Vgl. *Delaney/Adler/Epstein/Foran*, GAAP 99, S. 528.

Cash Flows zu bestimmen. Dieses Problem ergibt sich insbesondere aus dem ungewöhnlichen Cash Flow-Verlauf: Im Regelfall nehmen die Cash Flows zunächst ab, werden eventuell negativ und steigen gegen Ende der Grundmietzeit wieder an.[143]

Nach SFAS 13 Abs. 43 setzt sich die *Bruttoinvestition* bei Leveraged Lease aus folgenden Bestandteilen zusammen:[144]

- den *Mindestleasingraten*, die der Leasinggeber vom Kreditgeber nach Abzug von dessen Zins- und Tilgungsanteilen erhält;
- dem *„investment tax credit"*, der durch dieses Geschäft realisiert werden kann. Der investment tax credit ist eine bei bestimmten Investitionen gewährte Steuergutschrift, die es dem US-amerikanischen Steuerpflichtigen ermöglicht, seine Steuerschuld um i.d.R. 6 – 10 % der Anschaffungskosten des Investitionsobjektes zu kürzen. Durch das Steuerreformgesetz von 1986 wurde die Steuergutschrift abgeschafft, so daß sie nur noch für vor diesem Zeitpunkt abgeschlossene Verträge relevant ist;[145]
- dem geschätzten *Restwert* des Leasingobjektes und
- dem *nicht realisierten Zinsertrag* bestehend aus
  - dem geschätzten (Vor-Steuer-)Ertrag (bzw. Aufwand) aus dem Leasinggeschäft abzüglich Vertragsabschlußkosten, der über die verbleibende Grundmietzeit verteilt wird, und
  - der Steuergutschrift, die über die verbleibende Grundmietzeit erfolgswirksam verrechnet wird.

Zu Beginn des Geschäfts aktiviert der Leasinggeber eine Forderung in Höhe der Summe der Leasingraten (abzüglich des Restwertes) abzüglich der Zins- und Tilgungszahlungen, die dem Kreditgeber zustehen.[146] Zusätzlich aktiviert er die Steuergutschrift und den Restwert des Leasingobjektes. Auf der Passivseite wird ein Abgrenzungsposten für „unearned and deferred income" in Höhe des aus dem Geschäft erwarteten Ertrags gebildet. Dieser Ertrag setzt sich aus den vom Leasingnehmer gezahlten Zinsen (= Höhe der Forderung – eingesetztes Eigenkapital) sowie der Steuergutschrift zusammen.[147]

In den Folgejahren wird jeweils ein Teil des „unearned and deferred income" aufgelöst und ertragswirksam verrechnet. Um den Auflösungsbetrag zu bestimmen, ist ein neuer interner Zinsfuß i zu ermitteln, bei dessen Anwendung als Kalkulationszinsfuß der Barwert der jähr-

---

143 Vgl. *Grant/Witt*, Leveraged Leases, S. 50; *Grinnell/Kochanek*, New Accounting Standards, S. 20.
144 Vgl. *Delaney/Adler/Epstein/Foran*, GAAP 99, S. 529.
145 Vgl. *Delaney/Adler/Epstein/Foran*, GAAP 99, S. 529; *Rudden/Woywode*, Leasing in den USA, S. 393.
146 Vgl. SFAS 13 Appendix E Abs. 123.
147 Vgl. *Delaney/Adler/Epstein/Foran*, GAAP 99, S. 530.

lichen (positiven) Cash Flows dem eingesetzten Eigenkapital entspricht.[148] Die Cash Flows setzen sich aus folgenden Bestandteilen zusammen:[149]

  Mindestleasingraten
\+ Steuergutschrift
\- Zinszahlungen
\- Tilgungszahlungen
\- Steuerzahlungen
= Cash Flow aus Leveraged Lease

Mit Hilfe des neu berechneten internen Zinssatzes wird der ertragswirksam zu verrechnende Teil des Cash Flow (= Zinssatz i multipliziert mit dem eingesetzten Eigenkapital) berechnet. Dieser Betrag entspricht dem aus dem Leveraged Lease resultierenden Gewinn nach Steuern in der US-GAAP-Bilanz.

Der Gewinn läßt sich in seine drei Bestandteile – Gewinn aus dem Leveraged Lease vor Steuern, Steuergutschrift, Steueraufwand – aufspalten (SFAS 13 Abs. 44). Dazu wird der nach US-GAAP ermittelte „handelsbilanzielle" Gewinn vor Steuern nach folgender Formel berechnet:

$$G_{HBjährlich} = \frac{CF_{jährlich}}{CF_{gesamt}} \cdot G_{StB}$$

mit:

$CF_{jährlich}$ = jährlich ertragswirksam verrechneter Cash Flow

CF_{gesamt} = aus dem Leveraged Lease resultierende Cash Flows insgesamt

$G_{HBjährlich}$ = jährlich aus dem Leveraged Lease resultierender „handelsbilanzieller" Gewinn vor Steuern

G_{StB} = aus dem Leveraged Lease resultierendes zu versteuerndes Einkommen insgesamt (= Leasingraten – Abschreibungen[150] – Zinsen)

Der jährliche „handelsbilanzielle" Gewinn aus dem Leveraged Lease ist folglich geringer als der steuerbilanzielle, sofern die jährlichen Cash Flows positiv sind. Daraus ergibt sich die Pflicht zur (aktiven) Steuerabgrenzung, wobei sich der jährliche „handelsbilanzielle" Steueraufwand berechnet als:

---

148 Vgl. *Delaney/Adler/Epstein/Foran*, GAAP 99, S. 530.

149 Vgl. *Schroeder/Clark*, Accounting Theory, S. 592.

150 Bei Leveraged Lease ist der Leasinggeber unter bestimmten Voraussetzungen wirtschaftlicher Eigentümer nach steuerrechtlichen Vorschriften, d.h. er muß das Leasingobjekt – im Gegensatz zur Handelsbilanz – in seiner Steuerbilanz aktivieren; vgl. zu den Voraussetzungen *Rudden/Woywode*, Leasing in den USA, S. 388 ff.

$S_{HBjährlich} = s \cdot (G_{StBjährlich} - G_{HBjährlich})$ mit:

- $S_{HBjährlich}$ = jährlicher „handelsbilanzieller" Steueraufwand
- s = Steuersatz
- $G_{StBjährlich}$ = jährlich aus dem Leveraged Lease resultierendes zu versteuerndes Einkommen
- $G_{HBjährlich}$ = jährlich aus dem Leveraged Lease resultierender „handelsbilanzieller" Gewinn vor Steuern

Derjenige Teil der Steuergutschrift, der in der Handelsbilanz jährlich als Ertrag verrechnet wird, berechnet sich nach der gleichen Formel wie der Gewinn aus dem Leasinggeschäft. Das zu versteuernde Einkommen ist dabei in der Formel durch die gesamte Steuergutschrift zu ersetzen.

Die Forderung ist in jedem Jahr um die Höhe der Leasingrate abzüglich der an den Fremdkapitalgeber zu zahlenden Zinsen und Tilgung zu vermindern.

Abbildung 24 faßt die Buchungen des Leasinggebers bei Leveraged Lease für die Handelsbilanz zusammen:[151]

Vertragsbeginn		
Investition in Höhe des eingesetzten Eigenkapitals:		
Rent receivable Investment tax credit receivable Residual value	an	Cash (Eigenkapitaleinsatz) Unearned and deferred income
Erhalt der Leasingrate:		
Cash	an	Rent receivable
Fälligkeit der Steuergutschrift:		
Income tax receivable (cash)	an	Investment tax credit receivable
Bildung latenter Steuern:		
Tax expense Deferred income tax[152]	an	Tax payable
Folgejahre		
Jährliche Ertragsverrechnung (Gewinn aus Leasinggeschäft + Investment tax credit):		
Unearned and deferred income	an	Income from leveraged lease
Auflösung Steuerabgrenzungsposten:		
Tax expense	an	Deferred income tax

Abbildung 24: Buchungen des Leasinggebers bei Leveraged Lease

[151] Vgl. dazu das Beispiel im Anhang E zu SFAS 13.

[152] Bei negativen Cash Flows und daraus resultierenden passiven latenten Steuern ist entsprechend ein Passivposten zu bilden.

4.2.3.3 Zum Problem der symmetrischen Bilanzierung von Leasingverträgen beim Leasinggeber und Leasingnehmer

Mit den Bilanzierungsvorschriften für Leasingverträge verfolgt das FASB das Ziel einer symmetrischen Bilanzierung beim Leasinggeber und -nehmer.[153] Dieses Ziel wird erreicht, wenn das Leasingobjekt von (nur) einem der beiden Vertragspartner aktiviert wird und der Forderung des Leasinggebers eine entsprechende Verbindlichkeit des Leasingnehmers gegenübersteht bzw. der Ertrag des Leasinggebers Aufwand des Leasingnehmers ist (*symmetrischer Ansatz*). Zudem sollten die Positionen mit dem gleichen Wert angesetzt bzw. Aufwand und Ertrag in gleicher Höhe verrechnet werden (*symmetrische Bewertung*).

Diese Voraussetzungen sind aus zwei Gründen nicht immer erfüllt: Zum einen fallen bestimmte Aufwendungen oder Erträge nur bei einem Vertragspartner an. Ein Beispiel hierfür sind Vertragsabschlußkosten, die nur vom Leasinggeber gezahlt werden.[154] In diesem Fall beruht die asymmetrische Bilanzierung auf unterschiedlichen Sachverhalten. Zum anderen sind die Vorschriften des FASB z.T. so gestaltet, daß gleiche Sachverhalte vom Leasingnehmer und -geber unterschiedlich bilanziert werden. Folgende Regelungen können zu einer asymmetrischen Bilanzierung führen:

1. *Ansatzkriterien der Gruppe 2*

   Durch die nur vom Leasinggeber zu prüfenden Ansatzkriterien der Gruppe 2 kann es dazu kommen, daß ein Vertrag vom Leasingnehmer als Capital Lease klassifiziert wird, weil ein Kriterium der Gruppe 1 erfüllt ist, während für den Leasinggeber Operating Lease vorliegt, weil ein Kriterium der Gruppe 2 nicht erfüllt ist. In diesem Fall wird das Leasingobjekt sowohl vom Leasinggeber als auch vom Leasingnehmer aktiviert.

2. *Zinssätze*

   Zur Berechnung des Barwertes der Mindestleasingraten verwendet der Leasinggeber den internen Zinsfuß, während der Leasingnehmer den niedrigeren Zinssatz von Kreditzins und internem Zins – sofern bekannt – verwendet (SFAS 13 Abs. 7(d)). Diese Regel kann dazu führen, daß Leasinggeber und -nehmer den Barwert der Leasingraten mit verschiedenen Zinssätzen berechnen. Die daraus resultierenden unterschiedlichen Barwerte implizieren nicht nur eine unterschiedliche Bewertung der Positionen, sondern können auch eine abweichende Klassifizierung des Vertrags nach Kriterium 4 durch Leasingnehmer und -geber bewirken. Ist der Kreditzins höher als der interne Zinsfuß, kann der Barwert der Mindestleasingraten beim Leasinggeber die 90 %-Grenze erreichen bzw. überschreiten, während das beim Leasingnehmer nicht der Fall ist. Folglich liegt für

[153] Vgl. SFAS 13 Appendix B Abs. 61 f., 65.

den Leasingnehmer Operating Lease, für den Leasinggeber Capital Lease vor, und das Leasingobjekt wird von keinem der Vertragspartner aktiviert.[155] Der umgekehrte Fall führt zu einer Aktivierung des Objektes bei beiden Vertragspartnern.

3. *Restwerte*

Die Behandlung des Restwertes des Leasingobjektes kann zu Unterschieden bei der Bilanzierung beim Leasinggeber und -nehmer führen, wenn Capital Lease aufgrund des dritten oder vierten Kriteriums der Gruppe 1 vorliegt. In diesem Fall kann die Höhe der Mindestleasingraten je nach Vereinbarung durch den Restwert beeinflußt werden.[156] Der Restwert steht dem Leasinggeber zu, weil der Leasingnehmer das Objekt am Ende der Grundmietzeit zurückgibt.[157] Grundsätzlich sind vier Fälle zu unterscheiden:[158]

- Der Restwert ist *nicht garantiert*, d.h. die Differenz zwischen dem zu Vertragsbeginn geschätzten und dem am Ende der Grundmietzeit tatsächlich vorhandenen Restwert (Fair Value) wird vom Leasinggeber getragen.
- Der Restwert wird *vom Leasingnehmer vollständig garantiert*, d.h. die Differenz zwischen dem zu Vertragsbeginn geschätzten und dem am Ende der Grundmietzeit tatsächlich vorhandenen Restwert (Fair Value) wird vollständig vom Leasingnehmer getragen.
- Der Restwert wird *vom Leasingnehmer teilweise garantiert*, d.h. die Differenz zwischen dem zu Vertragsbeginn geschätzten und dem am Ende der Grundmietzeit tatsächlich vorhandenen Restwert (Fair Value) wird zum Teil vom Leasingnehmer, zum Teil vom Leasinggeber getragen.
- Der Restwert wird *von einem Dritten vollständig oder teilweise garantiert*, d.h. die Differenz zwischen dem zu Vertragsbeginn geschätzten und dem am Ende der Grundmietzeit tatsächlich vorhandenen Restwert (Fair Value) wird ganz oder teilweise von einem Dritten getragen. Der Leasinggeber zahlt für diese „Versicherung" bei Vertragsbeginn eine Gebühr.

Abbildung 25 (S. 147) faßt die bilanziellen Konsequenzen dieser Restwertgarantien beim Leasinggeber und -nehmer zusammen.

---

154 Vgl. *Dyckman/Dukes/Davis*, Intermediate Accounting, S. 850.

155 Vgl. *Dyckman/Dukes/Davis*, Intermediate Accounting, S. 848.

156 Vgl. die Definition der Mindestleasingraten in Abbildung 17. Geht das Eigentum am Leasingobjekt am Ende der Grundmietzeit auf den Leasingnehmer über, geht auch der Restwert auf den Leasingnehmer über. In diesem Fall wird der Restwert bei der Bilanzierung weder vom Leasinggeber noch vom Leasingnehmer berücksichtigt, weil der Leasingnehmer das Objekt über die gesamte Nutzungsdauer, d.h. bis zu einem Restwert von null, nutzt; vgl. *Dyckman/Dukes/Davis*, Intermediate Accounting, S. 841.

157 Vgl. *Dyckman/Dukes/Davis*, Intermediate Accounting, S. 841.

Restwerte bei Capital Lease (Kriterium 3 oder 4)...			
...nicht garantiert	...durch den Leasingnehmer vollständig garantiert	...durch den Leasingnehmer teilweise garantiert	...durch Dritte vollständig oder teilweise garantiert
Leasingnehmer			
• Restwert nicht Bestandteil der Verbindlichkeit; • Auflösung der Verbindlichkeit auf null; • Abschreibung des Leasingobjektes über die Grundmietzeit auf null.	• Restwert Bestandteil der Verbindlichkeit; • Auflösung der Verbindlichkeit bis zur Höhe des Restwertes; • Abschreibung des Leasingobjektes über die Grundmietzeit bis zur Höhe des Restwertes.	• Restwert bis zur Höhe der Garantie Bestandteil der Verbindlichkeit; • Auflösung der Verbindlichkeit bis zur Höhe des garantierten Restwertes; • Abschreibung des Leasingobjektes über die Grundmietzeit bis zur Höhe des garantierten Restwertes.	• Restwert nicht Bestandteil der Verbindlichkeit; • Auflösung der Verbindlichkeit auf null; • Abschreibung des Leasingobjektes über die Grundmietzeit auf null.
Leasinggeber			
• Restwert Bestandteil der Forderung;[159] • Auflösung der Forderung bis zur Höhe des Restwertes; • bei Sales-Type Lease Restwert nicht Bestandteil von Umsatzerlös und Aufwand.	• Restwert Bestandteil der Forderung; • Auflösung der Forderung bis zur Höhe des Restwertes; • bei Sales-Type Lease Restwert Bestandteil von Umsatzerlös und Aufwand.	• Restwert in voller Höhe Bestandteil der Forderung; • Auflösung der Forderung bis zur Höhe des Restwertes; • bei Sales-Type Lease garantierter Teil des Restwertes Bestandteil von Umsatzerlös und Aufwand.[160]	• Restwert Bestandteil der Forderung; • Auflösung der Forderung bis zur Höhe des Restwertes; • bei Sales-Type Lease Restwert nicht Bestandteil von Umsatzerlös und Aufwand.

Abbildung 25: Bilanzielle Behandlung von Restwertgarantien

Quelle: In Anlehnung an *Dyckman/Dukes/Davis*, Intermediate Accounting, S. 841 ff.

Eine symmetrische Bilanzierung der Restwertgarantie ist folglich nur im Fall des vollständig durch den Leasingnehmer garantierten Restwertes gegeben. Bei Restwertgarantien durch Dritte unterscheidet sich die Höhe der Mindestleasingraten bei Leasing-

158 Vgl. *Dyckman/Dukes/Davis*, Intermediate Accounting, S. 842; *Kieso/Weygandt/Warfield*, Intermediate Accounting, S. 1209 ff.

159 Der Restwert ist in jedem Fall – garantiert oder nicht garantiert – Bestandteil der Forderung. Das ergibt sich aus der Bewertung der Forderung mit dem Betrag der Bruttoinvestition, die als Summe der Leasingraten und des nicht garantierten Restwertes definiert ist. Gemäß Definition ist ein garantierter Restwert Bestandteil der Mindestleasingraten; ein nicht garantierter Restwert ist bei der Berechnung der Bruttoinvestition zu addieren; vgl. *Kieso/Weygandt/Warfield*, Intermediate Accounting, S. 1215.

160 Vgl. *Kieso/Weygandt/Warfield*, Intermediate Accounting, S. 1215.

geber und Leasingnehmer,[161] so daß wiederum eine unterschiedliche Klassifizierung des Vertrags aufgrund von Kriterium 4 möglich ist.[162] Folglich führen die Vorschriften für die Bilanzierung von Restwerten zu Asymmetrien beim Ansatz und bei der Bewertung.

Zusammenfassend läßt sich feststellen, daß das FASB sein Ziel einer symmetrischen Bilanzierung von Leasingverträgen beim Leasingnehmer und -geber nicht erreicht hat. Eine andere Frage ist allerdings, ob dieses Ziel überhaupt angestrebt werden sollte. Diese Frage wird im Rahmen der Zweckmäßigkeitsanalyse beantwortet.[163]

4.2.4 Informationsregeln für Leasinggeschäfte

4.2.4.1 Die Gliederungs- und Ausweisvorschriften des SFAS 13

4.2.4.1.1 Gliederung und Ausweis beim Leasingnehmer

Leasingobjekte, die vom Leasingnehmer bilanziert werden, sind entweder in der Bilanz oder in den „Fußnoten"[164] zur Bilanz gesondert auszuweisen (SFAS 13 Abs. 13). Innerhalb des von der Regulation S-X der SEC vorgegebenen Gliederungsschemas ist der Posten *„Leased Property under Capital Leases"* Bestandteil der Position „Property, Plant and Equipment". Auch der zum Leasingobjekt gehörende Abschreibungsaufwand ist in der Bilanz besonders zu kennzeichnen (SFAS 13 Abs. 13).[165]

Die Verbindlichkeit ist als *„Obligation under Capital Leases"* gesondert auszuweisen. Die Einordnung in das Gliederungsschema der Regulation S-X richtet sich nach den allgemeinen Regeln zur Einteilung der Schulden in kurzfristige („current") und langfristige („noncurrent") Schulden (SFAS 13 Abs. 13).[166] Diese Einteilung kann nach zwei Methoden vorgenommen werden:[167]

---

161 Vgl. *Kieso/Weygandt/Warfield*, Intermediate Accounting, S. 1222.

162 *Weinstock* zeigt diese Problematik an einem Beispiel für IAS 17 (der an dieser Stelle mit SFAS 13 übereinstimmt); vgl. *Weinstock*, Bilanzierung von Leasingverträgen, S. 125 ff.

163 Vgl. Abschnitt 5.2.4.

164 Das Statement verwendet den Ausdruck „footnotes thereto [to the balance sheet, A.d.V.]". Ob damit die notes, die dem handelsrechtlichen Anhang entsprechen, gemeint sind, bleibt unklar.

165 In der Bilanz nach US-GAAP werden die Vermögenswerte und die dazugehörigen Abschreibungen nach der Bruttomethode ausgewiesen, d.h. zu jedem Vermögenswert werden in der Bilanz die historischen Anschaffungs-/Herstellungskosten sowie die Abschreibungen unsaldiert ausgewiesen.

166 Innerhalb dieses Gliederungsschemas sind die Schulden nach dem Kriterium der Restlaufzeit zu gliedern und nach steigender Restlaufzeit auszuweisen.

167 Vgl. *Dyckman/Dukes/Davis*, Intermediate Accounting, S. 854; *Kieso/Weygandt/Warfield*, Intermediate Accounting, S. 1217 f.; *Reichertz/Frey*, Bilanzierung von Leasingverträgen, S. 670.

- Als kurzfristige Verbindlichkeit wird der Barwert der Leasingrate des folgenden Jahres ausgewiesen (*present value of the next year's payment method*). Bei linearen Leasingraten ist der nach diesem Verfahren als kurzfristig auszuweisende Betrag in jedem Jahr gleich hoch.[168]
- Als kurzfristige Verbindlichkeit wird der Betrag, um den die Verbindlichkeit im folgenden Jahr abnimmt, ausgewiesen (*change in the present value method*). In diesem Fall wird der bei linearen Leasingraten als kurzfristig auszuweisende Betrag in jedem Jahr größer.

Beide Verfahren führen bei linearen Leasingraten nur im letzten Jahr der Grundmietzeit zum gleichen Ergebnis. Die Ursache dafür liegt darin, daß bei der „present value of the next year's payment method" der Barwert der jeweils *nächsten* Leasingrate, bei der „change in the present value method" der Barwert der *letzten* Leasingrate als kurzfristig ausgewiesen wird.[169] Folgende Rechnung verdeutlicht diesen Sachverhalt:[170]

Die Barwerte *nachschüssiger, linearer* Leasingraten in den Zeitpunkten 0 und 1 berechnen sich als:

$$BW_0 = \frac{mlp_1}{(1+i)^1} + \frac{mlp_2}{(1+i)^2} + \frac{mlp_3}{(1+i)^3} + \ldots + \frac{mlp_n}{(1+i)^n}$$

$$BW_1 = \frac{mlp_2}{(1+i)^1} + \frac{mlp_3}{(1+i)^2} + \ldots + \frac{mlp_n}{(1+i)^{n-1}}.$$

Da gilt:

$mlp_1 = mlp_2 = mlp_3 = \ldots = mlp_n,$

gilt für die Differenz der Barwerte zu den Zeitpunkten 0 und 1:

$$BW_0 - BW_1 = \frac{mlp_n}{(1+i)^n}.$$

Die Verbindlichkeit mindert sich folglich in jedem Jahr um den Barwert der in der letzten Periode der Grundmietzeit zu zahlenden Leasingrate. Bei der „present value of the next year's payment method" wird dagegen der Barwert der jeweils folgenden Zahlung als kurzfristig ausgewiesen:

$$BW_{mlp1} = \frac{mlp_1}{(1+i)^1}.$$

168 Vgl. *Swieringa*, When Current is Noncurrent, S. 124.
169 Vgl. *Swieringa*, When Current is Noncurrent, S. 124.
170 Vgl. dazu auch *Swieringa*, When Current is Noncurrent, S. 129.

Der nach den beiden Verfahren als kurzfristig auszuweisende Betrag kann folglich nur in der Periode n-1, d.h. in der Periode, in der letztmalig eine Verbindlichkeit ausgewiesen wird, übereinstimmen. Diese Rechnung gilt für vorschüssige Zahlungen analog.

Die unterschiedlichen Ergebnisse der beiden Verfahren lassen sich auch inhaltlich interpretieren: Die Differenz zwischen den Barwerten zweier Perioden gibt den in der Leasingrate enthaltenen Tilgungsanteil an. Folglich wird bei der „change in the present value method" *nur der Tilgungsanteil* als kurzfristige Verbindlichkeit ausgewiesen, während bei der „present value of the next year's payment method" die *gesamte Leasingrate* diskontiert wird und damit Tilgungs- und Zinsanteil als kurzfristige Verbindlichkeit ausgewiesen werden.[171]

4.2.4.1.2 Gliederung und Ausweis beim Leasinggeber

Für den Leasinggeber finden sich in SFAS 13 so gut wie keine Gliederungs- und Ausweisvorschriften. Die einzige Regelung ist, daß die Nettoinvestition bei Sales-Type und Direct Financing Lease nach den allgemeinen Vorschriften für Vermögenswerte als kurzfristig oder langfristig zu klassifizieren ist (SFAS 13 Abs. 17(b)), SFAS 98 Abs. 22(i)).[172] Dazu sind die gleichen Methoden wie beim Leasingnehmer anwendbar.[173] Der Ausweis der Nettoinvestition impliziert, daß die Bruttoinvestition und der nicht realisierte Zinsertrag nicht getrennt, sondern saldiert ausgewiesen werden.[174]

Bei Leveraged Lease sind die Abgrenzungsposten für latente Steuern, der Gewinn vor Steuern, der Steueraufwand sowie die Steuergutschrift gesondert auszuweisen (SFAS 13 Abs. 47).

4.2.4.2 Sonstige Angabepflichten nach SFAS 13

4.2.4.2.1 Angaben im Jahresabschluß des Leasingnehmers

Im Gegensatz zu den knappen Ausweisvorschriften regelt SFAS 13 detailliert, welche zusätzlichen Angaben zu Leasingverträgen im Jahresabschluß oder in den „Fußnoten" zu machen sind. Abbildung 26 (S. 151) faßt diese Angaben zusammen (SFAS 13 Abs. 16):

---

171 Vgl. auch das Beispiel bei *Kieso/Weygandt/Warfield*, Intermediate Accounting, S. 1199, 1218. In einer empirischen Analyse kommt *Richardson* zu dem Ergebnis, daß von der Mehrzahl der Unternehmen die „change in the present value method" angewendet wird; vgl. *Richardson*, Measurement of the Current Portion, S. 747, 751.

172 Nach den Vorschriften der SEC sind Vermögenswerte nach dem Kriterium der Liquidierbarkeit zu gliedern und nach abnehmender Liquidierbarkeit auszuweisen.

173 Vgl. *Lenz*, Bilanzierung von Mobilien-Leasingverträgen, S. 185 f.

174 Vgl. *Reichertz/Frey*, Bilanzierung von Leasingverträgen, S. 670; Abschnitt 4.2.3.2.2.1.

Capital Lease	Operating Lease
• Bruttobetrag der am Bilanzstichtag aktivierten Leasinggegenstände, gegliedert nach Art und Funktion; • Betrag der zukünftigen Mindestleasingraten insgesamt sowie gesondert für die folgenden fünf Geschäftsjahre. Abzuziehen sind Nebenkosten und darauf entfallende Gewinne sowie Zinsen, die zur Berechnung des Barwertes von der Summe der Leasingraten abzuziehen sind; • Gesamtbetrag der zukünftigen Leasingraten aus unkündbaren Untermietverträgen; • Gesamtbetrag der bedingten Leasingraten[175] für jede Periode.	*Für Verträge, bei denen die anfängliche oder verbleibende Grundmietzeit mehr als ein Jahr beträgt:* • Betrag der zukünftigen Mindestleasingraten insgesamt sowie gesondert für die folgenden fünf Geschäftsjahre; • Gesamtbetrag der zukünftigen Leasingraten aus unkündbaren Untermietverträgen. *Für alle Verträge:* • Mietaufwand für alle Perioden mit gesondertem Ausweis der Mindestleasingraten, der bedingten Leasingraten und Zahlungen aus Untermietverträgen; davon ausgenommen sind Verträge, deren Grundmietzeit (nur noch) einen Monat beträgt.

Abbildung 26: Angaben im Jahresabschluß des Leasingnehmers

Daneben hat der Leasingnehmer eine allgemeine Beschreibung seiner Leasingverträge zu geben, die mindestens die folgenden Angaben enthalten muß (SFAS 13 Abs. 16(d)):

- Grundlage für die Kalkulation von bedingten Leasingraten;
- Ausgestaltung von Kauf- und Verlängerungsoptionen sowie Kündigungsmöglichkeiten;
- Beschränkungen durch den Leasingvertrag, z.B. hinsichtlich Ausschüttungen, Fremdkapitalaufnahmen oder dem Abschluß weiterer Leasingverträge.

4.2.4.2.2 Angaben im Jahresabschluß des Leasinggebers

Auch für den Leasinggeber schreibt SFAS 13 detaillierte Angaben vor, die im Jahresabschluß oder in den „Fußnoten" zu machen sind. Diese Angaben sind nur erforderlich, wenn Leasing einen wesentlichen Teil der Geschäftsaktivitäten des Leasinggebers gemessen an Umsatz, Gewinn oder Vermögenswerten ausmacht (SFAS 13 Abs. 23). Wann Leasinggeschäfte wesentlich sind, wird allerdings nicht definiert.

Abbildung 27 gibt eine Übersicht über die Angabepflichten des Leasinggebers (SFAS 13 Abs. 23, SFAS 91 Abs. 25(d), (e)):

---

175 Bedingte Leasingraten („contingent rentals") sind Erhöhungen oder Verminderungen der Leasingraten aufgrund von Änderungen der Faktoren, welche die Höhe der Leasingraten bestimmen. Zu diesen Einflußfaktoren gehören nicht der Ablauf der Grundmietzeit, die Erhöhung der Anschaffungs-/Herstellungskosten sowie die Bindung der Leasingraten an Preisindizes. Zu den bedingten Leasingraten gehören auch solche Leasingraten, die von der zukünftigen Nutzung des Leasingobjektes, d.h. z.B. von Maschinenstunden oder Umsatzvolumen, abhängen (SFAS 13 Abs. 5(n) i.V.m. SFAS 29 Abs. 11). Bedingte Leasingraten sind kein Bestandteil der Mindestleasingraten (SFAS 29 Abs. 10).

Sales-Type Lease Direct Financing Lease	Operating Lease
• Bestandteile der Nettoinvestition am Bilanzstichtag: - Betrag der zukünftigen Mindestleasingraten mit gesondertem Abzug der Nebenkosten und darauf entfallender Gewinne sowie uneinbringbarer Leasingraten; - Höhe des nicht garantierten Restwertes; - Höhe des nicht realisierten Zinsertrags; *nur für Direct Financing Lease:* - Betrag der Vertragsabschlußkosten; • Betrag der zukünftigen Leasingraten für die folgenden fünf Geschäftsjahre; • Gesamtbetrag der ertragswirksam verrechneten bedingten Leasingraten.	• Anschaffungs-/Herstellungskosten und Buchwerte (sofern abweichend) der Leasinggegenstände, gegliedert nach Art und Funktion, sowie Gesamtbetrag der bis zum Bilanzstichtag insgesamt verrechneten Abschreibungen; • Betrag der Mindestleasingraten aus unkündbaren Leasingverträgen am Bilanzstichtag insgesamt und gesondert für die folgenden fünf Geschäftsjahre; • Gesamtbetrag der ertragswirksam verrechneten bedingten Leasingraten.

Abbildung 27: Angaben im Jahresabschluß des Leasinggebers

Darüber hinaus hat auch der Leasinggeber eine allgemeine Beschreibung seiner Leasingverträge zu geben (SFAS 13 Abs. 23(c)).

Ist Leveraged Lease ein bedeutender Teil der Geschäftsaktivitäten des Leasinggebers, sind die Bestandteile der Nettoinvestition in den „Fußnoten" zu erläutern (SFAS 13 Abs. 47).

4.2.5 Sonderprobleme

4.2.5.1 Immobilienleasing

In den Absätzen 24 bis 28 des SFAS 13 (i.V.m. Änderungen durch andere Statements) regelt das FASB Details der Bilanzierung von Leasingverträgen über Immobilien.[176] Solche Leasingverträge werden nach SFAS 13 Abs. 24 in vier Kategorien eingeteilt:

1. *Leasingverträge über Grund und Boden*

   Für die Klassifizierung von Leasingverträgen, die ausschließlich über Grund und Boden abgeschlossen werden, sind nur die ersten beiden Kriterien der Gruppe 1 (Transfer of Ownership Test, Bargain Purchase Option Test) anzuwenden (SFAS 13 Abs. 25, SFAS 98 Abs. 22(k)). Ist eines dieser Kriterien erfüllt, liegt für den *Leasingnehmer* Capital Lease, ansonsten Operating Lease vor. Für den *Leasinggeber* ist folgende Differenzierung zu beachten (SFAS 98 Abs. 22(k)):

[176] Zu einer Übersicht über diese Regelungen vgl. *Clay/Holder*, Accounting for Leases, S. 67.

- Wenn der Transfer of Ownership Test erfüllt und der Fair Value des Leasingobjektes zu Beginn der Grundmietzeit höher oder niedriger als der Buchwert ist, liegt Sales-Type Lease vor, das nach den Vorschriften von *SFAS 66 Accounting for Sales of Real Estate* über den Verkauf von Grund und Boden zu bilanzieren ist.
- Wenn der Transfer of Ownership Test sowie beide Kriterien der Gruppe 2 erfüllt sind und der Fair Value des Leasingobjektes zu Beginn der Grundmietzeit dem Buchwert entspricht, liegt Direct Financing oder Leveraged Lease vor.
- Wenn der Bargain Purchase Option Test sowie beide Kriterien der Gruppe 2 erfüllt sind, liegt Direct Financing, Leveraged oder Operating Lease[177] vor.
- Wenn die Kriterien der Gruppe 2 nicht erfüllt sind, liegt Operating Lease vor.

2. *Leasingverträge über Grund und Boden sowie Gebäude*

   Bei Leasingverträgen, welche die Nutzungsüberlassung sowohl von Grund und Boden als auch von Gebäuden beinhalten, sind folgende Fälle zu unterscheiden:

   - Wenn der Leasingvertrag eines der ersten beiden Kriterien der Gruppe 1 (Transfer of Ownership Test, Bargain Purchase Option Test) erfüllt, sind der Grund und Boden sowie das Gebäude vom *Leasingnehmer* getrennt zu aktivieren. Für die Bewertung ist der Barwert der Mindestleasingraten der beiden Positionen im Verhältnis ihrer Fair Values bei Vertragsbeginn zu ermitteln. Das Gebäude ist über die Nutzungsdauer abzuschreiben (SFAS 13 Abs. 26(a)(i) i.V.m. SFAS 13 Abs. 11(a)).

     Für den *Leasinggeber* gilt folgende Differenzierung:

     Wenn der Transfer of Ownership Test erfüllt ist und zusätzlich (SFAS 98 Abs. 22(l)(ii))
     - der Fair Value des Leasingobjektes zu Beginn der Grundmietzeit höher oder niedriger als der Buchwert ist, liegt Sales-Type Lease vor, das nach den Vorschriften des SFAS 66 als Einheit zu bilanzieren ist;
     - beide Kriterien der Gruppe 2 erfüllt sind und der Fair Value des Leasingobjektes zu Beginn der Grundmietzeit dem Buchwert entspricht, liegt Direct Financing oder Leveraged Lease vor;
     - die Kriterien der Gruppe 2 nicht erfüllt sind und der Fair Value des Leasingobjektes zu Beginn der Grundmietzeit dem Buchwert entspricht, liegt Operating Lease vor.

---

177 In diesem Fall kann Operating Lease vorliegen, obwohl der Bargain Purchase Option Test erfüllt ist, weil Leasingverträge über Immobilien nur beim automatischem Eigentumsübergang am Ende der Grundmietzeit als Sales-Type Lease klassifiziert werden dürfen (SFAS 98 Abs. 22(c), (f)).

Wenn der Bargain Purchase Option Test erfüllt ist und zusätzlich (SFAS 98 Abs. 22(l)(iii))

- der Fair Value des Leasingobjektes zu Beginn der Grundmietzeit höher oder niedriger als der Buchwert ist, liegt Operating Lease vor;[178]
- beide Kriterien der Gruppe 2 erfüllt sind und der Fair Value des Leasingobjektes zu Beginn der Grundmietzeit dem Buchwert entspricht, liegt Direct Financing oder Leveraged Lease vor;
- die Kriterien der Gruppe 2 nicht erfüllt sind und der Fair Value des Leasingobjektes zu Beginn der Grundmietzeit dem Buchwert entpricht, liegt Operating Lease vor.

- Erfüllt der Leasingvertrag keines der ersten beiden Kriterien der Gruppe 1 und beträgt der Fair Value des Grund und Bodens weniger als 25 % des Fair Value des gesamten Grundstücks, ist dieses sowohl vom Leasingnehmer als auch vom Leasinggeber bei der Prüfung der weiteren Ansatzkriterien (Economic Life Test, Recovery of Investment Test) *als Einheit* aufzufassen (SFAS 13 Abs. 26(b)(i)). Ist eines dieser Kriterien erfüllt, aktiviert der *Leasingnehmer* das Grundstück als Einheit und schreibt es über die Grundmietzeit ab (SFAS 13 Abs. 26(b)(i)(a) i.V.m. Abs. 11(b)). Der *Leasinggeber* bilanziert den Vertrag in diesem Fall als Direct Financing, Leveraged oder Operating Lease,[179] sofern auch die Kriterien der Gruppe 2 erfüllt sind (SFAS 98 Abs. 22(m)).

  Beträgt der Fair Value des Grund und Bodens mehr als 25 % des Fair Value des gesamten Grundstücks, sind die Ansatzkriterien (Economic Life Test, Recovery of Investment Test) sowohl vom Leasingnehmer als auch vom Leasinggeber *getrennt* für Grund und Boden sowie Gebäude zu prüfen. Für die Aufteilung der Mindestleasingraten ist der Fair Value des Grund und Bodens zu bestimmen. Die mit Hilfe des Kreditzinses berechnete Annuität des Fair Value ergibt den jährlich auf den Grund und Boden entfallenden Anteil an den Leasingraten (SFAS 13 Abs. 26(b)(ii)). Für die Bilanzierung dieses Vertrags gilt folgendes:

  Leasingnehmer (SFAS 13 Abs. 26(b)(ii)(a)):

  - Wenn der Vertragsteil über das Gebäude eines der beiden Ansatzkriterien erfüllt, ist das Gebäude als Capital Lease zu aktivieren und über die Grundmietzeit abzuschreiben. Der Grund und Boden ist als Operating Lease zu behandeln.

[178] Vgl. Fußnote 177 in diesem Kapitel.
[179] Vgl. Fußnote 177 in diesem Kapitel.

- Wenn der Vertragsteil über das Gebäude keines der beiden Ansatzkriterien erfüllt, sind sowohl das Gebäude als auch der Grund und Boden als Operating Lease zu behandeln.

Leasinggeber (SFAS 13 Abs. 26(b)(ii)(b), SFAS 98 Abs. 22(n)):

- Wenn der Vertragsteil über das Gebäude eines der beiden hier relevanten Ansatzkriterien der Gruppe 1 und beide Kriterien der Gruppe 2 erfüllt, ist das Gebäude nach den Vorschriften für Direct Financing, Leveraged oder Operating Lease[180] zu bilanzieren. Der Grund und Boden ist als Operating Lease zu behandeln.
- Wenn der Vertragsteil über das Gebäude keines der beiden relevanten Ansatzkriterien der Gruppe 1 erfüllt oder die Kriterien der Gruppe 2 nicht erfüllt sind, sind sowohl das Gebäude als auch der Grund und Boden als Operating Lease zu behandeln.

3. *Leasingverträge über Grundstücke und bewegliche Objekte*

   In diesem Fall ist der Vertragsteil über das bewegliche Leasingobjekt getrennt zu klassifizieren und zu bilanzieren. Der auf den beweglichen Vermögenswert entfallende Teil der Mindestleasingraten ist nach der für den Einzelfall am besten geeigneten Methode zu schätzen (SFAS 13 Abs. 27).

4. *Leasingverträge über Gebäudeteile*

   Das Problem bei Verträgen, die sich nur auf einen Gebäudeteil, z.B. ein Büro oder eine Etage, beziehen, liegt in der zuverlässigen Schätzung der Anschaffungskosten und des Fair Value. Ist diese Schätzung zuverlässig möglich, sind die Regeln für die Bilanzierung von Verträgen über Grund und Boden sowie Gebäude (SFAS 13 Abs. 26) anzuwenden (SFAS 13 Abs. 28). Ist eine verläßliche Schätzung nicht möglich, gilt folgendes:

   - *Leasingnehmer* (SFAS 13 Abs. 28(a)):

     Ist zumindest der Fair Value des Leasingobjektes zuverlässig bestimmbar, sind die Regeln für die Bilanzierung von Verträgen über Grund und Boden sowie Gebäude (SFAS 13 Abs. 26) anzuwenden. Ist auch die Schätzung des Fair Value nicht verläßlich möglich, ist der Durchführung des Economic Life Test die Nutzungsdauer des gesamten Gebäudes zugrunde zu legen.

---

180 Vgl. Fußnote 177 in diesem Kapitel.

- *Leasinggeber* (SFAS 13 Abs. 28(b)):
  Sind entweder die Anschaffungskosten oder der Fair Value des Gebäudeteils nicht zuverlässig bestimmbar, ist der Vertrag nach den Vorschriften für Operating Lease zu bilanzieren.

4.2.5.2 Leasingverträge zwischen verbundenen Unternehmen

Leasingverträge zwischen verbundenen Unternehmen[181] sind in den Einzelabschlüssen von Leasinggeber und Leasingnehmer grundsätzlich nach den allgemeinen Vorschriften für Leasingverträge zu klassifizieren und zu bilanzieren. Von diesem Grundsatz ist abzuweichen, wenn die Vertragsbedingungen durch die enge Beziehung zwischen den Vertragspartnern wesentlich beeinflußt werden. Wie in diesem Fall zu bilanzieren ist, wird allerdings nicht geregelt. Das FASB beschränkt sich auf die Aussage, daß „the classification and/or accounting shall be modified as necessary to recognize economic substance rather than legal form" (SFAS 13 Abs. 29).

Im Konzernabschluß bzw. in Abschlüssen, in die assoziierte Unternehmen nach der Equity-Methode einbezogen werden, ist der aus dem Leasinggeschäft resultierende Gewinn oder Verlust nach den Vorschriften des ARB 51 oder der APB Opinion 18 zu behandeln (SFAS 13 Abs. 30). Gleiches gilt für den Fall, daß das verbundene Unternehmen eine Leasinggesellschaft ist. In diesem Fall darf die Equity-Methode nicht angewendet werden (SFAS 13 Abs. 31).

4.2.5.3 Sale-Leaseback-Geschäfte

Sale-Leaseback-Geschäfte sind beim Verkäufer bzw. *Leasingnehmer* nach den Vorschriften für Capital Lease zu bilanzieren, wenn eines der Ansatzkriterien erfüllt ist. Ist dies nicht der Fall, liegt Operating Lease vor. Ein beim Verkauf erzielter Gewinn oder Verlust ist abzugrenzen und entsprechend der Abschreibung des Leasingobjektes bzw. der Aufwandsverrechnung der Mindestleasingraten zu realisieren (SFAS 28 Abs. 3). Diese Betrachtung von Kauf und Leasing als einheitliche Transaktion stellt sicher, daß der Erfolg nicht sofort, sondern wie bei einem normalen Leasingvertrag über die Grundmietzeit verteilt realisiert wird.

[181] Verbundene Unternehmen sind Mutter- und Tochterunternehmen, Gemeinschaftsunternehmen sowie Unternehmen, bei denen das eine einen maßgeblichen Einfluß auf das andere ausübt (SFAS 13 Abs. 5(a)).

Von dieser Regelung gelten folgende *Ausnahmen*:[182]

- Wenn der Leasingnehmer durch den Verkauf alle wesentlichen Nutzungsrechte am Leasingobjekt aufgibt („minor leaseback"), sind der Verkauf und der anschließende Leasingvertrag als getrennte Transaktionen zu behandeln. Die Begründung für diese Regel liegt darin, daß die Transaktion in erster Linie ein Verkauf ist, so daß eine sofortige Erfolgsrealisierung angemessen ist.[183] Wann ein Vertrag vorliegt, bei dem der Leasingnehmer alle wesentlichen Rechte aufgibt, kann anhand des Recovery of Investment Test bestimmt werden: Beträgt der Barwert der Leasingraten des Leaseback-Vertrags weniger als 10 % des Fair Value des verkauften Vermögenswertes, ist davon auszugehen, daß der Leasingnehmer dem Leasinggeber alle wesentlichen Rechte übertragen hat.[184] Der Gewinn oder Verlust aus dem Verkauf ist nur dann nicht sofort zu realisieren, wenn die Leasingraten deutlich unter der marktüblichen Miete liegen. In diesem Fall ist diese Differenz von dem zu realisierenden Gewinn oder Verlust abzuziehen und abzugrenzen (SFAS 28 Abs. 3(a)).
- Wenn der Leasingnehmer nach dem Verkauf des Leasingobjektes zwar einige, nicht aber die wesentlichen Rechte behält und einen Veräußerungserlös erzielt, der bei Operating Lease höher als der Barwert der Leasingraten bzw. bei Capital Lease höher als der Buchwert des Vermögenswertes ist, wird diese Differenz sofort als Gewinn realisiert (SFAS 28 Abs. 3(b)).
- Wenn der Fair Value des Leasingobjektes zum Zeitpunkt des Verkaufs niedriger als seine Anschaffungs-/Herstellungskosten ist, wird die Differenz sofort als Verlust realisiert (SFAS 28 Abs. 3(c)).

Der *Leasinggeber* bilanziert das Geschäft als Kauf und als Direct Financing Lease, wenn ein Kriterium der Gruppe 1 und beide Kriterien der Gruppe 2 erfüllt sind. Ist dies nicht der Fall, ist ein Kauf sowie ein Operating Lease zu bilanzieren (SFAS 13 Abs. 34). Eine Klassifizierung des Vertrags als Sales-Type Lease ist damit nicht möglich.[185] Die Bilanzierung von Sale-Leaseback-Geschäften entspricht der bei normalen Leasingverträgen.[186]

---

182 Besondere Vorschriften gelten auch für Sale-Leaseback-Geschäfte über Immobilien; vgl. dazu SFAS 98 Abs. 7-19.

183 Vgl. SFAS 28 Appendix A Abs. 11.

184 Vgl. Fußnote zu SFAS 28 Abs. 3(a), SFAS 28 Appendix A Abs. 12 f.

185 Vgl. SFAS 28 Appendix A Abs. 7 f.

186 Vgl. *Dyckman/Dukes/Davis*, Intermediate Accounting, S. 853.

4.2.5.4 Untermietverträge

Die Vorschriften zur Bilanzierung von Untermietverträgen („subleases") kommen zur Anwendung, wenn (SFAS 13 Abs. 35)

- der Leasingnehmer mit einem Dritten einen Leasingvertrag über das Leasingobjekt abschließt, wobei der ursprüngliche Leasingvertrag bestehen bleibt;
- der Leasinggeber einen Dritten in den ursprünglichen Vertrag als Leasingnehmer einbezieht, wobei der neue Leasingnehmer primärer Schuldner und der alte Leasingnehmer sekundärer Schuldner wird oder aus dem Vertrag ausscheidet;
- der Leasinggeber mit einem Dritten einen neuen Leasingvertrag abschließt, wobei der ursprüngliche Vertrag gekündigt wird.

Bleibt der ursprüngliche Vertrag durch diese Transaktionen bestehen, ändert sich die Bilanzierung beim *Leasinggeber* nicht (SFAS 13 Abs. 36). Wird ein neuer Vertrag mit einem neuen Leasingnehmer abgeschlossen, sind die aus dem alten Vertrag resultierenden Positionen auszubuchen (vgl. SFAS 13 Abs. 17(f)), und der neue Vertrag ist als eigenständiges Geschäft zu bilanzieren (SFAS 13 Abs. 37).

Wird der *ursprüngliche Leasingnehmer* durch den neuen Leasingvertrag von seinen Schulden befreit, sind bei Vorliegen von Capital Lease das Leasingobjekt und die Verbindlichkeit auszubuchen, die Differenz zwischen diesen Positionen ist als Gewinn oder Verlust zu realisieren. Bleibt der Leasingnehmer sekundärer Schuldner, ist – auch bei Operating Lease – eine „loss contingency" nach den Vorschriften des *SFAS 5 Accounting for Contingencies* zu passivieren (SFAS 13 Abs. 38). Bleibt der Leasingnehmer primärer Schuldner, richtet sich die Bilanzierung nach den für den ursprünglichen Leasingvertrag relevanten Ansatzkriterien:[187]

- Ist der ursprüngliche Leasingvertrag als Capital Lease zu qualifizieren, weil eines der ersten beiden Ansatzkriterien (Transfer of Ownership Test, Bargain Purchase Option Test) erfüllt ist, klassifiziert der Leasingnehmer als Leasinggeber des Untermietvertrags den neuen Vertrag nach den Kriterien der Gruppen 1 und 2. Liegt Sales-Type oder Direct Financing Lease vor, ist nach den entsprechenden Vorschriften zu bilanzieren. Der (Brutto-)Buchwert des Leasingobjektes repräsentiert die Kosten des Vermögenswerts. Sind die Kriterien für diese Leasingarten nicht erfüllt, sind die Regelungen für Operating Lease anzuwenden. Die Verpflichtungen aus dem ursprünglichen Leasingvertrag sind in beiden Fällen weiterhin auszuweisen (SFAS 13 Abs. 39(a)).

---

187 Vgl. hierzu die Übersicht bei *Clay/Holder*, Accounting for Leases, S. 65.

- Ist der ursprüngliche Leasingvertrag als Capital Lease zu qualifizieren, weil eines der anderen beiden Ansatzkriterien (Economic Life Test, Recovery of Investment Test) erfüllt ist, darf der Ansatz des neuen Leasingvertrags nur nach dem Economic Life Test sowie nach den Kriterien der Gruppe 2 geprüft werden. Sind diese Kriterien erfüllt, liegt Direct Financing Lease, ansonsten Operating Lease vor. Auch in diesem Fall sind die ursprünglichen Verpflichtungen weiterhin auszuweisen. Der Recovery of Investment Test ist nur für den Ausnahmefall anzuwenden, daß der Leasingnehmer bei Abschluß des Untermietvertrags nur als Vermittler im Rahmen einer größeren Transaktion tätig wird (SFAS 13 Abs. 39(b)).
- Ist der ursprüngliche Leasingvertrag als Operating Lease zu qualifizieren, sind sowohl der alte als auch der neue Vertrag als Operating Lease zu bilanzieren (SFAS 13 Abs. 39(c)).

Der *neue Leasingnehmer* klassifiziert den Vertrag nach den Ansatzkriterien als Capital oder Operating Lease und bilanziert entsprechend (SFAS 13 Abs. 40).

4.2.6 Zusammenfassung: Die Bilanzierung von Leasinggeschäften nach US-GAAP

Die Darstellung der Bilanzierungsregeln für Leasing nach US-GAAP hat gezeigt, daß diese im Grundsatz nicht sehr weit von den Prinzipien der Leasingerlasse abweichen:

- Die Zurechnung des Leasingobjektes richtet sich nach der Verteilung von Chancen und Risiken zwischen Leasingnehmer und Leasinggeber, wobei die Dauer der Grundmietzeit ebenso ein Kriterium wie die Wahrscheinlichkeit des Eigentumsübergangs nach Ablauf der Grundmietzeit ist.
- Operating Lease wird bilanziell wie ein Mietvertrag, Capital Lease wie ein Kauf- oder Darlehensvertrag behandelt.

Die Vorschriften des SFAS 13 werden insbesondere wegen der Ermessensspielräume kritisiert, die trotz der ausführlichen Regelung eine Beeinflussung der Zurechnung erlauben.[188] Eine Aktivierung des Leasingobjektes beim Leasingnehmer läßt sich vermeiden durch[189]

- die Einschätzung, daß die Ausübung einer Kaufoption nicht wahrscheinlich ist, da für die Wahrscheinlichkeit in SFAS 13 keine feste Grenze gesetzt wird.[190] Von dieser Einschätzung hängt auch die Länge der Grundmietzeit und damit das Ergebnis des Economic Life

---

188 Vgl. die Auflistung bei *Schildbach*, US-GAAP, S. 160.
189 Zu weiteren Möglichkeiten, die Aktivierung des Leasingobjektes und die Passivierung einer Verbindlichkeit beim Leasingnehmer zu vermeiden, vgl. *Imhoff/Lipe/Wright*, Operating Leases, S. 52.

Test ab, weil nur der Zeitraum, der durch eine *günstige* Kaufoption abgedeckt ist, zur Grundmietzeit gehört;

- die Festlegung der wirtschaftlichen Nutzungsdauer des Leasinggegenstands, die im Ermessen des Bilanzierenden liegt;[191]
- die Gestaltung der Vertragsvereinbarungen so, daß der Barwert der Mindestleasingraten kleiner als 90 % des Fair Value ist. Das kann erreicht werden durch
  - die Gestaltung von Restwertgarantien, weil von der Höhe der Garantie die Höhe der Mindestleasingraten abhängt;[192]
  - die Festlegung des Kreditzinses;[193]
  - die Vereinbarung von bedingten Leasingraten, die nicht Bestandteil der Mindestleasingraten sind;[194]
  - kleinere Änderungen der Mindestleasingraten, die wirtschaftlich kaum ins Gewicht fallen.[195]

Beim Leasinggeber eröffnet die Verwendung unbestimmter Begriffe („reasonably predictable" „[n]o important uncertainties", vgl. SFAS 13 Abs. 8(b), SFAS 98 Abs. 22(f)) bei der Formulierung der Ansatzkriterien der Gruppe 2 weitere Ermessensspielräume.[196]

Diese Probleme brachten SFAS 13 in einer „Hitliste der schlechtesten Standards" den ersten Platz ein[197] und führten zu Aussagen wie: „It now appears likely that Statement 13 will rank fourth in number of interpretations and amendments [...]. In terms of frustration it may rank higher."[198], „[c]onceptually and operationally an accounting nightmare"[199].

Aber auch diese Kritik bleibt letztlich an der Oberfläche. Ebenso wie in der Literatur zu den Leasingerlassen wird in der Literatur zu SFAS 13 selten geprüft, ob die Regeln grundsätzlich geeignet sind, den Zweck der Rechnungslegung zu erfüllen.[200] Darüber hinaus gilt die

---

190 Vgl. *Reichertz/Frey*, Bilanzierung von Leasingverträgen, S. 673.
191 Vgl. *Dieter*, Lessee Accounting, S. 13 f.
192 Vgl. *Coughlan*, Residuals, S. 61; *Dieter*, Lessee Accounting, S. 14 f.
193 Vgl. *Reichertz/Frey*, Bilanzierung von Leasingverträgen, S. 674.
194 Vgl. *McGregor*, A New Approach, S. 11.
195 Vgl. das Beispiel bei *Carr*, Why accounting for leases is inconsistent, S. 119 f.
196 Vgl. *Reichertz/Frey*, Bilanzierung von Leasingverträgen, S. 674 f.
197 Dieses Ergebnis ergab eine Umfrage unter Teilnehmern der „AAA/FASB Financial Reporting Issues Conference" 1996. Zu den Teilnehmern gehörten Analysten, Wissenschaftler, Standardsetter, Wirtschaftsprüfer und Regulatoren; vgl. *Reither*, Accounting Standards, S. 283 f., 288.
198 *Dieter*, Lessee Accounting, S. 18 f.
199 *Reither*, Accounting Standards, S. 288.
200 Ein Beispiel für Kritik dieser Art findet sich bei *Niehus*: „Wenn man schon bei den obigen Bedingungen bilanzieren muß, darf man doch die Frage stellen, ob es berechtigt ist, darüber hinaus noch die Angabe der Mindest-Leasing-Zahlungen zu verlangen. Dies dürfte doch wohl über das hinausgehen, was bei der bisherigen „normalen" Bilanzierungsweise üblich war. Wenn ein Anlagegut auf Kredit erworben wurde, war es bisher doch auch nicht üblich – auch nicht in den USA – die jährliche Amortisation eines jeden Kredites anzugeben."; *Niehus*, Neuregelung der Bilanzierung, S. 1863. Abgesehen davon, daß eine „übliche" Bilanzierungsmethode noch lange nicht zweckmäßig sein muß, liegt doch gerade bei einem Jahresabschluß,

gleiche Vermutung wie im Hinblick auf die Anwendung der gleichen Regeln in Handels- und Steuerbilanz: Die Ähnlichkeiten zwischen den Vorschriften nach US-GAAP und nach den Leasingerlassen bei unterschiedlichen Zwecksetzungen der Rechnungslegung deuten darauf hin, daß eines der beiden Regelsets nicht geeignet ist, seinen Zweck zu erfüllen. Diese Vermutung wird im folgenden Kapitel überprüft.

4.3 Exkurs: Die Bilanzierung von Leasinggeschäften nach IAS

Zu den „international anerkannten Rechnungslegungsgrundsätzen", nach denen gemäß § 292a HGB ein befreiender Konzernabschluß aufgestellt werden darf, gehören neben den US-GAAP die IAS. Den IAS liegt das gleiche Konzept wie den US-GAAP zugrunde: Die Rechnungslegung dient dem Schutz der Kapitalgeber durch die Vermittlung entscheidungsrelevanter Informationen. Eine Ausschüttungsbemessungsfunktion des Gewinns ist nicht vorgesehen. Folglich unterscheiden sich die IAS und die Statements der amerikanischen Standardsetter zwar in Details, nicht aber konzeptionell.[201] Das gilt auch für die Bilanzierung von Leasing.[202] Die relevanten Vorschriften nach IAS (IAS 17 *Accounting for Leases*, revised 1997) werden deshalb im folgenden nur kurz zusammengefaßt. Aufgrund der konzeptionellen Ähnlichkeit lassen sich die Ergebnisse der Zweckmäßigkeitsanalyse auf diese Regeln übertragen.

Auch nach IAS ist das Leasingobjekt von demjenigen zu aktivieren, der die mit dem Eigentum an dem Vermögenswert verbundenen Chancen und Risiken trägt (IAS 17 Abs. 5). Das IASC unterscheidet zwischen *Finance Lease*, das zu einer Aktivierung des Leasingobjektes beim *Leasingnehmer* führt, und *Operating Lease*, bei dem der Leasinggegenstand vom *Leasinggeber* bilanziert wird. Eine weitere Unterteilung von Finance Lease beim Leasinggeber nimmt das IASC nicht vor.

Finance Lease liegt immer dann vor, wenn eines der folgenden Kriterien erfüllt ist (IAS 17 Abs. 8):

- Am Ende der Grundmietzeit[203] geht das Eigentum am Leasingobjekt auf den Leasingnehmer über.
- Der Leasingvertrag sieht eine Kaufoption vor, wobei der Kaufpreis niedriger als der Fair Value des Objektes am Ende der Grundmietzeit ist, so daß mit der Ausübung der Option zu rechnen ist.

---

dessen (Sub-)Zweck die Informationsvermittlung ist, die Annahme nahe, daß ausführliche Angaben im Anhang zweckmäßig sind. Diese Annahme wird im fünften Kapitel überprüft.

201 Zu den Unterschieden zwischen IAS und US-GAAP vgl. *FASB*, Comparison Project.

202 Vgl. *GEFIU*, Behandlung von Leasingverträgen, S. 334.

203 Die Definitionen in IAS 17 Abs. 3 entsprechen im wesentlichen denen des SFAS 13. Zu Unterschieden im Detail vgl. *FASB*, Comparison Project, S. 242 ff.

- Die Grundmietzeit umfaßt einen wesentlichen Teil („major part“)[204] der Nutzungsdauer des Objektes.
- Der Barwert der Mindestleasingraten zu Beginn der Grundmietzeit ist größer oder annähernd gleich dem Fair Value des Leasingobjektes.
- Es liegt Spezialleasing vor, d.h. nur der Leasingnehmer kann das Leasingobjekt sinnvoll nutzen.

Weitere Anhaltspunkte für Finance Lease werden in IAS 17 Abs. 9 genannt. Diese „indicators“ werden allerdings nicht als selbständige Kriterien angesehen, weil die sich auf die Kriterien des Absatzes 8 zurückführen lassen:[205]

- Bei einer Kündigung des Vertrags durch den Leasingnehmer muß dieser einen möglichen Verlust des Leasinggebers ausgleichen.
- Gewinne und Verluste aus Restwertänderungen stehen dem Leasingnehmer zu.
- Der Leasingvertrag räumt dem Leasingnehmer eine Mietverlängerungsoption ein, wobei die Anschlußmiete deutlich niedriger als die marktübliche Miete ist.

Verträge, bei denen die Chancen und Risiken nicht auf den Leasingnehmer übergehen, sind als *Operating Lease* zu klassifizieren (IAS 17 Abs. 6).

Bei Leasingverträgen über Grund und Boden sowie Gebäude sind grundsätzlich die gleichen Kriterien wie für bewegliche Vermögenswerte anzuwenden. Allerdings gilt die Einschränkung, daß Finance Lease nur dann vorliegt, wenn ein Eigentumsübergang auf den Leasingnehmer zu erwarten ist (IAS 17 Abs. 11).

Im Falle von *Finance Lease* bilanziert der *Leasingnehmer* das Leasingobjekt und eine Verbindlichkeit in Höhe des Fair Value des Vermögenswertes oder – falls niedriger – in Höhe des Barwertes der Mindestleasingraten. Zur Berechnung des Barwertes ist der interne Zinsfuß oder, falls dieser nicht bestimmt werden kann, der Kreditzins des Leasingnehmers (IAS 17 Abs. 12) anzuwenden. In den Folgeperioden ist der Vermögenswert entsprechend den Vorschriften von IAS 16 (Property, Plant and Equipment) und IAS 38 (Intangible Assets) abzuschreiben. Ist nicht hinreichend sicher, daß am Ende der Grundmietzeit das Eigentum übertragen wird, muß über den kürzeren Zeitraum von Grundmietzeit und Nutzungsdauer abgeschrieben werden (IAS 17 Abs. 19). Die jährlich gezahlten Leasingraten sind jeweils in Zins- und Tilgungsanteile aufzuspalten. Der Tilgungsanteil mindert die Verbindlichkeit, während der Zinsanteil als Aufwand in der Gewinn- und Verlustrechnung verrechnet wird.

---

204 Zur Auslegung des Begriffs „major part“ vgl. *Helmschrott*, Bestimmung des wirtschaftlichen Eigentums, S. 426-429.

205 Vgl. *Mellwig*, Darstellung von Leasingverträgen, S. 7 f.

Der Zinsanteil ist so über die Grundmietzeit zu verteilen, daß sich ein gleichbleibender Zinssatz auf die jeweilige Restverbindlichkeit ergibt (IAS 17 Abs. 17).

Bei *Operating Lease* verrechnet der *Leasingnehmer* die jährlichen Leasingraten als Aufwand. Die Leasingzahlungen werden gleichmäßig über die Grundmietzeit verteilt als Aufwand erfaßt, sofern nicht eine andere Verrechnungsart die zeitliche Struktur des Nutzens, der aus dem Vermögenswert zufließt, besser widerspiegelt (IAS 17 Abs. 25).

Der *Leasinggeber* bilanziert bei *Finance Lease* eine Forderung in Höhe der Nettoinvestition (IAS 17 Abs. 28). Diese ist definiert als Bruttoinvestition abzüglich des noch nicht realisierten Zinsgewinns. Die Bruttoinvestition entspricht der Summe der Mindestleasingraten aus der Sicht des Leasinggebers und dem Restwert des Leasingobjektes, der dem Leasinggeber nicht durch einen Dritten garantiert wird. Der nicht realisierte Zinsgewinn ergibt sich als Differenz zwischen der Bruttoinvestition und ihrem Barwert (IAS 17 Abs. 3). Analog zur Vorgehensweise des Leasingnehmers spaltet auch der Leasinggeber die erhaltenen Leasingraten in Zins- und Tilgungsanteile auf. Die Vereinnahmung der Zinserträge hat so zu erfolgen, daß sich eine konstante Rendite auf die verbleibende Nettoinvestition ergibt (IAS 17 Abs. 30).

Ist der Leasinggeber Hersteller oder Händler, muß er den aus dem Leasinggeschäft resultierenden Gewinn oder Verlust zu Beginn der Grundmietzeit erfolgswirksam erfassen. Vertragsabschlußkosten sind bei Vertragsbeginn als Aufwand zu verrechnen (IAS 17 Abs. 34-38).[206]

Bei *Operating Lease* aktiviert der *Leasinggeber* das Leasingobjekt und schreibt es nach den Vorschriften von IAS 16 (Property, Plant and Equipment) und IAS 38 (Intangible Assets) über die Nutzungsdauer ab (IAS 17 Abs. 41, 45). Die Erträge aus dem Leasinggeschäft sind unabhängig von der zeitlichen Struktur der Zahlungen grundsätzlich gleichmäßig über die Grundmietzeit verteilt zu vereinnahmen, sofern nicht eine andere Ertragsverteilung zu einem periodengerechteren Gewinnausweis führt (IAS 17 Abs. 42).

Diese Bewertungsvorschriften gelten nicht für „investment property“[207]; diese Vermögenswerte sind nach IAS 40 *Investment Property* zu behandeln (IAS 17 Abs. 1).

Die Informationsregeln des IAS 17 sehen folgende Angaben für Leasinggeschäfte vor:

---

206 Vgl. die Bilanzierung von Sales-Type Lease nach US-GAAP (Abschnitt 4.2.3.2.2.1).

207 „Investment property“ sind Grundstücke, Gebäude sowie Gebäudeteile, die nicht der eigentlichen Unternehmenstätigkeit (Produktion, Verwaltung) dienen und nicht zum Verkauf im Rahmen der normalen Geschäftstätigkeit bestimmt sind, sondern der Erzielung von Mieteinkommen bzw. der Kapitalanlage dienen (IAS 40 Abs. 4).

Leasinggeber	**Leasingnehmer**
Finance Lease	
• Überleitungsrechnung zwischen der Bruttoinvestition und dem Barwert der Mindestleasingraten am Bilanzstichtag; • Bruttoinvestition und Barwert der Mindestleasingraten - für das folgende Jahr; - für die folgenden fünf Jahre; - für den Zeitraum nach Ablauf von fünf Jahren; • nicht realisierter Zinsertrag; • nicht garantierter Restwert; • zulässiger Spielraum für nicht einbringbare Leasingforderungen; • ertragswirksam verrechnete bedingte Leasingraten; • allgemeine Beschreibung der wesentlichen Leasingverträge (IAS 17 Abs. 39).	• Buchwert des Objektes am Bilanzstichtag; • Überleitungsrechnung zwischen der Summe der Mindestleasingraten und ihrem Barwert am Bilanzstichtag; • Summe und Barwert der Mindestleasingraten - für das folgende Jahr; - für die folgenden fünf Jahre; - für den Zeitraum nach Ablauf von fünf Jahren; • in der Periode aufwandswirksam verrechnete bedingte Leasingraten; • Summe der zukünftig erwarteten Leasingraten aus unkündbaren Untermietverträgen; • allgemeine Beschreibung der wesentlichen Leasingverträge einschließlich - der Basis, auf der bedingte Leasingraten berechnet werden; - vereinbarter Options- und Kündigungsrechte - Beschränkungen durch Leasingverträge, z.B. hinsichtlich Ausschüttungen, Fremdkapitalaufnahme und zukünftigen Leasingverträgen (IAS 17 Abs. 23).
Operating Lease	
• zukünftige Mindestleasingraten aus unkündbaren Operating Leases - für das folgende Jahr; - für die folgenden fünf Jahre; - für den Zeitraum nach Ablauf von fünf Jahren; • ertragswirksam verrechnete bedingte Leasingraten; • allgemeine Beschreibung der wesentlichen Leasingverträge (IAS 17 Abs. 48).	• Summe und Barwert der Mindestleasingraten - für das folgende Jahr; - für die folgenden fünf Jahre; - für den Zeitraum nach Ablauf von fünf Jahren; • Summe der zukünftig erwarteten Mindestleasingraten aus unkündbaren Untermietverträgen; • in der Periode erfolgswirksam verrechnete Mindestleasingraten und Zahlungen aus Untermietverträgen mit gesondertem Ausweis der Leasingraten, bedingten Raten und Zahlungen aus Untermietverträgen; • allgemeine Beschreibung der wesentlichen Leasingverträge einschließlich - der Basis, auf der bedingte Leasingraten berechnet werden; - vereinbarter Options- und Kündigungsrechte • Beschränkungen durch Leasingverträge, z.B. hinsichtlich Ausschüttungen, Fremdkapitalaufnahme und zukünftigen Leasingverträgen (IAS 17 Abs. 27).

Abbildung 28: Informationsregeln des IAS 17

Zusätzlich sind die Ausweisvorschriften der IAS 16, IAS 36, IAS 38 und IAS 40 zu beachten (IAS 17 Abs. 24, 48A).

Die Bilanzierung von *Sale-Leaseback-Geschäften* ist ebenfalls in IAS 17 geregelt. Bei *Finance Lease* darf ein aus dem Verkauf entstehender Gewinn nicht sofort realisiert werden. Vielmehr ist ein passiver Rechnungsabgrenzungsposten zu bilden, der über die Grundmietzeit aufzulösen ist (IAS 17 Abs. 50).

Im Falle von *Operating Lease* ist folgende Differenzierung zu beachten (IAS 17 Abs. 52, 54):

- Werden die Leasingraten und der Verkaufspreis auf der Grundlage des Fair Value berechnet, sind Gewinne und Verluste sofort zu realisieren.
- Ist der Verkaufspreis niedriger als der Fair Value, sind Gewinne und Verluste sofort zu realisieren, es sei denn, ein Verlust wird durch zukünftige Leasingraten, die unter dem Marktpreis liegen, ausgeglichen. In diesem Fall ist der Verlust abzugrenzen und auf die Nutzungsdauer zu verteilen.
- Ist der Verkaufspreis höher als der Fair Value, werden Gewinne abgegrenzt und über die Nutzungsdauer des Vermögenswerts verteilt.
- Ist der Fair Value des Vermögenswerts niedriger als der Buchwert, wird der Verlust in Höhe der Differenz zwischen Buchwert und Fair Value sofort realisiert.

Fünftes Kapitel

5 Zweckmäßige Bilanzierungsvorschriften für Leasinggeschäfte

Im bisherigen Verlauf beschäftigte sich diese Arbeit zum einen mit den Zwecken der Rechnungslegung (drittes Kapitel), zum anderen mit den bestehenden Vorschriften für die Bilanzierung von Leasinggeschäften im deutschen Handels-/Steuerrecht sowie nach US-GAAP (viertes Kapitel). Das fünfte Kapitel verfolgt das Ziel, Zwecke und Regelungen zusammenzuführen. Dazu wird analysiert, inwieweit die bestehenden Vorschriften in der Lage sind, die mit der Rechnungslegung verfolgten Zwecke zu erfüllen.

Entsprechend der im dritten Kapitel erarbeiteten Rechnungslegungsinstrumente (Gewinnermittlungs- und Informationsregeln) und (Sub-)Zwecke (Ausschüttungsbemessung und Informationsvermittlung) wird die Analyse in drei Teile gegliedert: Die Vorschriften der steuerrechtlichen *Leasingerlasse* werden aufgrund ihrer Anwendung in der Handelsbilanz im Hinblick auf ihre Zweckmäßigkeit für die *Ausschüttungsbemessung* untersucht. Zweckmäßige Gewinnermittlungsregeln für die *Informationsvermittlung* werden am Beispiel der *US-GAAP* erarbeitet. Die sonstige Informationsvermittlung ist Bestandteil beider Rechnungslegungssysteme; daher werden in den entsprechenden Abschnitten beide Regelsets untersucht.

Die Beschränkung der Analyse der Leasingerlasse auf die Ausschüttungsbemessung wurde bereits im dritten Kapitel begründet.[1] Aus den Ergebnissen der Untersuchung der US-GAAP kann aber abgeleitet werden, inwieweit die Regeln der Leasingerlasse auch zu einer informativen Gewinngröße bzw. zu informativen Bilanzpositionen führen. Umgekehrt kann ein Vergleich der US-GAAP mit den für die Ausschüttungsbemessung zweckmäßigen Regeln Aufschluß über die Konsequenzen geben, die eine Übernahme der US-GAAP ins deutsche Handelsrecht unter Beibehaltung der Ausschüttungsbemessungsfunktion des Jahresabschlusses hätte.

Die folgenden Ausführungen gelten grundsätzlich sowohl für Operating- als auch für Finanzierungsleasing. Auf Besonderheiten für Operating-Leasing wird an den entsprechenden Stellen hingewiesen.

[1] Vgl. Abschnitt 3.2.1.

5.1 Gewinnermittlung zur Ausschüttungsbemessung

5.1.1 Ausgangspunkt der Analyse

Um den Schutzzweck der Rechnungslegung zu erfüllen, muß die Gewinnermittlung nach HGB gewährleisten, daß die Zahlungsfähigkeit der Unternehmung nicht durch (zu hohe) Ausschüttungen gefährdert wird. Dazu ist sicherzustellen, daß ein nach bestimmten Grundsätzen definiertes und bewertetes Vermögen erhalten bleibt.

In den folgenden Abschnitten werden diese Grundsätze für Leasinggeschäfte konkretisiert. Dazu wird zunächst untersucht, ob die Anwendung der steuerrechtlichen Leasingerlasse in der Handelsbilanz zweckmäßig ist, d.h. ob die Regeln der Leasingerlasse zur Ermittlung eines für die Ausschüttungsbemessung zweckmäßigen Gewinns führen. Im Hinblick auf die Ausschüttungsbemessung ist dabei nur von Interesse, wie durch die Bilanzierung der Leasingverträge die *Höhe des Gewinns* beeinflußt wird. Gliederungs- und Ausweisfragen sind ausschließlich für die Informationsvermittlung relevant. Deshalb wird im folgenden die *Gewinnwirkung* der in den Leasingerlassen vorgesehenen Bilanzierungsmethoden analysiert. Aus dem Ergebnis dieser Analyse kann dann abgeleitet werden, ob diese Methoden zweckmäßig sind bzw. wie zweckmäßige Bilanzierungsmethoden für Leasinggeschäfte aussehen müßten.

Entsprechend der im dritten Kapitel[2] gestellten Fragen zur Gewinnermittlung ist diese Analyse in zwei Schritten vorzunehmen:

Im *ersten Schritt* ist zu fragen, ob aus dem Leasingvertrag Vermögensgegenstände und/oder Schulden resultieren. Die Leasingerlasse beantworten diese Frage dahingehend, daß *nur ein Teil* der Leasingverträge zu Vermögensgegenständen und/oder Schulden führt bzw. daß zwar i.d.R. Aktiv- und Passivposten vorliegen, diese aber in einigen Fällen aus bestimmten, durch Zurechnungskriterien konkretisierten Gründen nicht angesetzt werden dürfen.[3]

Nach den Regeln der Leasingerlasse hängen die bilanziellen Konsequenzen des Leasinggeschäfts von der Zurechnung des Leasingobjektes ab: Wird das Leasingobjekt dem *Leasinggeber* zugerechnet, richtet sich die Bilanzierung nach den Regeln für *Mietverträge*, d.h. nach den Grundsätzen für schwebende Geschäfte. Wird das Objekt dem

---

[2] Vgl. Abschnitt 3.2.2.1.

[3] Die Leasingerlasse folgen damit dem „selective capitalization approach". Grundsätzlich sind drei Methoden zur Bilanzierung von Leasinggeschäften denkbar: Bilanzierung aller Leasinggeschäfte („*total capitalization approach*"), Bilanzierung bestimmter Leasinggeschäfte („*selective capitalization approach*") sowie keine Bilanzierung von Leasinggeschäften („*off-balance-sheet-financing approach*"); vgl. *Emmrich*, Reform der Rechnungslegung, S. 304; *Kuo*, Alternative Approaches, S. 31. Eine andere Einteilung unterscheidet zwischen dem „*legal approach*", nach dem Leasingobjekte grundsätzlich vom juristischen Eigentümer zu bilanzieren sind, und dem „*economic approach*", nach dem sich die Zurechnung nach dem wirtschaftlichen

Leasingnehmer zugerechnet, bilanzieren beide Vertragspartner das Geschäft nach den Vorschriften für *(Raten-)Kaufverträge*. Abbildung 29 faßt die bilanziellen Konsequenzen dieser Vorschriften zusammen:

Zurechnung des Leasingobjektes zum...			
...Leasinggeber		**...Leasingnehmer**	
Bilanz...	**GuV...**	**Bilanz...**	**GuV...**
...des Leasinggebers			
Leasingobjekt evtl. RAP für Leasingraten[4] evtl. Drohverlustrückstellung	Abschreibungen Ertrag aus Leasingraten	Leasingforderung	Zinsertrag
...des Leasingnehmers			
evtl. RAP für Leasingraten[5] evtl. Drohverlustrückstellung	Aufwand aus Leasingraten	Leasingobjekt Leasingverbindlichkeit	Abschreibungen Zinsaufwand
=> *Mietverträge (schwebende Geschäfte)*		=> *(Raten-)Kaufverträge*	

Abbildung 29: Bilanzielle Konsequenzen der Zurechnung des Leasingobjektes nach den Leasingerlassen

Für Operating-Leasing gilt die linke Spalte der Tabelle; diese Verträge werden grundsätzlich wie Mietverträge bilanziert.

Die Leasingerlasse unterscheiden folglich verschiedene Arten von Leasingverträgen, die entsprechend unterschiedlich bilanziert werden.[6] Im Rahmen der Analyse stellt sich im ersten Schritt die Frage, ob diese Differenzierung zweckmäßig ist. Es ist zu untersuchen, ob die Kriterien, nach denen Leasingverträge unterschieden werden, für die Ausschüttungsbemessung relevant sind. Konkret ist die Zweckmäßigkeit der Zurechnung nach dem Kriterium des *wirtschaftlichen Eigentums* für die Ausschüttungsbemessung zu analysieren.

Diese Analyse kann zu drei Ergebnissen führen:

Eigentum richtet; vgl. *EU-Kommission*, Behandlung von Leasingverträgen, S. 7; *Koberg*, Lease Contracts, S. 11 f., 15.

4 Gründe für die Bildung von Rechnungsabgrenzungsposten und Rückstellungen werden in Abschnitt 5.1.3.2.1 erläutert.

5 Vgl. Abschnitt 5.1.2.2.2.

6 Damit ist nicht die Unterscheidung zwischen Operating-Leasing und Finanzierungsleasing gemeint. Vielmehr differenzieren die Leasingerlasse zwischen Leasingverträgen, die – wirtschaftlich betrachtet – (Raten-)Kaufverträge sind, und solchen, die wie Mietverträge zu bilanzieren sind. Zu letzteren gehören sowohl Operating-Leasingverträge als auch bestimmte Finanzierungsleasingverträge. Nach US-GAAP ist die Trennung klarer: Nur Operating Leases werden wie Mietverträge, Capital Leases dagegen immer wie Kaufverträge bilanziert.

1. Für die Ausschüttungsbemessung ist es zweckmäßig, zwischen verschiedenen Arten von Leasingverträgen zu differenzieren. Ebenso zweckmäßig ist die Differenzierung nach dem Kriterium des wirtschaftlichen Eigentums entsprechend der Definition der Leasingerlasse (Fall 1).

2. Für die Ausschüttungsbemessung ist es zwar grundsätzlich zweckmäßig, zwischen verschiedenen Arten von Leasingverträgen zu unterscheiden. Diese Differenzierung müßte aber nach anderen Kriterien erfolgen, z.B. nach den in der handelsrechtlichen Literatur vorgeschlagenen (Fall 2).

3. Für die Ausschüttungsbemessung gibt es keinen Grund, zwischen verschiedenen Arten von Leasingverträgen zu unterscheiden. Alle Leasinggeschäfte sind entweder als Vermögen und/oder Schulden zu bilanzieren, weil die entsprechenden Kriterien erfüllt sind, oder ein Ansatz muß grundsätzlich unterbleiben, weil die Kriterien nicht erfüllt sind (Fall 3).

Ergibt die Analyse, daß aus einem Leasingvertrag kein Vermögensgegenstand resultiert, sind die mit dem Leasinggeschäft verbundenen Auszahlungen sofort als Aufwand zu verrechnen, weil kein zukünftiges Einzahlungspotential zur Deckung dieser Auszahlungen vorliegt. Umgekehrt impliziert die Aktivierung eines Vermögensgegenstands die Verteilung des Aufwands über die zukünftigen Perioden. Für die Schulden gilt eine analoge Interpretation: Sind keine zukünftigen Auszahlungen zu erwarten, können eventuelle Einzahlungen sofort als Ertrag verrechnet und ausgeschüttet werden. Liegen zukünftige Auszahlungen vor, sind die Einzahlungen durch Passivierung einer Schuld zu reservieren.

Die in den Leasingerlassen vorgesehenen Bilanzierungsmethoden[7] zeigen in diesem Zusammenhang ein erstaunliches Ergebnis: Obwohl in bestimmten Fällen der Ansatz von Vermögensgegenständen und Verbindlichkeiten ausgeschlossen ist, werden *in keinem Fall* die Ein- bzw. Auszahlungen *sofort vollständig* als Ertrag bzw. Aufwand verrechnet. Unabhängig von der Ansatzfrage erfolgt eine *Verteilung* der Aufwendungen und Erträge über einen bestimmten Zeitraum. Zu unterscheiden sind jeweils zwei Methoden:

Leasingnehmer
1. Aktivierung des Leasingobjektes und Passivierung einer Verbindlichkeit gegenüber dem Leasinggeber
   oder
2. keine bilanziellen Konsequenzen.

[7] Der Begriff „Bilanzierungsmethoden" oder „Bilanzierungsalternativen" bezeichnet im folgenden die Aktivierung eines Vermögensgegenstands bei gleichzeitiger Passivierung einer Verbindlichkeit einerseits sowie den Verzicht auf den Ansatz beider Posten andererseits.

Leasinggeber 1. Aktivierung des Leasingobjektes
oder
2. Aktivierung einer Forderung gegenüber dem Leasingnehmer.

Führt die Analyse der Gewinnwirkungen zu dem Ergebnis, daß bei der erstmaligen Bilanzierung des Leasinggeschäfts

- beim *Leasingnehmer* das Leasingobjekt und die Verbindlichkeit bzw.
- beim *Leasinggeber* das Leasingobjekt und die Forderung

in der gleichen Höhe angesetzt werden, und in den Folgeperioden

- beim *Leasingnehmer* der Aufwand aus den Leasingraten bei Nicht-Aktivierung-/Passivierung genauso hoch wie die Abschreibungen plus Zinsen bei Aktivierung des Leasingobjektes bzw.
- beim *Leasinggeber* der Ertrag aus den Leasingraten minus Abschreibungen bei Aktivierung des Leasingobjektes genauso hoch wie der Zinsertrag bei Aktivierung einer Forderung

ist, stellt sich die Frage, warum überhaupt zwischen verschiedenen Arten von Leasinggeschäften unterschieden wird, wenn die Auswirkungen auf die Höhe des Gewinns und damit auf die Ausschüttung identisch oder – bei einer unterschiedlichen Verteilung – nur marginal anders sind. Da die Leasingerlasse in jedem Fall eine Verteilung des Aufwands bzw. Ertrags vorsehen, ist bereits an dieser Stelle zu vermuten, daß die Vorschriften mindestens auf einer Ebene unzweckmäßig sind:

- Entweder sind für die Ausschüttungsbemessung verschiedene Arten von Leasinggeschäften zu unterscheiden (Fall 1 oder 2). Dann müssen sich diese Unterschiede aber auch in der oben erläuterten Weise im Gewinn niederschlagen, so daß in diesem Fall zwar (möglicherweise, vgl. Fall 2) die Ansatz-, nicht aber die Bewertungsregeln der Leasingerlasse zweckmäßig sind.

- Oder die Unterscheidung zwischen verschiedenen Arten von Leasingverträgen ist unzweckmäßig (Fall 3). In diesem Fall sind die Leasingerlasse zwar möglicherweise im Hinblick auf die Bewertung, nicht aber im Hinblick auf den Ansatz zweckmäßig.

Die Beantwortung der Frage, welche Wirkungen die Bilanzierungsmethoden auf den Gewinn haben, steht zwar einerseits in engem Zusammenhang mit den Ansatzkriterien; diese bestimmen, *ob* die Aufwendungen oder Erträge zu verteilen sind. Die Gewinnwirkungen hängen aber andererseits wesentlich von den im *zweiten Schritt* zu analysierenden Bewertungsregeln ab. Diese Regeln legen fest, ob die Wertansätze auf der Aktiv- und Passivseite beim erstmaligen Ansatz identisch sind, und sie bestimmen außerdem, *wie* die Verteilung des Aufwands bzw. Ertrags zu erfolgen hat.

In die folgende Untersuchung werden auch die bislang vernachlässigten Bilanzierungsvorschläge des handelsrechtlichen Schrifttums einbezogen, weil in der Handelsbilanz nicht zwingend nach den Leasingerlassen zu bilanzieren ist, sondern im Rahmen der GoB auch andere Bilanzierungsmethoden zulässig sind. Dabei werden jeweils zunächst Leasingverträge ohne Options- bzw. Andienungsrechte betrachtet. Die Bilanzierung solcher Vereinbarungen wird in gesonderten Abschnitten untersucht.

5.1.2 Leasinggeschäfte in der Bilanz des Leasingnehmers

5.1.2.1 Die Zweckmäßigkeit der Zurechnungskriterien

5.1.2.1.1 Leasingverträge als Vermögensgegenstände und Schulden

Nach h.M. sind in der Handelsbilanz selbständig verkehrsfähige wirtschaftliche Güter als Vermögensgegenstände anzusetzen.[8] Für den Leasingnehmer resultiert aus einem Leasinggeschäft unzweifelhaft ein wirtschaftliches Gut, welches das Kriterium der selbständigen Verkehrsfähigkeit dann erfüllt, wenn dieses durch die *abstrakte* Einzelveräußerbarkeit bestimmt wird. Eine Veräußerung des Leasingobjektes ist grundsätzlich möglich, wenn auch im Regelfall nicht ohne die Zustimmung des Leasinggebers zulässig. Da nach h.M. die abstrakte Einzelveräußerbarkeit ausreicht, liegt ein *Vermögensgegenstand* vor.[9] Ob dieser Vermögensgegenstand „Sachanlagevermögen" oder „Nutzungsrecht" genannt wird, ist für die Ausschüttungsbemessung unerheblich; diese Frage wird durch Informationsregeln beantwortet.[10]

Die Passivierung einer *Verbindlichkeit* ist an drei Ansatzkriterien gebunden:

1. Es muß eine *erzwingbare Leistung* vorliegen. Dieses Kriterium ist bei Leasinggeschäften erfüllt, weil der Leasinggeber aufgrund des Vertrags das Recht hat, die Zahlung der Leasingraten vom Leasingnehmer zu erzwingen.[11]

2. Diese Leistung muß eindeutig *quantifizierbar* sein. Da die Leasingraten i.d.R. im Vertrag genau festgelegt sind, ist auch dieses Kriterium erfüllt.[12]

---

8 Vgl. *ADS*, § 246, Tz. 15 ff.; *Tiedchen*, Vermögensgegenstand, S. 28 ff.
9 Zu diesem Ergebnis kommt auch *Köhlertz*, Bilanzierung von Leasing, S. 99 f.
10 Diese Frage ist für die Ausschüttungsbemessung nicht grundsätzlich irrelevant, weil die Aktivierung immaterieller Vermögensgegenstände des Anlagevermögens nur bei entgeltlichem Erwerb zulässig ist (§ 248 Abs. 2 HGB). Diese Voraussetzung ist aber bei Leasingverträgen erfüllt, weil für den Erwerb des Vermögensgegenstands ein Entgelt in Form der Leasingraten zu zahlen ist.
11 Vgl. auch *Helmschrott*, Leasinggeschäfte, S. 182.
12 Ebenso *Helmschrott*, Leasinggeschäfte, S. 182 f.

3. Die Leistung muß zu einer *wirtschaftlichen Belastung* führen. Dieses Kriterium könnte die Passivierung einer Verbindlichkeit für die Leasingraten verhindern, weil nach h.M. bei zweiseitig verpflichtenden Geschäften eine wirtschaftliche Belastung erst dann vorliegt, wenn die Gegenleistung erbracht ist.[13] Wann das bei Leasinggeschäften der Fall ist, ist umstritten: Sieht man die Pflichten des Leasinggebers mit der Übergabe des Leasingobjektes als erfüllt an, liegt ab diesem Zeitpunkt für den Leasingnehmer eine wirtschaftliche Belastung vor, so daß eine Verbindlichkeit passiviert werden muß.[14] Geht man davon aus, daß der Leasinggeber seine in der Nutzungsüberlassung liegende Pflicht über die gesamte Vertragslaufzeit zu erfüllen hat, ist das Kriterium bei Vertragsbeginn noch nicht erfüllt, so daß keine Verbindlichkeit zu passivieren ist.[15]

Aus diesen Ansatzkriterien folgt, daß nach geltendem Handelsrecht aus dem Leasinggeschäft in jedem Fall ein Vermögensgegenstand, aber nicht zwangsläufig eine Verbindlichkeit resultiert. Daraus ergeben sich folgende Konsequenzen:

- Liegen sowohl ein Vermögensgegenstand als auch eine Verbindlichkeit vor, stellt sich die Frage, warum diese trotz der erfüllten Ansatzkriterien nach den Vorschriften der Leasingerlasse nicht in jedem Fall bilanziert werden dürfen. Für den Vermögensgegenstand wird die Nicht-Aktivierung mit dem noch zu diskutierenden Kriterium des wirtschaftlichen Eigentums begründet. Die Nicht-Passivierung der Verbindlichkeit läßt sich damit allerdings nicht rechtfertigen. Daraus müßte die Konsequenz gezogen werden, daß die Verbindlichkeit in voller Höhe aufwandswirksam gebildet wird, weil nur die Kriterien für die Passivierung, nicht aber für die Aktivierung erfüllt sind.
- Liegt ein Vermögensgegenstand, aber keine Verbindlichkeit vor, entfällt zwar das Problem der Nicht-Passivierung bei erfüllten Ansatzkriterien. Es stellt sich aber weiterhin die Frage, warum auch der Vermögensgegenstand nicht angesetzt wird.

Legt man der Ansatzprüfung die im dritten Kapitel für die Ausschüttungsbemessung erarbeiteten Kriterien zugrunde, ist das Ergebnis eindeutig: Aus dem Leasinggeschäft resultiert ein Vermögensgegenstand, weil durch den Abschluß des Vertrags ein *Einzahlungspotential* erworben wird. Hätte der Leasingnehmer nicht die Erwartung, mit der Nutzung des Leasingobjektes Einzahlungen zu erwirtschaften, würde er das Leasinggeschäft nicht eingehen. Ebenso offensichtlich ist, daß mit dem Leasinggeschäft in der aktuellen Periode begründete, zukünftige *Auszahlungsverpflichtungen* verbunden sind. Nach diesen Kriterien

---

13 Vgl. *Reinhard*, § 247, Rz. 115.
14 Vgl. auch *Köhlertz*, Bilanzierung von Leasing, S. 113 f.
15 Zu diesem Ergebnis kommt *Helmschrott*, Leasinggeschäfte, S. 183.

ist das Problem der Bilanzierung von Leasinggeschäften im Hinblick auf den Ansatz einfach zu lösen: *Alle* Leasinggeschäfte führen zum Ansatz eines Aktiv- und eines Passivpostens.

Im folgenden wird analysiert, warum die h.M. und die Leasingerlasse dieser Meinung nicht folgen.

5.1.2.1.2 Das Kriterium des wirtschaftlichen Eigentums

5.1.2.1.2.1 Handels- und steuerrechtliche Definitionen des wirtschaftlichen Eigentums

Der Grund, warum nach deutschem Handels- und Steuerrecht der Ansatz von Vermögensgegenständen in bestimmten Fällen unterbleiben muß, liegt in dem Kriterium des wirtschaftlichen Eigentums. Nur wenn ein Vermögensgegenstand nach diesem Kriterium dem Bilanzierenden zugerechnet wird, besteht eine Aktivierungspflicht bzw. -fähigkeit.

Im *Steuerrecht* ist derjenige wirtschaftlicher Eigentümer, der „den [juristischen, A.d.V.] Eigentümer im Regelfall für die gewöhnliche Nutzungsdauer von der Einwirkung auf das Wirtschaftsgut wirtschaftlich ausschließen kann“ (§ 39 Abs. 2 AO). Diese Ausschlußmöglichkeit ist gegeben, wenn der Herausgabeanspruch des juristischen Eigentümers nicht mehr besteht oder bedeutungslos ist, d.h. wenn der wirtschaftliche Wert des Wirtschaftsgutes im Zeitpunkt der möglichen Herausgabe für den (juristischen) Eigentümer so gering ist, daß die Herausgabe nicht mehr sinnvoll ist.

Im *HGB* findet sich keine Regelung, die ausdrücklich eine Zurechnung von Vermögensgegenständen nach dem Kriterium des wirtschaftlichen Eigentums vorschreibt und dieses Kriterium definiert. Allerdings bestimmt § 246 Abs. 1 Satz 2 HGB, daß bei der Vereinbarung von Kreditsicherheiten der Sicherungsgeber die entsprechenden Vermögensgegenstände zu bilanzieren hat, auch wenn der Sicherungsnehmer juristischer Eigentümer wird oder bleibt. Folglich tritt auch im Handelsrecht der Fall auf, daß Vermögensgegenstände in der Bilanz anzusetzen sind, an denen der Bilanzierende nicht das rechtliche Eigentum hat.

Die h.M. schließt aus dieser Vorschrift, daß auch das Handelsrecht ein „wirtschaftliches Eigentum“ kennt.[16] In der Literatur finden sich verschiedene Definitionen des wirtschaftlichen

---

16 Vgl. z.B. *Döllerer*, Nutzungsrecht, S. 535; *Helmschrott*, Leasinggeschäfte, S. 16; *Köhlertz*, Bilanzierung von Leasing, S. 101; *Körner/Weiken*, Wirtschaftliches Eigentum, S. 1037; *Kropff*, Rechtsgeschäfte im Jahresabschluß, S. 20 f.; *Kupsch*, § 246, Rz. 35. A.A. *Ekkenga*, Handelsbilanzrecht, S. 267, der § 246 Abs. 1 HGB für eine nicht verallgemeinerungsfähige Ausnahme vom Regelfall der Zurechnung nach dem juristischen Eigentum hält. Die Anwendung des Kriteriums des wirtschaftlichen Eigentums in der Handelsbilanz wird häufig auch damit begründet, daß das Gliederungsschema des § 266 Abs. 2 HGB die Position „Bauten auf fremdem Grund und Boden“ kennt, d.h. das HGB verlangt den Ausweis von Gebäuden, die nach § 246 BGB juristisches Eigentum des Grundstückseigentümers sind; vgl. *Helmschrott*, Leasinggeschäfte, S. 15; *Körner/Weiken*, Wirtschaftliches Eigentum, S. 1038. § 266 HGB ist aber ausschließlich eine Informationsregel, die

Eigentums für Zwecke der handelsrechtlichen Bilanzierung.[17] Durchgesetzt hat sich die Definition von *Döllerer*, nach der wirtschaftlicher Eigentümer derjenige ist, der „die Substanz und den Ertrag einer Sache tatsächlich hat“[18], und zwar vollständig und auf Dauer. Die Substanz einer Sache beinhaltet nach *Döllerer* die Chance der Wertsteigerung sowie das Risiko der Wertminderung einschließlich des Verlustes der Sache.[19] Das *IDW* definiert als wirtschaftlichen Eigentümer denjenigen, der „auf die Dauer wie ein solcher [d.h. rechtlicher Eigentümer, A.d.V.] die wirtschaftlich relevanten Rechte (Nutzungs- und Verwertungsrecht) ausüben kann und dies unter wirtschaftlichen Gesichtspunkten auch zu erwarten ist“.[20] Andere Autoren übernehmen die steuerrechtliche Definition für handelsrechtliche Zwecke.[21]

Für die hier vorzunehmende Analyse ist zu prüfen, ob diese Eigenschaften – Wert des Herausgabeanspruchs, Chance der Wertsteigerung, Risiko der Wertminderung usw. – Einfluß auf die Ausschüttungsbemessung haben sollten. Oder anders ausgedrückt: Es ist zu fragen, ob der Aufwand beim Leasingnehmer früher oder später zu verrechnen ist, wenn er eines dieser Rechte bzw. eine dieser Pflichten hat. Diese Frage muß allerdings nicht auf der Ebene der allgemeinen Definitionen des wirtschaftlichen Eigentums beantwortet werden, weil diese Definitionen für Leasinggeschäfte konkretisiert worden sind.

5.1.2.1.2.2 Die Konkretisierung des wirtschaftlichen Eigentums für Leasinggeschäfte

Die Konkretisierung des wirtschaftlichen Eigentums durch die Leasingerlasse wurde bereits ausführlich erläutert, so daß sich die Ausführungen in diesem Gliederungspunkt auf die Vorschläge des IDW und des handelsrechtlichen Schrifttums beschränken können.

In seiner Stellungnahme 1/73 legt der HFA des *IDW* sieben exemplarische Kriterien für Finanzierungsleasing fest. Der Leasingnehmer muß das Leasingobjekt aktivieren und eine entsprechende Verbindlichkeit passivieren, wenn eines dieser Kriterien erfüllt ist und zusätzlich die Definition für wirtschaftliches Eigentum i.S.d. HFA (Nutzungs- und Verwertungsrecht

bestimmt, *wo* eine Position in der Bilanz auszuweisen ist. *Ob* überhaupt eine Position anzusetzen ist, bestimmt sich allein durch Ansatzvorschriften, d.h. durch Gewinnermittlungsregeln; vgl. auch *Ekkenga*, Handelsbilanzrecht, S. 267.

17 Vgl. z.B. *ADS*, § 246, Tz. 263; *Helmschrott*, Leasinggeschäfte, S. 51 f.; *Knapp*, Vermögensgegenstände, S. 1123 f.; *Mellwig/Weinstock*, Zurechnung von Leasingobjekten, S. 2347 f.

18 *Döllerer*, Nutzungsrecht, S. 536.

19 Vgl. *Döllerer*, Nutzungsrecht, S. 536.

20 *IDW*, HFA 1/73, S. 101.

21 Vgl. z.B. *ADS*, § 246, Tz. 265; *Budde/Karig*, § 246, Anm 5; *Gelhausen/Gelhausen*, Bilanzierung von Leasingverträgen, Rn. 28; *Tacke*, Bilanzierung von Leasingvertragsverhältnissen, S. 125; *Ullrich*, Zurechnung der Leasinggegenstände, Rdnr. 12 ff.

beim Besitzer) erfüllt ist.[22] Die folgende Abbildung faßt die sieben Zurechnungskriterien zusammen:

Zurechnung des Leasingobjektes zum Leasingnehmer nach HFA 1/73
1. Es liegt Finanzierungsleasing vor (unkündbare Grundmietzeit).
2. Zusätzlich ist eines der folgenden Kriterien erfüllt:
• Grundmietzeit und wirtschaftliche Nutzungsdauer des Leasingobjektes entsprechen sich in etwa.
• Die Grundmietzeit ist erheblich kürzer als die wirtschaftliche Nutzungsdauer des Leasingobjektes; dem Leasingnehmer wird aber eine Mietverlängerungsoption eingeräumt, die so gestaltet ist, daß eine Ausübung sehr wahrscheinlich ist, und die den Vertrag bis etwa zum Ende der Nutzungsdauer verlängert.
• Die Grundmietzeit ist erheblich kürzer als die wirtschaftliche Nutzungsdauer des Leasingobjektes; es liegt aber Spezialleasing vor.
• Die Grundmietzeit ist erheblich kürzer als die wirtschaftliche Nutzungsdauer des Leasingobjektes; es ist aber zu erwarten, daß der Leasingnehmer das Leasingobjekt bis zum Ende der Nutzungsdauer nutzen wird, auch ohne daß ihm ein Optionsrecht eingeräumt wird. Dies ist insbesondere bei Vollamortisationsverträgen anzunehmen.
• Der Leasingvertrag enthält eine Kaufoption für den Leasingnehmer, die so gestaltet ist, daß von ihrer Ausübung auszugehen ist.
• Der Leasingvertrag enthält ein Andienungsrecht für den Leasinggeber, das so gestaltet ist, daß von seiner Ausübung auszugehen ist.
• Der Leasingvertrag enthält sowohl eine Kaufoption für den Leasingnehmer als auch ein Andienungsrecht für den Leasinggeber, und es ist von der Ausübung mindestens eines dieser Rechte auszugehen.

Abbildung 30: Zurechnungskriterien nach HFA 1/73

Quelle: *IDW*, HFA 1/73, S. 101.

In der *handelsrechtlichen Literatur* finden sich zahlreiche Vorschläge zum Problem der Zurechnung des Leasingobjektes, die sich grundsätzlich in zwei Richtungen zusammenfassen lassen: Die überwiegende Meinung geht davon aus, daß die steuerlichen Kriterien auch für die Handelsbilanz zulässig seien, wobei allerdings jeweils der Einzelfall zu betrachten sei. Die andere Meinung hält dagegen die steuerrechtlichen Vorschriften für handelsrechtlich nicht maßgeblich und setzt dem eigene, auch von der HFA-Stellungnahme abweichende Vorschläge entgegen. Insbesondere finden sich folgende Meinungen:

- Das Leasingobjekt ist *grundsätzlich vom Leasinggeber* zu bilanzieren, weil Leasinggegenstände nicht zum Schuldendeckungspotential des Leasingnehmers gehören.[23] Es gibt keine Rechtfertigung für eine unterschiedliche Behandlung von Miete und Leasing.[24]

---

22 Steht nicht zweifelsfrei fest, daß der Leasingnehmer wirtschaftlicher Eigentümer des Leasingobjektes ist, hat der Leasingnehmer zwei Möglichkeiten zur bilanziellen Berücksichtigung von wesentlichen Finanzierungsleasingverträgen: Er kann erstens das Leasingobjekt und eine entsprechende Verbindlichkeit ansetzen und gesondert ausweisen oder zweitens die Verbindlichkeiten aus Leasingverträgen vermerken; vgl. *IDW*, HFA 1/73, S. 101 f.

- Das Leasingobjekt ist vom *Leasinggeber* zu bilanzieren. *Ausnahmen* sind Verträge
  - mit (Kauf-)Option, deren Ausübung mit hoher Wahrscheinlichkeit zu erwarten ist;[25]
  - mit automatischem Eigentumsübergang[26] und
  - über Spezialleasing.[27]

- Die Aktivierung des Leasinggegenstands erfolgt *je nach Vertragsgestaltung* entweder beim *Leasinggeber oder* beim *Leasingnehmer*:
  - Der Leasingnehmer bilanziert das Leasingobjekt bei Verträgen mit Optionsrechten, wenn ein „Sachzwang"[28] zur Ausübung der Option besteht, während dem Leasinggeber das Objekt zugerechnet wird, wenn es bei der Rückgabe nach Ablauf der Grundmietzeit noch einen erheblichen Restwert hat oder wenn die Optionen voraussichtlich nicht ausgeübt werden.[29]
  - Der Leasingnehmer ist wirtschaftlicher Eigentümer des Leasinggegenstands bei Vollamortisationsverträgen sowie bei Verträgen mit automatischem Eigentumsübergang bzw. günstig gestalteter Kaufoption. Bei Teilamortisationsverträgen bilanziert der Leasinggeber das Objekt im Sachanlagevermögen, während der Leasingnehmer ein Nutzungsrecht als immateriellen Vermögensgegenstand aktiviert.[30]
  - Der Leasingnehmer bilanziert das Leasingobjekt bei Spezialleasing, bei Verträgen mit einer Kaufoption, deren Ausübung „ausreichend sicher"[31] ist, sowie bei Verträgen mit einer Mietverlängerungsoption, die mit hoher Wahrscheinlichkeit ausgeübt wird, sofern die betriebsgewöhnliche Nutzungsdauer des Leasingobjektes der technischen Nutzungsdauer entspricht. Er ist ebenso wirtschaftlicher Eigentümer, wenn gleichzeitig eine Kaufoption und ein Andienungsrecht vereinbart sind. Dem Leasinggeber wird das Leasingobjekt zugerechnet bei Verträgen ohne Option, bei Verträgen mit Andienungsrecht sowie bei Verträgen mit Kauf- oder Mietverlängerungsoption, welche die o.g. Kriterien nicht erfüllen.[32]

---

23 Vgl. *KPMG*, Stellungnahme, S. 51, 105.

24 Vgl. *Leffson*, Darstellung von Leasinggeschäften (II), S. 686 ff.

25 Vgl. *Baetge/Ballwieser*, Ansatz von Leasingobjekten, S. 11 ff.; *Findeisen*, Bilanzierungsgrundsätze, Rdnr. 35 ff.; *Flume*, Behandlung von Leasingverhältnissen, S. 1663 ff.; *Flume*, Rechtsverhältnis des Leasing – Teil III, S. 107 ff.; *Flume*, Rechtsverhältnis des Leasing – Teil IV, S. 154 f.; *Knapp*, Leasing in der Handelsbilanz, S. 547 ff.; *Knapp*, Leasing-Erlaß, S. 686, 691.

26 Vgl. *Findeisen*, Bilanzierungsgrundsätze, Rdnr. 35 ff.; *Knapp*, Leasing in der Handelsbilanz, S. 547 ff.; *Knapp*, Leasing-Erlaß, S. 686, 691.

27 Vgl. *Findeisen*, Bilanzierungsgrundsätze, Rdnr. 35 ff.

28 *Döllerer*, Nutzungsrecht, S. 536, 537.

29 Vgl. *Döllerer*, Nutzungsrecht, S. 536 ff.

30 Vgl. *Lenz*, Bilanzierung von Mobilien-Leasingverträgen, S. 133, 144, 202 ff. *Lenz* begründet diesen Bilanzierungsvorschlag mit der zivilrechtlichen Qualifikation von Leasingverträgen als Kauf eines Nutzungsrechts mit gleichzeitigem Abschluß eines Vereinbarungsdarlehens.

31 *Köhlertz*, Bilanzierung von Leasing, S. 106.

32 Vgl. *Köhlertz*, Bilanzierung von Leasing, S. 94 f.; 101 ff.

- Das Leasingobjekt wird dem *Leasingnehmer* zugerechnet, wenn eine unkündbare Grundmietzeit vereinbart ist, die über den Bilanzstichtag hinausreicht. Diese Zurechnung wird damit begründet, daß der Leasingnehmer für die Dauer der Grundmietzeit alle wesentlichen Chancen und Risiken trägt.[33]
- Die Zurechnung des Leasingobjektes richtet sich nach den *Kriterien der Leasingerlasse.*[34]

5.1.2.1.2.3 Wirtschaftliches Eigentum und Ausschüttungsbemessung

Soll das wirtschaftliche Eigentum eine für die Ausschüttungsbemessung zweckmäßige Gewinnermittlungsregel sein, müßten nach den Leasingerlassen und den Vorschlägen im handelsrechtlichen Schrifttum folgende Kriterien über das Vorhandensein eines Einzahlungspotentials, aus dem zukünftige Auszahlungsverpflichtungen beglichen werden können, entscheiden:

- die Wahrscheinlichkeit, daß der Leasingnehmer Eigentümer des Leasingobjektes wird, z.B. durch die Ausübung einer Kaufoption;
- die Möglichkeit des Leasingnehmers, das Leasingobjekt zu verwerten;[35]
- die Zugehörigkeit des Leasingobjektes zum Schuldendeckungspotential des Leasingnehmers;[36]
- die Möglichkeit des Leasingnehmers, über Substanz[37] und Ertrag aus dem Leasingobjekt zu verfügen;[38]
- die Chance des Leasingnehmers, Wertsteigerungen zu realisieren;[39]
- das Risiko des Leasingnehmers, Wertminderungen zu realisieren;

---

33 Vgl. *Emmrich*, Reform der Rechnungslegung, S. 307 ff.

34 Vgl. *ADS*, § 246, Tz. 392; *Brönner/Bareis*, Leasing, Rn. 927; *Gelhausen/Gelhausen*, Bilanzierung von Leasinggeschäften, Rn. 28 ff.; *Isele*, Leasingverhältnisse, Rn. 437 f.; 476 ff.; *Tacke*, Bilanzierung von Leasingvertragsverhältnissen, S. 127; *Glasel*, Leasing, Rz 30, 40 ff., 50 ff., der darüber hinaus vorschlägt, daß der Leasinggeber in jedem Fall (auch zusätzlich zur Aktivierung des Leasingobjektes) eine Forderung und eine Verbindlichkeit gegenüber dem Leasingnehmer ansetzen soll; *GEFIU*, Leasing in der Bilanzierungspraxis, S. 544 f.; *GEFIU*, Behandlung von Leasingverträgen, S. 336 mit der Ausnahme, daß bei Spezialleasing und bei Verträgen, bei denen die Grundmietzeit der Nutzungsdauer entspricht, nur dann eine Zurechnung zum Leasingnehmer erfolgen soll, wenn der Herausgabeanspruch des Leasinggebers wertlos ist oder dem Leasingnehmer Optionsrechte eingeräumt werden. Nach *Stobbe*, Maßgeblichkeitsgrundsatz, S. 522 ist die Vereinbarkeit der steuerrechtlichen Regeln mit den handelsrechtlichen GoB allerdings „äußerst zweifelhaft".

35 Vgl. *Baetge/Ballwieser*, Ansatz von Leasingobjekten, S. 11 ff.; *Bremser*, Finanzierungs-Leasing, S. 531 ff.; *Knapp*, Leasing in der Handelsbilanz, S. 547 ff.; *Knapp*, Leasing-Erlaß, S. 686, 691.

36 Vgl. *Leffson*, Darstellung von Leasingverhältnissen (II), S. 686 ff.

37 Das Verfügungsrecht über die Substanz bedeutet nach *Knapp*, „die Gegenstände zu verwerten, also zu verkaufen, in Zahlung zu geben, gegen andere Vermögensgegenstände einzutauschen oder (soweit es sich um Verbrauchsstoffe handelt) zu verarbeiten oder zu verbrauchen"; *Knapp*, Leasing-Erlaß, S. 685.

38 Vgl. *Döllerer*, Nutzungsrecht, S. 536 ff.

39 Vgl. *Findeisen*, Bilanzierungsgrundsätze, Rdnr. 35 ff.; *Helmschrott*, Leasinggeschäfte, S. 51 f.; 98 ff.

- die Möglichkeit des Leasingnehmers, das Leasingobjekt über einen großen Teil der wirtschaftlichen Nutzungsdauer zu nutzen, z.B. durch die Ausübung einer Mietverlängerungsoption;
- die Art des Leasingobjektes im Falle von Spezialleasing.

Grundsätzlich ist davon auszugehen, daß ein rational handelnder Leasingnehmer das Leasinggeschäft nur dann abschließt, d.h. nur dann zur Zahlung von Leasingraten bereit ist, wenn für ihn daraus auch Vorteile i.S.v. Einzahlungsüberschüssen entstehen.[40] Einzahlungen können grundsätzlich aus der *Nutzung* und aus der *Verwertung*[41] eines Vermögensgegenstands resultieren. Dem rechtlichen Eigentümer des Leasinggegenstands stehen diese Rechte zunächst uneingeschränkt zu; sie gehen aber durch den Abschluß des Leasinggeschäfts teilweise auf den Leasingnehmer über.[42] In jedem Fall erwirbt der Leasingnehmer durch den Leasingvertrag das Nutzungsrecht für eine bestimmte Zeit;[43] das Verwertungsrecht verbleibt bis zum (möglichen) Eigentumsübergang beim rechtlichen Eigentümer.

Diese Einschränkung der Rechte kann Einfluß auf die *Höhe* der Einzahlungen haben. Das ist z.B. dann der Fall, wenn der Leasingnehmer das Leasingobjekt nicht bis zum Ende der Nutzungsdauer nutzt. In diesem Fall sind die Einzahlungen aus der Verwertung wahrscheinlich größer als null, so daß die Einzahlungen, die der Leasingnehmer nicht realisieren kann, nicht unbedeutend sind. Daraus folgt, daß zwar die *Höhe* der aus dem Leasinggeschäft resultierenden Einzahlungen geringer als beim Kauf des Vermögensgegenstands ist. Die Tatsache, *daß* mit dem Leasinggeschäft Einzahlungen verbunden sind, wird durch das Fehlen des Verwertungsrechts aber nicht in Frage gestellt.[44]

Diese Argumentation gilt für auch das Kriterium, wonach der Leasingnehmer wirtschaftlicher Eigentümer ist, wenn er die Möglichkeit hat, das rechtliche Eigentum zu erwerben, weil der Unterschied zwischen dem Leasingnehmer und dem rechtlichen Eigentümer i.S.d. Property Rights-Theorie im wesentlichen im fehlenden Verwertungsrecht des Leasingnehmers liegt.

---

[40] Vgl. *Bieg*, Schwebende Geschäfte, S. 237.

[41] Zur Definition des Begriffs „Verwertung" vgl. *Knapp*, Leasing-Erlaß, S. 685 (Fußnote 37 in diesem Kapitel).

[42] Hinter dieser Unterscheidung zwischen Verwertungs- und Nutzungsrecht steht der Gutsbegriff der *Property Rights-Theorie*. Innerhalb dieser Theorie werden nicht Güter, sondern die mit einem Gut verbundenen Rechte betrachtet. Dabei werden vier Rechte unterschieden: das Recht zur Nutzung eines Gutes, das Recht zur Aneignung der Erträge aus diesem Gut, das Recht zur Veränderung des Gutes sowie das Recht zur Veräußerung des Gutes; vgl. z.B. *Terberger*, Neo-institutionalistische Ansätze, S. 48 f.

[43] Genauer gesagt erwirbt der Leasingnehmer das Recht zur Nutzung des Leasingobjektes sowie das Recht, über die durch die Nutzung erzielten Erträge zu verfügen. Im folgenden werden diese beiden Rechte vereinfachend unter dem Begriff „Nutzungsrecht" zusammengefaßt.

[44] Zu dem Ergebnis, daß die Länge der Nutzungsdauer für die Zurechnung keine Rolle spielt, kommen auch *Körner/Weiken*, Wirtschaftliches Eigentum, S. 1039.

Damit werden aber letztlich alle o.g. Kriterien für eine mögliche Unterscheidung von Leasingverträgen für die Ausschüttungsbemessung *irrelevant*, weil alle Kriterien Merkmale des rechtlichen Eigentums sind:

- Zum *Schuldendeckungspotential* des Leasingnehmers gehört das Leasingobjekt nur dann, wenn der Leasingnehmer das unmittelbar mit dem juristischen Eigentum verbundene *Verwertungsrecht* hat. Dieses Kriterium wäre für die Ausschüttungsbemessung nur dann relevant, wenn eine Zerschlagungsbilanz erstellt würde.

- Die Möglichkeit des Leasingnehmers, über den „*Ertrag*" aus dem Leasingobjekt zu verfügen, ist das entscheidende Ansatzkriterium und gerade deshalb kein geeignetes Kriterium zur Unterscheidung zwischen verschiedenen Arten von Leasingverträgen, weil die Erzielung von Einzahlungen bzw. Erträgen aus der Nutzung typisches Merkmal eines jeden Leasingvertrags ist. Die Dauer der Verfügung oder die Höhe der Erträge („vollständig und auf Dauer") ist zwar für die Bewertung, nicht aber für den Ansatz relevant. Über die „*Substanz*" kann der Leasingnehmer dagegen nur dann verfügen, wenn er das Verwertungsrecht hat.

- Gleiches gilt für die *Chance der Wertsteigerung*. Wertsteigerungen können zum einen zu höheren Einzahlungen aus der Veräußerung führen. Die Realisierung dieser Einzahlungen setzt aber voraus, daß der Leasingnehmer das Veräußerungsrecht besitzt. Zum anderen können die Wertsteigerungen in höheren Einzahlungen aus der Nutzung bestehen, wenn sich die Nutzungsmöglichkeiten verbessert haben. In diesem Fall liegt wiederum im Hinblick auf den Ansatz kein geeignetes Abgrenzungskriterium vor.

- Das *Risiko der Wertminderung* kann, bedingt durch verschlechterte Verwertungs- und/oder Nutzungsmöglichkeiten, die Einzahlungen des Leasingnehmers vermindern und/oder die Auszahlungen erhöhen. Hinsichtlich der Bedeutung des Wertminderungsrisikos für die Ausschüttungsbemessung gilt die gleiche Überlegung wie für die Wertsteigerungschance.

  In diesem Zusammenhang ist allerdings ein Kriterium erwähnenswert, das in der Literatur zumindest nicht explizit als Zurechnungskriterium bzw. als Bestandteil des Wertminderungsrisikos genannt wird. Implizit begründet dieses Kriterium die Unterscheidung zwischen Finanzierungs- und Operating-Leasing. Ein wesentlicher Unterschied zwischen diesen Vertragsarten liegt in der *Unkündbarkeit* der Finanzierungsleasingverträge, während bei Operating-Leasing eine jederzeitige oder kurzfristige Kündigung möglich ist. Dieses Merkmal allein führt noch nicht dazu, daß die Annahme zukünftiger Einzahlungen aufzugeben ist. Die Besonderheit von Finanzierungsleasing liegt vielmehr darin, daß der

Leasingnehmer die Leasingraten i.d.R. auch dann zahlen muß, wenn er das Objekt nicht mehr nutzen kann. In diesem Fall muß der Leasingnehmer Auszahlungen leisten, ohne entsprechende Einzahlungen zu erzielen.

Diese Besonderheit ist für die Bilanzierung zwar nicht grundsätzlich irrelevant. Sie ist aber erst dann bilanziell zu berücksichtigen, wenn der Fall der „Wertminderung" eintritt. Eine frühere Berücksichtigung würde unterstellen, daß der Leasingnehmer von Anfang an davon ausgeht, daß seine Auszahlungen die Einzahlungen übersteigen. Der Fall, daß der Leasingnehmer Zahlungen leisten muß, ohne dafür eine Gegenleistung zu erhalten, ist ein Ausnahmefall, der erst dann bilanzielle Konsequenzen haben darf, wenn er sich konkret abzeichnet. Im Hinblick auf die Ausschüttungsbemessung ist folglich auch dieses Kriterium kein Grund für eine unterschiedliche Bilanzierung von Operating- und Finanzierungsleasing und noch weniger für eine weitere Differenzierung innerhalb der Gruppe der Finanzierungsleasingverträge.

- Die Irrelevanz des *Verhältnisses von Grundmietzeit und wirtschaftlicher Nutzungsdauer* für das Vorliegen eines Vermögensgegenstands wurde bereits oben begründet.
  Die Möglichkeit des Leasingnehmers, das Leasingobjekt über einen großen Teil der Nutzungsdauer zu nutzen, wird zudem als Indiz für die *Wertlosigkeit des Herausgabeanspruchs* des Leasinggebers gesehen. Der Herausgabeanspruch kann möglicherweise eine Bedeutung für die Ausschüttungsbemessung beim Leasinggeber haben. Für den Leasingnehmer ist der Wert des Herausgabeanspruchs des Leasinggebers irrelevant.
- Bei *Spezialleasing* wird die Zurechnung des Gegenstands zum Leasingnehmer damit begründet, daß der Leasinggeber das Leasingobjekt selbst nicht verwenden kann und somit sein Herausgabeanspruch wertlos ist. Damit gilt für Spezialleasing die gleiche Argumentation wie für den Wert des Herausgabeanspruchs.

Als Ergebnis der Analyse der Zurechnungskriterien ist folglich festzuhalten, daß keines der in den Leasingerlassen und in der handelsrechtlichen Literatur vorgeschlagenen Kriterien für die Ausschüttungsbemessung insofern relevant ist, als es eine sofortige Aufwandsverrechnung rechtfertigen könnte.[45] Die nach diesen Kriterien vorgenommene Einteilung der Leasingverträge ist folglich *überflüssig* und wäre zudem *unzweckmäßig*, wenn sie ohne

---

[45] *Helmschrott* kommt zu dem Ergebnis, „daß sich allein aus den untersuchten grundlegenden Zwecken des Jahresabschlusses [Ermittlung eines ausschüttungsfähigen Gewinns, Schutzfunktion, Rechenschaftsfunktion, A.d.V.] keine konkreten Zurechnungsvorschriften für Leasinggeschäfte ableiten lassen." *Helmschrott*, Leasinggeschäfte, S. 48 bzw. S. 43 ff. (zur Herleitung der Zwecke). Wenn sich aus den Zwecken der Rechnungslegung keine Zurechnungskriterien ableiten lassen, stellt sich die Frage, warum überhaupt Zurechnungskriterien erforderlich sind. Letztlich zeigt diese Aussage die Problematik der Diskussion um Zurechnungskriterien: Es werden Kriterien entwickelt, die keinem Zweck dienen, auf die folglich auch verzichtet werden könnte.

Grund zur Anwendung unterschiedlicher Bilanzierungsmethoden führen würde. Letztlich scheint aber auch den Leasingerlassen diese Erkenntnis zugrunde zu liegen, denn aus der unterschiedlichen Zurechnung des Leasingobjektes folgt keine grundsätzlich unterschiedliche bilanzielle Behandlung im Hinblick auf die Verteilung des Aufwands. Um diese weitgehend identische bilanzielle Behandlung zu erreichen, muß allerdings auf den Ansatz einer eigentlich passivierungspflichtigen Verbindlichkeit verzichtet werden. Diese Vorgehensweise läßt sich zumindest mit dem Kriterium des wirtschaftlichen Eigentums nicht begründen.

Die Prüfung der als zweckmäßig angesehenen Ansatzkriterien zeigt auch, daß es für eine Differenzierung zwischen verschiedenen Arten von Leasingverträgen keine anderen Gründe gibt, weil das Nicht-Vorliegen eines Einzahlungs- bzw. Auszahlungspotentials nicht überzeugend begründet werden kann.

Daraus folgt, daß grundsätzlich *alle* Leasinggeschäfte – auch Operating-Leasingverträge – als Vermögensgegenstände und Verbindlichkeiten bilanziert werden müssen. Für eine Nicht-Bilanzierung läßt sich letztlich nur eine Begründung finden: Resultieren aus dem Geschäft Aktiv- und Passivposten *in gleicher Höhe*, kann für die Ausschüttungsbemessung aus Vereinfachungsgründen auf einen Bilanzansatz verzichtet werden. Dieses Argument ist eine häufig angeführte Begründung für die Nicht-Bilanzierung ausgeglichener schwebender Geschäfte.[46] Für Leasinggeschäfte kann diesem Argument unter zwei Voraussetzungen zugestimmt werden, d.h. für die Ausschüttungsbemessung kann die Aktivierung eines Vermögensgegenstands und die Passivierung einer Verbindlichkeit für den Leasingvertrag unterbleiben, wenn

- die Gewinnwirkung der beiden Bilanzierungsmethoden beim *erstmaligen* Ansatz identisch ist und
- die Gewinnwirkung auch in allen *Folgeperioden* identisch ist.

Zu beachten ist allerdings, daß die (mögliche) Gleichwertigkeit der Bilanzierungsmethoden und die Irrelevanz der Kriterien, die das wirtschaftliche Eigentum definieren, nicht zwangsläufig auch für die *Informationsvermittlung* gilt. So ist z.B. zu vermuten, daß es für die Gläubiger nicht gleichgültig ist, ob ein aktivierter Vermögensgegenstand im rechtlichen Eigentum des Bilanzierenden steht oder ob das Verwertungsrecht fehlt. Gleiches gilt für die Risiken, die sich für den Leasingnehmer aus der Gefahrtragung bei Finanzierungsleasing-

[46] Vgl. z.B. *Crezelius*, Das schwebende Geschäft, S. 85; *Gelhausen/Gelhausen*, Bilanzierung von Leasingverträgen, Rn. 48; *Helmschrott*, Leasinggeschäfte, S. 180. Eine andere Begründung für die Nicht-Bilanzierung ausgeglichener schwebender Geschäfte stützt sich auf das Realisationsprinzip. Da Gewinne erst dann als realisiert gelten, wenn die Lieferung oder Leistung erfolgt ist, würde eine Bilanzierung des schwebenden Geschäftes beim Vertragsabschluß zu Verstößen gegen das Realisationsprinzip führen. Diese Begründung ist jedoch nicht überzeugend, da es aufgrund der Annahme der Ausgeglichenheit von

verträgen ergeben. Die Bedeutung dieser Kriterien für die Informationsvermittlung wird in einem späteren Abschnitt behandelt.

5.1.2.2 Die Gewinnwirkung der Bilanzierungsmethoden

5.1.2.2.1 Die Gewinnwirkung bei Aktivierung des Leasingobjektes und Passivierung einer Verbindlichkeit

Nach den Leasingerlassen hat der Leasingnehmer das Leasingobjekt zu seinen „Anschaffungs- oder Herstellungskosten" anzusetzen. Die Anschaffungskosten setzen sich aus den Anschaffungs-/Herstellungskosten des Leasinggebers sowie den beim Leasingnehmer anfallenden Anschaffungsnebenkosten zusammen. Die Höhe der Verbindlichkeit entspricht den aktivierten Anschaffungskosten, allerdings ohne Berücksichtigung der Nebenkosten.[47] Unabhängig von der Bestimmung der Anschaffungskosten unterscheiden sich der Aktiv- und der Passivposten beim erstmaligen Ansatz nur durch die Anschaffungsnebenkosten. Fallen keine Nebenkosten an, führt die *erstmalige* Bilanzierung von Leasingverträgen daher lediglich zu einer Bilanzverlängerung, *ohne daß sich der Gewinn ändert*. In diesem Fall ist es für die Ausschüttungsbemessung irrelevant, nach welcher der beiden Methoden das Leasinggeschäft bilanziert wird, weil die Ausschüttung in beiden Fällen nicht beeinflußt wird.[48]

Dieses Ergebnis gilt zunächst nur für den erstmaligen Bilanzansatz. Für die *folgenden Perioden* ist zu untersuchen, ob die bei Aktivierung des Leasingobjektes und Passivierung einer Verbindlichkeit als Aufwand zu verrechnenden *planmäßigen Abschreibungen und Zinsen* der bei Nicht-Aktivierung/-Passivierung erfolgswirksam zu verrechnenden *Leasingrate* entsprechen. Für diese Analyse wird im ersten Schritt ein Vollamortisationsvertrag angenommen, bei dem die Summe der Leasingraten die Anschaffungs-/Herstellungskosten des Leasingobjektes sowie alle sonstigen beim Leasinggeber im Zusammenhang mit dem Leasinggeschäft anfallenden Kosten übersteigt. Darüber hinaus werden Anschaffungsnebenkosten zunächst vernachlässigt, so daß im Zugangszeitpunkt von einem identischen Wertansatz auf der Aktiv- und Passivseite ausgegangen wird. Ebenso außer Betracht bleiben Fragen der Ermittlung der Anschaffungskosten sowie außerplanmäßige Abschreibungen und Optionsrechte.

Grundsätzlich ist festzustellen, daß über die *gesamte Grundmietzeit* bzw. – je nach Abschreibungsdauer – über die *wirtschaftliche Nutzungsdauer* des Leasingobjektes die *Summe aus*

Leistung und Gegenleistung zu gar keiner Gewinnrealisation kommt; vgl. auch *Bieg*, Schwebende Geschäfte, S. 37; *Leffson*, Darstellung von Leasingverträgen (II), S. 685.

47 Vgl. Abschnitt 4.1.2.2.2.2.

48 Vgl. zu diesem Ergebnis für schwebende Geschäfte allgemein *Kußmaul*, Bilanzierung von Nutzungsrechten, S. 52.

Abschreibungen und Zinsen der Summe der Leasingraten entspricht. Dieses Ergebnis gilt für Vollamortisationsverträge allgemein, weil die Zinsanteile aller Leasingraten als Differenz zwischen der Summe der Leasingraten und den aktivierten Anschaffungskosten berechnet werden.[49] Für die Ausschüttungsbemessung ist aber nicht nur der Gesamtaufwand, sondern auch die *Verteilung* des Aufwands auf die einzelnen Perioden relevant.

Zu betrachten ist folglich der Verlauf der planmäßigen Abschreibungen und des Zinsaufwands während der Grundmietzeit bzw. während der Nutzungsdauer des Leasinggegenstands:

1. *Planmäßige Abschreibungen*

   Hinsichtlich der Abschreibung des Leasingobjektes ist in den Leasingerlassen nur festgelegt, daß das Objekt über die *betriebsgewöhnliche Nutzungsdauer* abzuschreiben ist.[50] Eine bestimmte Abschreibungsmethode ist nicht vorgeschrieben. Das Leasingobjekt kann folglich linear, degressiv, degressiv mit Übergang zur linearen Abschreibung oder entsprechend der Leistungsabgabe abgeschrieben werden. Der Abschreibungsaufwand verläuft entsprechend *linear* oder *degressiv*.[51]

2. *Zinsaufwand*

   Bei der Aufspaltung der Leasingraten in Zins- und Tilgungsanteile ist sicherzustellen, daß der Zinsanteil jährlich abnimmt.[52] Dieser Verlauf ergibt sich aus der Annahme eines konstanten Zinssatzes bei einer jährlich sinkenden Verbindlichkeit. Der Zinsaufwand verläuft folglich zwingend *degressiv*.

Für die *Summe aus Abschreibungen und Zinsen* ergibt sich unabhängig von der Abschreibungsmethode ein *degressiver* Verlauf, weil der Zinsaufwand jährlich abnimmt und die Abschreibungen ebenfalls sinken bzw. konstant bleiben. Dieser degressive Verlauf ist durch die Verrechnung der Zinsen auch dann gegeben, wenn das Leasingobjekt ein nicht abnutzbarer Vermögensgegenstand ist. In diesem Fall steigt der Aufwand allerdings in der letzten Periode durch die erfolgswirksame Ausbuchung des Leasingobjektes bei der Rückgabe an den Leasinggeber sprunghaft an.

---

[49] Vgl. Abschnitt 4.1.2.2.1.2. Das gilt auch für den Fall, daß Anschaffungsnebenkosten anfallen. In diesem Fall ist zwar der Abschreibungsaufwand höher, weil von einem höheren Wertansatz abgeschrieben wird. Der Zinsaufwand ändert sich aber nicht, weil die Nebenkosten bei der Berechnung der Zinsen nicht berücksichtigt werden. Wird das Leasingobjekt nicht aktiviert, müssen die Anschaffungsnebenkosten sofort als Aufwand verrechnet werden, so daß der Aufwand insgesamt bei beiden Methoden gleich hoch ist.

[50] Vgl. *BMF* vom 19.04.1971, S. 5. Nach *Kenntemich* gilt für die Handelsbilanz, daß „[d]ie planmäßige Abschreibung des Leasing-Gegenstandes [...] nach Maßgabe der Dauer seiner Nutzung durch den Leasing-Nehmer vorzunehmen" ist, wobei „keine grundsätzlichen Bedenken dagegen [bestehen], von einer die Grundvertragszeit übersteigenden Nutzungsdauer auszugehen, soweit die Nutzungsdauer mit der gebotenen Vorsicht geschätzt wird". *Kenntemich*, Bewertung von Leasing-Gegenständen, S. 85.

[51] Für die Leistungsabschreibung kann keine Aussage getroffen werden. Der Fall der praktisch irrelevanten progressiven Abschreibung wird hier nicht berücksichtigt.

5.1.2.2.2 Die Gewinnwirkung bei Nicht-Aktivierung/-Passivierung

Wird das Leasingobjekt nach den steuerlichen Vorschriften dem Leasinggeber zugerechnet, hat das Geschäft bis zur Zahlung der ersten Rate keine Auswirkung auf die Bilanz und den Gewinn des Leasingnehmers. Die Leasingraten werden *über die Grundmietzeit verteilt* als Aufwand erfaßt. Der *Gesamtaufwand* entspricht der *Summe der Leasingraten*, so daß sich die beiden Bilanzierungsmethoden weder bei erstmaliger Verbuchung noch hinsichtlich des insgesamt verrechneten Aufwands unterscheiden.

Für die *Verteilung des Aufwands* über die Grundmietzeit gilt, daß die Raten grundsätzlich in der Periode, für die sie gezahlt werden, als Aufwand verrechnet werden. Der Aufwandsverlauf hängt folglich vom Verlauf der Leasingraten ab. Leasingraten werden in unterschiedlichen zeitlichen Strukturen vereinbart; üblich sind sowohl lineare als auch degressive und progressive Verläufe.[53] Daraus folgt, daß der Aufwand bei Zurechnung des Leasingobjektes zum Leasinggeber beim Leasingnehmer *linear*, *degressiv* oder *progressiv* verlaufen kann.

Allerdings finden sich in der Rechtsprechung sowie in der handelsrechtlichen Literatur Vorschläge für die zeitliche Verteilung des Aufwands abweichend von den Perioden der Zahlung. Eine solche Verteilung der Leasingraten wird mit den Grundsätzen für die Bilanzierung schwebender Geschäfte begründet.[54] Schwebende Geschäfte führen in zwei Fällen zu einem Bilanzansatz: Zum einen ist eine Rückstellung zu bilden, wenn aus dem Geschäft ein Verlust droht (§ 249 Abs. 1 Satz 1 HGB),[55] zum anderen ist ein Bilanzposten anzusetzen, wenn (Teile der) Leistung und Gegenleistung zu unterschiedlichen Zeitpunkten erbracht werden (= ein Vertragspartner ist im Erfüllungsrückstand).[56] Diese Fälle führen zum Ansatz von Abgrenzungsposten, Verbindlichkeiten oder Rückstellungen in der Bilanz des Leasingnehmers.

Entscheidend für die aufwandswirksame Verteilung der Leasingraten sind folglich die Höhe und der Zeitpunkt der Leistung des Leasingnehmers sowie der Gegenleistung des Leasinggebers. Während die Leistung des Leasingnehmers durch die Leasingraten festgelegt ist, läßt sich die Gegenleistung des Leasinggebers nicht eindeutig quantifizieren. In der Literatur werden verschiedene Maßstäbe zur Konkretisierung des unbestimmten Begriffs „Nutzungsüberlassung" vorgeschlagen. Genannt werden insbesondere der *Aufwandsverlauf beim*

---

52 Vgl. *BMF* vom 19.04.1971, S. 5.

53 Vgl. *Forster*, Abgrenzung von Leasingraten, S. 149; *Tacke*, Leasing, S. 47 ff.

54 Vgl. *Coenenberg*, Jahresabschluß, S. 201.

55 Zur Diskussion, ob Drohverlustrückstellungen nur dann zu bilden sind, wenn aus dem noch schwebenden Teil des Geschäfts ein Verlust droht (Restwertbetrachtung), oder auch, wenn das gesamte Geschäft einschließlich des bereits abgewickelten Teils nicht ausgeglichen ist (Ganzheitsbetrachtung), vgl. *ADS*, § 249, Tz. 146 ff. m.w.N.

56 Vgl. *Gelhausen/Gelhausen*, Bilanzierung von Leasingverträgen, Rn. 48; *Glaubig*, Dauerrechtsverhältnisse, S. 53 f.

Leasinggeber, die Aufwendungen des Leasingnehmers bei einer *„fiktiven Eigeninvestition"*[57] sowie die *Ausnutzung des Nutzenpotentials* des Leasingobjektes durch den Leasingnehmer.[58] Eine Abgrenzung der Leasingraten ist danach vorzunehmen, wenn

- die Degression der Leasingraten stärker als der degressive Aufwandsverlauf bei einer „fiktiven Eigeninvestition" bzw. die als linear angenommene Nutzungsüberlassung ist.[59] In diesem Fall ist ein aktiver Rechnungsabgrenzungsposten zu bilden; es liegt eine Auszahlung vor, die Aufwand für eine bestimmte Zeit nach dem Bilanzstichtag darstellt (§ 250 Abs. 1 HGB):

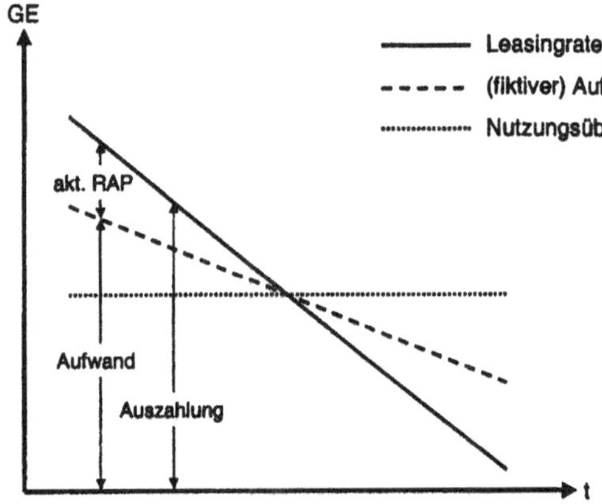

Abbildung 31: Aufwandsverrechnung bei degressiven Leasingraten

- die Leasingraten progressiv verlaufen. In diesem Fall ist ein Passivposten anzusetzen, wobei der Maßstab entweder der lineare Nutzungsverlauf oder der als degressiv angenommene Aufwandsverlauf einer fiktiven Eigeninvestition ist. Der Charakter dieses Postens ist in der Literatur umstritten; es wird sowohl die Passivierung einer Rückstellung

57 *ADS*, § 250, Tz. 131. Gemeint ist der kreditfinanzierte Kauf des Gegenstands, bei dem sich der degressive Aufwandsverlauf durch die Finanzierungsaufwendungen ergibt; vgl. *Forster*, Abgrenzung von Leasingraten, S. 151. Bei einer mit Eigenkapital finanzierten Investition hängt der Aufwandsverlauf von der Abschreibungsmethode ab und kann folglich auch linear sein.

58 Vgl. *Findeisen*, Eigentum des Leasinggebers, Rdnr. 84; *Gelhausen/Gelhausen*, Bilanzierung von Leasingverträgen, Rn. 147 ff.

59 Vgl. *ADS*, § 250, Tz. 132; *Forster*, Abgrenzung von Leasingraten, S. 151.

für drohende Verluste aus schwebenden Geschäften[60] als auch einer Verbindlichkeit bzw. einer Rückstellung für ungewisse Verbindlichkeiten[61] vorgeschlagen:[62]

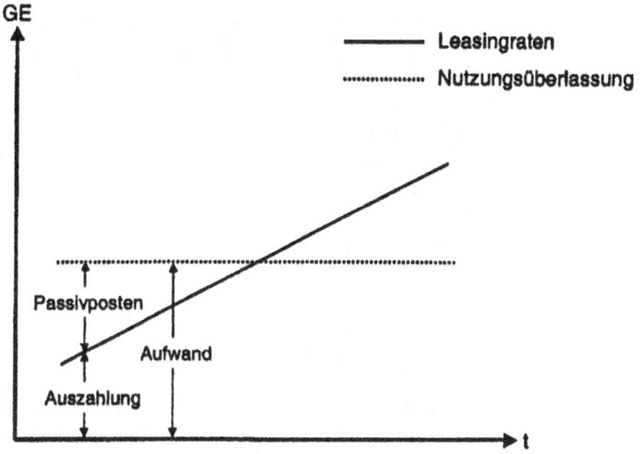

Abbildung 32: Aufwandsverrechnung bei progressiven Leasingraten

Je nach Abgrenzungskriterium lassen sich weitere Fälle konstruieren, für die *Forster* eine Abgrenzung für zulässig, aber nicht geboten hält. Er schlägt eine Abgrenzung z.B. für lineare Leasingraten vor, wenn als Maßstab der degressive Aufwandsverlauf zugrundegelegt wird, oder für (aufwands-)degressive Raten, die anhand der linearen Nutzungsüberlassung abgegrenzt werden sollen.[63]

Der BFH hält die Bildung eines aktiven Rechnungsabgrenzungspostens für erforderlich, wenn degressive Leasingraten vereinbart sind. Kriterium für die Abgrenzung ist die Nutzungsüberlassung durch den Leasinggeber, die als linear angenommen wird.[64] Nach einem neueren Urteil des FG Münster gilt diese Argumentation allerdings nur für den Fall des im BFH-Urteil behandelten Immobilienleasing. Bei Mobilienleasing wird ein degressiver Nutzenverlauf angenommen, weil aufgrund des technischen Fortschritts und der mit zuneh-

---

60 Vgl. *ADS*, § 250, Tz. 135; *Forster*, Abgrenzung von Leasingraten, S. 154.

61 Vgl. *Findeisen*, Eigentum des Leasinggebers, Rdnr. 85; *Gelhausen/Gelhausen*, Bilanzierung von Leasingverträgen, Rn. 149.

62 Eine Drohverlustrückstellung ist zu bilden, wenn im noch schwebenden Teil des Geschäfts die Leistung des Leasingnehmers die Gegenleistung des Leasinggebers übersteigt (Restwertbetrachtung). Eine Verbindlichkeit bzw. eine Rückstellung für ungewisse Verbindlichkeiten (bei Ungewißheit der Höhe nach) läßt sich dagegen mit dem Erfüllungsrückstand des Leasingnehmers begründen, d.h. im bereits abgewickelten Teil des Geschäfts hat der Leasinggeber seine Gegenleistung erbracht, während die entsprechende Leistung des Leasingnehmers noch aussteht. Zumindest bei insgesamt ausgeglichenen Leasinggeschäften führen beide Begründungen allerdings zum selben Ergebnis. Es handelt sich folglich nur um eine Ausweisfrage.

63 Vgl. *Forster*, Abgrenzung von Leasingraten, S. 152 f.

64 Vgl. *BFH* vom 12.08.1982, S. 2383 f.

mender Nutzungsdauer erforderlichen Erhaltungsaufwendungen der „Nutzungswert" im Zeitablauf abnehme. Eine lineare Verteilung degressiver Leasingraten sei daher nicht gerechtfertigt; die Raten sind vielmehr im Zahlungszeitpunkt als Aufwand zu verrechnen.[65] Diese Ansicht bestätigt der BFH in seinem Urteil vom 28.02.2001.[66]

Das Problem dieser Vorschläge besteht darin, daß die Abgrenzung anhand von mehr oder weniger unklaren Kriterien vorgenommen wird, ohne daß der Zusammenhang zwischen diesen Kriterien und dem Zweck der Rechnungslegung hergestellt wird. Für eine gläubiger- bzw. gesellschafterschützende Ausschüttungsbemessung ist nur relevant, daß in jeder Periode soviel Aufwand verrechnet wird, daß durch die Ausschüttungen keine Zahlungsunfähigkeit herbeigeführt wird. Dagegen ist für die Verteilung der Leasingraten nicht von Interesse,

- wie der Aufwand bei einer „fiktiven Eigeninvestition", d.h. bei einem kreditfinanzierten Kauf des Vermögensgegenstands, verlaufen würde. Der „Umweg" über dieses Kriterium ist aussagelos, weil auch bei einer Eigeninvestition die Verteilung des Aufwands (= Abschreibungen und Zinsen) nur nach dem Maßstab einer kapitalgeberschützenden Ausschüttungsbemessung erfolgen darf;
- wie der Leasinggeber die Leasingraten kalkuliert. Für die Ausschüttungsbemessung sind nur die *tatsächlichen* Verpflichtungen des Leasingnehmers relevant. Ob diese Verpflichtungen „den wirtschaftlichen Gegebenheiten Rechnung tragen"[67] bzw. wie der Aufwand beim Leasinggeber verläuft, ist für die Bilanzierung beim Leasingnehmer ohne Bedeutung;
- wie die Nutzungsüberlassung durch den Leasinggeber verläuft; zumindest bedarf dieses Kriterium der Konkretisierung. Die Nutzung des Leasingobjektes durch den Leasingnehmer ist für die Ausschüttungsbemessung insoweit relevant, als dieses Kriterium durch die erzielten *Einzahlungsüberschüsse* präzisiert wird.[68] Diese Konkretisierung kann aber bei den Vorschlägen im Schrifttum nicht gemeint sein, weil die Nutzungsüberlassung i.d.R. als linear angenommen wird, die Einzahlungen aber nicht zwangsläufig linear verlaufen müssen.[69]

---

65 Vgl. *FG Münster* vom 03.04.2000, S. 669.

66 Vgl. *BFH* vom 28.02.2001, S. 1576 f.

67 *Forster*, Abgrenzung von Leasingraten, S. 149.

68 Vgl. auch *Hauber*, Aktivierung, S. 742.

69 Vgl. *Forster*, Abgrenzung von Leasingraten, S. 148, 151. Der BFH geht davon aus, daß die Leistungen des Vermieters während der Grundmietzeit grundsätzlich „von gleicher Art und gleichem Umfange und damit auch rechtlich und wirtschaftlich gleichwertig" seien; *BFH* vom 12.08.1982, S. 2384. Dabei wird allein auf die Sicht des *Leasinggebers* abgestellt, der in jeder Periode die Pflicht hat, dem Leasingnehmer das Leasingobjekt zur Nutzung zu überlassen, wobei allerdings offen bleibt, wie „Art" und „Umfang" der Nutzungsüberlassung gemessen werden. Die Tatsache, daß der Wert des Leasingobjektes für den Leasingnehmer

Hinzu kommt, daß die Abgrenzungsvorschläge der Literatur zu widersprüchlichen Ergebnissen führen, wenn lineare Leasingraten degressiv verrechnet werden sollen, gleichzeitig aber diskutiert wird, degressive Leasingraten linear zu verteilen.[70] Da zusätzlich vorgeschlagen wird, dem Leasingnehmer *Wahlrechte* für die verschiedenen Abgrenzungsmethoden einzuräumen,[71] ist die Aufwandsverteilung nach diesen Vorschlägen willkürlich und kann vom Bilanzierenden weitgehend nach seinem Belieben gestaltet werden. Die an eine zweckmäßige Ausschüttungsregel zu stellende Anforderung der Verläßlichkeit wird von diesen Methoden nicht erfüllt.

Aus diesen Vorschlägen zur Verteilung der Leasingraten ergibt sich folglich kein einheitlicher Aufwandsverlauf. Allein eine progressive Verrechnung der Leasingraten wird für nicht zulässig erachtet, so daß für den Vergleich mit der Gewinnwirkung bei Aktivierung des Leasingobjektes und Passivierung einer Verbindlichkeit von einem *linearen* oder *degressiven* Verlauf ausgegangen werden kann.

5.1.2.2.3 Ergebnis

Ein Vergleich der Gewinnwirkungen der beiden Bilanzierungsmethoden führt zu folgenden Ergebnissen:

- *Bis zur Zahlung der ersten Leasingrate* bleibt der Leasingvertrag bei beiden Methoden *erfolgsneutral*.
- *Insgesamt* wird in beiden Fällen Aufwand in Höhe der *Summe der Leasingraten* verrechnet.
- Die *Verteilung der Leasingraten* ist bei den beiden Methoden *unterschiedlich*: Bei Aktivierung des Leasingobjektes und Passivierung einer Verbindlichkeit verläuft der Aufwand (= Abschreibungen und Zinsen) degressiv, bei Nicht-Aktivierung/-Passivierung degressiv oder linear.[72] Zudem kann der *Zeitraum* der Aufwandsverrechnung unterschiedlich sein: Während das Leasingobjekt i.d.R. über die betriebsgewöhnliche Nutzungsdauer abgeschrieben wird, werden die Leasingraten und der Zinsaufwand über die Grundmietzeit verteilt.

Die beiden Bilanzierungsmethoden führen folglich nur dann zu einem gleich hohen Gewinn in den einzelnen Perioden, wenn die Leasingraten degressiv als Aufwand verrechnet werden und die Grundmietzeit der Nutzungsdauer entspricht. Aber auch in diesem Fall ist die Über-

---

mit zunehmender Grundmietzeit z.B. aufgrund steigender Erhaltungsaufwendungen abnimmt, ist nach Meinung des BFH irrelevant; vgl. *BFH* vom 12.08.1982, S. 2384.

70 Vgl. die Übersicht bei *Forster*, Abgrenzung von Leasingraten, S. 153.

71 Vgl. *Forster*, Abgrenzung von Leasingraten, S. 153.

einstimmung in den einzelnen Perioden – abhängig vom Abschreibungssatz – höchstens zufällig. In allen anderen Fällen ist der Aufwandsverlauf bei den beiden Bilanzierungsvarianten unterschiedlich.

Die Bilanzierungsmethoden sind daher für die Ausschüttungsbemessung nicht grundsätzlich gleichwertig, sondern haben unterschiedliche Wirkungen auf den Gewinn der einzelnen Perioden. Die Regeln der Leasingerlasse sind folglich insofern konsequent, als sie für unterschiedliche „Vertragsarten" unterschiedliche Bilanzierungsmethoden vorsehen. Da aber bereits die Differenzierung zwischen diesen Vertragsarten unzweckmäßig ist, ist auch mindestens eine dieser Bilanzierungsmethoden als unzweckmäßig anzusehen, da grundsätzlich alle Verträge nach der gleichen Methode bilanziert werden müßten. Folglich kann höchstens eine dieser Methoden zu dem für die Ausschüttungsbemessung zweckmäßigen Aufwandsverlauf führen.

Da allerdings beide Bilanzierungsmethoden zu einer *Verteilung* des Aufwands über die Grundmietzeit bzw. über die betriebsgewöhnliche Nutzungsdauer des Leasingobjektes führen, entsteht der Eindruck, daß keine grundsätzlich unterschiedliche Bilanzierung der verschiedenen Leasingverträge gewollt ist. Die Ansatz- und Bewertungsregeln der Leasingerlasse legen nur fest, ob der Aufwand linear oder degressiv verteilt wird. Eine sofortige Aufwandsverrechnung ist für keinen Fall vorgesehen; vielmehr führen beide Bilanzierungsmethoden zu einem identischen, nämlich erfolgsneutralen, Ansatz bei erstmaliger Verbuchung.[73] Damit wird deutlich, daß auch die Vorschriften der Leasingerlasse implizit die mit dem Leasinggeschäft verbundenen *Einzahlungen* berücksichtigen. Denn nur eine sofortige aufwandswirksame Verrechnung aller Leasingraten würde unterstellen, daß mit dem Geschäft keine Einzahlungen verbunden sind, die zur Tilgung zukünftig fälliger Gläubigeransprüche verwendet werden können.

Die Frage nach der zweckmäßigen Bilanzierung von Leasinggeschäften kann damit zumindest im Hinblick auf die Ausschüttungsbemessung vereinfacht werden: Auch wenn der Aufwandsverlauf bei den beiden Bilanzierungsvarianten nur zufällig übereinstimmt, folgt daraus nicht zwangsläufig, daß nur eine Methode zu dem für die Ausschüttungsbemessung zweckmäßigen Verlauf führen kann. Theoretisch kann *jeder gewünschte Aufwandsverlauf durch beide Methoden* erzeugt werden.[74] Durch eine andere Abschreibungsmethode oder durch eine andere Verteilung der Zinsen kann auch bei Aktivierung des Leasingobjektes und

---

72 Vgl. auch das Beispiel bei *Reinholz*, Leasingbilanzierung, S. 127, 130.

73 Vgl. auch *Kußmaul*, Bilanzierung von Nutzungsrechten, S. 54, der für schuldrechtliche Nutzungsrechte zu dem Ergebnis kommt, daß durch den Ansatz eines Aktiv- und eines Passivpostens „grundsätzlich keine (wesentlichen) Auswirkungen auf den besteuerungs- und ausschüttungsfähigen Erfolg resultieren."

74 Vgl. auch *Reinholz*, Leasingbilanzierung, S. 130; *Vatter*, Accounting for Leases, S. 147.

Passivierung einer Verbindlichkeit ein linearer oder progressiver Aufwandsverlauf erreicht werden. Für die Ausschüttungsbemessung ist es irrelevant, *auf welche Weise* ein bestimmter Aufwandsverlauf erzeugt wird, weil allein die *Höhe* des in einer bestimmten Periode verrechneten Aufwands entscheidend ist. Die Frage, ob diese Aufwandsverteilung über die Verrechnung von Abschreibungen und Zinsen (= unsaldierter Ausweis eines Aktiv- und Passivpostens) oder über die erfolgswirksame Verrechnung der Leasingraten (= saldierter Ausweis der beiden Positionen als Rechnungsabgrenzungsposten) erfolgen soll, ist allein eine Frage der *Informationsvermittlung*, und keine Frage der Gewinnermittlung.[75]

5.1.2.3 Die zweckmäßige Bilanzierungsmethode

5.1.2.3.1 Der zweckmäßige Aufwandsverlauf

Gewinnermittlungsregeln zur Ausschüttungsbemessung haben die Aufgabe zu verhindern, daß Einzahlungen ausgeschüttet werden, die zur Erfüllung von Auszahlungsverpflichtungen in späteren Perioden noch benötigt werden. Für den Leasingnehmer entstehen mit dem Abschluß des Leasinggeschäfts nicht nur die Leasingraten als Auszahlungen, sondern auch Einzahlungen, die aus der Nutzung des Leasingobjektes resultieren und die zur Zahlung der Leasingraten verwendet werden können. Im folgenden ist zu analysieren, *wie* und *über welchen Zeitraum* diese Zahlungen zu verteilen sind.

Die Verteilung wird deshalb zum Problem, weil der Leasingnehmer die aus dem Leasinggeschäft resultierenden Einzahlungen nicht mit Sicherheit kennt. Für den Leasingnehmer sind mit dem Abschluß des Leasingvertrags *sichere Auszahlungen* verbunden, weil er bei Finanzierungsleasing die Leasingraten auch dann zahlen muß, wenn er das Leasingobjekt nicht mehr nutzen kann. Diesen Auszahlungen stehen *unsichere Einzahlungen* gegenüber. Für die Verteilung der Leasingraten sind daher *Annahmen* über die zukünftigen Einzahlungen zu treffen. Folgende Annahmen sind denkbar:

1. Die zukünftigen Einzahlungen sind so unsicher, daß sie für die Ausschüttungsbemessung *nicht berücksichtigt* werden dürfen. Folge dieser Annahme wäre die *sofortige Aufwandsverrechnung* aller Leasingraten bei Vertragsabschluß, so daß der Vermögensgegenstand mit null bewertet werden müßte.

   Aus der Sicht der *Gläubiger* wäre eine sofortige Aufwandsverrechnung aller Leasingraten zu Beginn der Grundmietzeit grundsätzlich zweckmäßig, weil damit sichergestellt ist, daß liquide Mittel bzw. liquidierbare Vermögensgegenstände[76] in der Höhe einbehalten

---

[75] Vgl. auch *Kußmaul*, Nutzungsrechte, S. 2057.

[76] Liquidierbare Vermögensgegenstände werden nur dann in der erforderlichen Höhe einbehalten, wenn sie mit den zukünftig erwarteten Einzahlungen bewertet werden.

werden, die zur Deckung aller zukünftig fälligen Leasingraten erforderlich ist. Es wird unterstellt, daß die zukünftigen Leasingraten ausschließlich mit bereits vorhandenen Mitteln gezahlt werden können. Damit wäre zwar ein Höchstmaß an Gläubigerschutz erreicht, das aber zu Lasten der Gesellschafter ginge, weil diese in der Periode der Verrechnung der Leasingraten auf (potentielle) Ausschüttungen in dieser Höhe verzichten müßten. Die *Gesellschafter* würden eine möglichst späte Aufwandsverrechnung präferieren, d.h. die Summe der Leasingraten dürfte erst bei Beendigung des Leasinggeschäfts erfolgswirksam verrechnet werden. Diese Ausschüttungsregel wäre der andere Extremfall: Maximaler Gesellschafterschutz zu Lasten der Gläubiger.

Gesucht ist folglich eine *Kompromißlösung* zwischen den Extremfällen der vollständigen Aufwandsverrechnung zu Beginn bzw. am Ende der Grundmietzeit. Dieser Kompromiß besteht in der *Verteilung der Leasingraten* über die Grundmietzeit. Wie diese Verteilung aussehen muß, hängt von dem Ausmaß an Gläubiger- bzw. Gesellschafterschutz ab, das mit der Ausschüttungsregel erreicht werden soll. Ein degressiver Aufwandsverlauf würde tendenziell eher die Gläubiger schützen, ein progressiver Aufwandsverlauf würde die Gesellschafter bevorzugen. Die Frage nach dem zweckmäßigen Aufwandsverlauf läßt sich folglich nicht ohne Werturteil beantworten und müßte aus der Sicht der Gläubiger anders als aus der Sicht der Gesellschafter beantwortet werden. Eine Kompromißlösung läßt sich durch folgende Annahme erreichen:

2. Die zukünftigen Einzahlungen entsprechen hinsichtlich ihrer Höhe und Verteilung den Leasingraten. Unter dieser Annahme ist in jeder Periode *Aufwand in Höhe der für diese Periode gezahlten Leasingrate* zu verrechnen.

Diese Annahme liegt im Hinblick auf die Höhe der Einzahlungen der „Ersatzlösung" der Bewertung von Vermögensgegenständen mit den Anschaffungs-/Herstellungskosten zugrunde. Sie stellt sicher, daß die zukünftigen Einzahlungen „unter normalen Umständen" nicht überschätzt werden. Eine Vorverrechnung von zukünftig fälligen Leasingraten ist unter dieser Annahme nicht erforderlich, weil unterstellt wird, daß die zukünftigen Einzahlungen den Leasingraten genau entsprechen, so daß in jeder Periode die fällige Leasingrate durch die aus der Nutzung resultierenden Einzahlung beglichen werden kann.

Trifft diese Annahme zu, wird der Gewinn der Periode zwar durch die als Aufwand verrechnete Leasingrate gekürzt. Gleichzeitig wird aber Ertrag, z.B. in der Form von Umsatzerlösen, in gleicher Höhe vereinnahmt, so daß das Leasinggeschäft letztlich in jeder Periode erfolgsneutral bleibt. Wird dagegen nicht die gesamte Leasingrate als

Aufwand verrechnet, was z.B. bei der Linearisierung degressiver Raten der Fall ist, wird der ausschüttbare Gewinn um die Differenz zwischen diesem Aufwand und dem höheren Ertrag[77] zusätzlich erhöht. Die für die Zahlung der Leasingrate verwendeten Mittel würden „doppelt" verwendet: für die Zahlung der Leasingrate und für Ausschüttungen an die Gesellschafter.

Ist die (tatsächliche) Einzahlung in einer Periode geringer als die Leasingrate, sorgt die vollständige Aufwandsverrechnung der Leasingrate dafür, daß keine Mittel ausgeschüttet werden, welche für die Zahlung der Leasingrate benötigt werden. Würde der Gewinn nur in Höhe der Einzahlung gekürzt, wäre wiederum eine zusätzliche Ausschüttung in Höhe der Differenz zwischen der Einzahlung und der Leasingrate möglich. Zum Schutz der Gläubiger ist folglich in jeder Periode (mindestens) Aufwand in Höhe der für diese Periode gezahlten Leasingrate zu verrechnen. Eine geringere Aufwandsverrechnung kann nicht mit dem Argument des „übertriebenen Gläubigerschutzes zu Lasten der Gesellschafter" gerechtfertigt werden. Folgendes Zahlenbeispiel verdeutlicht dieses für die weitere Argumentation zentrale Ergebnis:

Angenommen wird ein Leasingvertrag, bei dem *degressive* Leasingraten für eine Grundmietzeit von fünf Jahren vereinbart werden. Weitere Vereinbarungen werden nicht getroffen. Da die durch die Nutzung des Leasingobjektes in zukünftigen Perioden erzielbaren Einzahlungsüberschüsse nicht bekannt sind, wird angenommen, daß in jeder Periode mindestens Einzahlungsüberschüsse in Höhe der Leasingraten erwirtschaftet werden, so daß sich ein degressiver Verlauf der Einzahlungen (= Erträge) ergibt. Die folgenden Tabellen zeigen die Entwicklung von liquiden Mitteln, Gewinn und (möglichen) Ausschüttungen für den Fall, daß in jeder Periode die gezahlte Leasingrate als Aufwand verrechnet wird, sowie für den Fall, daß die degressiven Raten linearisiert werden, so daß der Aufwand in den ersten Perioden geringer, in den letzten Perioden höher als die Auszahlung ist.

Fall 1: *Degressive Verrechnung* degressiver Leasingraten

Periode	1	2	3	4	5	Σ
			Zahlungsrechnung			
Zahlungsmittelbestand (Periodenanfang)	0	0	0	0	0	
Einzahlungsüberschuß (vor Leasingrate)	100	80	60	40	20	300
Auszahlungen für Leasingraten	-100	-80	-60	-40	-20	-300
Zahlungsmittelbestand (Periodenende)	0	0	0	0	0	

77 Der Ertrag ist höher als der Aufwand, weil er annahmegemäß der Leasingrate entspricht.

Periode	1	2	3	4	5	Σ
			Erfolgsrechnung			
Gewinn (vor Leasingrate)	100	80	60	40	20	300
Aufwand aus Leasingraten	-100	-80	-60	-40	-20	-300
Gewinn (nach Leasingrate)	0	0	0	0	0	0
maximal mögliche Ausschüttung	0	0	0	0	0	0

Fall 2: *Lineare Verrechnung* degressiver Leasingraten

Periode	1	2	3	4	5	Σ
			Zahlungsrechnung			
Zahlungsmittelbestand (Periodenanfang)	0	0	0	0	0	
Einzahlungsüberschuß (vor Leasingrate)	100	80	60	40	20	300
Auszahlungen für Leasingraten	-100	-80	-60	-40	-20	-300
Zahlungsmittelbestand (Periodenende)	0	0	0	0	0	
			Erfolgsrechnung			
Gewinn (vor Leasingrate)	100	80	60	40	20	300
Aufwand aus Leasingraten	-60	-60	-60	-60	-60	-300
Gewinn (nach Leasingrate)	40	20	0	-20	-40	0
maximal mögliche Ausschüttung	40	20	0	0	0	60

Im Beispiel ist bei Fall 2 in der ersten Periode eine Ausschüttung in Höhe von 40 GE möglich, obwohl die durch die Nutzung des Leasingobjektes erzielten Einzahlungsüberschüsse bereits vollständig für die Zahlung der Leasingrate verwendet wurden. Die für die Ausschüttung erforderlichen liquiden Mittel müssen folglich aus anderen Finanzierungsquellen beschafft werden, denn das Leasinggeschäft läßt diese Ausschüttung nicht zu. Denkbar wäre die Finanzierung der Ausschüttung durch eine Kreditaufnahme. In diesem Fall entsteht eine neue Verbindlichkeit, der keine zukünftigen Einzahlungsüberschüsse gegenüber stehen, weil der Kredit nicht investiert, sondern ausgeschüttet wird.[78] Diese Kreditaufnahme wäre unproblematisch, wenn die zukünftigen Einzahlungsüberschüsse aus dem Leasinggeschäft ausreichen würden, um den Kredit zu tilgen. Da aber aufgrund des fehlenden Wissens über zukünftige Zahlungsströme davon auszugehen ist, daß die zukünftigen Einzahlungen gerade ausreichen, um die Verpflichtungen aus dem Leasinggeschäft zu erfüllen, fließen insgesamt liquide Mittel in Höhe von 60 GE zu viel ab. Letztlich ermöglicht diese Bilanzierungsmethode Ausschüttungen, obwohl der Gesamt-Zahlungssaldo aus dem Geschäft null ist.

Die *Linearisierung degressiver Leasingraten* ist folglich *nicht zweckmäßig*, weil in den ersten Perioden ein zu geringer Aufwand verrechnet würde. Diese Art der Aufwandsverrechnung wäre nur dann gerechtfertigt, wenn die Einzahlungen zunächst niedriger, in späteren Perioden höher als die Leasingraten sind. Aufgrund der Unsicherheit der zukünftigen Einzahlungen aus dem Leasinggeschäft ist allerdings fraglich, ob diese Annahme mit einer verläßlichen Ausschüttungsbemessung vereinbar ist.

Es stellt sich daher im Hinblick auf eine von den Zahlungszeitpunkten abweichende Aufwandsverrechnung nur noch die Frage, ob eventuell *mehr Aufwand* als die gezahlte Leasingrate verrechnet werden sollte, um für die Gläubigeransprüche in zukünftigen Perioden vorzusorgen. Es ist zu prüfen, ob die Ansprüche der Gläubiger eine Kürzung der Ausschüttungsbemessungsgrundlage zu Lasten der Gesellschafter rechtfertigen. Eine solche Vorsorge wäre gegeben, wenn lineare Leasingraten degressiv und progressive Raten linear oder degressiv verrechnet würden. Hinter dieser Art der Aufwandsverrechnung steht folgende Annahme:

3. Die Einzahlungen sind zunächst höher, in zukünftigen Perioden niedriger als die Leasingraten. Durch eine höhere Aufwandsverrechnung in den ersten Perioden wird dafür gesorgt, daß die in diesen Perioden erzielten *Einzahlungsüberschüsse für die Zahlung der Leasingraten in den späteren Perioden einbehalten* werden.

Die Frage, ob diese Art der Aufwandsverrechnung zweckmäßig ist, läßt sich letztlich genausowenig wie die Frage nach der „richtigen" Abschreibungsmethode beantworten.[79] Eine über Plausibilitätsüberlegungen hinausgehende Lösung, die aus dem Zweck der Rechnungslegung abgeleitet wird, ist nicht möglich, weil für eine solche first best-Lösung ein Blick in die Zukunft nötig wäre.

Akzeptiert man die im obigen Zahlenbeispiel getroffene Annahme, daß die Einzahlungsüberschüsse den gleichen Verlauf wie die Leasingraten aufweisen, ist sichergestellt, daß die Auszahlungen für die Leasingraten in jeder Periode durch gleich hohe Einzahlungen gedeckt sind. Eine zusätzliche Vorsorge ist nicht erforderlich, so daß die Leasingraten in

---

78 Es liegt folglich eine fremdfinanzierte Ausschüttung vor; vgl. Abschnitt 3.1.1.3.2.1. Das Beispiel zeigt, daß nur eine Aufwandsverrechnung in Höhe der Leasingrate die Gläubiger vor diesem Risiko schützt.

79 Vgl. *Streim*, Grundzüge, S. 109 f.

der Periode, für die sie gezahlt werden, aufwandswirksam verrechnet werden können. Kommt man aufgrund von Plausibilitätsüberlegungen zu der Annahme, daß ein linearer oder degressiver Verlauf der Einzahlungen eher plausibel als ein progressiver Verlauf ist – Gründe dafür könnten der technische Fortschritt oder die mit zunehmender Nutzungsdauer steigenden Auszahlungen für Instandhaltung sein –, sind *progressive* Leasingraten entsprechend *linear* oder *degressiv* zu verrechnen.

Ein progressiver Verlauf der Zahlungen des Leasingnehmers ist auch gegeben, wenn ein *Teilamortisationsvertrag* vorliegt, bei dem der Leasingnehmer am Ende der Grundmietzeit eine Schlußzahlung in Höhe der Restamortisation leisten muß. Insbesondere bei einer im Vergleich zu den einzelnen Leasingraten hohen Schlußzahlung ist davon auszugehen, daß die Einzahlungen nicht den gleichen Verlauf wie die Auszahlungen aufweisen. In diesem Fall ist es zweckmäßig, die Schlußzahlung über die Perioden der Grundmietzeit verteilt aufwandswirksam zu verrechnen. Diese Verteilung wird allerdings dann zum Problem, wenn die Schlußzahlung nicht bekannt ist, weil sie z.B. von dem vom Leasinggeber am Ende der Grundmietzeit erzielten Veräußerungserlös abhängt.

Als Zwischenergebnis ist folglich festzuhalten:

1. Im Hinblick auf den Zweck der Ausschüttungsbemessung ist allein die *Höhe* des in jeder Periode verrechneten Aufwands relevant. Ob dieser Aufwand durch die Verrechnung von Abschreibungen und Zinsen (= Aktivierung des Leasingobjektes und Passivierung einer Verbindlichkeit) oder von Leasingraten (= evtl. Bildung von Rechnungsabgrenzungsposten) erreicht wird, ist keine Frage der Gewinnermittlung, sondern der Informationsvermittlung, weil die Summe der Aufwendungen bei beiden Bilanzierungsmethoden identisch ist.

2. In jeder Periode ist *Aufwand in Höhe der gezahlten Leasingrate* zu verrechnen. Hinter dieser Art der Aufwandsverrechnung steht die Annahme, daß die durch die Nutzung des Leasingobjektes erzielbaren Einzahlungen in jeder Periode den Leasingraten entsprechen. Diese Annahme impliziert zwar die Schätzung zukünftiger Einzahlungen. Diese Schätzung ist aber insofern vertretbar, als sie verhindert, daß die Einzahlungen bewußt zu Lasten der Gläubiger überschätzt oder zu Lasten der Gesellschafter unterschätzt werden. Eine geringere Aufwandsverrechnung muß dagegen zum Schutz der Gläubiger abgelehnt werden, weil sie unterstellt, daß gegenwärtige sichere Auszahlungen durch zukünftige unsichere Einzahlungen gedeckt werden können.

   Diese Aufwandsverrechnung impliziert, daß das Leasinggeschäft *bis zur Zahlung der ersten Leasingrate erfolgsneutral* behandelt werden muß.

3. Umgekehrt ist zu diskutieren, ob eventuell ein *höherer Betrag als die gezahlte Leasingrate* als Aufwand zu verrechnen ist. Dadurch würde sichergestellt, daß die zunächst höheren Einzahlungen zur Deckung der zukünftig höheren Auszahlungen einbehalten werden. Diese Lösung ist zum Schutz der Gläubiger zweckmäßig, wenn die Einzahlungen tatsächlich so verlaufen wie angenommen. Ob das der Fall ist, kann nur aufgrund von Plausibilitätsüberlegungen entschieden werden. Die Entscheidung für eine Vorverrechnung des Aufwands setzt zusätzlich voraus, daß dem Gläubigerschutz Vorrang vor dem Schutz der Gesellschafter eingeräumt wird.

   Auch wenn eine Entscheidung für oder gegen eine Vorverrechnung des Aufwands mit ökonomischen Methoden nicht getroffen werden kann, darf dem Bilanzierenden *kein Wahlrecht* zwischen verschiedenen Verrechnungsmethoden eingeräumt werden. In diesem Fall würden die Gewinnermittlungsregeln die Anforderung der Verläßlichkeit nicht erfüllen.

5.1.2.3.2 Bilanzielle Konsequenzen des zweckmäßigen Aufwandsverlaufs

Je nachdem, welche Bilanzierungsmethode gewählt wird, hat der zweckmäßige Aufwandsverlauf unterschiedliche bilanzielle Konsequenzen. Für den Fall, daß aus Informationsgründen das Leasingobjekt aktiviert und eine entsprechende Verbindlichkeit passiviert wird, sind in erster Linie die Bewertung der Bilanzpositionen beim erstmaligen Ansatz sowie Abschreibungsmethoden und Methoden zur Auflösung der Verbindlichkeit zu diskutieren. Für den Fall, daß der Ansatz von Bilanzposten aus Vereinfachungsgründen unterbleibt, ist der zweckmäßige Aufwandsverlauf bei abweichendem Zahlungsverlauf durch Abgrenzungsposten[80] sicherzustellen. Da ohne die Einbeziehung von „Informationsüberlegungen" nicht entschieden werden kann, welche der beiden Bilanzierungsmethoden vorzuziehen ist, werden im folgenden die bilanziellen Konsequenzen der zweckmäßigen Aufwandsverrechnung für beide Methoden untersucht.

5.1.2.3.2.1 Verteilung durch Abgrenzungsposten

Da die in der Literatur und Rechtsprechung vorgeschlagenen Kriterien für die Abgrenzung der Leasingraten nicht aus den Zwecken der Rechnungslegung abgeleitet werden, kann der aus diesen Kriterien resultierende Aufwandsverlauf nur zufällig dem zweckmäßigen Verlauf entsprechen. Die Linearisierung degressiver Raten wurde bereits abgelehnt, so daß der Fall

[80] Der Begriff „Abgrenzungsposten" wird im folgenden als Oberbegriff für Rechnungsabgrenzungsposten und Rückstellungen verwendet. Gemeinsames Merkmal dieser Bilanzpositionen ist, daß durch ihren Ansatz Zahlungen unabhängig vom Zahlungs*zeitpunkt* erfolgswirksam verrechnet werden. Wie diese Abgrenzungsposten bezeichnet werden, ist letztlich eine Frage der Informationsvermittlung.

eines aktiven Rechnungsabgrenzungspostens zur Verteilung der Leasingraten (§ 250 Abs. 1 Satz 1 HGB) beim Leasingnehmer nicht auftreten kann.[81]

Soll durch eine lineare oder degressive Verrechnung progressiver Leasingraten Vorsorge für zukünftige Perioden getroffen werden, ist ein passiver Abgrenzungsposten in Höhe der Differenz zwischen der Leasingrate und dem in der betrachteten Periode zu verrechnenden Aufwand zu bilden.[82] Es liegt Aufwand vor, der erst in späteren Perioden zu einer Auszahlung führt. Ob diese Vorschläge zur Verrechnung der Leasingraten für die Ausschüttungsbemessung zweckmäßig sind, muß offen bleiben, weil diese Frage nicht beantwortet werden kann, ohne über das erforderliche Ausmaß an Gläubiger- und Gesellschafterschutz zu entscheiden.

In den *Folgeperioden* ist der Passivposten jeweils in Höhe der Differenz zwischen der Leasingrate und dem zu verrechnenden Aufwand aufzustocken bis die gezahlte Leasingrate den Aufwand übersteigt (= Schnittpunkt der Kurven in Abbildung 32). Danach ist der Posten in Höhe der entsprechenden Differenz erfolgsneutral aufzulösen. Diese (planmäßige) Auflösung erfolgt, solange die Leasingraten gezahlt werden, d.h. über die *Grundmietzeit*.

Allerdings können auch Ereignisse eintreten, die eine *vollständige Verrechnung* des gesamten (Rest-)Aufwands erforderlich machen. Merkmal von Finanzierungsleasingverträgen ist, daß die Leasingraten auch dann zu zahlen sind, wenn die Nutzung des Leasingobjektes aufgrund außergewöhnlicher Ereignisse *unmöglich* wird.[83] In diesem Fall sind weiterhin Auszahlungen zu leisten, denen aber keine Einzahlungen aus der Nutzung mehr gegenüberstehen. Folglich werden in den zukünftigen Perioden c.p. keine Einzahlungsüberschüsse zur Erfüllung der Leasingverpflichtungen mehr erwirtschaftet. Um sicherzustellen, daß in der aktuellen Periode keine Mittel ausgeschüttet werden, die in zukünftigen Perioden zur Zahlung der Leasingraten benötigt werden, ist der Gewinn in Höhe der zukünftig fälligen Leasingraten zu kürzen. Dazu ist der Passivposten bis zur Höhe der insgesamt noch zu zahlenden Leasingraten erfolgswirksam aufzustocken. Bei Zahlung der Leasingraten wird der entsprechende Teil jeweils erfolgsneutral aufgelöst.

Wurde kein Bilanzposten angesetzt, weil die Leasingraten zum Zahlungszeitpunkt als Aufwand verrechnet werden, ist in der Periode, ab der das Leasingobjekt nicht mehr genutzt werden kann, ein Passivposten in Höhe der noch zu zahlenden Leasingraten anzusetzen. Die Bildung dieses Postens muß erfolgswirksam vorgenommen werden, um die vollständige

---

[81] Ein aktiver Rechnungsabgrenzungsposten ist nur dann zu bilden, wenn die Auszahlungen in einer Periode höher als die für diese Periode zu zahlende Leasingrate sind, d.h. wenn Raten für zukünftige Perioden im voraus gezahlt werden.

[82] Vgl. Abbildung 32.

[83] Vgl. *Baetge/Ballwieser*, Ansatz von Leasingobjekten, S. 4.

Aufwandsverrechnung der zukünftigen Leasingzahlungen sicherzustellen. Dies ist der typische Fall einer Rückstellung für drohende Verluste aus schwebenden Geschäften (§ 249 Abs. 1 Satz 1 HGB).[84]

In gleicher Weise ist vorzugehen, wenn die Nutzung des Leasingobjektes nur noch *eingeschränkt* möglich ist, so daß die zukünftigen Einzahlungsüberschüsse die Leasingraten nicht mehr vollständig decken. In diesem Fall ist nicht der gesamte Restaufwand zu verrechnen, sondern nur *der die zukünftigen Einzahlungen übersteigende Teil.* Dabei besteht das Problem der Bestimmung dieses Betrags, der letztlich nicht ohne eine explizite Schätzung der zukünftigen Einzahlungsüberschüsse ermittelt werden. Welche Anhaltspunkte dieser Schätzung zugrunde gelegt werden können, wird im Zusammenhang mit außerplanmäßigen Abschreibungen erläutert, die in diesem Fall bei der Aktivierung des Leasingobjektes vorgenommen werden müssen.[85]

Bei *Operating-Leasingverträgen* entfällt dagegen die Pflicht zur Zahlung der Leasingraten, wenn die Nutzung des Leasingobjektes nicht mehr möglich ist (§ 537 Abs. 1 Satz 1 BGB). In diesem Fall ist der Passivposten erfolgsneutral aufzulösen, weil nicht nur die zukünftigen Einzahlungen, sondern auch die Auszahlungen entfallen. Wurde kein Bilanzposten angesetzt, hat die fehlende Nutzungsmöglichkeit in zukünftigen Perioden keine bilanziellen Konsequenzen. Für den Fall einer eingeschränkten Nutzungsmöglichkeit gelten diese Überlegungen analog, wenn wegen der Einschränkung der Mietzins gekürzt wird.

Eine bislang offen gebliebene Frage ist das Problem der Behandlung von *Anschaffungsnebenkosten.* Fallen beim Leasingnehmer über die Leasingraten hinausgehende Aufwendungen an, die dazu dienen, das Leasingobjekt in einen betriebsbereiten Zustand zu versetzen (z.B. Transport- und Montagekosten), ist der beim Leasingnehmer zu verrechnende Gesamtaufwand höher als die Summe der Leasingraten. Anschaffungsnebenkosten werden nach § 255 Abs. 1 HGB als Bestandteil der Anschaffungskosten eines Vermögensgegenstands aktiviert und über die Nutzungsdauer abgeschrieben. Diese Möglichkeit besteht bei der Verteilung der Leasingraten über Abgrenzungsposten nicht, da das Leasingobjekt nicht aktiviert wird. Für die bilanzielle Behandlung der Anschaffungsnebenkosten stehen folglich zwei Möglichkeiten zur Verfügung:

- Die Anschaffungsnebenkosten können zum Zahlungszeitpunkt *als Aufwand* verrechnet werden. Dieser Vorgehensweise liegt die Annahme zugrunde, daß den Auszahlungen keine zukünftigen Einzahlungen gegenüberstehen.

---

[84] Vgl. *Gelhausen/Gelhausen*, Bilanzierung von Leasingverträgen, Rn. 152.
[85] Vgl. Abschnitt 5.1.2.3.2.2.3.

- Die Anschaffungsnebenkosten können als Rechnungsabgrenzungsposten *aktiviert* und in den Folgeperioden aufgelöst werden. In diesem Fall wird unterstellt, daß den Auszahlungen zukünftige Einzahlungen in (mindestens) gleicher Höhe gegenüberstehen.

Geht man davon aus, daß die zweite Annahme plausibel ist, weil das Leasingobjekt ohne die Anschaffungsnebenkosten nicht genutzt werden und damit keine Einzahlungsüberschüsse erzeugen könnte, ist eine *Aktivierung* zweckmäßig, um die (mögliche) Ausschüttung für die Gesellschafter nicht zugunsten eines übertriebenen Gläubigerschutzes zu kürzen. Zudem wird der Leasingnehmer die Anschaffungsnebenkosten in seine Investitionsrechnung einbeziehen, so daß die von ihm mindestens erwarteten Einzahlungen auch die Nebenkosten decken werden. Durch die Aktivierung der Nebenkosten wird der Gesamtaufwand höher als die Summe der Leasingraten, so daß in den einzelnen Perioden nicht mehr nur die für die Periode gezahlte Leasingrate, sondern auch ein Teil der Anschaffungsnebenkosten erfolgswirksam zu verrechnen ist. Diese Verteilung erfolgt über den gleichen Zeitraum und nach den gleichen Grundsätzen wie die Verteilung der Leasingraten.

5.1.2.3.2.2 Ansatz eines Aktiv- und Passivpostens

5.1.2.3.2.2.1 Die Höhe der Anschaffungskosten

Nach den Leasingerlassen bestimmt die Höhe der Anschaffungskosten nicht nur die Bewertung des Vermögensgegenstands, sondern auch der Verbindlichkeit.[86] Daraus resultiert eine erfolgsneutrale Behandlung des Leasinggeschäfts zum Zeitpunkt der erstmaligen Bilanzierung. Im Hinblick auf die Ausschüttungsbemessung ist diese Vorgehensweise zweckmäßig.[87]

Eine erfolgsneutrale Verbuchung setzt allerdings nur voraus, daß Aktiv- und Passivposten *in gleicher Höhe* angesetzt werden. Über die *absolute Höhe* dieser Positionen ist damit noch nichts gesagt. Nach den Leasingerlassen sind die Anschaffungs-/Herstellungskosten anzusetzen, die der Leasinggeber der Berechnung der Leasingraten zugrunde gelegt hat.[88] Bei der Darstellung der steuerrechtlichen Vorschriften blieben in diesem Zusammenhang zwei Fragen offen:

1. Soll der Leasinggegenstand mit den Anschaffungs-/Herstellungskosten, die der Leasinggeber in seiner Bilanz aktiviert hat, oder mit den Ausgaben, die der Berechnung der Leasingraten zugrunde liegen, bewertet werden?

---

86 Vgl. *BMF* vom 19.04.1971, S. 5.
87 Zur Begründung vgl. Abschnitt 5.1.2.3.1.
88 Vgl. *BMF* vom 19.04.1971, S. 4; *BMWF* vom 21.03.1972, S. 3 f.

2. Wie ist der Vermögensgegenstand zu bewerten, wenn die Anschaffungs-/Herstellungskosten des Leasinggebers dem Leasingnehmer nicht bekannt oder kein zweckmäßiger Bewertungsmaßstab sind?

Der Wertansatz des Vermögensgegenstands und der Verbindlichkeit muß so gewählt werden, daß die Abschreibung bzw. Auflösung der Positionen in den Folgejahren zum zweckmäßigen Aufwandsverlauf führt. Dies läßt sich durch unterschiedliche Wertansätze erreichen:

- Der Vermögensgegenstand und die Verbindlichkeit könnten mit der *Summe der Leasingraten* bewertet werden. In diesem Fall müßte der Vermögensgegenstand in den Folgejahren in Höhe der für die Periode gezahlten Leasingrate abgeschrieben und die Verbindlichkeit erfolgsneutral aufgelöst werden.
- Der Vermögensgegenstand und die Verbindlichkeit könnten zum *Barwert der Leasingraten* oder zu den (bilanziellen) *Anschaffungs-/Herstellungskosten des Leasinggebers* angesetzt werden. In diesem Fall wäre die Abschreibung des Vermögensgegenstands niedriger als die Leasingrate, so daß zusätzlich zur erfolgsneutralen Auflösung der Verbindlichkeit (Zins-)Aufwand verrechnet werden müßte.

Grundsätzlich denkbar ist aber auch *jeder andere Wertansatz* des Vermögensgegenstands und der Verbindlichkeit, sofern sichergestellt ist, daß die Differenz zwischen der Summe der Leasingraten und den durch diesen Wertansatz determinierten Abschreibungen zusätzlich als Aufwand verrechnet wird.[89] Damit sind die oben gestellten Fragen beantwortet: Letztlich kann nur im Hinblick auf den (Sub-)Zweck der *Informationsvermittlung* entschieden werden, welcher der für die Ausschüttungsbemessung gleichwertigen Werte zweckmäßiger im Sinne von „informativer" ist. Um die Zweckmäßigkeit der Vorschriften der Leasingerlasse beurteilen zu können, soll im folgenden dennoch untersucht werden, bei welchen Wertansätzen wie abzuschreiben bzw. die Verbindlichkeit aufzulösen ist, um den zweckmäßigen Aufwandsverlauf zu erreichen.

In den Leasingerlassen sowie im Schrifttum wird grundsätzlich die zweite Variante, d.h. die Aufteilung des Aufwands in Abschreibungen und Zinsen, bevorzugt.[90] Dies wird damit begründet, daß Leasinggeschäfte nicht nur der Anschaffung, sondern gleichzeitig auch der Finanzierung des Leasingobjekts dienen, so daß sich die Leasingraten aus zwei Komponenten zusammensetzen: dem Entgelt für die Anschaffung oder Herstellung des Gegen-

---

[89] Daraus folgt, daß grundsätzlich auch ein Wertansatz von null denkbar ist. Damit wäre der im vorherigen Abschnitt diskutierte Fall gegeben. Daran wird wiederum deutlich, daß die beiden Methoden für die Ausschüttungsbemessung gleichwertig sind.

stands durch den Leasinggeber und dem Entgelt für die im Zusammenhang mit der Finanzierung anfallenden Ausgaben.[91] Da Fremdkapitalzinsen nicht Bestandteil der Anschaffungskosten sind,[92] können das Leasingobjekt und die Verbindlichkeit nach geltendem Handelsrecht nicht mit der Summe der Leasingraten bewertet werden.[93]

Der Leasingnehmer bewertet das Leasingobjekt daher entweder mit den Anschaffungs-/Herstellungskosten des Leasinggebers oder mit dem Barwert der Leasingraten.[94] Diese Werte können voneinander abweichen, wenn der Barwert nicht mit Hilfe des internen Zinsfußes[95] bestimmt wird. Für den erstmaligen Wertansatz ist diese Differenz unbedeutend, weil die Verbindlichkeit in jedem Fall in gleicher Höhe angesetzt wird. Sie wirkt sich allein auf die Aufteilung des Periodenaufwands auf Zinsen und Abschreibungen aus.

Fallen beim Leasingnehmer *Anschaffungsnebenkosten* an, sind diese nach den Vorschriften der Leasingerlasse als Bestandteil der Anschaffungskosten des Leasinggegenstands zu aktivieren.[96] Die Zweckmäßigkeit dieser Vorgehensweise wurde für die Variante der Verteilung der Leasingraten über Abgrenzungsposten bereits diskutiert. Bei der Aktivierung des Leasingobjekts bewirkt die Einbeziehung von Anschaffungsnebenkosten in den Wertansatz des Vermögensgegenstands, daß der Aktiv- und der Passivposten nicht mehr in gleicher Höhe angesetzt werden. Die erstmalige Verbuchung des Leasinggeschäfts bleibt aber trotzdem erfolgsneutral, weil die Gegenbuchung auf entsprechenden Passivkonten erfolgt (Bankkonto, Verbindlichkeiten gegenüber Lieferanten u.ä.). In den Folgeperioden erhöht sich infolge des höheren Wertansatzes des Vermögensgegenstands der jeweilige Abschreibungsaufwand.

5.1.2.3.2.2.2 Planmäßige Abschreibungen und Zinsaufwand

Um den Aufwand zweckmäßig zu verteilen, ist bei der „Aktivierungslösung" sicherzustellen, daß die Summe aus Abschreibungs- und Zinsaufwand der für die jeweilige Periode gezahlten Leasingrate entspricht.

Der erforderliche Zusammenhang zwischen der Höhe der Leasingrate und der Summe aus Abschreibungs- und Zinsaufwand hat eine weitere Konsequenz: Die Abschreibung des Vermögensgegenstands und die Auflösung der Verbindlichkeit können *nicht unabhängig* voneinander erfolgen. Die Abhängigkeit zwischen Aktiv- und Passivposten, die bei der erst-

90 Vgl. z.B. *Findeisen*, Eigentum des Leasingnehmers, Rdnr. 16; *Gelhausen/Gelhausen*, Bilanzierung von Leasingverträgen, Rn. 156.
91 Vgl. *Runge/Bremser/Zöller*, Leasing, S. 314.
92 Vgl. *Knop/Küting*, § 255, Rn. 40.
93 Vgl. *Findeisen*, Eigentum des Leasingnehmers, Rdnr. 16.
94 Vgl. auch *ADS*, § 255, Tz. 73.
95 Zur Berechnung des internen Zinsfußes vgl. Abschnitt 4.1.2.2.1.2.

maligen Verbuchung dadurch hergestellt wird, daß die Anschaffungskosten des Vermögensgegenstands auch den Wertansatz der Verbindlichkeit bestimmen, darf bei der Folgebewertung nicht ignoriert werden. Aus diesem Grundsatz ergeben sich folgende Regeln für den *Zeitraum* und die *Methode* der Abschreibung bzw. Auflösung der Positionen:

Werden der Vermögensgegenstand und die Verbindlichkeit mit dem Barwert der während der Grundmietzeit zu zahlenden Leasingraten bewertet, sind die Posten zwangsläufig auch über die *Grundmietzeit* abzuschreiben bzw. aufzulösen. Wäre der Auflösungszeitraum länger oder würde der Vermögensgegenstand über die (längere) wirtschaftliche Nutzungsdauer des Leasinggegenstands abgeschrieben und die Verbindlichkeit über die (kürzere) Grundmietzeit aufgelöst, wäre der in den einzelnen Perioden verrechnete Aufwand geringer als die Leasingrate. Ein anderer Abschreibungs-/Auflösungszeitraum könnte allerdings dann zweckmäßig sein, wenn nach der Grundmietzeit weitere Zahlungen vom Leasingnehmer zu leisten sind. Das ist z.B. der Fall, wenn Kauf- oder Mietverlängerungsoptionen ausgeübt werden. Die bilanzielle Behandlung dieser Optionen wird in einem späteren Abschnitt behandelt.

Hier zeigt sich ein erstes Problem der Leasingerlaß-Vorschriften: Da das Leasingobjekt über die betriebsgewöhnliche Nutzungsdauer abzuschreiben ist, ergibt sich zwangsläufig eine unzweckmäßige – weil zu geringe – Aufwandsverrechnung während der Perioden der Grundmietzeit.

Wird der Zinsaufwand nach der Barwertvergleichsmethode oder nach der Zinsstaffelmethode berechnet, ergibt sich ein degressiver Aufwandsverlauf. Folglich muß die Abschreibungsmethode entsprechend dem Verlauf der Leasingraten angepaßt werden. *Lineare Leasingraten* erfordern eine *progressive Abschreibung* des Vermögensgegenstands, *degressive Raten* eine *lineare oder degressive Abschreibung.* Die Abschreibung entspricht der Differenz zwischen der Leasingrate und dem Zinsaufwand und damit dem *Tilgungsanteil.* Der Vermögensgegenstand und die Verbindlichkeit stehen folglich auch in den Folgeperioden mit dem gleichen Wertansatz in der Bilanz.

Letzteres gilt nicht, wenn bei progressiven Leasingraten der Aufwand linear oder degressiv verteilt werden soll. In diesem Fall ist die Summe aus Abschreibungen und Zinsen in den ersten Jahren höher, danach niedriger als die Leasingrate. Die Abschreibung erfolgt entsprechend *degressiv* oder *linear*, wenn der Aufwand *degressiv* verlaufen soll, bzw. *progressiv*, wenn der Aufwand *linear* verrechnet werden soll.

---

[96] Vgl. *BMF* vom 19.04.1971, S. 4.

Das im vierten Kapitel angesprochene Problem, daß die Anwendung der Zinsstaffel- oder Barwertvergleichsmethode bei *Teilamortisationsverträgen* nicht zu sinnvollen Ergebnissen führt,[97] läßt sich dadurch lösen, daß die Schlußzahlung in die Summe der Leasingraten einbezogen wird. Damit ist sichergestellt, daß der vom Leasingnehmer insgesamt verrechnete Aufwand der Summe seiner Auszahlungen entspricht.

Bei linearen Leasingraten entspricht die Bilanzierung von Leasinggeschäften nach den Leasingerlassen bzw. nach den handelsrechtlichen Regelungen folglich auch im Hinblick auf die Abschreibungs- bzw. Auflösungs*methode* nicht der zweckmäßigen Methode, da eine progressive Abschreibung nicht vorgesehen ist. Da die Abschreibungen zudem immer unabhängig vom zu verrechnenden Zinsaufwand berechnet werden, kann sich der zweckmäßige Aufwandsverlauf auch bei degressiven und progressiven Raten nur zufällig ergeben.

Gegen diese Art der planmäßigen Abschreibung des Vermögensgegenstands könnte eingewendet werden, daß sie sich nicht am abnehmenden Nutzenpotential des Vermögensgegenstands orientiert und zu einer unzutreffenden Bewertung des Vermögensgegenstands bzw. Verteilung des Aufwands führt.[98] Letzteres gilt insbesondere für die progressive Abschreibung, die in der Literatur einstimmig abgelehnt wird.[99] Dieser Einwand ist aus mehreren Gründen unzutreffend: Wird die insbesondere bei der progressiven Abschreibung mögliche *Überbewertung* des Vermögensgegenstands kritisiert,[100] könnte dies erstens damit begründet werden, daß der zur Berechnung der Ausschüttungsbemessungsgrundlage verrechnete *Aufwand zu niedrig* ist. Daß das bei Leasinggeschäften nicht der Fall ist, wurde ausführlich begründet. Zweitens könnte sich die Kritik darauf beziehen, daß der in der *Bilanz angesetzte Wert* aus dem oben genannten Grund nicht zutreffend über den Wert des Vermögens informiert. Dieser Kritikpunkt betrifft wiederum ein Informationsproblem, genauer gesagt ein Problem der Gewinnermittlungsregeln, die der Informationsvermittlung dienen. Da eine Gewinnermittlungsregel nicht zwangsläufig die (Sub-)Zwecke der Ausschüttungsbemessung und der Informationsvermittlung gleichzeitig erfüllt, können Vorschriften zur Ausschüttungsbemessung nicht wegen des (vermeintlich) fehlenden Informationsgehalts der

---

97 Vgl. dazu Abschnitt 4.1.2.2.1.2.

98 Vgl. z.B. *ADS*, § 253, Tz. 342 f.; *Köhlertz*, Bilanzierung von Leasing, S. 150. In der Literatur wird der planmäßigen Abschreibung i.d.R. die Aufgabe der periodengerechten Gewinnermittlung zugeschrieben; vgl. *ADS*, § 253, Tz. 343, 358; *Döring/Karrenbauer*, § 253, Rn. 110; *Findeisen*, Eigentum des Leasinggebers, Rdnr. 19; *Köhlertz*, Bilanzierung von Leasing, S. 151. Das Problem liegt dabei darin, daß der Begriff „periodengerecht" nicht definiert wird, so daß die Beurteilung von Abschreibungsmethoden nach diesem Kriterium problematisch ist.

99 Vgl. z.B. *ADS*, § 253, Tz. 402.

100 Vgl. *Döring/Karrenbauer*, § 253, Rn. 125.

Wertansätze kritisiert werden. Wie zur Ermittlung eines informativen Gewinns bzw. zum Ansatz informativer Bilanzpositionen abzuschreiben ist, ist erst noch zu prüfen.[101]

Die Analyse im dritten Kapitel führte zu dem Ergebnis, daß Vermögensgegenstände und Schulden für die Ausschüttungsbemessung idealerweise mit den zukünftigen Ein- bzw. Auszahlungen bewertet werden müßten. Aufgrund der Probleme bei der Schätzung zukünftiger Cash Flows wurde die Annahme getroffen, daß die zukünftigen Einzahlungen den Auszahlungen entsprechen. Unter dieser Voraussetzung führt die Bewertung des Vermögensgegenstands und der Verbindlichkeit mit dem Barwert der Leasingraten, der sich aufgrund der beschriebenen Abschreibungsmethode ergibt, zur für die Ausschüttungsbemessung bestmöglichen Bewertung.

5.1.2.3.2.2.3 Außerplanmäßige Abschreibungen

Außerplanmäßige Abschreibungen dienen der Berücksichtigung von Wertminderungen, die nicht aufgrund der normalen Nutzung eines Vermögensgegenstands, sondern aufgrund außergewöhnlicher, nicht vorhersehbarer Ereignisse eintreten.[102] Wertminderungen können sich einerseits durch geringere Einzahlungen, andererseits durch höhere Auszahlungen als erwartet konkretisieren. Das Hauptproblem außerplanmäßiger Abschreibungen besteht in der Quantifizierung der Wertminderung, d.h. in der Bestimmung des beizulegenden Wertes.

Im Zusammenhang mit Leasinggeschäften liegt eine Wertminderung vor, wenn das Leasingobjekt nicht mehr genutzt werden kann, die Leasingraten aber weiterhin gezahlt werden müssen. In diesem Fall ist der gesamte Restaufwand zu verrechnen.[103] Für die „Aktivierungslösung" bedeutet das zum einen, daß der Vermögensgegenstand *auf null abzuschreiben* ist. Diese Aufwandsverrechnung reicht aber noch nicht aus, weil sich bei dieser Bilanzierungsvariante der in einer Periode zu verrechnende Aufwand durch die Summe aus Abschreibungen und Zinsen ergibt. Folglich ist zum anderen der *restliche Zinsaufwand* durch die Bildung einer Rückstellung für drohende Verluste aus schwebenden Geschäften zu verrechnen. Bei Zahlung der jeweiligen Leasingrate ist die Rückstellung in Höhe des Zinsanteils, die Verbindlichkeit in Höhe des Tilgungsanteils erfolgsneutral aufzulösen.

Problematischer ist die Bestimmung des außerplanmäßig zu verrechnenden Aufwands, wenn die Nutzungsmöglichkeit nur eingeschränkt, aber nicht unmöglich wird. In diesem Fall sind die noch zu erwartenden Einzahlungen zu schätzen.

---

[101] Vgl. dazu Abschnitt 5.2.2.3.1.2.2 zur Bilanzierung von Leasinggeschäften nach US-GAAP.
[102] Vgl. *Streim*, Grundzüge, S. 96.
[103] Vgl. Abschnitt 5.1.2.3.2.1.

Die Bemessung außerplanmäßiger Abschreibungen wird grundsätzlich anhand von *beizulegenden Werten* vorgenommen, die je nach der Art des Vermögensgegenstands vom Beschaffungs- oder Absatzmarkt abgeleitet werden.[104] Im Falle des Leasingobjektes ist ein Rückgriff auf den *Absatzmarkt* i.d.R. weder möglich noch zweckmäßig, weil der Leasingnehmer nicht das Recht zur Veräußerung des Leasinggegenstands hat. Aber auch der *Wiederbeschaffungswert* sagt nichts über die erwarteten Einzahlungen aus, weil dieser Wert *Markt*änderungen und nicht *Nutzungs*änderungen beim Leasingnehmer widerspiegelt. Der Leasingnehmer hat letztlich nur die Möglichkeit, die noch erwarteten Einzahlungen zu schätzen. Resultieren die Einzahlungsminderungen c.p. aus Änderungen der Nachfrage bzw. der Preise der mit dem Leasingobjekt hergestellten Güter, kann die Abschreibung z.B. nach der prozentualen Höhe dieser Preisänderung bestimmt werden. Ist die Nutzungsmöglichkeit aufgrund von Schäden am Leasingobjekt eingeschränkt, können die zur Reparatur erforderlichen Auszahlungen als Einzahlungsminderung betrachtet werden.

Diese außerplanmäßige Abschreibung hat zur Folge, daß der Vermögensgegenstand und die Verbindlichkeit nicht mehr in der gleichen Höhe in der Bilanz stehen. In den folgenden Perioden ändert sich dadurch zwar die Höhe der planmäßigen Abschreibungen, nicht aber die Höhe des Zinsaufwands. Folglich entspricht die planmäßige Abschreibung nicht mehr dem Tilgungsanteil, sondern ist entsprechend geringer.

5.1.2.4 Bilanzierung von Optionen

Die Bilanzierung von im Leasingvertrag vereinbarten Optionsrechten (Kaufoption, Mietverlängerungsoption, Andienungsrecht) ist ein in den Leasingerlassen gar nicht und in der Literatur nur wenig beachtetes Problem. Zu trennen sind grundsätzlich zwei Fragen:

1. Wie ist das *Optionsrecht* selbst zu bilanzieren?
2. Wie ist der bei Ausübung der Option zu zahlende *Kaufpreis* bzw. die *Anschlußmiete* zu behandeln?

Diese Fragestellungen resultieren aus der Tatsache, daß Optionsgeschäfte in zwei Teile zerfallen: das eigentliche *Optionsrecht*, d.h. das Recht, über den Abschluß eines Rechtsgeschäfts zu entscheiden, und das „*Hauptgeschäft*", d.h. das eigentliche Rechtsgeschäft, z.B. in der Form eines Kaufvertrags.[105]

In einem Leasingvertrag können zwei verschiedene Arten von Optionen vereinbart sein: Bei einer Kauf- oder Mietverlängerungsoption ist der Leasingnehmer der *Optionsberechtigte*, d.h. er darf über die Ausübung der Option entscheiden. Bei einem Andienungsrecht ist der

---

104 Vgl. *Döring/Karrenbauer*, § 253, Rn. 148 ff.; *Hoyos/Schramm/Ring*, § 253, Anm 288 ff.

Leasingnehmer der *Stillhalter*, d.h. er muß das Leasingobjekt kaufen, wenn der Leasinggeber den Kauf von ihm verlangt, hat aber seinerseits nicht das Recht zum Kauf, wenn dieser für ihn günstig wäre. Es handelt sich folglich um eine Verkaufsoption des Leasinggebers.

5.1.2.4.1 Bilanzierung des Optionsrechts

Nach geltendem Handelsrecht erfüllt ein Optionsrecht die Kriterien eines (immateriellen) *Vermögensgegenstands*: Es hat einen wirtschaftlichen Wert und ist (zumindest) abstrakt einzelverkehrsfähig.[106] Ein Bilanzansatz setzt aber die Zahlung einer Optionsprämie voraus, weil das Recht als immaterieller Anlagegegenstand nur bei *entgeltlichem* Erwerb aktiviert werden darf (§ 248 Abs. 2 HGB).

Da der Leasingnehmer für das im Zusammenhang mit einem Leasingvertrag vereinbarte Optionsrecht *keine Prämie* zahlt, scheitert die Aktivierung bereits an dieser Voraussetzung.[107] Der Leasingnehmer darf folglich beim Abschluß des Leasingvertrags nach geltendem Handelsrecht *keinen Aktivposten* für das Optionsrecht ansetzen.[108]

Allerdings ist damit noch nicht die Frage beantwortet, ob die Nichtbilanzierung des Optionsrechts zu Beginn der Grundmietzeit im Hinblick auf die Ausschüttungsbemessung zweckmäßig ist. Mit dem Optionsrecht erwirbt der Leasingnehmer die Möglichkeit zur Erzielung zukünftiger *Einzahlungen* durch die weitere Nutzung des Leasingobjektes. Diesen Einzahlungen stehen *Auszahlungen* in Form der Anschlußmiete oder des Kaufpreises gegenüber. Der Wert der Option besteht für den Leasingnehmer darin, daß er für die Weiternutzung einen geringeren Preis bezahlen muß als beim Abschluß eines Miet- oder Kaufvertrags mit einem Dritten zu Marktkonditionen. Der „Gewinn" des Leasingnehmers aus dem Optionsrecht ist folglich die am Ende der Grundmietzeit erzielbare Auszahlungsersparnis bzw. die daraus resultierende größere Differenz zwischen Ein- und Auszahlungen.[109] Die Differenz

---

105 Vgl. auch *Dreissig*, Behandlung von Optionen, S. 1513, 1516; *Jutz*, Finanzinnovationen, Rn. 805.

106 Vgl. *Dreissig*, Behandlung von Optionen, S. 1511; *Ellrott/Schmidt-Wendt*, § 255, Anm 74; *IDW*, BFA 2/1995, S. 97.

107 Vgl. *Glasel*, Leasing, Rz 142.

108 In der Literatur wird dieses Ergebnis z.T. damit begründet, daß das Optionsrecht ein schwebendes Geschäft sei; vgl. z.B. *Breker*, Optionsrechte, S. 59 f.; *Köhlertz*, Bilanzierung von Leasing, S. 133. Diese Begründung ist nicht überzeugend, weil ein zweiseitig verpflichtender, auf den Austausch von Leistungen gerichteter Vertrag zu Beginn der Grundmietzeit nicht vorliegt. Der Leasingnehmer hat zwar das *Recht*, eine Leistung zu verlangen, nicht aber grundsätzlich die *Pflicht*, eine Leistung zu erbringen. Diese Leistungspflicht entsteht erst beim Abschluß des Hauptgeschäfts und ist dann die Gegenleistung für den Eigentumserwerb bzw. die weitere Nutzung des Vermögensgegenstands. Die Option selbst würde daher nur zum Ansatz eines Aktivpostens (eines Rechts), jedoch nicht zum Ansatz eines Passivpostens in gleicher Höhe führen.

109 Vgl. auch *IDW*, Gutachten, S. 196.

zwischen dem *Marktpreis* und dem vereinbarten sog. *Basispreis* (vereinbarter Kaufpreis bzw. Anschlußmiete) wird als *innerer Wert* der Option bezeichnet.[110]

Im „Normalfall" zahlt der Optionsberechtigte für die Möglichkeit, durch die Ausübung der Option Gewinne zu erzielen, die *Optionsprämie*. Der Gesamtgewinn aus dem Optionsgeschäft besteht für ihn daher aus dem inneren Wert abzüglich der Optionsprämie (*Zeitwert* der Option).[111] Für die Bilanzierung dieser Prämie sind grundsätzlich zwei Möglichkeiten denkbar, nämlich die erfolgsneutrale Verbuchung durch Aktivierung eines Vermögensgegenstands sowie die Aufwandsverrechnung bei Zahlung.

Die *sofortige Aufwandsverrechnung* würde einerseits der Tatsache Rechnung tragen, daß die Optionsprämie unabhängig von der Ausübung der Option gezahlt werden muß, so daß der Optionsberechtigte bei Nicht-Ausübung einen Verlust in Höhe der Prämie realisiert. Andererseits ist mit dem Optionsrecht insofern ein *Einzahlungspotential* verbunden, als der Optionsberechtigte die Möglichkeit hat, die Option vor der Ausübung zu veräußern und dadurch Einzahlungen zu erzielen. Nach der in dieser Arbeit vorgeschlagenen Definition ist das Optionsrecht folglich ein *Vermögensgegenstand*, der bei Abschluß des Vertrags zu seinen Anschaffungskosten zu aktivieren ist.[112]

Daraus folgt, daß *unentgeltlich erworbene* Optionen zu ihren Anschaffungskosten in Höhe von null angesetzt werden müßten. Jeder höhere Wert würde eine ertragswirksame Verbuchung erfordern, die eine Ausschüttung von Gewinnen ermöglichen würde, die erst bzw. nur bei Ausübung der Option realisiert werden. Dieser Gewinn resultiert aus dem Hauptgeschäft, dessen bilanzielle Behandlung im folgenden Abschnitt diskutiert wird. Da ein Wertansatz in Höhe von null keinen Einfluß auf die Ausschüttungsbemessung hat, kann die Aktivierung des Optionsrechts im Hinblick auf diesen Zweck *unterbleiben*.

Ein anderer Fall liegt vor, wenn im Leasingvertrag ein *Andienungsrecht* für den Leasinggeber vereinbart ist.[113] Nach h.M. im Schrifttum ist eine erhaltene Optionsprämie vom Stillhalter als „Sonstige Verbindlichkeit" zu passivieren.[114] Neben dieser erfolgsneutralen Behandlung besteht die Möglichkeit, die Optionsprämie bei Zahlung ertragswirksam zu vereinnahmen.

Gegen eine sofortige ertragswirksame Verrechnung spricht zunächst, daß der Stillhalter die Optionsprämie dafür erhält, daß er sich auf ein Geschäft einläßt, welches für ihn eventuell

110 Vgl. *Breker*, Optionsrechte, S. 36 f.; *Dreissig*, Behandlung von Optionen, S. 1513; *Jutz*, Finanzinnovationen, Rn. 805.

111 Vgl. *Dreissig*, Behandlung von Optionen, S. 1513; *Jutz*, Finanzinnovationen, Rn. 805.

112 Zu diesem Ergebnis kommt auch das *IDW*; vgl. *IDW*, Gutachten, S. 196.

113 Auch das Andienungsrecht bzw. die Verkaufsoption ist kein schwebendes Geschäft. Der Stillhalter hat eine Verpflichtung zum Verkauf, wenn der Optionsberechtigte die Option ausübt, aber kein Recht zum Kauf des Basisobjektes. Für den Stillhalter würde damit beim Abschluß des Vertrags nur ein Passivposten in Höhe der erhaltenen Optionsprämie, aber kein Aktivposten entstehen.

mit einem Verlust verbunden ist, auch wenn dieser Verlust nach den Erwartungen des Stillhalters beim Abschluß des Geschäfts unwahrscheinlich ist. Der Optionsberechtigte wird das Andienungsrecht ausüben, wenn der vereinbarte Basispreis höher als der künftige Marktpreis für das Objekt ist. Für den Stillhalter wird die Ausübung des Andienungsrechts daher mit einem Verlust (oder einem entgangenen höheren Gewinn) verbunden sein; der innere Wert ist bei der Ausübung i.d.R. negativ.

Dieser Verlust resultiert aber letztlich nicht aus dem Optionsrecht, sondern aus dem Hauptgeschäft. Die Optionsprämie ist für den Stillhalter unabhängig von der Ausübung der Option eine Einzahlung, der keine zukünftigen Auszahlungen gegenüber stehen. Es spricht daher nichts gegen eine *sofortige ertragswirksame Vereinnahmung* der Optionsprämie beim Stillhalter.

Dieses Ergebnis ist zunächst erstaunlich, resultiert aber aus einer klaren Trennung zwischen Optionsrecht und Hauptgeschäft. Der Verlust, welcher aus der Option für den Stillhalter möglicherweise resultiert, muß durch eine entsprechende Bilanzierung des Hauptgeschäfts berücksichtigt werden. Daraus folgt auch, daß für ein im Leasingvertrag vereinbartes, unentgeltliches Andienungsrecht *kein Passivposten* anzusetzen ist. Diese Passivierung müßte aufwandswirksam erfolgen, obwohl eine Aufwandsverrechnung für das Optionsrecht nicht erforderlich ist.

5.1.2.4.2 Bilanzierung des Hauptgeschäfts

Das mit der im Leasingvertrag vereinbarten Option verbundene Hauptgeschäft besteht im Abschluß eines Kauf- oder Mietvertrags. Grundsätzlich kommt dieser Vertrag erst durch die Ausübung der Option, d.h. nach Ablauf der Grundmietzeit, zustande. Während der Grundmietzeit liegt *kein* Rechtsgeschäft und damit auch *kein* schwebendes Geschäft vor.[115] Allerdings findet sich in der Literatur die Auffassung, daß die Einräumung einer Option durch den Stillhalter als *Angebot* zum Abschluß des Hauptgeschäfts verstanden werden kann und daß das verbindliche Angebot bereits zur Einleitung eines schwebenden Geschäfts führt.[116] Die bilanziellen Konsequenzen dieser Annahme sind grundsätzlich die gleichen wie bei der Annahme, daß kein Rechtsgeschäft vorliegt, weil in beiden Fällen das Geschäft nicht bilanziert wird. Unterschiede könnten sich zwar ergeben, wenn aus dem Geschäft ein Verlust droht, denn nur wenn ein schwebendes Geschäft vorliegt, ist der Verlust durch eine Drohverlustrückstellung zu antizipieren. Da der Leasingnehmer aber selbst entscheiden kann, ob er die Option ausübt, kann ein Verlust nicht eintreten. Bei einer ungünstigen Entwicklung des

---

114 Vgl. *IDW*, BFA 2/1995, S. 97; *Förschle*, § 246, Anm 101; *Jutz*, Finanzinnovationen, Rn. 807.
115 A.A. *ADS*, § 246, Tz. 373.

Marktpreises im Verhältnis zum vereinbarten Kaufpreis bzw. zur Anschlußmiete wird er das Leasingobjekt an den Leasinggeber zurückgeben.

Nach geltendem Recht wird folglich auch das Hauptgeschäft zu Beginn der Grundmietzeit *nicht bilanziert.* Es stellt sich wiederum die Frage, ob diese Vorgehensweise im Hinblick auf die Ausschüttungsbemessung zweckmäßig ist.

Für die Bilanzierung des Hauptgeschäfts zu Beginn der Grundmietzeit sind grundsätzlich zwei Möglichkeiten denkbar:

1. Der Kaufpreis bzw. die Anschlußmieten werden zu Beginn der Grundmietzeit bilanziell *nicht berücksichtigt* (= geltendes Handelsrecht).
2. Der Kaufpreis bzw. die Anschlußmieten werden zu Beginn der Grundmietzeit *in den Wertansatz* des Vermögensgegenstands und der Verbindlichkeit *einbezogen* bzw. *als eigenständige Positionen bilanziert*, wenn keine Bilanzposten für das Leasinggeschäft angesetzt werden. Diese Lösung setzt voraus, daß aus dem Hauptgeschäft ein Vermögensgegenstand und eine Schuld resultieren.

Die sofortige Aufwandsverrechnung als dritte Möglichkeit soll hier nicht weiter diskutiert werden, weil diese Bilanzierungsmethode bereits für die Leasingraten abgelehnt wurde.[117] Auf die bei der Ausübung des Optionsrechts anfallenden Zahlungen trifft die gleiche Begründung zu.

Letztlich gilt für das Hauptgeschäft die gleiche Argumentation wie für den Leasingvertrag: Durch den Abschluß des Kauf- bzw. Mietvertrags erwirbt der Leasingnehmer ein *Einzahlungspotential*, das als *Vermögensgegenstand* zu aktivieren ist. Für diesen Vermögensgegenstand sind *Auszahlungen* zu leisten, die eine *Verbindlichkeit* begründen, sofern sie – im Fall eines Kaufvertrags – nicht sofort geleistet werden. Allerdings ist fraglich, ob diese Zahlungspotentiale bei Abschluß des Leasingvertrags bereits entstanden sind, d.h. *zu welchem Zeitpunkt* der Bilanzansatz zu erfolgen hat. Diese Frage kann hier aus folgenden Gründen offen bleiben:

Bei erstmaliger Verbuchung ändert sich der Gewinn bei beiden Varianten nicht. Die Bilanzierung im Fall 2 ist erfolgsneutral und hat damit auf den Gewinn ebenso keine Wirkung wie die Nicht-Bilanzierung im Fall 1. Auch während der Grundmietzeit ändert sich der Gewinn in beiden Fällen nicht, wenn sichergestellt ist, daß weiterhin nur Aufwand in Höhe der Leasingrate verrechnet wird. Eine höhere Aufwandsverrechnung, d.h. eine Vorverrechnung des Aufwands, der erst nach Ablauf der Grundmietzeit anfällt, führt zu einem übertriebenen

116 Vgl. *Breker*, Optionsrechte, S. 54.

Gläubigerschutz zu Lasten der Gesellschafter, sofern man die Annahme akzeptiert, daß der Kaufpreis bzw. die Anschlußmiete durch die nach der Ausübung der Option anfallenden Einzahlungen gedeckt sind. Diese Annahme ist in diesem Zusammenhang mit großer Wahrscheinlichkeit zutreffend, weil der Leasingnehmer die Option nur dann ausübt, wenn das Geschäft für ihn mit einem Gewinn verbunden ist. Das einzige Risiko besteht darin, daß sich nach der Ausübung des Optionsrechts herausstellt, daß die Erwartungen des Leasingnehmers falsch waren oder sich die Verhältnisse geändert haben, so daß die Einzahlungen die Auszahlungen nicht decken.

Daraus folgt, daß sich der zweckmäßige Aufwandsverlauf während der Grundmietzeit durch vereinbarte Optionsrechte *nicht ändert*. Werden ein Vermögensgegenstand und eine Verbindlichkeit für den Leasingvertrag bilanziert und wird der Basispreis in die Wertansätze einbezogen, müssen folglich die Abschreibungsdauer und -höhe entsprechend angepaßt werden. Der Vermögensgegenstand und die Verbindlichkeit müssen nicht nur über die Grundmietzeit, sondern über die *gesamte Nutzungsdauer* abgeschrieben bzw. aufgelöst werden. Bei einer Mietverlängerungsoption setzt sich die Nutzungsdauer aus der Grundmietzeit und dem Verlängerungszeitraum zusammen; bei einer Kaufoption ist die zum Kaufzeitpunkt voraussichtlich noch verbleibende Restnutzungsdauer zu addieren. Hinsichtlich der Abschreibungs-/Auflösungshöhe ist darauf zu achten, daß bei degressiver bzw. progressiver Abschreibung der Abschreibungssatz entsprechend angepaßt wird. Wird das Leasinggeschäft nicht in der Bilanz berücksichtigt, dürfen die für den Kauf- bzw. Mietvertrag angesetzten Positionen bis zur Ausübung der Option nicht erfolgswirksam aufgelöst werden.

Die Frage, ob diese erfolgsneutrale Bilanzierung des Hauptgeschäfts durch Nicht-Bilanzierung (Fall 1) oder durch Aktivierung und Passivierung in gleicher Höhe (Fall 2) erfolgen soll, ist wiederum keine Frage der Gewinnermittlung, sondern der Informationsvermittlung. Werden der Kaufpreis bzw. die Anschlußmiete in den Wertansatz des Vermögensgegenstands und der Verbindlichkeit einbezogen, stehen die beiden Positionen am Ende der Grundmietzeit zwar noch in der Bilanz. Wird dann auf eine Ausübung der Option verzichtet, können die beiden Positionen erfolgsneutral ausgebucht werden. Folglich resultieren auch aus diesem Fall keine Gewinnwirkungen.

Für die Ausschüttungsbemessung ist es daher *irrelevant*, ob das Hauptgeschäft schon beim Abschluß des Leasingvertrags oder erst bei Ausübung der Option bilanziell berücksichtigt wird. Erfolgt die Bilanzierung erst zum Zeitpunkt der Optionsausübung, ist bei einer Kaufoption der Kaufpreis zu aktivieren, entweder als Anschaffungskosten eines neu erworbenen

---

[117] Vgl. Abschnitt 5.1.2.3.1.

Vermögensgegenstands, wenn während der Grundmietzeit kein Vermögensgegenstand aktiviert wurde, oder als nachträgliche Anschaffungskosten eines bereits aktivierten Vermögensgegenstands. Der Vermögensgegenstand ist über die voraussichtliche Restnutzungsdauer abzuschreiben. Bei einer Mietverlängerungsoption sind die Anschlußmieten wie die während der Grundmietzeit gezahlten Leasingraten zu behandeln, d.h. es ist grundsätzlich Aufwand in Höhe der gezahlten Miete zu verrechnen. Ob dazu erneut ein Vermögensgegenstand aktiviert und gleichzeitig eine Verbindlichkeit passiviert wird oder nicht, ist für die Ausschüttungsbemessung nicht entscheidend. Wurden bereits zu Beginn der Grundmietzeit ein Vermögensgegenstand und eine Verbindlichkeit angesetzt, sind diese Positionen ab dem Zeitpunkt der Optionsausübung entsprechend aufzulösen. Folgendes Beispiel verdeutlicht die bilanziellen Konsequenzen der beiden Möglichkeiten für den Fall einer Mietverlängerungsoption:

Angenommen wird ein Leasingvertrag mit einer unkündbaren Grundmietzeit von fünf Jahren. Die Nutzungsdauer des Leasingobjektes beträgt acht Jahre. Die während der Grundmietzeit (nachschüssig) zu zahlenden Leasingraten betragen jährlich 100 GE. Die Anschaffungskosten des Leasinggegenstands belaufen sich auf 400 GE. Nach Ablauf der Grundmietzeit hat der Leasingnehmer die Option, das Leasingobjekt für weitere drei Jahre für eine Miete von jährlich 15 GE zu mieten. Die folgende Tabelle zeigt zunächst die Bilanzierung des Leasingobjektes bei Aktivierung eines Vermögensgegenstands und Passivierung einer Verbindlichkeit in Höhe der Anschaffungskosten *ohne* Berücksichtigung der Option. Der Barwertberechnung liegt der interne Zinsfuß in Höhe von 7,9 %[118] zugrunde. Für eine zweckmäßige Aufwandsverrechnung ist in jeder Periode Aufwand in Höhe von 100 GE zu verrechnen. Die Abschreibung (und der Tilgungsanteil) der Periode berechnen sich daher als Differenz zwischen diesem Aufwand und dem Zinsaufwand (= 7,9 % des Barwertes am Ende der Vorperiode):

Periode	**Leasing-raten**	**Leasing-objekt**	**Verbind-lichkeit**	**Tilgung**	**Zins-aufwand**	**Abschrei-bungen**	**Aufwand gesamt**
0		400,00	400,00				
1	100,00	331,72	331,72	68,28	31,72	68,28	100,00
2	100,00	258,03	258,03	73,69	26,31	73,69	100,00
3	100,00	178,50	178,50	79,54	20,46	79,54	100,00
4	100,00	92,65	92,65	85,84	14,16	85,84	100,00
5	100,00	0,00	0,00	92,65	7,35	92,65	100,00
Summe	*500,00*			*400,00*	*100,00*	*400,00*	*500,00*

Wird die Option nicht ausgeübt, hat das Leasinggeschäft keine weiteren bilanziellen Konzequenzen. Bei Ausübung der Option ergeben sich folgende Konsequenzen:

118 $100 \cdot \frac{q^5 - 1}{i \cdot q^5} = 400$.

Periode	Anschl.-miete	Leasing-objekt	Verbind-lichkeit	Tilgung	Zins-aufwand	Abschrei-bungen	Aufwand gesamt
5		45,00	45,00				
6	15,00	30,00	30,00	15,00	0,00	15,00	15,00
7	15,00	15,00	15,00	15,00	0,00	15,00	15,00
8	15,00	0,00	0,00	15,00	0,00	15,00	15,00
Summe	*45,00*			*45,00*	*0,00*	*45,00*	*45,00*

Wird der Anschlußmietvertrag bereits zu Beginn der Grundmietzeit bilanziell berücksichtigt, ist für den Fall der (Nicht-)Ausübung der Option folgendermaßen zu bilanzieren:

Periode	Leasing-raten	Leasing-objekt	Verbind-lichkeit	Tilgung	Zins-aufwand	Abschrei-bungen	Aufwand gesamt
0		445,00	445,00				
1	100,00	376,72	376,72	68,28	31,72	68,28	100,00
2	100,00	303,03	303,03	73,69	26,31	73,69	100,00
3	100,00	223,50	223,50	79,54	20,46	79,54	100,00
4	100,00	137,65	137,65	85,84	14,16	85,84	100,00
5	100,00	45,00	45,00	92,65	7,35	92,65	100,00
Summe	*500,00*			*400,00*	*100,00*	*400,00*	*500,00*

	Option wird ausgeübt					Option wird nicht ausgeübt				
Periode	Leasing-objekt	Verbind-lichkeit	Tilgung	Abschrei-bungen	Aufwand gesamt	Leasing-objekt	Verbind-lichkeit	Tilgung	Abschrei-bungen	Aufwand gesamt
5	45,00	45,00				45,00	45,00			
6	30,00	30,00	15,00	15,00	15,00	0,00	0,00	0,00	0,00	0,00
7	15,00	15,00	15,00	15,00	15,00	0,00	0,00	0,00	0,00	0,00
8	0,00	0,00	15,00	15,00	15,00	0,00	0,00	0,00	0,00	0,00
Summe			*45,00*	*45,00*	*45,00*			*0,00*	*0,00*	*0,00*

Voraussetzung dafür, daß das Leasingobjekt sowie die Verbindlichkeit am Ende der Grundmietzeit in Höhe des Kaufpreises bzw. in Höhe der Anschlußmiete in der Bilanz stehen, ist, daß diese Zahlungen bei der Berechnung des internen Zinsfußes nicht berücksichtigt werden, d.h. der Berechnung des Zinssatzes sind in jedem Fall nur die Anschaffungskosten zugrunde zu legen.[119] Der Zinsaufwand der Periode berechnet sich dann wie im Fall der Nicht-Berücksichtigung der Option zu Beginn der Grundmietzeit.

---

[119] Welche Konsequenzen eine Änderung des Zinssatzes hätte, zeigt das Beispiel zur Bilanzierung von Optionsrechten nach US-GAAP; vgl. dazu Abschnitt 5.2.2.4.2.

Für ein im Leasingvertrag vereinbartes *Andienungsrecht* gelten grundsätzlich die gleichen Überlegungen, wobei allerdings zu prüfen ist, ob die Annahme, daß die durch die Weiternutzung des Leasinggegenstands erzielbaren Einzahlungen die dafür zu leistenden Auszahlungen decken, weiterhin plausibel ist. Der Leasinggeber wird sein Andienungsrecht dann ausüben, wenn der Preis, zu dem er den Gegenstand an Dritte verkaufen könnte, niedriger als der Andienungspreis ist. Dieser Marktpreis steht aber in keinem Zusammenhang mit den Einzahlungen, die der Leasingnehmer mit der Nutzung erwirtschaften kann. Das Verhältnis zwischen Marktpreis und Andienungspreis gibt dem Leasingnehmer zwar Aufschluß über eine mögliche Options*ausübung* durch den Leasinggeber, jedoch nicht über die *Höhe* eines in diesem Fall möglicherweise entstehenden Verlustes.

Ob ein Verlust eintritt, hängt von der ursprünglichen Kalkulation des Leasingnehmers ab: Geht der Leasingnehmer von Anfang an davon aus, daß der Leasinggeber das Andienungsrecht ausübt, wird er den Vertrag nur abschließen, wenn er Einzahlungen erwartet, die nicht nur die Leasingraten, sondern auch den Andienungspreis decken. In diesem Fall resultiert aus dem erzwungenen Kauf kein Verlust. Hat der Leasingnehmer die Optionsausübung nicht in seine Kalkulation einbezogen, ist von entsprechend geringeren Einzahlungen auszugehen, so daß der Kaufpreis nicht mehr durch zukünftige Einzahlungen gedeckt ist. Dieser Verlust ist bereits während der Grundmietzeit bilanziell zu berücksichtigen, weil sonst Mittel ausgeschüttet würden, die für die Befriedigung von Ansprüchen aus dem Leasinggeschäft noch benötigt werden. Tritt der Verlust nicht ein, kann die Ausschüttung erfolgen, so daß die Gesellschafter lediglich einen Zinsverlust erleiden, während die Gläubiger im anderen Fall endgültig auf die Erfüllung ihrer Forderungen verzichten müßten.

Allerdings ist der Verlust nur dann vorwegzunehmen, wenn er auch wirklich droht. An jedem Bilanzstichtag ist zu überprüfen, ob der Marktpreis zu diesem Zeitpunkt niedriger als der vereinbarte Kaufpreis bzw. der Barwert der Anschlußmiete ist.[120] Eine grundsätzliche Aufwandsverrechnung zu Beginn der Grundmietzeit wäre übertriebener Gläubigerschutz.

[120] Der Vergleich des Marktpreises am Bilanzstichtag mit dem Basispreis ist wiederum nur eine second best-Lösung, die wegen des Problems der Prognose zukünftiger Cash Flows angewendet werden muß. Die eigentlich relevanten Werte sind die zum Zeitpunkt der möglichen Ausübung geltenden Preise.

5.1.3 Leasinggeschäfte in der Bilanz des Leasinggebers

5.1.3.1 Die Zweckmäßigkeit der Zurechnungskriterien

5.1.3.1.1 Leasingverträge als Vermögensgegenstände und Schulden

Für den Leasinggeber resultieren aus dem Leasingvertrag Ansprüche auf den Erhalt der Leasingraten und Verpflichtungen, die im wesentlichen darin bestehen, dem Leasingnehmer die Nutzung des Leasinggegenstands zu überlassen. Der Leasinggeber bleibt rechtlicher Eigentümer des Leasingobjektes. Zu prüfen ist, ob diese Rechte und Pflichten zum Ansatz von Vermögensgegenständen und/oder Schulden führen (sollten).

Das *Leasingobjekt* ist für den Leasinggeber ein wirtschaftliches Gut, das zumindest abstrakt, im Regelfall aber auch konkret einzelveräußerbar ist (analog § 571 BGB). Die Kriterien für das Vorliegen eines *Vermögensgegenstands* sind damit erfüllt.[121]

Auch der *Anspruch auf die Leasingraten* ist ein sowohl abstrakt als auch konkret einzelveräußerbares wirtschaftliches Gut. Der Verkauf der Leasingforderung (Forfaitierung) ist eine häufig durchgeführte Transaktion. Folglich müßte auch dieser Anspruch als *Vermögensgegenstand* in der Form einer Forderung gegenüber dem Leasingnehmer aktiviert werden.

Eine *Verbindlichkeit* ist nach geltendem Handelsrecht vom Leasinggeber zu passivieren, wenn folgende Kriterien erfüllt sind:

1. Eine *erzwingbare Leistung* liegt vor, weil der Leasinggeber vertraglich dazu verpflichtet ist, dem Leasingnehmer die Nutzungsmöglichkeit am Leasingobjekt zu verschaffen.
2. Die Höhe der Verpflichtung (*Quantifizierbarkeit*) ist beim Leasinggeber schwieriger feststellbar als beim Leasingnehmer, weil keine Geld-, sondern eine Sachleistungsverpflichtung vorliegt. Eine Bewertung der Verpflichtung ist aber grundsätzlich möglich; sie läßt sich z.B. aus der Kalkulation der Leasingraten ableiten.
3. Das Kriterium der *wirtschaftlichen Belastung* ist beim Leasinggeber i.d.R. nicht erfüllt, weil der Leasinggeber seine Leistung vor oder gleichzeitig mit dem Leasingnehmer erbringt.[122] Nach h.M. ist bei zweiseitig verpflichtenden Verträgen eine Verbindlichkeit erst dann zu passivieren, wenn die Gegenleistung erbracht ist.[123]

Nach geltendem Handelsrecht muß die Bilanz des Leasinggebers nach Abschluß des Leasingvertrags folglich *zwei Vermögensgegenstände* enthalten: das Leasingobjekt selbst sowie eine Forderung gegenüber dem Leasingnehmer. Die Leasingerlasse sowie die

---

[121] Vgl. auch *Baetge/Ballwieser*, Ansatz von Leasingobjekten, S. 9.

[122] Die Frage, wann der Leasinggeber seine Pflichten erfüllt hat, wird im Zusammenhang mit der Analyse des Gewinnrealisationszeitpunktes diskutiert; vgl. dazu Abschnitt 5.1.3.3.1.

[123] Vgl. *Reinhard*, § 247, Rz. 115.

Bilanzierungsvorschläge im Schrifttum sehen allerdings immer nur den Ansatz *eines* dieser Vermögensgegenstände vor. Dafür können folgende Gründe vorliegen:

- Es wird angenommen, daß dem Anspruch auf die Leasingraten eine Verpflichtung in gleicher Höhe gegenübersteht. Da die Kriterien für die Passivierung einer Verbindlichkeit nicht erfüllt sind, wird auch die Forderung gegenüber dem Leasingnehmer nicht aktiviert, obwohl die Ansatzkriterien erfüllt sind. In diesem Fall wird nur das Leasingobjekt als Vermögensgegenstand angesetzt.
- Die Nicht-Aktivierung des Leasingobjektes beruht auf der Zurechnung des wirtschaftlichen Eigentums zum Leasingnehmer, so daß nur die Forderung gegenüber dem Leasingnehmer angesetzt wird.

Die Prüfung der für die Ausschüttungsbemessung zweckmäßigen Ansatzkriterien führt zu folgendem Ergebnis: Der Leasinggeber erwirbt mit dem Kauf des Leasinggegenstands ein *Potential*, mit dem er (unsichere) *Einzahlungen* durch die Nutzung und durch die Veräußerung erwirtschaften kann. Durch den Abschluß des Leasingvertrags konkretisiert sich das Einzahlungspotential, weil die Einzahlungen, die aus der Nutzung (= Vermietung) resultieren, vertraglich vereinbart und damit „abgesichert" werden. Der Leasinggeber verfügt mit dem Leasinggegenstand folglich über einen Vermögensgegenstand im Sinne eines Einzahlungspotentials, das sich aufspalten läßt in den Zahlungsstrom während der Grundmietzeit, der nur noch geringen Risiken unterliegt (Ansprüche aus dem Leasingvertrag), und die unsicheren Einzahlungen am Ende der Grundmietzeit (Möglichkeit zur Verwertung des Leasingobjektes).

Die Ansatzkriterien nach geltendem Handelsrecht sowie die zweckmäßigen Ansatzkriterien führen folglich auf den ersten Blick zu unterschiedlichen Ergebnissen. Während der Leasinggeber nach HGB *zwei* Vermögensgegenstände aktivieren muß, liegt nach dem Kriterium des Vorhandenseins eines Einzahlungspotentials nur *ein* Vermögensgegenstand vor. Dieser Widerspruch läßt sich auflösen, wenn man die beiden Bestandteile des erzielbaren Zahlungsstroms betrachtet: Der durch den Leasingvertrag konkretisierte Teil des Zahlungsstroms entspricht der *Forderung* gegenüber dem Leasingnehmer, während der unsichere Teil des Zahlungsstroms dem am Ende der Grundmietzeit aus dem rechtlichen Eigentum am *Leasingobjekt* realisierbaren Verwertungserlös entspricht. Die beiden nach geltendem Handelsrecht anzusetzenden Vermögensgegenstände entsprechen demnach in der Summe dem Einzahlungspotential des Leasinggebers. Der aus den Leasingerlassen folgende Ansatz von nur einem Vermögensgegenstand könnte daher zweckmäßig sein, wenn er dem so definierten Einzahlungspotential entspricht. Dient die Bilanz ausschließlich der Ausschüttungsbemessung, ist die Zusammenfassung der beiden Vermögensgegenstände in einer Position unproblematisch.

Auszahlungen sind vom Leasinggeber in erster Linie für die Anschaffung des Leasingobjektes zu leisten. Diese Auszahlungen begründen eine Verbindlichkeit gegenüber dem Verkäufer, sofern sie nicht sofort geleistet werden. *Zukünftige* Auszahlungen fallen beim Leasinggeber dagegen i.d.R. nicht an, weil er mit der Anschaffung und Übergabe des Leasingobjektes an den Leasingnehmer seine Pflichten im wesentlichen erfüllt hat.[124] Eine Verbindlichkeit gegenüber Dritten liegt nicht mehr vor. Auszahlungen können allerdings im Zusammenhang mit der Abwicklung und Verwaltung des Leasinggeschäfts während der Grundmietzeit anfallen. Die bilanzielle Behandlung dieser Ausgaben wird im Rahmen der Diskussion um den Realisationszeitpunkt geklärt.[125]

5.1.3.1.2 Das Kriterium des wirtschaftlichen Eigentums

Der beim Leasinggeber nach den steuerrechtlichen Vorschriften anzusetzende Vermögensgegenstand wird in einigen Fällen als „Leasingobjekt", in anderen Fällen als „Forderung gegenüber dem Leasingnehmer" bezeichnet. Zur Unterscheidung dieser „Fälle" wird auch beim Leasinggeber das Zurechnungskriterium „wirtschaftliches Eigentum" herangezogen. Diese Unterscheidung ist zum einen ein Problem der *Informationsvermittlung*, weil der in beiden Fällen anzusetzende Aktivposten unterschiedlich ausgewiesen wird. Zum anderen hat diese Differenzierung auf den ersten Blick auch Auswirkungen auf den *Gewinn*, weil im ersten Fall Ertrag aus den Leasingraten und Abschreibungsaufwand, im zweiten Fall Zinsertrag verrechnet wird. Allerdings wird der Gewinn in jedem Fall über die Grundmietzeit *verteilt* und nicht sofort bei Vertragsabschluß (vollständig) realisiert, so daß keine grundsätzlich unterschiedliche Bilanzierung vorgesehen ist. Den Leasingerlassen scheint demnach die Vorstellung zugrunde zu liegen, daß das Kriterium des wirtschaftlichen Eigentums in erster Linie als Informationsregel benötigt wird, um über den Ausweis des Vermögensgegenstands als „Leasingobjekt" oder als „Forderung" zu entscheiden.

Wenn das Kriterium des wirtschaftlichen Eigentums eine für die Ausschüttungsbemessung zweckmäßige *Gewinnermittlungsregel* sein soll, müßten folgende Merkmale über das Vorliegen eines Einzahlungspotentials beim Leasinggeber entscheiden:[126]

---

124 Das gilt auch dann, wenn man annimmt, daß der Leasinggeber seine Pflichten über die Vertragsdauer verteilt erfüllt, weil er zur Nutzungsüberlassung verpflichtet ist. Denn die Nutzungsüberlassung verursacht nach der Anschaffung/Herstellung des Leasingobjektes keine weiteren Auszahlungen mehr (Ausnahme: Verwaltungskosten).

125 Vgl. dazu Abschnitt 5.1.3.3.1.

126 Vgl. zur Konkretisierung des wirtschaftlichen Eigentums für Leasinggeschäfte die Abschnitte 4.1.2.1 (Leasingerlasse) und 5.1.2.1.2.2 (handelsrechtliches Schrifttum).

- das rechtliche Eigentum bzw. das Verwertungsrecht;
- die Zugehörigkeit des Leasingobjektes zum Schuldendeckungspotential des Leasinggebers;
- die Möglichkeit des Leasinggebers, über „Substanz und Ertrag" aus dem Leasingobjekt zu verfügen;
- die Möglichkeit des Leasinggebers, Wertsteigerungen zu realisieren;
- das Risiko des Leasinggebers, Wertminderungen zu realisieren;
- der Wert des Herausgabeanspruchs am Ende der Grundmietzeit;
- die Art des Leasingobjektes bei Spezialleasing.

Auch für den Leasinggeber verursacht der Abschluß des Leasingvertrags eine Einschränkung der mit dem juristischen Eigentum verbundenen Rechte. Der Leasinggeber verfügt zwar weiterhin über das Verwertungsrecht, überträgt aber das Nutzungsrecht auf den Leasingnehmer. Wie beim Leasingnehmer kann diese Einschränkung der Rechte zwar zum einen für die *Bewertung* relevant sein, zum anderen zusätzliche *Informationsregeln* erfordern, jedoch *nicht* über den *Ansatz* bzw. Nicht-Ansatz entscheiden.

Das *Verwertungsrecht* ist kein geeignetes Kriterium zur Unterscheidung zwischen verschiedenen Arten von Leasingverträgen, weil dieses Recht dem Leasinggeber bei jedem Leasingobjekt zusteht. Wie hoch die bei einer Verwertung erzielbaren Einzahlungen sind, ist allein eine Frage der Bewertung. Der *Wert des Herausgabeanspuchs* kann damit ebensowenig ein Kriterium für die Differenzierung zwischen verschiedenen Arten von Leasingverträgen wie die *Länge der Grundmietzeit* sein.

Für die Irrelevanz der anderen Kriterien gelten die für den Leasingnehmer erläuterten Gründe analog:

- Zum *Schuldendeckungspotential* des Leasinggebers gehört das Leasingobjekt zwar faktisch aufgrund des rechtlichen Eigentums. Praktisch ist die Zugriffsmöglichkeit der Gläubiger aber stark eingeschränkt.[127] Diese Einschränkung erfordert zusätzliche Informationsregeln, rechtfertigt aber erstens nicht den Nicht-Ansatz des Leasingobjektes und zweitens nicht die Unterscheidung zwischen verschiedenen Arten von Leasinggeschäften. Da keine Zerschlagungsbilanz erstellt wird, ist die konkrete Verwertbarkeit im Insolvenzfall kein relevantes Kriterium.
- Die Möglichkeit des Leasinggebers über *„Substanz und Ertrag"* aus dem Leasingobjekt zu verfügen, ist bei jedem Leasingvertrag gegeben, und zwar durch das Verwertungs-

[127] Vgl. dazu die Abschnitte 2.2.1.2 und 2.2.2.2.

recht und den Anspruch auf die Leasingraten.[128] Die Dauer oder die Höhe der daraus resultierenden Einzahlungen hat ausschließlich Konsequenzen für die Bewertung der Positionen.

- Die Chance zur Realisierung von *Wertsteigerungen* ist beim Leasinggeber dann gegeben, wenn er das Leasingobjekt nach Ablauf der Grundmietzeit mit Gewinn veräußern kann. Ob das der Fall ist, hängt u.a. von der Länge der Grundmietzeit, vom Zustand des Leasinggegenstands und von den Marktpreisen zu diesem Zeitpunkt ab. Auch hier gilt aber, daß diese Faktoren zwar die Höhe der möglichen Einzahlungen beeinflussen, nicht aber die Tatsache, daß ein Einzahlungspotential vorhanden ist.
- Das Risiko der *Wertminderung* trägt der Leasinggeber bei Finanzierungsleasing grundsätzlich nicht, weil er sich dagegen durch den Vollamortisationsanspruch abgesichert hat. Auch das Risiko, daß die Leasingraten ausfallen, ist gering, weil die Sach- und Preisgefahr vom Leasingnehmer getragen werden. Diese Sicherheiten bestehen zwar bei Operating-Leasing nicht; trotzdem liegt aber auch in diesem Fall grundsätzlich ein Einzahlungspotential vor. Die möglicherweise höheren Risiken können nur Einfluß auf die Bewertung bzw. auf den Zeitpunkt der Gewinnrealisation haben.
- Die Art des Leasingobjektes (*Spezialleasing*) ist ebenfalls ausschließlich eine Frage der Höhe des erzielbaren Veräußerungserlöses, auch wenn dieser aufgrund des speziellen Charakters des Leasinggegenstands möglicherweise gering oder gleich null ist.

Für den Leasinggeber ergibt sich folglich das gleiche Ergebnis wie für den Leasingnehmer: *Keines* der in den Leasingerlassen und in der handelsrechtlichen Literatur vorgeschlagenen Kriterien für die Klassifizierung von Leasingverträgen ist für die Ausschüttungsbemessung insofern relevant, als es den Ansatz eines Vermögensgegenstands verhindern könnte.

Die Vorschriften der Leasingerlasse sind nach diesem Ergebnis insofern zweckmäßig, als in jedem Fall ein Vermögensgegenstand bilanziert wird. Die Differenzierung zwischen verschiedenen Bilanzierungsmethoden, die sich aus der Aktivierung des Leasinggegegenstands einerseits und einer Forderung gegenüber dem Leasingnehmer andererseits ergibt, ist für die Ausschüttungsbemessung dann unschädlich, wenn die damit verbundenen Gewinnwirkungen in jeder Periode identisch sind.

---

[128] Hier zeigt sich erneut die Problematik der Zurechnung des Leasingobjektes nach dem Kriterium des wirtschaftlichen Eigentums nach der Definition *Döllerers*, die z.B. folgendermaßen ausgelegt wird: „Gleichzeitig nutzt der Leasingnehmer das Leasingobjekt bis zu seinem Verbrauch, so daß *er* die „Herrschaft über den Ertrag" innehat." *Helmschrott*, Leasinggeschäfte, S. 33 (Hervorhebung durch die Verf.). Es ist offensichtlich, daß sowohl der Leasingnehmer als auch der Leasinggeber über den Ertrag aus dem Leasinggegenstand verfügen, denn beide erzielen Einzahlungen. Unterschiedlich ist nur die Art der Nutzung. Beim Leasinggeber resultieren die Einzahlungen aus der Vermietung, beim Leasingnehmer aus dem Einsatz des Leasingobjektes im Rahmen seiner Geschäftstätigkeit.

5.1.3.2 Die Gewinnwirkung der Bilanzierungsmethoden

5.1.3.2.1 Die Gewinnwirkung bei Aktivierung des Leasingobjektes

Wird das Leasingobjekt nach den steuerlichen Vorschriften dem Leasinggeber zugerechnet, resultiert aus dem Vertragsabschluß unmittelbar keine Buchung. Der Leasinggegenstand wird beim Kauf bzw. nach der Herstellung zu Anschaffungs-/Herstellungkosten aktiviert und bleibt auch nach Abschluß des Leasingvertrags in der Bilanz stehen. Der Abschluß des Leasingvertrags hat *bis zur Fälligkeit der ersten Leasingrate keine Erfolgswirkung.*

In den Folgeperioden fallen zum einen die planmäßigen Abschreibungen als Aufwand an. Zum anderen wird die gesamte für die betrachtete Periode erhaltene Leasingrate als Ertrag verrechnet. Der *insgesamt* vereinnahmte *Gewinn* ergibt sich folglich als *Differenz zwischen der Summe der Leasingraten und der Summe der Abschreibungen.*

Für die Analyse der *Verteilung des Gewinns* ist analog zur Vorgehensweise beim Leasingnehmer der Verlauf der Aufwendungen und Erträge während der Grundmietzeit bzw. während der Nutzungsdauer zu betrachten:

1. *Planmäßige Abschreibungen*

   Für die Abschreibung des Leasingobjektes durch den Leasinggeber finden sich in den Leasingerlassen keine konkreten Vorschriften. Es wird lediglich bestimmt, daß das Leasingobjekt über die *betriebsgewöhnliche Nutzungsdauer* abzuschreiben ist.[129] Der Abschreibungsaufwand kann folglich linear, degressiv, degressiv mit Übergang zur linearen Abschreibung oder entsprechend der Leistungsabgabe verlaufen.[130]

2. *Leasingraten*

   Da Leasingraten mit linearen, degressiven und progressiven Verläufen vereinbart werden, ergeben sich bei erfolgswirksamer Verrechnung zum Zeitpunkt der Zahlung *drei mögliche Ertragsverläufe.*

Andere Aufwendungen, die beim Leasinggeber anfallen, z.B. Zinsen für die Fremdfinanzierung des Leasingobjektes und Verwaltungskosten, können beim Vergleich der Erfolgswirkungen der beiden Bilanzierungsalternativen vernachlässigt werden, weil ihre Verbuchung nicht durch die Art der Bilanzierung des Leasingvertrags bestimmt wird. Diese Aufwendungen sind bei beiden Alternativen gleich zu behandeln, so daß sie die Gewinnwirkungen der Methoden nicht unterschiedlich beeinflussen.

---

[129] Vgl. *BMF* vom 19.04.1971, S. 4. Handelsrechtlich wird auch eine Abschreibung über die Grundmietzeit unter Berücksichtigung eines vorsichtig geschätzten Restwertes für zulässig gehalten; vgl. *Glasel*, Leasing, Rz 17; *IDW*, HFA 1/1989, S. 625; *Isele*, Leasingverhältnisse, Rn. 493.

[130] In der handelsrechtlichen Literatur wird z.T. eine degressive Abschreibung vorgeschlagen; vgl. *Gelhausen/ Gelhausen*, Bilanzierung von Leasingverträgen, Rn. 67; *Köhlertz*, Bilanzierung von Leasing, S. 148 f.

Für die Differenz aus Leasingraten und Abschreibungen ergeben sich abhängig von der Struktur der Leasingraten und der Abschreibungsmethode folgende Verläufe:[131]

Leasing-raten / Ab-schreibung	linear	degressiv	progressiv
linear	Differenz linear	Differenz degressiv	Differenz progressiv
degressiv	Differenz progressiv	Differenz linear, degressiv oder progressiv	Differenz progressiv

Abbildung 33: Gewinnverteilung bei unterschiedlichen Ratenverläufen und Abschreibungsmethoden

Im handelsrechtlichen Schrifttum wird auch für den Leasinggeber eine *Abgrenzung der Leasingraten* bei bestimmten Ratenverläufen vorgeschlagen. Die Frage der Verteilung der Leasingraten steht in einem engen Zusammenhang mit der Frage nach dem *Zeitpunkt der Gewinnrealisation.* Die h.M. geht davon aus, daß das Leasinggeschäft ein schwebendes Geschäft ist, bei dem der Gewinn *pro rata temporis* zu realisieren ist, denn der Vertrag wird „erst im Zeitablauf mit der Überlassung der Sache wirtschaftlich erfüllt".[132] Dieser Argumentation liegt die zivilrechtliche Qualifizierung des Leasing als (atypischer) Mietvertrag zugrunde.[133]

Die Leasingraten sind danach grundsätzlich in der Periode ertragswirksam zu verrechnen, für die sie gezahlt werden. Das ist diejenige Periode, in welcher der Leasinggeber seine Leistung erbringt.[134] Fraglich ist, wie die Leistung des Leasinggebers gemessen werden kann. Folgende Kriterien werden dafür vorgeschlagen:[135]

- der *Aufwandsverlauf* des Leasinggebers, für den i.d.R. ein degressiver Verlauf unterstellt wird und
- die *Nutzungsüberlassung* durch den Leasinggeber, die i.d.R. als linear angenommen wird.[136]

Nach diesen Kriterien werden folgende Regeln für die Bildung von Rechnungsabgrenzungsposten vorgeschlagen:

---

131 Für die Leistungsabschreibung kann keine Aussage getroffen werden.

132 *Euler*, Gewinnrealisierung, S. 97. Vgl. auch *Helmschrott*, Leasinggeschäfte, S. 209 f. Nach *Gelhausen/Gelhausen*, Bilanzierung von Leasingverträgen, Rn. 140 ist eine Verteilung des Gewinns „sachgerecht, wenngleich nicht zwingend".

133 Vgl. *Schirduan*, Finanzierungs-Leasing, S. 134.

134 Vgl. *Schirduan*, Finanzierungs-Leasing, S. 134.

135 Für eine ausführliche Diskussion der Vorschläge zur Verteilung der Leasingraten vgl. *Hommel*, Dauerschuldverhältnisse, S. 166 ff.

136 Vgl. *ADS*, § 250, Tz. 125. A.A. *Glasel*, Leasing, Rz 61, der eine degressive Nutzungsabgabe unterstellt.

- Ein passiver Rechnungsabgrenzungsposten ist bei degressiven Leasingraten zu bilden, wenn die Degression der Leasingraten stärker als die Aufwandsdegression ist. Damit soll sichergestellt werden, daß der Aufwandsüberschuß in den letzten Perioden durch den Einzahlungsüberschuß der ersten Perioden gedeckt ist.[137] Kriterium ist in diesem Fall der Aufwandsverlauf, weil bei einer Orientierung am linearen Verlauf der Nutzungsüberlassung die Differenz zwischen Aufwands- und Ertragsvereinnahmung noch größer würde.[138] Der *Ertrag* aus dem Leasinggeschäft wird folglich degressiv vereinnahmt, die *Gewinn*verteilung hängt von der Abschreibungsmethode ab:

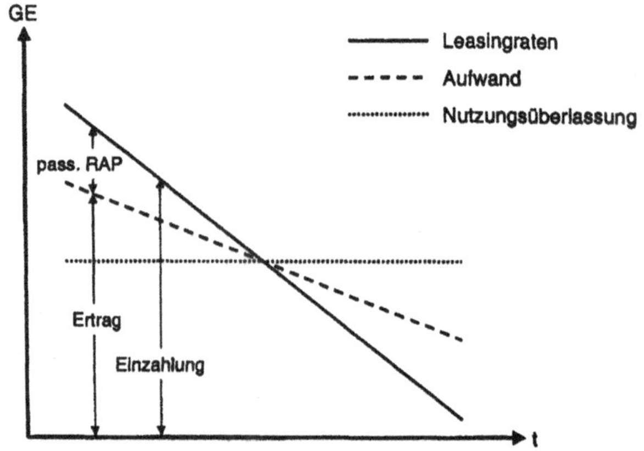

Abbildung 34: Ertragsvereinnahmung bei degressiven Leasingraten

- Bei progressivem Zahlungsverlauf ist eine Aktivierung der noch nicht fälligen Leasingraten unter dem Posten „Sonstige Vermögensgegenstände" (antizipativer Rechnungsabgrenzungsposten) vorzunehmen, wenn folgende Voraussetzungen erfüllt sind:[139]
  - Es ist eine unkündbare Grundmietzeit vereinbart, für deren Dauer die Höhe und die Fälligkeit der Leasingraten festgelegt ist.
  - Die Objektrisiken werden vom Leasingnehmer getragen.
  - Bei Auflösung des Vertrags vor Ende der Grundmietzeit hat der Leasinggeber Schadensersatzansprüche.

[137] Vgl. *ADS*, § 250, Tz. 129; *Gelhausen/Gelhausen*, Bilanzierung von Leasingverträgen, Rn. 85; *IDW*, HFA 1/1989, S. 626; *Findeisen*, Eigentum des Leasinggebers, Rdnr. 37; *Tacke*, Bilanzierung von Leasingvertragsverhältnissen, S. 134.

[138] Vgl. *Helmschrott*, Leasinggeschäfte, S. 211. Nach *Forster* ist auch eine höhere Abgrenzung nach dem Kriterium der linearen Nutzungsüberlassung zulässig; vgl. *Forster*, Abgrenzung von Leasingraten, S. 150.

[139] Vgl. *IDW*, HFA 1/1989, S. 626.

Maßstab für die Höhe des Abgrenzungspostens ist die konstante Nutzungsüberlassung, so daß sich ein linearer Ertragsverlauf und ein linearer oder progressiver Verlauf der Differenz zwischen Ertrag und Abschreibungsaufwand ergibt:[140]

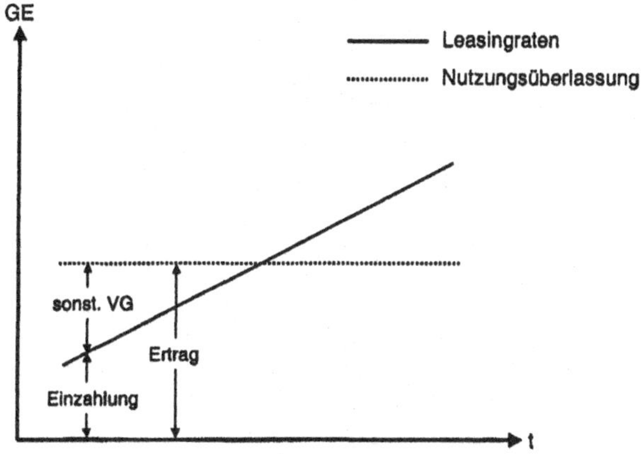

Abbildung 35: Ertragsvereinnahmung bei progressiven Leasingraten

Auch für den Leasinggeber schlägt *Forster* ein Wahlrecht für weitere Abgrenzungen vor. Danach sollen Abgrenzungsposten z.B. bei linearen Leasingraten gebildet werden, wenn der degressive Aufwandsverlauf als Maßstab zugrunde gelegt wird, sowie bei degressiven Raten und linearem Nutzenverlauf.[141]

Diese Vorschläge zur Ertragsverteilung sind ebenso willkürlich und führen zu beliebigen Ergebnissen wie die Vorschläge zur Aufwandsverrechnung beim Leasingnehmer. Es fehlt ein klares, aus den Zwecken der Rechnungslegung abgeleitetes Abgrenzungskriterium. Das zeigt sich schon daran, daß je nach Ratenverlauf eine lineare oder degressive Ertragsverrechnung vorgeschlagen wird. Die vorgeschlagenen Abgrenzungskriterien sind aus folgenden Gründen untauglich:

- Das Kriterium der Nutzungsüberlassung bzw. das Kriterium der „wirtschaftlichen Erfüllung" eines Vertrags ist ein unbestimmter Begriff. Bereits bei der Diskussion der Abgrenzungskriterien für den Leasingnehmer wurde erläutert, daß das Kriterium der Nutzungsüberlassung durch die vom Leasingnehmer aus dem Leasinggeschäft erzielbaren Einzahlungsüberschüsse zu konkretisieren ist. Entsprechend sind für den Leasing-

140 Nach *Forster* ist auch hier eine höhere Abgrenzung entsprechend dem degressiven Aufwandsverlauf zulässig; vgl. *Forster*, Abgrenzung von Leasingraten, S. 151.

141 Vgl. *Forster*, Abgrenzung von Leasingraten, S. 152 f.

geber die durch die Nutzungsüberlassung verursachten *Auszahlungen* relevant. Es ist offensichtlich, daß der Verlauf dieser Auszahlungen nicht zwangsläufig linear ist.

Ebenso problematisch ist die Festlegung des Realisationszeitpunktes nach dem Kriterium der „wirtschaftlichen Betrachtungsweise".[142] Auch dieser Begriff ist inhaltsleer, wenn er nicht im Hinblick auf einen Zweck konkretisiert wird. „Wirtschaftlich" betrachtet dient ein Leasingvertrag dem Leasinggeber zur Erzielung von Einzahlungsüberschüssen durch die Nutzungsüberlassung an den Leasingnehmer. Daß aus dieser „wirtschaftlichen Betrachtungsweise" nicht auf die Bilanzierung des Vertrags geschlossen werden kann, wurde bereits bei der Analyse der Zurechnungskriterien begründet.

- Der Aufwandsverlauf ist manipulierbar, weil er im wesentlichen von der Abschreibungsmethode abhängt. Aufwendungen sind bereits periodisierte Zahlungen, d.h. die Auszahlungen sind nach einem bestimmten Kriterium, idealerweise dem Zweck der Rechnungslegung, auf die Perioden der Nutzung verteilt worden. Die beim Leasinggeber anfallenden Aufwendungen sind neben den Abschreibungen Finanzierungsaufwendungen, Verwaltungskosten sowie eventuell Erhaltungsaufwendungen. Die Finanzierungskosten verlaufen degressiv, da mit zunehmender Tilgung die Zinsen auf die Restverbindlichkeit sinken. Hinsichtlich des Erhaltungsaufwands ist wegen des steigenden Instandhaltungsbedarfs gegen Ende der Nutzungsdauer eher von einem progressiven Verlauf auszugehen. Zu beachten ist allerdings, daß bei Finanzierungsleasing i.d.R. der Leasingnehmer zu Wartung und Instandhaltung verpflichtet ist. Für die Verwaltungskosten ist ein linearer Verlauf anzunehmen. Der Aufwandsverlauf wird folglich wesentlich durch die Wahl des Abschreibungsverfahrens bestimmt. Da aber das Abschreibungsverfahren nicht aus dem Zweck der Rechnungslegung hergeleitet wird (werden kann), ist die Verteilung der Leasingraten nach diesem Kriterium willkürlich und läßt sich beliebig gestalten.[143]

Die Annahme, daß der Leasinggeber seine Leistung über die Vertragslaufzeit verteilt erbringt, verhindert die *sofortige Gewinnrealisation.* Es wird unterstellt, daß der jährlichen Leasingrate jeweils eine Leistungsverpflichtung des Leasinggebers gegenübersteht. Allerdings ist damit noch nicht begründet, warum zu Beginn des Leasinggeschäfts keine Gewinnrealisierung möglich ist, wenn das Geschäft insgesamt ein Gewinngeschäft ist. Der Hinweis auf die wirtschaftliche Erfüllung des Vertrags bietet dafür keine hinreichende Erklärung. Gegen eine sofortige Gewinnrealisierung könnte im Hinblick auf die Ausschüttungsbemessung nur die *Unsicherheit* der zukünftigen Einzahlungen sprechen. Aufgrund dieser

---

142 Vgl. z.B. *Helmschrott*, Leasinggeschäfte, S. 157 ff.
143 Vgl. zu dieser Kritik auch *Groove*, Gewinnrealisierung, S. 893.

Unsicherheit wird aus Vorsichtsgründen angenommen, daß ein schwebendes Geschäft vorliegt, bei dem sich Leistung und Gegenleistung entsprechen (Ausgeglichenheitsvermutung). Anhand des folgenden Beispiels soll geprüft werden, ob die Vorschriften der Leasingerlasse dieser Vermutung folgen:

Angenommen wird ein Leasingvertrag über eine Grundmietzeit von fünf Jahren. Die Anschaffungskosten des Leasingobjektes (bewegliches Wirtschaftsgut) betragen 100 GE; die betriebsgewöhnliche Nutzungsdauer beträgt acht Jahre (lineare Abschreibung). Weitere Auszahlungen fallen beim Leasinggeber nicht an. In den fünf Jahren der Grundmietzeit sind jeweils nachschüssige Leasingraten in Höhe von 25 GE zu zahlen (interner Zinsfuß: 7,9 %). Optionsrechte sind nicht vereinbart, so daß das Leasingobjekt nach fünf Jahren an den Leasinggeber zurückzugeben ist (Restbuchwert: 37,5 GE).

Nach dem Mobilien-Leasingerlaß ist das Leasingobjekt dem Leasinggeber zuzurechnen, da die Grundmietzeit 62,5 % der betriebsgewöhnlichen Nutzungsdauer umfaßt. Beim Kauf des Leasingobjektes bucht der Leasinggeber den Vermögensgegenstand zu seinen Anschaffungskosten von 100 GE ein. Im Zeitpunkt des Abschlusses des Leasingvertrags erfolgen keine Buchungen, so daß das Leasingobjekt weiterhin mit einem Wertansatz von 100 GE in der Bilanz steht.

Unterstellt man, daß mit dem Leasingvertrag Ansprüche und Verpflichtungen in gleicher Höhe verbunden sind (Ausgeglichenheitsvermutung), könnte der Leasinggeber eine Forderung und eine Verbindlichkeit in gleicher Höhe bilanzieren:

Forderung	125	an	Verbindlichkeit	125

Der Leasinggeber hat Ansprüche in Höhe der Summe der Leasingraten und folglich auch Verpflichtungen in dieser Höhe. Zusätzlich ist zu berücksichtigen, daß der Leasinggeber das Leasingobjekt nur noch mit einem Restbuchwert von 37,5 GE zurückerhält, so daß eine Abschreibung auf diesen Restbuchwert vorzunehmen ist. Unter der Annahme, daß aus dem Leasingvertrag Ansprüche und Verpflichtungen in gleicher Höhe resultieren, müßte die Bilanz des Leasinggebers folglich das *Leasingobjekt* mit einem Wertansatz von 37,5 GE sowie eine *Forderung* und eine *Verbindlichkeit* mit einem Wertansatz von 125 GE enthalten. Für Zwecke der Ausschüttungsbemessung kann auf den Wertansatz der Aktiv- und Passivposten in gleicher Höhe auch verzichtet werden. Zu Beginn des Leasinggeschäfts würde Aufwand in Höhe von 62,5 GE verrechnet.

Nach den steuerlichen Vorschriften steht das Leasingobjekt mit einem Wertansatz von 100 GE in der Bilanz; eine Verbindlichkeit wird nicht passiviert. Dieser Wertansatz berücksichtigt die zukünftigen Einzahlungen des Leasinggebers teilweise: Unter der Annahme, daß die am Ende der Grundmietzeit durch die Veräußerung des Leasingobjektes erzielbaren Einzahlungen dem Restbuchwert entsprechen, kann der Leasinggeber aus dem Leasinggeschäft insgesamt Einzahlungen in Höhe von 162,5 GE erwarten (= 125 GE (Summe der Leasingraten) + 37,5 GE (Restbuchwert)). Diesen Einzahlungen stehen die Anschaffungskosten des Leasingobjektes in Höhe von 100 GE gegenüber, so daß der Einzahlungsüberschuß des Leasinggebers 62,5 GE beträgt. Sieht man diese Einzahlungen als hinreichend sicher an, könnte der Leasinggeber zu Beginn der Grundmietzeit einen Gewinn in dieser Höhe realisieren. Der Wertansatz des Aktivpostens müßte folglich 162,5 GE betragen.

Die erfolgsneutrale Verbuchung zu Beginn der Grundmietzeit und der Wertansatz nach den Leasingerlassen in Höhe von 100 GE zeigen aber, daß die zukünftigen Einzahlungen nur insoweit als ausreichend sicher angesehen werden, als sie die Auszahlungen des Leasinggebers nicht überschreiten. Es werden folglich nur zukünftige Einzahlungen in Höhe von 100 GE berücksichtigt, obwohl Leasingraten in Höhe von insgesamt 125 GE vereinbart sind, d.h. es bleiben sowohl ein Teil der Leasingraten als auch der am Ende der Grundmietzeit erzielbare Verwertungserlös unberücksichtigt.

Letztlich läßt sich die Ausgeglichenheit des Geschäfts auf zwei Wegen begründen: Es kann erstens *ausgehend von der Höhe der Ansprüche* angenommen werden, daß der Leasinggeber Verpflichtungen in Höhe von 125 GE hat. Zweitens kann argumentiert werden, daß die *Verpflichtungen* des Leasinggebers den Anschaffungskosten entsprechen, so daß das Geschäft dann ausgeglichen ist, wenn der Leasinggeber Ansprüche in Höhe von 100 GE hat. Diese zweite Argumentation liegt offenbar den Vorschriften der Leasingerlasse zugrunde. Ob diese Annahme für Leasinggeschäfte plausibel ist, obwohl die Einzahlungen durch den Abschluß des Leasingvertrags „abgesichert" werden, wird in einem späteren Abschnitt untersucht.[144]

5.1.3.2.2 Die Gewinnwirkung bei Aktivierung einer Forderung gegenüber dem Leasingnehmer

Wird das Leasingobjekt nach den steuerlichen Vorschriften dem Leasingnehmer zugerechnet, bucht der Leasinggeber den Leasinggegenstand gegen eine Forderung aus. Die Forderung ist „in Höhe der den Leasing-Raten zugrunde gelegten Anschaffungs- oder Herstellungskosten"[145] anzusetzen. Diese Formulierung ist unklar, denn sie kann bedeuten, daß

- die Forderung mit den (*bilanziellen) Anschaffungs-/Herstellungskosten* bewertet werden soll, zu denen das Leasingobjekt angesetzt ist. In diesem Fall ist der Ansatz der Forderung erfolgsneutral, und der Abschluß des Leasingvertrags hat bei erstmaliger Verbuchung keine Wirkungen auf den Gewinn;
- der Wertansatz der Forderung auf Basis der *(tatsächlichen) Kosten*, die der Berechnung der Leasingraten zugrunde liegen, bestimmt werden soll. Zumindest bei Vollamortisationsverträgen ist die Kalkulationsbasis für die Leasingraten und damit die Summe der Leasingraten höher als die bilanziellen Anschaffungs-/Herstellungskosten.[146] Die Formulierung im Leasingerlaß könnte folglich auch bedeuten, daß die Forderung mit der Summe oder dem Barwert der Leasingraten zu bewerten ist. In diesem Fall ist in Höhe der Differenz zwischen dem Wertansatz des Leasingobjektes und der Summe bzw. dem Barwert der Leasingraten – falls dieser die Anschaffungs-/Herstellungskosten übersteigt – Ertrag zu verrechnen. Der Gewinn aus dem Leasinggeschäft würde damit schon bei Vertragsabschluß (teilweise) realisiert.

Nach Meinung des Schrifttums sind die Leasingerlasse dahingehend zu interpretieren, daß die Forderung mit dem *Barwert der Leasingraten* zu bewerten ist.[147] Der Kalkulationszinsfuß für die Barwertberechnung soll „neben den Finanzierungskosten des Leasinggebers auch eine Marge für die entsprechenden Verwaltungskosten sowie den kalkulierten Gewinn"[148] enthalten. Die Gewinnmarge soll so gewählt werden, daß bei *direktem* Leasing (Hersteller-/Händlerleasing) der Barwert der Leasingraten dem Veräußerungspreis und bei *indirektem*

---

[144] Vgl. Abschnitt 5.1.3.3.1.

[145] *BMF* vom 19.04.1971, S. 5; *BMWF* vom 21.03.1972, S. 4.

[146] Das gilt auch für Teilamortisationsverträge, wenn Schlußzahlungen oder Veräußerungserlöse berücksichtigt werden.

[147] Vgl. *Isele*, Leasingverhältnisse, Rn. 484.

[148] *Findeisen*, Eigentum des Leasingnehmers, Rdnr. 3.

Leasing den Anschaffungskosten entspricht.[149] Nur bei direktem Leasing wird demnach zu Beginn der Grundmietzeit ein Teil des Gewinns realisiert, nämlich in Höhe der Differenz zwischen dem Veräußerungspreis und dem Buchwert des Leasingobjektes.[150] Die Differenz zwischen der Summe der Leasingraten und dem Veräußerungspreis bzw. den Anschaffungskosten wird über die Grundmietzeit verteilt als Zinsertrag vereinnahmt.[151] Die Höhe des *insgesamt* über die Grundmietzeit realisierten Gewinns ergibt sich folglich als *Differenz zwischen der Summe der Leasingraten und den Anschaffungs-/Herstellungskosten* des Leasingobjektes.

Für die Verteilung des Zinsertrags auf die einzelnen Perioden gilt der Grundsatz, daß unter der Annahme eines konstanten Zinssatzes bei einer sinkenden Forderung der Zinsertrag jährlich geringer wird, so daß sich ein *degressiver* Ertragsverlauf ergibt. Das gilt unabhängig davon, ob bereits zu Beginn der Grundmietzeit ein Teil des Gewinns realisiert wird.[152]

In der Literatur findet sich allerdings im Gegensatz zu der im vorherigen Gliederungspunkt erläuterten h.M. auch die Ansicht, daß der *Gesamtgewinn* aus dem Leasinggeschäft zum Zeitpunkt des Übergangs der Preisgefahr, d.h. zu Vertragsbeginn, zu realisieren sei.[153] Dieser Vorschlag wird aus der zivilrechtlichen Qualifizierung des Leasing als Vertrag eigener Art abgeleitet.[154] Danach liegt beim Leasing kein Dauerschuldverhältnis vor, weil der Leasinggeber mit der Übergabe des Leasingobjektes seine Hauptpflicht erfüllt und während der Vertragslaufzeit keine weiteren Pflichten hat.[155] Der Vertrag ist zu diesem Zeitpunkt wirtschaftlich erfüllt, so daß der Gewinn realisiert ist.[156] Dieser Vorschlag wird in der Literatur mit dem Hinweis auf den mietvertraglichen Charakter des Leasingvertrags mehrheitlich abgelehnt.[157]

Ein weiteres Argument, das insbesondere von der Praxis für eine frühzeitige Gewinnrealisierung angeführt wird, sind „leasingtypische Anlaufverluste".[158] Bei degressivem Aufwandsverlauf beim Leasinggeber soll der Ausweis von Verlusten zu Beginn der Grund-

---

149 Vgl. *Findeisen*, Eigentum des Leasingnehmers, Rdnr. 3.

150 Die Bilanzierung bei direktem Leasing entspricht damit der Bilanzierung von Sales-Type Lease nach US-GAAP, während indirektes Leasing wie Direct Financing Lease bilanziert wird; vgl. dazu die Abschnitte 4.2.3.2.2.1 und 4.2.3.2.2.2.

151 Vgl. *Findeisen*, Eigentum des Leasingnehmers, Rdnr. 3; *Isele*, Leasingverhältnisse, Rn. 485.

152 Daß der Ertragsverlauf in beiden Fällen degressiv ist, zeigt das Beispiel zu Sales-Type und Direct Financing Lease in Abschnitt 5.2.3.2.

153 Vgl. *Hastedt*, Gewinnrealisation, S. 124, 126; auch: *Isele*, Leasingverhältnisse, Rn. 500.

154 Vgl. *Hastedt*, Gewinnrealisation, S. 115 ff.

155 Vgl. *Hastedt*, Gewinnrealisation, S. 119 f. Ähnlich für Nutzungsrechte allgemein auch *Kußmaul*, Bilanzierung von Nutzungsrechten, S. 60.

156 Vgl. *Hastedt*, Gewinnrealisation, S. 121.

157 Vgl. *Groove*, Gewinnrealisierung, S. 889; *Helmschrott*, Leasinggeschäfte, S. 156; *Köhlertz*, Bilanzierung von Leasing, S. 160.

158 *Gelhausen/Gelhausen*, Bilanzierung von Leasingverträgen, Rn. 93; *Isele*, Leasingverhältnisse, Rn. 499. Vgl. auch *Köhlertz*, Bilanzierung von Leasing, S. 159.

mietzeit vermieden werden, indem unabhängig von der Zahlungsweise der Leasingraten entsprechend hohe Erträge verbucht werden.[159] Auch hier gilt, daß eine Begründung dieses Arguments anhand des Rechnungslegungszwecks fehlt; vielmehr wird der Zweck hier sogar „auf den Kopf gestellt“: Durch die Rechnungslegung sollen nicht die Interessen des Bilanzierenden, sondern die der Kapitalgeber geschützt werden. Ob der Ausweis von Verlusten zu Beginn der Grundmietzeit im Hinblick auf eine kapitalgeberschützende Ausschüttungsbemessung erforderlich oder unzweckmäßig ist, muß erst noch geprüft werden.

5.1.3.2.3 Ergebnis

Vergleicht man die Gewinnwirkungen der beiden Bilanzierungsmethoden, kommt man zu folgenden Ergebnissen:

- Bis zur Zahlung der ersten Leasingrate hat der Leasingvertrag bei beiden Methoden *keine Auswirkung* auf den Gewinn.
- Der *insgesamt* verrechnete Gewinn ist in beiden Fällen *gleich hoch* und entspricht der Differenz zwischen der Summe der Leasingraten und den aktivierten Anschaffungs-/Herstellungskosten bzw. dem Buchwert des Leasingobjektes.
- Der Gewinn wird bei beiden Methoden über die Grundmietzeit bzw. über die Nutzungsdauer des Leasingobjektes *verteilt* realisiert. Die Verteilung des Gewinns auf die einzelnen Perioden ist allerdings *unterschiedlich*: Aktiviert der Leasinggeber eine Forderung, verläuft der Gewinn grundsätzlich degressiv, während bei Aktivierung des Leasingobjektes die Leasingraten linear oder degressiv vereinnahmt werden, so daß sich abhängig von der Abschreibungsmethode unterschiedliche Zeitpunkte für die Gewinnrealisierung ergeben.[160]

Auch für die Bilanzierung beim Leasinggeber gilt folglich, daß die beiden Bilanzierungsvarianten nur zufällig zu einer gleich hohen Ertragsvereinnahmung in den einzelnen Perioden und zu identischen Realisationszeitpunkten für den Gewinn führen. Für die Ausschüttungsbemessung ist es daher nicht grundsätzlich irrelevant, welche Methode angewendet wird. Allerdings wird in keinem Fall der gesamte Gewinn sofort bei Vertragsabschluß realisiert, sondern es erfolgt immer eine Verteilung über die Grundmietzeit.

Dieses Ergebnis ist insofern interessant, als im Fall der Zurechnung des Leasinggegenstands zum Leasingnehmer angenommen wird, daß der Leasinggeber seine Pflichten beim Vertragsabschluß im wesentlichen erbracht hat, woraus zwar der Ansatz einer Forderung,

---

159 Vgl. *Groove*, Gewinnrealisierung, S. 889.
160 Vgl. dazu Abbildung 33.

nicht aber eine vollständige Gewinnrealisation bei erstmaliger Verbuchung resultiert. Letztlich wird der Gewinn bei Vorliegen eines Mietvertrags (= Zurechnung zum Leasinggeber) nicht wesentlich anders realisiert als bei Vorliegen eines Ratenkaufvertrags (= Zurechnung zum Leasingnehmer). Die zivilrechtliche Qualifizierung des Vertrags ist für den Zeitpunkt der Gewinnrealisierung scheinbar nicht entscheidend.

Allerdings ist damit noch nicht geklärt, welcher Zeitpunkt der Gewinnrealisation zweckmäßig ist. Da mit Leasinggeschäften keine zukünftigen Auszahlungsverpflichtungen gegenüber dem Leasingnehmer verbunden sind, müßte der Gewinn aus dem Geschäft bereits zu Beginn der Grundmietzeit realisiert werden.

5.1.3.3 Die zweckmäßige Bilanzierungsmethode

5.1.3.3.1 Der zweckmäßige Realisationszeitpunkt

Für die Diskussion des zweckmäßigen Realisationszeitpunktes ist es hilfreich, zunächst die beim Leasinggeber anfallenden Ein- und Auszahlungen näher zu analysieren. *Einzahlungen* erzielt der Leasinggeber zum einen in Form der Leasingraten, zum anderen in Form eines möglichen Verwertungserlöses am Ende der Grundmietzeit. *Auszahlungen* fallen beim Leasinggeber im Zusammenhang mit dem Leasingvertrag nicht nur für die Anschaffung oder Herstellung des Leasinggegenstands, sondern auch für die Finanzierung des Leasingobjektes sowie für die Abwicklung des Leasingvertrags (Verwaltungs-/Vertriebskosten) an. Grundlage der Kalkulation der Leasingraten sind die vollen, d.h. nicht nur die bilanziellen Anschaffungs-/Herstellungskosten des Leasingobjektes, die um einen Zuschlag für Verwaltungs-, Vertriebs- und sonstige Kosten sowie für Risiko und Gewinn erhöht werden. Die Leasingraten ergeben sich i.d.R. als Annuität dieses Betrages, die mit Hilfe des Refinanzierungszinssatzes des Leasinggebers berechnet wird (lineare Raten).[161] Abbildung 36 verdeutlicht die Kalkulation der Leasingraten durch den Leasinggeber:

[161] Zur Kalkulation der Leasingraten durch den Leasinggeber vgl. *Büschgen*, Preiskalkulation, S. 11-25; *Kroll/Schaub*, Kalkulation von Leasingverträgen, Rdnr. 11 ff.

Leasinggeber = Leasinggesellschaft	Leasinggeber = Hersteller/Händler
Anschaffungs-/Herstellungskosten	
(bilanzielle) Anschaffungskosten des Leasing-objektes	(bilanzielle) Anschaffungs-/Herstellungskosten des Leasingobjektes (Vollkosten)
+ nicht aktivierungsfähige Kosten	
„Finanzierungskosten"	
+ Verwaltungs- und Vertriebskosten (im Zusammenhang mit der Abwicklung des Leasingvertrags) + Risikoprämie + Gewinnzuschlag	
= Kalkulationsbasis für Leasingraten	

Berechnung der Leasingraten (lineare Raten):

$$LR \cdot (1+i)^{-1} + LR \cdot (1+i)^{-2} + \ldots + LR \cdot (1+i)^{-n} = KB$$

$$LR = KB \cdot \frac{i \cdot (1+i)^n}{(1+i)^n - 1}$$

mit:
- LR = Leasingrate
- KB = Kalkulationsbasis für Leasingraten
- i = Zinssatz (= Refinanzierungszins des Leasinggebers)
- n = Jahre der Grundmietzeit

Abbildung 36: Kalkulation der Leasingraten

Quelle: In Anlehnung an *Büschgen*, Preiskalkulation, S. 11-25; *Kroll/Schaub*, Kalkulation von Leasingverträgen, Rdnr. 11 ff.

Ausgangspunkt der folgenden Analyse ist zunächst ein *Vollamortisationsvertrag*, der dadurch gekennzeichnet ist, daß die Summe der Leasingraten höher als die Auszahlungen des Leasinggebers ist. Ein möglicher Veräußerungserlös bei der Rückgabe des Leasinggegenstands am Ende der Grundmietzeit bleibt im ersten Schritt der Analyse unberücksichtigt. Für die Festlegung des für die Ausschüttungsbemessung zweckmäßigen Realisationszeitpunktes sind drei Möglichkeiten denkbar:

1. Der Gewinn in Höhe der Differenz zwischen Leasingraten und Auszahlungen wird *vollständig bei Abschluß des Leasingvertrags* realisiert und kann folglich zu diesem Zeitpunkt ausgeschüttet werden.

2. Der Gewinn in Höhe der Differenz zwischen Leasingraten und Auszahlungen wird erst *am Ende der Grundmietzeit vollständig* realisiert und kann erst dann ausgeschüttet werden.

3. Der Gewinn in Höhe der Differenz zwischen Leasingraten und Auszahlungen wird *über die Grundmietzeit verteilt* realisiert, so daß in jeder Periode ein Teil des Gesamtgewinns ausgeschüttet werden kann.

Die ersten beiden Möglichkeiten schützen jeweils einseitig die Gesellschafter (1.) bzw. die Gläubiger (2.), während die dritte Lösung einen Kompromiß zwischen den Interessen der Gesellschafter und Gläubiger bietet. Auch für den Leasinggeber gilt folglich, daß die Beantwortung der Frage nach dem zweckmäßigen Realisationszeitpunkt eine Entscheidung über das Ausmaß an Gläubiger- bzw. Gesellschafterschutz erfordert.

Aus der Sicht des Leasinggebers ist davon auszugehen, daß sowohl die Einzahlungen als auch die Auszahlungen bereits bei Vertragsabschluß mit *großer Wahrscheinlichkeit feststehen.* Dem Leasinggeber sind nicht nur die Auszahlungen, sondern durch die Leasingraten auch die Einzahlungen weitgehend bekannt.[162] Da bei Finanzierungsleasing weder der Leasingnehmer noch der Leasinggeber den Vertrag während der Grundmietzeit kündigen kann und sowohl die Sach- als auch die Preisgefahr auf den Leasingnehmer übergehen, sind die zukünftigen Einzahlungen mit keinem wesentlichen Risiko mehr verbunden.

Daraus folgt, daß die Gläubiger des Leasinggebers nicht geschädigt werden, wenn der aus dem Leasinggeschäft resultierende Gewinn, d.h. die Differenz zwischen Leasingraten und Auszahlungen,[163] *bereits zu Beginn der Grundmietzeit ausgeschüttet wird,* denn es ist nahezu sichergestellt, daß die nach dieser Ausschüttung verbleibenden zukünftigen Leasingraten die Auszahlungen decken.[164] Genauer gesagt darf der Gewinn dann realisiert werden, wenn die Verpflichtung zur Zahlung der Leasingraten entstanden und die *Preisgefahr* auf den Leasingnehmer *übergegangen ist.*[165] Das ist i.d.R. dann der Fall, wenn das Leasingobjekt geliefert und vom Leasingnehmer abgenommen wurde.[166]

---

162 Vgl. auch *Glasel*, Leasing, Rz 35; *Helmschrott*, Leasinggeschäfte, S. 154.

163 Zu beachten ist, daß nicht die Differenz zwischen der Summe der Leasingraten und den Anschaffungs-/Herstellungskosten, sondern nur die Differenz zwischen den Leasingraten und den *gesamten* Auszahlungen des Leasinggebers als Gewinn realisiert werden darf; vgl. auch *Groove*, Gewinnrealisierung, S. 892, der die Gewinnrealisierung für den Fall diskutiert, daß der Leasinggeber das Leasingvermögen an eine Besitzgesellschaft verkauft.

164 Nach *Kußmaul* gilt für schuldrechtliche Nutzungsrechte allgemein, daß die aus dem Vertrag resultierenden Ansprüche und Verpflichtungen beim Vertragsabschluß für die gesamte Vertragsdauer festgelegt werden. Ihr Entstehen hängt grundsätzlich nur noch vom Zeitablauf ab. Dieses Kriterium sei aber unerheblich, da der Zeitablauf sicher sei und unter der Going Concern-Prämisse auch von einer normalen Vertragsabwicklung auszugehen sei. Folglich sind die Ansprüche und Verpflichtungen bereits beim Vertragsabschluß entstanden; vgl. *Kußmaul*, Bilanzierung von Nutzungsrechten, S. 48. Die logische Folge aus dieser Argumentation ist aber, daß auch der Gewinn als Differenz zwischen Ansprüchen und Verpflichtungen zu diesem Zeitpunkt entstanden, d.h. realisiert ist.

165 Zur Bedeutung des Übergangs der Preisgefahr für den Zeitpunkt der Gewinnrealisierung vgl. *Crezelius*, Das schwebende Geschäft, S. 87; *Gelhausen*, Realisationsprinzip, S. 162 ff.; *Lüders*, Gewinnrealisierung, S. 112. *Lüders* kommt allerdings zu dem Schluß, daß bei Leasinggeschäften der Gewinn jeweils erst in dem Jahr realisiert werden darf, in dem der Leasinggeber seine Leistung, d.h. die Duldung der Nutzung, erbringt,

Allerdings ist zu beachten, daß für den Leasinggeber trotz des Vollamortisationsanspruchs *Risiken* bestehen, welche die obige Argumentation in Frage stellen könnten. Für den Zeitpunkt der Gewinnrealisierung sind insbesondere folgende Risiken von Bedeutung:[167]

- Für den Leasinggeber besteht das Risiko der Zahlungsunfähigkeit des Leasingnehmers während der Laufzeit des Leasingvertrags (*Bonitätsrisiko*). Vor diesem Risiko ist der Leasinggeber zum einen durch das Zwangsvollstreckungs- bzw. das Insolvenzrecht geschützt. Bei Pfändung und Verwertung des Leasingobjektes durch die Gläubiger des Leasingnehmers hat der Leasinggeber Ansprüche auf den Veräußerungserlös aus dem Leasinggegenstand. Im Fall der Insolvenz des Leasingnehmers steht dem Leasinggeber ein Aussonderungsrecht zu, so daß er die Herausgabe des Leasingobjektes verlangen kann.[168]

  Zum anderen versucht der Leasinggeber, das Bonitätsrisiko durch Kreditwürdigkeitsprüfungen vor Vertragsabschluß zu minimieren.[169] Es ist davon auszugehen, daß der Leasinggeber den Vertrag nicht abschließen wird, wenn bereits bei Vertragsabschluß absehbar ist, daß der Leasingnehmer seinen Verpflichtungen nicht nachkommen kann. Daher ist grundsätzlich anzunehmen, daß der Vertrag erfüllt werden kann.[170] Nur wenn Verluste für den Leasingnehmer konkret absehbar sind, ist eine bilanzielle Berücksichtigung erforderlich.[171] Hinzu kommt, daß der Leasinggeber für den Fall, daß der Leasingnehmer seiner Zahlungsverpflichtung nicht nachkommt, das Recht zu einer außerordentlichen Kündigung hat.[172] Die Beendigung des Vertrags ermöglicht ihm den Abschluß eines neuen Leasingvertrags und so die Realisierung zumindest eines größeren Teils der ursprünglich geplanten Einzahlungen.

- Desweiteren besteht für den Leasinggeber das Risiko, daß durch einen Zinsanstieg während der Laufzeit des Leasingvertrags die Refinanzierungskosten steigen und damit

---

obwohl der Übergang der Preisgefahr bereits zu Beginn des Geschäfts vollständig erfolgt ist; vgl. *Lüders*, Gewinnrealisierung, S. 112 f.

166 Vgl. *Schirduan*, Finanzierungs-Leasing, S. 31. Für eine Diskussion des Zeitpunktes, zu dem die Preisgefahr übergeht, vgl. *Hastedt*, Gewinnrealisation, S. 121 ff. Die Preisgefahr geht auch dann auf den Leasingnehmer über, wenn er in Annahmeverzug gerät (§ 293 BGB, § 324 Abs. 2 BGB, § 644 Abs. 1 BGB); vgl. auch *Crezelius*, Das schwebende Geschäft, S. 87; *Lüders*, Gewinnrealisierung, S. 81.

167 Zu den mit Leasingverträgen verbundenen Risiken vgl. Abschnitt 2.3.2. Vgl. auch *Mellwig*, Darstellung von Leasingverträgen, S. 6, nach dem zwar das Investitionsrisiko, nicht aber das Bonitätsrisiko auf den Leasingnehmer übergegangen ist.

168 Zur Behandlung von Leasingverträgen bei Zwangsvollstreckung und Insolvenz vgl. Abschnitt 2.2.

169 Vgl. auch *Bauer*, Kalkulation, S. 15.

170 Zu diesem Ergebnis kommt auch *Kußmaul* für schuldrechtliche Nutzungsrechte allgemein, indem er mit dem Going Concern-Prinzip argumentiert; vgl. *Kußmaul*, Bilanzierung von Nutzungsrechten, S. 48.

171 Vgl. auch *Helmschrott*, Leasinggeschäfte, S. 228 f. A.A. *Köhlertz*, Bilanzierung von Leasing, S. 148 f., der das Bonitätsrisiko durch eine degressive (planmäßige) Abschreibung des Leasinggegenstands berücksichtigen will.

172 Gleichzeitig entsteht ein Schadensersatzanspruch; vgl. *Bähr/Weigell*, Kündigung eines Leasingvertrags, S. 1634, 1636.

der Gewinn sinkt (*Zinsänderungs- bzw. Refinanzierungsrisiko*). Vor diesem Risiko wird sich der Leasinggeber im Regelfall dadurch schützen, daß er entweder im Leasingvertrag eine Zinsanpassungsklausel vereinbart oder die Leasingraten an eine Bank abtritt (Forfaitierung).[173] In beiden Fällen bleibt der Gewinn des Leasinggebers bei steigenden Zinsen konstant. Nur wenn eine solche Absicherung nicht besteht, ist ein drohender Verlust bilanziell zu berücksichtigen.[174]

Insgesamt rechtfertigen diese Risiken *keine* Verschiebung des Realisationszeitpunktes auf spätere Perioden.[175] Vollamortisationsverträge sind dadurch gekennzeichnet, daß Risiken weitgehend auf den Leasingnehmer abgewälzt werden.[176] Letztlich erfordert aber auch die Beurteilung der Relevanz dieser Risiken für die Bilanzierung eine Abwägung zwischen den Interessen der Gläubiger und der Gesellschafter.

Etwas anderes gilt für den bei einer Rückgabe des Leasinggegenstands am Ende der Grundmietzeit vom Leasinggeber erzielbaren *Verwertungserlös*. Dieser Erlös stellt den unsicheren Teil des Einzahlungspotentials dar und darf daher nicht bereits zu Beginn der Grundmietzeit ausgeschüttet werden.

Für *Teilamortisationsverträge* ist die frühzeitige Gewinnrealisierung nicht in jedem Fall zweckmäßig. Teilamortisationsverträge sind für den Leasinggeber nur dann ein Gewinngeschäft, wenn der Leasingnehmer eine Schlußzahlung leistet, die zusammen mit den Leasingraten die Auszahlungen übersteigt. Bei den in den Leasingerlassen geregelten Vertragsmodellen ist vorgesehen, daß durch die Schlußzahlung des Leasingnehmers zumindest die Amortisation des Leasingobjektes sichergestellt ist.[177] Folglich ist das *Verlustrisiko* für den Leasinggeber bei Teilamortisationsverträgen ähnlich gering wie bei Vollamortisationsverträgen, so daß eine Vorsorge für Verluste nicht erforderlich ist. Ob aus dem Geschäft ein *Gewinn* resultiert, hängt allerdings von der Höhe des nach Ablauf der Grundmietzeit erzielten Veräußerungserlöses ab.[178] Eine Realisierung und (mögliche) Ausschüttung dieses Gewinns bereits zu Beginn der Grundmietzeit ist daher nicht zweckmäßig. Sie würde zu einem zu hohen Mittelabfluß führen, wenn der zukünftige Veräußerungserlös überschätzt wird. Die Gewinnrealisierung bei Vertragsabschluß ist daher nur dann unproblematisch, wenn die Schlußzahlung mit gleicher Sicherheit wie die Leasingraten feststeht. Die Bilanzierung von Andienungsrechten wird in einem späteren Abschnitt behandelt.

---

173 Vgl. *Bauer*, Kalkulation, S. 15.
174 Vgl. *Helmschrott*, Leasinggeschäfte, S. 229; *Tacke*, Bilanzierung von Leasingvertragsverhältnissen, S. 137.
175 Vgl. auch *Hommel*, Dauerschuldverhältnisse, S. 149 ff.
176 Vgl. auch *Beckmann*, Offene Fragen, S. 1187 ff.; *Bieg*, Schwebende Geschäfte, S. 243.
177 Vgl. auch *Bähr/Weigell*, Kündigung eines Leasingvertrags, S. 1635.
178 Vgl. auch *Powers/Revsine*, Lessors' Accounting, S. 352.

Auch bei *Operating-Leasing* ist eine Gewinnrealisation zu Beginn der Grundmietzeit nicht zweckmäßig. Bei diesen Verträgen geht die Preisgefahr nicht bereits mit der Übergabe des Leasingobjektes vollständig auf den Leasingnehmer über. Vielmehr wird der Leasingnehmer von der Pflicht zur Zahlung der zukünftig fälligen Leasingraten frei, wenn das Leasingobjekt aufgrund eines von ihm nicht zu vertretenden Umstands untergeht. Aus diesem Grund würde eine sofortige Gewinnrealisierung zur Ausschüttung von Gewinnen führen, die möglicherweise gar nicht anfallen. Der Gewinn ist daher über den Zeitraum, für den die Raten gezahlt werden, zu verteilen.

Bei Operating-Leasing- bzw. Mietverträgen geht die Preisgefahr entsprechend dem Verhältnis von erbrachter Leistung zu vereinbarter Gegenleistung über (§ 323 BGB). Sieht man die erhaltene Zahlung dann als sicher an, wenn die Preisgefahr übergegangen ist, ist bei Operating-Leasing demnach in jeder Periode Ertrag in Höhe der fälligen Leasingrate zu verrechnen.[179]

Als Ergebnis für die Ertragsrealisierung beim Leasinggeber kann folglich festgehalten werden:

1. Bei *Vollamortisationsverträgen* ist der Gewinn aus dem Leasinggeschäft bereits beim Abschluß des Vertrags, genauer gesagt beim *Übergang der Preisgefahr*, realisiert und kann ausgeschüttet werden, weil die zukünftigen Ein- und Auszahlungen mit hoher Wahrscheinlichkeit feststehen. Insbesondere ist die Höhe der Zahlungen vertraglich vereinbart, so daß der Gewinn nicht durch Schätzungen manipuliert werden kann.
2. Bei *Teilamortisationsverträgen* darf der Gewinn nur dann zu Beginn der Grundmietzeit realisiert werden, wenn die Höhe der Schlußzahlung feststeht. Ist dies nicht der Fall, ist davon auszugehen, daß das Leasinggeschäft *zu einem Gewinn von null* führt, bis die Schlußzahlung geleistet wird und damit die Höhe des Gewinns feststeht.
3. Einzahlungen, die der Leasinggeber durch eine *Verwertung* des Leasinggegenstands nach Beendigung des Leasinggeschäftes erzielt, dürfen *nicht bereits zu Beginn der Grundmietzeit* als Gewinn realisiert werden.
4. Bei *Operating-Leasing* ist in jeder Periode *Ertrag in Höhe der für diese Periode gezahlten Leasingrate* zu verrechnen.

179 Vgl. auch *Gelhausen*, Realisationsprinzip, S. 377; *Hommel*, Dauerschuldverhältnisse, S. 91 f.

5.1.3.3.2 Gewinnrealisation bei der Forfaitierung der Leasingraten

In der Praxis wird eine Gewinnrealisierung zu Beginn der Grundmietzeit z.T. aufgrund der „leasingtypischen Anlaufverluste" bei Leasinggesellschaften angestrebt.[180] Durch den i.d.R. degressiven Verlauf der vom Leasinggeber zu zahlenden Refinanzierungszinsen weist der Leasinggeber zu Beginn der Grundmietzeit Verluste aus, sofern die Leasingraten nicht entsprechend degressiv vereinnahmt werden.[181] Verschärft wird dieses Problem durch eine degressive Abschreibung des Leasingobjektes.[182]

Da nach h.M. eine frühzeitige Gewinnrealisierung aus dem Leasinggeschäft nicht zulässig ist – i.d.R. darf kein Ertrag verrechnet werden, der über die erhaltene Leasingrate hinausgeht (Ausnahme: Linearisierung progressiver Raten unter bestimmten Voraussetzungen)[183] –, kann der Verlustausweis zu Beginn der Grundmietzeit nicht durch die Bilanzierung vermieden werden. Dieses Problem wird von Leasinggesellschaften durch die Forfaitierung der Leasingraten gelöst.

Bei der *Forfaitierung* von Leasingraten handelt es sich um den Verkauf zukünftiger Forderungen aus dem Leasinggeschäft durch den Leasinggeber an eine Bank oder ein Spezialinstitut. Der Leasinggeber (Forfaitist) garantiert dabei nur den rechtlichen Bestand der Forderungen, während das Bonitätsrisiko sowie alle Rechte aus den Forderungen auf den Käufer (Forfaiteur) übergehen.[184] Die Zurechnung des Leasinggegenstands ändert sich durch dieses Geschäft nicht.[185]

Der Kaufpreis für die Forderung, im Regelfall der Barwert der zukünftigen Leasingraten, ist nach h.M. eine *Mietvorauszahlung*, die für den Leasinggeber vor dem Bilanzstichtag eine Einnahme, aber erst für eine bestimmte Zeit nach dem Stichtag Ertrag darstellt, da der Leasinggeber dem Leasingnehmer auch weiterhin den Gegenstand zur Nutzung überlassen muß. Daher ist der Verkaufserlös in einen *passiven Rechnungsabgrenzungsposten* einzustellen.[186] Dieser Rechnungsabgrenzungsposten ist über die restliche Grundmietzeit verteilt ertragswirksam aufzulösen.

---

180 Vgl. z.B. *Isele*, Leasingverhältnisse, Rn. 500.

181 Vgl. *Clausen*, Aktivierung bei Leasing-Verträgen, Anm. 1178.

182 Diese Argumentation gilt nur für den Fall, daß das Leasingobjekt dem Leasinggeber zugerechnet wird. Bilanziert der Leasinggeber nach den Vorschriften der Leasingerlasse eine Forderung, wird der Zinsertrag degressiv vereinnahmt; vgl. dazu Abschnitt 5.1.3.2.2. In der Praxis werden die Verträge allerdings in aller Regel so gestaltet, daß der Leasinggeber das Leasingobjekt bilanziert.

183 Zur Periodisierung der Leasingraten nach h.M. vgl. Abschnitt 5.1.3.2.1.

184 Vgl. *Bink*, Forfaitierung von Leasingforderungen, S. 1107; *Glasel*, Leasing, Rz 108; *Isele*, Leasingverhältnisse, Rn. 519.

185 Vgl. *ADS*, § 250, Tz. 142; *BMF* vom 07.04.1995, S. 9.

186 Vgl. *Blauberger*, Forfaitierung, S. 148; *Helmschrott*, Leasinggeschäfte, S. 217; *Isele*, Leasingverhältnisse, Rn. 519. Das gilt nach BMF nicht, wenn der Leasinggeber auch für die Zahlungsfähigkeit des Leasingnehmers haftet. In diesem Fall ist eine Darlehensschuld des Leasinggebers gegenüber der Bank zu passivieren; vgl. *BMF* vom 07.04.1995, S. 9. Nach *Glasel* sind weitere Ausweismöglichkeiten denkbar: Wird

Die *Verteilung des Ertrags* über die Grundmietzeit beruht wiederum auf der mietrechtlichen Qualifizierung des Leasingvertrags: Der Leasingvertrag wird weiterhin als schwebendes Geschäft behandelt, so daß der Gewinn pro rata temporis zu realisieren ist, obwohl die Forfaitierung ein Verkauf ist, bei dem der Gewinn normalerweise bei Lieferung bzw. Leistung als realisiert gilt.[187] *Wie* der Ertrag zu verteilen ist, läßt sich allerdings aus dieser Begründung nicht überzeugend ableiten.

Nach den Vorschlägen des HFA ist der Rechnungsabgrenzungsposten entsprechend den Grundsätzen zur Vereinnahmung der Leasingraten aufzulösen, während der BMF und der BFH eine lineare Auflösung vorsehen.[188] Im Schrifttum ist die Behandlung des Abgrenzungspostens umstritten:[189]

- Eine *lineare* Auflösung wird damit begründet, daß auch die Leasingraten i.d.R. linear vereinnahmt werden.[190] Daneben wird – analog zu der Begründung für eine lineare Verteilung der Leasingraten – auf die gleichbleibende Nutzungsüberlassung während der Grundmietzeit hingewiesen.[191]
- Für eine *progressive* Auflösung wird unterstellt, daß das Forfaitierungsgeschäft ein annuitätisch zu tilgendes Darlehen der Bank an den Leasinggeber ist. Der Rechnungsabgrenzungsposten wird als Rückzahlungsbetrag der Verbindlichkeit des Leasinggebers gegenüber der Bank interpretiert.[192] Wird die Verbindlichkeit annuitätisch getilgt, ergibt sich aufgrund der jährlich abnehmenden Verbindlichkeit ein progressiver Verlauf des Zinsaufwands. Da dieser Zinsaufwand tatsächlich *nicht* anfällt, ist der Rechnungsabgrenzungsposten progressiv ertragswirksam aufzulösen. Maßstab für die Auflösung ist folglich der fiktive Kostenverlauf bei einer Finanzierung der Anschaffungskosten durch ein „normales" Darlehen.[193]

---

die Forfaitierung unabhängig vom Leasinggeschäft betrachtet, sei nur ein Vermerk gemäß § 251 HGB für die Haftung für den Bestand der Forderungen oder eine Anhangangabe (§ 268 Abs. 7 HGB) erforderlich. Nimmt man dagegen an, daß der Leasingvertrag durch die Forfaitierung der Leasingraten „ungleichgewichtig" wird, weil den Aufwendungen für die Nutzungsüberlassung keine Erträge mehr gegenüberstehen, sei eine Rückstellung für drohende Verluste aus schwebenden Geschäften zu bilden; vgl. *Glasel*, Leasing, Rz 112 f.

187 Vgl. *Bink*, Forfaitierung von Leasingforderungen, S. 1106; *Blauberger*, Forfaitierung, S. 148; *Groove*, Gewinnrealisierung, S. 890.

188 Vgl. *BFH* vom 24.07.1996, S. 2311 f.; *BMF* vom 07.04.1995, S. 9; *IDW*, HFA 1/1989, S. 626.

189 Vgl. dazu auch *Helmschrott*, Leasinggeschäfte, S. 217 ff.

190 Vgl. *Bink*, Forfaitierung von Leasingraten, S. 1106 f.; *Link*, Ertragsvereinnahmung, S. 618, der eine lineare Verteilung nur für Vollamortisationsverträge für zulässig hält. Für Teilamortisationsverträge schlägt *Link* eine Auflösung des Rechnungsabgrenzungspostens „entsprechend der anteiligen Mietzahlung des Leasingnehmers" vor; vgl. *Link*, Ertragsvereinnahmung, S. 618.

191 Vgl. *Isele*, Leasingverhältnisse, Rn. 524, 531.

192 Vgl. *ADS*, § 250, Tz. 139; *Blauberger*, Forfaitierung, S. 150; *Lißmann*, Rechnungsabgrenzung, S. 1481; *Moxter*, Bilanzrechtsprechung, S. 435.

193 Vgl. *Isele*, Leasingverhältnisse, Rn. 528.

- Eine *degressive* Auflösung des Rechnungsabgrenzungspostens wird aus Gründen der „periodengerechten Gewinnermittlung"[194] für gerechtfertigt gehalten, wenn das Leasingobjekt degressiv abgeschrieben wird, weil durch die Erträge aus der Auflösung des Rechnungsabgrenzungspostens nur die Abschreibungen und die Verwaltungskosten ausgeglichen werden müssen.[195] Die Refinanzierungskosten entfallen, weil die Verbindlichkeit des Leasinggebers gegenüber der Bank getilgt wird. Diese Art der Auflösung wird auch als *kostenkongruente* Auflösung bezeichnet.[196]

Für den Leasinggeber hat die Bildung eines Rechnungsabgrenzungspostens für den Erlös aus der Forfaitierung folgende Konsequenzen: Dadurch, daß er seine Verbindlichkeit aus der Finanzierung des Leasingobjektes begleichen kann, entfällt der (Refinanzierungs-)Zinsaufwand. Folglich verläuft der Aufwand abhängig von der Abschreibungsmethode schwächer degressiv bzw. linear, so daß die zu Beginn der Grundmietzeit auszuweisenden Verluste geringer sind oder durch den Ertrag aus der Auflösung des Rechnungsabgrenzungspostens ausgeglichen werden. Folgendes Beispiel verdeutlicht die Wirkungsweise der Forfaitierung:

Eine Leasinggesellschaft schließt zum 1.1.00 einen Leasingvertrag über eine Maschine für eine Grundmietzeit von fünf Jahren ab. Die betriebsgewöhnliche Nutzungsdauer der Maschine beträgt acht Jahre (= 62,5 % der Grundmietzeit). Die Abschreibung soll degressiv (mit Übergang zur linearen Abschreibung) erfolgen; der Abschreibungssatz beträgt 18 %. Da im Leasingvertrag keine Option vereinbart wird, ist das Leasingobjekt nach den Leasingerlassen dem Leasinggeber zuzurechnen.

Die Anschaffungskosten der Maschine betragen 50.000 GE. Im Zusammenhang mit dem Leasingvertrag fallen für den Leasinggeber keine weiteren Zahlungen an. Die Anschaffungskosten werden durch einen Bankkredit finanziert, der über fünf Jahre in gleichen Raten zu tilgen und mit 10 % zu verzinsen ist. Aufgrund dieser Vorgaben kalkuliert der Leasinggeber lineare Leasingraten in Höhe von 13.190 GE pro Jahr (= Leasingraten, deren Abzinsung mit dem Refinanzierungszins den Barwert von 50.000 GE ergibt).

Zum 31.12.00 hat dieser Vertrag für den Leasinggeber folgende bilanzielle Konsequenzen:

31.12.00			
AV	41.000	-810	EK
Kasse	-1.810	40.000	Verb.

Der „Kassenbestand" setzt sich aus folgenden Ein- und Auszahlungen zusammen:

Leasingrate	+13.190 GE
Tilgung	-10.000 GE
Zinsen	-5.000 GE
Kasse	-1.810 GE

194 *Isele*, Leasingverhältnisse, Rn. 525.
195 Vgl. *ADS*, § 250, Tz. 139; *Isele*, Leasingverhältnisse, Rn. 525.
196 Vgl. *Isele*, Leasingverhältnisse, Rn. 525.

Der Erfolg ergibt sich aus folgenden Erträgen und Aufwendungen:

Ertrag aus Leasingrate	+13.190 GE
Abschreibungsaufwand	-9.000 GE
Zinsaufwand	-5.000 GE
Erfolg	-810 GE

Die Leasinggesellschaft weist folglich am Ende der ersten Periode einen Verlust in Höhe von 810 GE aus. Um diesen Verlustausweis zu vermeiden, verkauft sie am 1.1.00 die zukünftigen Leasingraten zum Barwert in Höhe von 50.000 GE. Die aus diesem Verkauf zufließenden Mittel werden zur Tilgung der Verbindlichkeit verwendet. Gleichzeitig wird ein passiver RAP gebildet. Die Bilanz zum 1.1.00 weist folglich Anlagevermögen und passive RAP in Höhe von 50.000 GE aus. Zum 31.12.00 ergeben sich unter der Annahme, daß der RAP linear (d.h. jährlich in Höhe von 10.000 GE) aufgelöst wird, folgende bilanzielle Konsequenzen:

31.12.00

AV	41.000	1.000	EK
Kasse	0	40.000	RAP

Der Gewinn in Höhe von 1.000 GE ergibt sich durch die ertragswirksame Auflösung des RAP in Höhe von 10.000 GE und durch die Abschreibung des Leasingobjektes in Höhe von 9.000 GE. Es wird zwar ein geringerer Ertrag ausgewiesen als bei ertragswirksamer Vereinnahmung der Leasingraten (s.o.). Durch die Tilgung der Verbindlichkeit entfällt aber der Zinsaufwand in Höhe von 5.000 GE, so daß insgesamt ein Gewinn ausgewiesen wird.

Die Prüfung der Zweckmäßigkeit dieser Bilanzierungsmethode im Hinblick auf die Ausschüttungsbemessung führt zu einem eindeutigen Ergebnis: Durch die Forfaitierung der Leasingraten wird der mit dem Leasingobjekt realisierbare Zahlungsstrom nicht nur insofern konkretisiert, als die Höhe der zukünftigen Zahlungen vertraglich festgeschrieben wird, sondern die Zahlungen fließen dem Leasinggeber unmittelbar zu. Zudem werden sowohl das Bonitäts- als auch das Zinsänderungsrisiko auf den Käufer der Forderung abgewälzt. Eine größere Sicherheit kann es für den Leasinggeber kaum geben, so daß nichts gegen eine *sofortige Ausschüttung* des Gewinns spricht. Eine Verteilung des Veräußerungserlöses über die Grundmietzeit ist nicht erforderlich; zweckmäßig ist allein die sofortige Gewinnrealisierung.[197]

Daß eine Verteilung des Ertrags über die Grundmietzeit, die unabhängig von der Abschreibung des Leasingobjektes erfolgt, zu unzweckmäßigen Ergebnissen für die Ausschüttungsbemessung führen kann, zeigt das obige Beispiel. In der ersten Periode wird ein Gewinn in Höhe von 1.000 GE ausgewiesen, obwohl die Leasingraten so kalkuliert sind, daß die Aufwendungen gerade gedeckt sind, so daß aus dem gesamten Leasinggeschäft kein Gewinn resultiert. Über die gesamte Nutzungsdauer werden zwar Aufwendungen und

[197] Zu diesem Ergebnis kommt auch *Bink*, Forfaitierung von Leasing-Restwertansprüchen, S. 1308.

Erträge in gleicher Höhe (50.000 GE) ausgewiesen. Die „falsche" Verteilung des Ertrags ermöglicht aber trotzdem eine Ausschüttung in der ersten Periode.

Im Beispiel darf folglich in keiner Periode ein Ertrag ausgewiesen werden, der höher als der in der gleichen Periode verrechnete Aufwand ist. Das ist gewährleistet, wenn der RAP in den Folgeperioden jeweils maximal in Höhe der Abschreibung erfolgswirksam aufgelöst wird.

Wäre der Barwert der Leasingraten höher als die Anschaffungskosten des Leasingobjektes, weil die Leasingraten auch einen Gewinnanteil enthalten, könnte diese Differenz beim Abschluß des Forfaitierungsvertrags als Gewinn ausgewiesen und ausgeschüttet werden.

Die Ausführungen dieses Abschnitts lassen sich auf den Fall übertragen, daß nicht (nur) der Anspruch auf die Leasingraten, sondern (auch) der Restwert des Leasingobjektes nach Ablauf der Grundmietzeit forfaitiert wird. Diese Forfaitierung kann z.B. im Verkauf eines Andienungsrechts bestehen.[198]

5.1.3.3.3 Bilanzielle Konsequenzen des zweckmäßigen Realisationszeitpunktes

Auch für den Leasinggeber gilt, daß die sofortige Gewinnrealisierung nicht zwangsläufig den Ansatz einer Forderung bedingt. Vielmehr läßt sich dieser Ertragsverlauf durch verschiedene Bilanzierungsmethoden erreichen, von denen eine aus Informationsgründen vorziehenswürdig sein kann. In den folgenden Abschnitten wird deshalb untersucht, wie der zweckmäßige Ertragsverlauf bei den beiden nach den steuerrechtlichen Vorschriften vorgesehenen Bilanzierungsmethoden erreicht werden kann.

5.1.3.3.3.1 Aktivierung einer Forderung gegenüber dem Leasingnehmer

Um eine sofortige Gewinnrealisierung zu erreichen, muß die Forderung in Höhe der *Summe der Leasingraten abzüglich der zukünftig vom Leasinggeber zu leistenden Auszahlungen* angesetzt werden.[199] Die Differenz zwischen dem Wertansatz der Forderung und dem Buchwert des Leasingobjektes wird ertragswirksam verrechnet. Alternativ kann auch die *Summe der Leasingraten* angesetzt werden, wobei für die noch nicht fälligen Zinsen und sonstigen Auszahlungen *Abgrenzungsposten* gebildet werden müssen, die in den Folgeperioden erfolgsneutral aufzulösen sind. Damit ist sichergestellt, daß nicht die Differenz zwischen der Summe der Leasingraten und dem Buchwert des Leasingobjektes als Gewinn realisiert wird, weil in diesem Fall weitere Auszahlungen für Zinsen, Verwaltungskosten usw. vernachlässigt würden.

---

[198] Vgl. dazu *ADS*, § 250, Tz. 141; *Findeisen*, Eigentum des Leasinggebers, Rdnr. 57 ff.; *Helmschrott*, Leasinggeschäfte, S. 222 ff.

[199] Die Zahlungen zur Tilgung des Bankkredits werden durch die Ausbuchung des Leasingobjektes in Höhe der Anschaffungskosten bzw. des Buchwerts berücksichtigt.

In den *Folgeperioden* ist das Leasinggeschäft insgesamt *erfolgsneutral* zu behandeln. Da der Leasinggeber bei der Tilgung seines Kredits Zinsaufwand verrechnet, ist in gleicher Höhe Zinsertrag aus dem Leasinggeschäft zu verbuchen. An dieser Buchung wird deutlich, daß die vom Leasinggeber zu zahlenden Zinsen vollständig vom Leasingnehmer vergütet werden.

Folgendes Beispiel verdeutlicht die Berechnung des Wertansatzes der Forderung sowie die Auflösung in den Folgejahren:

Eine Leasinggesellschaft schließt einen Leasingvertrag für fünf Jahre über ein Leasingobjekt ab, dessen Anschaffungskosten 50.000 GE betragen (betriebsgewöhnliche Nutzungsdauer: sechs Jahre). Die Anschaffungskosten werden durch einen mit 10 % zu verzinsenden Kredit finanziert. Bei der Kalkulation der nachschüssig zu zahlenden Leasingraten rechnet die Leasinggesellschaft mit einem Aufschlag auf die Anschaffungskosten für Verwaltungskosten in Höhe von 10 % (+ Zinsen) und einem Gewinnaufschlag in Höhe von 16 % (+ Zinsen)[200]. Daraus ergibt sich folgende Leasingrate pro Jahr:

zu verzinsende Anschaffungskosten:	50.000 GE
Annuität der Anschaffungskosten (10 %):	13.190 GE
Tilgung + Zinsen (5 · 13.190 GE):	65.950 GE
Verwaltungskosten (10 % von 50.000 GE):	5.000 GE
Annuität der Verwaltungskosten (10 %):	1.319 GE
Gewinn (16 % von 50.000 GE):	8.000 GE
Annuität des Gewinns (10 %):	2.110 GE
Summe der Leasingraten: (= 5 · 13.190 GE + 5 · 1.319 GE + 5 · 2.110 GE)	83.095 GE
Leasingrate pro Jahr (83.095 GE : 5):	16.619 GE

Zu Beginn der Grundmietzeit wird ein Gewinn in Höhe von 10.550 GE (= 5 · 2.110 GE) ausgewiesen. Der Wertansatz der Forderung beträgt folglich 60.550 GE (= 83.095 GE – 15.950 GE (Zinsen) – 6.595 GE (Verwaltungskosten)). Der Buchungssatz lautet:

Forderung	60.550	an	Anlagevermögen	50.000
			Ertrag aus Leasinggeschäft	10.550[201]

Für die Verbindlichkeit des Leasinggebers ergibt sich folgender Tilgungsplan:

---

200 Die Zinsen auf die Verwaltungskosten und den Gewinnzuschlag ergeben sich aus der Annahme, daß diese Zahlungen gleichmäßig verteilt in den Leasingraten enthalten sind. Möchte der Leasinggeber z.B. bereits zu Beginn des Leasinggeschäfts über den Gewinn in Höhe von 16 % auf die Anschaffungskosten verfügen, müßte er einen Kredit in Höhe von 10.745 GE (Zinssatz = 10 %) aufnehmen, den er bei Erhalt der Leasingraten tilgen kann.

201 Alternativ kann auch folgendermaßen gebucht werden:

Forderung	83.095	an	Anlagevermögen	50.000
			Abgrenzungsposten für Verwalt.kost.	6.595
			Abgrenzungsposten für Zinsen	15.950
			Ertrag aus Leasinggeschäft	10.550.

Periode	Restverbindlichkeit	Zinsaufwand	Tilgung	jährliche Auszahlung (Zinsen + Tilgung)
0	50.000,00			
1	41.810,13	5.000,00	8.189,87	13.189,87
2	32.801,26	4.181,01	9.008,86	13.189,87
3	22.891,52	3.280,13	9.909,75	13.189,87
4	11.990,79	2.289,15	10.900,72	13.189,87
5	0,00	1.199,08	11.990,79	13.189,87
Summe		*15.949,37*	*50.000,00*	*65.949,37*

In den Folgeperioden ist die Forderung jeweils in Höhe des Tilgungsanteils erfolgsneutral aufzulösen. Die Zinsen sind als Ertrag zu vereinnahmen. In gleicher Höhe wird Aufwand für die Zinszahlung an die refinanzierende Bank verrechnet, so daß die Gewinnwirkung insgesamt null ist. Zusätzlich ist die Forderung in Höhe des jährlichen Gewinnanteils aufzulösen. Diese Buchung ist ebenfalls erfolgsneutral, weil der Gewinn bereits zu Beginn der Grundmietzeit realisiert wurde. Für die Folgejahre ergeben sich folgende Buchungen (Periode 1, Periode 2 – 5 analog):

Kasse	16.619	an	Forderung	8.190
			Forderung	2.110
			Zinsertrag	5.000
			Kasse (Verwaltungskosten)	1.319
Verbindlichkeit	8.190	an	Kasse	13.190
Zinsaufwand	5.000			

Hinter dieser Rechnung stehen folgende Annahmen:

- Bei dem zur Finanzierung des Leasingobjektes aufgenommenen Kredit handelt es sich um ein Annuitätendarlehen, so daß Zinsen und Tilgung in jedem Jahr zu einer gleich hohen Auszahlung führen. Andere Tilgungsmodalitäten würden die Rechnung ändern, aber nicht zu einer anderen Aussage führen.
- Die Verwaltungskosten verteilen sich gleichmäßig auf die Jahre der Grundmietzeit. Ist dies nicht der Fall, sind die zu viel oder zu wenig erhaltenen Zahlungen abzugrenzen. Entscheidend ist, daß die Verwaltungskosten erfolgsneutral bleiben, weil sie vollständig vom Leasingnehmer vergütet werden.
- Die jährlichen Leasingraten enthalten einen gleich hohen Gewinnanteil. Diese Annahme ist bei linearen Leasingraten plausibel, aber nicht grundsätzlich erforderlich. Im Hinblick auf die Ausschüttungsbemessung ist nur entscheidend, daß der Gewinnanteil in den Folgeperioden erfolgsneutral verbucht wird.

Im Beispiel wird der Leasinggegenstand zu Beginn der Grundmietzeit auf null abgeschrieben, obwohl der Leasingnehmer das Objekt nach fünf Jahren mit einem von null verschiedenen Restbuchwert (Grundmietzeit < Nutzungsdauer) zurückerhält. Durch diese Abschreibung wird verhindert, daß der am Ende der Grundmietzeit möglicherweise erzielbare Veräußerungserlös bereits bei Vertragsabschluß ausgeschüttet wird. Würde auf den höheren Restwert abgeschrieben, wäre der zu Beginn der Grundmietzeit ausschüttbare Gewinn um diesen Betrag höher, obwohl nicht sicher ist, daß ein Veräußerungserlös in Höhe des Restbuchwertes überhaupt erzielt werden kann.

Ein in der Literatur im Zusammenhang mit der Bewertung von Forderungen diskutiertes Problem ist die Frage der *Abzinsung*. Die Abzinsung von Forderungen wird bei Teilzahlungsgeschäften im allgemeinen damit begründet, daß der Käufer einen geringeren Nominalbetrag zahlen müßte, wenn er den Kaufpreis nicht in Raten, sondern vollständig bei Abschluß des Vertrags zahlen würde. Der in dem höheren Ratenkaufpreis für den Verkäufer enthaltene Zinsertrag ist bei Vertragsabschluß noch nicht realisiert, weil er bei vorzeitiger Zahlung des gesamten (Rest-)Kaufpreises entfallen würde.[202]

Diese Überlegung ist auf Leasingverträge nur teilweise übertragbar. Der Leasingnehmer würde zwar einen geringeren Preis zahlen, wenn er das Objekt sofort bei Vertragsabschluß bezahlen würde, nämlich nur in Höhe der Anschaffungskosten. Diese Alternative ist aber kein echter Vergleichsmaßstab, weil in diesem Fall kein Leasing-, sondern ein Kaufvertrag abgeschlossen würde. Der Gewinn, der in den Leasingraten enthalten ist, muß vom Leasingnehmer in jedem Fall gezahlt werden, unabhängig davon, ob er die restlichen Leasingraten vorzeitig zahlt. Letztlich steigt der Gewinn des Leasinggebers durch die vorzeitige Ratenzahlung an, weil er seinen Kredit vorzeitig tilgen kann und dadurch die Refinanzierungszinsen spart. Eine Abzinsung der Forderung würde dagegen zu einem niedrigeren Gewinn führen.

Für *kündbare Verträge*, bei denen eine Abzinsung der noch zu zahlenden Leasingraten vereinbart wird,[203] gilt dieses Ergebnis nur unter bestimmten Voraussetzungen. In diesem Fall wird durch die Abzinsung die Ersparnis der vom Leasinggeber zu zahlenden Zinsen berücksichtigt, so daß der Leasinggeber keinen *zusätzlichen* Gewinn realisiert. Der ursprünglich kalkulierte Gewinn bleibt dem Leasinggeber allerdings erhalten, wenn der für die Abzinsung verwendete Zinssatz nicht höher als der Refinanzierungszins ist. Wird für die Diskontierung dagegen – wie in der Praxis häufig vereinbart – ein Zinssatz verwendet, der geringer als der Refinanzierungszins ist, erzielt der Leasinggeber einen Gewinn aus der Abzinsung.

Im folgenden werden die Auswirkungen einer vorzeitigen Ratenzahlung anhand des obigen Beispiels erläutert. Dabei wird auch deutlich, welche Voraussetzungen bei der Abzinsung der Raten über die bereits erwähnten hinaus erfüllt sein müssen, damit der Leasinggeber auch bei einer vorzeitigen Vertragsbeendigung den ursprünglich kalkulierten Gewinn erzielt:

Wäre im Beispiel ein kündbarer Vertrag abgeschlossen, ergeben sich exemplarisch für eine Kündigung nach drei Jahren je nach vereinbarter Abzinsung folgende Ergebnisse:

---

202 Vgl. z.B. *Knop/Küting*, § 255, Rn. 79 in Analogie zum Skonto.
203 Vgl. *Berninghaus*, Beendigung des Leasingvertrags, Rdnr. 66.

1. *Keine Abzinsung*, d.h. bei Kündigung wird die *Summe* der noch ausstehenden Leasingraten fällig:

   Wird der Leasingvertrag nach Ablauf von drei Jahren gekündigt, fließen dem Leasinggeber liquide Mittel in Höhe von 49.857 GE (= 3 · 16.619 GE) zu. Durch diesen Betrag sind folgende Auszahlungen bzw. Gewinnanteile abgedeckt:

Verwaltungskosten für die Jahre 3, 4 und 5: (= 3 · 1.319 GE)	3.957,00 GE
Gewinnanteile für die Jahre 3, 4 und 5: (= 3 · 2.110 GE)	6.330,00 GE
Tilgung für die Jahre 3, 4 und 5: (siehe obige Tabelle)	32.801,26 GE
Zinsen für das Jahr 3: (siehe obige Tabelle)	3.280,13 GE
	46.368,39 GE
ersparte Zinsen für die Jahre 4 und 5: (siehe obige Tabelle)	3.488,61 GE
Summe der Leasingraten für die Jahre 3, 4 und 5:	49.857,00 GE

   Die ersparten Zinsen für die Jahre 4 und 5 in Höhe von 3.488,39 GE[204] sind für den Leasinggeber ein zusätzlicher Gewinn. Dieser Gewinn darf allerdings erst im Zeitpunkt der Kündigung des Leasingvertrags realisiert werden, weil der Kündigungszeitpunkt zu Beginn des Leasinggeschäfts nicht bekannt ist.

2. *Abzinsung* mit dem Refinanzierungszinssatz (10 %), d.h. bei Kündigung wird der *Barwert* der noch ausstehenden Leasingraten fällig:

   In diesem Fall erhält der Leasinggeber im Zeitpunkt der Kündigung Einzahlungen in Höhe von 45.461,89 GE (= $16.619 + 16.619 \cdot 1{,}1^{-1} + 16.619 \cdot 1{,}1^{-2}$). Dieser Betrag ist folgendermaßen kalkuliert:

Verwaltungskosten für die Jahre 3, 4 und 5: (= $1.319 + 1.319 \cdot 1{,}1^{-1} + 1.319 \cdot 1{,}1^{-2}$)	3.608,17 GE
Gewinnanteile für die Jahre 3, 4 und 5: (= $2.110 + 2.110 \cdot 1{,}1^{-1} + 2.110 \cdot 1{,}1^{-2}$)	5.771,98 GE
Tilgung für die Jahre 3, 4 und 5: (siehe obige Tabelle)	32.801,26 GE
Zinsen für das Jahr 3: (siehe obige Tabelle)	3.280,13 GE
	45.461,54 GE
ersparte Zinsen für die Jahre 4 und 5:	0 GE
Barwert der Leasingraten für die Jahre 3, 4 und 5:	45.461,89 GE

   Der Leasinggeber realisiert keinen zusätzlichen Gewinn, weil die Zinsersparnis durch die Abzinsung berücksichtigt wird. Die Zinsen, die der Leasinggeber nicht mehr an die Bank zahlen muß, werden dem Leasingnehmer nicht berechnet. Der ursprünglich kalkulierte Gewinn in Höhe von jährlich 2.110 GE bleibt dem Leasinggeber aber erhalten, allerdings nur in der Höhe des *Barwertes*. Unterstellt man aber, daß der Leasinggeber die zugeflossenen Mittel zum Refinanzierungszins anlegen kann, entspricht der Gewinn am Ende des fünften Jahres auch nominal dem ursprünglich kalkulierten.[205] Gleiches gilt für die Verwaltungskosten. Wird der für die Verwaltungskosten berechnete Barwert in Höhe von 3.608,17 GE zum Refinanzierungszins angelegt, steht in jeder Periode der benötigte Betrag in Höhe von 1.319 GE zur Verfügung.

---

204 Die Differenz zu den in der Tabelle ausgewiesenen Beträgen resultiert aus Rundungsfehlern.

205 Durch die Möglichkeit, die zugeflossenen Mittel zum Refinanzierungszins anzulegen, kann der Leasinggeber im Fall 1 (keine Abzinsung) einen weiteren Gewinn erzielen.

3. *Abzinsung* mit einem Zinssatz, der niedriger als der Refinanzierungszins ist (9 %):

   Werden bei der Kündigung des Vertrags die noch ausstehenden Leasingraten mit 9 % abgezinst, erhält der Leasinggeber liquide Mittel in Höhe von 45.853,67 GE (= $16.619 + 16.619 \cdot 1{,}09^{-1} + 16.619 \cdot 1{,}09^{-2}$). Dieser Betrag setzt sich folgendermaßen zusammen:

Verwaltungskosten für die Jahre 3, 4 und 5: (= $1.319 + 1.319 \cdot 1{,}1^{-1} + 1.319 \cdot 1{,}1^{-2}$)	3.608,17 GE
Gewinnanteile für die Jahre 3, 4 und 5: (= $2.110 + 2.110 \cdot 1{,}1^{-1} + 2.110 \cdot 1{,}1^{-2}$)	5.771,98 GE
Tilgung für die Jahre 3, 4 und 5: (siehe obige Tabelle)	32.801,26 GE
Zinsen für das Jahr 3: (siehe obige Tabelle)	3.280,13 GE
	45.461,54 GE
ersparte Zinsen für die Jahre 4 und 5:	0 GE
Gewinn aus Abzinsung:	392,13 GE
Barwert der Leasingraten für die Jahre 3, 4 und 5:	45.853,67 GE

   In diesem Fall erzielt der Leasinggeber einen zusätzlichen Gewinn in Höhe von 392,13 GE, der aus der Abzinsung mit dem unter dem Refinanzierungszinssatz liegenden Zins resultiert. Für die Verwaltungskosten und den ursprünglich kalkulierten Gewinn muß wiederum eine Anlage zum Refinanzierungszins angenommen werden.

Das Beispiel zeigt, daß bei Verträgen, bei denen eine Diskontierung der Leasingraten bei vorzeitiger Zahlung vereinbart ist, die Erzielung des ursprünglich kalkulierten Gewinns davon abhängt, daß die zugeflossenen Mittel zum Refinanzierungszins angelegt werden können. Würde der Gewinn aus dem Leasinggeschäft zu Beginn der Grundmietzeit in voller Höhe realisiert und ausgeschüttet, wäre die Ausschüttung nur dann nicht zu hoch, wenn die Anlage zum Refinanzierungszins tatsächlich erfolgt. Da zu Beginn der Grundmietzeit von einer solchen Anlagemöglichkeit nicht mit Sicherheit ausgegangen werden kann – vielmehr ist die Annahme plausibel, daß der Anlagezins geringer als der Refinanzierungszins ist –, ist in diesem Fall eine Abzinsung der Forderung vorzunehmen. Zu Beginn der Grundmietzeit darf nur der *Barwert* des Gewinns aus dem Leasinggeschäft realisiert werden. Zur Berechnung des Barwerts ist der Refinanzierungszinssatz zu verwenden.[206] Dadurch ist die zu Beginn der Grundmietzeit mögliche Ausschüttung nicht von einer unsicheren Anlagemöglichkeit in der Zukunft abhängig.

Die Beispiele zeigen auch, daß die Bilanzierung nach den Leasingerlassen nicht der für die Ausschüttungsbemessung zweckmäßigen Methode entspricht. Nach den Leasingerlassen wird der Gewinn aus dem Leasinggeschäft zu Beginn der Grundmietzeit nicht oder nur teilweise realisiert.

---

206 Genau genommen müßten nur diejenigen Raten diskontiert werden, die ab dem Zeitpunkt der Kündigung fällig werden. Da der Kündigungszeitpunkt zu Beginn der Grundmietzeit allerdings nicht bekannt ist, ist der gesamte Betrag abzuzinsen. Das gilt nur dann nicht, wenn eine Kündigung erst nach Ablauf eines bestimmten Teils der Grundmietzeit (z.B. 40 %) möglich ist. In diesem Fall sind nur die nach diesem Zeitpunkt fälligen Raten zu diskontieren.

Gibt der Leasingnehmer das Leasingobjekt am Ende der Grundmietzeit zurück, stellt sich die Frage, ob und – wenn ja – mit welchem Wert der Vermögensgegenstand in der Bilanz des Leasinggebers anzusetzen ist. Diese Frage ist ein Problem der Bilanzierung von unentgeltlich erworbenen Vermögensgegenständen.

Die Frage, *ob* ein unentgeltlich erworbener Vermögensgegenstand zu aktivieren ist, wird im Schrifttum nicht einheitlich beantwortet, sondern es finden sich Argumente für die drei Möglichkeiten Aktivierungspflicht, Aktivierungswahlrecht und Aktivierungsverbot. Die h.M. nimmt ein Aktivierungswahlrecht an.[207] Geht man davon aus, daß in der Bilanz alle Einzahlungspotentiale ausgewiesen werden müssen, ist die Antwort eindeutig: Das Leasingobjekt ist zu *aktivieren*, sofern es noch einen Restwert hat und vom Leasinggeber z.B. durch eine weitere Vermietung genutzt oder veräußert werden kann.

Für die *Bewertung* gilt nach h.M., daß der anzusetzende Betrag „den (vorsichtig zu schätzenden) sonst üblichen Anschaffungswert (Zeitwert) nicht übersteigen" darf.[208] Der Ansatz zu einem von null verschiedenen Zeitwert erfordert allerdings eine ertragswirksame Buchung, die eine sofortige Ausschüttung ermöglicht. Diese Ausschüttung ist aus der Sicht der Gläubiger dann zu akzeptieren, wenn eine verläßliche Schätzung der erzielbaren Einzahlungsüberschüsse möglich ist und wenn die Einzahlungen mit hoher Wahrscheinlichkeit realisiert werden können. Das ist der Fall, wenn der Leasinggeber das Leasingobjekt nach der Rückgabe entweder veräußert oder erneut vermietet. Ist eine solche Verwertung nicht geplant, bleibt nur der Ansatz zu den (tatsächlichen) Anschaffungskosten in Höhe von null. Eine verläßliche Schätzung dürfte in diesem Fall nicht möglich sein, weil davon auszugehen ist, daß der Leasinggeber den Leasinggegenstand nur zum Zweck der Vermietung angeschafft oder hergestellt hat, so daß eine Nutzung in seinem eigenen Geschäftsbetrieb nicht möglich ist.

Eine *Abschreibung* der Forderung ist beim Leasinggeber dann geboten, wenn die zukünftigen Einzahlungen voraussichtlich geringer oder die Auszahlungen höher sind als erwartet.[209] Das ist zum einen dann der Fall, wenn der Leasingnehmer nicht mehr zahlungsfähig ist und die aus der Verwertung des Leasingobjektes erzielbaren Zahlungen geringer als die ursprünglich kalkulierten sind.[210] In diesem Fall ist auf den Wert der noch zu erwartenden Zahlungen abzuschreiben. Zum anderen kann eine Abschreibung erforderlich sein, wenn die

---

207 Vgl. *ADS*, § 246, Tz. 44; *Knop/Küting*, § 255, Rn. 109 f.
208 *Knop/Küting*, § 255, Rn. 110.
209 Vgl. auch *Findeisen*, Eigentum des Leasinggebers, Rdnr. 29; *Isele*, Leasingverhältnisse, Rn. 497; *Schirduan*, Finanzierungs-Leasing, S. 214.
210 Vgl. auch *Helmschrott*, Leasinggeschäfte, S. 209.

beim Leasinggeber anfallenden Kosten (z.B. Refinanzierungszinsen) die erwarteten Kosten übersteigen.

5.1.3.3.3.2 Aktivierung des Leasingobjekts

Läßt der Leasinggeber das Leasingobjekt in seiner Bilanz stehen, ist ein *zusätzlicher Abgrenzungsposten* in Höhe der Differenz zwischen der Summe der Leasingraten[211] abzüglich der zukünftigen Auszahlungen und dem Buchwert des Leasingobjektes zu bilden.[212] Diese Buchung erfolgt ertragswirksam, so daß der Gewinn aus dem Leasinggeschäft bei Vertragsabschluß realisiert wird. Die Höhe der Aktivposten entspricht in der Summe der Forderung, die bei der Ausbuchung des Leasingobjektes ausgewiesen wird.

Letzteres setzt voraus, daß die aktivierten Anschaffungs-/Herstellungskosten des Leasingobjektes dem Barwert der Leasingraten ohne die nur im Zusammenhang mit dem Leasingvertrag anfallenden Kosten (Verwaltungs-/Vertriebskosten) und ohne den Gewinnzuschlag entsprechen. Der Barwert wird mit Hilfe des Refinanzierungszinssatzes berechnet. Damit entspricht der Wertansatz des Leasingobjektes dem Wertansatz der Verbindlichkeit, die der Leasinggeber gegenüber dem Kreditinstitut hat.

In den *Folgeperioden* ist das Leasingobjekt abzuschreiben und der Abgrenzungsposten aufzulösen. Um sicherzustellen, daß die Verbuchung des Leasinggeschäfts erfolgsneutral erfolgt, müssen der Abschreibungs- und der Zinsaufwand durch eine ertragswirksame Buchung ausgeglichen werden. Der Abgrenzungsposten ist in jeder Periode in Höhe des in der Leasingrate enthaltenen Gewinnanteils erfolgsneutral aufzulösen. Das Leasingobjekt ist in Höhe des Tilgungsanteils abzuschreiben.

Diese Art der Abschreibung bestimmt gleichzeitig die Abschreibungsdauer: Das Leasingobjekt ist am Ende der Grundmietzeit automatisch vollständig abgeschrieben.

Im folgenden wird diese Bilanzierungsvariante anhand des im vorherigen Abschnitts entwickelten Beispiels verdeutlicht:

Bei dieser Bilanzierungsmethode bleibt das Leasingobjekt zunächst mit den Anschaffungskosten von 50.000 GE in der Bilanz stehen. Zusätzlich wird ein Abgrenzungsposten in Höhe von 10.550 GE aktiviert:

Anlagevermögen (Kauf des Leasingobjektes)	50.000	an	Verbindlichkeit	50.000
Aktivposten	10.550	an	Ertrag aus Leasinggeschäft	10.550

211 Bei kündbaren Verträgen mit vereinbarter Abzinsung ist der *Barwert* der Leasingraten Ausgangspunkt der Berechnung des Wertansatzes.

212 Alternativ kann auch hier der Abgrenzungsposten in Höhe der Differenz zwischen der Summe (dem Barwert) der Leasingraten und dem Buchwert angesetzt werden. Gleichzeitig müssen dann Abgrenzungsposten für die zukünftigen Auszahlungen gebildet werden.

In den Folgeperioden sind folgende Buchungen vorzunehmen (zu den Annahmen vgl. Abschnitt 5.1.3.3.3.1):

Kasse	16.619	an	Aktivposten	2.110
			Kasse (Verwaltungskosten)	1.319
			Ertrag	13.190
Verbindlichkeit	8.190	an	Kasse	13.190
Zinsaufwand	5.000			
Abschreibung	8.190	an	Anlagevermögen	8.190

Das Beispiel zeigt die Unterschiede zur Bilanzierung nach den Leasingerlassen: Danach fehlt der zusätzliche Abgrenzungsposten, der zur Gewinnrealisierung zu Beginn der Grundmietzeit ertragswirksam gebildet werden muß. Die Bilanzierungsmethode der Leasingerlasse ist nur für Operating-Leasing zweckmäßig, weil in diesem Fall die Preisgefahr nicht bereits bei der Übergabe des Leasingobjektes auf den Leasingnehmer übergeht.

Auch hier könnte gegen die Art der Abschreibung eingewendet werden, daß die Abschreibungsmethode nicht mit der Wertentwicklung des Leasingobjektes zusammenhängt.[213] In der Tat wird die Höhe der Abschreibung in diesem Fall so bemessen, daß eine erfolgsneutrale Verbuchung des Leasinggeschäfts erreicht wird; letztlich handelt es sich nur um einen „Rechentrick". Eine andere Bedeutung kann die Abschreibung aber im Zusammenhang mit der Ausschüttungsbemessung nicht haben.

Mögliche Gründe für außerplanmäßige Abschreibungen wurden im vorherigen Abschnitt erläutert.

5.1.3.4 Bilanzierung von Optionen

Auch für den Leasinggeber ist bei vereinbarten Kauf- bzw. Mietverlängerungsoptionen und Andienungsrechten zu fragen, wie einerseits das Optionsrecht und andererseits das Hauptgeschäft, d.h. der bei der Ausübung der Option erhaltene Kaufpreis bzw. die Anschlußmiete zu bilanzieren ist. Bei einer *Kauf- bzw. Mietverlängerungsoption* ist der Leasinggeber der *Stillhalter*, so daß der Erhalt des Kaufpreises bzw. der Anschlußmiete von der Entscheidung des Leasingnehmers abhängig ist. Bei einem *Andienungsrecht* ist der Leasinggeber der *Optionsberechtigte*, d.h. er entscheidet selbst, ob er dem Leasingnehmer das Objekt verkaufen möchte.

Die Bilanzierung von Optionen wurde für den Leasingnehmer ausführlich behandelt, und zwar sowohl für den Stillhalter als auch für den Optionsberechtigten. Die Bilanzierung beim Leasinggeber erfolgt analog, so daß im wesentlichen auf die Ausführungen für die Bilanzierung beim Leasingnehmer verwiesen werden kann.

---

213 Vgl. z.B. *Schirduan*, Finanzierungs-Leasing, S. 186.

5.1.3.4.1 Bilanzierung des Optionsrechts

Die Bilanzierung des Optionsrechts bei einer im Leasingvertrag vereinbarten *Kauf- oder Mietverlängerungsoption* beim Leasinggeber erfolgt analog zu der Bilanzierung eines Andienungsrechts beim Leasingnehmer.[214] Diese beiden Fälle sind vergleichbar, weil jeweils die Stillhalterposition betrachtet wird. Daraus folgt, daß

- ein möglicherweise aus der Ausübung der Option durch den Leasingnehmer resultierender Verlust für die Bilanzierung des Optionsrechts keine Rolle spielt, sondern bei der Bilanzierung des Hauptgeschäfts berücksichtigt wird, so daß
- das Optionsrecht beim Abschluß des Leasingvertrags *bilanziell unberücksichtigt* bleibt. Eine Ertragsverrechnung ist nicht möglich, da keine Optionsprämie gezahlt wird.

Bei einem *Andienungsrecht* ist der Leasinggeber dagegen der Optionsberechtigte, so daß hier auf die Ausführungen zur Bilanzierung von Kauf- bzw. Mietverlängerungsoptionen beim Leasingnehmer zurückgegriffen werden kann.[215]

Das Andienungsrecht ist aus der Sicht des Leasinggebers ein *Vermögensgegenstand*, der das Kriterium der konkreten Einzelverkehrsfähigkeit erfüllt. Der Leasinggeber kann und darf das Recht jederzeit an einen Dritten veräußern. Die Aktivierung des Andienungsrechts scheitert nach geltendem Handelsrecht aber am Verbot der Aktivierung nicht entgeltlich erworbener immaterieller Anlagegegenstände (§ 248 Abs. 2 HGB), weil der Leasinggeber keine Optionsprämie zahlt. Daß diese Lösung im Hinblick auf die Ausschüttungsbemessung zweckmäßig ist, wurde bereits für den Leasingnehmer begründet; die Argumentation gilt für den Leasinggeber in gleicher Weise.[216]

5.1.3.4.2 Bilanzierung des Hauptgeschäfts

Zahlungen, die der Leasinggeber beim Abschluß des Hauptgeschäfts erhält (Kaufpreis bzw. Anschlußmiete), dürfen nach geltendem Handelsrecht erst bei Ausübung der Option bilanziert werden. Die für den Leasingnehmer erläuterte Begründung für diese Vorgehensweise gilt hier analog.[217]

Hinsichtlich der Zweckmäßigkeit dieser Vorgehensweise im Hinblick auf die Ausschüttungsbemessung gilt für den Leasinggeber folgendes: Bei einer *Kauf- oder Mietverlängerungsoption* erhält der Leasinggeber bei der Ausübung der Option durch den Leasingnehmer Einzahlungen in Form des Kaufpreises oder der Anschlußmiete. Als Gegenleistung muß er

---

214 Vgl. Abschnitt 5.1.2.4.1.
215 Vgl. Abschnitt 5.1.2.4.1.
216 Vgl. Abschnitt 5.1.2.4.1.

dem Leasinggeber das Eigentum bzw. das Nutzungsrecht i.d.R. bis zum Ende der wirtschaftlichen Nutzungsdauer des Leasingobjektes überlassen. Diese Gegenleistung ist aber für den Leasinggeber mit keinen oder nur geringen Auszahlungen verbunden, weil das Leasingobjekt während der Grundmietzeit bereits amortisiert wurde. Das bedeutet z.B., daß der Kredit zur Finanzierung des Leasingobjektes bereits getilgt ist. Folglich stellen diese Einzahlungen für den Leasinggeber Gewinn dar.

Dieses Ergebnis steht nicht im Widerspruch zu der Tatsache, daß die Ausübung einer Option für den Stillhalter i.d.R. mit einem Verlust verbunden ist. Der Verlust besteht für den Leasinggeber darin, daß er das Leasingobjekt an einen Dritten zu einem höheren Preis verkaufen oder vermieten könnte, so daß der „Verlust" ein entgangener (höherer) Gewinn ist.

Für die Bilanzierung dieses Gewinns beim Leasinggeber stellt sich wiederum die Frage nach dem *Realisationszeitpunkt*. Denkbar sind zwei bzw. drei Zeitpunkte:

1. Der Gewinn kann schon *zu Beginn der Grundmietzeit* realisiert und damit ausgeschüttet werden.
2. Der Gewinn kann *zum Zeitpunkt der Optionsausübung* realisiert werden.
3. Bei einer Mietverlängerungsoption ist zusätzlich eine Realisation *über den Verlängerungszeitraum verteilt* möglich.

Ob der Leasinggeber diesen Gewinn tatsächlich erzielt, hängt von zwei Faktoren ab: vom Verhalten des Leasingnehmers und von der Entwicklung des Marktpreises im Verhältnis zum vereinbarten Basispreis. Der Leasingnehmer wird – sofern er rational handelt – die Option dann ausüben, wenn der Marktpreis höher als der Basispreis ist. Im umgekehrten Fall kann er das Leasingobjekt günstiger auf dem Markt beschaffen. Der Leasinggeber kann in diesem Fall nur einen Gewinn in Höhe des niedrigeren Marktpreises realisieren, wenn er das Objekt an einen Dritten verkauft oder vermietet. Diese Gewinnrealisierung hängt aber wiederum davon ab, daß der Marktpreis nicht auf null gesunken ist. Daraus folgt, daß der Leasinggeber zu Beginn der Grundmietzeit nicht sicher sein kann, ob und in welcher Höhe er einen zusätzlichen Gewinn aus dem Verkauf oder der weiteren Vermietung erzielen kann, so daß eine Gewinnrealisierung zu Beginn der Grundmietzeit zu einer aus Gläubigersicht zu frühen Ausschüttung führen würde. Die Kauf- bzw. Mietverlängerungsoption muß *während der Grundmietzeit erfolgsneutral* bleiben.

[217] Vgl. dazu Abschnitt 5.1.2.4.2.

Dagegen fließen zum Zeitpunkt der Ausübung einer *Kaufoption* liquide Mittel zu, denen keine oder nur geringe zukünftige Auszahlungen gegenüberstehen. Demnach ist eine Einbehaltung dieser Mittel aus Gläubigersicht nicht erforderlich. Der Gewinn kann zu diesem Zeitpunkt realisiert und ausgeschüttet werden.

Ob diese Überlegung auch für den Fall einer *Mietverlängerungsoption* gilt, hängt davon ab, ob der Verlängerungsvertrag weiterhin wie ein Leasingvertrag oder wie ein „normaler" Mietvertrag behandelt wird. Liegt ein Leasingvertrag vor, gilt weiterhin, daß der Leasinggeber die Leasingraten erhält, unabhängig davon, ob das Leasingobjekt genutzt werden kann oder nicht. In diesem Fall ist der zusätzliche Gewinn „so gut wie sicher" und kann realisiert und ausgeschüttet werden. Ist der Verlängerungsvertrag dagegen ein normaler Mietvertrag, dessen Kündigung jederzeit möglich ist, kann der Leasinggeber nicht sicher sein, alle zukünftigen Mietzahlungen zu erhalten. Eine Gewinnrealisierung zum Zeitpunkt der Optionsausübung würde daher zur Ausschüttung von Mitteln führen, die der Leasinggeber möglicherweise niemals erhält. Folglich ist der Gewinn in diesem Fall über den Verlängerungszeitraum verteilt zu realisieren.[218]

Das Argument der Unsicherheit des zukünftigen Gewinns trifft auf den Fall eines *Andienungsrechts* nicht zu. In diesem Fall kann der Leasinggeber entscheiden, ob er das Leasingobjekt an den Leasingnehmer oder an einen Dritten verkaufen will. Er wird an den Leasingnehmer verkaufen, wenn der Basispreis höher als der Marktpreis ist; umgekehrt wird er an einen Dritten verkaufen, wenn der Marktpreis den Basispreis übersteigt. Daraus folgt, daß dem Leasinggeber ein zusätzlicher Gewinn in Höhe des vereinbarten Kaufpreises schon beim Abschluß des Leasingvertrags sicher ist. Unsicher ist nur, ob eventuell ein höherer Gewinn realisiert werden kann. Daher kann schon *zu Beginn der Grundmietzeit* der Gewinn in Höhe des Basispreises realisiert und ausgeschüttet werden. Je nach Bilanzierungsmethode ist der Wert der Forderung oder des zusätzlich zu bildenden Abgrenzungspostens in Höhe des vereinbarten Kaufpreises ertragswirksam zu erhöhen.

5.1.4 Ergebnis: Gewinnermittlungsregeln zur Ausschüttungsbemessung für Leasinggeschäfte

Die Analyse der Gewinnermittlungsregeln zur Ausschüttungsbemessung führt für Leasinggeschäfte zu einem auf den ersten Blick erstaunlichen Ergebnis: Das Kriterium des *wirtschaftlichen Eigentums*, das in der Literatur *der* Schwerpunkt der Diskussion um die Bilanzierung von Leasinggeschäften ist, hat für die Bemessung der Ausschüttung *keine Bedeutung*. Von den drei in der Einleitung zu diesen Ausführungen dargestellten Ergebnismöglichkeiten trifft folglich der dritte Fall zu: Es gibt keinen Grund, zwischen verschiedenen Arten von Leasingverträgen zu unterscheiden. Allein aufgrund der Ansatzkriterien für Vermögensgegenstände und Schulden kann entschieden werden, wie Leasingverträge zu bilanzieren sind.[219]

Die intensive Diskussion um die Definition des wirtschaftlichen Eigentums erscheint um so fragwürdiger, wenn die für die Ausschüttungsbemessung entscheidenden *Gewinnwirkungen* analysiert werden. Dabei ist festzustellen, daß die verschiedenen Bilanzierungsmethoden zwar zu einer (marginal) unterschiedlichen Verteilung der Aufwendungen und Erträge führen, in keinem Fall aber eine sofortige (vollständige) Aufwands- bzw. Ertragsverrechnung vorgesehen ist. Daraus ist zu schließen, daß die Leasingerlasse – gleiches gilt für die zahlreichen Vorschläge in der Literatur – im Hinblick auf die Gewinnermittlung nicht zwischen verschiedenen Arten von Leasinggeschäften unterscheiden. Die Vorschriften der Leasingerlasse beinhalten somit zwar unterschiedliche „Informationsregeln",[220] aber (fast) identische Gewinnermittlungsregeln für alle Leasinggeschäfte.

Außerdem ist feststellbar, daß die Regeln der Leasingerlasse und die Vorschläge im Schrifttum nur zufällig zweckmäßig sind. Letztlich fehlt eine konsequente Ableitung der Regeln aus den Zwecken der Rechnungslegung. Für die Leasingerlasse ist dieser fehlende Zusammenhang erklärbar, weil diese Vorschriften für die Steuerbilanz entwickelt wurden, die einen anderen Zweck als die Handelsbilanz verfolgt.[221] Daran wird aber auch die Problematik der Übernahme steuerlicher Regelungen in die Handelsbilanz deutlich. Ebenso hat die Analyse gezeigt, daß alle Versuche, Bilanzierungsvorschriften aus Maßstäben wie z.B. der „wirtschaftlichen Betrachtungsweise" oder aus juristischen Kriterien abzuleiten, scheitern, solange nicht der Zusammenhang zu den Rechnungslegungszwecken hergestellt wird.

---

218 Vgl. dazu die Überlegungen zur Gewinnrealisation bei Operating-Leasing in Abschnitt 5.1.3.3.1.

219 Ein Zurechnungskriterium ist dabei insofern weiterhin erforderlich, als der Bilanzierende keine Zahlungen bilanzieren darf, die zwischen zwei „unabhängigen Dritten" fließen. Die Zurechnung von Zahlungspotentialen zum Bilanzierenden ist aber problemlos möglich: Anzusetzen sind alle wirtschaftlichen Güter, aus denen *dem Bilanzierenden* (und nicht oder nicht nur einem Dritten) Zahlungen zufließen, so wie alle Auszahlungsverpflichtungen, die *vom Bilanzierenden* zu begleichen sind.

220 Die Intention des BMF war wohl die Aufstellung von Gewinnermittlungsregeln, die im Ergebnis aber zu Informationsregeln geworden sind.

221 Aus diesem Grund gelten die Ergebnisse dieser Arbeit nicht unbedingt auch für die Steuerbilanz.

5.2 Gewinnermittlung zur Informationsvermittlung

5.2.1 Ausgangspunkt der Analyse

Die kritische Analyse der US-GAAP für die Bilanzierung von Leasinggeschäften muß vor dem Hintergrund der Gewinnermittlung zur *Informationsvermittlung* erfolgen. Für die Ausschüttungsbemessung haben diese Regeln keine Bedeutung.[222]

Im dritten Kapitel wurde erläutert, wie ein Rechnungslegungssystem konzipiert werden muß, welches die Kapitalgeber durch die Ermittlung einer *informativen Gewinngröße* und/oder durch den Ausweis von *informativen Bilanzpositionen* schützen soll. Dabei wurde festgestellt, daß eine solche Rechnungslegung konzeptionell problematisch ist und ihren Zweck nur sehr bedingt erfüllen kann. Bliebe man bei dieser Feststellung stehen, würde eine Analyse der US-amerikanischen Leasingregeln schwerfallen, weil Einzelregelungen kaum zweckmäßig sein können, wenn bereits das Rechnungslegungs*konzept* ungeeignet ist.

Eine solche Sichtweise wäre aber zu oberflächlich, weil sie eine mögliche second best-Lösung vernachlässigen würde. Diese Lösung besteht in der Ermittlung eines prognosegeeigneten Gewinns, der ein Indikator für zukünftige Gewinne ist. Im Rahmen einer Analyse der Leasingregeln des FASB kann folglich untersucht werden,

- ob diese Vorschriften der *second best-Lösung* entsprechen und
- ob eine weitere *Annäherung an die first best-Lösung* speziell bei Leasingverträgen möglich ist.

Auch nach US-GAAP hängen die bilanziellen Konsequenzen des Leasinggeschäfts unmittelbar von der Zurechnung des Leasinggegenstands ab. Liegt *Operating Lease* vor, aktiviert der Leasinggeber das Leasingobjekt, und sowohl der Leasinggeber als auch der Leasingnehmer bilanzieren den Vertrag nach den Vorschriften für *Mietverträge.* Bei *Capital Lease* wird das Leasingobjekt dem Leasingnehmer zugerechnet, und die Bilanzierung richtet sich nach den Grundsätzen für *(Raten-)Kaufverträge.* Abbildung 37 (S. 253) faßt die bilanziellen Konsequenzen bei Capital bzw. Operating Lease zusammen.

---

222 Vgl. aber Fußnote 152 im dritten Kapitel. Die Frage nach der Zweckmäßigkeit der US-GAAP für die Ausschüttungsbemessung wird zudem dann relevant, wenn die US-GAAP (oder IAS) in Systeme übernommen werden, in denen die Rechnungslegung der Ausschüttungsbemessung dient und diesen (Sub-) Zweck auch weiterhin erfüllen soll.

<table>
<tr><th colspan="2">Operating Lease</th><th colspan="2">Capital Lease</th></tr>
<tr><th>Bilanz...</th><th>GuV...</th><th>Bilanz...</th><th>GuV...</th></tr>
<tr><td colspan="4">**...des Leasinggebers**</td></tr>
<tr><td rowspan="4">Leasingobjekt
Abgrenzungsposten für Vertragsabschluß-kosten</td><td rowspan="4">Abschreibungen
Ertrag aus Mindest-leasingraten
Aufwand aus Auflösung des Abgrenzungs-postens für Vertrags-abschlußkosten</td><td colspan="2">*Sales-Type Lease*</td></tr>
<tr><td>Forderung (Bruttoinvestition)
Abgrenzungsposten für nicht realisierten Zins-ertrag</td><td>Zinsertrag
bei erstmaliger Ver-buchung: Gewinn aus Leasinggeschäft</td></tr>
<tr><td colspan="2">*Direct Financing Lease*</td></tr>
<tr><td>Forderung (Bruttoinvestition)
Abgrenzungsposten für nicht realisierten Zins-ertrag
Abgrenzungsposten für Vertragsabschluß-kosten</td><td>Zinsertrag
Ertrag aus Auflösung des Abgrenzungs-posten für nicht realisierten Zinsertrag</td></tr>
<tr><td colspan="4">**...des Leasingnehmers**</td></tr>
<tr><td>evtl. Abgrenzungs-posten für Mindest-leasingraten</td><td>Aufwand aus Mindest-leasingraten</td><td>Leasingobjekt
Verbindlichkeit</td><td>Abschreibungen
Zinsaufwand</td></tr>
<tr><td colspan="2">=> *Mietverträge (schwebende Geschäfte)*</td><td colspan="2">=> *(Raten-)Kaufverträge*</td></tr>
</table>

Abbildung 37: Bilanzielle Konsequenzen der Zurechnung des Leasingobjektes nach SFAS 13

Auch nach US-GAAP sind folglich für den Leasinggeber und den Leasingnehmer jeweils zwei Bilanzierungsmethoden zu unterscheiden, die denen nach deutschem Recht sehr ähnlich sind:[223]

Leasingnehmer

1. Aktivierung des Leasingobjektes und Passivierung einer Verbindlichkeit gegenüber dem Leasinggeber
   oder
2. keine bilanziellen Konsequenzen.

Leasinggeber

1. Aktivierung des Leasingobjektes
   oder
2. Aktivierung einer Forderung gegenüber dem Leasingnehmer.

[223] Auch die US-GAAP für Leasinggeschäfte beruhen folglich auf dem *„selective capitalization approach"*; vgl. Fußnote 3 in diesem Kapitel.

Die US-amerikanischen Leasingregeln sind den deutschen nicht nur im Hinblick auf diese Bilanzierungsmethoden ähnlich, sondern auch hinsichtlich der Einteilung der Leasingverträge in verschiedene Gruppen (Operating Lease – Capital Lease) nach bestimmten Zurechnungskriterien. Im Rahmen der Analyse sind folglich die gleichen Schritte vorzunehmen wie bei der Analyse der deutschen Vorschriften: Es ist erstens zu untersuchen, ob aus dem Leasingvertrag *Vermögenswerte und/oder Schulden* resultieren bzw. warum diese Bilanzposten nicht in jedem Fall angesetzt werden. In diesem Zusammenhang sind neuere Ansätze in die Analyse einzubeziehen, die eine Aufhebung der Differenzierung zwischen Operating und Capital Lease vorschlagen. Zweitens ist zu analysieren, welche *Gewinnwirkung* die Bilanzierungsmethoden haben, ob diese Gewinnwirkung zweckmäßig ist bzw. wie eine zweckmäßige Bilanzierungsmethode aussehen müßte. Drittens stellt sich im Rahmen der Gewinnermittlung zur Informationsvermittlung zusätzlich die Frage, welche Gewinnermittlungsregeln zum Ansatz von *informativen Bilanzpositionen* führen.

5.2.2 Leasinggeschäfte in der Bilanz des Leasingnehmers

5.2.2.1 Die Zweckmäßigkeit der Zurechnungskriterien

5.2.2.1.1 Leasinggeschäfte als Vermögenswerte und Schulden

Prüft man, ob die mit dem Leasinggeschäft verbundenen „Ressourcen" die Definitionen für die in der Bilanz nach US-GAAP anzusetzenden Positionen erfüllen, kommt man zu dem Ergebnis, daß aus Leasingverträgen für den Leasingnehmer sowohl *Vermögenswerte* als auch *Schulden* resultieren. Der Leasingnehmer erwirbt durch den Abschluß des Leasingvertrags einen zukünftigen Nutzenzufluß in der Form eines Einzahlungsstroms, der aus der Nutzung des Leasingobjektes resultiert. Für die Nutzungsmöglichkeit zahlt er die Leasingraten, so daß der Vertrag einen zukünftigen Nutzen- bzw. Zahlungsmittelabfluß begründet, dem sich das Unternehmen unter normalen Umständen nicht entziehen kann. Die definitorischen Voraussetzungen für einen Bilanzansatz sind folglich sowohl für die Aktiv- als auch die Passivseite[224] erfüllt.[225] Ein Ansatz könnte höchstens an den zusätzlichen Ansatzkriterien

224 Die Verwendung der Begriffe „Aktiv- und Passivseite" für die Bilanz nach US-GAAP unterstellt eine Aufstellung der Bilanz in Kontoform. Nach US-GAAP hat der Bilanzierende ein Wahlrecht zwischen Konto- und Staffelform; vgl. *Coenenberg*, Jahresabschluß, S. 146.

225 Vgl. auch *Lenz*, Bilanzierung von Mobilien-Leasingverträgen, S. 198; *Mellwig/Weinstock*, Zurechnung des Leasingobjektes, S. 2351 f., die aber die Definition für Vermögenswerte (nach IAS) für kein geeignetes Zurechnungskriterium halten, weil aus einem Leasinggegenstand sowohl dem Leasingnehmer als auch dem Leasinggeber Nutzen zufließt.

– zuverlässige Bewertbarkeit, Relevanz, Zuverlässigkeit – scheitern, wobei diese Kriterien bei Leasinggeschäften aber im Regelfall erfüllt sein dürften.[226]

Nach den für die Informationsvermittlung zweckmäßigen Ansatzkriterien kommt man zu demselben Ergebnis: Alle Leasinggeschäfte begründen sowohl ein *Einzahlungs-* als auch ein *Auszahlungspotential.* Die Nicht-Bilanzierung dieser Posten nach SFAS 13 in bestimmten Fällen wirft die Frage auf, ob es trotz der erfüllten Ansatzkriterien Gründe gibt, auf einen Ansatz von Vermögenswerten und Schulden zu verzichten.

5.2.2.1.2 Die Zurechnungskriterien nach SFAS 13

Nach den Zurechnungskriterien des SFAS 13 muß der Leasingnehmer das Leasingobjekt sowie eine Verbindlichkeit gegenüber dem Leasinggeber ansetzen, wenn

- er am Ende der Grundmietzeit (automatisch) Eigentümer des Leasinggegenstands wird (SFAS 13 Abs. 7(a));
- er durch die Ausübung einer Kaufoption am Ende der Grundmietzeit mit hoher Wahrscheinlichkeit Eigentümer des Leasingobjektes wird (SFAS 13 Abs. 7(b));
- er das Leasingobjekt über einen wesentlichen Teil (75 %) der wirtschaftlichen Nutzungsdauer nutzt (SFAS 13 Abs. 7 (c)) oder
- der Barwert der Mindestleasingraten in etwa (90 %) dem Fair Value des Leasingobjektes zu Beginn der Grundmietzeit entspricht (SFAS 13 Abs. 7 (d)).

Ist nicht mindestens eines dieser Kriterien erfüllt, werden in der Bilanz des Leasingnehmers keine Positionen für das Leasinggeschäft angesetzt (Ausnahme: Rechnungsabgrenzungsposten).

Hinter diesen Ansatzkriterien des FASB steht der „*risk and reward approach*“, nach dem das Leasingobjekt von demjenigen zu bilanzieren ist, der die mit dem Eigentum an diesem Gegenstand verbundenen Chancen und Risiken trägt.[227] Dieser Ansatz beruht auf dem Prinzip der wirtschaftlichen Betrachtungsweise („*substance over form*“), wonach nicht die juristische Einordnung, sondern der wirtschaftliche Gehalt für die Bilanzierung eines Sachverhalts maßgeblich ist. Warum eine solche Bilanzierung zu einer informativen Bilanzierung führt, wird vom FASB allerdings nicht erläutert.

Wie für die „wirtschaftliche Betrachtungsweise“ im deutschen Handelsrecht gilt auch für das Prinzip der „substance over form“, daß es eine Leerformel bleibt, solange der „wirtschaftliche

---

[226] Vgl. auch *McGregor*, A New Approach, S. 16. Insbesondere das Kriterium der Relevanz der Information über Vermögenswerte und Schulden aus Leasingverträgen wird im folgenden Abschnitt ausführlich diskutiert.

Gehalt" nicht definiert wird. Leitet man eine solche Definition aus den mit der Rechnungslegung verfolgten Zwecken ab, kann der „wirtschaftliche Gehalt" nur in den mit einer Transaktion erzielbaren *Zahlungsströmen* liegen, weil diese Zahlungsströme die für die Kapitalgeber relevanten Größen sind. Diese Definition führt aber zwangsläufig dazu, daß sich *alle* Leasinggeschäfte in der Bilanz des Leasingnehmers niederschlagen müssen, denn jedes Leasinggeschäft ist für den Leasingnehmer mit Einzahlungen (aus der Nutzung) und Auszahlungen (für die Leasingraten) verbunden, d.h. jedes Leasinggeschäft hat einen „wirtschaftlichen Gehalt".[228]

Für den Bilanzadressaten ist es dabei irrelevant, ob der Leasingnehmer (rechtlicher) *Eigentümer* des Leasingobjektes ist oder nicht. Entscheidend sind allein die mit der Nutzung des Gegenstands verbundenen Cash Flows.[229] Auch die *Länge der Nutzungsdauer* sowie die *Höhe der Mindestleasingraten* haben keinen Einfluß auf die Tatsache, daß die mit dem Leasinggeschäft verbundenen Cash Flows in die Bilanz des Leasingnehmers eingehen müssen. Diese Kriterien können die *Höhe* der Positionen beeinflussen – z.B. sind die Cash Flows vermutlich um so höher, je länger die Grundmietzeit im Verhältnis zur wirtschaftlichen Nutzungsdauer ist –, nicht aber die Berücksichtigung *dem Grunde nach*.[230]

Daraus folgt weiterhin, daß es im Hinblick auf einen informativen Gewinn keinen Grund gibt, zwischen verschiedenen Arten von Leasinggeschäften zu unterscheiden.[231] Wie noch zu

---

227 Vgl. dazu die Erläuterungen des FASB zu verschiedenen Ansatzkriterien in Appendix B zu SFAS 13 Abs. 59-90.

228 Vgl. auch *Klein*, Kapitalgeberschutz durch Rechnungslegungsvorschriften, S. 289, die dieses Ergebnis für Mietverträge ableitet; *Vatter*, Accounting for Leases, S. 135; *Wyatt*, Leases Should be Capitalized, S. 37. Zu diesem Ergebnis kommt auch *Emmrich*, der aber daraus einerseits die Schlußfolgerung zieht, daß die von ihm abgeleiteten, grundsätzlich zweckmäßigen Ansatzkriterien für Vermögenswerte (künftige Einzahlungserwartung, die am Bilanzstichtag vorliegt, Verwertung als Einzelheit abstrakt oder konkret möglich, Nutzungsrecht reicht über den Stichtag hinaus) für die Entscheidung über den Ansatz von Leasinggeschäften nicht geeignet sind, weil diese Kriterien zur Aktivierung einer Vielzahl von Mietverhältnissen führen würden. Warum diese Aktivierung unzweckmäßig ist, wird dabei nicht begründet. Andererseits kommt *Emmrich* speziell für Leasingverträge zu dem Ergebnis, daß die Bilanzierung *aller* Leasingverträge mit kleineren Einschränkungen zweckmäßig ist; vgl. *Emmrich*, Reform der Rechnungslegung, S. 258, 302, 307 f.

229 Vgl. auch *Ely*, Operating Lease Accounting, S. 398 ff.; *Franken*, Rechnungslegung nach US-GAAP, S. 202, 213; *Ma*, Long-Term Leases, S. 26; *Vatter*, Accounting for Leases, S. 135. Das rechtliche Eigentum ist für die Kapitalgeber nicht grundsätzlich irrelevant. Es kann nicht nur die Höhe, sondern auch die (Un-)Sicherheit der Cash Flows beeinflussen. Dieses Problem wird im Rahmen der Diskussion der Informationsregeln für Leasingverträge wieder aufgegriffen; vgl. dazu Abschnitt 5.3.2.1.1. Vgl. auch *Defliese*, Accounting for leases, S. 17, der die Art der Finanzierung (Eigen- oder Fremdfinanzierung) als irrelevant für das Erfolgspotential eines Vermögenswerts bezeichnet.

230 Ebenso *Vatter*, Accounting for Leases, S. 136. Vgl. auch die Argumente für einen Ansatz von Miet- bzw. Leasingverträgen bei *Chmielewicz*, Wirtschaftsgut, S. 114 f.

231 Dieses Ergebnis bestätigen auch *Beattie/Goodacre/Thomson*, nach denen die Unterscheidung zwischen Operating und Capital Lease nicht auf unterschiedlichen ökonomischen Sachverhalten, sondern nur auf dem Interesse der Bilanzierenden, Leasinggeschäfte nicht zu bilanzieren, beruht; vgl. *Beattie/Goodacre/Thomson*, Operating leases, S. 429. Ähnlich auch *Finnerty/Fitzsimmons/Oliver*, Lease Capitalization, S. 632. *Imhoff/Lipe/Wright* stellen fest, daß auch Operating Lease-Verträge sehr lange, unkündbare Laufzeiten haben, die Länge der Grundmietzeit folglich kein geeignetes Unterscheidungsmerkmal für Leasingverträge ist; vgl. *Imhoff/Lipe/Wright*, Operating Leases, S. 51. Nach *Ingberman/Ronen/Sorter* „Statement No. 13 will change financial indicators, however, it will not change economic reality: In every year of a lease, cash flows under capitalization will be identical to cash flows under an operating lease." *Ingberman/Ronen/Sorter*,

zeigen ist, führen die beiden Bilanzierungsmethoden des SFAS 13 auch nicht zu einem grundsätzlich unterschiedlichen Gewinn, denn bei beiden Methoden wird der Aufwand über die Grundmietzeit *verteilt*. Eine sofortige Aufwandsverrechnung beim Abschluß des Vertrags ist für keinen Fall vorgesehen. Im Hinblick auf die Gewinnwirkung können die Unterschiede zwischen den Methoden folglich nur marginal sein, so daß auch das FASB scheinbar keinen Grund für eine unterschiedliche Behandlung bestimmter Leasingverträge sieht.

Problematischer ist die Differenzierung zwischen verschiedenen Vertragstypen, wenn man einen möglichen Informationsgehalt der einzelnen Bilanzpositionen berücksichtigt.[232] In diesem Fall führt die unterschiedliche Behandlung von Operating und Capital Lease dazu, daß möglicherweise *wesentliche Erfolgspotentiale* nicht in der Bilanz erkennbar sind.[233] Gleiches gilt für die Passivseite der Bilanz. Hier resultiert aus der Nicht-Berücksichtigung bestimmter Leasinggeschäfte ein *unvollständiger Ausweis der Schulden* des Leasingnehmers, weil zukünftige (sichere) Auszahlungsverpflichtungen vernachlässigt werden.[234] Im Hinblick auf die Informationsvermittlung kann diese Art der Bilanzierung nicht mehr damit gerechtfertigt werden, daß sich der Aktiv- und der Passivposten (möglicherweise) in gleicher Höhe gegenüberstehen und ein Ansatz daher lediglich zu einer Bilanzverlängerung führt.[235] Für einen Kapitalgeber, der die Erfolgsquellen und die Art der Schulden einschätzen möchte,

---

Lease Capitalization, S. 28, ähnlich S. 31. Sie zeigen an einem Beispiel, wie minimale Unterschiede in der Vertragsgestaltung (die Grundmietzeiten unterscheiden sich um zwei Monate) zu deutlichen Unterschieden bei der Bilanzierung führen; vgl. S. 29 ff. Die Tatsache, daß sich die Cash Flows durch eine Bilanzierung des Leasinggeschäfts nicht ändern, wird allerdings auch als Argument für die grundsätzliche *Nicht-Bilanzierung* aller Leasingverträge angeführt; vgl. *Kuo*, Alternative Approaches, S. 31.

232 Zu diesem Ergebnis kommen auch *Abdel-khalik/Thompson/Taylor*, die davon ausgehen, daß nach den Vorschriften des FASB Leasingverträge zwar die gleichen Auswirkungen auf den Gewinn und die Cash Flows haben können, trotzdem aber in der Bilanz unterschiedlich dargestellt werden; vgl. *Abdel-khalik/Thompson/Taylor*, Reporting Leases, S. 107.

233 Vgl. auch *Baetge/Ballwieser*, Ansatz von Leasingobjekten, S. 14 f.; *Bieg*, Schwebende Geschäfte, S. 244; *Weinstock*, Accounting for Leases, S. 796; *Wyatt*, Leases Should be Capitalized, S. 36 f. *Imhoff/Lipe/Wright* stellen fest, daß Unternehmen mit einem hohen Anteil an nicht-bilanzierten Operating Lease-Verträgen „are, in effect, using significantly more assets than they report on their balance sheets under GAAP to generate revenues, and are also much more levered than their reported debt to equity ratios suggest." *Imhoff/Lipe/Wright*, Operating Leases, S. 51. *Wilkins/Zimmer* stellen empirisch fest, daß die Bilanzierung bzw. Nicht-Bilanzierung von Leasingverhältnissen zu unterschiedlichen Gewinnprognosen führt; vgl. *Wilkins/Zimmer*, Alternative Methods, S. 73.

234 Vgl. auch *Hawkins/Wehle/Macey*, Objectives, S. 33; *Wilkins/Zimmer*, Effect of Leasing, S. 752, 759; *Wilkins/Zimmer*, Alternative Methods, S. 66. Der unvollständige Ausweis der Schulden wird unmittelbar zum Problem, wenn die nach US-GAAP auszuweisenden Schulden (debt) in Covenants eingehen, welche die Ausschüttung bestimmen; vgl. dazu auch *El-Gazzar/Lilien/Pastena*, Accounting for leases, S. 221 f.; *El-Gazzar/Lilien/Pastena*, Off-Balance Sheet Financing, S. 217, 220 ff.; *Imhoff/Thomas*, Accounting Standards, S. 279 ff.; *Leftwich*, Accounting Information, S. 33. Das Ausmaß, in dem die Nicht-Bilanzierung bestimmter Leasinggeschäfte zur Unterschätzung der Schulden des Unternehmens führt, haben *Imhoff/Lipe/Wright* untersucht. Sie stellen fest, daß in ihrem Beispiel die debt-to-equity ratio unter Berücksichtigung der nicht-bilanzierten Leasinggeschäfte um 30 % zunimmt; vgl. *Imhoff/Lipe/Wright*, Operating Leases, S. 59 f.; zu weiteren Beispielen vgl. S. 62. Ähnlich *Kuo*, Alternative Approaches, S. 38 f., 41.

235 Vgl. zu dieser Begründung *McGregor*, A New Approach, S. 7.

sind Informationen über die aus Leasingverträgen resultierenden Vermögenswerte und Schulden – zusammen mit geeigneten Informationsregeln – von hoher Relevanz.[236]

Diese „Entscheidungsrelevanz" ergibt sich daraus, daß (möglicherweise) zwar die *Höhe* der Positionen zu Beginn des Leasinggeschäfts, nicht aber die *zeitliche Verteilung* und das *Risiko* bzw. die Eintrittswahrscheinlichkeit der Zahlungen identisch sind.[237] Die unterschiedliche Verteilung zukünftiger Ein- und Auszahlungen kann dazu führen, daß der Vermögenswert und die Verbindlichkeit zwar beim Abschluß des Leasinggeschäfts mit dem gleichen Wert angesetzt werden können, diese Wertidentität aber nicht in jeder späteren Periode gegeben ist, weil z.B. die zukünftigen Einzahlungen höher als die noch ausstehenden Leasingraten sind. Das Risiko ist unterschiedlich, weil die Auszahlungen mit hoher Wahrscheinlichkeit in der angegebenen Höhe anfallen, die Einzahlungen aber von den Marktbedingungen, Produktionsmöglichkeiten usw. abhängen.

Die Problematik der Nicht-Bilanzierung von Leasinggeschäften wird insbesondere bei der Betrachtung eines Unternehmens deutlich, dessen Anlagevermögen ausschließlich aus geleasten Vermögenswerten besteht.[238] Die Aktivseite der Bilanz dieses Unternehmens würde lediglich liquide Mittel und Umlaufvermögen ausweisen. Daß eine solche Bilanz keinerlei brauchbare Informationen über zukünftige Einzahlungen vermitteln kann, ist ebenso offensichtlich wie die Fehleinschätzung der zukünftigen Zahlungsverpflichtungen, wenn die Passivseite in diesem Fall keine Leasingverbindlichkeiten ausweist.[239] Eine mögliche Folge der unzureichenden Information über die Zahlungsverpflichtungen aus Leasingverträgen könnte z.B. die Vergabe von zusätzlichen Krediten sein, die der Gläubiger bei Kenntnis des wahren Schuldenstands nicht gewährt hätte.[240]

Daraus folgt, daß für den Fall, daß die Rechnungslegung ausschließlich der Informationsvermittlung dienen soll, die Unterscheidung zwischen Operating und Capital Lease *nicht nur*

---

236 Daß die Information über alle Leasingverträge von den Kapitalmarktteilnehmern als relevant angesehen wird, bestätigen auch empirische Untersuchungen; vgl. z.B. *Beattie/Goodacre/Thomson*, Operating leases, S. 429. *Leftwich* weist nach, daß bei der Vereinbarung von Covenants in Kreditverträgen häufig in Abweichung von den GAAP der Ansatz von Vermögenswerten und Schulden für Leasinggeschäfte gefordert wird; vgl. *Leftwich*, Accounting Information, S. 32 f.; ähnlich *Dieter/Wyatt*, Balance Sheet, S. 47. Zur grundsätzlichen Notwendigkeit von Informationen über Leasingverträge für Kreditwürdigkeitsprüfungen vgl. *Tacke*, Bonität eines Leasingnehmers, S. 330 f.

237 Ähnlich auch *Franken*, Rechnungslegung nach US-GAAP, S. 213.

238 Eine Übersicht bei *McGregor*, A New Approach, S. 13 zeigt die Bedeutung von Leasingverträgen, die nicht in der Bilanz erscheinen. Zum Beispiel sind die „Operating Lease Commitments" bei United Airlines mehr als doppelt so hoch wie die Summe der bilanzierten Vermögenswerte.

239 Vgl. auch *Chmielewicz*, Wirtschaftsgut, S. 114 f.

240 Vgl. *Leftwich*, Accounting Information, S. 33; *Lenz*, Bilanzierung von Mobilien-Leasingverträgen, S. 41; *Nelson*, Capitalizing Leases, S. 54.

überflüssig, sondern auch *unzweckmäßig* ist. Sie führt dazu, daß der Informationsgehalt des Jahresabschlusses (weiter) eingeschränkt wird.[241]

Diese Erkenntnis ist nicht neu, sondern war der Anlaß für die Entwicklung *neuer Vorschläge* für die Bilanzierung von Leasinggeschäften durch die G4+1.[242] Ein erster Entwurf – „Accounting for Leases: A New Approach. Recognition by Lessees of Assets and Liabilities Arising under Lease Contracts" – wurde 1996 unter der Federführung von *Warren McGregor* entwickelt. In einem zweiten Entwurf – „G4+1 Position Paper: Leases: Implementation of a New Approach" –, der im Februar 2000 veröffentlicht wurde, werden die Vorschläge des McGregor-Papiers weiter diskutiert und ausgearbeitet; insbesondere wird auch die Bilanzierung beim Leasinggeber in die Diskussion einbezogen.[243] Der Anlaß für die Entwicklung neuer Grundsätze war „that arrangements which give rise to substantially the same rights and obligations will be accounted for in quite different ways depending on whether or not they satisfy the quantitative criteria and/or how the relevant risk and reward factors are perceived by the lease classifier."[244] Noch deutlicher zeigt sich die Erkenntnis der Unzweckmäßigkeit der Zurechnungskriterien in den Feststellungen: „The major deficiency of current lease accounting standards is that they do not provide for the recognition in lessees' balance sheets of material assets and liabilities arising from operating leases."[245] und: „Capitalisation of operating leases by preparers clearly would give better information".[246]

Die G4+1 leiten den Ansatz von Bilanzpositionen für Leasinggeschäfte direkt aus den *Definitionen für Vermögenswerte und Schulden* ab.[247] Wendet man diese Kriterien auf Leasinggeschäfte an, stellt man fest, daß alle Leasinggeschäfte sowohl für den Leasinggeber als auch für den Leasingnehmer mit „future economic benefits" verbunden sind.[248] Der

---

241 Vgl. auch *Franken*, Rechnungslegung nach US-GAAP, S. 213. Das gilt auch für den Fall, daß die durch die Gewinnermittlung vermittelten Informationen zur Performance-Messung verwendet werden; vgl. dazu *Imhoff/ Lipe/Wright*, Operating Leases, S. 51 f.

242 Zu den G4+1 gehören die Standardsetter von Australien (Australian Accounting Standards Board) und Neuseeland (New Zealand Accounting Standards Review Board, New Zealand Financial Reporting Standards Board), Kanada (Canadian Accounting Standards Board), Großbritannien (United Kingdom Accounting Standards Board) und den USA (FASB) einerseits sowie das IASC in der Funktion eines Beobachters andererseits; vgl. *Küting/Hellen/Brakensiek*, Leasingbilanzierung, S. 1720. Das Ziel dieser Gruppe ist die Analyse und Diskussion von Bilanzierungsproblemen, um die gemeinsamen Ziele der Standardsetter – „providing quality financial reporting standards for the primary purpose of providing information useful to capital market participants" – zu fördern; vgl. *IASC*, Position Paper, S. ix. Im Zuge der Neuorganisation des IASC hat sich die Gruppe im Januar 2001 aufgelöst.

243 Vgl. *IASC*, Position Paper, S. xi.

244 *McGregor*, A New Approach, S. 10.

245 *McGregor*, A New Approach, S. 13; ähnlich *IASC*, Position Paper, Abs. 1.5.

246 *IASC*, Position paper, Abs. 1.19.

247 Dabei werden die Definitionen des IASC zugrunde gelegt, die sich von denen der anderen Standardsetter aber kaum unterscheiden; vgl. *McGregor*, A New Approach, S. 15; *IASC*, Position Paper, Abs. 1.12, 2.8. Der Ansatz wird deshalb als *„asset and liability approach"* bezeichnet; vgl. *IASC*, Position Paper, Abs. 1.8.

248 Während nach dem McGregor-Papier Leasingverträge mit einer Grundmietzeit von weniger als einem Jahr von den neuen Regelungen ausgenommen werden sollten, halten die G4+1 eine solche Ausnahmeregelung für mit den neuen Regeln nicht vereinbar; vgl. *IASC*, Position Paper, Abs. 2.53 f.; *McGregor*, A New Approach, S. 18.

Leasingnehmer ist zusätzlich dazu verpflichtet, „economic benefits" an den Leasinggeber zu übertragen. Folglich erfüllen *alle* Leasinggeschäfte bei beiden Vertragspartnern die Ansatzkriterien für Vermögenswerte, beim Leasingnehmer auch für Schulden.[249] Der Leasinggeber passiviert dagegen keine Verbindlichkeit, weil nach Ansicht der G4+1 die Pflichten des Leasinggebers im wesentlichen erfüllt sind, wenn er das Leasingobjekt an den Leasingnehmer übergeben hat.[250] Ein *zukünftiger* Nutzenabfluß liegt beim Leasinggeber folglich nicht vor.

Desweiteren stellen die G4+1 fest,

- daß die Einschränkungen in der Nutzung des Leasinggegenstands durch den Leasingnehmer, die aus dem fehlenden (juristischen) Eigentum resultieren, nichts daran ändern, daß das Leasinggeschäft die Vermögenswert-Definition erfüllt und[251]
- daß sich diese Einschränkungen nur in der *Höhe* des Vermögenswertes und der Verbindlichkeit widerspiegeln dürfen.[252]

Damit entspricht der Vorschlag der G4+1 der zweckmäßigen Lösung für die Bilanzierung von Leasinggeschäften beim Leasingnehmer. Die Reaktionen auf diese Lösung in der Literatur und in den Comment Letters zum Position Paper der G4+1 reichen allerdings von Zustimmung[253] bis hin zu deutlicher Kritik an der Abschaffung der Unterscheidung zwischen Operating und Capital Lease. Kritisiert wird insbesondere,

- daß der Ansatz aller Leasinggeschäfte in der Bilanz eher für Verwirrung als für die Vermittlung zusätzlicher Informationen sorgt[254] und sich die bei SFAS 13 und IAS 17 kritisierten Schwierigkeiten beim Ansatz jetzt auf die Bewertung verlagern;[255]
- daß auf die informativere Bilanzierung von Leasinggeschäften nach dem „risk and reward approach" verzichtet wird;[256]
- daß diese Lösung auch zum Ansatz von anderen Nutzungsrechten bzw. zur Bilanzierung von allen schwebenden Geschäften führen müßte;[257]

---

249 Vgl. *IASC*, Position Paper, Abs. 1.15 ff., 2.5 ff. Daß diese Erkenntnis schon lange vor der Veröffentlichung des Position Paper Gegenstand der Diskussion und empirischer Analysen war, belegen die in den Fußnoten 234 und 236 zitierten Untersuchungen.

250 Vgl. *IASC*, Position Paper, Abs. 2.14 f.

251 Vgl. *IASC*, Position Paper, Abs. 1.13.

252 Vgl. *IASC*, Position Paper, Abs. 1.15.

253 Vgl. z.B. *Arthur Andersen*, Comment Letter vom 25.07.2000; *Certified General Accountants Association of Canada*, Comment Letter vom 31.07.2000; *DRSC*, Comment Letter vom 11.09.2000; *Goodacre/Beattie*, Comment Letter (ohne Datum); *IDW*, Comment Letter vom 28.07.2000; *The Swedish Institute of Authorised Public Accountants*, Comment Letter vom 05.06.2000; *The South African Institute of Chartered Accountants*, Comment Letter vom 31.07.2000.

254 Vgl. *Feinen*, Comment Letter vom 12.04.2000; *Figge*, Bilanzierung von Leasinggeschäften, S. 174.

255 Vgl. *Mellwig*, Darstellung von Leasingverträgen, S. 13; *Weinstock*, Bilanzierung von Leasingverträgen, S. 209.

256 Vgl. *Canadian Finance & Leasing Association*, Comment Letter vom 04.08.2000.

257 Vgl. *Feinen*, Comment Letter vom 12.04.2000; *Figge*, Bilanzierung von Leasinggeschäften, S. 174; *Küting/Hellen/Brakensiek*, Leasingbilanzierung, S. 1721.

- daß der Vorschlag mit den nationalen steuerlichen Regelungen abgestimmt werden muß, weil ansonsten der Abschluß von für beide Seiten vorteilhaften Verträgen problematisch wird.[258]

Daß die bisherige Bilanzierung von Leasinggeschäften zu einer Einschränkung des Informationsgehalts der Bilanz führt, wurde oben ausführlich begründet. Auch das vierte Argument ist kein stichhaltiger Kritikpunkt. Die Bilanzierungsvorschriften für Leasinggeschäfte haben allein den Zweck, die Geschäfte so abzubilden, daß die Kapitalgeber entscheidungsnützliche Informationen erhalten. Es kann nicht darum gehen, die Regeln so zu formulieren, daß die Vertragspartner für sich vorteilhafte Verträge abschließen können. Gerade das häufig angeführte Argument des Off-Balance Sheet-Charakters von Leasingverträgen schützt allein die Interessen des Bilanzierenden, nicht die der Kapitalgeber. Die Übertragbarkeit der Vorschläge auf andere schwebende Geschäfte wird in einem gesonderten Gliederungspunkt erläutert.[259]

5.2.2.2 Die Gewinnwirkung der Bilanzierungsmethoden

Die Differenzierung zwischen Operating und Capital Lease nach US-GAAP wäre im Hinblick auf die Ermittlung eines informativen Gewinns unschädlich, wenn die beiden Bilanzierungsmethoden die gleichen Auswirkungen auf den Gewinn hätten.

Bei *Capital Lease* aktiviert der Leasingnehmer zu *Beginn der Grundmietzeit* das Leasingobjekt als Vermögenswert in Höhe des Barwertes der Mindestleasingraten oder – falls niedriger – in Höhe des Fair Value des Leasingobjektes. In gleicher Höhe ist eine Verbindlichkeit zu passivieren. Zu Beginn der Grundmietzeit ändert sich der Gewinn durch das Leasinggeschäft folglich nicht.

Dieses Ergebnis gilt auch für *Operating Lease*. Da der Vertrag bis zur Zahlung der ersten Rate bilanziell nicht berücksichtigt wird, hat der Vertragsabschluß auch in diesem Fall keine Wirkung auf den Gewinn. Zu Beginn der Grundmietzeit bestehen daher im Hinblick auf den Gewinnausweis *keine Unterschiede* zwischen den beiden Bilanzierungsmethoden.

In den *Folgeperioden* ist der Vermögenswert bei *Capital Lease* über die wirtschaftliche Nutzungsdauer oder über die Grundmietzeit abzuschreiben. Die Abschreibungsdauer richtet sich nach dem Kriterium, das für die Klassifizierung des Vertrags als Capital Lease ausschlaggebend ist. Für die Abschreibungsmethode findet sich weder in SFAS 13 noch in anderen Verlautbarungen eine besondere Regelung. Daher ist davon auszugehen, daß die

---

258 Vgl. *British Bankers' Association*, Comment Letter vom 08.06.2000.
259 Vgl. Abschnitt 5.4.

Abschreibung des Vermögenswerts nach den allgemeinen Vorschriften zu erfolgen hat, so daß der Abschreibungsaufwand linear, degressiv oder entsprechend der Leistungsabgabe verlaufen kann.[260]

Der jährliche Zinsaufwand ist nach der Barwertvergleichsmethode zu ermitteln, wonach in jeder Periode ein konstanter Zins auf die Restverbindlichkeit berechnet wird. Da die Restverbindlichkeit jährlich geringer wird, hat der Zinsaufwand einen degressiven Verlauf. Die Summe aus Abschreibungen und Zinsaufwand verläuft folglich immer *degressiv*.[261] *Insgesamt* wird Aufwand in Höhe der *Summe der Mindestleasingraten* verrechnet.

Damit ist nicht nur die Gewinnwirkung zu Beginn der Grundmietzeit, sondern auch der insgesamt verrechnete Aufwand bei beiden Bilanzierungsmethoden identisch, denn auch bei *Operating Lease* wird *insgesamt* Aufwand in Höhe der *Summe der Mindestleasingraten* verrechnet.[262] Unterschiedlich ist allerdings die Verteilung des Aufwands: Bei Operating Lease sind die Mindestleasingraten i.d.R. *linear* als Aufwand zu verrechnen, es sei denn, eine andere Verteilungsart spiegelt das zeitliche Muster des Nutzenzuflusses zutreffender wider. Zudem erfolgt die Verteilung ausschließlich über die Grundmietzeit, nicht über die Nutzungsdauer des Leasinggegenstands.

Daraus folgt, daß die Verteilung des Aufwands auf die einzelnen Perioden bei den beiden Bilanzierungsmethoden grundsätzlich *nicht übereinstimmt*.[263] Daß sich die beiden Verfahren auch hinsichtlich des Informationsgehalts der Bilanzposten unterscheiden, ist offensichtlich und wurde bereits erläutert: Da die Bilanz bei Operating Lease keine entsprechenden Positionen ausweist, fehlt in der Bilanz jegliche Information über das Leasinggeschäft.

Die *Vorschläge der G4+1* unterscheiden sich nicht wesentlich von den Bewertungsvorschriften für Capital Lease nach SFAS 13. Beim erstmaligen Ansatz sind der Vermögenswert und die Verbindlichkeit mit dem Fair Value zu bewerten, wobei angenommen wird, daß der Fair Value nicht niedriger als der Barwert der Mindestleasingraten sein kann.[264] In den Folgeperioden sind die Positionen nach den allgemeinen Vorschriften für Vermögenswerte und Schulden zu bewerten, wonach der Vermögenswert planmäßig und – falls erforderlich – außerplanmäßig abzuschreiben ist. Die Verbindlichkeit ist jährlich um den

---

260 Vgl. *Kieso/Weygandt/Warfield*, Intermediate Accounting, S. 1197. Zu den Verfahren der planmäßigen Abschreibung im Sachanlagevermögen vgl. auch *Franken*, Rechnungslegung nach US-GAAP, S. 145.

261 Vgl. auch *Ingberman/Ronen/Sorter*, Lease Capitalization, S. 28, 30. Zur Entwicklung der Buchwerte vgl. *Imhoff/Lipe/Wright*, Operating Leases, S. 56 f., zu den Gewinnwirkungen S. 58 ff.

262 Vgl. *Ingberman/Ronen/Sorter*, Lease Capitalization, S. 30.

263 Verschiedene Untersuchungen gehen davon aus, daß Abschreibungen und Zinsen zunächst höher, später niedriger als die Leasingraten sind; vgl. *Beattie/Goodacre/Thomson*, Operating leases, S. 446; *Imhoff/Thomas*, Accounting Standards, S. 279; *Imhoff/Lipe/Wright*, Operating Leases, S. 58 f.; *Kuo*, Alternative Approaches, S. 36.

264 Vgl. *IASC*, Position Paper, Abs. 3.14 f.

in der Leasingrate enthaltenen Tilgungsanteil zu vermindern. Gleichzeitig ist Zinsaufwand in Höhe eines konstanten Zinses auf die jeweilige Restverbindlichkeit zu verbuchen.[265] Der Aufwand verläuft folglich wie bei Capital Lease nach SFAS 13 *degressiv*.

5.2.2.3 Die zweckmäßige Bilanzierungsmethode

5.2.2.3.1 Informativer Gewinn

5.2.2.3.1.1 Der zweckmäßige Aufwandsverlauf

Bei der Analyse des zweckmäßigen Aufwandsverlaufs ist zunächst zu prüfen, ob Leasinggeschäfte Einfluß auf den *ordentlichen* (prognosegeeigneten) Gewinn haben dürfen. Das wäre der Fall, wenn die mit dem Geschäft verbundenen Zahlungen zum „operativen Geschäft" gehören und daher regelmäßig anfallen. Resultieren aus Leasinggeschäften dagegen einmalige oder seltene Zahlungen, würde eine erfolgswirksame Verbuchung ohne gesonderten Ausweis die Prognosetauglichkeit des Gewinns beeinträchtigen.

Bei Leasinggeschäften ergibt sich die Regelmäßigkeit der Zahlungen unmittelbar aus dem Vertrag: Typisches Merkmal eines jeden Leasingvertrags ist die Vereinbarung von Raten, die in *regelmäßigen* Abständen zu zahlen sind. Zumindest für die Grundmietzeit deutet eine Gewinnminderung in der aktuellen Periode zutreffend auf eine Gewinnminderung für die Folgeperiode hin.

Allerdings ist diese Aussage einzuschränken. Sinkt der Gewinn von 100 GE (Vorperiode) durch den Abschluß des Leasingvertrags und die aufwandswirksame Verrechnung der ersten Leasingrate in der aktuellen Periode c.p. auf 80 GE, ist diese Gewinnminderung vom Bilanzleser dahingehend zu interpretieren, daß der Gewinn auch in der folgenden Periode auf diesem niedrigeren Niveau bleibt. Diese Interpretation ist nur dann zutreffend, wenn die Leasingraten *linear* verrechnet werden. Werden degressive oder progressive Raten im Zeitpunkt der Zahlung aufwandswirksam verrechnet, wird der Gewinn der folgenden Periode unter- bzw. überschätzt. Daraus folgt, daß für den (Sub-)Zweck der Informationsvermittlung durch eine Gewinngröße die Leasingraten nicht grundsätzlich zum Zeitpunkt der Zahlung als Aufwand verrechnet werden dürfen. Folgendes Beispiel verdeutlicht die Problematik:

Angenommen werden Leasingverträge, bei denen insgesamt Leasingraten in Höhe von 300 GE über eine Grundmietzeit von fünf Jahren zu zahlen sind. Die Verträge unterscheiden sich in den Zahlungsmodalitäten: Der erste Vertrag enthält die Vereinbarung linearer Raten; beim zweiten sind progressive, beim dritten degressive Raten vereinbart. Die Leasingraten werden in der Periode, für die sie gezahlt werden, als Aufwand verrechnet. In den Vorperioden hat das Unternehmen jeweils einen Gewinn in Höhe von 100 GE ausgewiesen. Die einzige Änderung ist der Abschluß des Leasingvertrags, so daß vor Verrechnung des Leasingaufwands weiterhin von einem Gewinn in Höhe von 100 GE auszugehen ist.

---

265 Vgl. *IASC*, Position Paper, Abs. 3.22.

1. Lineare Leasingraten

Periode	0	1	2	3	4	5	6	Σ
Gewinn vor Leasingrate	100	100	100	100	100	100	100	
Aufwand aus Leasingrate	0	-60	-60	-60	-60	-60	0	-300
Gewinn nach Leasingrate	100	40	40	40	40	40	100	
Prognose *für* die Periode	100	100	40	40	40	40	40	

2. Progressive Leasingraten

Periode	0	1	2	3	4	5	6	Σ
Gewinn vor Leasingrate	100	100	100	100	100	100	100	
Aufwand aus Leasingrate	0	-20	-40	-60	-80	-100	0	-300
Gewinn nach Leasingrate	100	80	60	40	20	0	100	
Prognose *für* die Periode	100	100	80	60	40	20	0	

3. Degressive Leasingraten

Periode	0	1	2	3	4	5	6	Σ
Gewinn vor Leasingrate	100	100	100	100	100	100	100	
Aufwand aus Leasingrate	0	-100	-80	-60	-40	-20	0	-300
Gewinn nach Leasingrate	100	0	20	40	60	80	100	
Prognose *für* die Periode	100	100	0	20	40	60	80	

Allerdings ist in diesem Beispiel sowie bei der bisherigen Argumentation ein wesentlicher Punkt unberücksichtigt geblieben: Mit dem Leasinggeschäft sind für den Leasingnehmer nicht nur Auszahlungen, sondern auch *Einzahlungen* (aus der Nutzung) verbunden. Folglich muß das Leasinggeschäft nicht zwangsläufig zu einer Gewinnminderung in den einzelnen Perioden führen bzw. würde eine Gewinnminderung falsche Informationen vermitteln.

Eine Gewinngröße besitzt nur dann eine (zumindest eingeschränkte) Prognoseeignung, wenn ein geglätteter Gewinn ausgewiesen wird, der sich unter der Annahme unveränderter

Umweltbedingungen für zukünftige Perioden fortschreiben läßt. Um einen solchen Gewinn zu ermitteln, müßte der aus dem Leasinggeschäft resultierende Gewinn gleichmäßig über die Perioden des Leasinggeschäfts verteilt werden. Das wäre problemlos möglich, wenn die zukünftigen Einzahlungen bekannt wären. In diesem Fall könnten Ein- und Auszahlungen so als Ertrag bzw. Aufwand verrechnet werden, daß in jeder Periode ein gleich hoher Gewinn ausgewiesen wird.

Allerdings ist unter diesen Voraussetzungen der „Umweg" über die Bilanzierung nicht erforderlich. Sind alle Zahlungen bekannt, kann die first best-Lösung, nämlich die Vermittlung von Informationen über einen Finanzplan, realisiert werden. Bilanzierung ist nur dann erforderlich, wenn diese vollständige Information gerade nicht gegeben ist. In diesem Fall darf die Bilanzierung aber auch nicht von der Prämisse vollständiger Information ausgehen.

Aus diesem Dilemma sind zwei Lösungswege denkbar:

1. Es werden *Annahmen über die zukünftigen Einzahlungen* getroffen. Der Gewinnermittlung zur Ausschüttungsbemessung wurde die Annahme zugrunde gelegt, daß die zukünftigen Einzahlungen in der Summe mindestens den Auszahlungen entsprechen. Trifft man diese Annahme auch für die Gewinnermittlung zur Informationsvermittlung, müßte das Leasinggeschäft in jeder Periode erfolgsneutral verbucht werden. Durch die Bilanzierung des Leasinggeschäfts würde folglich in keiner Periode eine Gewinnminderung oder -steigerung für zukünftige Perioden prognostiziert.

   Für die Gewinnermittlung zur Informationsvermittlung ist diese Annahme allerdings problematisch. Geht man davon aus, daß der Leasingnehmer das Geschäft i.d.R. nur abschließt, wenn es für ihn mit einem Gewinn verbunden ist, führt die beschriebene Art der Bilanzierung zu einem sprunghaften Gewinnanstieg in der letzten Periode des Leasinggeschäfts. Dieser Gewinnausweis hat keinerlei Informationsgehalt im Hinblick auf die Prognose des Gewinns der folgenden Periode, weil ab dieser Periode der Gewinn wieder auf sein ursprüngliches Niveau (vor Abschluß des Leasingvertrags) sinkt. Folgendes Beispiel verdeutlicht diese Problematik:

   Angenommen wird ein Leasingvertrag, bei dem insgesamt Leasingraten in Höhe von 300 GE über eine Grundmietzeit von fünf Jahren zu zahlen sind. Die aus dem Leasinggeschäft resultierenden Einzahlungen sind zu Beginn der Grundmietzeit nicht bekannt. Die folgende Tabelle zeigt den in den einzelnen Perioden auszuweisenden Gewinn (ohne das Leasinggeschäft wird in jeder Periode ein Gewinn von null erzielt), wenn unterstellt wird, daß die Einzahlungen (= Ertrag) in jeder Periode den Auszahlungen entsprechen. Die Leasingraten werden linear verrechnet. Am Ende der Grundmietzeit stellt sich heraus, daß die gesamten Einzahlungen 500 GE betragen.

Periode	0	1	2	3	4	5	6	Σ
Aufwand aus Leasingraten	0	-60	-60	-60	-60	-60	0	-300
Ertrag aus Leasing-geschäft	0	60	60	60	60	260	0	500
Gewinn	0	0	0	0	0	*200*	*0*	200
Prognose *für* die Periode	0	0	0	0	0	*0*	*200*	

Das Beispiel zeigt, daß der Gewinn weder in der vierten noch in der fünften Periode Aufschluß über den Gewinn der jeweils folgenden Periode gibt. Eine „informative" Verteilung ließe sich nur erreichen, wenn der Gesamtgewinn in Höhe von 200 GE schon zu Beginn der Grundmietzeit bekannt wäre. In diesem Fall könnte in jeder Periode ein Gewinn in Höhe von 40 GE ausgewiesen werden.

Läßt man Schätzungen der Einzahlungen unabhängig von den Auszahlungen zu, lassen sich zwar grundsätzlich Zahlungsreihen so konstruieren, daß ein informativer Gewinn ausgewiesen wird. Gleichzeitig werden aber dem Bilanzierenden Manipulationsspielräume eröffnet, die letztlich zu beliebigen Ergebnissen führen können. Der Informationswert einer solchen Bilanzierung ist gleich null.

Selbst wenn man davon ausgehen würde, daß der Bilanzierende Schätzungen immer im Sinne der Kapitalgeber vornimmt, treten praktisch nicht lösbare Probleme auf. So stellt sich die Frage, wie Einzahlungen auf einzelne Leasingobjekte zugerechnet werden können. Ist das Leasingobjekt z.B. der Dienstwagen des Vorstands, ist es kaum möglich, diesem Leasingobjekt Einzahlungen zuzurechnen.[266] Selbst bei einer Produktionsmaschine kann nicht von den Umsatzerlösen zwangsläufig auf die dieser Maschine zurechenbaren Einzahlungen geschlossen werden, weil die Produktion im Regelfall nur durch das Zusammenwirken mehrerer Maschinen möglich ist.[267] Aus diesen Gründen ist das Problem der zukünftigen Einzahlungen folgendermaßen zu lösen:

2. Die *zukünftigen Einzahlungen bleiben unberücksichtigt.* Bei dieser Lösung sind die Einzahlungen in derjenigen Periode als Ertrag zu verrechnen, in der sie anfallen. Damit wird zum einen der sprunghafte Gewinnanstieg am Ende der Grundmietzeit vermieden, zum anderen sind die Manipulationsspielräume eingeschränkt. Allerdings besteht weiterhin das Problem, daß der in einer Periode verrechnete Ertrag nicht zwangsläufig auf den Ertrag der nächsten Periode hindeutet. Prognosegeeignet ist der Gewinn nur bei jährlich konstanten Einzahlungen (= Erträgen). Aufgrund der fehlenden Kenntnis der

266 Vgl. auch *Defliese*, Accounting for leases, S. 20.
267 Vgl. auch *Ordelheide*, Periodengewinn, S. 292.

zukünftigen Einzahlungen und der unter 1. beschriebenen Problematik läßt sich dieses Problem nicht besser lösen. Es verdeutlicht erneut die Schwierigkeiten der Ermittlung einer informativen Gewinngröße.

Unproblematischer ist die Verrechnung der mit dem Leasinggeschäft verbundenen *Auszahlungen*. Da die Leasingraten dem Leasingnehmer bekannt sind, können die gesamten Raten so über die Dauer des Leasinggeschäfts verteilt werden, daß eine höchstmögliche Prognoseeignung des Gewinns erreicht wird. Das ist der Fall, wenn die Leasingraten *gleichmäßig* (= linear) als Aufwand verrechnet werden.[268]

Im obigen Beispiel müßte die Aufwands- und Ertragsverrechnung nach dieser Regel folgendermaßen vorgenommen werden (Annahme: degressiver Verlauf der Einzahlungen):

Periode	0	1	2	3	4	5	Σ
Leasingraten	0	-60	-60	-60	-60	-60	-300
Einzahlungen aus Leasinggeschäft	0	140	120	100	80	60	500
Aufwand aus Leasingraten	0	-60	-60	-60	-60	-60	-300
Ertrag aus Leasinggeschäft	0	140	120	100	80	60	500
Gewinn	0	80	60	40	20	0	200
Prognose *für* die Periode	0	0	80	60	40	20	

Wäre die Verteilung der Einzahlungen bereits zu Beginn der Grundmietzeit bekannt, könnten die Leasingraten entsprechend dem Verlauf der Einzahlungen degressiv verrechnet werden. Damit ergäbe sich in jeder Periode ein gleich hoher Gewinn.

Auch diese Art der Verrechnung führt – wie das Beispiel zeigt – nur dann zu einem informativen Gewinnausweis, wenn dem Bilanzleser zwei *zusätzliche Informationen* gegeben werden:

1. Der Bilanzleser muß den *Zeitraum* kennen, über den die Leasingraten verteilt werden. Nur mit Hilfe dieser Information kann er (mögliche) Gewinnänderungen zu Beginn und nach Beendigung des Leasinggeschäfts richtig interpretieren. Zum Beispiel muß der Bilanzleser wissen, wie lange ein aus dem Leasinggeschäft resultierender Gewinn anfällt

---

268 Zu diesem Ergebnis kommt auch *Defliese*, Accounting for leases, S. 18, 21, der sich allerdings nicht explizit auf die Prognoseeignung des Gewinns bezieht. *Wagner* bestätigt dieses Ergebnis für die Schätzung zukünftiger Aufwendungen im Rahmen der Unternehmensbewertung; vgl. *Wagner*, Unternehmensbewertung, S. 22 ff.

bzw. ab welcher Periode dieser Gewinn aufgrund der Beendigung des Leasingvertrags wieder entfällt.

2. Der Bilanzleser muß zumindest die *Tendenz der Einzahlungen* – degressiver, linearer oder progressiver Verlauf – kennen.

Diese beiden Punkte machen deutlich, daß die Vermittlung entscheidungsrelevanter Informationen durch eine Gewinngröße letztlich nicht ohne zusätzliche Informationen möglich ist. Die Gewinnermittlungsregeln müssen durch geeignete Informationsregeln ergänzt werden.

Als Ergebnis läßt sich folglich festhalten: Zur Ermittlung einer prognosegeeigneten Gewinngröße müssen die Leasingraten beim Leasingnehmer unabhängig von der Erfassung der mit dem Leasinggeschäft verbundenen Einzahlungen *linear* über die Dauer des Leasinggeschäfts als Aufwand verrechnet werden. Diese Art der Aufwandsverrechnung führt allerdings nur mit Einschränkungen zu einem informativen Gewinn. Aufgrund der fehlenden Kenntnis insbesondere der zukünftigen Einzahlungen ist eine bessere Gewinnermittlung jedoch nicht möglich. Verbesserungen lassen sich allerdings durch geeignete Informationsregeln erreichen.[269]

5.2.2.3.1.2 Bilanzielle Konsequenzen des zweckmäßigen Aufwandsverlaufs

5.2.2.3.1.2.1 Aufwandsverrechnung bei Operating Lease

Da SFAS 13 als Regelfall für Operating Lease eine *lineare* Verteilung des Leasingaufwands vorsieht (SFAS 13 Abs. 15), entspricht die vom FASB vorgeschriebene Verteilungsmethode grundsätzlich der für die Ermittlung eines informativen Gewinns zweckmäßigen Methode.

Eine andere als die lineare Verteilungsbasis ist nach SFAS 13 Abs. 15 dann zu wählen, wenn diese Verteilungsart „is more representative of the time pattern in which use benefit is derived from the leased property". Eine solche Verteilungsart führt grundsätzlich zu einem zweckmäßigen i.S.v. geglätteten Gewinn. Verlaufen z.B. die Einzahlungen („use benefit") degressiv, führt eine degressive Verrechnung der Leasingraten dazu, daß in jeder Periode ein gleich hoher Gewinn ausgewiesen wird. Im vorherigen Abschnitt wurde allerdings gezeigt, daß diese Verteilungsmethode praktisch kaum umsetzbar ist, weil die zukünftigen Einzahlungen nicht bekannt sind und eine Schätzung dieser Einzahlungen große Ermessensspielräume eröffnet.

---

[269] Vgl. dazu Abschnitt 5.3.3.1.2.

Degressiv (progressiv) verlaufende Leasingraten lassen sich linear verteilen, indem ein aktiver (passiver) Abgrenzungsposten gebildet wird, der in den Folgeperioden jeweils in Höhe der Differenz zwischen den Auszahlungen und dem zu verrechnenden Aufwand aufzustocken bzw. aufzulösen ist. Dabei muß die Verteilung grundsätzlich über den Zeitraum erfolgen, für den die Leasingraten fest vereinbart sind. Dieser Zeitraum ist mit der *Grundmietzeit* nach deutschem Recht vergleichbar. Er muß nicht dem „lease term" nach SFAS 13 entsprechen, weil der „lease term" auch solche Zeiträume beinhaltet, für die das Leasinggeschäft mit hoher Wahrscheinlichkeit verlängert wird. Ob die für diese Zeiträume vereinbarten Zahlungen, z.B. Anschlußmieten, ebenfalls über die „Grundmietzeit" zu verteilen sind, muß an dieser Stelle offen bleiben.[270]

Darüber hinaus stellt sich die Frage, ob sich die Verteilung der Leasingraten ändern muß, wenn das Leasingobjekt aufgrund außergewöhnlicher Ereignisse *nicht mehr* oder nur noch *eingeschränkt* nutzbar ist, die Raten aber weiterhin gezahlt werden müssen. In diesem Fall verliert der Leasingnehmer die zukünftigen Einzahlungen aus der Nutzung des Leasingobjektes vollständig oder teilweise. Anders als bei der Gewinnermittlung zur Ausschüttungsbemessung ist im Hinblick auf die Informationsvermittlung eine Änderung der Verteilung der Leasingraten *nicht erforderlich*. Dadurch, daß keine bzw. geringere Erträge verrechnet werden, sinkt der Gewinn automatisch durch die aufwandswirksame Erfassung der Leasingraten. Wird weiterhin jeweils gleich hoher Aufwand verrechnet, deutet die daraus resultierende Gewinnminderung zutreffend auf einen ebenso niedrigen Gewinn in den Folgeperioden hin. Würde der Aufwand in der Periode, ab der die Einzahlungen (teilweise) entfallen, sofort vollständig verrechnet, würde eine deutliche Gewinnminderung ausgewiesen, die in keinem Zusammenhang mit der zukünftigen Gewinnhöhe steht.

Denkbar wäre für diesen Fall auch, die zukünftigen Auszahlungen sofort als Aufwand zu verrechnen, diesen Aufwand aber nicht in die „Earnings", sondern in die „Extraordinary Items" einfließen zu lassen. Dann würde der Gewinn in den Folgeperioden c.p. wieder die Höhe vor Abschluß des Leasingvertrags erreichen. Ein solcher Gewinn wäre aber dann ein unzutreffender Indikator, wenn die Leasingraten weiterhin über die Restvertragsdauer verteilt zu zahlen sind. Soll der Gewinn folglich über zukünftige Gewinne informieren, darf der Gewinn erst nach Zahlung der letzten Leasingrate wieder sein ursprüngliches Niveau erreichen.

Unproblematisch ist die Behandlung von *Anschaffungsnebenkosten*. Es ist offensichtlich, daß eine vollständige Aufwandsverrechnung dieser Auszahlungen zu Beginn der Grund-

---

270 Die bilanzielle Behandlung dieser Zahlungen wird im Zusammenhang mit der Bilanzierung von Optionsrechten erläutert; vgl. Abschnitt 5.2.2.4.2.

mietzeit eine Gewinnminderung verursacht, obwohl für die Folgeperioden keine ähnlichen Auszahlungen mehr erwartet werden. Anschaffungsnebenkosten sind folglich zu aktivieren und in den Perioden, in denen die dazugehörigen Erträge anfallen, als Aufwand zu verrechnen. Da eine solche Verteilung praktisch nicht möglich ist, sind die Nebenkosten wie die Leasingraten gleichmäßig über die Vertragsdauer zu verteilen.

5.2.2.3.1.2.2 Aufwandsverrechnung bei Capital Lease

Bei Capital Lease kann die gleichmäßige Verteilung des Aufwands durch eine entsprechende Verrechnung des Abschreibungs- und Zinsaufwands erreicht werden. Für den erstmaligen Ansatz des Aktiv- und Passivpostens gilt die gleiche Argumentation wie für die Bewertung der Positionen zur Ausschüttungsbemessung: Letztlich kann *jeder Wertansatz* gewählt werden, sofern sichergestellt ist, daß der insgesamt verrechnete Aufwand der Summe der Leasingraten entspricht. Diese Bedingung ist bei der Bilanzierung nach SFAS 13 erfüllt, weil zusätzlich zum Abschreibungsaufwand, der durch den Fair Value des Leasingobjektes oder den Barwert der Mindestleasingraten determiniert wird, Zinsaufwand in Höhe der Differenz zwischen der Summe der Mindestleasingraten und dem angesetzten Wert verrechnet wird.

Die Berechnung des Zinsaufwands mit der Barwertvergleichsmethode führt zu einem degressiven Aufwandsverlauf. Um in jeder Periode einen gleich hohen Aufwand zu erfassen, muß die Abschreibung des Leasingobjektes *progressiv* erfolgen, so daß der Aufwand in seiner Höhe dem Betrag entspricht, um den die Verbindlichkeit jährlich aufgelöst wird. Diese Abschreibungsmethode ist weder nach SFAS 13 noch nach den allgemeinen Abschreibungsregeln der US-GAAP vorgesehen. Nach diesen Regeln verläuft der Aufwand aus Abschreibungen und Zinsen grundsätzlich degressiv. Daß eine solche Verteilung im Hinblick auf die Prognoseeignung des Gewinns unzweckmäßig ist, wurde oben begründet.[271]

Denkbar wäre auch, das Leasingobjekt linear oder degressiv abzuschreiben und den Zinsaufwand in Abweichung von den FASB-Vorschriften entsprechend anzupassen. In diesem Fall kann der Zinsaufwand nicht mehr mit der Barwertvergleichsmethode berechnet werden. Ob eine dieser Möglichkeiten – Festlegung der Abschreibungen und Anpassung des Zinsaufwands oder umgekehrt – vorzuziehen ist, kann nicht im Hinblick auf die Ermittlung eines informativen Gewinns, sondern nur im Hinblick auf den Ansatz informativer Bilanzposten entschieden werden.[272]

---

271 Vgl. zu dieser Begründung Abschnitt 5.2.2.3.1.1.

272 Vgl. dazu Abschnitt 5.2.2.3.2.2.

Die Abschreibungs- bzw. Auflösungsdauer muß auf jeden Fall den Zeitraum umfassen, für den die Leasingraten fest vereinbart sind (= „handelsrechtliche" *Grundmietzeit*). Ob ein längerer Zeitraum zweckmäßig ist, kann wiederum nur im Zusammenhang mit der Bilanzierung von Optionsrechten entschieden werden.[273]

Auch für die Notwendigkeit außerplanmäßiger Abschreibungen kann auf die Argumentation im vorhergehenden Gliederungspunkt verwiesen werden: Außerplanmäßige Abschreibungen sind so lange nicht zweckmäßig, wie die Leasingraten gleichmäßig weiter gezahlt werden müssen.

Da sich die Vorschläge der G4+1 hinsichtlich der Gewinnwirkung nicht von den Vorschriften für Capital Lease nach SFAS 13 unterscheiden,[274] gelten hinsichtlich der Zweckmäßigkeit die obigen Ausführungen.

5.2.2.3.2 Informative Bilanzpositionen

Die bisherige Analyse orientierte sich am Maßstab des prognosegeeigneten *Gewinns*. Zur Vermittlung von Informationen durch eine Gewinngröße ist ein Bilanzansatz nur erforderlich zur Abgrenzung von geleisteten (erhaltenen) Zahlungen, die noch nicht als Aufwand (Ertrag) erfaßt wurden oder von Zahlungen, die noch nicht geleistet (erhalten), aber bereits als Aufwand (Ertrag) verrechnet wurden. Diese Bilanzposten haben keinen eigenen Informationsgehalt. In den folgenden Abschnitten wird untersucht, ob bzw. wie durch den Ansatz von *Bilanzposten* für das Leasinggeschäft entscheidungsrelevante Informationen vermittelt werden können.

5.2.2.3.2.1 Der zweckmäßige Bilanzansatz

Sollen durch einen in der Bilanz ausgewiesenen Wert entscheidungsrelevante Informationen vermittelt werden, muß dieser Wert die mit dem Vermögenswert oder der Verbindlichkeit verbundenen zukünftigen Zahlungsströme widerspiegeln. Der ideale Wert zur Vermittlung von Informationen über zukünftige Cash Flows ist der *Ertragswert*, weil in diesen Wert die relevanten Zahlungen unmittelbar eingehen.[275]

Die Ermittlung von Ertragswerten ist mit folgenden Problemen verbunden:

- Die in den Ertragswert eingehenden zukünftigen Zahlungsströme sind i.d.R. nicht bekannt und müssen daher geschätzt werden.
- Es muß ein Kalkulationszinsfuß festgelegt werden.

---

273 Vgl. dazu Abschnitt 5.2.2.4.2.
274 Vgl. dazu Abschnitt 5.2.2.2.
275 Vgl. auch *Defliese*, Accounting for leases, S. 17.

- Ertragswerte lassen sich selten für einzelne Vermögenswerte ermitteln. Im Regelfall müssen die Vermögenswerte zu größeren Gruppen zusammengefaßt werden, so daß eine Einzelbewertung nicht mehr möglich ist.[276]

Diese Probleme zeigen, daß die Bewertung von Bilanzpositionen mit Ertragswerten den Konflikt zwischen Relevanz und Zuverlässigkeit eindeutig zugunsten der Relevanz lösen würde: Ertragswerte haben zwar grundsätzlich den höchsten Informationsgehalt; ihre Ermittlung beruht aber in wesentlichen Teilen auf Schätzungen und eröffnet dem Bilanzierenden erhebliche Ermessensspielräume. Einen Wert, dessen Höhe weitgehend in das Belieben des Bilanzierenden gestellt ist, wird der Bilanzleser kaum als hinreichend verläßlich einschätzen.

Eine Lösung für dieses Problem könnte darin bestehen, Ertragswerte nur zur Bewertung solcher Positionen zu verwenden, bei denen ihre Ermittlung weitgehend verläßlich möglich ist. Das ist z.B. der Fall, wenn die zukünftigen Zahlungen mit großer Wahrscheinlichkeit feststehen und ein objektiver Zinssatz bestimmt werden kann. Ist eine verläßliche Berechnung des Ertragswerts nicht möglich, sind Werte anzusetzen, die den Konflikt zwischen Relevanz und Zuverlässigkeit besser lösen können, d.h. die zuverlässig bestimmbar sind, ohne dadurch ihre Aussagekraft zu verlieren.

Als Ersatz für Ertragswerte werden im wesentlichen zwei Wertkategorien diskutiert: Anschaffungskosten und Marktwerte. Daß *Anschaffungskosten* zwar ein weitgehend zuverlässiger, für die Vermittlung entscheidungsnützlicher Informationen aber ungeeigneter Wert sind, wurde im dritten Kapitel begründet.[277] *Marktwerte* stehen hinsichtlich Relevanz und Zuverlässigkeit zwischen Ertragswerten und Anschaffungskosten. Marktwerte sind deshalb informativer als Anschaffungskosten, weil

- bei der Ableitung der Marktwerte vom Beschaffungsmarkt (Marktwert = *Wiederbeschaffungskosten*) die Anschaffungskosten an jedem Bilanzstichtag aktualisiert werden. Hinter diesem Wert steht aber zumindest für nicht-finanzielle Vermögenswerte weiterhin die Annahme, daß die zukünftigen Einzahlungsüberschüsse mindestens dem Marktpreis entsprechen. Zahlungsströme, die über dieses „mindestens" hinausgehen, spiegeln sich auch in diesem Wert nicht wider. Der einzige Vorteil der Marktwerte gegenüber den Anschaffungskosten ist die Möglichkeit, an jedem Bilanzstichtag das „mindestens" zu korrigieren. Als weiteres Problem kommt hinzu, daß Marktpreise nicht zwangsläufig die Untergrenze der Einzahlungserwartungen des Käufers widerspiegeln,

[276] IAS 36 *Impairment of Assets*, in dem Ertragswerte („value in use") als beizulegende Werte für die Bemessung außerplanmäßiger Abschreibungen verwendet werden, spricht von „cash-generating units" (IAS 36 Abs. 64 ff.).

weil sie nicht die Nutzungsmöglichkeiten durch den Bilanzierenden berücksichtigen. Möglicherweise ist der Käufer zum aktuellen Marktpreis nicht mehr zum Kauf bereit, weil die vom ihm erwarteten Einzahlungen diese Kosten nicht decken. Umgekehrt können Marktpreise sinken, obwohl sich die Einzahlungserwartung des Käufers nicht geändert hat;[278]

- bei der Ableitung der Marktwerte vom Absatzmarkt (Marktwert = *Veräußerungspreis*) für die Gläubiger das Schuldendeckungspotential zutreffender dargestellt wird als in einer Bilanz auf Anschaffungskostenbasis.[279] Allerdings ist auch diese Information nur auf die Verhältnisse am Bilanzstichtag bezogen. Über die Entwicklung des Schuldendeckungspotentials in zukünftigen Perioden gibt auch eine Marktbewertung keine Auskunft. Für die Gesellschafter sind Veräußerungswerte nur interessant, wenn eine Veräußerung tatsächlich stattfindet. Ein Zusammenhang mit den zukünftig aus der Nutzung resultierenden Zahlungsströmen ist nicht gegeben.

Während Marktwerte folglich im Hinblick auf die Relevanz eine (marginale) Verbesserung gegenüber Anschaffungskosten darstellen, nimmt die Verläßlichkeit ab: Eine Marktbewertung erlaubt dem Management viel eher als eine Anschaffungskostenbewertung die Überbewertung von Vermögenswerten und die Unterbewertung von Schulden.[280]

Da bei Leasinggeschäften dem Leasingnehmer die zukünftigen Auszahlungen bekannt sind, kann die Verbindlichkeit mit dem *Barwert der Leasingraten* bewertet werden. Dadurch ist eine perfekte Information über die zukünftig mit dem Leasinggeschäft verbundenen Auszahlungen möglich.[281] Zur Abzinsung müßte der Leasingnehmer den Zinssatz verwenden, zu dem er die noch nicht benötigten liquiden Mittel risiko- und laufzeitadäquat anlegen kann. Die Einzahlungen aus dem Leasinggeschäft können dagegen vom Leasingnehmer nur geschätzt werden. Die Bewertung des Vermögenswerts mit den zukünftig aus der Nutzung resultierenden Einzahlungen ist daher problematisch, so daß nach einem geeigneten Ersatzwert zu suchen ist.[282]

Für einen solchen *Ersatzwert* sind verschiedene Möglichkeiten denkbar: Es könnten die Anschaffungskosten oder der Marktwert des Leasingobjektes sowie der Barwert der Leasingraten angesetzt werden.

---

277 Vgl. Abschnitt 3.2.2.3.1.

278 Vgl. *Streim/Bieker/Leippe*, Anmerkungen, S. 198.

279 Vgl. *Siegel*, Zeitwertbilanzierung, S. 593.

280 Auch der umgekehrte Fall – die Unterbewertung von Aktiva und die Überbewertung von Passiva – ist denkbar, dürfte aber der seltenere Fall sein; vgl. *Streim/Leippe*, Neubewertung, S. 403, 407 f.

281 Vgl. auch *Ma*, Long-Term Leases, S. 27.

282 Ebenso *Ma*, Long-Term Leases, S. 26 f.

Aufgrund des fehlenden Anschaffungspreises bedürfen die beim Leasingnehmer zu aktivierenden *Anschaffungskosten* einer genaueren Definition. Werden die Anschaffungskosten durch die vom Leasinggeber für das Leasingobjekt gezahlten Anschaffungs-/Herstellungskosten bestimmt, hat dieser Wertansatz in der Bilanz des Leasingnehmers keinerlei Informationsgehalt. Der ohnehin geringe Informationswert der Anschaffungskosten wird dadurch eingeschränkt, daß in diesem Fall nur die Erwartungen des Leasinggebers hinsichtlich zukünftiger Mindest-Einzahlungen in den Wert eingehen. Um die Anschaffungskosten unmittelbar aus der Sicht des Leasingnehmers zu definieren, müssen ihrer Berechnung die Leasingraten zugrunde gelegt werden. Damit stellt sich gleichzeitig die Frage nach der Zweckmäßigkeit des Barwertes der Leasingraten zur Bewertung des Vermögenswerts.

Der *Barwert der Leasingraten* gibt den Betrag an, den der Leasingnehmer für die Nutzung des Leasingobjektes mindestens zu zahlen bereit ist. Oder anders formuliert: Der Barwert der Leasingraten spiegelt die Untergrenze der vom Leasingnehmer erwarteten Einzahlungen wider. Die Unzweckmäßigkeit eines solchen Wertansatzes wurde bereits mehrfach begründet: Die für die Kapitalgeber relevante Information über die (Gesamt-)Höhe der zukünftigen Cash Flows ist in diesem Wert allenfalls zu einem geringen Teil enthalten.[283] Hinzu kommt, daß die Information über die Zahlungsbereitschaft des Leasingnehmers bereits in dem Wertansatz der Verbindlichkeit enthalten ist.

Für die Bewertung des Vermögenswerts bleibt folglich nur der Ansatz zum *Marktwert*. Auch der Marktwert des Leasinggegenstands ist allerdings wenig aussagefähig. Die Ableitung des Marktwertes vom Absatzmarkt ist problematisch, weil der Leasingnehmer i.d.R. nicht das Recht hat, das Leasingobjekt zu veräußern. Werden die am Bilanzstichtag für den Kauf des Vermögenswerts aufzuwendenden Wiederbeschaffungskosten angesetzt, fehlen die über diese Kosten hinausgehenden Ausgaben, die zusätzlich in den Leasingraten enthalten sind. Folglich müßte der für das Leasinggeschäft anzusetzende Marktwert aus den Leasingraten abgeleitet werden, die in einem am Bilanzstichtag neu geschlossenen Leasingvertrag vereinbart würden. Allerdings hat auch dieser Marktwert nur einen eingeschränkten Informationsgehalt: Würden an einem späteren Bilanzstichtag höhere Leasingraten vereinbart, ist nicht sicher, ob der Leasingnehmer einen Vertrag zu diesen Konditionen abschließen würde. Gestiegene Leasingraten müssen nicht zwangsläufig auf höhere Einzahlungserwartungen durch den Leasingnehmer hindeuten.

Letztlich sind weder der Barwert der Leasingraten noch der Marktwert des Leasinggegenstands gute (Ersatz-)Werte für die Vermittlung entscheidungsrelevanter Informationen.

283 Zum fehlenden Zusammenhang zwischen Leasingraten und zukünftig erwarteten Einzahlungen vgl. *Ma*, Long-Term Leases, S. 27.

Für den Barwert der Leasingraten spricht die höhere Verläßlichkeit, sofern keine Ermessensspielräume bei der Bestimmung des Kalkulationszinsfußes gegeben sind. Der Vorzug der Marktbewertung ist der mit Einschränkungen höhere Informationsgehalt. Die Aussagekraft der beiden Wertansätze ist allerdings nur marginal unterschiedlich.

5.2.2.3.2.2 Zweckmäßigkeit der Bilanzansätze nach US-GAAP

Nach SFAS 13 sind bei Capital Lease[284] das Leasingobjekt sowie die entsprechende Verbindlichkeit entweder mit dem Barwert der Mindestleasingraten oder – falls niedriger – mit dem Fair Value des Leasingobjektes zu bewerten (SFAS 13 Abs. 10). Der Fair Value wird i.d.R. nur für die Bewertung von Aktivposten verwendet. Er ist definiert als Betrag, zu dem ein Vermögenswert zwischen unabhängigen Parteien gehandelt werden könnte (SFAS 13 Abs. 5(c)).

Hinter dieser Bewertungsvorschrift steht eine dem handelsrechtlichen *Niederstwertprinzip* vergleichbare Überlegung: Der Buchwert des Leasingobjektes soll seinen Marktwert nicht überschreiten.[285] Ein solches Niederstwertprinzip läßt sich innerhalb einer Rechnungslegung, bei welcher der Gewinn als Ausschüttungsbemessungsgrundlage dient, zur Vermeidung überhöhter Ausschüttungen rechtfertigen. Dient die Rechnungslegung bzw. die Gewinnermittlung dagegen ausschließlich der Informationsvermittlung, ist keine Begründung für eine derart „vorsichtige" Bilanzierung erkennbar.[286] Im Gegenteil sind gerade die über die (fortgeführten) Anschaffungskosten (Buchwert) hinausgehenden Zahlungserwartungen für den Bilanzleser entscheidungsrelevant.

Allerdings wurde im vorherigen Abschnitt erläutert, daß die Unterschiede zwischen den beiden in SFAS 13 verwendeten Werten – Barwert der Leasingraten und Fair Value des Leasingobjektes – hinsichtlich ihres Informationsgehaltes marginal sind. Das gilt auch dann, wenn sich diese Werte in ihrer Höhe unterscheiden, weil beide Werte die eigentlich relevanten Informationen kaum beinhalten. Das in der Regelung des FASB enthaltene Niederstwertprinzip ist folglich nicht grundsätzlich unzweckmäßig, allerdings überflüssig. Es hätte gereicht, wenn sich die Vorschrift auf *einen* Wertansatz beschränkt hätte.

Im dritten Kapitel wurde darüber hinaus auf die Problematik der Fortschreibung von Wertansätzen durch planmäßige Abschreibungen hingewiesen.[287] Solche Wertansätze sind nur dann informativ, wenn der Wertansatz in jeder Periode dem Ertragswert und die

---

284 Der Informationsgehalt der nach SFAS 13 anzusetzenden Bilanzpositionen kann logischerweise nur für Capital Lease analysiert werden, weil bei Operating Lease keine Bilanzposten angesetzt werden.
285 Vgl. *Kieso/Weygandt/Warfield*, Intermediate Accounting, S. 1197.
286 Vgl. auch *AIMR*, Financial Reporting, S. 34.
287 Vgl. dazu Abschnitt 3.2.2.3.2.

Abschreibung der Ertragswertabschreibung entspricht. Daß diese Bedingungen bei den Abschreibungsmethoden des FASB nicht erfüllt sind, ist offensichtlich.[288] Um einen zumindest marginal informativeren Wertansatz auszuweisen, müßte auch an jedem folgenden Bilanzstichtag entweder der Fair Value oder der Barwert der Leasingraten angesetzt werden.

Für die Bewertung der Verbindlichkeit ist dagegen eine eindeutige Aussage möglich: Zweckmäßig ist allein eine Bewertung mit dem Barwert der jeweils noch ausstehenden Leasingraten, weil dieser Wertansatz unmittelbar über die zukünftigen Auszahlungen informiert. Ein Rückgriff auf den Fair Value des Leasingobjektes ist weder erforderlich noch zweckmäßig und kann auch nicht mit der Notwendigkeit einer identischen Bewertung des Aktiv- und Passivpostens begründet werden.[289]

In den Folgeperioden führen die Bewertungsvorschriften des SFAS 13 zu einer bestmöglichen Bewertung der Verbindlichkeit, sofern bei erstmaliger Bewertung der Barwert der Mindestleasingraten angesetzt wird. Durch die Anwendung der Barwertvergleichsmethode ist sichergestellt, daß an jedem Bilanzstichtag der Barwert der noch ausstehenden Leasingraten ausgewiesen wird. Das gilt allerdings nur mit der Einschränkung, daß der Barwert mit dem Zinssatz berechnet wird, zu dem der Leasingnehmer die noch nicht benötigten Mittel anlegen kann. Dieser Zinssatz dürfte i.d.R. nicht dem internen Zinsfuß des Leasinggeschäfts entsprechen.

Nach den Vorschlägen der G4+1 sind der vom Leasingnehmer zu aktivierende Vermögenswert sowie die entsprechende Verbindlichkeit mit dem *Fair Value* der durch das Leasinggeschäft übertragenen Rechte bzw. Verpflichtungen zu bewerten, wobei der Fair Value durch den *Barwert der Mindestleasingraten* bestimmt werden kann.[290] Nach Meinung der G4+1 repräsentiert der Barwert der Leasingraten den Wert des Nutzungsrechtes, das der Leasingnehmer für eine bestimmte Zeit erworben hat. Damit werde auch berücksichtigt, daß dem Leasingnehmer nur das Nutzungsrecht, aber keine weiteren Rechte nach Ablauf der vereinbarten Vertragsdauer (z.B. das Verwertungsrecht) zustehen.[291] Diese Bewertung unterscheidet sich auf den ersten Blick von den Vorschriften des SFAS 13, weil nicht der Fair

---

288 Vgl. auch *Defliese*, Accounting for leases, S. 18.

289 Nach *Ma* beruht die Forderung nach einer identischen Bewertung auf der Aktiv- und Passivseite auf der Tatsache, daß „a more fundamental consideration has been overlooked, namely, *the proper valuation of assets and liabilities on the lessee's balance sheet.*" Diese Forderung könne auch dadurch erklärt werden, daß die identische Bewertung von Vermögenswert und Verbindlichkeit von der „accounting profession" und der „business community" eher akzeptiert wird. „If this is the case, the recommendation rests on tactical grounds rather than on a theoretical principle." *Ma*, Long-Term Leases, S. 27 f. (Hervorhebung im Original).

290 Vgl. *IASC*, Position Paper, Abs. 3.14 f. Die Bewertung des Vermögenswerts und der Verbindlichkeit mit dem Barwert der Mindestleasingraten war auch im McGregor-Papier vorgesehen; vgl. *McGregor*, A New Approach, S. 21 f.

291 Vgl. *IASC*, Position Paper, Abs. 3.17.

Value des *Leasingobjektes*, sondern der Fair Value des *Nutzungsrechts* angesetzt wird. Da letzterer aber wiederum durch den Barwert der Mindestleasingraten bestimmt werden soll, führen die Bewertungsmethoden des FASB und der G4+1 zum gleichen Wertansatz, wenn der Fair Value des Leasingobjektes höher als der Barwert der Mindestleasingraten ist.

Die Aussagekraft dieser Wertansätze wurde bereits ausführlich gewürdigt. Auch die G4+1 finden folglich für das Problem der Bewertung des Vermögenswerts mit einem Wert, der die zukünftigen Einzahlungen widerspiegelt, keine bessere Lösung.

Für die Bewertung des Vermögenswerts sowie der Verbindlichkeit in den Folgeperioden verweist das Position Paper auf die allgemeinen Regeln für die Folgebewertung.[292] Daher treffen auch auf diesen Vorschlag die oben angeführten Kritikpunkte zu.

5.2.2.3.3 Informativer Gewinn und informative Bilanzansätze

Bisher wurde getrennt voneinander untersucht, wie Gewinnermittlungsregeln für Leasingverträge aussehen müssen, die einerseits zu einem informativen Gewinn und andererseits zu informativen Bilanzansätzen führen. Diese Analyse führte zu folgenden Ergebnissen:

1. *Gewinnermittlungsregeln für einen informativen Gewinn*
   Die Leasingraten sind linear als Aufwand zu verrechnen. Um eine solche Aufwandsverteilung zu erreichen, muß das Leasingobjekt bei Capital Lease nach SFAS 13 progressiv abgeschrieben werden, da der Zinsaufwand degressiv verteilt wird. Denkbar wäre auch, den Zinsaufwand abweichend von der Barwertvergleichsmethode linear oder progressiv zu verrechnen und das Leasingobjekt den Vorschriften entsprechend linear oder degressiv abzuschreiben.

2. *Gewinnermittlungsregeln für informative Bilanzansätze*
   Der Vermögenswert ist an jedem Bilanzstichtag mit dem Barwert der Leasingraten oder mit dem Fair Value zu bewerten. Beide Werte haben allerdings nur eine geringe Aussagekraft. Die Verbindlichkeit ist an jedem Bilanzstichtag mit dem Barwert der noch ausstehenden Leasingraten zu bewerten.

In diesem Abschnitt wird analysiert, ob es möglich ist, mit den *gleichen* Gewinnermittlungsregeln *beide* Ziele zu erreichen. Dazu sind die für den jeweiligen Zweck geeigneten Gewinnermittlungsregeln zu vergleichen.

Nach den Vorschriften des FASB werden der Vermögenswert und die Verbindlichkeit beim erstmaligen Ansatz *abhängig* voneinander bewertet. Die Bewertung des Aktivpostens

---

292 Vgl. *IASC*, Position Paper, Abs. 3.22; vgl. auch Abschnitt 5.2.2.2.

bestimmt gleichzeitig den Wertansatz auf der Passivseite. Diese Art der Bewertung ist für die Ermittlung eines *prognosetauglichen Gewinns* zwingend *erforderlich*. Für den Ansatz *informativer Bilanzposten* ist die Abhängigkeit der Wertansätze dagegen *unzweckmäßig*, weil die auf der Aktivseite anzusetzenden zukünftigen Einzahlungen nicht mit den auf der Passivseite auszuweisenden zukünftigen Auszahlungen übereinstimmen müssen.

Allerdings wurde gezeigt, daß ein Wert, der die zukünftigen Einzahlungen widerspiegelt, nicht verläßlich bestimmt werden kann. Ersatzweise ist für die Aktivseite daher auf den Fair Value des Leasingobjektes oder den Barwert der Mindestleasingraten zurückzugreifen. Der Konflikt zwischen einem informativen Gewinn und dem Ansatz informativer Bilanzpositionen kann folglich dadurch gelöst werden, daß sowohl auf der Aktiv- als auch auf der Passivseite der *Barwert der Leasingraten* angesetzt wird. Bei *erstmaliger Verbuchung* lassen sich auf diese Weise beide Ziele gleichzeitig erreichen.

In den *Folgeperioden* kann ein im Hinblick auf beide Ziele zweckmäßiges Ergebnis nicht mehr in jedem Fall mit *einer* Bewertungsmethode erzielt werden. Werden der Vermögenswert und die Verbindlichkeit weiterhin in jeder Periode mit dem Barwert der noch ausstehenden Leasingraten angesetzt, läßt sich eine lineare Aufwandsverteilung nur bei *linearen* Leasingraten erreichen. Folgendes Zahlenbeispiel verdeutlicht die Problematik:

1. Lineare Leasingraten

Im obigen Beispiel[293] – die gesamten über fünf Jahre (nachschüssig) zu zahlenden Leasingraten betragen 300 GE – beträgt der Barwert der Leasingraten zu Beginn des Leasinggeschäfts 239,56 GE (Kalkulationszinsfuß: 8 %; lineare Raten). Mit diesem Wert werden sowohl der Vermögenswert als auch die Verbindlichkeit angesetzt. Die folgende Tabelle zeigt die Entwicklung des Barwertes in den Folgeperioden sowie die zum Ansatz dieser Werte erforderlichen Aufwandsverrechnungen:

Periode	**Leasing-raten**	**Verm.wert/ Verbindl.**	**Tilgungs-anteil**	**Zins-aufwand**	**Abschr. 1**	**Gesamt-aufwand**	**linearer Aufwand**	**Abschr. 2**
	(1)	(2)	(3)	(4)	(5)	(6)	(7)	(8)
0		239,56						
1	60,00	198,73	40,83	19,17	40,83	60,00	60,00	40,83
2	60,00	154,63	44,10	15,90	44,10	60,00	60,00	44,10
3	60,00	107,00	47,63	12,37	47,63	60,00	60,00	47,63
4	60,00	55,56	51,44	8,56	51,44	60,00	60,00	51,44
5	60,00	0,00	55,56	4,44	55,56	60,00	60,00	55,56
Summe	*300,00*		*239,56*	*60,44*	*239,56*	*300,00*	*300,00*	*239,56*

[293] Vgl. Abschnitt 5.2.2.3.1.1.

Der in Spalte (3) ausgewiesene Tilgungsanteil berechnet sich jeweils als Differenz zwischen den Barwerten (vgl. Spalte (2)) der Vorperiode und der betrachteten Periode. Der Vermögenswert und die Verbindlichkeit sind jeweils in Höhe dieses Betrags abzuschreiben bzw. aufzulösen, damit am Ende der Periode der Barwert der Leasingraten ausgewiesen wird. *„Abschreibung 1"* ist die zum Ausweis *informativer Bilanzposten* jährlich zu verrechnende Abschreibung. Tilgungsanteil und Abschreibung des Vermögenswerts sind folglich identisch (vgl. Spalte (3) und Spalte (5)). Der Zinsaufwand ergibt sich als Differenz zwischen der Leasingrate und dem Tilgungsanteil (oder: 8 % der Restverbindlichkeit). In Spalte (6) ist der jährliche Gesamtaufwand dargestellt; er setzt sich aus dem Zinsaufwand und der Abschreibung zusammen und entspricht der jährlich gezahlten Leasingrate. Die Aufwandsverteilung ist folglich linear. Spalte (7) zeigt die Aufwandsverteilung, die für einen *informativen Gewinnausweis* zweckmäßig wäre, Spalte (8) die dazugehörige (progressive) *„Abschreibung 2"* (= 60 – Zinsaufwand). Die in den Spalten (6) und (7) dargestellte identische Aufwandsverteilung zeigt, daß es im Fall linearer Leasingraten möglich ist, gleichzeitig einen informativen Gewinn und informative Bilanzansätze auszuweisen.

2. Degressive Leasingraten

In diesem Fall werden die Leasingraten in Höhe von insgesamt 300 GE degressiv über fünf Jahre verteilt.

Periode	Leasingraten	Verm.wert/ Verbindl.	Tilgungsanteil	Zinsaufwand	Abschr. 1	Gesamtaufwand	linearer Aufwand	Abschr. 2
	(1)	(2)	(3)	(4)	(5)	(6)	(7)	(8)
0		251,82						
1	100,00	171,97	79,85	20,15	79,85	100,00	60,00	39,85
2	80,00	105,73	66,24	13,76	66,24	80,00	60,00	46,24
3	60,00	54,18	51,54	8,46	51,54	60,00	60,00	51,54
4	40,00	18,52	35,67	4,33	35,67	40,00	60,00	55,67
5	20,00	0,00	18,52	1,48	18,52	20,00	60,00	58,52
Summe	*300,00*		*251,82*	*48,18*	*251,82*	*300,00*	*300,00*	*251,82*

Spalte (6) zeigt, daß bei degressiven Raten der Aufwand, der für eine Bewertung der Positionen mit dem Barwert jährlich verrechnet wird (= Zinsaufwand + Abschreibung 1), der Höhe der jeweils gezahlten Leasingrate entspricht; er verläuft folglich degressiv. Durch diese Aufwandsverteilung werden zwar informative Bilanzposten ausgewiesen; der Gewinn verliert aber seine Prognoseeignung. Spalte (7) zeigt die für eine Gewinnglättung erforderliche Aufwandsverrechnung (= Zinsaufwand + Abschreibung 2). Bei degressiven Raten ist es demnach nicht möglich, gleichzeitig einen informativen Gewinn und informative Bilanzpositionen auszuweisen. Dieses Ergebnis gilt auch für progressive Leasingraten:

3. Progressive Leasingraten

Periode	Leasing-raten	Verm.wert/ Verbindl.	Tilgungs-anteil	Zins-aufwand	Abschr. 1	Gesamt-aufwand	linearer Aufwand	Abschr. 2
	(1)	(2)	(3)	(4)	(5)	(6)	(7)	(8)
0		227,30						
1	20,00	225,49	1,82	18,18	1,82	20,00	60,00	41,82
2	40,00	203,53	21,96	18,04	21,96	40,00	60,00	41,96
3	60,00	159,81	43,72	16,28	43,72	60,00	60,00	43,72
4	80,00	92,59	67,22	12,78	67,22	80,00	60,00	47,22
5	100,00	0,00	92,59	7,41	92,59	100,00	60,00	52,59
Summe	*300,00*		*227,30*	*72,70*	*227,30*	*300,00*	*300,00*	*227,30*

Das Beispiel zeigt, daß es in den Folgeperioden nur bei *linearen* Leasingraten möglich ist, den Vermögenswert und die Verbindlichkeit in jeder Periode mit dem Barwert der Leasingraten anzusetzen und gleichzeitig einen geglätteten Gewinn auszuweisen. Der Versuch, die Kapitalgeber durch „informative" Gewinnermittlungsregeln zu schützen, ist folglich mit einem weiteren Problem verbunden: Es ist grundsätzlich nicht möglich, gleichzeitig einen informativen Gewinn und informative Bilanzposten auszuweisen. Das FASB hätte sich bei der Erarbeitung der Leasingregeln entscheiden müssen, welches Ziel Vorrang hat.

Der Konflikt zwischen diesen beiden Zielen läßt sich allerdings lösen, indem in einem weiteren Punkt von den Vorschriften des FASB abgewichen wird: Zusätzlich zur progressiven Abschreibung des Leasingobjektes müßte die Barwertvergleichsmethode aufgegeben werden. Um gleichzeitig einen informativen Gewinn und informative Bilanzpositionen auszuweisen, sind die Abschreibung des Vermögenswerts sowie die Tilgung der Verbindlichkeit entsprechend der Entwicklung des Barwertes der Mindestleasingraten festzuschreiben. Zusätzlicher „Zinsaufwand" wird nur verrechnet, wenn die Abschreibung geringer als der für eine Gewinnglättung zu erfassende Aufwand ist. Diese Vorgehensweise erfordert den Ansatz von Abgrenzungsposten, in welche die über die Zahlungen hinausgehenden Aufwendungen bzw. die noch nicht als Aufwand verrechneten Zahlungen eingestellt werden. Die Bildung und Auflösung dieser Abgrenzungsposten soll an obigem Beispiel für den Fall degressiver Leasingraten verdeutlicht werden:

Periode	Leasing-raten	Verm.wert/ Verbindl.	Tilgungs-anteil	Zins-aufwand	Abschr. 1	Gesamt-aufwand	linearer Aufwand	Zuf. (+)/ Auflg. (-) RAP
	(1)	(2)	(3)	(4)	(5)	(6)	(7)	(8)
0		251,82						
1	100,00	171,97	79,85	20,15	79,85	100,00	60,00	+40,00
2	80,00	105,73	66,24	13,76	66,24	80,00	60,00	+20,00
3	60,00	54,18	51,54	8,46	51,54	60,00	60,00	0,00
4	40,00	18,52	35,67	4,33	35,67	40,00	60,00	-20,00
5	20,00	0,00	18,52	1,48	18,52	20,00	60,00	-40,00
Summe	*300,00*		*251,82*	*48,18*	*251,82*	*300,00*	*300,00*	*0,00*

In der ersten Periode sind folgende Buchungen vorzunehmen:

Abschreibung	60,00	an	Leasingobjekt	79,85
Aktiver RAP	19,85			
Verbindlichkeit	79,85	an	Kasse	100,00
Aktiver RAP	20,15			

„Zinsaufwand" wird erst ab der dritten Periode verbucht:

Abschreibung	51,54	an	Leasingobjekt	51,54
Verbindlichkeit	51,54	an	Kasse	60,00
Aufwand	8,46			

Das Beispiel zeigt, daß in diesem Fall in einem weiteren Punkt von den Vorschriften des FASB abgewichen werden muß: Ein Teil der Abschreibung ist zunächst erfolgsneutral zu verrechnen, d.h. der Abschreibungsaufwand der Periode steht nicht mehr im Zusammenhang mit dem ausgewiesenen Buchwert.

Dieser Konflikt zwischen einem informativen Gewinn und informativen Bilanzansätzen verdeutlicht erneut die hohe Bedeutung zusätzlicher Informationsinstrumente. Zum Beispiel könnten die Informationen, die in den Bilanzposten enthalten sind, durch quantitative und/oder qualitative Angaben z.B. im Anhang vermittelt werden, wenn die Bilanz nur der Ermittlung eines informativen Gewinns dienen soll. Wird die von den FASB-Vorschriften abweichende Lösung gewählt, den Aufwand mit Hilfe von Abgrenzungsposten entsprechend zu verteilen, sind Informationsregeln erforderlich, um den Abgrenzungsposten als solchen, d.h. als Bilanzposition ohne eigenen Informationsgehalt, zu kennzeichnen.

5.2.2.4 Bilanzierung von Optionen

5.2.2.4.1 Bilanzierung des Optionsrechts

Analysiert man zunächst den Charakter des Optionsrechts bei einer *Kauf- oder Mietverlängerungsoption*, kommt man zu dem Ergebnis, daß die *Vermögenswert*-Definition i.d.R. erfüllt ist: Der Nutzen besteht in der (möglichen) Einzahlungsersparnis bei Ausübung der Option; die „vergangene Transaktion" besteht in der Vereinbarung der Option beim Abschluß des Leasingvertrags. Ob dieser Vermögenswert zu aktivieren ist, hängt zusätzlich von drei weiteren Ansatzkritierien ab:

1. Der Vermögenswert kann *zuverlässig bewertet* werden (SFAC 5 Abs. 65). Dieses Kriterium kann bei im Leasingvertrag vereinbarten Optionsrechten zum Problem werden, weil für die Option kein gesondertes Entgelt in Form einer Optionsprämie vereinbart wird. Der Wert der Option ist letztlich die Differenz zwischen dem vereinbarten Optionspreis (Basispreis) und dem Marktpreis für den Vermögenswert zum Zeitpunkt der Optionsausübung. Dieser Wert müßte bereits zu Beginn der Grundmietzeit zuverlässig geschätzt werden können, damit das Ansatzkriterium erfüllt ist.
2. Der Vermögenswert erfüllt den Grundsatz der *Relevanz* (SFAC 5 Abs. 73). Daß die Information über eine im Leasingvertrag vereinbarte Option für den Bilanzadressaten eine Entscheidungsrelevanz besitzt, ist offensichtlich: Die Option impliziert die Möglichkeit zur Erzielung zukünftiger Zahlungsströme, auf die der Bilanzierende ohne die Option verzichten müßte.
3. Der Vermögenswert erfüllt den Grundsatz der *Zuverlässigkeit* (SFAC 5 Abs. 75). Dieses Kriterium wird durch das im Leasingvertrag vereinbarte Optionsrecht erfüllt, weil die Existenz durch den Vertragsabschluß feststeht. Die Problematik der zuverlässigen Bewertbarkeit wurde unter 1. angesprochen.

Ob Kauf- oder Mietverlängerungsoptionen als Vermögenswerte zu aktivieren sind, hängt demnach in erster Linie von der Möglichkeit einer *zuverlässigen Bewertung* ab. Das FASB sowie die G4+1 lösen dieses Problem unterschiedlich:

- Nach SFAS 13 werden die Optionsrechte *nicht* als Vermögenswerte aktiviert. Bei der Bilanzierung werden nur der Kaufpreis bzw. die Anschlußmiete, d.h. die im Zusammenhang mit dem Hauptgeschäft anfallenden Zahlungen, berücksichtigt. Daraus ist zu schließen, daß das FASB das Optionsrecht nicht als Vermögenswert bzw. die zusätzlichen Ansatzkriterien nicht als erfüllt ansieht.

- Nach den Vorschlägen der G4+1 ist das Optionsrecht als *selbständiger Vermögenswert* zu aktivieren, wenn die Option erstens einen *nicht unbedeutenden Wert* hat und dieser Wert zweitens *zuverlässig ermittelt* werden kann.[294] Eine Option hat dann einen nicht unbedeutenden Wert, wenn der vereinbarte Basispreis deutlich geringer als der Fair Value der dafür erworbenen Rechte ist („bargain option").[295] Zur Bestimmung des Wertes können z.B. die in einem Leasingvertrag mit Option vereinbarten Mindestleasingraten mit den Raten, die in einem Vertrag ohne Option vereinbart würden, verglichen werden.[296] Die zweite Voraussetzung der zuverlässigen Wertermittlung wird von den G4+1 nicht weiter präzisiert.

  Der aktivierte Vermögenswert wird nicht abgeschrieben, sondern bleibt bis zum Zeitpunkt der Optionsausübung unverändert in der Bilanz stehen (Ausnahme: außerplanmäßige Abschreibungen).[297] Bei Ausübung der Option wird der Wertansatz des Optionsrechts mit den Anschaffungskosten des Leasinggegenstands verrechnet.[298]

  Ist mindestens eine der beiden Ansatzvoraussetzungen nicht erfüllt, wird kein Vermögenswert angesetzt. Es wird unterstellt, daß die Mindestleasingraten allein für die Nutzung des Leasingobjekts gezahlt werden.[299] Eine Verbindlichkeit wird nicht passiviert, weil Zahlungsverpflichtungen nur aus dem Hauptgeschäft resultieren, aber nicht mit dem Optionsrecht verbunden sind.[300]

Nach der Lösung des FASB kann der Bilanzleser aus der Bilanz nicht erkennen, daß der Leasingvertrag ein Optionsrecht enthält. Eindeutig informativer ist die Lösung der G4+1, weil das Optionsrecht als Vermögenswert aktiviert wird. Allerdings kann die Beachtung der für einen Ansatz erforderlichen Restriktionen zum Problem werden. Sowohl die Schätzung des Fair Value zum Zeitpunkt der Optionsausübung als auch der Vergleich mit fiktiven Leasingraten in Verträgen ohne Optionsrecht eröffnen dem Management Spielräume, so daß der Ansatz weitgehend in das Belieben des Bilanzierenden gestellt wird. Letztlich bleibt wohl keine andere Möglichkeit, als das Optionsrecht mit einem *Wert von null* anzusetzen. Dadurch hat der Bilanzleser wenigstens die Information, daß eine Option vorhanden ist.

Für im Leasingvertrag vereinbarte *Andienungsrechte* fehlen sowohl in SFAS 13 als auch in den Vorschlägen der G4+1 entsprechende Regelungen. Ein Andienungsrecht erfordert den Ansatz einer *Verbindlichkeit* beim Leasingnehmer, wenn

---

294 Vgl. *IASC*, Position Paper, Abs. 4.10, 4.12, für Kaufoptionen Abs. 4.58.
295 Vgl. *IASC*, Position Paper, Abs. 4.10.
296 Vgl. *IASC*, Position Paper, Abs. 4.10.
297 Vgl. *IASC*, Position Paper, Abs. 4.11 sowie das Beispiel in Abs. 4.34 ff.
298 Vgl. *IASC*, Position Paper, Abs. 4.43.
299 Vgl. *IASC*, Position Paper, Abs. 4.12.
300 Vgl. *IASC*, Position Paper, Abs. 4.25.

- ein zukünftiger Nutzenabfluß aufgrund einer gegenwärtigen Verpflichtung gegenüber Dritten wahrscheinlich ist und
- dieser Nutzenzufluß zuverlässig bewertbar ist sowie die Kriterien der Relevanz und der Zuverlässigkeit erfüllt.

Problematisch ist bereits die erste Voraussetzung. Eine Verpflichtung des Leasingnehmers gegenüber dem Leasinggeber entsteht erst, wenn der Leasinggeber das Andienungsrecht ausübt und den Leasingnehmer zum Kauf des Leasingobjektes verpflichtet. Ob die Definition einer Verbindlichkeit erfüllt ist, hängt weiterhin vom Wahrscheinlichkeitsgrad ab, mit dem die Ausübung zu erwarten ist. Da diese Wahrscheinlichkeit wiederum durch das Verhältnis vom künftigen Marktpreis zum Andienungspreis bestimmt wird, besteht das Problem der zuverlässigen Schätzung des Marktpreises. Letztlich läßt sich auch hier das Problem nur durch einen Ansatz *in Höhe von null* lösen, der dem Bilanzleser die Information gibt, daß (möglicherweise) eine Verbindlichkeit besteht/entsteht. Um deutlich zu machen, daß diese Verbindlichkeit von zukünftigen Ereignissen, in erster Linie von der Entscheidung des Leasinggebers abhängt, sind zusätzliche Informationsregeln, insbesondere ein gesonderter Ausweis der Verbindlichkeit, erforderlich.

5.2.2.4.2 Bilanzierung des Hauptgeschäfts

Nach den Vorschriften des FASB sind der Kaufpreis bzw. die Anschlußmieten Bestandteil der Mindestleasingraten.[301] Daraus folgt, daß die bei Ausübung der Option zu leistenden Zahlungen die Bewertung des Vermögenswerts und der Verbindlichkeit insofern beeinflussen, als ihre Berücksichtigung den *internen Zinsfuß erhöht*. Hinter dieser Bilanzierungsmethode steht die Annahme, daß die Option *ausgeübt* wird. Aus diesem Grund ist diese Methode nur bei *günstigen* Optionen zulässig, d.h. bei Optionen, bei denen der vereinbarte Kaufpreis bzw. die Anschlußmiete „sufficiently lower" als der Fair Value des Leasingobjektes bzw. die marktübliche Miete zum Zeitpunkt der Optionsausübung ist (SFAS 13 Abs. 5(d), (e)). Wie eine Option zu bilanzieren ist, bei der diese Bedingung nicht erfüllt ist, bleibt offen.

Für die Analyse, ob die Vorschriften des FASB für die Bilanzierung des Hauptgeschäfts zweckmäßig sind, sind zunächst die *Gewinnwirkungen* dieser Regelungen zu betrachten. Diese sollen anhand des folgenden Beispiels dargestellt werden:

Angenommen wird ein Leasingvertrag mit einer unkündbaren Grundmietzeit von fünf Jahren. Das Leasingobjekt hat eine Nutzungsdauer von acht Jahren. Die während der Grundmietzeit (nach-

[301] Daß der Kaufpreis zu den Mindestleasingraten gehört, ist ausdrücklich geregelt (SFAS 13 Abs. 5(j)). Für die Anschlußmieten ergibt sich diese Zugehörigkeit aus der Definition der Grundmietzeit, die auch den durch eine Verlängerungsoption abgedeckten Zeitraum umfaßt (SFAS 98 Abs. 22), sowie aus der Definition der Mindestleasingraten, die alle Zahlungen beinhalten, die während der Grundmietzeit zu leisten sind (SFAS 13 Abs. 5(j)).

schüssig) zu zahlenden Leasingraten betragen jährlich 100 GE; zu Beginn der Grundmietzeit beträgt der Fair Value des Leasingobjektes 400 GE. Nach Ablauf der fünf Jahre hat der Leasingnehmer die Option, das Leasingobjekt zu einem Preis von 50 GE zu kaufen. Es wird unterstellt, daß dieser Kaufpreis deutlich niedriger als der Fair Value des Leasingobjektes zu diesem Zeitpunkt ist. Nach SFAS 13 ist dieser Leasingvertrag folgendermaßen zu bilanzieren:

Da es sich um eine „günstige" Kaufoption handelt, betragen die Mindestleasingraten insgesamt 550 GE. Das Leasingobjekt ist über die wirtschaftliche Nutzungsdauer von acht Jahren abzuschreiben. Allerdings soll hier entgegen den Vorschriften von SFAS 13 das Leasingobjekt nach der für die Informationsvermittlung zweckmäßigen Methode abgeschrieben werden. Dadurch wird erreicht, daß ohne die Option in jeder Periode ein gleich hoher Gewinn ausgewiesen wird, Abweichungen vom „zweckmäßigen" Gewinnausweis folglich nur durch die Option bedingt sind. Der interne Zinsfuß des Leasinggeschäfts beträgt 10,9 %.[302] Der Vermögenswert und die Verbindlichkeit werden zu Beginn der Grundmietzeit zum Barwert der Mindestleasingraten (= Fair Value) von 400 GE angesetzt. In den Folgeperioden entwickeln sich die Wertansätze folgendermaßen:

Periode	Leasingraten	Barwert der Leasingraten	Tilgungsanteil	Zinsanteil
0		400,00		
1	100,00	343,72	56,28	43,72
2	100,00	281,29	62,43	37,57
3	100,00	212,04	69,25	30,75
4	100,00	135,22	76,82	23,18
5	150,00	0,00	135,22	14,78
Summe	*550,00*		*400,00*	*150,00*

	Option wird ausgeübt					Option wird nicht ausgeübt				
Periode	Vermögenswert	Verbindlichkeit	Abschreibung	Zinsaufwand	Aufwand gesamt	Vermögenswert	Verbindlichkeit	Abschreibung	Zinsaufwand	Aufwand gesamt
0	400,00	400,00				400,00	400,00			
1	374,97	343,72	25,03	43,72	68,75	374,97	343,72	25,03	43,72	68,75
2	343,79	281,29	31,18	37,57	68,75	343,79	281,29	31,18	37,57	68,75
3	305,79	212,04	38,00	30,75	68,75	305,79	212,04	38,00	30,75	68,75
4	260,22	135,22	45,57	23,18	68,75	260,22	135,22	45,57	23,18	68,75
5	206,25	0,00	53,97	14,78	68,75	0,00	0,00	260,22	14,78	275,00
6	137,50	0,00	68,75	0,00	68,75	0,00	0,00	0,00	0,00	0,00
7	68,75	0,00	68,75	0,00	68,75	0,00	0,00	0,00	0,00	0,00
8	0,00	0,00	68,75	0,00	68,75	0,00	0,00	0,00	0,00	0,00
Summe			*400,00*	*150,00*	*550,00*			*400,00*	*150,00*	*550,00*

302 $100 \cdot \frac{q^5 - 1}{i \cdot q^5} + 50 \cdot \frac{1}{q^5} = 400$

Die bilanzielle Berücksichtigung der Option schon zu Beginn des Leasinggeschäfts führt dazu, daß zu dem Zeitpunkt, zu dem die Option ausgeübt werden kann, die Verbindlichkeit in Höhe des Kaufpreises ausgewiesen wird (hier: 135,22 GE = Barwert der letzten Leasingrate + Barwert des Kaufpreises zu Beginn der Periode 5). Der Vermögenswert steht mit einem Wert von 260,22 GE in der Bilanz. Die Abschreibung entspricht in diesem Fall nicht dem Tilgungsanteil, weil der Vermögenswert über *acht* Jahre abgeschrieben und die Verbindlichkeit über *fünf* Jahre aufgelöst wird.[303]

Wird die Option ausgeübt, ist die Verbindlichkeit erfolgsneutral gegen den Kassenabgang in Höhe des Kaufpreises auszubuchen. Der Vermögenswert wird – da kein Zinsaufwand mehr anfällt – linear über die Restnutzungsdauer abgeschrieben. Wird die Option nicht ausgeübt, muß einerseits die Verbindlichkeit in Höhe des nicht gezahlten Kaufpreises (50 GE) ertragswirksam aufgelöst, andererseits der Vermögenswert vollständig abgeschrieben werden. Der Aufwand der Periode 5 in Höhe von 275 GE muß folglich um den Ertrag aus der Auflösung der Verbindlichkeit in Höhe von 50 GE gekürzt werden. Der Gesamtaufwand ist damit um 50 GE niedriger als bei Ausübung der Option.

Zum Vergleich zeigen die folgenden Tabellen die Gewinnwirkungen für den Fall, daß die Kaufoption bis zur Ausübung bilanziell nicht berücksichtigt wird. Bei Nicht-Berücksichtigung der Option zu Beginn der Grundmietzeit sinkt der interne Zinsfuß auf 7,9 %[304]:

Periode	Leasingraten	Barwert der Leasingraten	Tilgungsanteil	Zinsanteil
0		400,00		
1	100,00	331,72	68,28	31,72
2	100,00	258,03	73,69	26,31
3	100,00	178,50	79,54	20,46
4	100,00	92,65	85,84	14,16
5	100,00	0,00	92,65	7,35
Summe	*500,00*		*400,00*	*100,00*

303 Die jährliche Abschreibung kann folgendermaßen berechnet werden: Da insgesamt Aufwand in Höhe der Summe der Mindestleasingraten (550 GE) zu verrechnen ist, beträgt der jährlich zu verrechnende Aufwand 68,75 GE (= 550 GE : 8 Jahre). Die Abschreibung ergibt sich dann als Differenz zwischen diesem (Gesamt-) Aufwand und dem Zinsaufwand.

304 $100 \cdot \frac{q^5 - 1}{i \cdot q^5} = 400$

	Option wird ausgeübt					Option wird nicht ausgeübt				
Periode	Vermögenswert	Verbindlichkeit	Abschreibung	Zinsaufwand	Aufwand gesamt	Vermögenswert	Verbindlichkeit	Abschreibung	Zinsaufwand	Aufwand gesamt
0	400,00	400,00				400,00	400,00			
1	331,72	331,72	68,28	31,72	100,00	331,72	331,72	68,28	31,72	100,00
2	258,03	258,03	73,69	26,31	100,00	258,03	258,03	73,69	26,31	100,00
3	178,50	178,50	79,54	20,46	100,00	178,50	178,50	79,54	20,46	100,00
4	92,65	92,65	85,84	14,16	100,00	92,65	92,65	85,84	14,16	100,00
5	50,00	0,00	92,65	7,35	100,00	0,00	0,00	92,65	7,35	100,00
6	33,33	0,00	16,67	0,00	16,67	0,00	0,00	0,00	0,00	0,00
7	16,67	0,00	16,67	0,00	16,67	0,00	0,00	0,00	0,00	0,00
8	0,00	0,00	16,67	0,00	16,67	0,00	0,00	0,00	0,00	0,00
Summe			*450,00*	*100,00*	*550,00*			*400,00*	*100,00*	*500,00*

In diesem Fall ist die Verbindlichkeit zum Zeitpunkt der (möglichen) Optionsausübung vollständig aufgelöst und der Vermögenswert auf null abgeschrieben. Wird die Option ausgeübt, muß der Vermögenswert erneut aktiviert und über die Restnutzungsdauer (linear) abgeschrieben werden. Wird die Option nicht ausgeübt, hat das Leasinggeschäft keine weiteren bilanziellen Konsequenzen.

Das Beispiel zeigt folgende Gewinnwirkungen: Die beiden Bilanzierungsmöglichkeiten führen jeweils dann zu einem „glatten" Gewinn, wenn die zu Beginn der Grundmietzeit getroffene *Annahme zutrifft*:

- Geht man zutreffend von der Annahme aus, daß die Option ausgeübt wird, führt die Berücksichtigung der Option schon zu Beginn der Grundmietzeit zu einem gleich hohen Gewinn in jeder Periode, in der das Leasingobjekt genutzt wird. Wird die Option entgegen der Annahme nicht ausgeübt, wird zwar in den einzelnen Perioden gleich hoher Aufwand wie bei Ausübung der Option verrechnet. Der in den ersten vier Perioden verrechnete Aufwand ist aber zu gering, weil bei der Abschreibung des Vermögenswerts fälschlicherweise von einer Nutzungsdauer von acht Jahren ausgegangen wird. Folglich kommt es in der letzten Periode durch die vollständige Abschreibung des Vermögenswerts zu einem sprunghaften Anstieg des Aufwands.

- Geht man zutreffend von der Annahme aus, daß die Option nicht ausgeübt wird, ergibt sich ein „glatter" Gewinn, wenn die Option zu keinem Zeitpunkt bilanziell berücksichtigt wird. Wird die Option trotz Nicht-Berücksichtigung ausgeübt, besteht der in den Perioden nach dem Kauf zu verrechnende Aufwand nur noch aus den Abschreibungen, weil der

Zinsaufwand bereits vollständig verrechnet wurde. Dadurch ergibt sich ein „Gewinnsprung" in der Periode der Optionsausübung.

Allerdings ist zu fragen, ob ein „glatter" Gewinnverlauf über die gesamte Nutzungsdauer des Leasingobjektes zweckmäßig ist oder ob ab dem Kaufzeitpunkt die Bilanzierungsmethode geändert werden müßte. Für Mietverlängerungsoptionen stellt sich diese Frage analog.

Die Ausübung einer Kauf- oder Mietverlängerungsoption führt dazu, daß die Dauer der Nutzung des Leasingobjektes durch den Leasingnehmer verlängert wird. Für diese zusätzliche Nutzung fallen zusätzliche Auszahlungen in Form des Kaufpreises bzw. der Anschlußmiete an, im Regelfall in geringerer Höhe als die Leasingraten. Da dem Leasingnehmer auch für diesen Verlängerungszeitraum die Einzahlungen nicht bekannt sind, eine optimale Verteilung des Aufwands folglich nicht möglich ist, kann auch hier nur eine *gleichmäßige* Aufwandsverrechnung zu einem informativen Gewinnausweis führen. Um Informationseinbußen in der Periode der Optionsausübung zu vermeiden, ist der Kaufpreis bzw. die Anschlußmiete daher über den gesamten Nutzungszeitraum zu verteilen.

Diese Art der Aufwandsverrechnung führt aber – wie anhand des Beispiels erläutert – nur dann zu einem „glatten" Gewinn, wenn die Option tatsächlich ausgeübt wird. Ist das nicht der Fall, treten genau die Informationseinbußen auf, die durch diese Bilanzierungsweise verhindert werden sollen. Eine Option kann daher nur dann „richtig" bilanziert werden, *wenn feststeht, ob die Option ausgeübt wird oder nicht.*

Erforderlich ist folglich eine Abschätzung der *Wahrscheinlichkeit der Optionsausübung.* Das FASB versucht, diese Wahrscheinlichkeit anhand des Verhältnisses von Kaufpreis und Fair Value bzw. Anschlußmiete und marktüblicher Miete zum Zeitpunkt der Optionsausübung zu schätzen. Damit verwendet das FASB zwar einerseits die für die Entscheidung über die Ausübung der Option relevanten Vergleichswerte. Andererseits erlaubt diese Art der Schätzung dem Bilanzierenden aber die Verteilung des Aufwands nach seinen eigenen Interessen, weil der Fair Value bzw. die Marktmiete zu einem Zeitpunkt in der Zukunft ein in höchstem Maße subjektiver Wert ist.

Dieser Konflikt läßt sich letztlich nur mit Hilfe von Informationsregeln lösen. Beide Bilanzierungsmethoden – die bilanzielle Berücksichtigung der Option zu Beginn des Leasinggeschäfts oder zum Zeitpunkt der Ausübung – führen jeweils in einem Fall zum richtigen Ergebnis. Eine zweckmäßige Lösung kann nur darin bestehen, *eine* Methode verbindlich vorzuschreiben und jeweils für den Fall, daß die ursprüngliche Annahme hinsichtlich der (Nicht-)Ausübung nicht zutrifft, Informationseinbußen durch zusätzliche Angaben auszugleichen. So könnte der sprunghafte Anstieg des Aufwands im Beispiel bei

Nicht-Ausübung der bereits berücksichtigten Option z.B. im Anhang erläutert werden, so daß der Bilanzleser weiß, daß dieser Aufwand nur einmalig anfällt. Eine andere Möglichkeit wäre der Ausweis des zusätzlichen Aufwands als außerordentlicher Aufwand. Auch diese Ausweismethode würde auf ein einmaliges Ereignis hindeuten.

Für den Fall, daß im Leasingvertrag ein *Andienungsrecht* vereinbart ist, gelten die angestellten Überlegungen analog. Der Leasingnehmer kann nicht selbst über den Kauf des Leasingobjekts entscheiden, sondern ist von der Entscheidung des Leasinggebers abhängig. Diese Entscheidung hängt aber letztlich wieder vom Verhältnis des vereinbarten Kaufpreises zum Fair Value zum Zeitpunkt der Ausübung des Andienungsrechts ab.

Bei Operating Lease kann analog verfahren werden. Da in diesem Fall nach SFAS 13 keine Bilanzpositionen angesetzt werden, müssen der Kaufpreis bzw. die Anschlußmieten als eigenständige Aktiv- und Passivposten angesetzt werden.

Analysiert man die Bilanzierung der aus dem Hauptgeschäft resultierenden Zahlungen im Hinblick auf die Vermittlung von Informationen durch die *Wertansätze* in der Bilanz, steht man wiederum vor dem Problem der Schätzung der Wahrscheinlichkeit der Optionsausübung. Wird die Option ausgeübt, muß der Wertansatz der Verbindlichkeit auch den Barwert des Kaufpreises bzw. der Anschlußmiete enthalten. Der auf der Aktivseite angesetzte Wert muß auch über die bei Ausübung der Option erzielbaren Einzahlungen informieren. Wird die Option nicht ausgeübt, führt eine Berücksichtigung dieser Zahlungen zu überhöhten Wertansätzen. Dieses Problem läßt sich lösen, indem der Kaufpreis bzw. die Anschlußmiete zwar angesetzt, aber gesondert ausgewiesen wird. Auf diese Weise wird der Bilanzleser darüber informiert, daß die durch den Wertansatz ausgedrückten zukünftigen Zahlungen nicht in jedem Fall erzielt bzw. fällig werden.

Aufgrund der Problematik eines informativen Wertansatzes auf der Aktivseite bleibt auch im Zusammenhang mit Optionsrechten nur die Bewertung mit dem Barwert der Auszahlungen, auch wenn der Zusammenhang mit den zukünftigen Einzahlungen fraglich ist. Unproblematisch ist dagegen die Bewertung der Verbindlichkeit: Der Ansatz des Barwertes des vereinbarten Kaufpreises bzw. der Anschlußmieten informiert den Bilanzleser eindeutig über die bei Ausübung der Option anfallenden Auszahlungen.

Die G4+1 lehnen in ihren Vorschlägen die Regeln des FASB zur Bilanzierung des Hauptgeschäfts – nämlich die Antizipation der Optionsausübung – ab. Sie begründen ihre Ablehnung mit dem Argument, daß durch diese bilanzielle Behandlung die *finanzielle Flexibilität*, die für den Leasingnehmer mit der Option verbunden ist, nicht richtig abgebildet wird.[305]

---

[305] Vgl. *IASC*, Position Paper, Abs. 4.24, für Kaufoptionen Abs. 4.56.

Nach dem Vorschlag der G4+1 dürfen die bei der Ausübung einer Option anfallenden Zahlungen zu Beginn des Leasinggeschäfts nicht bilanziell berücksichtigt werden.[306] Die Option wird nach der im obigen Beispiel dargestellten Methode für den Fall, daß die Option erst bei der Ausübung berücksichtigt wird, bilanziert.[307] Bis zum Zeitpunkt der Ausübung schlägt sich die Option in der Bilanz ausschließlich durch den Ansatz eines Vermögenswerts für das Optionsrecht nieder.[308]

Wie oben gezeigt, führt eine solche Vorgehensweise nur dann zu einem informativen Gewinn, wenn die Option nicht ausgeübt wird. Die Flexibilität des Leasingnehmers, d.h. seine Entscheidungsfreiheit hinsichtlich der Optionsausübung, läßt sich in einer Gewinngröße nicht abbilden.

5.2.2.5 Exkurs: Informationsgehalt der handelsrechtlichen Gewinnermittlungsregeln

In der Einleitung zum vorliegenden Kapitel wurde erläutert, daß die handelsrechtlichen Vorschriften zur Bilanzierung von Leasinggeschäften nur im Hinblick auf den (Sub-)Zweck der Ausschüttungsbemessung analysiert werden, weil der Kapitalgeberschutz durch Ausschüttungsbemessung der primäre Zweck der handelsrechtlichen Rechnungslegung ist. Zudem wurde bereits angedeutet, daß ein und dieselben Gewinnermittlungsregeln nur zufällig zwei unterschiedliche (Sub-)Zwecke erfüllen können. In diesem Abschnitt soll durch Vergleich der für die Ausschüttungsbemessung zweckmäßigen Gewinnermittlungsregeln mit den Ergebnissen für die Gewinnermittlung zur Informationsvermittlung überprüft werden, ob diese Vermutung für die Bilanzierung von Leasinggeschäften zutrifft.

Die für die Ausschüttungsbemessung zweckmäßige Bilanzierung kann auf unterschiedlichen Wegen erreicht werden: durch den Ansatz eines Aktiv- und eines Passivpostens in gleicher Höhe oder durch Nicht-Bilanzierung des Leasinggeschäfts bis zur Zahlung der ersten Leasingrate. Soll die Bilanzierung nur der Ermittlung des ausschüttungsfähigen Gewinns dienen, sind beide Methoden gleichwertig bzw. kann aus Vereinfachungsgründen der Ansatz von Bilanzposten unterbleiben. Sollen durch die Bilanz nach HGB dem Kapitalgeber auch Informationen über das Leasinggeschäft vermittelt werden, ist die dafür zweckmäßige Bilanzierungsmethode offensichtlich: Nur durch den *Ansatz eines Aktiv- und Passivpostens* erscheint das Geschäft überhaupt in der Bilanz.[309] Zweckmäßig ist allein der Ansatz *aller*

---

306 Vgl. *IASC*, Position Paper, Abs. 4.25 ff.

307 Vgl. für den Fall einer Mietverlängerungsoption *IASC*, Position Paper, Abs. 4.32.

308 Vgl. Abschnitt 5.2.2.4.1.

309 Vgl. auch *Martin*, Anschaffungskosten, S. 245 f.

Leasingverträge in der Bilanz.[310] Durch diese Ansatzvorschriften können folglich auch in einer Bilanz, die primär der Ausschüttungsbemessung dient, relevante Informationen vermittelt werden.

Vergleicht man jeweils die für die Bilanz nach US-GAAP und nach HGB hergeleiteten zweckmäßigen *Wertansätze*, kommt man zu folgenden Ergebnissen:

- Beim *erstmaligen Ansatz* des Leasinggeschäfts ist für die Ausschüttungsbemessung nur entscheidend, daß der Aktiv- und der Passivposten in gleicher Höhe angesetzt werden. Ein Ansatz des Aktiv- und des Passivpostens zum Barwert der Leasingraten würde gleichzeitig – mit Einschränkungen auf der Aktivseite – die Anforderungen an einen informativen Bilanzansatz und an einen ausschüttungsfähigen Gewinn erfüllen.
- In den *Folgeperioden* muß für die Ausschüttungsbemessung jeweils (mindestens) Aufwand in Höhe der für die Periode gezahlten Leasingrate verrechnet werden. Dazu muß die planmäßige Abschreibung dem mit Hilfe der Barwertvergleichsmethode berechneten Tilgungsanteil entsprechen. Dadurch ist sichergestellt, daß sowohl der Aktiv- als auch der Passivposten in jeder Periode mit dem Barwert der Leasingraten und dadurch mit dem informativen Wert angesetzt werden.

In einer Bilanz, die der Ausschüttungsbemessung dient, ist es für Leasinggeschäfte demnach möglich, durch den Wertansatz der Bilanzpositionen Informationen über die Höhe der zukünftigen Cash Flows, insbesondere über die zukünftigen Auszahlungen, zu vermitteln.

Dieses Ergebnis gilt nicht für die Vermittlung von Informationen durch eine prognosetaugliche *Gewinngröße*. Daß die Verrechnung von Aufwand in Höhe der für die jeweilige Periode gezahlten Leasingrate, die für die Ausschüttungsbemessung erforderlich ist, nur in bestimmten Fällen zu einem glatten Gewinnverlauf führt, wurde an einem Beispiel gezeigt.[311]

---

310 Vgl. zu diesem Ergebnis auch *Bieg*, Schwebende Geschäfte, S. 346 ff. Vgl. für Nutzungsrechte allgemein *Kußmaul*, Bilanzierung von Nutzungsrechten, S. 54; *Kußmaul*, Nutzungsrechte, S. 2057. Damit wird auch deutlich, daß das in der Literatur für die Nicht-Bilanzierung schwebender Geschäfte häufig angeführte Argument, die Bilanz werde durch den Ansatz von Aktiv- und Passivposten in gleicher Höhe lediglich „aufgebläht", so daß die Bilanzierung aus Vereinfachungsgründen unterbleiben könne, zwar für die Ausschüttungsbemessung, nicht aber für die Informationsvermittlung zutrifft. Vgl. zu diesem Argument z.B. *Küting/Hellen/Brakensiek*, Leasing in der Bilanzierung, S. 1472. Die Notwendigkeit einer genauen Trennung zwischen Ausschüttungsbemessung und Informationsvermittlung wird wiederum offensichtlich. Allerdings findet sich in der Literatur auch die These, daß gerade der saldierte Ausweis der Ansprüche und Verpflichtungen aus schwebenden Geschäften für die Informationsvermittlung zweckmäßig sei, weil dadurch die Klarheit und Übersichtlichkeit des Jahresabschlusses gefördert werde; vgl. *Küting/Hellen/Brakensiek*, Leasing in der Bilanzierung, S. 1473. Diese Begründung kann aber nur dann zutreffen, wenn nicht nur die *Höhe* der durch die beiden Bilanzposten repräsentierten zukünftigen Cash Flows, sondern auch ihre *zeitliche Verteilung* und ihre *Eintrittswahrscheinlichkeit* identisch sind.

311 Vgl. dazu Abschnitt 5.2.2.3.1.1.

5.2.3 Leasinggeschäfte in der Bilanz des Leasinggebers

5.2.3.1 Die Zweckmäßigkeit der Zurechnungskriterien

5.2.3.1.1 Leasinggeschäfte als Vermögenswerte und/oder Schulden

Auch für den Leasinggeber ist zunächst zu prüfen, ob aus dem Leasingvertrag Vermögenswerte und/oder Schulden resultieren. Der Leasinggeber erwirbt mit dem Leasingobjekt eine „Ressource", durch deren Nutzung (Vermietung) und/oder Veräußerung er Einzahlungen erzielen kann. Der Leasinggegenstand ist für ihn folglich ein *Einzahlungspotential* und somit ein *Vermögenswert*. Durch den Abschluß des Leasingvertrags wird der aus der Nutzung resultierende Teil des Zahlungsstroms konkretisiert, so daß die Ansatzkriterien der Bewertbarkeit und Verläßlichkeit erfüllt sind. Die Frage der Relevanz wird im nächsten Abschnitt ausführlich behandelt.

Ein Nutzenabfluß in der Form eines Zahlungsmittelabflusses liegt beim Leasinggeber ebenfalls vor, weil er die Pflicht hat, das Leasingobjekt anzuschaffen oder herzustellen und dem Leasingnehmer zur Nutzung zur Verfügung zu stellen. *Zukünftige* Auszahlungen sind aber nur dann gegeben, wenn diese Zahlungen nicht sofort geleistet werden. In diesem Fall liegt eine Verbindlichkeit gegenüber dem Verkäufer oder der refinanzierenden Bank vor.

5.2.3.1.2 Die Zurechnungskriterien nach SFAS 13

Nach SFAS 13 muß der Leasinggeber das Leasingobjekt aktivieren, wenn

- er mit großer Wahrscheinlichkeit Eigentümer des Leasingobjektes bleibt (SFAS 13 Abs. 7(a), (b));
- die Grundmietzeit weniger als 75 % der wirtschaftlichen Nutzungsdauer des Leasingobjektes umfaßt (SFAS 13 Abs. 7(c));
- der Barwert der Mindestleasingraten weniger als 90 % des Fair Value des Leasingobjektes zu Beginn der Grundmietzeit beträgt (SFAS 13 Abs. 7(d)) oder
- größere Unsicherheiten hinsichtlich der mit dem Leasinggeschäft verbundenen Ein- und Auszahlungen bestehen (SFAS 98 Abs. 22(f), SFAS 13 Abs. 8(b)).

Führen die Ansatzkriterien zu einer Zurechnung des Leasingobjektes zum Leasingnehmer, weist der Leasinggeber zwar nicht das Leasingobjekt aus, setzt aber trotzdem einen Vermögenswert an, nämlich eine Forderung gegenüber dem Leasingnehmer. Daraus folgt, daß grundsätzlich *jedes* Leasinggeschäft zum Ansatz eines Vermögenswerts in der Bilanz des Leasinggebers führt.

Sollen mit Hilfe der Bilanz Informationen über zukünftige Cash Flows vermittelt werden, ist der Ansatz eines Vermögenswerts in jedem Fall konsequent: Mit jedem Leasinggeschäft sind für den Leasinggeber zukünftige Einzahlungen verbunden, unabhängig davon, ob er das Eigentum behält oder verliert, die Grundmietzeit lang oder kurz ist bzw. die Leasingraten hoch oder niedrig sind. Die *Höhe* und die *Unsicherheit* der Leasingraten können die *Höhe* des Wertansatzes des Vermögenswerts beeinflussen, *nicht* jedoch den *Ansatz* überhaupt. Durch eine Nicht-Berücksichtigung des Leasinggeschäfts auf der Aktivseite der Bilanz würden dem Bilanzleser wesentliche relevante Informationen verloren gehen.[312]

Letzteres wird besonders deutlich, wenn eine Leasinggesellschaft betrachtet wird, deren Vermögen im wesentlichen aus Leasingobjekten besteht. Würde der Wert dieser Leasingobjekte nicht auf der Aktivseite der Bilanz ausgewiesen, wäre das „Erfolgspotential" des Unternehmens aus der Sicht des Bilanzlesers kaum größer als null.[313]

Im Hinblick auf den (Sub-)Zweck der Vermittlung entscheidungsrelevanter Informationen gilt folglich auch für den Leasinggeber, daß eine Unterscheidung zwischen Capital und Operating Lease *nicht erforderlich* ist. Sie wäre zudem *unzweckmäßig*, wenn sich Leasinggeschäfte aufgrund dieser Unterscheidung unterschiedlich auf der Aktivseite der Bilanz niederschlagen würden.[314]

Für die Zweckmäßigkeit der Zurechnungskriterien im Hinblick auf die Gewinnwirkung gilt die gleiche Argumentation: Mit jedem Leasinggeschäft sind zukünftige Cash Flows verbunden, die sich im prognosegeeigneten Gewinn niederschlagen müssen. Gerade bei einer Leasinggesellschaft, bei der das operative Geschäft ausschließlich aus Leasinggeschäften besteht, besteht kein Zweifel, daß der Gewinn nur dann informativ sein kann, wenn er über die zukünftig mit dem Leasinggeschäft verbundenen Gewinne oder Verluste informiert. Da diese Informationen aber nur durch einen „geglätteten" Gewinn vermittelt werden können, muß sich die Bilanzierung *aller* Leasingverträge nach diesem Kriterium richten.

Erstaunlich ist, daß das FASB *zusätzliche Ansatzkriterien* vorschreibt, die aus einem strengen Vorsichtsprinzip resultieren. Der Leasinggeber darf erst dann das Leasingobjekt aus seiner Bilanz entfernen und einen Gewinn realisieren, wenn die zukünftigen Ein- und

---

312 Vgl. auch *Franken*, Rechnungslegung nach US-GAAP, S. 213 f.; *Klein*, Kapitalgeberschutz durch Rechnungslegungsvorschriften, S. 289, die dieses Ergebnis für Mietverträge ableitet.

313 Die Dimension zeigt z.B. die Bilanz der ALBIS Leasing AG zum 31.12.1999. In diesem Jahr werden Leasingobjekte in Höhe von insgesamt 240.896.344,65 DM ausgewiesen. Dieser Betrag entspricht ungefähr 66 % der Bilanzsumme; vgl. *ALBIS Leasing AG*, Geschäftsbericht 1999, S. 34. Bei der VR Leasing AG macht das Leasingvermögen 1999 sogar 95 % der Bilanzsumme aus; vgl. *VR Leasing AG*, Geschäftsbericht 1999, S. 18.

314 *Carr* zeigt an einem Beispiel, wie eine minimale Variation der Mindestleasingraten (32.699 £ p.a. versus 31.977 £ p.a.) zu bedeutenden Unterschieden bei der bilanziellen Behandlung der Verträge führt; vgl. *Carr*, Why accounting for leases is inconsistent, S. 119 f.

Auszahlungen so gut wie sicher sind.[315] Dieses Kriterium ist zweckmäßig, wenn es um die Ermittlung einer Ausschüttungsbemessungsgrundlage geht. In einer Bilanz, die allein der Vermittlung entscheidungsnützlicher Informationen dient, ist für eine solche „Vorsichtsmaßnahme" kein Platz. Insbesondere stellt sich die Frage, warum der Leasinggeber das Leasingobjekt gerade dann aus der Bilanz entfernen soll, wenn die damit verbundenen Einzahlungen *sicher* sind.[316] Gerade in diesem Fall könnten mit dem Wertansatz relevante und verläßliche Informationen vermittelt werden. Die Vorschriften des FASB sind nur deshalb nicht unzweckmäßig, weil in jedem Fall ein Vermögenswert aktiviert wird. Auch für die zusätzlich vom Leasinggeber zu prüfenden Ansatzkriterien gilt folglich, daß sie zwar die Höhe des Wertansatzes beeinflussen können, indem z.B. besonders unsichere Zahlungen zu einem niedrigeren Wertansatz führen, nicht jedoch die Bilanzierung dem Grunde nach.

Nach den Vorschlägen der G4+1 bilanziert der Leasinggeber nicht den Leasinggegenstand als materiellen Vermögenswert, sondern die mit dem Leasingvertrag verbundenen *Ansprüche*. Diese Sichtweise führt dazu, daß *zwei* Vermögenswerte ausgewiesen werden: der Anspruch auf die Leasingraten als Forderung gegenüber dem Leasingnehmer („financial asset") und das Recht des Leasinggebers, den Leasinggegenstand am Ende der Grundmietzeit zu veräußern oder weiter zu nutzen („residual interest").[317] Da die G4+1 nicht zwischen Operating und Capital Lease unterscheiden, gilt diese Regelung für *alle* Leasingverträge. Die Art des Leasingvertrags, z.B. die Länge der Grundmietzeit im Vergleich zur Nutzungsdauer, hat allein Einfluß auf die Höhe der Vermögenswerte. Je kürzer z.B. die Grundmietzeit im Vergleich zur wirtschaftlichen Nutzungsdauer ist, um so niedriger wird die Forderung und um so höher der Vermögenswert für den Restwertanspruch bewertet.[318]

Durch den Ansatz von zwei Vermögenswerten wird bilanziell berücksichtigt, daß der Leasingvertrag das Einzahlungspotential konkretisiert und den Zahlungsstrom in einen sicheren und einen unsicheren Teil aufspaltet. Während ein gesonderter Ausweis dieser beiden Teile für die Ausschüttungsbemessung nicht erforderlich ist, macht die Trennung der Vermögenswerte in einer informationsorientierten Bilanz deutlich, daß der Anspruch auf die Leasingraten sowie die Möglichkeit zur Verwertung des Restwertes unterschiedlichen Risiken unterliegen. Während die Forderung im wesentlichen nur dem Bonitätsrisiko unterliegt, hängt die Realisierung des Restwertes von den Markt- und Technologiebedingungen

---

315 Diese Regelung ist um so erstaunlicher, als das Vorsichtsprinzip in der US-amerikanischen Rechnungslegung eindeutig dem „accrual principle" untergeordnet ist und nur bei Schätzungen zur Anwendung kommt, d.h für den Bilanz*ansatz* keine Bedeutung hat; vgl. dazu Abschnitt 3.2.2.3.2.

316 Daß sich bei den Bilanzierungsmethoden für Capital und Operating Lease der Zeitpunkt der Gewinnrealisation nicht grundsätzlich unterscheidet, wird im folgenden gezeigt.

317 Vgl. *IASC*, Position Paper, Abs. 8.6 ff.

318 Vgl. *IASC*, Position Paper, Abs. 8.9.

nach Ablauf der Grundmietzeit ab.[319] Die G4+1 berücksichtigen damit explizit auch das *Risiko* der zukünftigen Zahlungsströme.

5.2.3.2 Die Gewinnwirkung der Bilanzierungsmethoden

Liegt *Operating Lease* vor, aktiviert der Leasinggeber das Leasingobjekt erfolgsneutral und schreibt es nach seinem üblichen Abschreibungsplan über die wirtschaftliche Nutzungsdauer ab (SFAS 13 Abs. 19(a)). Der Hinweis auf den „üblichen Abschreibungsplan" legt nahe, daß der Leasinggeber das Leasingobjekt nach den allgemeinen Regeln linear oder degressiv abschreiben darf.[320] Neben dem Abschreibungsaufwand wird der Gewinn durch den Ertrag aus der i.d.R. linearen Vereinnahmung der Mindestleasingraten beeinflußt (SFAS 13 Abs. 19(b)). Die Differenz zwischen Ertrag und (Abschreibungs-)Aufwand verläuft folglich *linear* oder *progressiv*. Der *insgesamt* realisierte Gewinn entspricht der *Differenz zwischen der Summe der Mindestleasingraten und den Anschaffungs-/Herstellungskosten* des Leasingobjektes.

Bei Capital Lease ist weiter zu differenzieren:

- Bei *Sales-Type Lease* realisiert der Leasinggeber bei erstmaliger Verbuchung des Leasinggeschäfts einen Gewinn in Höhe der Differenz zwischen den Anschaffungs-/Herstellungskosten und dem Fair Value (= Barwert der Mindestleasingraten) des Leasingobjektes (SFAS 13 Abs. 17(c)). Auch in den Folgeperioden hat das Leasinggeschäft Auswirkungen auf den Gewinn: Analog zu der Vorgehensweise beim Leasingnehmer berechnet der Leasinggeber die in den Mindestleasingraten enthaltenen Zinsen mit Hilfe der Barwertvergleichsmethode und verrechnet den entsprechenden Zinsanteil in der jeweiligen Periode als Ertrag (SFAS 13 Abs. 17(a)). Die Differenz zwischen der Summe der Mindestleasingraten und deren Barwert bzw. dem Fair Value des Leasingobjektes wird folglich über die Grundmietzeit *degressiv* ertragswirksam verrechnet, so daß der *insgesamt* realisierte Gewinn der *Differenz zwischen der Summe der Mindestleasingraten und den Anschaffungs-/Herstellungskosten* des Leasinggegenstands entspricht.[321]

---

319 Vgl. *IASC*, Position Paper, Abs. 8.11 f. Zu diesem Ergebnis kommt auch die EU-Kommission; vgl. *EU-Kommission*, Behandlung von Leasingverträgen, Abs. 13.

320 Vgl. zu diesen „allgemeinen Regeln" *Franken*, Rechnungslegung nach US-GAAP, S. 145; *Kieso/Weygandt/Warfield*, Intermediate Accounting, S. 1197.

321 Vgl. zum Zusammenhang zwischen Anschaffungs-/Herstellungskosten, Barwert der Mindestleasingraten/Fair Value und Summe der Mindestleasingraten bei Sales-Type Lease Abbildung 19.

- Bei *Direct Financing Lease* entsprechen die Anschaffungskosten des Leasingobjektes zu Beginn der Grundmietzeit dem Fair Value. Dadurch entfällt die Gewinnrealisierung zu Beginn des Leasinggeschäfts. Der mit dem Leasinggeschäft verbundene Gewinn in Höhe der Differenz zwischen der Summe der Mindestleasingraten und ihrem Barwert (= Fair Value) wird über die Grundmietzeit verteilt *degressiv* realisiert (SFAS 98 Abs. 22(i)). Der *insgesamt* realisierte Gewinn entspricht damit auch bei Direct Financing Lease der Differenz zwischen der *Summe der Mindestleasingraten und den Anschaffungs-/Herstellungskosten* des Leasinggegenstands.

Folgendes Beispiel verdeutlicht die unterschiedliche Verteilung des Gewinns bei Sales-Type und Direct Financing Lease:

Angenommen wird ein Leasingvertrag über eine Grundmietzeit von fünf Jahren. In diesen fünf Jahren sind vom Leasingnehmer jährlich Leasingraten in Höhe von 50 GE zu zahlen. Die Anschaffungs-/ Herstellungskosten des Leasingobjektes betragen 150 GE, der Fair Value beträgt 200 GE, so daß Sales-Type Lease vorliegt, bzw. 150 GE, so daß Direct Financing Lease vorliegt.

1. Sales-Type Lease

Periode	Leasing-raten	Barwert der L.-raten	Zinsertrag	Umsatzerlös	Aufwand	Gewinn
0		200,00		200,00	150,00	50,00
1	50,00	165,86	15,86	0,00	0,00	15,86
2	50,00	129,02	13,15	0,00	0,00	13,15
3	50,00	89,25	10,23	0,00	0,00	10,23
4	50,00	46,33	7,08	0,00	0,00	7,08
5	50,00	0,00	3,67	0,00	0,00	3,67
Summe	*250,00*		*50,00*	*200,00*	*150,00*	*100,00*

interner Zinsfuß = 7,9 %[322]

322 $50 \cdot \frac{q^5 - 1}{i \cdot q^5} = 200.$

2. Direct Financing Lease

Periode	Leasing-raten	Barwert der L.-raten	Zinsertrag	Umsatzerlös	Aufwand	Gewinn
0		150,00		0,00	0,00	0,00
1	50,00	129,79	29,79	0,00	0,00	29,79
2	50,00	105,56	25,77	0,00	0,00	25,77
3	50,00	76,52	20,96	0,00	0,00	20,96
4	50,00	41,72	15,20	0,00	0,00	15,20
5	50,00	0,00	8,28	0,00	0,00	8,28
Summe	*250,00*		*100,00*	*0,00*	*0,00*	*100,00*

interner Zinsfuß = 19,9 %[323]

Das Beispiel zeigt, daß der Gewinn in beiden Fällen *gleich hoch* ist und *degressiv* verläuft. Unterschiede ergeben sich hinsichtlich der *Verteilung*: Bei Sales-Type Lease erfolgt die Gewinnrealisation früher, so daß der Gewinn stärker degressiv verläuft bzw. nach der Verrechnung der Umsatzerlöse in der ersten Periode sprunghaft abfällt. Dieses Ergebnis ist erstaunlich, denn bei genauem Hinsehen stellt man fest, daß gleiche Sachverhalte unterschiedlich behandelt werden. Die für den Leasinggeber entscheidenden Größen sind die Anschaffungs-/Herstellungskosten des Leasingobjektes (zuzüglich der sonstigen Kosten) und die Summe der Leasingraten. Der vom Leasinggeber erzielte Gewinn wird allein durch die Differenz zwischen diesen beiden Größen bestimmt. Daß das Leasingobjekt zu Beginn der Grundmietzeit zu einem höheren Preis (= Fair Value) verkauft werden könnte, ist für den Leasinggeber irrelevant, weil dieser Verkauf nicht stattfindet. Der Fair Value kann für den Leasinggeber zwar bei der Kalkulation der Leasingraten eine Bedeutung haben, so daß er in die Summe der Leasingraten einfließt. Stehen die Leasingraten fest, hängt der aus dem Leasinggeschäft resultierende Gewinn aber nicht mehr vom Fair Value ab. Für eine Aufteilung des Gewinns in einen „Verkaufsgewinn" sowie den Zinsertrag und damit für die Unterscheidung zwischen Sales-Type und Direct Financing Lease findet sich keine Begründung.[324] Gleiches gilt für die Bestimmung des internen Zinsfußes auf der Basis des

---

323 $50 \cdot \frac{q^5 - 1}{i \cdot q^5} = 150.$

324 Selbst wenn man eine Begründung für eine unterschiedliche bilanzielle Behandlung bei unterschiedlichem Fair Value findet, ist die Unterscheidung zwischen Sales-Type und Direct Financing Lease überflüssig. Denn bei Direct Financing Lease stellt sich die Frage einer sofortigen Gewinnrealisation schon deshalb nicht, weil der Fair Value definitionsgemäß den Anschaffungskosten entspricht und folglich *kein Gewinn* erzielt wird. Letztlich hätte eine Regelung wie in IAS 17, wonach ein „Verkaufsgewinn" sofort zu realisieren ist, wenn der Fair Value höher als der Buchwert des Leasingobjektes ist, ausgereicht (IAS 17 Abs. 34-37).

Fair Value. Auch hier müßten mit der gleichen Begründung die Anschaffungs-/Herstellungskosten zugrunde gelegt werden.

Der Vergleich der Gewinnwirkungen bei Operating und Sales-Type bzw. Direct Financing Lease ergibt folgende Ergebnisse:

- Der *insgesamt* realisierte Gewinn ist bei allen drei Bilanzierungsmethoden *gleich hoch*.
- Die *erstmalige Verbuchung* des Leasinggeschäfts erfolgt bei Operating und Direct Financing Lease *erfolgsneutral*, während bei Sales-Type Lease bereits zu diesem Zeitpunkt ein *Gewinn realisiert* wird.
- Es findet in jedem Fall eine *Verteilung* des Gewinns über den Zeitraum des Leasinggeschäfts statt, wobei diese Verteilung aber bei allen drei Methoden unterschiedlich ist.

Die Vorschläge der G4+1 sehen aufgrund der fehlenden Differenzierung zwischen verschiedenen Arten von Leasingverträgen nur *eine* Bilanzierungsmethode vor. Danach ist bereits zu Beginn der Grundmietzeit ein Gewinn zu realisieren, wenn zwei Voraussetzungen erfüllt sind:[325]

1. Der Wert des Vermögenswerts hat sich im Vergleich zu seinem bisherigen Buchwert durch den Abschluß des Leasingvertrags erhöht.
2. Diese Wertsteigerung kann zuverlässig gemessen werden.

Die erste Voraussetzung ist erfüllt, wenn der Wert des neu zu aktivierenden Vermögenswerts, d.h. der Wert der Forderung, höher als der Buchwert des bisher aktivierten Leasingobjektes ist. Das ist der Fall, wenn der Fair Value des Leasingobjektes unmittelbar vor Abschluß des Leasingvertrags höher als der Buchwert ist.[326] Allerdings gehen die G4+1 von der widerlegbaren Vermutung aus, daß der Leasingvertrag so gestaltet ist, daß sich Leistung und Gegenleistung entsprechen, so daß bei Vertragsbeginn kein Gewinn realisiert werden kann.[327] Die zweite Voraussetzung wird nicht näher erläutert.

---

325 Vgl. *IASC*, Position Paper, Abs. 8.15. Eine grundsätzliche Diskussion des Realisationszeitpunktes findet sich im Position Paper in den Absätzen 2.10 ff.

326 Vgl. *IASC*, Position Paper, Abs. 8.18.

327 Vgl. *IASC*, Position Paper, Abs. 8.17 f. Allerdings wird nicht ganz deutlich, wann tatsächlich ein Gewinn realisiert werden darf. In Absatz 8.17 gehen die G4+1 von der Annahme aus, daß sich bei einem zweiseitigen Vertrag Leistung und Gegenleistung i.d.R. entsprechen und daß diese Ausgeglichenheit bei Leasinggeschäften folgendermaßen bestimmt werden kann: „In the context of a lease, this implies that the aggregate of the fair value of the receivable (in respect of payments required by the lease) and the fair value of the lessor's interest in the residual value of the property is equal to the *fair value* of the property held before the lease." In Absatz 8.18 formulieren die G4+1 dagegen die widerlegbare Vermutung „that no gain or loss arises at the beginning of the lease term unless there is evidence that the *carrying amount* of the property held before the beginning of the lease was less than its fair value." (Hervorhebungen durch die Verf.). Die G4+1 verwenden hier zwei Vergleichsmaßstäbe: Im ersten Fall werden der Fair Value des Leasingobjektes sowie der Fair Value der Forderung und des Restwertanspruchs, im zweiten Fall werden der Fair Value des Leasingobjektes nach Vertragsabschluß und dessen Buchwert vor Vertragsabschluß

Ist mindestens eine dieser Voraussetzungen nicht erfüllt, wird das Leasinggeschäft als Finanzierungsgeschäft betrachtet und der Gewinn über die Grundmietzeit verteilt realisiert.[328] Für diese Verteilung sind die jährlichen Leasingraten mit Hilfe einer „interest method" in Zins- und Tilgungsanteile aufzuspalten, so daß in jeder Periode ein konstanter Zinssatz auf die (Rest-)Forderung verrechnet wird.[329]

Diese Vorschläge der G4+1 unterscheiden sich konzeptionell nicht von den Regelungen des FASB zur Bilanzierung von Capital Lease. Sowohl die G4+1 als auch das FASB sehen eine sofortige Gewinnrealisation vor, wenn der Fair Value des Leasinggegenstands höher als sein Buchwert ist. Allerdings regeln die G4+1 nicht explizit, wie die Forderung während der Grundmietzeit zu behandeln ist. Es ist allerdings davon auszugehen, daß die Forderung wie für den Fall, daß zu Beginn der Grundmietzeit kein Gewinn realisiert wird, nach einer „interest method" aufzulösen ist.[330] Da zu Beginn der Grundmietzeit nur der Gewinn realisiert werden darf, der einem „selling profit" entspricht, ist davon auszugehen, daß auch nach den G4+1-Vorschlägen die Differenz zwischen der Summe der Leasingraten und dem Fair Value über die Grundmietzeit verteilt zu realisieren ist.[331] Die Gewinnwirkung dieser Bilanzierungsmethode entspricht daher der Gewinnwirkung der Bilanzierungsmethoden für Sales-Type bzw. Direct Financing Lease.

5.2.3.3 Die zweckmäßige Bilanzierungsmethode

5.2.3.3.1 Informativer Gewinn

5.2.3.3.1.1 Der zweckmäßige Ertragsverlauf

Bei der Analyse des zweckmäßigen Ertragsverlaufs bzw. des zweckmäßigen Realisationszeitpunktes im Hinblick auf die Ausschüttungsbemessung wurde festgestellt, daß Leasinggeschäfte für die Bilanzierung beim Leasinggeber einen wesentlichen Vorteil gegenüber anderen Geschäftsvorfällen aufweisen: Der Leasinggeber kennt im wesentlichen alle zukünftigen Ein- und Auszahlungen. Der einfachste Weg, über die mit dem Leasinggeschäft

---

verglichen. Diese Vergleiche führen nur dann zum gleichen Ergebnis, wenn unterstellt wird, daß der Fair Value der Forderung und des Restwertanspruchs dem Fair Value des Leasinggegenstands entspricht.

328 Vgl. *IASC*, Position Paper, Abs. 8.16.

329 Als in Frage kommende „interest methods" nennen die G4+1 die „net investment method" und die „net cash investment method". Diese Methoden unterscheiden sich dadurch, daß bei der „net cash investment method" die zeitliche Verteilung der mit dem Leasinggeschäft verbundenen Steuerzahlungen berücksichtigt wird, während die „net investment method" diese steuerlichen Effekte vernachlässigt. Eine Entscheidung für eine dieser beiden Methoden treffen die G4+1 nicht. In Anhang 2 des Position Paper findet sich lediglich eine Gegenüberstellung der jeweiligen Vor- und Nachteile; vgl. *IASC*, Position Paper, Abs. 12.3 f., S. 147 f.

330 Das läßt sich aus der Formulierung in Absatz 8.16 schließen, wonach im Fall des Verbotes einer sofortigen Gewinnrealisation „*the whole* of the lessor's earnings" über die Grundmietzeit zu verteilen ist (Hervorhebung durch die Verf.). Daraus läßt sich schließen, daß bei sofortiger Gewinnrealisierung nur der *verbleibende* Teil des Gewinns zu verteilen ist.

331 Vgl. *IASC*, Position Paper, Abs. 8.20.

verbundenen Cash Flows zu informieren, wäre folglich ein Finanzplan; Bilanzierung wäre nicht erforderlich. Daß Leasinggeschäfte beim Leasinggeber trotzdem nach dem „accrual principle" im Jahresabschluß zu erfassen sind, läßt sich damit begründen, daß ein Finanzplan nicht in ein Rechnungslegungssystem paßt, in dem diese idealen Voraussetzungen im Regelfall nicht gegeben sind. Würden Informationen über Leasinggeschäfte nur durch Finanzpläne, z.B. im Anhang, vermittelt, würde der Gewinn lediglich über einen Teil der Transaktionen informieren, nämlich nur über solche, deren Zahlungsströme so unsicher sind, daß die Aufstellung eines Finanzplans nicht zuverlässig möglich ist.

Auch für die Bilanzierung beim Leasinggeber gilt, daß der Gewinn nur dann einen Informationsgehalt besitzt, wenn die Zahlungen nicht im Zahlungszeitpunkt als Ertrag verrechnet, sondern *gleichmäßig* über die Dauer des Leasinggeschäfts verteilt werden.[332] Das gilt sowohl für die Einzahlungen aus den Leasingraten als auch für die Auszahlungen, die mit der Anschaffung/Herstellung des Leasinggegenstands bzw. mit der Abwicklung des Leasingvertrags verbunden sind. Daß eine andere Verteilungsart nicht zutreffend über die zukünftigen Gewinne informieren kann, zeigt das Beispiel des vorhergehenden Abschnitts: Die degressive Ertragsverrechnung deutet regelmäßig auf einen zu hohen Gewinn in den Folgeperioden hin. Umgekehrt würde eine progressive Ertragsvereinnahmung zu einer Unterschätzung des Gewinns in den folgenden Perioden führen. Nur ein in jeder Periode gleich hoher Gewinn informiert zutreffend über den Gewinn der jeweils folgenden Periode. Im Beispiel müßte demnach in jeder Periode ein Gewinn in Höhe von 20 GE ausgewiesen werden.[333]

Auch dieser Gewinn müßte um geeignete Informationsregeln ergänzt werden. Zumindest bräuchte der Bilanzleser Informationen über den Zeitraum, für den dieser Gewinn anfällt.

Die Überlegung, daß der Leasinggeber die aus dem Leasinggeschäft resultierenden Einzahlungen kennt, gilt nicht für einen möglicherweise am Ende der Grundmietzeit erzielbaren *Veräußerungserlös*. Im Zusammenhang mit der G4+1-Regelung wurde bereits erläutert, daß der Ausweis von zwei Vermögenswerten zweckmäßig ist, weil der Anspruch auf die Leasingraten und der Restwertanspruch unterschiedlichen Risiken unterliegen.[334] An

---

[332] Dieses Ergebnis ist auf den ersten Blick erstaunlich, weil die spätere Gewinnrealisation scheinbar eher in ein vom Vorsichtsprinzip geprägtes Rechnungslegungssystem paßt; vgl. auch *Ma*, Long-Term Leases, S. 24. Die Überlegungen zur Ausschüttungsbemessung (Abschnitt 5.1.3.3.1) und in diesem Abschnitt zur Informationsvermittlung zeigen aber, daß aus den Zwecken der Rechnungslegung das genau umgekehrte Ergebnis – frühe Gewinnrealisation zur Ausschüttungsbemessung und Gewinnrealisation pro rata temporis zur Informationsvermittlung – abgeleitet werden muß.

[333] Vgl. dazu auch das Beispiel im Zusammenhang mit der Diskussion des zweckmäßigen Aufwandsverlaufs beim Leasingnehmer in Abschnitt 5.2.2.3.1.1.

[334] Vgl. dazu Abschnitt 5.2.3.1.2.

dieser Stelle ist zu fragen, ob diese Risiken auch unterschiedliche Realisationszeitpunkte erfordern.

Für eine Bilanz, die der Ausschüttungsbemessung dient, ist diese Frage zu bejahen. Die Unsicherheit des möglichen Veräußerungserlöses verbietet eine Gewinnrealisation zu Beginn des Leasinggeschäfts. Dient die Gewinnermittlung der Informationsvermittlung, kann diese Unsicherheit nicht das (allein) entscheidende Argument sein. Es ist zunächst zu fragen, ob bzw. zu welchem Zeitpunkt diese Einzahlungen den Gewinn beeinflussen müssen, um den Kapitalgebern relevante Informationen bereitzustellen.

Im dritten Kapitel wurde darauf hingewiesen, daß einmalige oder seltene Ereignisse den ordentlichen (prognosegeeigneten) Gewinn nicht beeinflussen dürfen, weil sich diese Gewinnänderung in den Folgeperioden nicht wiederholt. Die Veräußerung von Anlagegütern stellt ein solches seltenes Ereignis dar. Daraus folgt, daß der Gewinn aus der Veräußerung weder zu Beginn der Grundmietzeit vollständig noch über die Grundmietzeit verteilt realisiert werden darf. Er ist vielmehr dann zu realisieren und insbesondere als *außerordentlicher* Gewinn zu kennzeichnen, wenn die Veräußerung tatsächlich stattfindet.

5.2.3.3.1.2 Bilanzielle Konsequenzen des zweckmäßigen Ertragsverlaufs

In den folgenden Gliederungspunkten wird analysiert, wie mit den nach SFAS 13 vorgesehenen Bilanzierungsmethoden die zweckmäßige Ertragsverrechnung erreicht werden kann. Da sich die Gewinnwirkung der Bilanzierungsmethode nach den Vorschlägen der G4+1 nicht von den Gewinnwirkungen der Methoden des SFAS 13 für Capital Lease unterscheidet, gelten die entsprechenden Ausführungen für die G4+1-Regelungen analog.

5.2.3.3.1.2.1 Ertragsverrechnung bei Operating Lease

Die Bilanzierung von Operating Lease nach SFAS 13 führt dann zu einem „glatten" Gewinn, wenn bei einer *linearen* Verrechnung des Zinsertrags das Leasingobjekt *linear* abgeschrieben wird. Nur in diesem Fall führen die Vorschriften des SFAS 13 – sofern die lineare Verteilung des Zinsertrags als Regelfall angenommen wird – zu einem zweckmäßigen Ergebnis. Für die Leasingraten sind in der Bilanz folglich aktive (passive) Abgrenzungsposten zu bilden, wenn progressive (degressive) Raten vereinbart sind.

Grundsätzlich läßt sich ein linearer Verlauf des Gewinns nicht nur durch eine lineare Verrechnung von Zinserträgen und Abschreibungen erreichen. Eine *lineare Differenz* zwischen Zinsen und Abschreibungen ergibt sich auch bei jeweils *degressivem* oder *progressivem* Verlauf, sofern mit dem *gleichen Prozentsatz* gerechnet wird. Ob eine dieser

Methoden der linearen Verrechnung vorzuziehen ist, muß im Zusammenhang mit dem Informationsgehalt der Bilanzposten entschieden werden. Zum Beispiel erfordert der Ansatz eines bestimmten „informativen" Wertes zwangsläufig eine bestimmte Verrechnung von Abschreibungsaufwand und Zinsertrag. Ob die Ermittlung eines informativen Gewinns und der Ausweis von informativen Bilanzposten dadurch gleichzeitig möglich ist, wird in einem späteren Abschnitt untersucht.[335]

Darüber hinaus stellt sich die Frage, welche Konsequenzen die *Zahlungsunfähigkeit* des Leasingnehmers für die Bilanzierung beim Leasinggeber hat. Kann der Leasingnehmer die Leasingraten nicht mehr zahlen, entfallen beim Leasinggeber die Einzahlungen aus dem Leasinggeschäft, während die Auszahlungen bzw. die Abschreibungen weiterhin in gleicher Höhe anfallen. Das Leasinggeschäft kann für den Leasinggeber folglich zum Verlustgeschäft werden. Daraus folgt, daß ab der Periode der Zahlungsunfähigkeit des Leasingnehmers ein *geringerer Gewinn* ausgewiesen werden muß, indem das Leasingobjekt weiterhin abgeschrieben, aber kein Ertrag aus der Vereinnahmung der Leasingraten mehr verrechnet wird. Ist zu Beginn der Grundmietzeit ein Abgrenzungsposten gebildet worden, weil die Leasingraten nicht zum Zahlungszeitpunkt ertragswirksam verrechnet werden dürfen, ist dieser Posten ab der Periode der Zahlungsunfähigkeit des Leasingnehmers erfolgswirksam aufzulösen. Diese Auflösung kann entweder gleichmäßig verteilt über die verbleibenden Perioden der Grundmietzeit oder vollständig in der Periode der Zahlungsunfähigkeit erfolgen. In letzterem Fall muß der Auflösungsbetrag in den *außerordentlichen* Erfolg eingehen. Mögliche Einzahlungen aus der Verwertung des Leasingobjektes sind zu berücksichtigen. Folgendes Beispiel verdeutlicht die Vorgehensweise für diesen Fall:

Ausgangspunkt ist ein Leasingvertrag, in dem degressive Raten über einen Zeitraum von fünf Jahren vereinbart sind. Nach zwei Jahren wird der Leasingnehmer zahlungsunfähig. Aus Vereinfachungsgründen werden nur die Verteilung der Erträge und die Abschreibungen betrachtet; ein möglicher Veräußerungserlös bleibt unberücksichtigt.

Periode	1	2	3	4	5	Σ
Leasingnehmer zahlt Raten bis zum Ende						
Leasingraten	100	80	60	40	20	300
Ertrag aus Leasingraten	60	60	60	40	20	240
pass. RAP	40	60	60	40	0	
Ertrag aus Auflg. RAP	0	0	0	20	40	60
Abschreibung	40	40	40	40	40	200
Erfolg	20	20	20	20	20	100

[335] Vgl. dazu Abschnitt 5.2.3.3.3.

Periode	1	2	3	4	5	Σ
Leasingnehmer wird nach Zahlung der zweiten Rate zahlungsunfähig						
Leasingraten	100	80	0	0	0	180
Ertrag aus Leasingraten	60	60	0	0	0	120
pass. RAP	40	60	40	20	0	
Ertrag aus Auflg. RAP	0	0	20	20	20	60
Abschreibung	40	40	40	40	40	200
Erfolg	20	20	-20	-20	-20	-20

Durch die Zahlungsunfähigkeit des Leasingnehmers vermindert sich der Ertrag des Leasinggebers von 300 GE auf 180 GE. Da in den ersten beiden Perioden nur Ertrag in Höhe von 120 GE erfaßt wurde, ist der passive RAP in Höhe von 60 GE in den restlichen drei Jahren jeweils in Höhe von 20 GE aufzulösen.

Alternativ kann der Rechnungsabgrenzungsposten am Ende der dritten Periode auch vollständig aufgelöst werden. Dabei ist allerdings sicherzustellen, daß der Ertrag in Höhe von 60 GE gesondert ausgewiesen wird, weil sich diese Gewinnsteigerung in den Folgeperioden nicht wiederholt. In den einzelnen Perioden ergeben sich in diesem Fall folgende Beträge:

Periode	1	2	3	4	5	Σ
Leasingraten	100	80	0	0	0	180
Ertrag aus Leasingraten	60	60	0	0	0	120
pass. RAP	40	60	0	0	0	
Ertrag aus Auflg. RAP	0	0	60	0	0	60
Abschreibung	40	40	40	40	40	200
ordentl. Erfolg	20	20	-40	-40	-40	-80
außerordentl. Erfolg	0	0	60	0	0	60

5.2.3.3.1.2.2 Ertragsverrechnung bei Capital Lease

Daß die Gewinnrealisation weder bei Sales-Type Lease noch bei Direct Financing Lease dem zweckmäßigen Verlauf entspricht, wurde bereits an einem Beispiel gezeigt.[336] In beiden Fällen führt der degressive Verlauf zu einer Überschätzung des Gewinns der jeweils folgenden Periode, wobei diese Überschätzung bei Sales-Type Lease durch die sofortige Realisation der Differenz zwischen dem Fair Value des Leasingobjektes zu Beginn der Grundmietzeit und den Anschaffungs-/Herstellungskosten noch stärker ausfällt.

[336] Vgl. Abschnitt 5.2.3.3.1.1.

Der Unterschied zu Operating Lease besteht darin, daß bei Capital Lease das Leasingobjekt zu Beginn der Grundmietzeit aus der Bilanz ausgebucht und dafür eine Forderung gegenüber dem Leasingnehmer eingebucht wird. Damit entfällt für die Folgeperioden der Abschreibungsaufwand. Eine lineare Ertragsvereinnahmung läßt sich erreichen, indem die Ausbuchung des Leasinggegenstands *erfolgsneutral* erfolgt und in den Folgeperioden jeweils *gleich hoher* Ertrag verrechnet wird. Die Berechnung dieses Ertrags darf demnach *nicht mit Hilfe der Barwertvergleichsmethode* erfolgen, da diese Methode immer zu einem degressiven Ertragsverlauf führt.

Ein gleich hoher Ertrag in den einzelnen Perioden läßt sich durch beliebige Wertansätze in der Bilanz erreichen. Ist der Wertansatz höher als die Differenz aus der Summe der Leasingraten und den Anschaffungs-/Herstellungskosten des Leasinggegenstands, ist in den Folgeperioden jeweils ein Teil des aktivierten Bilanzpostens erfolgsneutral aufzulösen. Welcher Wertansatz zweckmäßig ist, kann wiederum nur im Hinblick auf den Informationsgehalt der Bilanzposten entschieden werden.

Eine sofortige vollständige oder teilweise Abschreibung der Forderung ist erforderlich, wenn der Leasingnehmer die Leasingraten nicht mehr zahlen kann. Die Abschreibung kann entweder gleichmäßig verteilt aufwandswirksam über die verbleibenden Perioden der Grundmietzeit oder vollständig in der Periode der Zahlungsunfähigkeit des Leasingnehmers erfolgen, wobei in diesem Fall der Abschreibungsbetrag in den *außerordentlichen* Erfolg zu buchen ist. Gleiches gilt für die Auflösung möglicherweise gebildeter Rechnungsabgrenzungsposten.

Für das Beispiel aus dem vorherigen Abschnitt ergeben sich folgende Buchungen (Annahme: Bewertung der Forderung mit der Summe der Leasingraten (= 300 GE), Anschaffungskosten des Leasingobjektes: 200 GE):

Periode	**1**	**2**	**3**	**4**	**5**	**Σ**
Leasingnehmer zahlt Raten bis zum Ende						
Leasingraten	100	80	60	40	20	300
Forderung	200	120	60	40	0	
pass. RAP	80	60	40	20	0	
Ertrag aus Auflg. RAP	20	20	20	20	20	100
Erfolg	20	20	20	20	20	100

Periode	1	2	3	4	5	Σ
Leasingnehmer wird nach Zahlung der zweiten Rate zahlungsunfähig						
Leasingraten	100	80	0	0	0	180
Forderung	200	120	80	40	20	
pass. RAP	80	60	40	20	0	
Ertrag aus Auflg. RAP	20	20	20	20	20	100
Aufwand aus Abschreibung Forderung	0	0	-40	-40	-40	-120
Erfolg	20	20	-20	-20	-20	-20

Um das Leasinggeschäft zu Beginn der Grundmietzeit erfolgsneutral zu verbuchen, muß der Leasinggeber die Differenz zwischen dem Wertansatz der Forderung (= Summe der Leasingraten) und dem Buchwert des Leasingobjektes in einen passiven RAP einstellen:

Forderung	300	an	Leasingobjekt	200
			passiver RAP	100

Zahlt der Leasingnehmer die Raten bis zum Vertragsende, ist die Forderung in den Folgeperioden jeweils in Höhe der Leasingrate erfolgsneutral aufzulösen. Der passive RAP wird in Höhe des jeweils zu verrechnenden Ertrags (20 GE) erfolgswirksam aufgelöst:

Kasse	100	an	Forderung	100
passiver RAP	20	an	Ertrag	20

Periode 2 – 5 analog.

Kann der Leasingnehmer ab der dritten Periode seine Zahlungsverpflichtungen nicht mehr erfüllen, wird die Forderung aufwandswirksam abgeschrieben. Um eine Gewinnglättung zu erreichen, erfolgt die Abschreibung gleichmäßig verteilt über die verbleibenden Perioden der Grundmietzeit. Der RAP wird weiterhin in jeder Periode in Höhe von 20 GE ertragswirksam aufgelöst.

Alternativ können beide Positionen am Ende der dritten Periode vollständig erfolgswirksam abgeschrieben bzw. aufgelöst werden, wobei ein gesonderter Ausweis des Aufwands/Ertrags erforderlich ist:

Periode	1	2	3	4	5	Σ
Leasingraten	100	80	0	0	0	180
Forderung	200	120	0	0	0	
pass. RAP	80	60	0	0	0	
Ertrag aus Auflg. RAP	20	20	60	0	0	100
Aufwand aus Abschreibung Forderung	0	0	-120	0	0	-120
ordentl. Erfolg	20	20	0	0	0	40
außerordentl. Erfolg	0	0	-60	0	0	-60

5.2.3.3.2 Informative Bilanzpositionen

Bisher wurde erläutert, wie der für die Informationsvermittlung zweckmäßige Gewinn mit den beiden nach SFAS 13 vorgesehenen Bilanzierungsmethoden ermittelt werden kann. Grundsätzlich ist ein „glatter" Gewinnverlauf bei beiden Methoden möglich, so daß im Hinblick auf das Ziel der Vermittlung entscheidungsrelevanter Informationen durch eine *Gewinngröße* keine Entscheidung für eine der beiden Methoden getroffen werden kann. Für den Leasingnehmer konnte diese Entscheidung getroffen werden, indem analysiert wurde, welche Methode zum Ausweis informativerer *Bilanzpositionen* führt. Das Ergebnis war eine eindeutige Entscheidung für die „Capital Lease-Methode".[337]

Beim Leasinggeber wird nach SFAS 13 in jedem Fall ein Vermögenswert bilanziert, nämlich entweder das Leasingobjekt selbst oder eine Forderung gegenüber dem Leasingnehmer. Insofern scheinen die beiden Methoden auch im Hinblick auf den Ansatz informativer Bilanzpositionen gleichwertig zu sein. Unterschiede können sich allerdings ergeben, wenn die *Wertansätze* der Vermögenswerte nicht identisch sind. Ob aufgrund unterschiedlicher Wertansätze eine Entscheidung zwischen den beiden Methoden getroffen werden kann, wird in den folgenden Abschnitten untersucht.

5.2.3.3.2.1 Der zweckmäßige Bilanzansatz

Für die Bilanzierung beim Leasingnehmer wurden verschiedene Wertansätze diskutiert, die im Hinblick auf die Kriterien der Relevanz und der Zuverlässigkeit zu mehr oder weniger zweckmäßigen Wertansätzen führen.[338] Für den Leasinggeber kann der Konflikt zwischen entscheidungsrelevanten und gleichzeitig zuverlässigen Wertansätzen besser gelöst werden, weil dem Leasinggeber die zukünftigen Zahlungsströme weitgehend bekannt sind.

Für den Vermögenswert ist die Frage nach dem zweckmäßigen Wertansatz eindeutig zu beantworten: Die zukünftigen Einzahlungen des Leasinggebers spiegeln sich im *Barwert der Leasingraten* wider. Zu beachten ist, daß nur der Barwert der für die Grundmietzeit fest vereinbarten Raten angesetzt werden darf. Der nach Ende der Grundmietzeit erzielbare *Verwertungserlös* ist *gesondert auszuweisen.* Die Bilanzierung von Zahlungen im Zusammenhang mit Optionsrechten wird in einem späteren Gliederungspunkt behandelt.[339]

Als informativer Wertansatz nicht geeignet sind dagegen die *Anschaffungs-/Herstellungskosten* des Leasingobjektes. Diese drücken zwar die Untergrenze der erwarteten Einzahlungen aus. Bei Leasinggeschäften hat der Leasinggeber aber durch die im Leasing-

---

337 Vgl. Abschnitt 5.2.2.3.2.2.
338 Vgl. dazu Abschnitt 5.2.2.3.2.1.
339 Vgl. Abschnitt 5.2.3.4.

vertrag vereinbarten Leasingraten nahezu perfekte Informationen über die zukünftigen Einzahlungen und ist folglich nicht auf die „Hilfsgröße" der Anschaffungs-/Herstellungskosten angewiesen.

Die Irrelevanz des *Fair Value* als Wertansatz für Vermögenswerte aus Leasingverträgen wurde im Zusammenhang mit den Gewinnwirkungen der Bilanzierungsmethoden bereits begründet.[340] Diese Argumentation gilt hier analog. Für den Bilanzleser ist nicht von Interesse, zu welchem Wert das Leasingobjekt am Bilanzstichtag veräußert werden könnte, da eine Veräußerung aufgrund des Abschlusses des Leasingvertrags im Regelfall nicht stattfindet. Auch die Wiederbeschaffungskosten als Indikator für die am Bilanzstichtag mindestens erwarteten zukünftigen Einzahlungsüberschüsse interessieren nicht, weil die genaue Höhe der Einzahlungen bekannt ist.

Die *Summe* der Mindestleasingraten informiert insofern unzutreffend über die zukünftigen Einzahlungen, als sie die zeitliche Dimension und das Risiko späterer Zahlungen vernachlässigt. Diese beiden Faktoren müssen durch eine entsprechende *Diskontierung* berücksichtigt werden.

Da das Risiko bei der Kalkulation der Leasingraten im Regelfall durch eine entsprechende Erhöhung der jährlichen Raten berücksichtigt wird,[341] muß der Kalkulationszinsfuß um den kalkulierten Risikozuschlag erhöht werden. Zur Abzinsung der Leasingraten kann der Leasinggeber daher seinen um den Risikozuschlag erhöhten Refinanzierungszinssatz verwenden. Alternativ können die Leasingraten um die Risikoprämie vermindert und mit dem Refinanzierungszins diskontiert werden.[342] Durch den so berechneten Barwert erhält der Bilanzleser die Information, in welcher Höhe der Leasinggeber am betrachteten Bilanzstichtag einen Kredit aufnehmen könnte, den er mit den später erhaltenen Leasingraten tilgen kann. Dieser Wert ist für die Kapitalgeber entscheidungsrelevant, weil er den Betrag angibt, der am Bilanzstichtag zur Befriedigung ihrer Ansprüche zur Verfügung steht.

Eine Abzinsung der Leasingraten mit dem internen Zinsfuß, d.h. mit dem Zinsfuß, bei dessen Verwendung als Kalkulationszinssatz der Barwert der Leasingraten den Anschaffungskosten oder dem Fair Value entspricht, ist dagegen nicht zweckmäßig, weil die Anschaffungskosten bzw. der Fair Value kein geeigneter Wertmaßstab sind. Der Vermögenswert wird zwar auch in diesem Fall mit dem Barwert der Leasingraten bewertet. Die Verwendung des internen Zinsfußes als Kalkulationszinsfuß ist aber bei genauem Hinsehen nur ein „Rechentrick", der

340 Vgl. Abschnitt 5.2.3.2.
341 Zur Kalkulation der Leasingraten vgl. Abschnitt 5.1.3.3.1.
342 Vgl. auch *IASC*, Position Paper, Abs. 10.5 f.

zum gleichen Ergebnis wie die unmittelbare Bewertung mit den Anschaffungskosten bzw. mit dem Fair Value führt.

Wird der Anspruch des Leasinggebers auf den Restwert des Leasingobjektes gesondert ausgewiesen, ist dieser Vermögenswert zweckmäßigerweise mit dem *Barwert* des am Ende der Grundmietzeit erzielbaren *Veräußerungserlöses* zu bewerten. Dieser Wert ist dem Leasinggeber bekannt, wenn der Restwert vom Leasingnehmer oder von einem Dritten garantiert wird. Ist keine Restwertgarantie vereinbart und hält man die Schätzung dieses Wertes für zu unzuverlässig, bleibt als Ersatzlösung nur die Bewertung des Vermögenswerts mit den fortgeführten Anschaffungskosten, d.h. mit dem Restbuchwert, der sich bei planmäßiger Abschreibung des Leasingobjektes über die wirtschaftliche Nutzungsdauer am Ende der (kürzeren) Grundmietzeit ergibt. Der Vermögenswert ist bereits zu Beginn des Leasinggeschäfts auf diesen Wert abzuschreiben.

Gilt für das Beispiel für Direct Financing Lease aus Abschnitt 5.2.3.2 – Anschaffungskosten = Barwert der Leasingraten: 150 GE, jährliche Leasingraten: 50 GE, Grundmietzeit: 5 Jahre –, daß das Leasingobjekt über eine Nutzungsdauer von acht Jahren linear abgeschrieben wird, sind zu Beginn der Grundmietzeit

- ein Vermögenswert als Forderung gegenüber dem Leasingnehmer in Höhe von 150 GE sowie
- ein Vermögenswert für den Restwertanspruch des Leasinggebers in Höhe von 56,25 GE (= 150 – 5 x 18,75)

anzusetzen.

5.2.3.3.2.2 Zweckmäßigkeit der Bilanzansätze nach US-GAAP

Bei *Operating Lease* aktiviert der Leasinggeber das Leasingobjekt zu seinen *Anschaffungs-/ Herstellungskosten.* Die Unzweckmäßigkeit dieses Wertansatzes wurde im vorherigen Gliederungspunkt diskutiert. Die Anschaffungs-/ Herstellungskosten repräsentieren in diesem Fall weder den Anspruch auf die Leasingraten noch einen möglichen Verwertungserlös.[343]

Bei *Capital Lease* bewertet der Leasinggeber nach SFAS 13 die Forderung mit dem *Barwert der Mindestleasingraten* (SFAS 13 Abs. 17(a)) und weist damit den zweckmäßigen Wert aus. Das gilt auch, wenn nicht die Nettoinvestition angesetzt wird, sondern ein Bruttoausweis erfolgt. In diesem Fall wird die Forderung mit der *Summe der Mindestleasingraten* bewertet und gleichzeitig ein *passiver Abgrenzungsposten* „unearned income" in Höhe der Differenz zwischen der Summe und dem Barwert der Mindestleasingraten passiviert (SFAS 13 Abs. 17(b)). Getrennt betrachtet, haben die beiden Positionen eine unterschiedlich hohe Aussagekraft: Betrachtet man nur den Aktivposten, ist der Wertansatz aufgrund der fehlenden Diskontierung zu hoch. Der Passivposten ist dagegen insofern informativ, als er über den insgesamt in den Folgeperioden erwarteten Gewinn („nicht realisierter Zinsertrag") informiert. Die Lösung des FASB ist zweckmäßig, sofern durch geeignete Ausweis- und Gliederungsvorschriften sichergestellt ist, daß die Zusammengehörigkeit des Aktiv- und des Passivpostens erkennbar ist. Allerdings ist eine wichtige *Einschränkung* zu beachten: Das FASB schreibt zur Abzinsung die Verwendung des *internen Zinsfußes* vor. Die Unzweckmäßigkeit dieses Zinssatzes wurde im vorherigen Abschnitt erläutert.

Die Bruttoinvestition beinhaltet sowohl einen garantierten Restwert, der Bestandteil der Mindestleasingraten ist, als auch einen nicht garantierten Restwert. Damit wird der *Restwertanspruch* des Leasinggebers zwar bilanziell berücksichtigt; allerdings wäre aufgrund der unterschiedlichen Risiken der beiden Vermögenswerte ein gesonderter Ausweis dieser Zusammenfassung vorzuziehen.

Auch für die *Folgeperioden* gilt, daß der Wertansatz nur dann informativ ist, wenn an jedem Bilanzstichtag der Barwert der noch ausstehenden Mindestleasingraten erkennbar wird. Bei der Lösung des FASB müßten folglich der Aktivposten jeweils mit der *Summe der noch ausstehenden Leasingraten* und der Passivposten mit den noch *ausstehenden Gewinnen* bewertet werden, so daß die Differenz zwischen den beiden Positionen jeweils den Barwert der Mindestleasingraten ergibt. Da die Forderung in jeder Periode um die jeweils erhaltene Leasingrate und der Abgrenzungsposten für den nicht realisierten Zinsertrag um den mit Hilfe der Barwertvergleichsmethode berechneten Zinsertrag vermindert wird (SFAS 13 Abs. 17(a)), ist diese Bedingung erfüllt.

Nach den Vorschlägen der G4+1 ist die *Forderung* mit ihrem *Fair Value* zu bewerten, der durch die vertraglich mit dem Leasingnehmer vereinbarte Gegenleistung bestimmt wird. Dabei wird angenommen, daß der Fair Value nicht niedriger als der Barwert der Mindestleasingraten sein kann.[344] In welchen Fällen der Fair Value der Gegenleistung vom Barwert der Mindestleasingraten abweichen kann, bleibt offen. Grundsätzlich ist aber festzustellen, daß die Vorschläge der G4+1 zu einem zweckmäßigen Wertansatz führen, denn die Gegenleistung des Leasingnehmers bestimmt die Einzahlungen des Leasinggebers. Das gilt auch für die Folgeperioden, da die Auflösung mit Hilfe einer „interest method" sicherstellt, daß in jeder Periode der Barwert der Leasingraten ausgewiesen wird.[345]

Auch für die Bewertung des Vermögenswerts für den *Restwertanspruch* gilt der Grundsatz der *Fair Value*-Bewertung.[346] Da i.d.R. zwar ein Marktpreis für das Leasingobjekt insgesamt

343 Vgl. dazu auch das Beispiel zur Bewertung des Leasinggegenstands nach den Leasingerlassen in Abschnitt 5.1.3.2.1.
344 Vgl. *IASC*, Position Paper, Abs. 8.13 f.
345 Vgl. *IASC*, Position Paper, Abs. 12.3.
346 Vgl. *IASC*, Position Paper, Abs. 10.2.

feststellbar ist, dieser aber nicht auf den Anspruch aus dem Leasingvertrag und den Restwertanspruch aufgeteilt werden kann, sind nach Meinung der G4+1 die zukünftigen Cash Flows zu schätzen und zu diskontieren. Dabei ist zu berücksichtigen, daß garantierte und nicht garantierte Restwerte unterschiedlich hohen Risiken unterliegen.[347] Diese Risiken können zum einen durch die Verwendung unterschiedlicher Zinssätze, zum anderen unmittelbar bei der Schätzung der Cash Flows berücksichtigt werden.[348]

Als Ergebnis läßt sich festhalten, daß nach SFAS 13 in der Bilanz des Leasinggebers zwar für jeden Leasingvertrag ein Vermögenswert aktiviert wird, aufgrund der Bewertungsregeln allerdings *nur die Capital Lease-Methode* zu einem *mit Einschränkungen* zweckmäßigen Bilanzansatz führt.

5.2.3.3.3 Informativer Gewinn und informative Bilanzansätze

Auch für die Bilanzierung beim Leasinggeber stellt sich die Frage, ob es möglich ist, mit den gleichen Gewinnermittlungsregeln sowohl einen informativen Gewinn zu ermitteln als auch informative Bilanzpositionen auszuweisen. Die für diese beiden Ziele jeweils erforderlichen Gewinnermittlungsregeln lassen sich folgendermaßen zusammenfassen:

1. *Gewinnermittlungsregeln für einen informativen Gewinn*
   Ein- und Auszahlungen sind linear als Ertrag bzw. Aufwand zu verrechnen, so daß sich in jeder Periode ein gleich hoher Gewinn ergibt. Bei Operating Lease sind die Abschreibungen und der Zinsertrag entweder jeweils linear oder degressiv bzw. progressiv mit dem gleichen Prozentsatz zu verrechnen. Bei Capital Lease muß der Zinsertrag linear erfaßt werden.

2. *Gewinnermittlungsregeln für informative Bilanzansätze*
   Es sind zwei Vermögenswerte anzusetzen, die jeweils mit dem Barwert der erwarteten Zahlungen zu bewerten sind. Der Vermögenswert für den Anspruch auf die Leasingraten ist in jeder Periode mit dem Barwert der Leasingraten zu bewerten. Der Restwertanspruch ist mit dem Barwert der am Ende der Grundmietzeit garantierten Zahlungen oder mit dem Restbuchwert des Leasingobjektes zu diesem Zeitpunkt zu bewerten. Als Kalkulationszinsfuß ist der Refinanzierungszinssatz (eventuell erhöht um den Risikozuschlag) des Leasinggebers zu verwenden. Auch ein Bruttoausweis ist zweckmäßig: Der Vermögenswert wird in diesem Fall mit der Summe der Leasingraten bewertet, während auf der Passivseite der nicht realisierte Zinsertrag in Höhe der Differenz zwischen der Summe und dem Barwert der Leasingraten angesetzt wird.

---

[347] Vgl. *IASC*, Position Paper, Abs. 10.3.

Auf den ersten Blick scheinen die Ziele der Ermittlung eines informativen Gewinns und des Ansatzes informativer Bilanzposten *nicht gleichzeitig* erreichbar zu sein. Der Ansatz von Barwerten in der Bilanz kann nicht mit einer linearen Verrechnung des Zinsertrags (bei Capital Lease) erreicht werden. Allerdings kann eine lineare Ertragsvereinnahmung durch den Ansatz eines zusätzlichen *Abgrenzungspostens* erreicht werden, in den jeweils die Differenz zwischen dem „zweckmäßigen" Ertrag und dem zum Ansatz des Barwertes zu verrechnenden Ertrag eingestellt wird. Folgendes Beispiel verdeutlicht diese Vorgehensweise:

Dem Beispiel liegt der Leasingvertrag aus dem Beispiel zu Direct Financing Lease zugrunde (Grundmietzeit: fünf Jahre, jährliche Leasingraten: 50 GE, Anschaffungskosten: 150 GE).[349]

Periode	Leasing-raten	Forderung (Barwert Leasing-raten)	Auflösung Forderung	Zinsertrag	zweck-mäßiger Ertrags-verlauf	Zuf. (+)/ Aufl. (-) RAP
0		150,00				
1	50,00	129,79	20,21	29,79	20,00	+9,79
2	50,00	105,56	24,23	25,77	20,00	+5,77
3	50,00	76,52	29,04	20,96	20,00	+0,96
4	50,00	41,72	34,80	15,20	20,00	-4,80
5	50,00	0,00	41,72	8,28	20,00	-11,72
Summe	*250,00*		*150,00*	*100,00*	*100,00*	*0,00*

Interner Zinsfuß: 19,9 %[350]

Grundsätzlich kann der zweckmäßige Ertragsverlauf auch bei Operating Lease erreicht werden.[351] Die Ausführungen des vorhergehenden Abschnitts haben allerdings deutlich gemacht, daß diese Methode im Hinblick auf den Ansatz informativer Bilanzpositionen schon aufgrund des erstmaligen Bilanzansatzes (Leasingobjekt in Höhe der Anschaffungskosten) abzulehnen ist. Um diese Methode trotzdem anzuwenden, müßte demnach ein Abgrenzungsposten für die Differenz zwischen dem Barwert der Leasingraten und den

348 Vgl. *IASC*, Position Paper, Abs. 10.5 f.

349 Vgl. zu diesem Beispiel Abschnitt 5.2.3.2.

350 $$50 \cdot \frac{q^5 - 1}{i \cdot q^5} = 150.$$

In diesem Beispiel wird angenommen, daß der Refinanzierungszinssatz dem internen Zinsfuß entspricht. Das ist der Fall, wenn in den Leasingraten nur die Zinsen enthalten sind, die der Leasinggeber für die Finanzierung des Leasingobjektes zahlen muß. Der „Zinsertrag" müßte durch eine gleich hohe Aufwandsbuchung ausgeglichen werden; vgl. dazu das Beispiel für die Ausschüttungsbemessung in Abschnitt 5.1.3.3.3.1.

351 Vgl. dazu Abschnitt 5.2.3.3.1.2.1.

Anschaffungs-/Herstellungskosten aktiviert werden. Daß eine solche Vorgehensweise wenig zweckmäßig ist, ist offensichtlich: Die Bilanz würde in diesem Fall zwei Positionen enthalten, die nur zusammen eine Aussagekraft besitzen. Da mit der „Capital Lease-Methode" eine bessere Alternative zur Verfügung steht, wird die „Operating Lease-Methode" an dieser Stelle nicht weiter betrachtet.

Das Beispiel zeigt, daß es beim Leasinggeber zwar möglich ist, Gewinnermittlungsregeln zu konstruieren, die gleichzeitig zu einem informativen Gewinn und zu informativen Bilanzpositionen führen. Dieses Ziel kann aber nur durch den Ansatz zusätzlicher Posten in der Bilanz erreicht werden, in denen in späteren Perioden als Ertrag zu verrechnende Einzahlungen bzw. bereits als Ertrag verrechnete, aber noch nicht zugeflossene Zahlungen „geparkt" werden. Diese Vorgehensweise setzt voraus, daß die Abgrenzungsposten als reine Verrechnungsposten *kenntlich* gemacht werden, weil sie keinen eigenen Informationsgehalt besitzen.

5.2.3.4 Bilanzierung von Optionen

5.2.3.4.1 Bilanzierung des Optionsrechts

Für den Leasinggeber ist zu prüfen, ob ein Andienungsrecht zum Ansatz eines Vermögenswerts und ein Optionsrecht zur Passivierung einer Verbindlichkeit führt. Ein *Andienungsrecht* erfüllt die Ansatzkriterien eines *Vermögenswerts*, weil der Leasinggeber das Recht, aber nicht die Pflicht hat, das Leasingobjekt zu veräußern. Dadurch hat er die Möglichkeit, einen „Nutzen" in der Form höherer Einzahlungen als beim Verkauf des Leasingobjektes zum Marktpreis zu erzielen. Letztlich ist das Andienungsrecht eine Restwertgarantie, weil der Leasinggeber mit Sicherheit Einzahlungen in Höhe des Andienungspreises erhalten wird.

Der Ansatz des Vermögenswerts hängt wiederum von der Einschätzung der *Wahrscheinlichkeit* und der *zuverlässigen Bewertbarkeit* des Nutzenzuflusses ab. Diese Einschätzung erfordert die Schätzung des Marktpreises des Leasingobjektes zum Zeitpunkt der Optionsausübung. Auch für den Leasinggeber gilt, daß es wohl keine bessere Möglichkeit gibt, als das Andienungsrecht zu einem Wert von null anzusetzen. Die Tatsache, daß sich der Leasinggeber durch das Andienungsrecht einen bestimmten Restwert sichert, wird im Zusammenhang mit der Bilanzierung des Hauptgeschäfts berücksichtigt.

Bei einem *Optionsrecht des Leasingnehmers* hat der Leasinggeber die Pflicht zum Verkauf des Leasingobjektes bzw. zur weiteren Nutzungsüberlassung, wenn der Leasingnehmer die Option ausübt. Ob daraus ein Nutzenabfluß resultiert, hängt von der Entscheidung des

Leasingnehmers ab. Allerdings besteht dieser „Nutzenabfluß" in einem entgangenen (höheren) Gewinn, den der Leasinggeber beim Verkauf des Objektes zum Marktpreis bzw. bei einer erneuten Vermietung zu höheren Raten erzielt hätte.

Die Passivierung einer *Verbindlichkeit* für ein Optionsrecht des Leasingnehmers kann bereits daran scheitern, daß ein entgangener Gewinn letztlich kein Nutzenabfluß ist. Hinzu kommt das Problem der Schätzung der *Wahrscheinlichkeit* der Optionsausübung. Auch dieses Problem läßt sich nur durch einen Ansatz in Höhe von null und insbesondere durch Informationsregeln lösen.

In den Vorschlägen der G4+1 wird diese Problematik nicht behandelt. Während für den Leasingnehmer ausführlich geregelt wird, daß das Optionsrecht unter bestimmten Voraussetzungen als Vermögenswert zu aktivieren ist, fehlt für den Leasinggeber eine Regelung für die Bilanzierung des Optionsrechts. Die Vorschläge beschränken sich auf die Bilanzierung des Hauptgeschäfts.[352]

5.2.3.4.2 Bilanzierung des Hauptgeschäfts

Auch für den Leasinggeber gilt, daß nach SFAS 13 der Kaufpreis bzw. die Anschlußmieten Bestandteil der Mindestleasingraten sind. Sie beeinflussen die Bilanzierung des Vermögenswerts durch die Erhöhung des internen Zinsfußes dann, wenn der Vermögenswert mit dem Barwert (Nettoausweis) bzw. mit der Summe der Mindestleasingraten (Bruttoausweis) bewertet wird. Das ist nur bei Capital Lease und bei für den Leasingnehmer günstig gestalteten Optionen der Fall. Für Operating Lease, bei dem der Vermögenswert zu seinen Anschaffungs-/Herstellungskosten angesetzt wird, findet sich in SFAS 13 keine Regelung für die Bilanzierung des mit der Option verbundenen Hauptgeschäfts.

Die *Gewinnwirkungen*, die eine Berücksichtigung der aus dem Hauptgeschäft resultierenden Zahlungen zu Beginn der Grundmietzeit bzw. zum Zeitpunkt der Optionsausübung hat, sollen an dem für die Bilanzierung beim Leasingnehmer entwickelten Beispiel[353] verdeutlicht werden:

Diesem Beispiel liegt ein Leasingvertrag über eine unkündbare Grundmietzeit von fünf Jahren zugrunde. Während dieser Grundmietzeit sind jährliche Leasingraten in Höhe von 100 GE zu zahlen. Nach Ablauf der fünf Jahre hat der Leasingnehmer die Option, das Leasingobjekt zu einem Preis von 50 GE zu kaufen. Zu Beginn der „Grundmietzeit" beträgt der Fair Value des Leasinggegenstands 400 GE. Unter der Annahme, daß dieser Kaufpreis deutlich niedriger als der geschätzte Fair Value des Objektes im Zeitpunkt der Optionsausübung ist, liegt Capital Lease vor.

Nach SFAS 13 Abs. 5(j) ist der Kaufpreis in Höhe von 50 GE Bestandteil der Mindestleasingraten. Der insgesamt zu verteilende Zinsertrag („unearned income") beträgt folglich 150 GE (= 550 GE (Summe

---

352 Vgl. *IASC*, Position Paper, Abs. 11.3 ff.
353 Vgl. Abschnitt 5.2.2.4.2.

der Mindestleasingraten) – 400 GE (Anschaffungskosten)). Die folgende Tabelle zeigt den mit Hilfe der Barwertvergleichsmethode für die einzelnen Perioden berechneten Zinsertrag für den Fall, daß die Option ausgeübt bzw. nicht ausgeübt wird:

Periode	Leasingraten	Barwert der Leasingraten	Tilgungsanteil	Zinsertrag (bei Ausübung)	Zinsertrag (bei Nicht-Ausübung)
0		400,00			
1	100,00	343,72	56,28	43,72	43,72
2	100,00	281,29	62,43	37,57	37,57
3	100,00	212,04	69,25	30,75	30,75
4	100,00	135,22	76,82	23,18	23,18
5	150,00	0,00	135,22	14,78	-35,22
Summe	*550,00*		*400,00*	*150,00*	*100,00*

interner Zinsfuß: 10,9 %[354]

Wird die Option bereits zu Beginn der „Grundmietzeit" bilanziell berücksichtigt, am Ende der Grundmietzeit aber nicht ausgeübt, ist der Wertansatz des Vermögenswerts in diesem Zeitpunkt um 50 GE zu hoch. Der Tilgungsanteil der letzten Rate, die tatsächlich nicht in Höhe von 150 GE, sondern nur in Höhe von 100 GE anfällt, beträgt 85,22 GE statt der zur vollständigen Auflösung des Vermögenswerts erforderlichen 135,22 GE. Der Vermögenswert ist folglich in Höhe von 50 GE aufwandswirksam auszubuchen, so daß der Zinsertrag in Höhe von 14,78 GE um den Aufwand (50 GE) zu kürzen ist.

In der folgenden Tabelle wird unterstellt, daß der Zinsertrag entgegen den Vorschriften des SFAS 13 gleichmäßig über die Grundmietzeit verteilt wird. Abweichungen vom zweckmäßigen Gewinnverlauf sind in diesem Fall ausschließlich durch die Bilanzierung der aus dem Hauptgeschäft resultierenden Zahlungen bedingt:

	Option wird ausgeübt				Option wird nicht ausgeübt			
Periode	Vermögenswert	Tilgunganteil	Zinsertrag	zweckm. Ertrag	Vermögenswert	Tilgungsanteil	Zinsertrag	zweckm. Ertrag
0	400,00				400,00			
1	330,00	70,00	30,00	30,00	330,00	70,00	30,00	20,00
2	260,00	70,00	30,00	30,00	260,00	70,00	30,00	20,00
3	190,00	70,00	30,00	30,00	190,00	70,00	30,00	20,00
4	120,00	70,00	30,00	30,00	120,00	70,00	30,00	20,00
5	0,00	120,00	30,00	30,00	0,00	120,00	-20,00	20,00
Summe		*400,00*	*150,00*	*150,00*		*400,00*	*100,00*	*100,00*

[354] $100 \cdot \frac{q^5 - 1}{i \cdot q^5} + 50 \cdot \frac{1}{q^5} = 400.$

Der Zinsertrag von -20 GE bei Nicht-Ausübung der Option ergibt sich dadurch, daß der Vermögenswert nur in Höhe von 100 GE (= Zahlung der letzten Leasingrate) erfolgsneutral ausgebucht werden kann. Der verbleibende Buchwert in Höhe von 20 GE muß aufwandswirksam ausgebucht werden.

Zum Vergleich zeigen die folgenden Tabellen die Gewinnwirkungen für den Fall, daß die Kaufoption bis zur Ausübung bilanziell nicht berücksichtigt wird:

Periode	Leasingraten	Barwert der Leasingraten	Tilgungsanteil	Zinsertrag (bei Ausübung)	Zinsertrag (bei Nicht-Ausübung)
0		400,00			
1	100,00	331,72	68,28	31,72	31,72
2	100,00	258,03	73,69	26,31	26,31
3	100,00	178,50	79,54	20,46	20,46
4	100,00	92,65	85,84	14,16	14,16
5	100,00	0,00	92,65	57,35	7,35
Summe	*500,00*		*400,00*	*150,00*	*100,00*

interner Zinsfuß: 7,9 %[355]

	Option wird ausgeübt				Option wird nicht ausgeübt			
Periode	Vermögenswert	Tilgunganteil	Zins ertrag	zweckm. Ertrag	Vermögenswert	Tilgungsanteil	Zins ertrag	zweckm. Ertrag
0	400,00				400,00			
1	320,00	80,00	20,00	30,00	320,00	80,00	20,00	20,00
2	240,00	80,00	20,00	30,00	240,00	80,00	20,00	20,00
3	160,00	80,00	20,00	30,00	160,00	80,00	20,00	20,00
4	80,00	80,00	20,00	30,00	80,00	80,00	20,00	20,00
5	0,00	80,00	70,00	30,00	0,00	80,00	20,00	20,00
Summe		*400,00*	*150,00*	*150,00*		*400,00*	*100,00*	*100,00*

In diesem Fall ist der Vermögenswert zum Zeitpunkt der Optionsausübung vollständig aufgelöst, so daß eine erfolgswirksame Ausbuchung bei Nicht-Ausübung nicht mehr erforderlich ist. Wird die Option ausgeübt, muß der Kaufpreis ertragswirksam verbucht werden.

355 $100 \cdot \frac{q^5 - 1}{i \cdot q^5} = 400 .$

Das Beispiel zeigt ein ähnliches Ergebnis wie beim Leasingnehmer: Die Bilanzierung des Hauptgeschäfts nach den Regeln des SFAS 13 führt nur dann zu einem „glatten" Gewinnausweis, wenn die Entscheidung des Leasingnehmers für die Optionsausübung zutreffend vorhergesagt wird. Wird die Option nicht ausgeübt, dürfte sich das Hauptgeschäft in keiner Periode in der Bilanz niederschlagen.

Auch für den Leasinggeber gilt folglich, daß eine „richtige" Bilanzierung des Hauptgeschäfts eine Schätzung der *Wahrscheinlichkeit der Optionsausübung* voraussetzt. Für den Leasinggeber ist diese Schätzung noch problematischer als für den Leasingnehmer, weil der Leasinggeber keinen Einfluß auf die Entscheidung des Leasingnehmers hinsichtlich der Ausübung hat. Das Ergebnis ist daher das gleiche wie für den Leasingnehmer: Eine zweckmäßige Bilanzierung des Hauptgeschäfts ist nur mit Hilfe geeigneter Informationsregeln möglich. Für Andienungsrechte gilt diese Argumentation analog.

Um informative *Bilanzpositionen* auszuweisen, dürften der Kaufpreis bzw. die Anschlußmieten nur dann in den Wertansatz des Vermögenswerts einfließen, wenn die Option ausgeübt wird. Ist das nicht der Fall, ist der Wertansatz des Vermögenswerts in jeder Periode zu hoch und deutet eine Einzahlungserwartung an, die sich nicht konkretisieren wird. Da die Ausübung der Option nicht feststeht, könnte durch den *gesonderten Ansatz* einer Forderung für den Verkaufserlös bzw. für die Anschlußmieten deutlich gemacht werden, daß es sich um eine unsichere Einzahlungserwartung handelt. Dieser gesonderte Ausweis ist letztlich bereits dann gegeben, wenn der Anspruch des Leasinggebers auf den Restwert getrennt vom Anspruch auf die Leasingraten als Vermögenswert aktiviert wird. In diesem Fall kann der Kaufpreis bzw. die Anschlußmiete einen Anhaltspunkt für die Bewertung des „Restwert-Vermögenswerts" geben. Bei einem Andienungsrecht sichert sich der Leasinggeber in jedem Fall einen Veräußerungserlös in Höhe des Andienungspreises, so daß der Vermögenswert mit diesem Preis (diskontiert) bewertet werden kann.

Nach den Vorschlägen der G4+1 dürfen in den Wertansatz des für den Ratenanpruch anzusetzenden Vermögenswerts nur die Leasingraten eingehen, die vom Leasingnehmer bis zum Zeitpunkt der erstmaligen Kündigungsmöglichkeit zu zahlen sind. Damit wird der Tatsache Rechnung getragen, daß der Leasingnehmer nicht zu weiteren Zahlungen verpflichtet, sondern zum Kauf bzw. zur Vertragsverlängerung nur berechtigt ist.[356] Der Kaufpreis bzw. die Anschlußmieten werden erst bei der Ausübung der Option bilanziell berücksichtigt, im Falle einer Mietverlängerungsoption durch die erneute Aktivierung einer

[356] Vgl. *IASC*, Position Paper, Abs. 11.4.

Forderung.[357] Bis zu diesem Zeitpunkt aktiviert der Leasinggeber den Anspruch auf die Rückgabe des Leasingobjektes.[358]

5.2.3.5 Exkurs: Informationsgehalt der handelsrechtlichen Gewinnermittlungsregeln

Bei der Analyse der Gewinnermittlungsregeln zur Ausschüttungsbemessung für die Bilanz des Leasinggebers wurde festgestellt, daß der Leasinggeber nach den Vorschriften der Leasingerlasse in jedem Fall einen Aktivposten ansetzt: entweder das Leasingobjekt oder eine Forderung gegenüber dem Leasingnehmer. Die Bilanz enthält folglich bei jeder Bilanzierungsmethode Informationen über das Leasinggeschäft; keine Methode impliziert eine grundsätzliche Nicht-Berücksichtigung von Leasinggeschäften in der Bilanz des Leasinggebers. Soll die Bilanz auch der Informationsvermittlung dienen, wäre eine Aufteilung des Wertansatzes in einen sicheren (Forderung) und einen unsicheren (Restwertanspruch) vorteilhaft.

Informationen über die *Höhe* der erwarteten Einzahlungen können durch den Wertansatz in der Bilanz vermittelt werden, wenn dieser dem *Barwert der Leasingraten* entspricht. Ein solcher Ansatz ist grundsätzlich auch bei Gewinnermittlungsregeln möglich, die sich an der Ausschüttungsbemessung orientieren. Zumindest mit Hilfe zusätzlicher Abgrenzungsposten kann auf der Aktivseite in jeder Periode der Barwert der Leasingraten angesetzt werden.

Nicht möglich ist dagegen die Verwendung der gleichen *Gewinngröße* für die Ausschüttungsbemessung und für die Informationsvermittlung. Während für den Ausweis einer geglätteten Gewinngröße die *Verteilung* des Ertrags unerläßlich ist, ist für die Ausschüttungsbemessung eine *sofortige Gewinnrealisierung* zweckmäßig.[359] Da die sofortige Gewinnrealisierung nach den Vorschriften der Leasingerlasse gerade nicht vorgesehen ist, kommt die nach diesen Regeln ermittelte Gewinngröße einem für die Informationsvermittlung zweckmäßigen Gewinn näher als einer geeigneten Ausschüttungsbemessungsgröße.

Die Analyse der Gewinnermittlungsregeln für verschiedene (Sub-)Zwecke zeigt auch, daß die *zivilrechtliche Qualifizierung* eines Sachverhalts bei der Ableitung von Bilanzierungsvorschriften nicht unbedingt weiterhilft. Selbst wenn die zivilrechtliche Einordnung von Leasingverträgen eindeutig wäre, bliebe die Frage der Bilanzierung ungeklärt, solange die Vorschriften nicht aus dem Zweck der Rechnungslegung abgeleitet werden. Die Analyse hat gezeigt, daß die Bilanzierung von Leasingverträgen im Hinblick auf den (Sub-)Zweck der

---

357 Vgl. *IASC*, Position Paper, Abs. 11.7. Die Bilanzierung des Kaufpreises bei Ausübung einer Kaufoption wird in den G4+1-Vorschlägen nicht geregelt.

358 Vgl. *IASC*, Position Paper, Abs. 11.6, 11.8.

Ausschüttungsbemessung anders aussehen muß als im Hinblick auf den (Sub-)Zweck der Informationsvermittlung. So ist z.B. die Frage, ob der Gewinn aus Leasinggeschäften über die Grundmietzeit verteilt oder schon bei Vertragsabschluß zu realisieren ist, für unterschiedliche (Sub-)Zwecke unterschiedlich zu beantworten, obwohl ein und derselbe zivilrechtliche Vertrag vorliegt.[360]

5.2.4 Ergebnis: Gewinnermittlungsregeln zur Informationsvermittlung für Leasinggeschäfte

Auch die Analyse der Gewinnermittlungsregeln zur Informationsvermittlung führt zu dem Ergebnis, daß ein Zurechnungskriterium wie das wirtschaftliche Eigentum, das nach US-GAAP Ausdruck des Grundsatzes der „wirtschaftlichen Betrachtungsweise" (substance over form) ist, nicht nur *überflüssig*, sondern auch *unzweckmäßig* ist. Insbesondere beim Leasingnehmer führt die Anwendung dieses Kriteriums dazu, daß wesentliche Ein- und Auszahlungspotentiale nicht in der Bilanz erfaßt werden.

Hinter dem weit verbreiteten Bestreben, den Ansatz von Leasinggeschäften in der Bilanz zu vermeiden, steht wohl das Interesse der Bilanzierenden, den *„off-balance-sheet-Charakter"* von Leasinggeschäften zu erhalten, der als ein wesentlicher Vorteil des Leasing angesehen wird.[361] Daß dieses Merkmal nur vordergründig ein Vorteil von Leasinggeschäften ist, wurde bereits begründet: (Potentielle) Kapitalgeber werden – soweit die entsprechenden Informationen für sie verfügbar sind – Leasinggeschäfte immer bei ihren Entscheidungen berücksichtigen. Dieses Ergebnis bestätigen auch empirische Untersuchungen.[362] Werden solche Informationen weder in der Bilanz noch in anderen Informationsinstrumenten bereitgestellt, ist davon auszugehen, daß die Kapitalgeber über die (zukünftigen) Cash Flows getäuscht werden.

Ein wesentliches Ziel des FASB bei der Entwicklung von SFAS 13 war die Gewährleistung einer *symmetrischen Bilanzierung* beim Leasingnehmer und -geber. Diese Symmetrie ist nach den in dieser Arbeit vorgeschlagenen Bilanzierungsmethoden nicht mehr unbedingt gegeben,[363] weil sowohl der Leasinggeber als auch der Leasingnehmer einen Vermögenswert für das Leasinggeschäft bilanzieren. Im Hinblick auf den Zweck, Informationen über

---

359 Vgl. dazu die Abschnitte 5.1.3.3.1 und 5.2.3.3.1.1.

360 Die Ableitung von Bilanzierungsvorschriften aus einer bestimmten zivilrechtlichen Klassifikation ist zudem problematisch, weil die schuldrechtlichen Vorschriften des BGB dispositives Recht sind. Es ist folglich bereits fraglich, wann ein „reiner" Mietvertrag vorliegt; vgl. *Baetge/Ballwieser*, Ansatz von Leasingobjekten, S. 4.

361 Vgl. dazu Abschnitt 2.3.1.

362 Vgl. z.B. *Ely*, Operating Lease Accounting, S. 397 ff.; *Wilkins*, Investigation, S. 359 ff.; *Wilkins/Zimmer*, Effect of Leasing, S. 749 ff.; *Wilkins/Zimmer*, Alternative Methods, S. 64 ff.

363 Daß das auch bei den Vorschriften des FASB nicht unbedingt der Fall ist, wurde in Abschnitt 4.2.3.3 erläutert.

zukünftige Cash Flows bereitzustellen, ist eine solche Bilanzierung aber nur konsequent, weil *beide* aus diesem Geschäft (zukünftige) *Einzahlungen* erwarten.[364] Daß beim Leasingnehmer auch Auszahlungen entstehen, wird durch die Passivierung einer Verbindlichkeit berücksichtigt.

Betrachtet man die Folgen, die mit der Übernahme der US-GAAP in ein System verbunden wären, das die *Ausschüttung* an die bilanzielle Gewinnermittlung knüpft, stellt man fest, daß zumindest die Leasingregeln der US-GAAP innerhalb eines solchen Systems wenig zweckmäßig wären. Sowohl für den Leasinggeber als auch für den Leasingnehmer sind für die Ausschüttungsbemessung andere Gewinnwirkungen zweckmäßig als für die Informationsvermittlung durch eine prognosetaugliche Gewinngröße. Damit bestätigt sich die Vermutung, daß mit ein und denselben Gewinnermittlungsregeln nicht verschiedene (Sub-) Zwecke erfüllt werden können.

5.3 (Sonstige) Informationsvermittlung

5.3.1 Ausgangspunkt der Analyse

Die bisherige Analyse beschränkte sich auf die für Leasinggeschäfte zweckmäßige Gewinnermittlung. Es wurde gezeigt, wie hoch der für jede Periode ermittelte Gewinn sein darf bzw. muß, um eine für beide Kapitalgebergruppen zweckmäßige Ausschüttung zu gewährleisten oder um die Kapitalgeber über die zukünftige Gewinnentwicklung zu informieren. Würde sich die Bilanzierung von Leasinggeschäften auf die Gewinnermittlung beschränken, hätte der Bilanzleser keine Information darüber, daß die Gewinngröße auch durch Leasinggeschäfte beeinflußt ist. Diese Informationen können durch *Informationsregeln* bereitgestellt werden.

Im Rahmen einer Rechnungslegung, bei der die *Gewinnermittlung der Ausschüttungsbemessung* dient, ist die Bedeutung von Informationsregeln für Leasinggeschäfte offensichtlich: Da die für die Ausschüttungsbemessung zweckmäßigen Gewinnermittlungsregeln nicht gleichzeitig zur Ermittlung eines prognosetauglichen Gewinns und/oder zum Ansatz informativer Bilanzposten führen,[365] haben die Kapitalgeber ohne zusätzliche Informationen keine hinreichende Grundlage für Entscheidungen über ihr Kapitalengagement. Im handelsrechtlichen Jahresabschluß müssen die relevanten Informationen folglich durch andere Instrumente bereitgestellt werden.

---

[364] Vgl. zu diesem Ergebnis auch *Hawkins/Wehle/Macey*, Objectives, S. 34, die davon ausgehen, daß zur Befriedigung der Informationswünsche der Kapitalgeber der „entity focus", d.h. die ausschließliche Betrachtung des bilanzierenden Unternehmens, besser geeignet ist als der „elegance or national statistics approach", der eine symmetrische Bilanzierung beim Leasinggeber und -nehmer fordert. Auch *Carr* hält eine symmetrische Bilanzierung für unzweckmäßig, vgl. *Carr*, Why accounting for leases is inconsistent, S. 120. Vgl. auch *Bieg*, Schwebende Geschäfte, S. 45, 238.

[365] Vgl. dazu die Abschnitte 5.2.2.5 und 5.2.3.5.

Dient bereits die *Gewinnermittlung der Informationsvermittlung*, sind zusätzliche Informationsregeln dann erforderlich, wenn die durch den Gewinn bzw. die Bilanzansätze vermittelten Informationen unzureichend sind. Bei der Analyse der Gewinnermittlungsregeln für Leasinggeschäfte wurde deutlich, daß durch Gewinnermittlungsregeln nur sehr eingeschränkt entscheidungsnützliche Informationen über Leasinggeschäfte vermittelt werden können und daß selbst die second best-Lösung, d.h. der „geglättete" Gewinn bzw. die „informativen" Bilanzposten, nur mit zusätzlichen Informationsregeln zu wirklich aussagefähigen Größen werden.[366]

In den folgenden Gliederungspunkten wird analysiert, welche (zusätzlichen) Informationen über Leasinggeschäfte vermittelt werden müssen. Analysemaßstab sind dabei die Informationsbedürfnisse der Kapitalgeber, nämlich das Bedürfnis nach (möglichst zuverlässigen) Informationen über die Höhe, zeitliche Verteilung und (Un-)Sicherheit zukünftiger Cash Flows.

Die Ausführungen gelten im Grundsatz sowohl für den Jahresabschluß nach HGB als auch nach US-GAAP, weil die Informationsbedürfnisse der Kapitalgeber identisch sind. Allerdings können unterschiedliche Informationsregeln erforderlich sein, wenn es um die Erläuterung der in den beiden Systemen unterschiedlichen Gewinnermittlungsregeln geht. Zum Beispiel kann eine bestimmte Angabe im HGB-Abschluß notwendig, im US-GAAP-Abschluß überflüssig sein, weil die entsprechende Information bereits durch die Bilanzansätze vermittelt wird.

5.3.2 Gliederungs- und Ausweisvorschriften

5.3.2.1 Leasingnehmer

5.3.2.1.1 HGB

Um mit Hilfe der handelsrechtlichen Bilanz neben der Ausschüttungsbemessung auch entscheidungsnützliche Informationen zu vermitteln, sind für das Leasinggeschäft zwingend Aktiv- und Passivposten anzusetzen.[367] Diese Bilanzierungsmethode impliziert zwei weitere Fragen:

1. Wo im Rahmen des Gliederungsschemas des § 266 HGB sind die Positionen auszuweisen (= *Gliederung*)?
2. Wie sind die Positionen zu bezeichnen (= *Ausweis*)?

---

[366] So auch *Baker*, Accounting Standards, S. 205: „Leasing is an area where disclosure is extremely necessary and, in many cases, preferable to measurement." Zur Vorteilhaftigkeit von Angaben im Anhang vgl. auch *Zises*, Disclosure, S. 41.

[367] Vgl. Abschnitt 5.2.2.5.

In der handelsrechtlichen Literatur wird die erste Frage übereinstimmend dahingehend beantwortet, daß das Leasingobjekt dem Leasingnehmer dauerhaft dienen soll und daher im *Anlagevermögen* auszuweisen ist.[368] Keine Antwort findet sich dagegen auf die Frage nach der genauen Einordnung in die Positionen des Anlagevermögens und auf die Frage nach der Bezeichnung des Aktivpostens. Für die Passivseite werden Gliederungs- und Ausweisfragen gar nicht diskutiert.

Das Problem der Einordnung des aus dem Leasinggeschäft resultierenden Aktivpostens in die Positionen des Anlagevermögens ist nicht so trivial wie es auf den ersten Blick scheint. Grundsätzlich ist je nach Art des Leasinggegenstands ein Ausweis unter den Gliederungspunkten „I. Immaterielle Vermögensgegenstände" und „II. Sachanlagen" denkbar.[369] Insbesondere die neueren Vorschläge der G4+1 weisen aber auch auf eine andere Ausweismöglichkeit hin. Interpretiert man den aus dem Leasinggeschäft resultierenden Aktivposten als Nutzungsrecht, wäre ein Ausweis des Aktivpostens unter den immateriellen Vermögensgegenständen unabhängig von der Art des Objektes folgerichtig.

Gläubiger und Gesellschafter interessieren sich für die mit dem Leasinggeschäft verbundenen zukünftigen Ein- und Auszahlungen in den Dimensionen Höhe, zeitliche Verteilung und (Un-)Sicherheit.[370] Über die *Höhe* der zukünftigen Zahlungsströme kann mit Hilfe von bilanziellen Gliederungs- und Ausweisvorschriften nicht informiert werden. Für diese Information sind Gewinnermittlungsregeln erforderlich, die zu informativen Bilanzansätzen führen. Welche Wertansätze dazu erforderlich sind, wurde im Rahmen der Analyse der Gewinnermittlungsregeln diskutiert.

Informationen über die *zeitliche Verteilung* der Cash Flows könnten möglicherweise durch Gliederungsvorschriften für die Bilanz bereitgestellt werden; zu denken ist an die Gliederung der Aktivseite in *Anlage- und Umlaufvermögen*. Diese Einteilung informiert den Bilanzleser zwar über die *Dauer*, für die Einzahlungen erwartet werden. Umlaufvermögen führt i.d.R. zu *einmaligen* Einzahlungen durch den Verkauf der Vermögensgegenstände, während im Anlagevermögen Einzahlungen aus der Nutzung über einen *längeren Zeitraum* und/oder einer eventuellen Veräußerung in einer späteren Periode erwartet werden. Diese Einteilung ist aber zum einen sehr grob, weil innerhalb des Anlagevermögens nicht weiter nach Nutzungsdauern unterschieden wird. Zum anderen sagt diese Gliederung nichts über die zeitliche *Verteilung* der Einzahlungen aus. Gleiches gilt für die Passivseite, für die ebenfalls keine Gliederung z.B. nach den Fälligkeiten der Verbindlichkeiten vorgesehen ist.

---

368 Vgl. *ADS*, § 247, Tz. 125; *Reinhard*, § 247, Rn. 61. Nach *Forster* ist auch ein Ausweis „zwischen dem übrigen Anlage- und dem Umlaufvermögen" möglich; vgl. *Forster*, Leasing-Stellungnahme, S. 82.

369 Vgl. *Findeisen*, Eigentum des Leasingnehmers, Rdnr. 13.

370 Vgl. auch *Hawkins/Wehle/Macey*, Objectives, S. 30.

Die zeitliche Verteilung der Cash Flows steckt implizit im Barwert der Leasingraten. Durch die Diskontierung führen degressive Leasingraten zu einem höheren Wertansatz als in der Summe gleich hohe progressive Raten. Die Kenntnis des Barwertes allein reicht aber nicht aus, um die Verteilung der Zahlungen abzuleiten.[371] Diese Information kann nur durch zusätzliche Angaben vermittelt werden.

Im Hinblick auf die *(Un-)Sicherheit* der Cash Flows ist zwischen Ein- und Auszahlungen zu differenzieren:

Die aus einem Vermögensgegenstand resultierenden *Einzahlungen* können grundsätzlich aus der *Nutzung* und/oder aus der *Veräußerung* resultieren.[372] Typisches Merkmal von Leasinggeschäften ist, daß dem Leasingnehmer das Veräußerungsrecht nicht zusteht, da er nicht rechtlicher Eigentümer des Leasingobjektes ist.[373] Diese Information ist für die Kapitalgeber, insbesondere für die Gläubiger, von entscheidender Bedeutung, weil das fehlende Veräußerungsrecht vor allem Konsequenzen für den Fall der Zwangsvollstreckung bzw. der Insolvenz des Leasingnehmers hat. Im Fall der Zwangsvollstreckung können die Gläubiger des Leasingnehmers zwar das Leasingobjekt pfänden. Der Leasinggeber kann aber durch eine Drittwiderspruchsklage die Herausgabe des Leasingobjektes oder, falls eine Verwertung bereits stattgefunden hat, die Herausgabe des Verwertungserlöses verlangen (§ 771 Abs. 1 ZPO).[374] Auch bei Insolvenz des Leasingnehmers haben die Gläubiger des Leasingnehmers keinen Anspruch auf das Leasingobjekt, weil dem Leasinggeber als rechtlichem Eigentümer ein Aussonderungsrecht zusteht. Hinzu kommt, daß der Leasingvertrag auch in der Insolvenz bestehen bleiben kann, wenn der Insolvenzverwalter im Rahmen seines Wahlrechts die Erfüllung des Vertrags wählt (§ 103 Abs. 1 InsO) bzw. bei unbeweglichen Leasingobjekten den Vertrag nicht kündigt (§ 108 Abs. 1 InsO). In diesem Fall werden die Leasingraten Masseverbindlichkeiten, so daß sie vor den Forderungen der sonstigen Gläubiger zu erfüllen sind.[375]

Die Gläubiger können folglich nicht sicher sein, daß mit dem Leasingobjekt in jedem Fall Einzahlungen erzielt werden, die zur Befriedigung ihrer Ansprüche dienen können. Die Unsicherheit hinsichtlich zukünftiger Einzahlungen besteht zwar grundsätzlich bei jedem Vermögensgegenstand. Sie ist aber bei Leasingobjekten höher als bei Vermögensgegenständen, an denen der Bilanzierende auch das rechtliche Eigentum hat, weil entfallende Einzahlungen aus der Nutzung nicht durch Einzahlungen aus der Veräußerung ersetzt

---

371 Vgl. auch *Leffson*, Darstellung von Leasingverträgen (II), S. 687.
372 Vgl. auch *Wyatt*, Leases Should be Capitalized, S. 36.
373 Vgl. *Wyatt*, Leases Should be Capitalized, S. 36.
374 Zu den Regelungen bei Zwangsvollstreckung in das Vermögen des Leasingnehmers vgl. Abschnitt 2.2.1.1.
375 Zur Behandlung von Leasingverträgen in der Insolvenz vgl. Abschnitt 2.2.2.1.

werden können. Ist der Bilanzierende z.B. rechtlicher Eigentümer einer Maschine, mit der Produkte hergestellt werden, für die plötzlich ein Konkurrenzanbieter auf den Markt kommt, kann der Eigentümer durch den Verkauf der Maschine i.d.R. zumindest noch einen Teil der geplanten Einzahlungen realisieren. Der Leasingnehmer hat diese Möglichkeit nicht.

Das *fehlende Verwertungsrecht*, das für die Ausschüttungsbemessung als irrelevant angesehen wurde, erlangt folglich im Rahmen der Informationsregeln eine *entscheidende Bedeutung*. Für die Kapitalgeber, insbesondere für die Gläubiger, ist weniger relevant, ob das Leasingobjekt materiell oder immateriell ist. Entscheidend ist vielmehr, inwieweit das Leasingobjekt zur Befriedigung ihrer Ansprüche beitragen kann, d.h. ob das Leasingobjekt zum *Schuldendeckungspotential* des Leasingnehmers gehört. Die Vermutung, daß die Kriterien, durch die in der Literatur das wirtschaftliche Eigentum charakterisiert wird, für die Bilanzierung beim Leasingnehmer nicht grundsätzlich irrelevant sind, bestätigt sich hier. Das *wirtschaftliche Eigentum* ist aber auch nur dann eine zweckmäßige *Informationsregel*, wenn es durch das *Verwertungsrecht* definiert ist, weil alle anderen Definitionen letztlich das Verwertungsrecht voraussetzen.[376]

Für die Gliederung der Bilanz ergibt sich daraus folgendes: Die nach HGB vorgesehene Einteilung des Vermögens in Anlage- und Umlaufvermögen ist für die Kapitalgeber zwar nicht grundsätzlich irrelevant, weil sie zumindest ansatzweise über die Dauer, für die zukünftige Cash Flows erwartet werden, informiert. Wichtiger wäre aber eine Gliederung der Bilanz in *verwertbares* und *nicht verwertbares* Vermögen bzw. eine weitere Untergliederung des Anlage- und Umlaufvermögens nach dem Kriterium der Verwertbarkeit, um so einen eindeutigen Ausweis der Haftungsmasse bzw. des Schuldendeckungspotentials zu gewährleisten.[377] Leasingobjekte wären bei dieser Gliederung unter den *nicht verwertbaren* Vermögensgegenständen des *Anlagevermögens* auszuweisen. Damit wäre klargestellt, daß Vermögen vorhanden ist, das über einen längeren Zeitraum zur Erzielung von Einzahlungen beitragen kann, das aber im Insolvenzfall nicht zur Befriedigung der Gläubigeransprüche zur Verfügung steht.

Da aber auch das nicht verwertbare Vermögen insgesamt unterschiedliche Vermögensgegenstände enthalten kann – z.B. solche, bei denen der Bilanzierende das Verwertungsrecht relativ einfach erwerben kann (Kreditsicherheiten), und solche, bei denen der Erwerb des Verwertungsrechts unmöglich ist (Leasingverträge ohne Kaufoption) – ist eine *geson-*

---

376 Vgl. Abschnitt 5.1.2.1.2.3.
377 Vgl. auch *Bieg*, Schwebende Geschäfte, S. 250 f.

derte Kennzeichnung des Leasingvermögens unerläßlich.[378] Dabei ist nicht entscheidend, ob die entsprechende Position „Leasingobjekt" oder „Nutzungsrecht aus Leasingvertrag" genannt wird, weil das mit diesem materiellen bzw. immateriellen Vermögensgegenstand verbundene Einzahlungspotential identisch ist. Relevant ist allein die Kennzeichnung des Postens als *„Leasingvermögen"*. Zu beachten ist allerdings, daß ein Leasingnehmer gleichzeitig Leasinggeber in Bezug auf andere Objekte sein kann. Aus der Bezeichnung des Postens muß daher eindeutig hervorgehen, ob es sich um „geleastes" oder „verleastes" Vermögen handelt.

Im Gegensatz zu den Einzahlungen fallen die mit dem Leasinggeschäft verbundenen *Auszahlungen* unabhängig von der tatsächlichen Nutzung des Leasingobjektes mit hoher Wahrscheinlichkeit an. Sie sind folglich unter den *(sicheren) Verbindlichkeiten* auszuweisen. Um diesen Charakter der Zahlungen deutlich zu machen, ist auch hier ein *gesonderter Ausweis* als „Leasingverbindlichkeiten" zweckmäßig.[379] Diese Information ist auch deshalb relevant, weil die Leasingraten in der Insolvenz bevorrechtigte Verbindlichkeiten (Masseverbindlichkeiten) werden können.

Um den unterschiedlichen Charakter von Vermögensgegenständen und Verbindlichkeiten aus Finanzierungs- und Operating-Leasingverträgen deutlich zu machen, sind die jeweiligen Positionen entsprechend zu kennzeichnen.

Der Ansatz von Aktiv- und Passivposten impliziert, daß in der Gewinn- und Verlustrechnung nicht die Leasingrate als Aufwand, sondern Abschreibungs- und Zinsaufwand ausgewiesen wird. Durch die zur Ausschüttungsbemessung zweckmäßigen Gewinnermittlungsregeln ist zwar sichergestellt, daß die Summe aus Abschreibungs- und Zinsaufwand der für die Periode gezahlten Leasingrate entspricht. Die Höhe der Leasingrate läßt sich der Gewinn- und Verlustrechnung jedoch nur entnehmen, wenn diese Aufwendungen gesondert ausgewiesen werden.

5.3.2.1.2 US-GAAP

Im Rahmen der Analyse der Gewinnermittlungsregeln, die der Informationsvermittlung dienen, wurde bereits festgestellt, daß nur der vollständige Ausweis *aller* Leasinggeschäfte durch den Ansatz von Vermögenswerten und Schulden in der Bilanz zu einer zweckmäßigen Bilanzierung von Leasingverträgen führt. Die Frage, inwieweit durch die entsprechenden

---

378 A.A. *Findeisen*, Eigentum des Leasingnehmers, Rdnr. 13 der einen gesonderten Ausweis von Leasinggegenständen für nicht erforderlich hält, „da die sich von anderen Anschaffungsgeschäften nicht unterscheiden".

379 Ähnlich auch *Hawkins/Wehle/Macey*, die darauf hinweisen, daß das unterschiedliche Risiko verschiedener Verbindlichkeiten in der Bilanz deutlich werden muß; vgl. *Hawkins/Wehle/Macey*, Objectives, S. 33.

Ansatz- und Bewertungsvorschriften Informationen über zukünftige Cash Flows vermittelt werden, wurde schon zum Teil, nämlich in Bezug auf die *Höhe* der zukünftigen Zahlungen, beantwortet. Offen geblieben ist, auf welche Weise in der Bilanz nach US-GAAP Informationen über die zeitliche Verteilung und die (Un-)Sicherheit der zukünftigen Cash Flows vermittelt werden.

Die Gliederungsvorschriften nach US-GAAP sehen einen gesonderten Ausweis des Leasingobjektes als Bestandteil des *„Property, Plant and Equipment"* vor. Unter dieser Position werden Vermögenswerte „of a durable nature used in the regular operations of the business"[380] ausgewiesen. Diese Definition entspricht der Definition des Anlagevermögens nach § 247 Abs. 2 HGB. Für die Vermittlung von Informationen über die *zeitliche Verteilung* der Zahlungen aus dem Leasinggeschäft durch die Gliederung der Bilanz gilt damit grundsätzlich die im vorhergehenden Abschnitt an den handelsrechtlichen Regelungen geübte Kritik, auch wenn aufgrund der Gliederung nach der Liquidierbarkeit im US-GAAP-Abschluß (Regulation S-X Rule 5.02) detailliertere Informationen als nach HGB vermittelt werden.[381]

Auch für die Information über die *(Un-)Sicherheit* der Einzahlungen kann auf die Ausführungen für den HGB-Abschluß verwiesen werden. Auch hier gilt, daß das für die Kapitalgeber, insbesondere für die Gläubiger, entscheidende Kriterium der Verwertbarkeit des Leasingobjektes durch die Gliederung der Bilanz nicht erkennbar wird. Allerdings sieht SFAS 13 Abs. 13 einen *gesonderten Ausweis* des Leasingobjektes vor, so daß für den Bilanzleser der Charakter des Vermögenswerts als Leasingobjekt deutlich wird.

Verfügt der Bilanzleser über die Information, daß der ausgewiesene Vermögenswert aus einem Leasingvertrag resultiert, ist es für ihn nicht mehr entscheidend, ob der Vermögenswert als materieller Vermögenswert im Sachanlagevermögen oder als immaterieller Vermögenswert in der Form eines Nutzungsrechts ausgewiesen wird. Der Vorschlag der G4+1, an Stelle des Leasingobjektes das Nutzungsrecht auszuweisen, vermittelt daher nicht unbedingt bessere Informationen als die FASB-Regelung.

Auf der Passivseite ist die zum Leasinggeschäft gehörende *Verbindlichkeit gesondert auszuweisen* (SFAS 13 Abs. 13). Dadurch wird erkennbar, daß diese Verbindlichkeit mit hoher Wahrscheinlichkeit zum Abfluß von liquiden Mitteln in zukünftigen Perioden führt. Für die Gliederung der Passivseite sind die Vorschriften der Regulation S-X der SEC zu beachten, wonach die Schulden nach dem Kriterium der Restlaufzeit in kurz- und langfristige Schulden einzuteilen sind. Im vierten Kapitel wurden zwei Verfahren beschrieben, mit denen der jeweils als kurz- bzw. langfristig auszuweisende Teil der Leasingverbindlichkeit

[380] *Kieso/Weygandt/Warfield*, Intermediate Accounting, S. 196.

berechnet werden kann. Diese Verfahren führen zu unterschiedlichen Ergebnissen hinsichtlich des jeweils als kurzfristig auszuweisenden Betrags:[382]

- Bei der „change in the present value method" wird jeweils der in der folgenden Leasingrate enthaltene *Tilgungsanteil* als kurzfristig ausgewiesen. Bei linearen Raten entspricht dieser Betrag dem Barwert der *letzten* Leasingrate.
- Bei der „present value of the next year's payment method" wird dagegen der Barwert der jeweils *folgenden* Zahlung als kurzfristig ausgewiesen. Dieser Betrag enthält sowohl die in der folgenden Rate enthaltene *Tilgung* als auch die *Zinsen.*

Um diese Methoden hinsichtlich ihrer Zweckmäßigkeit zu beurteilen, ist zu fragen, ob der Barwert der in der nächsten Periode zu leistenden Zahlung bzw. eines Teils dieser Zahlung überhaupt eine für die Kapitalgeber relevante Information ist und – falls ja – welche der beiden Methoden zu einem zweckmäßigeren Ergebnis führt.

Über die zeitliche Verteilung der Leasingraten über die *gesamte Grundmietzeit* informieren die als kurz- bzw. langfristig ausgewiesenen Beträge nur eingeschränkt. Die in der folgenden Periode zu zahlende Leasingrate muß nicht zwangsläufig zur Prognose der in späteren Perioden zu zahlenden Raten geeignet sein, weil die Raten degressiv oder progressiv verlaufen können. Zusammen mit dem als langfristig ausgewiesenen Teil der Summe der Leasingraten vermitteln die Positionen aber durchaus nützliche Informationen. Der Bilanzleser weiß, welche Zahlungen *kurzfristig* fällig sind, d.h. in welcher Höhe liquide Mittel in naher Zukunft gebunden sind. Zur Beurteilung der (kurzfristigen) Zahlungsfähigkeit der Unternehmung ist diese Information von hoher Bedeutung.

Damit ist auch die Antwort auf die Frage nach der zweckmäßigen Methode offensichtlich: Die Zahlungsfähigkeit wird durch den *gesamten* abfließenden Betrag beeinflußt, nicht nur durch den Tilgungsanteil. Zweckmäßig ist folglich allein die *„present value of the next year's payment method"*.

Auch für die Gewinn- und Verlustrechnung nach US-GAAP gilt, daß der Aufwand in Abschreibungs- und Zinsaufwand aufgespalten wird. Allerdings entspricht die Summe dieser beiden Aufwandspositionen nicht grundsätzlich der für die Periode gezahlten Leasingrate, weil zum Ausweis einer geglätteten Gewinngröße eine lineare Aufwandsverrechnung erforderlich ist. Die Höhe der Leasingrate läßt sich der Gewinn- und Verlustrechnung folglich im Regelfall nicht entnehmen.

---

381 Vgl. auch *Franken*, Rechnungslegung nach US-GAAP, S. 211.
382 Zur Herleitung dieser Ergebnisse für lineare Leasingraten vgl. Abschnitt 4.2.4.1.1.

Im Rahmen der Analyse der Gewinnermittlungsregeln zur Informationsvermittlung wurde bereits auf die Notwendigkeit hingewiesen, zwischen ordentlichen und außerordentlichen Erfolgspositionen zu unterscheiden. Dabei wurde auch erwähnt, daß der Aufwand aus dem Leasinggeschäft aufgrund seiner Regelmäßigkeit in das *ordentliche* Ergebnis eingehen muß. Entsprechend der nach SFAS 130 vorgesehenen Einteilung der Erfolgsgrößen müssen die Abschreibungen und Zinsen demnach Bestandteil der „Earnings" sein, welche die Funktion des prognosegeeigneten Gewinns übernehmen. Anlässe für Buchungen in das außerordentliche Ergebnis wurden im Zusammenhang mit den entsprechenden Gewinnermittlungsregeln erwähnt.

5.3.2.2 Leasinggeber

5.3.2.2.1 HGB

In der Bilanz des Leasinggebers wird nach den Leasingerlassen je nach Bilanzierungsmethode das Leasingobjekt oder eine Forderung gegenüber dem Leasingnehmer ausgewiesen. Für eine informative Bilanzierung müßte über die Vorschriften der Leasingerlasse hinaus der auf den Restwertanspruch entfallende Teil des Zahlungsstroms gesondert ausgewiesen werden. Im Rahmen der Analyse der Informationsregeln ist folglich zu prüfen, wie diese Vermögensgegenstände zu bezeichnen bzw. auszuweisen sind, an welcher Stelle des Gliederungsschemas die Posten auszuweisen sind und welcher Ausweis in der Gewinn- und Verlustrechnung zweckmäßig ist.

Hinsichtlich der Information über die *Höhe* der Zahlungen kann auf die Ausführungen zu den Gewinnermittlungsregeln zur Informationsvermittlung verwiesen werden.[383]

Für die *zeitliche Verteilung* der Cash Flows wurde in den vorherigen Abschnitten neben der Aussagefähigkeit von Barwerten der Informationsgehalt einer Bilanzgliederung in Anlage- und Umlaufvermögen untersucht. Bei der Anwendung des gesetzlich vorgegebenen Gliederungsschemas ist eine *Forderung* zwingend im *Umlaufvermögen* auszuweisen (§ 266 Abs. 2 HGB). Die Einordnung des *Leasingobjektes* in das Gliederungsschema ist nicht so eindeutig bestimmt. In der handelsrechtlichen Literatur finden sich dafür unterschiedliche Vorschläge: Ausweis im Anlagevermögen, im Umlaufvermögen oder als Position zwischen Anlage- und Umlaufvermögen.[384]

Der Ausweis des Leasinggegenstands *zwischen Anlage- und Umlaufvermögen* wird damit begründet, daß nur durch einen solchen Ausweis die Besonderheit des Leasingvermögens deutlich gemacht werden könne. Der Ausweis als Zwischenposition sei zulässig, weil im

---

[383] Vgl. dazu Abschnitt 5.2.3.5.

HGB nur eine Mindestgliederung für die Bilanz vorgeschrieben sei, die aber eine weitere Untergliederung zulasse (§ 265 Abs. 5 HGB).[385] Gegen diese Argumentation wird angeführt, daß eine weitere Untergliederung nur im Rahmen der durch § 247 Abs. 1 HGB vorgegebenen Posten zulässig sei, während § 265 HGB nicht die Schaffung neuer Arten von Vermögensgegenständen erlaube.[386] Zudem ergeben sich durch einen Ausweis zwischen Anlage- und Umlaufvermögen Bewertungsprobleme, insbesondere im Hinblick auf die Geltung des strengen oder gemilderten Niederstwertprinzips.[387]

Im *Umlaufvermögen* sollen Leasinggegenstände ausgewiesen werden, weil sie zum einen nicht dem Betrieb des Leasinggebers unmittelbar dienen, d.h. nicht im eigenen Betrieb des Leasinggebers eingesetzt werden, und zum anderen ausschließlich der Erzielung von Umsatzerlösen durch die Vermietung dienen.[388]

Nach h.M. sind Leasingobjekte im *Anlagevermögen* auszuweisen, weil der Leasinggeber gerade nicht an einem Verkauf des Leasinggegenstands interessiert sei, sondern ihn dauerhaft „nutzen" möchte, und zwar zur Erzielung von Erlösen aus der Vermietung.[389] Einstimmigkeit herrscht darüber, daß Leasinggegenstände innerhalb des Anlagevermögens unter einer gesonderten römischen Ziffer auszuweisen sind.[390]

Das Ziel, den besonderen Charakter des Leasingvermögens durch einen entsprechenden Ausweis deutlich zu machen, läßt sich auf einem einfacheren Weg als z.B. durch die Einführung einer neuen Position zwischen Anlage- und Umlaufvermögen erreichen. Eine explizite Bezeichnung des Postens als „*Leasingvermögen*" ist dazu ausreichend. Ein Ausweis des Leasingvermögens im Umlaufvermögen (ohne besondere Kennzeichnung) würde dagegen irreführende Vorstellungen erwecken: Umlaufvermögen ist dadurch charakterisiert, daß die Vermögensgegenstände nur kurzzeitig bzw. einmalig zu Einzahlungen führen. Das ist aber bei Leasinggeschäften, die durch regelmäßig wiederkehrende Einzahlungen über einen längeren Zeitraum gekennzeichnet sind, gerade nicht der Fall. Gliedert man die Bilanz in Anlage- und Umlaufvermögen, kommt folglich für das Leasingvermögen nur ein Ausweis im *Anlagevermögen* in Frage.

---

384 Eine Übersicht über die verschiedenen Argumente findet sich bei *Wichmann*, Artmäßige Zurechnung, S. 145 ff.

385 Vgl. die Zusammenfassung bei *Schirduan*, Finanzierungsleasing, S. 115 ff. m.w.N.

386 Vgl. *ADS*, § 265 HGB, Tz. 60; *Helmschrott*, Leasinggeschäfte, S. 200. Auch das *IDW* hält einen Ausweis zwischen Anlage- und Umlaufvermögen nicht für zulässig; vgl. *IDW*, HFA 1/1989, S. 625.

387 Vgl. *Baetge/Ballwieser*, Ansatz von Leasingobjekten, S. 17; *Helmschrott*, Leasinggeschäfte, S. 200.

388 Vgl. *Wagner*, Bilanzausweis vermieteter Gegenstände (I), S. 301; *Wichmann*, Artmäßige Zurechnung, S. 147.

389 Vgl. *ADS*, § 247, Tz. 125; *Baetge/Ballwieser*, Ansatz von Leasingobjekten, S. 17; *Findeisen*, Eigentum des Leasinggebers, Rdnr. 3; *Glasel*, Leasing, Rz 83; *IDW*, HFA 1/1989, S. 625; *Isele*, Leasingverhältnisse, Rn. 486; *Köhlertz*, Bilanzierung von Leasing, S. 137 f.; *Reinhard*, § 247, Rn. 61; *Schirduan*, Finanzierungs-Leasing, S. 121 f. Auch die steuerliche Rechtsprechung geht von einem Ausweis im Anlagevermögen aus; vgl. *BFH* vom 09.04.1981, S. 483.

390 Vgl. *Findeisen*, Eigentum des Leasinggebers, Rdnr. 6; *Glasel*, Leasing, Rz 84; *IDW*, HFA 1/1989, S. 625; *Isele*, Leasingverhältnisse, Rn. 487; *Köhlertz*, Bilanzierung von Leasing, S. 140; *Reinhard*, § 247, Rn. 61.

Für die Gewinnermittlung zur Informationsvermittlung wurde festgestellt, daß aufgrund der Bewertungsvorschriften nur die „Capital Lease-Methode", d.h. der Ausweis einer Forderung, zu einer informativen Bilanzierung führt.[391] Diese Lösung ist nach dem handelsrechtlichen Gliederungsschema nicht mit der Bezeichnung des Postens als „Forderung" vereinbar, weil Forderungen grundsätzlich Bestandteil des Umlaufvermögens sind (§ 266 Abs. 2 HGB). Dieses Problem zeigt erneut, daß die Gliederung der Bilanz in Anlage- und Umlaufvermögen letztlich nicht geeignet ist, entscheidungsrelevante Informationen zu vermitteln.

Auch der *Restwertanspruch* des Leasinggebers ist im *Anlagevermögen* auszuweisen. Hierbei handelt es sich zwar i.d.R. um eine einmalige Zahlung, die aber erst in einer späteren Periode anfällt. Ein Ausweis im Umlaufvermögen würde dagegen auf eine Veräußerung in naher Zukunft hindeuten.

Aufgrund der geringen Tauglichkeit der Gliederung in Anlage- und Umlaufvermögen wurde für den Leasingnehmer für die Vermittlung von Informationen über die *(Un-)Sicherheit* der Cash Flows eine weitere Untergliederung des Anlage- und Umlaufvermögens nach dem Kriterium der Verwertbarkeit der Vermögensgegenstände vorgeschlagen. Eine Gliederung der Bilanz nach diesem Kriterium würde beim Leasinggeber zum Ausweis des Leasingobjektes (bzw. des Restwertanspruchs) innerhalb des *verwertbaren* Anlagevermögens führen, weil dem Leasinggeber als rechtlichem Eigentümer des Leasinggegenstands das Verwertungsrecht zusteht. Gleiches gilt für die Forderung, denn grundsätzlich ist auch eine Verwertung der Forderung durch die Gläubiger des Leasinggebers möglich.

Ein solcher Ausweis ohne weitere Angaben würde die Kapitalgeber aber nur unvollständig informieren, weil das Leasingobjekt nicht ohne weiteres zu verwerten ist. Eine Zwangsvollstreckung in das Leasingobjekt ist während der Grundmietzeit faktisch unmöglich, weil die Pfändung an die Zustimmung des Leasingnehmers gebunden ist (§§ 808 f. ZPO). Auch eine Vollstreckung in den Rückgabeanspruch kann erst nach Ablauf der Grundmietzeit realisiert werden und setzt voraus, daß der Rückgabeanspruch nicht an eine Bank abgetreten wurde. Letzteres kann auch eine Vollstreckung in die Forderung verhindern.[392] In der Insolvenz hängt die Verwertbarkeit des Leasinggegenstands davon ab, ob der Leasingvertrag bestehen bleibt oder gekündigt wird.[393] Hinzu kommt, daß der Leasinggeber das Eigentum am Leasingobjekt häufig als Sicherheit an die refinanzierende Bank abtritt, so daß das Leasingobjekt dem Zugriff der Gläubiger entzogen ist. Diese Einschränkungen hinsicht-

---

391 Vgl. dazu Abschnitt 5.2.3.3.3.
392 Vgl. dazu Abschnitt 2.2.1.2.
393 Zu den entsprechenden Regeln vgl. Abschnitt 2.2.2.2.

lich der Verwertbarkeit erfordern zwingend einen *gesonderten Ausweis* sowohl des Restwertanspruchs als auch der Forderung für die Leasingraten.

Um die Kapitalgeber über die Höhe der in der abgelaufenen Periode erhaltenen Leasingraten zu informieren, ist der vereinnahmte Ertrag aus dem Leasinggeschäft in der Gewinn- und Verlustrechnung gesondert auszuweisen.

5.3.2.2.2 US-GAAP

Für die Rechnungslegung nach US-GAAP hat die Analyse der Gewinnermittlungsregeln zur Informationsvermittlung zu einem eindeutigen Ergebnis geführt: Zweckmäßig ist allein die „Capital Lease-Methode".

Auf die Vermittlung von Informationen über die *Höhe* und die *zeitliche Verteilung* der Cash Flows braucht an dieser Stelle nicht weiter eingegangen zu werden. Diese Fragen wurden im Zusammenhang mit den Gewinnermittlungsregeln (zur Informationsvermittlung) beantwortet;[394] darüber hinaus gelten die Aussagen der vorhergehenden Gliederungspunkte.

Die Vorschriften des SFAS 13 schreiben einen *gesonderten Ausweis* des Vermögenswerts aus einem Leasinggeschäft nicht explizit vor. Allerdings läßt sich den Beispielen in Anhang D zu SFAS 13 entnehmen, daß sowohl bei Capital Lease als auch bei Operating Lease der Vermögenswert als Leasingvermögen gekennzeichnet wird („net investment in direct financing and sales-type leases" bzw. „property on operating leases and property held for leases", vgl. SFAS 13 Appendix D Abs. 122). Dieser gesonderte Ausweis ist grundsätzlich zweckmäßig.

An welcher Stelle in der Bilanz dieser Ausweis erfolgen soll, wird in den Leasingregeln des FASB nicht geregelt. Für die Gliederung der Bilanz nach US-GAAP gilt grundsätzlich das gleiche wie für die Bilanz nach HGB: Zweckmäßig ist eine Unterscheidung zwischen verwertbarem und nicht verwertbarem Vermögen.

Darüber hinaus sehen die Vorschriften des SFAS 13 vor, daß bei der Aktivierung einer Forderung eine Aufspaltung des Betrags in kurz- und langfristige Anteile vorzunehmen ist (SFAS 13 Abs. 17(b), SFAS 98 Abs. 22(i)). Die jeweiligen Beträge sind nach den für den Leasingnehmer beschriebenen Methoden zu berechnen. Da die Zahlungsfähigkeit des Leasinggebers nicht nur durch den Tilgungs- sondern auch durch den Zinsanteil beeinflußt wird, ist es zweckmäßig, die *gesamte* Leasingrate der folgenden Periode als kurzfristige Forderung zu kennzeichnen. Das gilt nur dann nicht, wenn der Leasinggeber das Leasingobjekt durch einen Kredit refinanziert, so daß die vom Leasingnehmer erhaltenen Zinsen gleichzeitig einen Mittelabfluß an die Bank darstellen. Dieser Mittelabfluß müßte aber durch einen entsprechenden Ausweis der Verbindlichkeit gegenüber der Bank gesondert ausgewiesen werden.

Auch für den Leasinggeber gilt, daß die Erträge aus dem Leasinggeschäft aufgrund ihrer Regelmäßigkeit in das *ordentliche* Ergebnis (Earnings) eingehen müssen.

5.3.3 Sonstige Informationsregeln

Zum Abschluß der Diskussion zweckmäßiger Bilanzierungsvorschriften für Leasingverträge bleibt noch zu klären, welche zusätzlichen Informationen in verbaler und/oder quantitativer Form außerhalb der Bilanz und der Gewinn- und Verlustrechnung zu vermitteln sind. Für den Jahresabschluß nach HGB bietet sich hierfür der Anhang an, welcher der Erläuterung der in der Bilanz sowie der Gewinn- und Verlustrechnung ausgewiesenen Positionen dient. In einem Jahresabschluß nach US-GAAP wird diese Aufgabe den „notes to financial statements" zugewiesen.

5.3.3.1 Leasingnehmer

5.3.3.1.1 HGB

Das HGB enthält in Bezug auf Leasinggeschäfte nur sehr allgemeine Angabepflichten für den Anhang. Diese gesetzlichen Angabepflichten unterscheiden zwischen Angaben zur Erläuterung der Bilanzposten, d.h. der Ansatz- und Bewertungsmethoden, sowie Angaben über nicht in der Bilanz ausgewiesene Leasinggeschäfte.

Im Anhang müssen nach § 284 Abs. 2 Nr. 1 HGB „die auf die Posten der Bilanz und der Gewinn- und Verlustrechnung angewandten Bilanzierungs- und Bewertungsmethoden angegeben werden". Nach h.M. müssen aufgrund dieser Vorschrift für Leasingverträge folgende Angaben gemacht werden:

- Erläuterung der Bewertung des Leasingobjekts;
- Erläuterung der Aufwandsverrechnung;
- Erläuterung der Bildung und Auflösung von Rechnungsabgrenzungsposten bei Mietvorauszahlungen.

Darüber hinaus ist der Gesamtbetrag der in der Bilanz ausgewiesenen Verbindlichkeiten mit einer Restlaufzeit von mehr als fünf Jahren im Anhang für jeden Posten der Verbindlichkeiten gesondert anzugeben (§ 285 Nr. 1a), Nr. 2 HGB).

---

[394] Vgl. Abschnitt 5.2.3.3.2.1.

Für nicht in der Bilanz ausgewiesene Leasinggeschäfte ist nach § 285 Nr. 3 HGB „der Gesamtbetrag der sonstigen finanziellen Verpflichtungen, die nicht in der Bilanz erscheinen und auch nicht nach § 251 anzugeben sind", im Anhang anzugeben, „sofern diese Angabe für die Beurteilung der Finanzlage von Bedeutung ist".[395]

Nach dem in dieser Arbeit vorgeschlagenen Lösungsansatz kann es keine Leasinggeschäfte mehr geben, die sich nicht in der Bilanz niederschlagen. Folglich muß bei den Informationsregeln in dieser Hinsicht nicht differenziert werden. Die bisherige Analyse hat gezeigt, daß durch die Bilanz und Gewinn- und Verlustrechnung nach HGB nur ansatzweise über Leasinggeschäfte informiert wird. An verschiedenen Stellen wurde gezeigt, daß die in der Bilanz ausgewiesenen Werte nur durch zusätzliche Erläuterungen informativ werden. Zum Beispiel läßt sich die zeitliche Verteilung der Leasingraten nicht der Bilanz entnehmen, so daß der Bilanzleser nicht abschätzen kann, wie hoch die finanzielle Belastung in den folgenden Perioden ist. Ebenso findet sich in der Bilanz keine Information über die mit dem Leasinggeschäft zusätzlich verbundenen Rechte und Pflichten. Insbesondere Optionsrechte schlagen sich in der Bilanz nicht nieder. Daß Optionsrechte die zukünftigen Zahlungsströme beeinflussen können, ist aber offensichtlich: Die Ausübung eines Optionsrechts erhöht nicht nur die Auszahlungen, sondern im Regelfall auch die Einzahlungen und kann außerdem zum Erwerb des vor allem für die Gläubiger wichtigen Verwertungsrechts führen.

Informationsregeln für den Anhang dienen folglich insbesondere dazu, die Kapitalgeber über die *zeitliche Verteilung* und die *(Un-)Sicherheit* der mit dem Leasinggeschäft verbundenen Zahlungen zu informieren. Für die Auszahlungen ist diese Anforderung unproblematisch, weil die Leasingraten und die sonstigen Auszahlungen bekannt sind. Die Information über zukünftige Einzahlungen hängt dagegen auch im Anhang von der (subjektiven) Schätzung des Bilanzierenden ab. Dieses Problem kann auf zwei Wegen gelöst werden: Erstens können die Rahmenbedingungen der Schätzung offengelegt werden, so daß der Bilanzleser eine Möglichkeit hat, die Glaubwürdigkeit der Prognose zu beurteilen. Zweitens können dem Bilanzleser Informationen vermittelt werden, die ihm eigene Prognosen erlauben. Letzteres erfordert z.B. eine Information über Art, Funktion und Einsatzbereich des Leasingobjektes, über Vertragslaufzeiten sowie über Kündigungsmöglichkeiten. Die mit einem Leasingvertrag über einen für eine kurze Zeit nutzbaren Computer verbundenen Einzahlungen werden sicherlich anders eingeschätzt als die Cash Flows aus einem langjährigen Leasingvertrag über ein Grundstück.[396] Auch die Höhe der Leasingraten kann zumindest Anhaltspunkte für eine Mindest-Einzahlungserwartung geben.

---

395 Kleine Kapitalgesellschaften sind gemäß § 288 HGB von diesen Angabepflichten befreit.

396 Vgl. *Hawkins/Wehle/Macey*, Objectives, S. 35.

Diese Informationen könnten in einer Art *„Leasingspiegel"* dargestellt werden, der eine Übersicht über die finanziellen Konsequenzen aller Leasingverträge gibt.[397] Dieser „Leasingspiegel" müßte (mindestens) folgende Angaben enthalten:

- *Leasingobjekte*, gegliedert nach *Art* (z.B. Mobilien, Immobilien) und *Funktion* (z.B. Produktionsmaschinen, Fahrzeuge; Verwaltungsgebäude, Produktionshalle). Zusätzlich ist die *geographische Lage* von Immobilien bzw. der *Einsatzort* von beweglichen Leasinggegenständen von Bedeutung;[398]

- *Leasingraten* für die einzelnen Jahre der Grundmietzeit. Bei sehr langen Grundmietzeiten ist auch denkbar, die Leasingraten in kurz-, mittel- und langfristig fällige Zahlungen einzuteilen;[399]

- *Options- und Andienungsrechte* unter Angabe des Zeitpunktes der möglichen Ausübung sowie der für diesen Fall vereinbarten Zahlungen. Zudem sind *sonstige Zahlungen*, die nach Ablauf der Grundmietzeit zu leisten sind, anzugeben, z.B. Schlußzahlungen, die im Rahmen von Teilamortisationsverträgen fällig werden.[400] Die Trennung zwischen diesen Zahlungen und den Leasingraten ist wichtig, weil die Fälligkeit dieser Zahlungen von einer weiteren Entscheidung des Leasingnehmers und/oder des Leasinggebers abhängt, so daß die Zahlungen mit einer anderen Wahrscheinlichkeit als die Leasingraten anfallen;[401]

- *sonstige Rechte und Verpflichtungen*, die im Zusammenhang mit dem Leasingvertrag stehen. Zu denken ist z.B. an Untermietverträge, Wartungs- und Instandhaltungsverpflichtungen wie auch an Einschränkungen, z.B. der Kreditlinien, die sich aufgrund der Leasingverträge ergeben.[402] Zweckmäßig wäre auch eine Information zu *Kündigungsmöglichkeiten und -fristen.*[403]

Abbildung 38 (S. 334) zeigt den möglichen Aufbau eines solchen Leasingspiegels.

---

397 Vgl. zu einem ähnlichen Vorschlag *Zises*, Disclosure, S. 44 f.
398 Diesen Vorschlag machen auch *Hawkins/Wehle/Macey*, Objectives, S. 35.
399 Vgl. dazu auch *AIMR*, Comment Letter, S. 4.
400 Vgl. *AIMR*, Comment Letter, S. 4.
401 Ähnlich auch *Hawkins/Wehle/Macey*, Objectives, S. 35.
402 Zu denken ist auch an die im Teilamortisationserlaß für Immobilien aufgezählten Pflichten des Leasingnehmers; vgl. dazu Abschnitt 4.1.2.1.6.
403 Zu den Kündigungsmöglichkeiten des Leasingnehmers vgl. *Bähr/Weigell*, Kündigung eines Leasingvertrags, S. 1634.

Leasing-objekt	Leasingraten								Zahlungen nach Ablauf der Grundmietzeit								Sonstige Rechte/Pflichten
	2001	2002	2003	2004	2004	2006	...	Σ	Kaufoptionen		Mietverlängerungsoptionen		Andienungsrechte		Sonstige		
									Preis	Datum	Miete	Datum	Preis	Datum	Betrag	Datum	
I. Immobilien																	
II. Mobilien																	

Abbildung 38: „Leasingspiegel" im Anhang des Leasingnehmers

Vergleicht man diese Aufstellung mit den nach HGB vorgeschriebenen Angaben über Leasingverträge, wird die Lückenhaftigkeit der HGB-Vorschriften offensichtlich. So fehlen insbesondere Angaben zu Optionsrechten und sonstigen Zahlungsverpflichtungen, die nicht mit Sicherheit feststehen und daher nicht zu den Verbindlichkeiten gehören. Über sonstige Rechte und Pflichten wird ebenfalls nicht informiert. Auch eine Einschätzung der mit den Leasinggegenständen erzielbaren Einzahlungen ist kaum möglich, weil Art und Funktion der Leasingobjekte nicht beschrieben werden.[404]

Darüber hinaus stellt sich die Frage, inwieweit die in der Bilanz und der Gewinn- und Verlustrechnung ausgewiesenen Positionen erläuterungsbedürftig sind. Grundsätzlich ist davon auszugehen, daß der Bilanzleser die Gewinnermittlungsregeln kennt, d.h. er weiß z.B., daß der Leasingaufwand mindestens der Höhe der für die entsprechende Periode gezahlten Leasingrate entspricht. Bestehen innerhalb dieser Gewinnermittlungsregeln keine Wahlrechte und Ermessensspielräume, sind zusätzliche Erläuterungen nicht mehr erforderlich. Steht z.B. fest, daß

- das Leasingobjekt und die Verbindlichkeit immer mit dem Barwert der Leasingraten bewertet werden,
- Zinsen und Abschreibungen so bemessen werden, daß der Aufwand grundsätzlich der Höhe der für die betreffende Periode gezahlten Leasingrate entspricht und
- Optionsrechte bis zu ihrer Ausübung bilanziell nicht berücksichtigt werden,

kann der Bilanzleser die in der Bilanz sowie Gewinn- und Verlustrechnung ausgewiesenen Werte unter Zuhilfenahme der Angaben im Leasingspiegel nachvollziehen. Zusätzliche Erläuterungen sind allerdings bei außergewöhnlichen, d.h. einmaligen oder seltenen Ereignissen, erforderlich, die zu außerplanmäßigen Abschreibungen führen. Damit sind in erster Linie solche Ereignisse angesprochen, die zur Einschränkung der Nutzung oder zum Verlust des Leasingobjektes führen, weil bei Finanzierungsleasing dadurch die Einzahlungen, aber nicht die Leasingraten entfallen.

---

[404] In den Geschäftsberichten von nach HGB bilanzierenden Unternehmen beschränken sich die Angaben zu Leasinggeschäften im Anhang i.d.R. auf folgende:
- Verpflichtungen aus langfristigen Miet- und Leasingverträgen insgesamt, davon im Folgejahr, im zweiten bis fünften Jahr, nach fünften Jahren zu leisten;
- Leasingverbindlichkeiten als Bestandteil der Position „Sonstige Verbindlichkeiten";
- Zinsen aus Leasingverträgen als Bestandteil des Zinsergebnisses.

Vgl. z.B. *BASF AG*, Geschäftsbericht 1999, S. 81; *Fresenius AG*, Geschäftsbericht 1999, S. 77; *Linde AG*, Geschäftsbericht 1999, S. 69; *Metro AG*, Geschäftsbericht 1999, S. 71; *Siemens AG*, Geschäftsbericht 1999, S. 76, 90; *VEBA AG*, Geschäftsbericht 1999, S. 104.

5.3.3.1.2 US-GAAP

Im Gegensatz zum deutschen Gesetzgeber schreibt das FASB in SFAS 13 detaillierte Angabepflichten für den Anhang vor (SFAS 13 Abs. 16).[405] Abgesehen von der Trennung zwischen Operating und Capital Lease, die im Rahmen dieser Arbeit als unzweckmäßig abgelehnt wurde, entsprechen die dort geforderten Angaben in wesentlichen Teilen den im vorhergehenden Gliederungspunkt als erforderlich angesehenen.[406]

Bei der Analyse der Gewinnermittlungsregeln nach US-GAAP wurde an verschiedenen Stellen auf die Notwendigkeit zusätzlicher Informationsregeln hingewiesen. Danach sind zur Erläuterung der Gewinnermittlungsregeln folgende Informationsregeln erforderlich:

- Der Bilanzleser muß den Zeitraum kennen, über den die Leasingraten verteilt werden.[407] Diese Information läßt sich der Angabe der Leasingraten für die einzelnen Jahre im Leasingspiegel entnehmen.
- Abgrenzungsposten, die gebildet werden, um gleichzeitig einen informativen Gewinn und informative Bilanzposten auszuweisen, bedürfen einer weiteren Erläuterung.[408] Diese müßte zusätzlich zu den Angaben im Leasingspiegel erfolgen.
- „Gewinnsprünge" bei der Ausübung bzw. Nicht-Ausübung eines Optionsrechts sind zu erläutern, sofern der entsprechende Aufwand bzw. Ertrag nicht als außerordentliche Position in der Gewinn- und Verlustrechnung ausgewiesen wird.

5.3.3.2 Leasinggeber

5.3.3.2.1 HGB

Für den Leasinggeber führen die allgemeinen Angabepflichten zu noch geringeren Angaben als beim Leasingnehmer. Letztlich beschränken sich diese Pflichten auf die Erläuterung der Bilanzierungs- und Bewertungsmethoden (§ 284 Abs. 2 Nr. 1 und 3 HGB).[409]

Um die Kapitalgeber des Leasinggebers über die *zeitliche Verteilung* und die *(Un-)Sicherheit* der mit dem Leasinggeschäft verbundenen Cash Flows zu informieren, ist auch beim

---

405 Vgl. dazu Abbildung 26.

406 In der Praxis ist die Berichterstattung über Leasinggeschäfte bei Unternehmen, die nach US-GAAP bilanzieren, nicht besser als bei nach HGB bilanzierenden Unternehmen. In Anhängen nach US-GAAP finden sich insbesondere folgende Angaben:
- zukünftige Mindestzahlungen für Capital Lease-Verträge für die folgenden fünf Jahre und später (Summe und Barwert);
- maximale Laufzeiten der Leasingverträge;
- Haupt-Leasingobjekte („...hauptsächlich Bürogebäude").

Vgl. z.B. *EPCOS AG*, Geschäftsbericht 1999, S. 74 f.; *Telekom AG*, Geschäftsbericht 1999, S. 108 (wörtliches Zitat); *ThyssenKrupp*, Geschäftsbericht 1998/99, S. 75.

407 Vgl. Abschnitt 5.2.2.3.1.1.

408 Vgl. Abschnitt 5.2.2.3.3.

Leasinggeber die Vermittlung entsprechender Informationen im Anhang, z.B. in der Form eines *Leasingspiegels*, erforderlich. Beim Leasinggeber sind Angaben zu den zukünftigen Einzahlungen weitgehend problemlos möglich, weil die Leasingraten mit hoher Wahrscheinlichkeit zufließen werden. Aber auch die Auszahlungen stehen weitgehend fest, denn sie bestimmen sich im wesentlichen durch die Anschaffungs-/Herstellungskosten des Leasinggegenstands und die damit zusammenhängenden Finanzierungskosten sowie durch die im Zusammenhang mit der Abwicklung des Leasingvertrags anfallenden Ausgaben.

Der im Anhang des Leasinggebers aufzustellende Leasingspiegel müßte daher (mindestens) folgende Angaben enthalten:

- *Leasingobjekte*, gegliedert nach *Art* und *Funktion*. Diese Angabe ist für die Kapitalgeber interessant, weil sie Aufschluß über die (möglicherweise) verwertbaren Vermögensgegenstände gibt, an denen der Leasinggeber das rechtliche Eigentum hat;
- *Leasingraten* für die einzelnen Jahre der Grundmietzeit;
- *Options- und Andienungsrechte* unter Angabe des möglichen Ausübungszeitpunktes sowie *sonstige Zahlungen*, die nach Ablauf der Grundmietzeit (möglicherweise) anfallen;
- *Auszahlungen*, die im Zusammenhang mit dem Leasinggeschäft anfallen, d.h. Anschaffungs-/Herstellungskosten des Leasinggegenstands bzw. Zins- und Tilgungszahlungen bei Fremdfinanzierung des Objektes, Verwaltungs- und Vertriebskosten, die durch das Leasinggeschäft verursacht sind, sowie sonstige Auszahlungen;
- *sonstige Rechte und Verpflichtungen*, die im Zusammenhang mit dem Leasingvertrag stehen, z.B. Wartungs- und Instandhaltungspflichten oder Kreditsicherheiten, mit denen das Leasingobjekt belastet ist (z.B. bei Sicherungsübereignung an die refinanzierende Bank). Auch ein Hinweis auf die *Höhe der forfaitierten Leasingraten* erscheint zweckmäßig, da diese Transaktion den Zeitpunkt und die Eintrittswahrscheinlichkeit der Einzahlungen ändert. Für die Kapitalgeber ebenso interessant ist die Information über *Kündigungsmöglichkeiten und -fristen*.

Abbildung 39 (S. 338 f.) stellt den möglichen Aufbau eines Leasingspiegels für den Anhang des Leasinggebers dar.

[409] Vgl. auch *Gelhausen/Gelhausen*, Bilanzierung von Leasingverträgen, Rn. 127.

Leasingobjekt	Leasingraten								Zahlungen nach Ablauf der Grundmietzeit							
	2001	2002	2003	2004	2004	2006	...	Σ	Kaufoptionen		Mietverlängerungsoptionen		Andienungsrechte		Sonstige	
									Preis	Datum	Miete	Datum	Preis	Datum	Betrag	Datum
I. Immobilien																
II. Mobilien																

Leasing-objekt	Anschaffungs-/Herstellungskosten des Leasing-objektes bzw. Tilgung und Zinsen								sonstige Auszahlungen								Sonstige Rechte/Pflichten
									Verwaltungs- und Vertriebskosten				Sonstige				
	2001	2002	2003	2004	2004	2006	...	Σ	2001	2002	...	Σ	2001	2002	...	Σ	
I. Immobilien																	
II. Mobilien																	

Abbildung 39: „Leasingspiegel" im Anhang des Leasinggebers

Diese Angaben sind in einem nach den geltenden HGB-Vorschriften aufgestellten Anhang zu großen Teilen nicht enthalten. Angegeben werden lediglich – im Rahmen der Erläuterung der Bewertungsmethoden – die Anschaffungs-/Herstellungskosten des Leasinggegenstands, die aber alleine keine aussagefähige Größe darstellen. Ebenso wie beim Leasingnehmer fehlen Angaben über Zahlungen, die erst nach Ablauf der Grundmietzeit feststehen.

Im Hinblick auf die Erläuterung der in der Bilanz angesetzten Positionen ist auch für den Leasinggeber davon auszugehen, daß der Bilanzleser die entsprechenden Ansatz- und Bewertungsmethoden kennt. Er weiß z.B., daß

- der Gewinn aus dem Leasinggeschäft bei Vertragsabschluß realisiert wird;
- die Aktivposten mit dem Barwert der Leasingraten bzw. dem Restwert des Leasingobjektes am Ende der Grundmietzeit bewertet werden und
- Optionsrechte bis zu ihrer Ausübung bilanziell nicht berücksichtigt werden.

Anlaß für zusätzliche Erläuterungen ist dann gegeben, wenn Ereignisse eintreten, die Abweichungen von diesen Bilanzierungsmethoden erforderlich machen. Damit sind insbesondere Ereignisse gemeint, die zum Ausfall der Einzahlungen oder zur Erhöhung der Auszahlungen führen.

5.3.3.2.2 US-GAAP

Auch für den Anhang des Leasinggebers gilt, daß die nach SFAS 13 vorgeschriebenen Angabepflichten[410] in weitaus größerem Maße den Anforderungen an entscheidungsrelevante Informationen über Leasinggeschäfte entsprechen als die deutschen Vorschriften. Geht man davon aus, daß die in SFAS 13 Abs. 23(c) geforderte allgemeine Beschreibung der Leasingverträge die oben erwähnten sonstigen Rechte und Verpflichtungen einschließt, führen diese Vorschriften im wesentlichen zur Aufstellung des im vorherigen Gliederungspunkt erläuterten Leasingspiegels. Lediglich eine detailliertere Darstellung der mit dem Geschäft verbundenen Auszahlungen wäre zu fordern.

Um den Informationsgehalt der in der Bilanz des Leasinggebers ausgewiesenen Posten zu erhöhen, sind folgende Angaben erforderlich:

- Der Bilanzleser muß den Zeitraum kennen, über den die Leasingraten ertragswirksam verrechnet werden.[411] Diese Angabe läßt sich dem Leasingspiegel entnehmen.

410 Vgl. dazu Abbildung 27.
411 Vgl. Abschnitt 5.2.3.3.1.1.

- Abgrenzungsposten, die gebildet werden, um gleichzeitig einen informativen Gewinn und informative Bilanzposten auszuweisen, bedürfen der Erläuterung.[412] Diese müßte zusätzlich zu den Angaben im Leasingspiegel erfolgen.
- „Gewinnsprünge" bei der Ausübung bzw. Nicht-Ausübung eines Optionsrechts sind zu erläutern, sofern der entsprechende Aufwand bzw. Ertrag nicht als außerordentliche Position in der Gewinn- und Verlustrechnung ausgewiesen wird.

5.3.4 Ergebnis: Informationsregeln für Leasinggeschäfte

Die Analyse der Informationsregeln für Leasingverträge zeigt, daß durch Informationsinstrumente wie den Anhang wesentlich einfacher für die Kapitalgeber entscheidungsrelevante Informationen vermittelt werden können als durch Gewinnermittlungsregeln. Letztlich enthalten die Bilanz sowie die Gewinn- und Verlustrechnung keine Informationen, die nicht auch oder *sogar besser* im Anhang dargestellt werden könnten. Damit bestätigt sich das Ergebnis des dritten Kapitels: Gewinnermittlungsregeln sind für die Vermittlung entscheidungsnützlicher Informationen wenig geeignet.

Durch Angaben im Anhang ist es insbesondere möglich, die *Zuverlässigkeit* und die *Glaubwürdigkeit* der Informationen zu erhöhen. Das gilt vor allem für die Vermittlung *zukunftsorientierter* Informationen. Ganz ausschließen lassen sich Manipulations- und Ermessensspielräume zwar auch im Anhang nicht. Der Zwang zur Offenlegung des „Prognoserahmens" führt aber gegenüber der Bilanz zum einen zu einer deutlichen Verbesserung der Nachprüfbarkeit. Zum anderen kann die Offenlegungspflicht dazu führen, daß das *bewußte* Ausnutzen von Ermessensspielräumen unterbleibt, weil die Aufdeckung des Fehlverhaltens zu befürchten ist („Schutz ex ante"). Im Hinblick auf die Tatsache, daß Prognoseprobleme immer bestehen werden, solange der Mensch nicht in die Zukunft schauen kann, ist die Informationsvermittlung im Anhang eindeutig die vorzuziehende Alternative.

5.4 Zur Übertragbarkeit der Ergebnisse auf andere Rechtsgeschäfte

Bei der Diskussion um die Bilanzierung von Leasinggeschäften stehen zwei grundlegende Prinzipien der Rechnungslegung im Mittelpunkt: zum einen die Zurechnung von Vermögensgegenständen nach dem Kriterium des *wirtschaftlichen Eigentums*, zum anderen der Grundsatz der *Nicht-Bilanzierung schwebender Geschäfte*, solange davon auszugehen ist, daß sich Leistung und Gegenleistung mindestens entsprechen. Diese Prinzipien spielen nicht nur bei der Bilanzierung von Leasingverträgen eine Rolle, sondern sind auch für andere

---

[412] Vgl. Abschnitt 5.2.3.3.3.

Rechtsgeschäfte von Bedeutung. Zu fragen ist daher, ob die Ergebnisse dieses Kapitels auf andere Rechtsgeschäfte übertragen werden können.

Das *wirtschaftliche Eigentum* ist insbesondere bei der Zurechnung von Vermögensgegenständen relevant, die Bestandteil von Kreditsicherheiten sind. Weitere Anwendungsfälle sind Kommissionsgeschäfte, Treuhandverhältnisse und Pensionsgeschäfte. Abbildung 40 faßt die wichtigsten Regelungen zusammen:[413]

Sachverhalt	juristischer Eigentümer	wirtschaftlicher Eigentümer
Kauf unter Eigentumsvorbehalt	Verkäufer	Käufer
Sicherungsübereignung	Sicherungsnehmer	Sicherungsgeber
Pfandrecht	Pfandgeber	Pfandgeber
echtes Pensionsgeschäft[414]	Pensionsgeber	Pensionsgeber
unechtes Pensionsgeschäft	Pensionsgeber	Pensionsnehmer
fiduziarische Treuhandschaft	Treuhänder	Treugeber
Einkaufskommission	Kommissionär	Kommitent
Verkaufskommission	Kommitent	Kommitent
Bauten auf fremden Grundstücken	Vermieter/Verpächter	Mieter/Pächter

Abbildung 40: Anwendungsfälle des wirtschaftlichen Eigentums

Quelle: In Anlehnung an *ADS*, § 246, Tz. 267 ff.; *Kußmaul*, Bilanzierungsfähigkeit, Rn. 398; *Streim*, § 240, Rz. 36.

Für die Bilanzierung dieser Sachverhalte gilt zunächst das gleiche wie für Leasinggeschäfte: Die Zurechnung des Vermögensgegenstands hat zumindest beim erstmaligen Ansatz keine Auswirkung auf den Gewinn; die erstmalige Verbuchung ist immer erfolgsneutral. Die Zahlungen werden in keinem Fall sofort als Aufwand bzw. Ertrag verrechnet, sondern es erfolgt immer eine Verteilung über die Perioden der Nutzung. In den Folgeperioden kann die Gewinnwirkung zwar je nach Zurechnung des Vermögensgegenstands verschieden sein. Dabei handelt es sich aber nur um eine unterschiedliche zeitliche Verteilung des in der Summe gleich hohen Aufwands bzw. Ertrags. Zudem läßt sich jeder gewünschte Aufwands-/Ertragsverlauf mit jeder Bilanzierungsmethode erzeugen. Auf die Gewinnermittlung hat das wirtschaftliche Eigentum folglich auch in diesen Fällen keinen entscheidenden Einfluß.

Letztlich ist das wirtschaftliche Eigentum nicht nur für Leasinggeschäfte, sondern auch für andere Anwendungsfälle *als Zurechnungsregel überflüssig*, wenn die Bilanzierungsregeln

413 Vgl. dazu auch *Stobbe*, Maßgeblichkeitsgrundsatz, S. 519 f.
414 Zur bilanziellen Behandlung von Pensionsgeschäften vgl. auch *Stobbe*, Maßgeblichkeitsgrundsatz, S. 522 ff.

aus den für die Ausschüttungsbemessung bzw. Informationsvermittlung zweckmäßigen *Ansatzkriterien* abgeleitet und um geeignete Informationsregeln ergänzt werden.[415] Danach würde z.B. beim Eigentumsvorbehalt der Verkäufer seinen Zahlungsanspruch als Forderung im verwertbaren Vermögen, der Käufer den gekauften Vermögensgegenstand im nicht verwertbaren Anlagevermögen bilanzieren, weil bei beiden ein Einzahlungspotential vorliegt.

Ein wesentlicher Kritikpunkt am Vorschlag der G4+1, für alle Leasingverträge Vermögenswerte und Schulden zu bilanzieren, ist die sich daraus ergebende Konsequenz, für *alle schwebenden Geschäfte* Vermögenswerte und Schulden anzusetzen.[416] Die G4+1 umgehen dieses Problem mit der Argumentation, daß der Schwebezustand von Leasinggeschäften beendet sei, wenn der Leasinggeber das Leasingobjekt an den Leasingnehmer übergeben hat. Zu diesem Zeitpunkt hat der Leasinggeber nach Ansicht der G4+1 seine Verpflichtungen aus dem Leasingvertrag im wesentlichen erfüllt.[417] Folgt man dieser Meinung, sind Leasinggeschäfte keine schwebenden Geschäfte, so daß die im Position Paper vorgeschlagenen Regelungen nicht auf solche übertragbar sind bzw. sich die Frage der Übertragbarkeit nicht stellt.[418]

Der für die Bilanzierung entscheidende Unterschied zwischen Leasinggeschäften und schwebenden Geschäften wird von den G4+1 folgendermaßen erläutert: Bei schwebenden Geschäften haben zwar beide Vertragspartner während der Vertragsdauer Ansprüche und Verpflichtungen, diese sind aber *bedingt* („conditional").[419] Bei Leasinggeschäften hat der Leasingnehmer dagegen eine *unbedingte* Verpflichtung zur Zahlung der Leasingraten, sobald der Leasinggeber ihm den Gegenstand übergeben hat.[420] Für die G4+1 folgt aus der „Bedingtheit" der Ansprüche und Verpflichtungen bei schwebenden Geschäften, daß die Voraussetzungen für den Ansatz von Vermögenswerten und Schulden nicht erfüllt sind.[421]

Diese Argumentation ist allerdings wenig überzeugend. Schwebende Geschäfte beinhalten grundsätzlich für beide Vertragspartner sowohl Einzahlungs- als auch Auszahlungspotentiale. Eine Nicht-Bilanzierung dieser Sachverhalte mit dem Argument, daß sich Ansprüche und Verpflichtungen mindestens in gleicher Höhe gegenüberstehen, läßt sich nur dann rechtfertigen, wenn ausschließlich die *Gewinnhöhe* von Interesse ist. Sollen Informationen durch die einzelnen *Bilanzposten* vermittelt werden, ist eine Nicht-Bilanzierung der

415 Zu einem ähnlichen Ergebnis kommt *Bieg*, Schwebende Geschäfte, S. 244 f., der von einem „betriebsfunktionellen Vermögensbegriff" spricht.
416 Vgl. zu dieser Kritik Abschnitt 5.2.2.1.2.
417 Vgl. *IASC*, Position Paper, Abs. 2.38.
418 Vgl. *IASC*, Position Paper, Abs. 2A.
419 Vgl. *IASC*, Position Paper, Abs. 2.27.
420 Vgl. *IASC*, Position Paper, Abs. 2.15 f.

Positionen unzweckmäßig. Das Risiko bzw. die „Bedingtheit“ der Zahlungen muß entweder durch die Bewertung der Positionen oder durch Informationsregeln berücksichtigt werden.

Die in dieser Arbeit entwickelte Lösung für Leasinggeschäfte läßt sich folglich auf schwebende Geschäfte im allgemeinen übertragen. In einer Bilanz, die ausschließlich der Vermittlung entscheidungsnützlicher Informationen dient, müssen alle Zahlungspotentiale aus schwebenden Geschäften auf der Aktiv- und Passivseite berücksichtigt werden.[422] Dient die Bilanz nur der Ausschüttungsbemessung, kann ein Ansatz dieser Positionen unterbleiben, wenn sie die gleiche Höhe aufweisen.

421 „While a contract is executory, the rights and obligations arising for a purchaser may reasonably be viewed not as the right to receive the goods in the future and an obligation to pay for them (that is, they do not give rise to separately recognisable assets and liabilities).“ *IASC*, Position Paper, Abs. 2.27.

422 Diesen Vorschlag macht auch die *AIMR*; vgl. *AIMR*, Financial Reporting, S. 49 f.

Sechstes Kapitel

6 Schlußbemerkung

Ziel der vorliegenden Arbeit war es, im Rahmen einer ökonomischen Analyse herauszufinden, ob die Vorschriften zur Bilanzierung von Leasingverträgen nach deutschem Handelsrecht sowie nach US-GAAP dazu geeignet sind, einen Beitrag zur Erfüllung des Rechnungslegungszwecks zu leisten. Falls diese Frage zu verneinen ist, sollten zweckmäßige Regeln abgeleitet werden.

Eine solche Analyse erforderte zunächst die Konkretisierung des *Rechnungslegungszwecks*. Es wurde festgestellt, daß die Rechnungslegung dem Schutz der Kapitalgeber vor dem Verlust ihres Kapitals dient, der aufgrund von drei Arten von Risiken droht: aufgrund des allgemeinen Unternehmensrisikos, aufgrund von Unfähigkeit des Managements sowie aufgrund von absichtlichem Fehlverhalten des Managements (Agency-Risiken). Rechnungslegung ist erforderlich, um durch diesen Individualschutz die Funktionsfähigkeit des Kapitalmarktes zu sichern und damit Wohlfahrtssteigerungen zu ermöglichen (Funktionenschutz).

Diese Aufgabe kann die Rechnungslegung auf (mindestens) *drei Wegen* erfüllen: Im deutschen handelsrechtlichen Jahresabschluß wird ein Gewinn ermittelt, der als Ausschüttungsbemessungsgrundlage dient, während der nach US-GAAP ermittelte Gewinn entscheidungsnützliche Informationen vermitteln soll. Zusätzliche Informationen werden in beiden Rechnungslegungssystemen durch Informationsregeln vermittelt.

Für Leasinggeschäfte sind die Gewinnermittlungs- und Informationsregeln in den beiden Systemen unterschiedlich detailliert formuliert. Während im HGB explizite Vorschriften zur Bilanzierung von Leasingverträgen vollständig fehlen, so daß die Praxis auf die steuerrechtlichen Leasingerlasse zurückgreifen muß, sind die US-GAAP für Leasing so detailliert, daß die Übersicht leicht verloren gehen kann.

Die *Zweckmäßigkeit* dieser Regeln ist differenziert zu beurteilen. Das wichtigste Ergebnis sowohl für die Gewinnermittlung zur Ausschüttungsbemessung als auch zur Informationsvermittlung ist die *Überflüssigkeit des wirtschaftlichen Eigentums* als Zurechnungskriterium, dessen Definition und Interpretation in der Literatur breiten Raum einnimmt. Allerdings wurde auch festgestellt, daß über dieses Kriterium zwar viel diskutiert wird, der Einfluß, den Leasinggeschäfte auf den Gewinn haben, von der Zurechnung des Leasingobjektes aber nur marginal abhängt. So kommt es insbesondere in keinem Fall zu einer sofortigen Aufwandsverrechnung der Leasingraten beim Leasingnehmer bzw. zu einer sofortigen (vollständigen) Gewinnrealisation beim Leasinggeber.

Festzuhalten ist auch, daß der (Sub-)Zweck der Vermittlung von entscheidungsrelevanten Informationen zwingend den *Ansatz von Vermögensgegenständen (-werten) und/oder Schulden* aus Leasinggeschäften sowohl beim Leasinggeber als auch beim Leasingnehmer erfordert. Dieser Ansatz darf nicht mit dem Argument unterbleiben, daß auf der Aktiv- und der Passivseite Posten in gleicher Höhe ausgewiesen werden. Dieses Argument ist nur für eine Bilanz, die der Ausschüttungsbemessung dient, zulässig. In einer solchen Bilanz ist der Ansatz von Aktiv- und Passivposten in gleicher Höhe zwar nicht erforderlich, aber grundsätzlich möglich und dann geboten, wenn die Bilanz gleichzeitig Informationen vermitteln soll.

Als weiteres Ergebnis zeigt die Zweckmäßigkeitsanalyse, daß die Gewinnermittlungsregeln für Leasinggeschäfte im Hinblick auf den (Sub-)Zweck der Ausschüttungsbemessung *anders* aussehen müssen als für den (Sub-)Zweck der Informationsvermittlung. Das gilt insbesondere für die Ermittlung einer „informativen" und gleichzeitig ausschüttungsfähigen *Gewinngröße*. Allerdings ist es prinzipiell möglich, in einer Bilanz, die der Ausschüttungsbemessung dient, Informationen durch die einzelnen *Bilanzpositionen* zu vermitteln. Insofern kann – wenn auch mit größeren Einschränkungen – der Bilanz nach HGB speziell für Leasinggeschäfte ein gewisser Informationsgehalt zugesprochen werden.

Das Problem der Vermittlung von entscheidungsnützlichen Informationen durch die Rechnungslegung läßt sich weitgehend durch *Informationsregeln* lösen. Am Beispiel des Leasing wurde gezeigt, wie im Anhang die für die Kapitalgeber relevanten Informationen vermittelt werden können. Dabei wurde deutlich, daß die im Zusammenhang mit dem wirtschaftlichen Eigentum diskutierten Kriterien, insbesondere das Verwertungsrecht bzw. die Zugehörigkeit des Vermögensgegenstands zum Schuldendeckungspotential, für die Gliederung der Bilanz und den Ausweis der Positionen von hoher Bedeutung sind. Das Kriterium des wirtschaftlichen Eigentums wird damit zur Informationsregel.

Stellt man abschließend die Frage, welche Folgen die Übernahme der US-GAAP (oder der IAS) in das deutsche Bilanzrecht unter Beibehaltung der gesellschaftsrechtlichen Ausschüttungsregeln hätte, kommt man zu folgenden Ergebnissen:

- Wären die Bilanzierungsregeln des FASB so konzipiert, daß sie den (Sub-)Zweck der Vermittlung entscheidungsrelevanter Informationen erfüllen, wäre eine Übernahme in das deutsche Bilanzrecht unzweckmäßig, weil für den (Sub-)Zweck der Ausschüttungsbemessung andere Regeln erforderlich sind.

- Die tatsächliche Formulierung der US-GAAP weicht aber von den für eine zweckmäßige Informationsvermittlung erforderlichen Regeln z.T. in der Weise ab, daß sie die Anforderungen an Regeln erfüllen, die für die Ausschüttungsbemessung zweckmäßig sind. Eine Übernahme der US-GAAP muß für die Ausschüttungsbemessung folglich nicht zwangsläufig unzweckmäßig sein; Übereinstimmungen wären allerdings zufällig.
- Umgekehrt gilt aber auch, daß die deutschen Regeln den (Sub-)Zweck der Ausschüttungsbemessung nicht immer erfüllen, sondern z.T. so formuliert sind, daß sie zur Ermittlung eines informativen Gewinns bzw. zum Ansatz informativer Bilanzpositionen führen. So gesehen ist eine Übernahme scheinbar informativerer Bilanzierungsvorschriften nicht unbedingt erforderlich.

Anhang

Statements of Financial Accounting Standards		
SFAS...		**...ersetzt, ergänzt, ändert...**
SFAS 13	Accounting for Leases	APB 5; APB 7; APB 18 Abs. 15, Fußnote 5; APB 27; APB 31[1]
SFAS 17	*Accounting for Leases: Initial Direct Costs*	*SFAS 13 Abs. 5(m)*
SFAS 22	Changes in the Provisions of Lease Agreements Resulting from Refundings of Tax-Exempt Debt	SFAS 13 Abs. 14, 17(f)
SFAS 23	Inception of the Lease	SFAS 13 Abs. 5(b), 8(b), 10, 17(a), 18(a), 26(a)(i), 43(c)
SFAS 26	*Profit Recognition on Sales-Type Leases of Real Estate*	*SFAS 13 Abs. 8*
SFAS 27	Classification of Renewals or Extensions of Existing Sales-Type or Direct Financing Leases	SFAS 13 Abs. 6(b)(i), 6(b)(ii), 7(f)(ii)
SFAS 28	Accounting for Sales with Leasebacks	SFAS 13 Abs. 32, 33
SFAS 29	Determining Contingent Rentals	SFAS 13 Abs. 5, 5(j)(i), 12, 16(a)(iv), 17(b), 18(b), Fußnote 13
SFAS 91	Accounting for Nonrefundable Fees and Costs Associated with Originating or Acquiring Loans and Initial Direct Costs of Leases	SFAS 13 Abs. 5(m), 18(a), 18(b), 23(a)(i), 23(a)(iii); SFAS 17[2]
SFAS 98	Accounting for Leases: • Sale-Leaseback Transactions Involving Real Estate • Sales-Type Leases of Real Estate • Definition of the Lease Term • Initial Direct Costs of Direct Financing Leases	SFAS 13 Abs. 5, 5(f), 6(b)(i), 6(b)(iv), 7(a), 8, 8(a), 17(a), 18(a), 18(b), 19, 25, 26(a), 26(a)(ii), 26(b)(i)(b), 26(b)(ii)(b); SFAS 26; SFAS 29 Abs. 13; SFAS 91 Abs. 25(a)-25(c)[3]

[1] Bis zur Veröffentlichung von SFAS 13 war die Bilanzierung von Leasingverträgen in verschiedenen Opinions des APB geregelt, die durch SFAS 13 vollständig ersetzt wurden.

[2] Darüber hinaus ändert SFAS 91 Teile von SFAS 60 und 65, die aber nicht in unmittelbarem Zusammenhang mit der Bilanzierung von Leasing stehen.

[3] SFAS 98 hebt weiterhin zwei Absätze von SFAS 66 auf.

FASB Interpretations	
FIN 19	Lessee Guarantee of the Residual Value of Leased Property
FIN 21	Accounting for Leases in a Business Combination
FIN 23	Leases of Certain Property Owned by a Governmental Unit or Authority
FIN 24	Leases Involving Only Part of a Building
FIN 26	Accounting for Purchase of a Leased Asset by the Lessee during the Term of the Lease
FIN 27	Accounting for a Loss on a Sublease
FASB Technical Bulletins	
FTB 79-10	Fiscal Funding Clauses in Lease Agreements
FTB 79-11	*Effect of a Penalty on the Term of a Lease*
FTB 79-12	Interest Rate Used in Calculating the Present Value of Minimum Lease Payments
FTB 79-13	Applicability of FASB Statement No. 13 to Current Value Financial Statements
FTB 79-14	Upward Adjustment of Guaranteed Residual Value
FTB 79-15	Accounting for Loss on a Sublease Not Involving the Disposal of a Segment
FTB 79-16	*Effect of a Change in Income Tax Rate on the Accounting for Leveraged Leases*
FTB 79-16 (Revised)	Effect of a Change in Income Tax Rate on the Accounting for Leveraged Leases[4]
FTB 79-17	Reporting Cumulative Effect Adjustment from Retroactive Application of FASB Statement No. 13
FTB 79-18	Transition Requirement of Certain FASB Amendments and Interpretations of FASB Statement No. 13
FTB 85-3	Accounting for Operating Leases with Scheduled Rent Increases
FTB 86-2	Accounting for an Interest in the Residual Value of a Leased Asset: • Acquired by a Third Party or • Retained by a Lessor That Sells the Related Minimum Rental Payments
FTB 88-1	Issues Relating to Accounting for Leases: • Time Pattern of the Physical Use of the Property in an Operating Lease • Lease Incentives in Operating Lease • Applicability of Leveraged Lease Accounting to Existing Assets of the Lessor • Money-Over-Money Lease Transactions • Wrap Lease Transactions

[4] FTB 79-16 (Revised) ersetzt FTB 79-16.

EITF Issues	
84-12	Operating Leases with Scheduled Rent Increases
84-37	Sale-Leaseback Transaction with Repurchase Option
85-16	Leveraged Leases: Real Estate Leases and Sale-Leaseback Transactions and Delayed Equity Contributions by Lessors
85-27	Recognition of Receipts from Made-Up Rental Shortfalls
85-32	Purchased Lease Residuals
86-17	Deferred Profit on Sale-Leaseback Transaction with Lessee-Guarantee of Residual Value
86-33	Tax Indemnifications in Lease Agreements
86-43	Effect of a Change in Tax Law or Rates of Leveraged Leases
86-44	Effect of a Change in Tax Law on Investments in Safe Harbor Leases
87-7	Sale of an Asset Subject to a Lease and Nonrecourse Financing: „Wrap Lease Transactions"
87-8	Tax Reform Act of 1986: Issues Related to the Alternative Minimum Tax
88-10	Costs Associated with Lease Modification or Termination
88-21	Accounting for the Sale of Property Subject to the Seller's Preexisting Lease
89-16	Consideration of Executory Costs in Sale-Leaseback Transactions
89-20	Accounting for Cross Border Benefit Leases
90-14	Unsecured Guarantee by Parent of Subsidiary's Lease Payments in a Sale-Leaseback Transaction
90-15	Impact of Nonsubstantive Lessors, Residual Value Guarantees, and Other Provisions in Leasing Transactions
90-20	Impact of an Uncollateralized Irrevocable Letter of Credit on a Real Estate Sale-Leaseback Transaction
92-1	Allocation of Residual Value or First-Loss Guarantee to Minimum Lease Payments in Leases Involving Land and Building(s)
93-8	Accounting for the Sale and Leaseback of an Asset That is Leased to Another Party
94-3	Liability Recognition for Certain Employee Termination Benefits and Other Costs to Exit an Activity (including Certain Costs Incurred in a Restructuring)
95-1	Revenue Recognition on Sales with a Guaranteed Minimum Resale Value
95-4	Revenue Recognition on Equipment Sold and Subsequently Repurchased Subjekt to an Operating Lease
95-6	Accounting by Real Estate Investment Trust for an Investment in a Service Corporation
95-17	Accounting for Modifications to an Operating Lease That Do Not Change the Lease Classification
96-21	Implementation Issues in Accounting for Leasing Transactions Involving Special-Purpose Entities

97-1	Implementation Issues in Accounting for Lease Transaction, including Those involving Special-Purpose Entities
97-10	The Effect of Lessee Involvement in Asset Construction
98-9	Accounting for Contingent Rent
99-13	Application of EITF Issue No. 97-10, "The Effect of Lessee Involvement in Asset Construction", and FASB Interpretation No. 23, "Leases of Certain Property Owned by a Governmental Unit or Authority", to Entities That Enter into Leases with Governmental Entities
00-11	Lessors' Evaluation of Whether Leases of Certain Integral Equipment Meet the Ownership Transfer Requirements of FASB Statement No. 13, "Accounting for Leases", for Leases of Real Estate
00-13	Determining Whether Equipment Is "Integral Equipment" Subject to FASB Statements No. 66 "Accounting for Sales of Real Estate", and No. 98 "Accounting for Leases"
01-12	The Impact of the Requirements of FASB Statement No, 133, "Accounting for Derivative Instruments and Hedging Activities", on Residual Value Guarantees in Connection with a Lease
EITF Topics	
D-8	Accruing Bad-Debt Expense at Inception of a Lease
D-14	Transactions involving Special-Purpose Entities
D-22	Questions Related to the Implementation of FASB Statement No. 105
D-24	Sale-Leaseback Transactions with Continuing Involvement

Abbildung 41: Für die Bilanzierung von Leasing relevante GAAP (Stand: Dezember 2001) (nicht mehr geltende GAAP sind kursiv gedruckt)

Literaturverzeichnis

Abdel-khalik, A. Rashad/Thompson, Robert/Taylor, Robert E. (Reporting Leases):
The Impact of Reporting Leases off the Balance Sheet on Bond Risk Premiums: Two Exploratory Studies, in: FASB (Hrsg.): Economic Consequences of financial accounting standards: selected papers, Stamford 1978, S. 103-157.

Adler/Düring/Schmaltz (ADS):
Rechnungslegung und Prüfung der Unternehmen. Kommentar zum HGB, AktG, GmbHG, PublG nach den Vorschriften des Bilanzrichtlinien-Gesetzes, Teilband 1: Vorbemerkungen zu §§ 252-256 HGB, §§ 252-263 HGB, 6. Aufl., Stuttgart 1995.

Adler/Düring/Schmaltz (ADS):
Rechnungslegung und Prüfung der Unternehmen. Kommentar zum HGB, AktG, GmbHG, PublG nach den Vorschriften des Bilanzrichtlinien-Gesetzes, Teilband 6: Vorbemerkungen zu §§ 238-241 HGB, §§ 238-251 HGB, 6. Aufl., Stuttgart 1998.

AICPA (Jenkins Report):
Improving Business Reporting – A Customer Focus (a.k.a. The Jenkins Report). Meeting the Information Needs of Investors and Creditors. Comprehensive Report of the Special Committee on Financial Reporting, o.O. 1994, http://www.aicpa.org/members/div/acctstd/ibr/index.htm, Stand: 09.08.2000.

AIMR (Financial Reporting):
Financial Reporting in the 1990s and Beyond, a position paper prepared by Peter H. Knutson, PhD, CPA, Charlottesville 1993.

AIMR (Comment Letter):
Comment Letter zum Proposed International Accounting Standard, *Leases*, E 56, http://www.aimr.org/professionalism/advocacy/97commltr/leases.html, Stand: 15.02.2001.

Akerlof, George A. (Market for „Lemons"):
The Market for „Lemons": Quality Uncertainty and the Market Mechanism, in: Quarterly Journal of Economics 1970, S. 488-500.

ALBIS Leasing AG (Geschäftsbericht 1999):
Geschäftsbericht 1999.

Ammann, Helmut/Hucke, Anja (Rechtliche Grundlagen):
Rechtliche Grundlagen des Leasing und dessen Bilanzierung nach HGB, US-GAAP sowie IAS, in: IStR 2000, S. 87-94.

Ammann, Helmut/Wulf, Inge (Leasingbilanzierung):
Leasingbilanzierung gemäß HGB, US-GAAP sowie IAS – Auswirkungen auf die Jahresabschlusserstellung und -analyse –, in: StuB 2000, S. 909-917.

Ang, James/Peterson, Pamela P. (Leasing Puzzle):
The Leasing Puzzle, in: The Journal of Finance 1984, S. 1055-1065.

Arrow, Kenneth J. (Agency and the Market):
Agency and the Market, in: Arrow, K. J./Intriligator, M. D. (Hrsg.): Handbook of Mathematical Economics, North-Holland 1986, S. 1183-1195.

Arthur Andersen (Comment Letter vom 25.07.2000):
Comment Letter vom 25.07.2000, http://www.iasc.org.uk/docs/g4leas00/cl05.pdf, Stand: 17.11.2000.

Backer, Morton (Accounting Theory):
Accounting Theory and Multiple Reporting Objectives, in: Backer, Morton (Hrsg.): Modern Accounting Theory, Englewood Cliffs 1966, S. 439-463.

Baetge, Jörg/Ballwieser, Wolfgang (Ansatz von Leasingobjekten):
Ansatz und Ausweis von Leasingobjekten in Handels- und Steuerbilanz, in: DBW 1978, S. 3-19.

Baetge, Jörg/Fey, Dirk/Weber, Claus-Peter (§ 248):
Kommentierung zu § 248 HGB, in: Küting, Karlheinz/Weber, Claus-Peter: Handbuch der Rechnungslegung. Kommentar zur Bilanzierung und Prüfung, Band Ia, Stuttgart 1995.

Baetge, Jörg/Roß, Heinz-Peter („fair presentation"):
Was bedeutet „fair presentation"?, in: Ballwieser, Wolfgang (Hrsg.): US-amerikanische Rechnungslegung. Grundlagen und Vergleiche mit dem deutschen Recht, 4. Aufl., Stuttgart 2000, S. 29-47.

Baetge, Jörg/Thiele, Stefan (Gesellschafterschutz):
Gesellschafterschutz versus Gläubigerschutz – Rechenschaft versus Kapitalerhaltung. Zu den Zwecken des deutschen Einzelabschlusses vor dem Hintergrund der internationalen Harmonisierung, in: Budde, Wolfgang Dieter/Moxter, Adolf/Offerhaus, Klaus (Hrsg.): Handelsbilanzen und Steuerbilanzen. Festschrift zum 70. Geburtstag von Prof. Dr. h.c. Heinrich Beisse, Düsseldorf 1997, S. 11-24.

Bähr, Gottfried/Weigell, Lutz K.-E. (Kündigung eines Leasingvertrags):
Auswirkungen der vorzeitigen Kündigung eines Leasingvertrags im Jahresabschluß, in: DB 1989, S. 1633-1638.

Baker, C. Richard (Accounting Standards):
Leasing and the Setting of Accounting Standards: Mapping the Labyrinth, in: Journal of Accounting, Auditing & Finance, Spring 1980, S. 197-206.

Ballwieser, Wolfgang (Jahresabschlußverbesserungen):
Zur Begründbarkeit informationsorientierter Jahresabschlußverbesserungen, in: zfbf 1982, S. 772-793.

Ballwieser, Wolfgang (Analyse des Bilanzrechts):
Ein Überblick über Ansätze zur ökonomischen Analyse des Bilanzrechts, in: BFuP 1996, S. 503-527.

Ballwieser, Wolfgang (Nutzen handelsrechtlicher Rechnungslegung):
Zum Nutzen handelsrechtlicher Rechnungslegung, in: Ballwieser, Wolfgang/Moxter, Adolf/Nonnenmacher, Rolf (Hrsg.): Rechnungslegung – Warum und wie. Festschrift für Hermann Clemm zum 70. Geburtstag, München 1996, S. 1-25.

Ballwieser, Wolfgang (Übernahme amerikanischer Rechnungslegung):
Chancen und Gefahren einer Übernahme amerikanischer Rechnungslegung, in: Budde, Wolfgang Dieter/Moxter, Adolf/Offerhaus, Klaus (Hrsg.): Handelsbilanzen und Steuerbilanzen. Festschrift zum 70. Geburtstag von Prof. Dr. h.c. Heinrich Beisse, Düsseldorf 1997, S. 25-43.

Ballwieser, Wolfgang/Schmidt, Reinhard H. (Unternehmensverfassung):
Unternehmensverfassung, Unternehmensziele und Finanztheorie, in: Bohr, Kurt/Drukarczyk, Jochen/Drumm, Hans-Jürgen/Scherrer, Gerhard (Hrsg.): Unternehmensverfassung als Problem der Betriebswirtschaftslehre, Berlin 1981, S. 645-682.

Balz, Manfred/Landfermann, Hans-Georg (Insolvenzgesetze):
Die neuen Insolvenzgesetze. Texte mit Einführung und den amtlichen Materialien, Düsseldorf 1995.

Barnea, Amir/Haugen, Robert A./Senbet, Lemma W. (Market Imperfections):
Market Imperfections, Agency Problems, and Capital Structure: A Review, in: Financial Management, Summer 1981, S. 7-22.

Barnea, Amir/Haugen, Robert A./Senbet, Lemma W. (Financial Contracting):
Agency Problems and Financial Contracting, Englewood Cliffs 1985.

BASF AG (Geschäftsbericht 1999):
Geschäftsbericht 1999.

Bauer, Christoph (Kalkulation):
Zur Kalkulation von Leasingraten, in: DB (Beilage 7) 1990, S. 14-19.

Bauer, Markus (Nennkapitalziffer):
Gläubigerschutz durch eine formelle Nennkapitalziffer – Kapitalgesellschaftsrechtliche Notwendigkeit oder überholtes Konzept? Eine rechtsvergleichende Untersuchung der Gläubigerschutzkonzepte des amerikanischen und deutschen Kapitalgesellschaftsrechts, Frankfurt am Main u.a. 1995.

Beattie, Vivien/Goodacre, Alan/Thomson, Sarah (Operating leases):
Operating leases and the assessment of lease-debt substitutability, in: Journal of Banking & Finance 2000, S. 427-470.

Beaver, William H. (Accounting Revolution):
Financial Reporting: An Accounting Revolution, 2. Aufl., Englewood Cliffs 1989.

Beaver, William H./Kennelly, John W./Voss, William M. (Predictive Ability):
Predictive Ability as a Criterion for the Evaluation of Accounting Data, in: The Accounting Review 1968, S. 675-683.

Beckmann, Heiner (Offene Fragen):
Offene Fragen bei Finanzierungsleasinggeschäften, in: DStR 2000, S. 1185-1192.

Berninghaus, Jochen (Beendigung des Leasingvertrags):
Beendigung des Leasingvertrags durch Kündigung oder Zeitablauf, in: Büschgen, Hans E. (Hrsg.): Praxishandbuch Leasing, München 1998, § 12.

Berninghaus, Jochen (Leasing in der Zwangsvollstreckung):
Leasing in der Zwangsvollstreckung und im Konkurs, in: Büschgen, Hans E. (Hrsg.): Praxishandbuch Leasing, München 1998, § 13.

Bernstein, Rainer (Tatbestand des Mobilien-Finanzierungsleasingvertrages):
Der Tatbestand des Mobilien-Finanzierungsleasingvertrages und seine rechtliche Einordnung als Vertrag „sui generis", Frankfurt am Main 1983.

Bieg, Hartmut (Schwebende Geschäfte):
Schwebende Geschäfte in Handels- und Steuerbilanz. Die derzeitige und mögliche bilanzielle Behandlung beiderseits noch nicht erfüllter synallagmatischer Verträge unter besonderer Berücksichtigung der Interessen der Bilanzadressaten, Frankfurt am Main u.a. 1977.

Bien, Michael (Insolvenzfestigkeit):
Die Insolvenzfestigkeit von Leasingverträgen nach § 108 Abs. 1 Satz 2 InsO, in: ZIP 1998, S. 1017-1021.

Bink, Anton (Forfaitierung von Leasingforderungen):
Bilanzierung bei der Forfaitierung von Leasingforderungen, in: DB 1987, S. 1106-1108.

Bink, Anton (Forfaitierung von Leasing-Restwertansprüchen):
Bilanzierung bei der Forfaitierung von Leasing-Restwertansprüchen, in: DB 1994, S. 148-150.

Blauberger, Wolfgang (Forfaitierung):
Die sachgerechte Auflösung des passiven Rechnungsabgrenzungspostens aus der Forfaitierung von Leasingforderungen, in: DStR 1994, S. 148-150.

Blödorn, Niels (Integriertes Rechnungswesen):
Integriertes Rechnungswesen von Leasinggesellschaften, Frankfurt am Main u.a. 1996.

Blomeyer, Jürgen (Sachmängelhaftung):
Das Finanzierungsleasing unter dem Blickwinkel der Sachmängelhaftung und des Abzahlungsgesetzes, in: NJW 1978, S. 973-977.

Borggräfe, Joachim (Zwangsvollstreckung):
Die Zwangsvollstreckung in bewegliches Leasinggut. Finanzierungsleasing als Kreditgeschäft, Köln u.a. 1976.

Born, Karl (Rechnungslegung international):
Rechnungslegung international. Konzernabschlüsse nach IAS, US-GAAP, HGB und EG-Richtlinien, 2. Aufl., Stuttgart 1999.

Bossert, Rainer (Risikostruktur):
Risikostruktur und Risikoverteilung bei Finanzierungsleasingverträgen über bewegliche Wirtschaftsgüter, in: BB 1981, S. 2038-2041.

Breker, Norbert (Optionsrechte):
Optionsrechte und Stillhalterverpflichtungen im handelsrechtlichen Jahresabschluß, Düsseldorf 1993.

Bremser, Horst (Finanzierungs-Leasing):
Finanzierungs-Leasing in der Handelsbilanz. Zur Stellungnahme 1/73 des Instituts der Wirtschaftsprüfer, in: BB 1973, S. 529-535.

British Bankers' Association (Comment Letters vom 08.06.2000):
Comment Letter vom 08.06.2000, http://www.iasc.org.uk/docs/g4leas00/cl03.pdf, Stand: 17.11.2000.

Brönner, Herbert/Bareis, Peter (Leasing):
Leasing, in: Brönner, Herbert/Bareis, Peter: Die Bilanz nach Handels- und Steuerrecht, 9. Aufl., Stuttgart 1991, Rn. 910-947.

Brotte, Jörg (Geschäftsberichte):
US-amerikanische und deutsche Geschäftsberichte. Notwendigkeit, Regulierung und Praxis jahresabschlußergänzender Informationen, Wiesbaden 1997.

Buchloh, Hans-Jürgen (Leasing-Erlaß):
Der Leasing-Erlaß im Spiegel des Leasing-Urteils, in: BB 1971, S. 776-779.

Budde, Wolfgang Dieter/Karig, Peter (§ 246):
Kommentierung zu § 246 HGB, in: Budde, Wolfgang Dieter/Clemm, Hermann/Ellrott, Helmut/Förschle, Gerhart/Hoyos, Martin (Hrsg.): Beck'scher Bilanz-Kommentar. Handels- und Steuerrecht – §§ 238 bis 339 HGB –, 4. Aufl., München 1999.

Budde, Wolfgang Dieter/Karig, Peter (§ 248):
Kommentierung zu § 248 HGB, in: Budde, Wolfgang Dieter/Clemm, Hermann/Ellrott, Helmut/Förschle, Gerhart/Hoyos, Martin (Hrsg.): Beck'scher Bilanz-Kommentar. Handels- und Steuerrecht – §§ 238 bis 339 HGB –, 4. Aufl., München 1999.

Büschgen, Hans E. (Finanzleasing als Finanzierungalternative):
Finanzleasing als Finanzierungsalternative. Eine kritische Würdigung unter betriebswirtschaftlichen Aspekten, in: ZfB 1980, S. 1028-1041.

Büschgen, Hans E. (Finanz-Leasing):
Kritische Auseinandersetzung mit Finanz-Leasing, in: Die Bank 1981, S. 211-223.

Büschgen, Hans E. (Leasing aus theoretischer Sicht):
Leasing aus theoretischer Sicht, in: Büschgen, Hans E. (Hrsg.): Mitteilungen und Berichte des Forschungsinstituts für Leasing an der Universität zu Köln Nr. 24, 1996, S. 53-71.

Büschgen, Hans E. (Preiskalkulation):
Preiskalkulation von Leasingverträgen, in: Büschgen, Hans E. (Hrsg.): Mitteilungen und Berichte des Forschungsinstituts für Leasing an der Universität zu Köln Nr. 25, 1997, S. 11-25.

Büschgen, Hans E. (Grundlagen):
Grundlagen des Leasing, in: Büschgen, Hans E. (Hrsg.): Praxishandbuch Leasing, München 1998, § 1.

Busse von Colbe, Walther (Prognosepublizität):
Prognosepublizität von Aktiengesellschaften, in: Angehrn, Otto/Künzi, Hans Paul: Beiträge zur Lehre von der Unternehmung. Festschrift für Karl Käfer, Stuttgart 1968, S. 91-118.

Busse von Colbe, Walther (Rechnungslegungsziele):
Rechnungslegungsziele und Ansätze zur internationalen Harmonisierung der Rechnungslegung deutscher Unternehmen, in: Ballwieser, Wolfgang (Hrsg.): US-amerikanische Rechnungslegung, 4. Aufl., Stuttgart 2000, S. 485-508.

Byrd, John/Parrino, Robert/Pritsch, Gunnar (Stockholder – Manager Conflicts):
Stockholder – Manager Conflicts and Firm Value, in: Financial Analysts Journal, May/June 1998, S. 14-30.

Canadian Finance & Leasing Association (Comment Letter vom 04.08.2000):
Comment Letter vom 04.08.2000, http://www.iasc.org.uk/docs/g4leas00/cl18.pdf, Stand: 17.11.2000.

Canaris, Claus-Wilhelm (Wandelung):
Finanzierungsleasing und Wandelung, in: NJW 1982, S. 305-312.

Canaris, Claus-Wilhelm (Rechtsnatur des Finanzierungsleasing):
Interessenlage, Grundprinzipien und Rechtsnatur des Finanzierungsleasing, in: Grunsky, Wolfgang/Lieb, Manfred/Medicus, Dieter (Hrsg.): Grundfragen des Finanzierungsleasing. Sonderausgabe aus AcP Band 190, Tübingen 1990, S. 410-469.

Carr, James (Why accounting for leases is inconsistent):
Why accounting for leases is inconsistent, in: Accountancy, July 1985, S. 119-120.

Certified General Accountants Association of Canada (Comment Letter vom 31.07.2000):
Comment Letter vom 31.07.2000, http://www.iasc.org.uk/docs/g4leas00/cl11.pdf, Stand: 17.11.2000.

Chmielewicz, Klaus (Wirtschaftsgut):
Wirtschaftsgut und Rechnungswesen, in: zfbf 1969, S. 85-122.

Clausen, Uwe (Aktivierung bei Leasing-Verträgen):
Aktivierung und Passivierung bei Leasing-Verträgen, in: Herrmann, C./Heuer, G./ Raupach, A. (Hrsg.): Einkommensteuer- und Körperschaftsteuergesetz-Kommentar, 21. Aufl., Köln 1996, Stand: November 1985.

Clay, Raymond J./Holder, William H. (Accounting for Leases):
A Practitioner's Guide to Accounting for Leases, in: Journal of Accountancy, August 1977, S. 61-68.

Clemm, Hermann (Wahlrechte):
§ 264 HGB und Wahlrechte, in: Förschle, Gerhart/Kaiser, Klaus/Moxter, Adolf (Hrsg.): Rechenschaftslegung im Wandel. Festschrift für Wolfgang Dieter Budde, München 1995, S. 135-156.

Clemm, Hermann/Erle, Bernd (§ 247):
Kommentierung zu § 247 HGB, in: Budde, Wolfgang Dieter/Clemm, Hermann/Ellrott, Helmut/Förschle, Gerhart/Hoyos, Martin (Hrsg.): Beck'scher Bilanz-Kommentar. Handels- und Steuerrecht – §§ 238 bis 339 HGB –, 4. Aufl., München 1999.

Coenenberg, Adolf G. (Beurteilungskriterien):
Beurteilungskriterien unternehmensexterner Informationssysteme, in: Grochla, Erwin/Szyperski, Norbert (Hrsg.): Management-Informationssysteme. Eine Herausforderung an Forschung und Entwicklung, Wiesbaden 1971, S. 735-759.

Coenenberg, Adolf G. (Jahresabschluß):
Jahresabschluß und Jahresabschlußanalyse. Betriebswirtschaftliche, handelsrechtliche, steuerrechtliche und internationale Grundlagen – HGB, IAS, US-GAAP –, 17. Aufl., Landsberg/Lech 2000.

Coughlan, John W. (Residuals):
Regulation, Rents, and Residuals, in: The Journal of Accountancy, February 1980, S. 58-66.

Coughlan, John W. (Regulation):
Regulation, Rents, and Residuals, in: Schroeder, Richard G./Clark, Myrtle W. (Hrsg.): Accounting Theory. Text and Readings, 6. Aufl., New York u.a. 1998.

Crezelius, Georg (Das schwebende Geschäft):
Das sogenannte schwebende Geschäft im Handels-, Gesellschafts- und Steuerrecht, in: Knobbe-Keuk, Brigitte/Klein, Franz/Moxter, Adolf (Hrsg.): Handelsrecht und Steuerrecht. Festschrift für Dr. Dr. h.c. Georg Döllerer, Düsseldorf 1988, S. 81-95.

Decker, Rolf O. A. (Prinzipal-Agenten-theoretische Betrachtung):
Eine Prinzipal-Agenten-theoretische Betrachtung von Eigner-Manager-Konflikten in der Kommanditgesellschaft auf Aktien und in der Aktiengesellschaft, Bergisch Gladbach/Köln 1994.

Defliese, Philip L. (Accounting for leases):
Accounting for leases: A broader perspective, in: Financial Executive, July 1974, S. 14-23.

Delaney, Patrick R./Adler, James R./Epstein, Barry J./Foran, Michael F. (GAAP 99):
GAAP 99. Interpretation and Application of Generally Accepted Accounting Principles 1999, New York u.a., 1999.

Deming, John R. (An analysis of FASB No. 13):
An analysis of FASB No. 13, in: Financial Executive, March 1978, S. 46-51.

Demming, Claudia (US-amerikanische Rechnungslegung):
US-amerikanische Rechnungslegung, in: Gräfer, Horst/Demming, Claudia (Hrsg.): Internationale Rechnungslegung, Stuttgart 1994, S. 229-306.

de With, Hans (Insolvenzordnung):
Die Bedeutung der Änderung des § 108 Insolvenzordnung (InsO), in: FLF 1996, S. 183-185.

Dieter, Richard (Lessee Accounting):
Is Lessee Accounting Working?, in: The CPA Journal, August 1979, S. 13-19.

Dieter, Richard/Wyatt, Arthur R. (Balance Sheet):
Get it off the Balance Sheet!, in: Financial Executive, January 1980, S. 42-48.

Dietz, Albrecht (Grundlagen des Leasing):
Die betriebswirtschaftlichen Grundlagen des Leasing, in: ZfB 1990, S. 1139-1158.

Dietz, Albrecht (Die betriebswirtschaftlichen Grundlagen):
Die betriebswirtschaftlichen Grundlagen des Leasing, in: Grunsky, Wolfgang/Lieb, Manfred/Medicus, Dieter (Hrsg.): Grundfragen des Finanzierungsleasing. Sonderausgabe aus AcP Band 190, Tübingen 1990, S. 235-257.

Döllerer, Georg (Nutzungsrecht):
Leasing – wirtschaftliches Eigentum oder Nutzungsrecht?, in: BB 1971, S. 535-540.

Döllerer, Georg (Grundsätze):
Grundsätze ordnungswidriger Bilanzierung. Systematische Fehler in Bilanzen, in: BB 1982, S. 777-781.

Döring, Ulrich/Karrenbauer, Michael (§ 253):
Kommentierung zu § 253 HGB, in: Küting, Karlheinz/Weber, Claus-Peter: Handbuch der Rechnungslegung. Kommentar zur Bilanzierung und Prüfung, Band Ia, Stuttgart 1995.

Dreissig, Hildegard (Behandlung von Optionen):
Bilanzsteuerrechtliche Behandlung von Optionen, in: BB 1989, S. 1511-1517.

DRSC (Comment Letter vom 11.09.2000):
Comment Letter vom 11.09.2000, http://www.iasc.org.uk/docs/g4leas00/cl24.pdf, Stand: 17.11.2000.

Drury, Colin/Braund, Steven (Leasing Decision):
The Leasing Decision: A Comparison of Theory and Practice, in: Accounting and Business Research, Summer 1990, S. 179-191.

Dyckman, Thomas R./Dukes, Roland E./Davis, Charles J. (Intermediate Accounting):
Intermediate Accounting, 4. Aufl., Boston u.a. 1998.

Ebenroth, Carsten Thomas (Rechtsgeschäft):
Der Finanzierungs-Leasing-Vertrag als Rechtsgeschäft zwischen Miete und Kauf, in: JuS 1978, S. 588-593.

Ebenroth, Carsten Thomas (Leasing im grenzüberschreitenden Verkehr):
Leasing im grenzüberschreitenden Verkehr, in: Kramer, Ernst A.: Neue Vertragsformen der Wirtschaft: Leasing, Factoring, Franchising, 2. Aufl., Bern/Stuttgart/Wien 1992, S. 117-238.

Eckert, Hans-Georg (Leasing im neuen Insolvenzrecht):
Miete, Pacht und Leasing im neuen Insolvenzrecht, in: ZIP 1996, S. 897-909.

Edelmann, Ralf/Milde, Hellmuth/Weimerskirch, Pierre (Kontrakt-Design):
Agency-Beziehungen und Kontrakt-Design: Problem, Lösung, Beispiel, in: Kredit und Kapital 1998, S. 1-27.

Ekkenga, Jens (Handelsbilanzrecht):
Gibt es „wirtschaftliches Eigentum" im Handelsbilanzrecht? – Besprechung der Entscheidung BGH WM 1996, 113 –, in: ZGR 1997, S. 262-270.

Elam, Rick (Effect of Lease Data):
The Effect of Lease Data on the Predictive Ability of Financial Ratios, in: The Accounting Review 1975, S. 25-43.

El-Gazzar, Samir/Lilien, Steve/Pastena, Victor (Accounting for leases):
Accounting for leases by lessees, in: Journal of Accounting and Economics, No.8 1986, S. 217-237.

El-Gazzar, Samir/Lilien, Steve/Pastena, Victor (Off-Balance Sheet Financing):
The Use of Off-Balance Sheet Financing to Circumvent Financial Covenant Restrictions, in: Journal of Accounting, Auditing and Finance, Spring 1989, S. 217-237.

Ellrott, Helmut/Schmidt-Wendt, Dietrich (§ 255):
Kommentierung zu § 255 HGB, in: Budde, Wolfgang Dieter/Clemm, Hermann/Ellrott, Helmut/Förschle, Gerhart/Hoyos, Martin (Hrsg.): Beck'scher Bilanz-Kommentar. Handels- und Steuerrecht – §§ 238 bis 339 HGB –, 4. Aufl., München 1999.

Elschen, Rainer (Agency-Theorie):
Agency-Theorie, in: DBW 1988, S. 248-250.

Ely, Kirsten M. (Operating Lease Accounting):
Operating Lease Accounting and the Market's Assessment of Equity Risk, in: Journal of Accounting Research, Autumn 1995, S. 397-415.

Emmerich, Volker (Grundprobleme):
Grundprobleme des Leasings, in: JuS 1990, S. 1-7.

Emmrich, Markus (Reform der Rechnungslegung):
Ansätze und Perspektiven einer Reform der externen Rechnungslegung in Deutschland, Aachen 1999.

Engel, Johanna (Miete):
Miete, Kauf, Leasing, 2. Aufl., Bonn 1997.

EPCOS AG (Geschäftsbericht 1999):
Geschäftsbericht 1999.

Esser, Klaus (Die deutsche Rechnungslegung):
Die deutsche Rechnungslegung auf dem Weg zu internationalen Standards, in: Möller, Hans Peter/Schmidt, Franz (Hrsg.): Rechnungswesen als Instrument für Führungsentscheidungen. Festschrift für Professor Dr. Dr. h.c. Adolf G. Coenenberg zum 60. Geburtstag, Stuttgart 1998, S. 617-631.

EU-Kommission (Behandlung von Leasingverträgen):
Beratendes Forum für Rechnungslegung – Die Behandlung von Leasingverträgen in der Rechnungslegung, Luxemburg 1995.

EU-Kommission (Rechnungslegungsgrundsätze):
Vorschlag für eine Verordnung des Europäischen Parlamentes und des Rates betreffend die Anwendung internationaler Rechnungslegungsgrundsätze, KOM(2001) 80 endgültig, 2001/0044 (COD), Brüssel 2001.

Euler, Roland (Gewinnrealisierung):
Grundsätze ordnungsmäßiger Gewinnrealisierung, Düsseldorf 1989.

Euler, Roland (Bilanzrechtstheorie):
Bilanzrechtstheorie und internationale Rechnungslegung, in: Budde, Wolfgang Dieter/ Moxter, Adolf/Offerhaus, Klaus (Hrsg.): Handelsbilanzen und Steuerbilanzen. Festschrift zum 70. Geburtstag von Prof. Dr. h.c. Heinrich Beisse, Düsseldorf 1997, S. 171-188.

Ewert, Ralf (Gläubigerschutz):
Rechnungslegung, Gläubigerschutz und Agency-Probleme, Wiesbaden 1986.

Ewert, Ralf (Wirtschaftsprüfung):
Wirtschaftsprüfung und asymmetrische Information, Heidelberg 1990.

Fama, Eugene F. (Agency Problems):
Agency Problems and the Theory of the Firm, in: Journal of Political Economy 1980, S. 288-307.

Fama, Eugene F./Jensen, Michael C. (Ownership and Control):
Separation of Ownership and Control, in: Journal of Law & Economics, June 1983, S. 301-325.

FASB (Comparison Project):
The IASC-U.S. Comparison Project: A Report on the Similarities and Differences between IASC Standards and U.S. GAAP, hrsg. v. Carrie Bloomer, Norwalk 1996.

FASB (SFAC):
Statements of Financial Accounting Concepts. Accounting Standards, 1998/99 Edition, New York u.a. 1998.

Fehl, Norbert (Leasingverträge in der Insolvenz):
Leasingverträge in der Insolvenz nach geltendem und zukünftigem Insolvenzrecht, in: BB (Beilage 5) 1998, S. 12-15.

Fehl, Norbert (Leasing in der Insolvenz):
Leasing in der Insolvenz, in: DZWIR 1999, S. 89-94.

Feinen, Klaus (Das Leasinggeschäft):
Das Leasinggeschäft, 3. Aufl., Frankfurt am Main 1990.

Feinen, Klaus (Comment Letter vom 12.04.2000):
Comment Letter vom 12.04.2000, http://www.iasc.org.uk/docs/g4leas00/cl01.pdf, Stand: 17.11.2000.

Feldhoff, Michael (Regulierung der Rechnungslegung):
Die Regulierung der Rechnungslegung. Eine systematische Darstellung der Grundlagen mit einer Anwendung auf die Frage der Publizität, Frankfurt am Main u.a. 1992.

Figge, Horst (Risiken des Leasing):
Bilanzierungsbezogene Risiken des Leasing, in: FLF 1990, S. 14-17.

Figge, Horst (Bilanzierung von Leasinggeschäften):
Die internationale Diskussion zur Bilanzierung von Leasinggeschäften – nur ein Anwendungsfall unterschiedlicher Bilanzierungskonzepte?, in: Küting, Karlheinz/Weber, Claus-Peter (Hrsg.): Wertorientierte Konzernführung. Kapitalmarktorientierte Rechnungslegung und integrierte Unternehmenssteuerung, Stuttgart 2000, S. 157-181.

Fikentscher, Wolfgang (Schuldrecht):
Schuldrecht, 9. Aufl., Berlin/New York 1997.

Findeisen, Klaus-Dieter (Bilanzierungsgrundsätze):
Allgemeine Bilanzierungsgrundsätze, in: Büschgen, Hans E. (Hrsg): Praxishandbuch Leasing, München 1998, § 18.

Findeisen, Klaus-Dieter (Eigentum des Leasinggebers):
Bilanzierung bei wirtschaftlichem Eigentum des Leasinggebers, in: Büschgen, Hans E. (Hrsg): Praxishandbuch Leasing, München 1998, § 19.

Findeisen, Klaus-Dieter (Eigentum des Leasingnehmers):
Bilanzierung bei wirtschaftlichem Eigentum des Leasingnehmers, in: Büschgen, Hans E. (Hrsg): Praxishandbuch Leasing, München 1998, § 20.

Finnerty, Joseph E./Fitzsimmons, Rick N./Oliver, Thomas W. (Lease Capitalization):
Lease Capitalization and Systematic Risk, in: The Accounting Review 1980, S. 631-639.

Flume, Werner (Rechtsverhältnis des Leasing – Teil I):
Das Rechtsverhältnis des Leasing in zivilrechtlicher und steuerrechtlicher Sicht – Teil I –, in: DB 1972, S. 1-6.

Flume, Werner (Rechtsverhältnis des Leasing – Teil II):
Das Rechtsverhältnis des Leasing in zivilrechtlicher und steuerrechtlicher Sicht – Teil II –, in: DB 1972, S. 53-61.

Flume, Werner (Rechtsverhältnis des Leasing – Teil III):
Das Rechtsverhältnis des Leasing in zivilrechtlicher und steuerrechtlicher Sicht – Teil III –, in: DB 1972, S. 105-109.

Flume, Werner (Rechtsverhältnis des Leasing – Teil IV):
Das Rechtsverhältnis des Leasing in zivilrechtlicher und steuerrechtlicher Sicht – Teil IV –, in: DB 1972, S. 152-155.

Flume, Werner (Behandlung von Leasing-Verhältnissen):
Die Frage der bilanziellen Behandlung von Leasing-Verhältnissen. Eine Auseinandersetzung mit der Leasing-Stellungnahme des Hauptfachausschusses des Instituts der Wirtschaftsprüfer HFA 1/73, in: DB 1973, S. 1661-1667.

Flume, Werner (Rechtsfigur):
Die Rechtsfigur des Finanzierungsleasing, in: DB 1991, S. 265-271.

Förschle, Gerhart (§ 246):
Kommentierung zu § 246 HGB, in: Budde, Wolfgang Dieter/Clemm, Hermann/Ellrott, Helmut/Förschle, Gerhart/Hoyos, Martin (Hrsg.): Beck'scher Bilanz-Kommentar. Handels- und Steuerrecht – §§ 238 bis 339 HGB –, 4. Aufl., München 1999.

Forster, Karl-Heinz (Leasing-Stellungnahme):
Zur Leasing-Stellungnahme des HFA, in: WPg 1973, S. 81-83.

Forster, Karl-Heinz (Abgrenzung von Leasingraten):
Grundsätze für die Abgrenzung von Leasingraten, in: Knobbe-Keuk, Brigitte/Klein, Franz/Moxter, Adolf (Hrsg.): Handelsrecht und Steuerrecht. Festschrift für Dr. Dr. h.c. Georg Döllerer, Düsseldorf 1988, S. 147-155.

Franke, Günter/Hax, Herbert (Finanzwirtschaft):
Finanzwirtschaft des Unternehmens und Kapitalmarkt, 4. Aufl., Berlin u.a. 1999.

Franken, Lars (Rechnungslegung nach US-GAAP):
Gläubigerschutz durch Rechnungslegung nach US-GAAP. Eine ökonomische Analyse, Frankfurt am Main u.a. 2001.

Frankenberg, Peter (Jahresabschlüsse im Vergleich):
Jahresabschlüsse im internationalen Vergleich. Analyse US-amerikanischer und deutscher Unternehmen, Wiesbaden 1993.

Franz, Klaus-Peter (Ausschüttungsentscheidung):
Die Ausschüttungsentscheidung der Unternehmung. Unternehmungserhaltung und Liquiditätssicherung als Postulate rationaler Gewinnverwendungspolitik, Berlin 1974.

Fresenius AG (Geschäftsbericht 1999):
Geschäftsbericht 1999.

Fritsch, Michael/Wein, Thomas/Ewers, Hans-Jürgen (Marktversagen):
Marktversagen und Wirtschaftspolitik. Mikroökonomische Grundlagen staatlichen Handelns, 3. Aufl., München 1999.

Gedenk, Karen (Steuerung von Geschäftsführern):
Agency-Theory und die Steuerung von Geschäftsführern – Paradebeispiel oder Problemfall? –, in: DBW 1998, S. 22-37.

GEFIU (Leasing in der Bilanzierungspraxis):
Leasing in der Bilanzierungspraxis. Ein Beitrag des Arbeitskreises Leasing der Gesellschaft für Finanzwirtschaft in der Unternehmensführung e.V. (GEFIU), in: DB 1974, S. 544-545.

GEFIU (Behandlung von Leasingverträgen):
Die Behandlung von Leasingverträgen in der Rechnungslegung – Stellungnahme des Arbeitskreises „Leasing" der Gesellschaft für Finanzwirtschaft in der Unternehmensführung e.V. (GEFIU) zum Arbeitspapier des Accounting Advisory Forums der EG-Kommission –, in: DB 1995, S. 333-337.

Gelhausen, Hans Friedrich (Realisationsprinzip):
Das Realisationsprinzip im Handels- und Steuerbilanzrecht, Frankfurt am Main 1985.

Gelhausen, Wolf/Gelhausen, Hans Friedrich (Bilanzierung von Leasingverträgen):
Die Bilanzierung von Leasingverträgen, in: von Wysocki, Klaus/Schulze-Osterloh, Joachim (Hrsg.): Handbuch des Jahresabschlusses in Einzeldarstellungen, Köln 1995, Abt. I/5.

Glasel, Ludwig (Leasing):
Leasing, in: Castan, Edgar/Heymann, Gerd/Müller, Eberhard/Ordelheide, Dieter/Scheffler, Eberhard (Hrsg.): Beck'sches Handbuch der Rechnungslegung, Band I, München 1995, B 710.

Glaubig, Jürgen (Dauerrechtsverhältnisse):
Grundsätze ordnungsmäßiger Bilanzierung für Dauerrechtsverhältnisse. Unter besonderer Berücksichtigung von Miete, Pacht und Leasing sowie Darlehens-, Arbeits- und Ausbildungsverträgen, Frankfurt am Main 1993.

Goodacre, Alan/Beattie, Vivien (Comment Letter):
Comment Letter, http://www.iasc.org.uk/docs/g4leas00/cl04.pdf, Stand: 17.11.2000.

Graf von Westphalen, Friedrich (Leasingvertrag):
Der Leasingvertrag, 5. Aufl., Köln 1998.

Grant, Edward B./Witt, Raymond C. (Leveraged Leases):
A Look at Leveraged Leases under FAS No. 13, in: Management Accounting, February 1979, S. 49-52.

Greenball, M. N. (Predictive-Ability Criterion):
The Predictive-Ability Criterion: Its Relevance in Evaluation Accounting Data, in: Abacus, June 1971, S. 1-7.

Grinnell, Jacque D./Kochanek, Richard F. (New Accounting Standards):
The New Accounting Standards for Leases, in: The CPA Journal, October 1977, S. 15-21.

Groove, Paul Dieter (Gewinnrealisierung):
Gewinnrealisierung bei Leasinggesellschaften mit Mobilienleasing, in: DB 1984, S. 889-893.

Gzuk, Roland (Investitionsform):
Finanzierungsleasing als alternative Investitionsform, in: Grunsky, Wolfgang/Lieb, Manfred/Medicus, Dieter (Hrsg.): Grundfragen des Finanzierungsleasing. Sonderausgabe aus AcP Band 190, Tübingen 1990, S. 208-218.

Habersack, Mathias (Finanzierungsleasing):
Finanzierungsleasing, in: Münchener Kommentar zum Bürgerlichen Gesetzbuch, Band 3, Schuldrecht – Besonderer Teil I (§§ 433 – 606), 3. Aufl., München 1995.

Haller, Axel (Grundlagen der Rechnungslegung):
Die Grundlagen der externen Rechnungslegung in den USA. Unter besonderer Berücksichtigung der rechtlichen, institutionellen und theoretischen Rahmenbedingungen, 4. Aufl., Stuttgart 1994.

Hartmann, Peter (§ 808):
Kommentierung zu § 808 ZPO, in: Baumbach, Adolf/Lauterbach, Wolfgang/Albers, Jan/Hartmann, Peter (Hrsg.): Zivilprozeßordnung mit Gerichtsverfassungsgesetz und anderen Nebengesetzen, 59. Aufl., München 2001.

Hartmann, Peter (§ 857):
Kommentierung zu § 857 ZPO, in: Baumbach, Adolf/Lauterbach, Wolfgang/Albers, Jan/Hartmann, Peter (Hrsg.): Zivilprozeßordnung mit Gerichtsverfassungsgesetz und anderen Nebengesetzen, 59. Aufl., München 2001.

Hartmann-Wendels, Thomas (Rechnungslegung der Unternehmen):
Rechnungslegung der Unternehmen und Kapitalmarkt aus informationsökonomischer Sicht, Heidelberg 1991.

Hastedt, Uwe-Peter (Gewinnrealisation):
Gewinnrealisation beim Finanzierungs-Leasing, Wiesbaden 1992.

Hauber, Bruno (Aktivierung):
Aktivierung eines Teils der degressiven Mietzahlungen in der Bilanz des Leasingnehmers, in: BB 1983, S. 740-744.

Havermann, Hans (Leasing):
Leasing, in: Büschgen, Hans E. (Hrsg.): Handwörterbuch der Finanzwirtschaft, Stuttgart 1976, Sp. 1249-1259.

Hawkins, David F./Wehle, Mary/Macey, David (Objectives):
Objectives, not rules, for lease accounting, in: Financial Executive, November 1970, S. 30-38.

Hax, Herbert (Bilanzgewinn):
Der Bilanzgewinn als Erfolgsmaßstab, in: ZfB 1964, S. 642-651.

Helmschrott, Harald (Leasinggeschäfte):
Leasinggeschäfte in der Handels- und Steuerbilanz, Wiesbaden 1997.

Helmschrott, Harald (Bestimmung des wirtschaftlichen Eigentums):
Zum Einfluss von SIC 12 und IAS 39 auf die Bestimmung des wirtschaftlichen Eigentums bei Leasingvermögen nach IAS 17, in: WPg 2000, S. 426-429.

Herget, Kurt (§ 771):
Kommentierung zu § 771 ZPO, in: Zöller, Richard (Hrsg.): Zivilprozeßordnung mit Gerichtsverfassungsgesetz und den Einführungsgesetzen, mit Internationalem Zivilprozeßrecht, Kostenanmerkungen, 22. Aufl., Köln 2001.

Herzig, Norbert/Dautzenberg, Norbert (Auswirkungen):
Auswirkungen der Internationalisierung der Rechnungslegung auf die Steuerbilanz, in: BFuP 1998, S. 23-37.

Herzig, Norbert/Mauritz, Peter (Marktbewertungspflicht):
Ökonomische Analyse einer bilanziellen Marktbewertungspflicht für originäre und derivative Finanzinstrumente, in: ZfB 1998, S. 335-361.

Heurung, Rainer (Internationalisierung):
Internationalisierung der Rechnungslegung, in: WISU 1999, S. 297-301.

Hiddemann, Hans-Joachim (Rechtsprechung):
Die Rechtsprechung des Bundesgerichtshofs zum Leasingvertrag, in: WM 1978, S. 834-841.

Hock, Klaus/Frost, Hartmut (Ratgeber Leasing):
Ratgeber Leasing. Leasing besser beurteilen, 2. Aufl., Freiburg im Breisgau 1993.

Hoffmann, M. Karsten (Implikationen von Sale-and-lease-back-Geschäften):
Jahresabschlußpolitische Implikationen von Sale-and-lease-back-Geschäften, in: DStR 1995, S. 1520-1528.

Hoffmann, M. Karsten (Sale-and-lease-back-Geschäfte):
Sale-and-lease-back-Geschäfte, in: DB (Beilage 8) 1996, S. 19-22.

Holthausen, Robert W./Leftwich, Richard W. (Accounting Choice):
The Economic Consequence of Accounting Choice. Implications of Costly Contracting and Monitoring, in: Journal of Accounting and Economics, No. 5 1983, S. 77-117.

Hommel, Michael (Dauerschuldverhältnisse):
Grundsätze ordnungsmäßiger Bilanzierung für Dauerschuldverhältnisse, Wiesbaden 1992.

Hoyos, Martin/Schmidt-Wendt, Dietrich (§ 247):
Kommentierung zu § 247 HGB, in: Budde, Wolfgang Dieter/Clemm, Hermann/Ellrott, Helmut/Förschle, Gerhart/Hoyos, Martin (Hrsg.): Beck'scher Bilanz-Kommentar. Handels- und Steuerrecht – §§ 238 bis 339 HGB –, 4. Aufl., München 1999.

Hoyos, Martin/Schramm, Marianne/Ring, Maximilian (§ 253):
Kommentierung zu § 253 HGB, in: Budde, Wolfgang Dieter/Clemm, Hermann/Ellrott, Helmut/Förschle, Gerhart/Hoyos, Martin (Hrsg.): Beck'scher Bilanz-Kommentar. Handels- und Steuerrecht – §§ 238 bis 339 HGB –, 4. Aufl., München 1999.

IASC (Position Paper):
G4+1 Position Paper: Leases: Implementation of a new approach. A Discussion Paper issued for comment by the Staff of the International Accounting Standards Committee, London 2000.

IASC (Stock Exchanges):
Stock Exchanges That Allow Companies to Prepare IAS Financial Statements, http://www.iasc.org.uk/frame/cen1_10.htm, Stand: 03.04.2001.

IDW (Gutachten):
Gutachten des Instituts der Wirtschaftsprüfer in Deutschland e.V. zur Frage der Bilanzierung des in Leasing-Verträgen eingeräumten Anspruchs auf Mietverlängerung oder Erwerb der Mietsache bei beweglichen Anlagegütern, in: WPg 1970, S. 195-197.

IDW (HFA 1/73):
Stellungnahme HFA 1/73: Zur Berücksichtigung von Finanzierungs-Leasing-Verträgen im Jahresabschluß des Leasing-Nehmers, in: WPg 1973, S. 101-102.

IDW (HFA 1/1989):
Stellungnahme HFA 1/1989: Zur Bilanzierung beim Leasinggeber, in: WPg 1989, S. 625-627.

IDW (BFA 2/1995):
Stellungnahme BFA 2/1995: Bilanzierung von Optionsgeschäften, in: Die Fachgutachten und Stellungnahmen des Instituts der Wirtschaftsprüfer auf dem Gebiete der Rechnungslegung und Prüfung, Düsseldorf 2000, S. 95-98.

IDW (Comment Letter vom 28.07.2000):
Comment Letter vom 28.07.2000, http://www.iasc.org.uk/docs/g4leas00/cl09.pdf, Stand: 17.11.2000.

Imhoff, Eugene A. Jr./Lipe, Robert C./Wright, David W. (Operating Leases):
Operating Leases: Impact of Constructive Capitalization, in: Accounting Horizons, March 1991, S. 51-63.

Imhoff, Eugene A. Jr./Thomas, Jacob K. (Accounting Standards):
Economic Consequences of Accounting Standards: The Lease Disclosure Rule Change, in: Journal of Accounting and Economics, No. 10 1988, S. 277-310.

Ingberman, Monroe/Ronen, Joshua/Sorter, George H. (Lease Capitalization):
How Lease Capitalization Under FASB Statement No. 13 Will Affect Financial Ratios, in: Financial Analysts Journal, January-February 1979, S. 28-31.

Isele, Horst (Leasingverhältnisse):
Miet-, Pacht- und Leasingverhältnisse, in: Küting, Karlheinz/Weber, Claus-Peter: Handbuch der Rechnungslegung. Kommentar zur Bilanzierung und Prüfung, Band Ia, Stuttgart 1995, Rn. 423-539.

Jauernig, Othmar (Insolvenzrecht):
Zwangsvollstreckungs- und Insolvenzrecht, 21. Aufl., München 1999.

Jensen, Michael C./Meckling William H. (Theory of the Firm):
Theory of the Firm: Managerial Behaviour, Agency Costs and Ownership Structure, in: Journal of Financial Economics, No. 3 1976, S. 305-360.

Jensen, Michael C./Ruback, Richard S. (Corporate Control):
The Market for Corporate Control, in: Journal of Financial Economics, No. 11 1983, S. 5-50.

Jensen, Michael C./Smith, Clifford W. jr. (Applications of Agency-Theory):
Stockholder, Manager, and Creditor Interests: Applications of Agency-Theory, in: Altman, E./Subrahmanyam, M. (Hrsg.): Recent Advances in Corporate Finance, Homewood 1985, S. 93-131.

Jung, Willi/Isele, Horst/Groß, Christoph (Rechnungslegung in den USA):
Rechnungslegung in den USA im Vergleich zu den deutschen Rechnungslegungsvorschriften, in: Sonnemann, Erik (Hrsg.): Rechnungslegung, Prüfung, Wirtschaftsrecht und Steuern in den USA, Wiesbaden 1989, S. 53-94.

Jutz, Manfred (Finanzinnovationen):
Finanzinnovationen, in: Küting, Karlheinz/Weber, Claus-Peter: Handbuch der Rechnungslegung. Kommentar zur Bilanzierung und Prüfung, Band Ia, Stuttgart 1995, Rn. 804-865.

Kaligin, Thomas (Kommunalleasing):
Zur Bestimmung des wirtschaftlichen Eigentümers beim Immobilienleasing – unter Einbeziehung des sog. Kommunalleasing und des Spezialleasing –, in: DStZ 1985, S. 235-240.

Kayser, Uwe (Situation des Leasing):
Zur aktuellen Situation des Leasing in Deutschland mit einem Ausblick auf Europa, in: BB (Beilage 5) 1998, S. 17.

Kenntemich, Robert (Bewertung von Leasing-Gegenständen):
Zur Bewertung von Leasing-Gegenständen und Leasing-Verbindlichkeiten in der Jahresbilanz des Leasing-Nehmers, in: WPg 1973, S. 84-87.

Kieso, Donald E./Weigandt, Jerry J./Warfield, Terry, D. (Intermediate Accounting):
Intermediate Accounting, 10. Aufl., New York u.a. 2001.

Klaus, Hans (Gesellschafterfremdfinanzierung):
Gesellschafterfremdfinanzierung und Eigenkapitalersatzrecht bei der Aktiengesellschaft und der GmbH, Frankfurt am Main u.a. 1994.

Klein, Ladislava (Kapitalgeberschutz durch Rechnungslegungsvorschriften):
Kapitalgeberschutz durch tschechische Rechnungslegungsvorschriften. Eine ökonomische Analyse unter besonderer Berücksichtigung kapitalmarktstruktureller Entwicklungen, Frankfurt am Main u.a. 1998.

Knapp, Lotte (Leasing-Erlaß):
Problematischer Leasing-Erlaß, in: DB 1971, S. 685-691.

Knapp, Lotte (Vermögensgegenstände):
Was darf der Kaufmann als seine Vermögensgegenstände bilanzieren?, in: DB 1971, S. 1121-1129.

Knapp, Lotte (Leasing in der Handelsbilanz):
Leasing in der Handelsbilanz, in: DB 1972, S. 541-549.

Knop, Wolfgang/Küting, Karlheinz (§ 255):
Kommentierung zu § 255 HGB, in: Küting, Karlheinz/Weber, Claus-Peter: Handbuch der Rechnungslegung. Kommentar zur Bilanzierung und Prüfung, Band Ia, Stuttgart 1995.

Koberg, Peter (Lease Contracts):
Consequences of a Change in the Accounting Rules Concerning Lease Contracts in Europe – Opinions and Predictions –, Results of the LEASEUROPE Interview Study, o.O. 1996.

Köbler, Gerhard (Schuldrecht):
Schuldrecht. Allgemeiner Teil und Besonderer Teil, 2. Aufl., München 1995.

Koch, Peter/Haag, Joachim (Rechtsnatur des Leasing-Vertrages):
Die Rechtsnatur des Leasing-Vertrages, in: BB 1968, S. 93-96.

Köhlertz, Klaus (Bilanzierung von Leasing):
Die Bilanzierung von Leasing. Die deutschen Bilanzierungskonventionen für Leasing im Vergleich zu den US-amerikanischen Vorschriften, München 1989.

Körner, Werner/Weiken, Heinz (Wirtschaftliches Eigentum):
Wirtschaftliches Eigentum nach § 5 Abs. 1 Satz 1 EStG. Ausweis fremder Wirtschaftsgüter in der Bilanz aufgrund zeitlich begrenzter Nutzungsrechte, in: BB 1992, S. 1033-1042.

KPMG (Stellungnahme):
Leasing im handelsrechtlichen Jahresabschluß. Eine gutachtliche Stellungnahme vor dem Hintergrund der Harmonisierung der Europäischen Rechnungslegung im Auftrag des Bundesverbandes Deutscher Leasing-Gesellschaften e.V., Frankfurt am Main 1992.

Krahnen, Jan Pieter (Objektfinanzierung):
Objektfinanzierung und Vertragsgestaltung. Eine theoretische Erklärung der Struktur langfristiger Leasingverträge, in: ZfB 1990, S. 21-38.

Krahnen, Jan Pieter/Meran, Georg (Why Leasing?):
Why Leasing? An Introduction to Comparative Contractual Analysis, in: Bamberg, Günter/Spremann, Klaus (Hrsg.): Agency Theory, Information, and Incentives, Berlin u.a. 1987.

Kratzer, Jost/Kreuzmair, Benno (Leasing in Theorie):
Leasing in Theorie und Praxis, Wiesbaden 1997.

Krawitz, Norbert (§ 285):
Kommentierung zu § 285 HGB, in: Hofbauer, Max A./Kupsch, Peter (Hrsg.): Bonner Handbuch Rechnungslegung. Aufstellung, Prüfung und Offenlegung des Jahresabschlusses, Bonn 2000.

Kreps, David M. (Microeconomic Theory):
A Course in Microeconomic Theory, New York u.a. 1990.

Kroll, Michael (Finanzierungsalternative):
Finanzierungsalternative Leasing, Stuttgart 1997.

Kroll, Michael/Schaub, Harald (Kalkulation von Leasingverträgen):
Kalkulation von Leasingverträgen beim Leasinggeber – Komponenten und Strategien, in: Büschgen, Hans E. (Hrsg): Praxishandbuch Leasing, München 1998, § 37.

Kropff, Bruno (Rechtsgeschäfte im Jahresabschluß):
Bilanzpolitisch motivierte Rechtsgeschäfte im Jahresabschluß, in: Treuarbeit (Hrsg.): Rechtliche Vorfragen im Jahresabschluß, Düsseldorf 1991, S. 9-33.

Krumbholz, Stefan/Streitferdt, Lothar (Kreditfinanzierung):
Leasing oder Kreditfinanzierung? Ein Vergleich des Leasing mit anderen Arten der Kreditfinanzierung, Köln 1975.

Kruschwitz, Lutz (Leasing und Steuern):
Leasing und Steuern, in: zfbf 1991, S. 99-118.

Kügel, Wilfried (Rechtsnatur):
Rechtsnatur des typischen Finanzierungsleasingvertrages und von Sonderformen des Leasing, in: Büschgen, Hans E. (Hrsg): Praxishandbuch Leasing, München 1998, § 5.

Kuhlewind, Andreas-M. (Ergebnisrechnung):
Die amerikanische Ergebnisrechnung: Ausweis des Unternehmenserfolgs im Abschluß nach US-GAAP, in: Ballwieser, Wolfgang (Hrsg.): US-amerikanische Rechnungslegung. Grundlagen und Vergleiche mit dem deutschen Recht, 4. Aufl., Stuttgart 2000, S. 283-328.

Kuo, Horng-Ching (Alternative Approaches):
An Evaluation of Alternative Approaches to Lessee Accounting in the Context of Risk Assessment, in: Review of Business and Economic Research, Fall 1988, S. 31-44.

Kupsch, Peter (§ 246):
Kommentierung zu § 246 HGB, in: Hofbauer, Max A./Kupsch, Peter (Hrsg.): Bonner Handbuch Rechnungslegung. Aufstellung, Prüfung und Offenlegung des Jahresabschlusses, Bonn 1986.

Kußmaul, Heinz (Nutzungsrechte):
Sind Nutzungsrechte Vermögensgegenstände bzw. Wirtschaftsgüter? Auch eine Stellungnahme zu dem Beitrag von D. E. Meyer-Schrarenberg, BB 1987 S. 874-877, in: BB 1987, S. 2053-2065.

Kußmaul, Heinz (Bilanzierung von Nutzungsrechten):
Bilanzierung von Nutzungsrechten an Grundstücken. Zugleich ein Vorschlag zur Interpretation des Begriffs „Vermögensgegenstand", in: StuW 1988, S. 46-60.

Küting, Karlheinz/Hellen, Heinz-Hermann/Brakensiek, Sonja (Leasing in der Bilanzierung):
Leasing in der nationalen und internationalen Bilanzierung. Eine vergleichende Darstellung unter Berücksichtigung neuer Ansätze, in: BB 1998, S. 1465-1473.

Küting, Karlheinz/Hellen, Heinz-Hermann/Brakensiek, Sonja (Leasingbilanzierung):
Leasingbilanzierung: Vorschlag zur Neuausrichtung nach dem Positionspapier der G4+1 Working Group, in: BB 2000, S. 1720-1721.

Larenz, Karl/Canaris, Claus-Wilhelm (Lehrbuch des Schuldrechts):
Lehrbuch des Schuldrechts, 13. Aufl., München 1994.

Lee, T. A. (Relevance):
Utility and Relevance – the search for reliable financial accounting information, in: Accounting and Business Research, Summer 1971, S. 242-249.

Leenen, Detlef (Rechtsfindung):
Typus und Rechtsfindung. Die Bedeutung der typologischen Methode für die Rechtsfindung dargestellt am Vertragsrecht des BGB, Berlin 1971.

Leenen, Detlef (Pflichten des Leasing-Gebers):
Die Pflichten des Leasing-Gebers, in: Grunsky, Wolfgang/Lieb, Manfred/Medicus, Dieter (Hrsg.): Grundfragen des Finanzierungsleasing. Sonderausgabe aus AcP Band 190, Tübingen 1990, S. 260-286.

Leffson, Ulrich (Darstellung von Leasingverträgen (I)):
Die Darstellung von Leasingverträgen im Jahresabschluß (I), in: DB 1976, S. 637-641.

Leffson, Ulrich (Darstellung von Leasingverträgen (II)):
Die Darstellung von Leasingverträgen im Jahresabschluß (II), in: DB 1976, S. 685-690.

Lefhalm, Heinz-Wilhelm (Bewertung der Leasing-Gegenstände):
Zur Bewertung der Leasing-Gegenstände und Leasing-Verpflichtungen in der Handelsbilanz des Leasingnehmers. Eine Auseinandersetzung mit der Stellungnahme HFA 1/73 des Instituts der Wirtschaftsprüfer, in: DB 1973, S. 2149-2156.

Leftwich, Richard (Accounting Information):
Accounting Information in Private Markets: Evidence from Private Lending Agreements, in: The Accounting Review 1983, S. 23-42.

Lenz, Peter (Bilanzierung von Mobilien-Leasingverträgen):
Die Bilanzierung von Mobilien-Leasingverträgen gemäß deutschem Handelsrecht und U.S.-Generally Accepted Accounting Principles: Ein kritischer Vergleich, Saarbrücken 1998.

Leuz, Christian (Kreditfinanzierung):
Rechnungslegung und Kreditfinanzierung. Zum Zusammenhang von Ausschüttungsbegrenzung, bilanzieller Gewinnermittlung und vorsichtiger Rechnungslegung, Frankfurt am Main u.a. 1996.

Lewis, Craig M./Schallheim, James S. (Debt and Leases):
Are Debt and Leases Substitutes?, in: Journal of Financial and Quantitative Analysis 1992, S. 497-511.

Lieb, Manfred (Leitbild des Finanzierungs-Leasing):
Das Leitbild des Finanzierungs-Leasing im Spannungsfeld von Vertragsfreiheit und Inhaltskontrolle, in: DB 1988, S. 946-954.

Linde AG (Geschäftsbericht 1999):
Geschäftsbericht 1999.

Link, Gerhard (Ertragsvereinnahmung):
Bilanzierung und Ertragsvereinnahmung bei der Forfaitierung von Leasingforderungen – Erwiderung zu dem Beitrag von Bink, DB 1987, S. 1106-1108 –, in: DB 1988, S. 616-618.

Lißmann, Uwe (Rechnungsabgrenzung):
Passive Rechnungsabgrenzung durch Leasinggesellschaften, in: DB 1991, S. 1479-1481.

Lüders, Jürgen (Gewinnrealisierung):
Der Zeitpunkt der Gewinnrealisierung im Handels- und Steuerbilanzrecht, Köln 1987.

Lüem, Walter (Leasingverträge):
Typologie der Leasingverträge, in: Kramer, Ernst A. (Hrsg.): Neue Vertragsformen der Wirtschaft: Leasing, Factoring, Franchising, 2. Aufl., Bern/Stuttgart/Wien 1992, S. 49-69.

Lwowski, Hans-Jürgen (Nutzungsverträge):
Erwerbsersatz durch Nutzungsverträge. Eine Studie zum Leasing, Hamburg 1967.

Ma, Ronald (Long-Term Leases):
Accounting for Long-Term Leases, in: Abacus, No. 1 1972, S. 21-34.

Martin, Walter (Anschaffungskosten):
Falsche Bilanzierung durch die herrschende Auffassung über Anschaffungskosten und schwebende Geschäfte?, in: DStR 1982, S. 243-246.

Martinek, Michael (Vertragstypen):
Moderne Vertragstypen. Band I: Leasing und Factoring, München 1991.

Maus, Günter (Leasing im Handels- und Steuerrecht):
Leasing im Handels- und Steuerrecht, Herne/Berlin 1996.

McGregor, Warren (A New Approach):
Accounting for Leases: A New Approach. Recognition by Lessees of Assets and Liabilities Arising under Lease Contracts, FASB 1996.

Mellwig, Winfried (Finanzplanung):
Finanzplanung und Leasing, in: ZfB 1980, S. 1042-1064.

Mellwig, Winfried (Kauf/Leasing-Entscheidung):
Besteuerung und Kauf/Leasing-Entscheidung, in: zfbf 1983, S. 782-800.

Mellwig, Winfried (Vorteilhafte Leasingverträge):
Vorteilhafte Leasingverträge – ein Rechenfehler?, in: DB 1983, S. 2261-2266.

Mellwig, Winfried (Darstellung von Leasingverträgen):
Die bilanzielle Darstellung von Leasingverträgen nach den Grundsätzen des IASC – Derzeitige Regelung und Reformvorschläge –, in: DB, Beilage 12/1998, S. 1-16.

Mellwig, Winfried (Leasing im Jahresabschluss):
Leasing im handelsrechtlichen Jahresabschluss, in: Zeitschrift für das gesamte Kreditwesen 2001, S. 303-309.

Mellwig, Winfried/Weinstock, Marc (Zurechnung von Leasingobjekten):
Die Zurechnung von mobilen Leasingobjekten nach deutschem Handelsrecht und den Vorschriften des IASC, in: DB 1996, S. 2345-2352.

Metro AG (Geschäftsbericht 1999):
Geschäftsbericht 1999.

Milburn, John Alexander (Financial Accounting):
Incorporating the time value of money within financial accounting, Canada 1988.

Miller, Merton H./Upton, Charles W. (Leasing, Buying):
Leasing, Buying, and the Cost of Capital Services, in: The Journal of Finance 1976, S. 761-786.

Modigliani, Franco/Miller, Merton H. (Cost of Capital):
The Cost of Capital, Corporation Finance and the Theory of Investment, in: American Economic Review 1958, S. 261-297.

Moxter, Adolf (Präferenzstruktur des Unternehmers):
Präferenzstruktur und Aktivitätsfunktion des Unternehmers, in: zfbf 1964, S. 6-35.

Moxter, Adolf (Grundsätze ordnungsmäßiger Bilanzierung):
Die Grundsätze ordnungsmäßiger Bilanzierung und der Stand der Bilanztheorie, in: zfbf 1966, S. 28-59.

Moxter, Adolf (Gewinnermittlung):
Betriebswirtschaftliche Gewinnermittlung, Tübingen 1982.

Moxter, Adolf (Bilanzsteuerrecht):
Wirtschaftliche Gewinnermittlung und Bilanzsteuerrecht, in: StuW 1983, S. 300-307.

Moxter, Adolf (Bilanztheorie):
Bilanzlehre. Band I: Einführung in die Bilanztheorie, 3. Aufl., Wiesbaden 1984.

Moxter, Adolf (Überlegenheit des Rechnungslegungsrechts):
Standort Deutschland: Zur Überlegenheit des deutschen Rechnungslegungsrechts, in: Peemöller, Volker H./Uecker, Peter (Hrsg.): Standort Deutschland: Grundsatzfragen und aktuelle Perspektiven für die Besteuerung, die Prüfung und das Controlling, Anton Heigl zum 65. Geburtstag, Berlin 1995, S. 31-41.

Moxter, Adolf (Bilanzrechtsprechung):
Zur neueren Bilanzrechtsprechung des I. BFH-Senats, in: DStR 1997, S. 433-436.

Moxter, Adolf (Fehlentwicklungen):
Fehlentwicklungen im Rechnungslegungsrecht, in: Forster, Karl-Heinz/Grunewald, Barbara/Lutter, Marcus/Semler, Johannes (Hrsg.): Aktien- und Bilanzrecht. Festschrift für Bruno Kropff, Düsseldorf 1997, S. 507-515

Myers, Stewart C./Dill, David A./Bautista, Alberto J. (Lease Contracts):
Valuation of Financial Lease Contracts, in: The Journal of Finance 1976, S. 799-819.

Nelson, A. Tom (Capitalizing Leases):
Capitalizing Leases – The Effect on Financial Ratios, in: The Journal of Accountancy, July 1963, S. 49-58.

Neumann, Horst (Unternehmensführung):
Leasing als betriebswirtschaftliches Problem der Unternehmensführung, seine Bilanzierung und Darstellung im Rechnungswesen, in: BuW 1996, S. 489-494.

Neus, Werner (Ökonomische Agency-Theorie):
Ökonomische Agency-Theorie und Kapitalmarktgleichgewicht, Wiesbaden 1989.

Niehus, Rudolf J. (Neuregelung der Bilanzierung):
Neuregelung der Bilanzierung von Leasing in den USA. Nur von theoretischem Interesse – oder Denkanstoß auch für uns?, in: DB 1977, S. 1862-1865.

Obermüller, Manfred/Livonius, Barbara (Insolvenzrechtsreform):
Auswirkungen der Insolvenzrechtsreform auf das Leasinggeschäft, in: DB 1995, S. 27-32.

Ordelheide, Dieter (Periodengewinn):
Kaufmännischer Periodengewinn als ökonomischer Gewinn – Zur Unsicherheitsrepräsentation bei der Konzeption von Erfolgsgrößen –, in: Domsch, Michel/Eisenführ, Franz/Ordelheide, Dieter/Perlitz, Manfred (Hrsg.): Unternehmenserfolg. Festschrift für Walther Busse von Colbe zum 60. Geburtstag, Wiesbaden 1988, S. 275-302.

Ordelheide, Dieter (Kapital und Gewinn):
Kapital und Gewinn. Kaufmännische Konvention als kapitaltheoretische Konzeption?, in: Hax, Herbert/Kern, Werner/Schröder, Hans-Horst (Hrsg.): Zeitaspekte in betriebswirtschaftlicher Theorie und Praxis, Stuttgart 1989, S. 21-41.

Ordelheide, Dieter (Wertpotential der IAS):
Wertpotential und Objektivierung der IAS im Vergleich zu den Bilanzierungsvorschriften des dHGB und des öHGB. Konsequenzen für die externe und interne Unternehmenssteuerung, in: Altenburger, Otto A./ Janschek, Otto/Müller, Heinrich (Hrsg.): Fortschritte im Rechnungswesen. Vorschläge für Weiterentwicklungen im Dienste der Unternehmens- und Konzernsteuerung durch Unternehmensorgane und Eigentümer. Gerhard Seicht zum 60. Geburtstag, 2. Aufl., Wiesbaden 2000, S. 507-532.

o. V. (Überarbeitung):
Überarbeitung der Fachgutachten und Stellungnahmen, in: FN-IDW 1990, S. 66-67.

Pabst, Heribert/Schmidt, Andreas/Bacher, Albrecht (Bilanzierung von Mobilien-Leasingverträgen):
Die Bilanzierung von Mobilien-Leasingverträgen nach internationalen und US-amerikanischen Grundsätzen, in: DB 1990, S. 1197-1202.

Papapostolou, Nikolaos (Risikoverteilung):
Die Risikoverteilung beim Finanzierungsleasingvertrag über bewegliche Sachen, München 1987.

Paschke, Marian (Null-Leasing):
Zivil- und wettbewerbsrechtliche Probleme des Null-Leasing. Dargestellt am Beispiel des privaten Kfz-Leasing, in: BB 1987, S. 1193-1198.

Pechtl, Hans (Prognosekraft):
Die Prognosekraft des Prognoseberichts. Eine empirische Untersuchung am Beispiel deutscher Aktiengesellschaften, in: zfbf 2000, S. 141-159.

Pellens, Bernhard (Funktionen):
Jahresabschluß (Funktionen), in: Busse von Colbe, Walther/Pellens, Bernhard (Hrsg.): Lexikon des Rechnungswesens. Handbuch der Bilanzierung und Prüfung, der Erlös-, Finanz-, Investitions- und Kostenrechnung, 4. Aufl., München/Wien 1998, S. 367-370.

Pellens, Bernhard (Internationale Rechnungslegung):
Internationale Rechnungslegung, 4. Aufl., Stuttgart 2001.

Pellens, Bernhard/Fülbier, Rolf Uwe (Ad-hoc-Publizität):
Gestaltung der Ad-hoc-Publizität unter Einbeziehung internationaler Vorgehensweisen, in: Baetge, Jörg (Hrsg.): Insiderrecht und Ad-hoc-Publizität – Was bedeuten die neuen Regelungen für Unternehmenspublizität und Finanzanalyse? – Vorträge und Diskussionen zum 11. Münsterischen Tagesgespräch des Münsteraner Gesprächskreises Rechnungslegung und Prüfung e.V. am 5. Mai 1995, Düsseldorf 1995, S. 23-64.

Pellens, Bernhard/Fülbier, Rolf Uwe (Rechnungslegungsregulierung):
Differenzierung der Rechnungslegungregulierung nach Börsenzulassung, in: ZGR 2000, S. 572-593.

Pellens, Bernhard/Gassen, Joachim (Bereitstellung von Rechnungslegungssystemen):
Die Bereitstellung von Rechnungslegungssystemen – Eine Aufgabe des Staates oder des Marktes?, in: Möller, Hans Peter/Schmidt, Franz (Hrsg.): Rechnungswesen als Instrument für Führungsentscheidungen. Festschrift für Professor Dr. Dr. h.c. Adolf G. Coenenberg zum 60. Geburtstag, Stuttgart 1998, S. 633-650.

Perridon, Louis/Steiner, Manfred (Finanzwirtschaft der Unternehmung):
Finanzwirtschaft der Unternehmung, 10. Aufl., München 1999.

Pfaff, Dieter (Gewinnverwendungsregelungen):
Gewinnverwendungsregelungen als Instrument zur Lösung von Agency-Problemen. Ein Beitrag zur Diskussion um die Reformierung der Ausschüttungskompetenz in Aktiengesellschaften, Frankfurt am Main u.a. 1989.

Pfaff, Dieter/Zweifel, Peter (Principal-Agent Theorie):
Die Principal-Agent Theorie. Ein fruchtbarer Beitrag der Wirtschaftstheorie zur Praxis, in: WiSt 1998, S. 184-190.

Pinkos, Erich (Anmerkungen zum Leasingerlaß):
Rechtssicherheit gefragt – Anmerkungen zum neuen Leasingerlaß der Finanzverwaltung, in: DB (Beilage 7) 1992, S. 20-22.

Plath, Wilfried (Bahnen):
Bahnen, Flugzeuge, Schiffe und Satelliten. Teure Investitionsprojekte verlangen nach besonderen Finanzierungen, in: Verlagsbeilage zur Frankfurter Allgemeinen Zeitung vom 13. Februar 1996, S. B 10.

Plathe, Peter (Beurteilung des Leasing-Geschäfts):
Zur rechtlichen Beurteilung des Leasing-Geschäfts, in: BB 1970, S. 601-605.

Powers, Marian/Revsine, Lawrence (Lessors' Accounting):
Lessors' Accounting and Residual Values: Comdisco, Barron's and GAAP, in: The Accounting Review 1989, S. 346-368.

Reichertz, Ruth/Frey, Dieter (Bilanzierung von Leasingverträgen):
Bilanzierung von Leasingverträgen nach US-GAAP, in: WPg 1997, S. 662-675.

Reinholz, Stefan (Leasingbilanzierung):
Stand und internationale Entwicklungen in der Leasingbilanzierung. Fünf verschiedene internationale Ansätze, in: Der Schweizer Treuhänder, Nr. 3 1995, S. 125-134.

Reinicke, Dietrich/Tiedtke, Klaus (Leasing):
Leasing (Sonderdruck aus Kaufrecht), Neuwied/Kriftel/Berlin, 1992.

Reinhard, Herbert (§ 247):
Kommentierung zu § 247 HGB, in: Küting, Karlheinz/Weber, Claus-Peter: Handbuch der Rechnungslegung. Kommentar zur Bilanzierung und Prüfung, Band Ia, Stuttgart 1995.

Reither, Cheri L. (Accounting Standards):
What are the Best and the Worst Accounting Standards?, in: Accounting Horizons, September 1998, S. 283-292.

Richardson, A. W. (Measurement of the Current Portion):
The Measurement of the Current Portion of Long-Term Lease Obligations – Some Evidence from Practice, in: The Accounting Review 1985, S. 744-752.

Rimerman, Thomas W. (Significance):
The Changing Significance of Financial Statements, in: Journal of Accountancy, April 1990, S. 79-83.

Ross, Stephen A. (The Principal's Problem):
The Economic Theory of Agency: The Principal's Problem, in: American Economic Review 1973, S. 134-139.

Roth, Herbert (Inhaltskontrolle):
Zur gerichtlichen Inhaltskontrolle von Finanzierungs-Leasingverträgen. Privatautonomie und Richtermacht im Recht der typenfremden Verträge, in: Grunsky, Wolfgang/Lieb, Manfred/Medicus, Dieter (Hrsg.): Grundfragen des Finanzierungsleasing. Sonderausgabe aus AcP Band 190, Tübingen 1990, S. 292-318.

Rubin, Steve (House of GAAP):
The House of GAAP, in: Journal of Accountancy, June 1984, S. 122-129.

Rudden, John T./Woywode, Uwe (Leasing in den USA):
Leasing in den USA, in: Hagenmüller, K. F./Eckstein, Wolfram (Hrsg.): Leasing-Handbuch für die betriebliche Praxis, 6. Aufl., Frankfurt am Main 1992, S. 381-406.

Runge, Berndt (Leasing im Zivilrecht):
Leasing im Zivilrecht, in: DB (Beilage 21) 1978, S. 6-10.

Runge, Berndt/Bremser, Horst/Zöller, Günter (Leasing):
Leasing. Betriebswirtschaftliche, handels- und steuerrechtliche Grundlagen, Heidelberg 1978.

Schachner, Leopold (The new accounting):
The new accounting for leases, in: Financial Executive, February 1978, S. 40-47.

Schäfer, Hans-Bernd/Ott, Claus (Lehrbuch):
Lehrbuch der ökonomischen Analyse des Zivilrechts, 3. Aufl., Berlin u.a. 2000.

Scheffler, Eberhard (Rechnungslegung und Bilanzrecht):
Internationale Rechnungslegung und deutsches Bilanzrecht, in: DStR 1999, S. 1285-1292.

Schildbach, Thomas (Der traditionelle Jahresabschluß):
Ist der traditionelle Jahresabschluß überholt?, in: WPg 1974, S. 606-611.

Schildbach, Thomas (Analyse des Rechnungswesens):
Analyse des betrieblichen Rechnungswesens aus der Sicht der Unternehmungsbeteiligten, dargestellt am Beispiel der Aktiengesellschaft, Wiesbaden 1975.

Schildbach, Thomas (Geldkapitalerhaltung):
Ein Plädoyer für die reale Geldkapitalerhaltung Eugen Schmalenbachs, in: BFuP 1979, S. 505-516.

Schildbach, Thomas (Generalklausel):
Die neue Generalklausel für den Jahresabschluß von Kapitalgesellschaften – zur Interpretation des Paragraphen 264 Abs. 2 HGB, in: BFuP 1987, S. 1-15.

Schildbach, Thomas (Rechnungslegungsideale):
Rechnungslegungsideale, Bilanzkulturen, Harmonisierung und internationaler Wettbewerb, in: BB 1995, S. 2635-2644.

Schildbach, Thomas (Zeitbewertung):
Zeitbewertung, Gewinnkonzeptionen und Informationsgehalt – Stellungnahme zu „Financial Assets and Liabilities – Fair Value or Historical Cost?“, in: WPg 1999, S. 177-185.

Schildbach, Thomas (Rechnungslegung nach US-GAAP (I)):
Rechnungslegung nach US-GAAP: Hoffnung und Wirklichkeit (Teil I), in: BB 1999, S. 359-365.

Schildbach, Thomas (Rechnungslegung nach US-GAAP (II)):
Rechnungslegung nach US-GAAP: Hoffnung und Wirklichkeit (Teil II), in: BB 1999, S. 411-415.

Schildbach, Thomas (Rechnungslegungsgremium):
Das private Rechnungslegungsgremium gemäß § 342 HGB und die Zukunft der Rechnungslegung in Deutschland, in: DB 1999, S. 645-652.

Schildbach, Thomas (Jahresabschluß):
Der handelsrechtliche Jahresabschluß, 6. Aufl., Herne/Berlin 2000.

Schildbach, Thomas (US-GAAP):
US-GAAP. Amerikanische Rechnungslegung und ihre Grundlagen, München 2000.

Schildbach, Thomas (Reichweite der US-GAAP):
Reichweite, Eigenschaften und Legitimation der US-GAAP: Vor überzogenen Erwartungen wird gewarnt!, in: StuB 2000, S. 192-201.

Schildbach, Thomas/Beermann, Markus/Feldhoff, Michael (Publizitätspraxis der GmbH):
Lagebericht und Publizitätspraxis der GmbH. Eine empirische Untersuchung, in: BB 1990, S. 2297-2301.

Schirduan, Heinz Jürgen (Finanzierungs-Leasing):
Finanzierungs-Leasing in der Bilanz des Leasinggebers. Ertragsteuer- und handelsrechtliche Fragen, Wiesbaden 1994.

Schloen, Brüne (Unternehmenspotential):
Lagebericht und Unternehmenspotential, in: DB 1988, S. 1661-1664.

Schmid-Burgk, Klaus/Ditz, Jan-Christian (Insolvenzrechtsreform):
Die Refinanzierung beim Leasing nach der Insolvenzrechtsreform, in: ZIP 1996, S. 1123-1126.

Schmidt, Matthias (Rechnungslegung):
Das Konzept einer kapitalmarktorientierten Rechnungslegung. Legitimation, Ableitung einer Sollvorstellung und Brauchbarkeit nationaler sowie internationaler Regelungen, Bielefeld 2000.

Schmidt, Reinhard H. (Neo-institutionalistischer Ansatz):
Ein neo-institutionalistischer Ansatz der Finanzierungstheorie, in: Rühli, E./Thommen, J. P. (Hrsg.): Unternehmungsführung aus finanz- und bankwirtschaftlicher Sicht, Stuttgart 1981, S. 135-154.

Schmidt, Reinhard H. (Grundformen der Finanzierung):
Grundformen der Finanzierung. Eine Anwendung des neo-institutionalistischen Ansatzes der Finanzierungstheorie, in: Kredit und Kapital 1981, S. 186-221.

Schmidt, Reinhard H. (Rechnungslegung als Informationsproduktion):
Rechnungslegung als Informationsproduktion auf nahezu effizienten Kapitalmärkten, in: zfbf 1982, S. 728-748.

Schmidt, Reinhard H. (Gläubigerverfügungsrechte):
Asymmetrische Information und Gläubigerverfügungsrechte in der Insolvenz, in: ZfB 1984, S. 717-742.

Schmidt, Reinhard H. (Property Rights-Analysen):
Neuere Property Rights-Analysen in der Finanzierungstheorie, in: Budäus, D./Gerum, E./ Zinn, G. (Hrsg.): Betriebswirtschaftslehre und Theorie der Verfügungsrechte, Wiesbaden 1988, S. 240-267.

Schmidt, Reinhard H. (Unternehmensfinanzierung):
Unternehmensfinanzierung und Kapitalmarkt, in: Ott, C./Schäfer, H.-B. (Hrsg.): Ökonomische Analyse des Unternehmensrechts, Beiträge zum 3. Travemünder Symposium zur ökonomischen Analyse des Rechts, Heidelberg 1993, S. 170-191.

Schmidt, Reinhard H./Terberger, Eva (Finanzierungstheorie):
Grundzüge der Investitions- und Finanzierungstheorie, 4. Aufl., Wiesbaden 1997.

Schneider, Dieter (Ausschüttungsfähiger Gewinn):
Ausschüttungsfähiger Gewinn und das Minimum an Selbstfinanzierung, in: zfbf 1968, S. 1-29.

Schneider, Dieter (Investition):
Investition, Finanzierung und Besteuerung, 7. Aufl., Wiesbaden 1992.

Schneider, Dieter (Grundlagen):
Betriebswirtschaftslehre. Band 1: Grundlagen, 2. Aufl., München/Wien 1995.

Schneider, Dieter (Rechnungswesen):
Betriebswirtschaftslehre. Band 2: Rechnungswesen, 2. Aufl., München/ Wien 1997.

Schneider, Dieter (Theorie der Unternehmung):
Betriebswirtschaftslehre. Band 3: Theorie der Unternehmung, München/Wien 1997.

Schoenfeld, Hanns Martin W. (Zusatzinformationen):
Zusatzinformationen als Hilfsmittel zur zielkonformen Beurteilung und Steuerung, in: Altenburger, Otto A./Janschek, Otto/Müller, Heinrich (Hrsg.): Fortschritte im Rechnungswesen. Vorschläge für Weiterentwicklungen im Dienste der Unternehmens- und Konzernsteuerung durch Unternehmensorgane und Eigentümer. Gerhard Seicht zum 60. Geburtstag, 2. Aufl., Wiesbaden 2000, S. 585-605.

Schoppe, Siegfried G./Graf Wass von Czege, Andreas/Stein, Ingo/Zimmer, Klaus (Theorie der Unternehmung):
Moderne Theorie der Unternehmung, München/Wien 1995.

Schreiber, Ulrich (Rechnungslegung im Einzelabschluß):
Rechnungslegung im Einzelabschluß nach internationalen Grundsätzen?, in: Kleineidam, Hans-Jochen (Hrsg.): Unternehmenspolitik und internationale Besteuerung. Festschrift für Lutz Fischer zum 60. Geburtstag, Berlin 1999, S. 879-911.

Schröder, Jürgen (Stichhaltigkeit):
Die Stichhaltigkeit von Argumenten für und wider Leasing, Frankfurt am Main/Thun 1985.

Schroeder, Richard G./Clark, Myrtle (Accounting Theory):
Accounting Theory. Text and Readings, 6. Aufl., New York u.a. 1998.

Schuetze, Walter P. (Assets and Liabilities):
What Are Assets and Liabilities? Where Is The True North? (Accounting That my Sister Would Understand), in: Abacus, No. 1 2001, S. 1-25.

Seeliger, Gerhard (Begriff des wirtschaftlichen Eigentums):
Der Begriff des wirtschaftlichen Eigentums im Steuerrecht, Stuttgart 1962.

Seidel, Gerrit/Richter, Stefan (High Performance Leasing):
High Performance Leasing: Wachstum durch Wandel, in: Die Bank 1998, S. 146-149.

Seifert, Peter (Rechtsfragen):
Rechtsfragen beim Leasing-Vertrag, in DB (Beilage 1) 1983, S. 1-12.

Seifert, Peter (Leasing aus rechtlicher Sicht):
Leasing von beweglichen Wirtschaftsgütern aus rechtlicher Sicht, in: Hagenmüller, K. F./ Eckstein, Wolfram (Hrsg.): Leasing-Handbuch für die betriebliche Praxis, 6. Aufl., Frankfurt am Main 1992, S. 51-75.

Siebel, Erhard (Risikolagen):
Typische Risikolagen im Leasingbereich, in: Der langfristige Kredit 1984, S. 582-587.

Siebert, Henning (Grundlagen):
Grundlagen der US-amerikanischen Rechnungslegung. Ziele und Inhalte der Verlautbarungen der SEC und des FASB sowie ihre Unterschiede zum deutschen Bilanzrecht, Köln 1996.

Siegel, Theodor (Rechnungslegungsvorschriften):
Mangelnde Ernsthaftigkeit des Gläubigerschutzes als offene Flanke der deutschen Rechnungslegungsvorschriften, in: Fischer, Thomas R. (Hrsg.): Jahresabschluß und Jahresabschlußprüfung: Probleme, Perspektiven, internationale Einflüsse. Festschrift zum 60. Geburtstag von Jörg Baetge, Düsseldorf 1997, S. 117-149.

Siegel, Theodor (Zeitwertbilanzierung):
Zeitwertbilanzierung für das deutsche Bilanzrecht?, in: BFuP 1998, S. 593-603.

Siegel, Theodor/Bareis, Peter/Rückle, Dieter/Schneider, Dieter/Sigloch, Jochen/Streim, Hannes/ Wagner, Franz W. (*Siegel u.a.*, Stille Reserven):
Stille Reserven und aktienrechtliche Informationspflichten, in: ZIP 1999, S. 2077-2085.

Siemens AG (Geschäftsbericht 1999):
Geschäftsbericht 1999.

Sigloch, Jochen (Leasing):
Leasing, in: Busse von Colbe, Walther/Pellens, Bernhard (Hrsg.): Lexikon des Rechnungswesens. Handbuch der Bilanzierung und Prüfung, der Erlös-, Finanz-, Investitions- und Kostenrechnung, 4. Aufl., München/Wien 1998, S. 479-484.

Smith, Clifford W. Jr./Wakeman, Macdonald L. (Leasing Policy):
Determinants of Corporate Leasing Policy, in: The Journal of Finance 1985, S. 895-908.

Snavely, Howard J. (Accounting Information Criteria):
Accounting Information Criteria, in: The Accounting Review 1967, S. 223-232.

Sorg, Peter (Publizitätspraxis der AG):
Prognosebericht und Publizitätspraxis der AG. Ergebnisse einer empirischen Untersuchung, in: BB 1994, S. 1962-1969.

Spittler, Hans-Joachim (Leasing für die Praxis):
Leasing für die Praxis, 5. Aufl., Köln 1999.

Spremann, Klaus (Agent and Principal):
Agent and Principal, in: Bamberg, Günter/Spremann, Klaus (Hrsg.): Agency Theory, Information, and Incentives, Berlin u.a. 1987, S. 3-37.

Spremann, Klaus (Investition und Finanzierung):
Investition und Finanzierung, 4. Aufl., München/Wien 1991.

Städtler, Arno (Bedeutung des Finanzierungsleasing):
Die gesamtwirtschaftliche Bedeutung des Finanzierungsleasing, in: Grunsky, Wolfgang/Lieb, Manfred/Medicus, Dieter (Hrsg.): Grundfragen des Finanzierungsleasing. Sonderausgabe aus AcP Band 190, Tübingen 1990, S. 204-207.

Städtler, Arno (Breitengeschäft):
Leasing in Deutschland: Breitengeschäft wächst weiter – Großmobilien durch Steuerrechtsänderungen gebremst, in: ifo-Schnelldienst, Nr. 35-36/ 2000, S. 27-34.

Statistisches Bundesamt (Mitteilung):
Mitteilung für die Presse vom 28.04.1999: Erste Ergebnisse nach dem neuen Europäischen System Volkswirtschaftlicher Gesamtrechnungen (ESVG) 1995 für die Jahre 1991-1998, http://www.statistik-bund.de/presse/deutsch/pm1999/p1520121.htm, Stand: 03.04.2001.

Staubus, George J. (Accounting Procedures):
Determinants of the Value of Accounting Procedures, in: Abacus, No. 1 1969, S. 105-119.

Stobbe, Thomas (Maßgeblichkeitsgrundsatz):
Ist der Maßgeblichkeitsgrundsatz bei der Zurechnung des wirtschaftlichen Eigentums anwendbar? Eine Analyse am Beispiel des Leasings und der Pensionsgeschäfte, in: BB 1990, S. 518-525.

Stöber, Kurt (§ 857):
Kommentierung zu § 857 ZPO, in: Zöller, Richard (Hrsg.): Zivilprozeßordnung mit Gerichtsverfassungsgesetz und den Einführungsgesetzen, mit Internationalem Zivilprozeßrecht, Kostenanmerkungen, 22. Aufl., Köln 2001.

Stoppok, Gerhard (Leasing aus rechtlicher Sicht):
Leasing von beweglichen Wirtschaftsgütern aus rechtlicher Sicht, in: Hagenmüller, K. F./Stoppok, Gerhard (Hrsg.): Leasing-Handbuch für die betriebliche Praxis, 5. Aufl., Frankfurt am Main 1988.

Streim, Hannes (Informationsgehalt):
Der Informationsgehalt des Human Resource Accounting. Zur Problematik der Erfassung und des Ausweises menschlicher Ressourcen im betriebswirtschaftlichen Rechnungswesen, unveröffentlichte Habilitationsschrift, Gießen 1976.

Streim, Hannes (Rückstellungen für Großreparaturen):
Rückstellungen für Großreparaturen. Begriffsexplikation und Zweckmäßigkeitsanalyse, in: BB 1985, S. 1575-1583.

Streim, Hannes (Notwendigkeit gesetzlicher Rechnungslegungsvorschriften):
Zur Notwendigkeit gesetzlicher Rechnungslegungsvorschriften, unveröffentlichtes Vortragsmanuskript, Würzburg 1986.

Streim, Hannes (Grundzüge):
Grundzüge der handels- und steuerrechtlichen Bilanzierung, Stuttgart 1988.

Streim, Hannes (Rechnungsabgrenzungsposten):
Rechnungsabgrenzungsposten, in: Chmielewicz, Klaus/Schweitzer, Marcell (Hrsg.): Handwörterbuch des Rechnungswesens, 3. Aufl., Stuttgart 1993, Sp. 1679-1686.

Streim, Hannes (Generalnorm):
Die Generalnorm des § 264 Abs. 2 HGB – Eine kritische Analyse, in: Ballwieser, Wolfgang/Böcking, Hans-Joachim/Drukarczyk, Jochen/Schmidt, Reinhard H. (Hrsg.): Bilanzrecht und Kapitalmarkt. Festschrift zum 65. Geburtstag von Professor Dr. Dr. h.c. Dr. h.c. Adolf Moxter, Düsseldorf 1994, S. 391-406.

Streim, Hannes (Stellenwert des Lageberichts):
Zum Stellenwert des Lageberichts im System der handelsrechtlichen Rechnungslegung, in: Elschen, Rainer/Siegel, Theodor/Wagner, Franz W. (Hrsg.): Unternehmenstheorie und Besteuerung. Festschrift zum 60. Geburtstag von Dieter Schneider, Wiesbaden 1995, S. 703-721.

Streim, Hannes (Konzeptionslosigkeit):
Internationalisierung von Gewinnermittlungsregeln zum Zwecke der Informationsvermittlung. Zur Konzeptionslosigkeit der Fortentwicklung der Rechnungslegung, in: Meffert, Heribert/Krawitz, Norbert (Hrsg.): Unternehmensrechnung und -besteuerung. Grundfragen und Entwicklungen, Festschrift für Dietrich Börner zum 65. Geburtstag, Wiesbaden 1998, S. 323-343.

Streim, Hannes (Vermittlung von entscheidungsnützlichen Informationen):
Die Vermittlung von entscheidungsnützlichen Informationen durch Bilanz und GuV – Ein nicht einlösbares Versprechen der internationalen Standardsetter, in: BFuP 2000, S. 111-131.

Streim, Hannes (§ 264):
Kommentierung zu § 264 HGB, in: Hofbauer, Max A./Kupsch, Peter (Hrsg.): Bonner Handbuch Rechnungslegung. Aufstellung, Prüfung und Offenlegung des Jahresabschlusses, Bonn 2000.

Streim, Hannes/Bieker, Marcus/Leippe, Britta (Anmerkungen):
Anmerkungen zur theoretischen Fundierung der Rechnungslegung nach International Accounting Standards, in: Schmidt, Hartmut/Ketzel, Eberhart/Prigge, Stefan (Hrsg.): Wolfgang Stützel – Moderne Konzepte für Finanzmärkte, Beschäftigung und Wirtschaftsverfassung, Tübingen 2001, S. 177-206.

Streim, Hannes/Leippe, Britta (Neubewertung):
Neubewertung nach International Accounting Standards – Darstellung, Anwendungsprobleme und kritische Analyse, in: Seicht, Gerhard (Hrsg.): Jahrbuch für Controlling und Rechnungswesen 2001, Wien 2001, S. 373-411.

Strobl, Elisabeth (Gläubigerschutzbestimmungen):
IASC-Rechnungslegung und Gläubigerschutzbestimmungen nach deutschem Recht, in: Ballwieser, Wolfgang/Moxter, Adolf/Nonnenmacher, Rolf (Hrsg.): Rechnungslegung – Warum und wie. Festschrift für Hermann Clemm zum 70. Geburtstag, München 1996, S. 389-412.

Stützel, Wolfgang (Bilanztheorie):
Bemerkungen zur Bilanztheorie, in: ZfB 1967, S. 314-340.

Süchting, Joachim (Finanzmanagement):
Finanzmanagement. Theorie und Politik der Unternehmensfinanzierung, 6. Aufl., Wiesbaden 1995.

Swieringa, Robert J. (When Current is Noncurrent):
When current is Noncurrent and Vice Versa!, in: The Accounting Review 1984, S. 123-130.

Tacke, Helmut R. (Bonität eines Leasingnehmers):
Die Beurteilung der Bonität eines Leasingnehmers – Bilanzveränderung durch Leasing –, in: DB 1981, S. 329-332.

Tacke, Helmut R. (Risikoverläufe):
Risiken und Risikoverläufe im Leasing, in: DB (Beilage 28) 1983, S. 1-11.

Tacke, Helmut R. (Leasingentscheidung):
Die Bedeutung des Vertragsmodells bei der Leasingentscheidung, in: DB (Beilage 12) 1987, S. 12-14.

Tacke, Helmut R. (Risikopotential):
Risikopotential und Risikobewältigung im Leasing, in: FLF 1991, S. 23-27.

Tacke, Helmut R. (Leasing an der Wachstumsgrenze):
Leasing an der Wachstumsgrenze, in: DB (Beilage 7) 1992, S. 9-10.

Tacke, Helmut R. (Bilanzierung von Leasingvertragsverhältnissen):
Bilanzierung von Leasingvertragsverhältnissen beim Leasinggeber und Leasingnehmer, in: BBK 1996, S. 123-144.

Tacke, Helmut R. (Bilanzierung von Immobilien-Leasingverträgen):
Bilanzierung von Immobilien-Leasingverträgen beim Leasinggeber und Leasingnehmer, in: BBK 1997, S. 605-616.

Tacke, Helmut R. (Bilanzielle Risikovorsorge):
Bilanzielle Risikovorsorge im Leasinggeschäft, in: DB (Beilage 6) 1998, S. 10-15.

Tacke, Helmut R. (Leasing):
Leasing, 3. Aufl., Stuttgart 1999.

Telekom AG (Geschäftsbericht 1999):
Geschäftsbericht 1999.

Terberger, Eva (Neo-institutionalistische Ansätze):
Neo-institutionalistische Ansätze. Entstehung und Wandel – Anspruch und Wirklichkeit, Wiesbaden 1994.

The South African Institute of Chartered Accountants (Comment Letter vom 31.07.2000):
Comment Letter vom 31.07.2000, http://www.iasc.org.uk/docs/g4leas00/cl12.pdf, Stand: 17.11.2000.

The Swedish Institute of Authorised Public Accountants (Comment Letter vom 05.06.2000):
Comment Letter vom 05.06.2000, http://www.iasc.org.uk/docs/g4leas00/cl02.pdf, Stand: 17.11.2000.

ThyssenKrupp AG (Geschäftsbericht 1998/99):
Geschäftsbericht 1998/99.

Tiedchen, Susanne (Vermögensgegenstand):
Der Vermögensgegenstand im Handelsbilanzrecht, Köln 1991.

Tipke, Klaus/Kruse, Heinrich Wilhelm (§ 39):
Kommentar zu § 39 AO, in: Tipke, Klaus/Kruse, Heinrich Wilhelm (Hrsg.): Kommentar zur Abgabenordnung und Finanzgerichtsordnung (ohne Steuerstrafrecht), 16. Aufl., Köln 1996, Stand: September 1999.

Ullrich, Erhard (Zurechnung der Leasinggegenstände):
Persönliche Zurechnung der Leasinggegenstände (wirtschaftliches Eigentum), in: Büschgen, Hans E. (Hrsg): Praxishandbuch Leasing, München 1998, § 21.

van Hulle, Karel (Zukunft der Rechnungslegung):
Die Zukunft der europäischen Rechnungslegung im Rahmen einer sich ändernden internationalen Rechnungslegung, in: WPg 1998, S. 138-153.

Vatter, W. J. (Accounting for Leases):
Accounting for Leases, in: Journal of Accounting Research, Autumn 1966, S. 133-148.

VEBA AG (Geschäftsbericht 1999):
Geschäftsbericht 1999.

Veigel, Günter/Lentschig, Peter (Leasing im Steuerrecht):
Leasing im Steuerrecht, in: Die steuerliche Betriebsprüfung, S. 106-117.

VR Leasing AG (Geschäftsbericht 1999):
Geschäftsbericht 1999.

Wagner, Franz W. (Informations- und Ausschüttungsbemessungsfunktion):
Zur Informations- und Ausschüttungsbemessungsfunktion des Jahresabschlusses auf einem organisierten Kapitalmarkt, in: zfbf 1982, S. 749-771.

Wagner, Franz W. (Periodenabgrenzung):
Periodenabgrenzung als Prognoseverfahren – Konzeption und Anwendungsbereich der „einkommensapproximativen Bilanzierung", in: Ballwieser, Wolfgang/Böcking, Hans-Joachim/Drukarczyk, Jochen/Schmidt, Reinhard H. (Hrsg.): Bilanzrecht und Kapitalmarkt. Festschrift zum 65. Geburtstag von Professor Dr. Dr. h.c. Dr. h.c. Adolf Moxter, Düsseldorf 1994, S. 1175-1197.

Wagner, Thomas (Unternehmensbewertung):
Der Einfluß von Leasingverhältnissen bei der Unternehmensbewertung, in: DB (Beilage 7) 1991, S. 22-24.

Wagner, Wolfgang (Bilanzausweis vermieteter Gegenstände (I)):
Bilanzausweis vermieteter Gegenstände beim Leasing-Geber (I), in: DB 1974, S. 297-301.

Walz, Rainer (Stellung des Leasingnehmers):
Die Stellung des Leasingnehmers beim Finanzleasing in sachen-, vollstreckungs- und konkursrechtlicher Hinsicht, in: WM (Sonderbeilage Nr. 10) 1985, S. 1-20.

Weidenkaff, Walter (Einf. v. § 535):
Einführung vor § 535 BGB, in: Palandt, Otto (Hrsg.): Bürgerliches Gesetzbuch, 60. Aufl., München 2001.

Weinstock, Marc (Accounting for Leases):
Accounting for Leases: Neuer Vorschlag des IASC zur Bilanzierung von Leasingverträgen, in: WPg 1996, S. 794-800.

Weinstock, Marc (Bilanzierung von Leasingverträgen):
Die Bilanzierung von Leasingverträgen nach IASC. Darstellung mit ausführlichen Beispielen, Frankfurt am Main u.a. 2000.

Wenger, Ekkehard (Unternehmenserhaltung):
Unternehmenserhaltung und Gewinnbegriff. Die Problematik des Nominalwertprinzips in handels- und steuerrechtlicher Sicht, Wiesbaden 1981.

Wichmann, Gerd (Artmäßige Zurechnung):
Artmäßige Zurechnung beim Leasinggeber zu bilanzierender Wirtschaftsgüter, in: DB 1983, S. 144-148.

Wilhelm, Jochen (Vorteilhaftigkeit des Leasing):
Die Vorteilhaftigkeit des Leasing aus finanzierungstheoretischer Sicht, in: zfbf 1985, S. 485-499.

Wilkins, Trevor (Investigation):
A Behavioural Investigation of Alternative Methods of Financing Capital Acquisitions and Lease Capitalisation, in: Accounting and Business Research, Autumn 1984, S. 359-366.

Wilkins, Trevor/Zimmer, Ian (Effect of Leasing):
The Effect of Leasing and Different Methods of Accounting for Leases on Credit Evaluations, in: The Accounting Review 1983, S. 749-764.

Wilkins, Trevor/Zimmer, Ian (Alternative Methods):
The Effects of Alternative Methods of Accounting for Leases – An Experimental Study, in: Abacus, No. 4 1983, S. 64-75.

Wohlgemuth, Michael (§ 252):
Kommentierung zu § 252 HGB, in: Hofbauer, Max A./Kupsch, Peter (Hrsg.): Bonner Handbuch Rechnungslegung. Aufstellung, Prüfung und Offenlegung des Jahresabschlusses, Bd. 2, 2. Aufl., Bonn 1999.

Wyatt, Arthur R. (Leases Should be Capitalized):
Leases Should be Capitalized, in: The CPA Journal, September 1974, S. 35-38.

Zahn, Herbert (Insolvenz des Leasinggebers (Teil I)):
Leasingnehmer und refinanzierende Bank in der Insolvenz des Leasinggebers nach der Insolvenzordnung – Teil I: Der Leasingvertrag über Mobilien in der Insolvenz des Leasinggebers – Zugleich eine Besprechung des Urteils des IX. Senats des BGH vom 4.5.1995 –, in: DB 1995, S. 1597-1600.

Zahn, Herbert (Der Leasingvertrag über Mobilien):
Der Leasingvertrag über Mobilien in der Insolvenz des Leasinggebers nach der Novellierung der InsO, in: DB 1996, S. 1393-1397.

Zechner, Josef (Managerverhalten):
Managerverhalten und die optimale Kapitalstruktur von Unternehmungen. Ein Überblick zur Theorie der Agency Costs, in: JfB 1982, S. 180-197.

Zises, Alvin (Disclosure):
Disclosure of Long-Term Leases, in: The Journal of Accountancy, February 1961, S. 37-46.

Rechtsquellenverzeichnis

Gerichtsurteile

BFH (BFH vom 26.01.1970):
BFH-Urteil vom 26.01.1970, IV R 144/66, in: BStBl. II 1970, S. 264-273.

BFH (BFH vom 09.04.1981):
BFH-Urteil vom 09.04.1981, IV R 28/78, in: BStBl. II 1981, S. 481-484.

BFH (BFH vom 12.08.1982):
BFH-Urteil vom 12.08.1982, IV R 184/79, in: DB 1982, S. 2383-2385.

BFH (BFH vom 24.07.1996):
BFH-Urteil vom 24.07.1996, I R 96/95, in: DB 1996, S. 2311-2312.

BFH (BFH vom 28.02.2001):
BFH-Urteil vom 28.02.2001, I R 51/00, in: BB 2001, S. 1576-1577.

BGH (BGH vom 05.05.1978):
BGH-Urteil vom 05.05.1978, VIII ZR 49/77, in: DB 1978, S. 1334-1335.

BGH (BGH vom 28.10.1981):
BGH-Urteil vom 28.10.1981, VIII ZR 175/80, in: NJW 1982, S. 870-872.

BGH (BGH vom 02.12.1981):
BGH-Urteil vom 02.12.1981, VIII ZR 273/80, in: WM 1982, S. 151-152.

BGH (BGH vom 09.10.1985):
BGH-Urteil vom 09.10.1085, VIII ZR 217/84, in: WM 1985, S. 1447-1449.

BGH (BGH vom 30.09.1987):
BGH-Urteil vom 30.09.1987, VIII ZR 226/86, in: DB 1987, S. 2451-2453.

BGH (BGH vom 11.01.1995):
BGH-Urteil vom 11.01.1995, VIII ZR 82/94, in: DB 1995, S. 668-671.

FG Münster (FG Münster vom 03.04.2000):
Urteil des FG Münster vom 03.04.2000, 9 K 7501/97 K, in: EFG 2000, S. 668-669.

Schreiben der Finanzverwaltung

BMF (BMF vom 19.04.1971):
BMF-Schreiben vom 19.04.1973: Schreiben betr. ertragsteuerliche Behandlung von Leasing-Verträgen über bewegliche Wirtschaftsgüter, IV B 2 – S 2170 – 31/71, in: Steuererlasse, Textsammlung wichtiger Erlasse zum gesamten Steuerrecht mit Hinweisen und Verweisungen, Stand: 15.12.2000, München 2001, I § 6/1.

BMWF (BMWF vom 21.03.1972):
BMWF-Schreiben vom 21.03.1972: Schreiben betr. ertragsteuerliche Behandlung von Finanzierungs-Leasing-Verträgen über unbewegliche Wirtschaftsgüter, IV B 2 – S 2170 – 11/72, in: Steuererlasse, Textsammlung wichtiger Erlasse zum gesamten Steuerrecht mit Hinweisen und Verweisungen, Stand: 15.12.2000, München 2001, I § 6/2.

BMF (BMF vom 19.03.1973):
BMF-Schreiben vom 19.03.1973: Finanzierungs-Leasing: Höhe des Zinssatzes bei der Aufteilung der Leasingraten in enen Zins- und Kostenanteil sowie in einen Tilgungsanteil, IV B 2 – S 2170 – 4/73, in: DB 1973, S. 798.

BMF (BMF vom 13.12.1973):
BMF-Schreiben vom 13.12.1973: Behandlung von Finanzierungs-Leasing-Verträgen – Aufteilung der Leasing-Raten in einen Zins- und Kostenanteil sowie in einen Tilgungsanteil, IV B 2 – S 2170 – 94/73, in: DB 1973, S. 2485-2486.

BMF (BMF vom 22.12.1975):
BMF-Schreiben vom 22.12.1975: Schreiben betr. steuerrechtliche Zurechnung des Leasing-Gegenstandes bei Teilamortisations-Leasing-Verträgen über unbewegliche Wirtschaftsgüter, IV B 2 – S 2170 – 161/75, in: Steuererlasse, Textsammlung wichtiger Erlasse zum gesamten Steuerrecht mit Hinweisen und Verweisungen, Stand: 15.12.2000, München 2001, I § 6/3.

BMF (BMF vom 23.12.1991):
BMF-Schreiben vom 23.12.1991: Schreiben betr. ertragsteuerliche Behandlung von Teilamortisations-Leasing-Verträgen über unbewegliche Wirtschaftsgüter, IV B 2 – S 2170 – 115/91, in: Steuererlasse, Textsammlung wichtiger Erlasse zum gesamten Steuerrecht mit Hinweisen und Verweisungen, Stand: 15.12.2000, München 2001, I § 6/4.

BMF (BMF vom 07.04.1995):
BMF-Schreiben vom 07.04.1995: Bilanz- und gewerbesteuerrechtliche Behandlung der Forfaitierung von Forderungen aus Leasing-Verträgen, IV B 2 – S 2170 – 4/95, in: BStBl. I, S. 9.

BETRIEBSWIRTSCHAFTLICHE STUDIEN
RECHNUNGS- UND FINANZWESEN, ORGANISATION UND INSTITUTION

Die Herausgeber wollen in dieser Schriftenreihe Forschungsarbeiten aus dem Rechnungswesen, dem Finanzwesen, der Organisation und der institutionellen Betriebswirtschaftslehre zusammenfassen. Über den Kreis der eigenen Schüler hinaus soll originellen betriebswirtschaftlichen Arbeiten auf diesem Gebiet eine größere Verbreitung ermöglicht werden. Jüngere Wissenschaftler werden gebeten, ihre Arbeiten, insbesondere auch Dissertationen, an die Herausgeber einzusenden.

Band 1 Joachim Hartle: Möglichkeiten der Entobjektivierung der Bilanz - Eine ökonomische Analyse. 1984.

Band 2 Peter Wachendorff: Alternative Vertragsgestaltung bei öffentlichen Aufträgen - Eine ökonomische Analyse. 1984.

Band 3 Doris Zimmermann: Schmalenbachs Aktivierungsgrundsätze. 1985.

Band 4 Elke Michaelis: Organisation unternehmerischer Aufgaben - Transaktionskosten als Beurteilungskriterium. 1985.

Band 5 Arno Schuppert: Die Überwachung betrieblicher Routinetätigkeiten. Ein Erklärungs-Entscheidungsmodell. 1985.

Band 6 Bonaventura Lehertshuber: Unternehmensvertragsrecht und Konzernhandelsbilanz. 1986.

Band 7 Joachim Schindler: Kapitalkonsolidierung nach dem Bilanzrichtlinien-Gesetz. 1986.

Band 8 Gerhard R. Schell: Die Ertragsermittlung für Bankbewertungen. 1988.

Band 9 Ulrich Hein: Analyse der Neubewertungsverfahren im belgischen und französischen Bilanzrecht. 1988.

Band 10 Rainer Leuthier: Das Interdependenzproblem bei der Unternehmensbewertung. 1988.

Band 11 Dieter Pfaff: Gewinnverwendungsregelungen als Instrument zur Lösung von Agency-Problemen. Ein Beitrag zur Diskussion um die Reformierung der Ausschüttungskompetenz in Aktiengesellschaften. 1989.

Band 12 Christian Debus: Haftungsregelungen im Konzernrecht. Eine ökonomische Analyse. 1990.

Band 13 Ralph Otte: Konzernabschlüsse im öffentlichen Bereich. Notwendigkeit und Zwecke konsolidierter Jahresabschlüsse von Gebietskörperschaften dargestellt am Beispiel der Bundesverwaltung der Bundesrepublik Deutschland. 1990.

Band 14 Rüdiger Zaczyk: Interdisziplinarität im Bilanzrecht. Rechtsfindung im Spannungsfeld zwischen Betriebswirtschaftslehre und dogmatischer Rechtswissenschaft. 1991.

Band 15 Oliver Fliess: Konzernabschluß in Großbritannien – Grundlagen, Stufenkonzeption und Kapitalkonsolidierung. 1991.

Band 16 Joachim Faß: Konzernierung und konsolidierte Rechnungslegung. Eine Analyse der Eignung des Konzernabschlusses als Informationsinstrument und als Grundlage der Ausschüttungsbemessung konzernverbundener Unternehmen. 1992.

Band 17 Michael Feldhoff: Die Regulierung der Rechnungslegung. Eine systematische Darstellung der Grundlagen mit einer Anwendung auf die Frage der Publizität. 1992.

Band 18 Uwe Jüttner: GoB-System, Einzelbewertungsgrundsatz und Imparitätsprinzip. 1993.

Band 19 Ralf Häger: Das Publizitätsverhalten mittelgroßer Kapitalgesellschaften. 1993.

Band 20 Jutta Menninger: Financial Futures und deren bilanzielle Behandlung. 1993.

Band 21 Stefan Lange: Die Kompatibilität von Abschlußprüfung und Beratung. Eine ökonomische Analyse. 1994.

Band 22 Hans Klaus: Gesellschafterfremdfinanzierung und Eigenkapitalersatzrecht bei der Aktiengesellschaft und der GmbH. 1994.

Band 23 Vera Marcelle Krisement: Ansätze zur Messung des Harmonisierungs- und Standardisierungsgrades der externen Rechnungslegung. 1994.

Band 24 Helmut Schmid: Leveraged Management Buy-Out. Begriff, Gestaltungen, optimale Kapitalstruktur und ökonomische Bewertung. 1994.

Band 25 Carsten Carstensen: Vermögensverwaltung, Vermögenserhaltung und Rechnungslegung gemeinnütziger Stiftungen. 1994. 2., unveränderte Auflage 1996.

Band 26 Dirk Hachmeister: Der Discounted Cash Flow als Maß der Unternehmenswertsteigerung. 1995. 2., durchgesehene Auflage 1998. 3., korrigierte Auflage 1999. 4., durchgesehene Auflage 2000.

Band 27 Christine E. Lauer: Interdependenzen zwischen Gewinnermittlungsverfahren, Risiken sowie Aktivitätsniveau und Berichtsverhalten des Managers. Eine ökonomische Analyse. 1995.

Band 28 Ulrich Becker: Das Überleben multinationaler Unternehmungen. Generierung und Transfer von Wissen im internationalen Wettbewerb. 1996.

Band 29 Torsten Ganske: Mitbestimmung, Property-Rights-Ansatz und Transaktionskostentheorie. Eine ökonomische Analyse. 1996.

Band 30 Angelika Thies: Rückstellungen als Problem der wirtschaftlichen Betrachtungsweise. 1996.

Band 31 Hans Peter Willert: Das französische Konzernbilanzrecht. Vergleichende Analyse zum deutschen Recht im Hinblick auf die Konzernbilanzzwecke und deren Grundkonzeption. 1996.

Band 32 Christian Leuz: Rechnungslegung und Kreditfinanzierung. Zum Zusammenhang von Ausschüttungsbegrenzung, bilanzieller Gewinnermittlung und vorsichtiger Rechnungslegung. 1996.

Band 33 Gerald Schenk: Konzernbildung, Interessenkonflikte und ökonomische Effizienz. Ansätze zur Theorie des Konzerns und ihre Relevanz für rechtspolitische Schlußfolgerungen. 1997.

Band 34 Johannes G. Schmidt: Unternehmensbewertung mit Hilfe strategischer Erfolgsfaktoren. 1997.

Band 35 Cornelia Ballwießer: Die handelsrechtliche Konzernrechnungslegung als Informationsinstrument. Eine Zweckmäßigkeitsanalyse. 1997.

Band 36 Bert Böttcher: Eigenkapitalausstattung und Rechnungslegung. US-amerikanische und deutsche Unternehmen im Vergleich. 1997.

Band 37 Andreas-Markus Kuhlewind: Grundlagen einer Bilanzrechtstheorie in den USA. 1997.

Band 38 Maximilian Jung: Zum Konzept der Wesentlichkeit bei Jahresabschlußerstellung und -prüfung. Eine theoretische Untersuchung. 1997.

Band 39 Mathias Babel: Ansatz und Bewertung von Nutzungsrechten. 1997.

Band 40 Georg Hax: Informationsintermediation durch Finanzanalysten. Eine ökonomische Analyse. 1998.

Band 41 Georg Schultze: Der spin-off als Konzernspaltungsform. 1998.

Band 42 Christian Aders: Unternehmensbewertung bei Preisinstabilität und Inflation. 1998.

Band 43 Thomas Schröer: Das Realisationsprinzip in Deutschland und Großbritannien. Eine systematische Untersuchung und ihre Anwendung auf langfristige Auftragsfertigung und Währungsumrechnung. 1998.

Band 44 Anne d'Arcy: Gibt es eine anglo-amerikanische oder eine kontinentaleuropäische Rechnungslegung? Klassen nationaler Rechnungslegungssysteme zwischen Politik und statistischer Überprüfbarkeit. 1999.

Band 45 Christian Back: Richtlinienkonforme Interpretation des Handelsbilanzrechts. Abstrakte Vorgehensweise und konkrete Anwendung am Beispiel des EuGH-Urteils vom 27. Juni 1996. 1999.

Band 46 Cornelia Flury: Gewinnerläuterungsprinzipien. 1999.

Band 47 Hanne Böckem: Die Durchsetzung von Rechnungslegungsstandards. Eine kapitalmarktorientierte Untersuchung. 2000.

Band 48 Jens Kengelbach: Unternehmensbewertung bei internationalen Transaktionen. 2000.

Band 49 Ursula Schäffeler: Latente Steuern nach US-GAAP für deutsche Unternehmen. 2000.

Band 50 Rainer Doll: Wahrnehmung und Signalisierung von Prüfungsqualität. 2000.

Band 51 Brigitte Strasser: Informationsasymmetrien bei Unternehmensakquisitionen. 2000.

Band 52 Lars Franken: Gläubigerschutz durch Rechnungslegung nach US-GAAP. Eine ökonomische Analyse. 2001.

Band 53 Oliver Bärtl: Wertorientierte Unternehmenssteuerung. Zum Zusammenhang von Kapitalmarkt, externer und interner Rechnungslegung. 2001.

Band 54 Gabi Ebbers: A Comparative Analysis of Regulatory Strategies in Accounting and their Impact on Corporate Compliance. 2001.

Band 55 Mark Währisch: The Evolution of International Accounting Systems. Accounting System Adoptions by Firms from a Network Perspective. 2001.

Band 56 Jakob Schröder: F&E-Bilanzierung als Einflußfaktor der F&E-Freudigkeit. 2001.

Band 57 Martin Hebertinger: Wertsteigerungsmaße – Eine kritische Analyse. 2002.

Band 58 Rainer Zensen: Die Bewertung von deutschen Universalbanken unter Berücksichtigung rechtsformspezifischer Besonderheiten. 2002.

Band 59 Oliver Beyhs: Impairment of Assets nach International Accounting Standards. Anwendungshinweise und Zweckmäßigkeitsanalyse. 2002.

Band 60 Britta Leippe: Die Bilanzierung von Leasinggeschäften nach deutschem Handelsrecht und US-GAAP. Darstellung und Zweckmäßigkeitsanalyse. 2002.

FSC
www.fsc.org
MIX
Papier | Fördert gute Waldnutzung
FSC® C083411

Kolibri 360 GmbH
Ferdinand-Jühlke-Straße 7
99095 Erfurt, Deutschland
produktsicherheit@kolibri360.de

Druck:
CPI Druckdienstleistungen GmbH
im Auftrag der
Kolibri 360 GmbH
Ferdinand-Jühlke-Str. 7
99095 Erfurt